Ludvig Frands Adalbert Wimmer, Ferdinand Holthausen

**Die Runenschrift**

Ludvig Frands Adalbert Wimmer, Ferdinand Holthausen

**Die Runenschrift**

ISBN/EAN: 9783744642859

Hergestellt in Europa, USA, Kanada, Australien, Japan

Cover: Foto ©Thomas Meinert / pixelio.de

Weitere Bücher finden Sie auf **www.hansebooks.com**

DIE

# RUNENSCHRIFT

VON

## LUDV. F. A. WIMMER

VOM VERFASSER UMGEARBEITETE UND VERMEHRTE AUSGABE

MIT 3 TAFELN UND ABBILDUNGEN IM TEXTE

AUS DEM DÄNISCHEN ÜBERSETZT

VON

## DR. F. HOLTHAUSEN

BERLIN

WEIDMANNSCHE BUCHHANDLUNG

1887

Druck von W. Pormetter, Berlin.

DEM ANDENKEN

# RASMUS KRISTIAN RASK'S

UND

# NIELS LUDVIG WESTERGAARD'S

*A*ls man heute vor einem jahre in Deutschland den hundert-
jährigen geburtstag Jacob Grimms unter allgemeiner beteiligung feierte,
wurde auch aufs neue und mit recht die erinnerung an den einen
der männer wachgerufen, mit deren namen ich dieses buch geziert
habe. R. K. Rask war es, der zu anfang des jahrhunderts mit
Bopp und Grimm zusammen den grund legte, auf welchem die neuere
sprachwissenschaft bis auf unsere tage herab weiter gebaut hat, und was
Grimms „Deutsche Grammatik" für das studium der südgermanischen
sprachen wurde, das wurden die arbeiten seines gleichzeitigen und ungefähr gleichaltrigen dänischen genossen in nicht geringerem mafse für
das studium der alten sprache des Nordens und der neueren nordischen sprachen.

Wenn nun auf den 22. november 1887 der hundertjährige ge-
burtstag·unseres berühmten landsmannes fällt, so werden wir hier in
Dänemark dieses tages sicherlich mit nicht geringerer teilnahme gedenken,
als man in Deutschland des 4. januars 1785 gedachte. Schwerlich
aber wird es mir vergönnt sein, zu jener zeit in deutscher sprache
das andenken des grofsen dänischen forschers zu feiern; ich habe daher
die gelegenheit, die sich jetzt bot, benutzen wollen, um dem lehrer die
huldigung des schülers darzubringen. Eine solche erscheint so oft post
festum, dafs man es hoffentlich verzeihen wird, wenn die meinige dies-
mal etwas vor dem eigentlichen jubeltage kommt.

Mit Rasks namen habe ich den namen des mannes verbunden,
welcher mehr als irgend ein anderer der träger der Raskschen tra-

dition wurde und sie dem jüngeren geschlechte überlieferte, und dem auch ich persönlich zu besonderem danke verpflichtet bin. N. L. Westergaard, der seit meiner ersten studienzeit mein liebster lehrer war und den ich in den letzten jahren seines lebens kollegen und freund nennen zu dürfen glücklich war, begleitete bis zuletzt meine arbeiten über die alte sprache und schrift des Nordens mit ungeschwächtem interesse.

Dem andenken dieser beiden männer, die einander nicht nur an gelehrsamkeit und scharfsinn, sondern auch in glühender vaterlandsliebe glichen, weihe ich dieses buch in der hoffnung, es möge in dem geiste geschrieben sein, der sie selber beseelte.

Kopenhagen, den 4. januar 1886.

*Ludv. F. A. Wimmer.*

# Vorrede.

Den grundstock dieser abhandlung bildet eine reihe von vorträgen, die ich als anhang zu vorlesungen über die geschichte der altnordischen sprache im frühjahrssemester 1873 an der Kopenhagener universität über die runenschrift gehalten habe. Es war meine absicht, später diese beiden vorlesungen durchzuarbeiten und herauszugeben, was indessen bis jetzt nur mit den vorlesungen über die runenschrift geschehen ist. Im sommer 1873 wurde das manuscript fertiggestellt, und der druck wurde zu anfang des jahres 1874 vollendet.

Gleichzeitig mit und unmittelbar nach dem druck des buches wurden merkwürdigerweise an sehr verschiedenen stellen eine überraschend große anzahl denkmäler ans licht gezogen, die für die fragen, welche ich in meiner abhandlung zu lösen versucht hatte, von der größten bedeutung waren. Auf ein paar dieser denkmäler konnte ich noch in einigen nachträgen zu dem werke die aufmerksamkeit lenken (die Freilaubersheimer spange und den norwegischen stein von Vatn); aber eine noch größere anzahl kam erst gleich nach dem erscheinen meines buches ans tageslicht. Ich hebe hervor das speerblatt von Kovel in Volhynien mit der unzweifelhaft gotischen inschrift, ein paar runenspangen aus Deutschland, den lanzenschaft aus dem Kragehuler moore auf Fühnen mit der längsten in Dänemark entdeckten inschrift in älteren runen, verschiedene steine aus Schweden und Norwegen mit denselben runen, darunter den merkwürdigen stein von Strand, der nächst dem steine von Tune die längste norwegische inschrift in solchen runen enthält.

Zugleich mit der herausgabe meiner abhandlung wurden außerdem neue gesichtspunkte bezüglich des gemeingermanischen konsonantensystems geltend gemacht, woraus hervorging, daß die späteren mutae g, d, b ursprünglich spiranten, g, d, b, gewesen.

Auch änderten die archäologen allmählich ihre ansicht über das alter der denkmäler, die durch die grofsen moorfunde in Schleswig und auf Fühnen zu tage gefördert waren, worunter sich einige inschriften mit älteren runen befanden. Oft habe ich in unterredungen mit meinem verstorbenen freunde prof. C. Engelhardt, der sich durch die ausgrabung und beschreibung der schleswigschen und fühnischen moorfunde so grofse verdienste um die nordische altertumsforschung erworben hat, behauptet, dafs seine zeitbestimmungen für diese funde (Thorsbjærg mitte des 3. jahrhunderts und Kragehul ende des 5. jahrh. n. Chr.) sich schwer mit den sprachlichen und paläographischen thatsachen in einklang bringen liefsen, dafs die inschriften, die wir übereinstimmend für die alleraltesten ansahen (von Thorsbjærg, Strårup, Himlingöje) runen- und sprachformen aufwiesen, die so gut wie vollständig mit den nach seiner meinung ein paar hundert jahre jüngeren inschriften von Kragehul und mit den zum gröfsten teile unzweifelhaft noch jüngeren norwegischen und schwedischen steininschriften übereinstimmten. Ein solcher stillstand in der entwicklung im verlaufe von ein paar hundert jahren oder mehr war mir ganz unerklärlich, gar nicht davon zu reden, dafs zufolge der datierungen Engelhardts ein langer zeitraum bleiben würde, in dem nicht ein einziges runendenkmal im Norden nachgewiesen werden könnte. Auch für die archäologen stellte das verhältnis zwischen den moorfunden sich indes bald in einem andern lichte dar, und besonders Worsaae machte geltend, dafs sie für wesentlich gleichaltrig zu halten seien, so dafs die ältesten in bedeutend spätere zeit gesetzt werden müfsten, als man anfangs angenommen hatte, wie er mir auch ohne bedenken einräumte, dafs man die entstehung des goldenen hornes mit einer runden zahl am ehesten um das jahr 500 anzusetzen habe. Während ich trotz der gröfsten zweifel in „Runeskr. opr." 1874 im anschlufs an die damals allgemein angenommenen archäologischen bestimmungen die nordischen runendenkmäler mit der längeren runenreihe in die zeit zwischen 250—600 setzte, habe ich daher jetzt kein bedenken getragen, die ältesten etwa in das jahr 400 hinabzurücken.

Alle diese neuen thatsachen waren natürlich von der gröfsten bedeutung auch für die frage nach dem ursprung der runenschrift, und ich hatte die freude, dafs sie in hohem grade die richtigkeit der ergebnisse bestätigten, zu denen ich gelangt war; aber selbstverständlich konnten jetzt mehrere einzelheiten in einem andern lichte gesehen und klärer und bestimmter dargestellt werden, als dies früher möglich war. In vorlesungen und später in einem vortrage in der kgl. dänischen Akademie der Wissenschaften am 25. februar 1881 teilte ich die wichtigsten von den neuen ergebnissen mit, zu denen ich hierdurch geführt worden war, und es war meine absicht, dieselben in eine deutsche bearbeitung meines buches hineinzuarbeiten, welche vorzunehmen ich gleich nach seinem erscheinen zu wiederholten malen aufgefordert worden war. Die ausführung dieser arbeit wurde indessen aus verschiedenen gründen von jahr zu jahr hinausgeschoben, und ist erst jetzt verwirklicht worden, nachdem dr. F. Holthausen, angeregt durch prof. Sievers in Tübingen und später durch prof. Hoffory in Berlin, sich erboten hatte, die übersetzung zu unternehmen. Die neuen ergebnisse, zu denen ich im verlaufe der 12 jahre gekommen bin, welche zwischen der dänischen ausgabe und der gegenwärtigen bearbeitung liegen, und wovon ich bereits zu beginn des jahres 1884 einige hauptpunkte in dem briefe mitgeteilt habe, den dr. Bury seiner verdienstlichen abhandlung über die älteren nordischen runeninschriften beigefügt hat, auf welche ich im ganzen genommen bezüglich des standpunktes, den die deutung dieser inschriften für den augenblick erreicht hat, verweisen kann, sind natürlich dem buche in seiner jetzigen gestalt einverleibt worden. Im laufe der letzten 10 jahre habe ich ausserdem während der vorbereitungen zu einem grofsen werke über die dänischen runendenkmäler gelegenheit gehabt, alle dänischen (hierunter auch die schleswigschen und schonischen) und verschiedene der übrigen nordischen runeninschriften persönlich zu untersuchen. Die ausbeute von diesen untersuchungen ist natürlich auch der gegenwärtigen ausgabe zu gute gekommen, insofern ich teils an verschiedenen stellen den stoff habe ergänzen können, teils öfters das material, welches früher zu meiner verfügung stand, zu berichtigen in der lage gewesen bin.

Obwohl meine ergebnisse sowohl bezüglich des ursprungs der runenschrift als auch bezüglich des gegenseitigen verhältnisses der beiden runenalphabete im ganzen zustimmung von den kompetentesten seiten und nicht am wenigsten bei deutschen gelehrten gefunden haben — ich schulde K. Maurer, dem verstorbenen Müllenhoff, M. Rieger, E. Sievers, F. Zarncke und andern dank für ihre öffentlichen auslassungen in diesem sinne —, ist doch nach dem erscheinen meiner abhandlung von zwei seiten her eine abweichende auffassung von dem ursprung der runenschrift geltend gemacht worden. In einer kleinen mitteilung auf 3 seiten, die am 7. november 1873 in der Gesellschaft der Wissenschaften zu Christiania vorgetragen wurde, aber erst nach meiner ab-

*handlung erschien („Om Runeskriftens Oprindelse", Christ. 1874), hat
nämlich S. Bugge dieselbe ansicht ausgesprochen, die er bereits früher
angedeutet hatte (siehe unten s. 174 anm. 1), nämlich dafs den grundstock der runenschrift zwar im wesentlichen das lateinische alphabet
bilde, dafs sie jedoch stark durch die nordetruskische schrift beeinflufst
sei; ein nachweis hiervon im einzelnen ist aber nicht versucht. Dafs
Bugge diese meinung hat aussprechen können, wundert mich keineswegs.
Als ich zum ersten male inschriften mit „nordetruskischen" buchstaben
sah, überraschte mich die erstaunliche äufsere ähnlichkeit zwischen
dieser schrift und unserer ältesten runenschrift dermafsen, dafs ich es
im ersten augenblicke für ausgemacht hielt, dafs wir hier das wirkliche
vorbild der runenschrift hätten; wenn ich daher seiner zeit mit einem
vorurteil an die untersuchung über den ursprung der runenschrift ging,
so mufste es das sein, dafs die „nordetruskische" schrift bei der bildung
der runen eine rolle gespielt habe. Das ergebnis wurde indessen, dafs
alle ähnlichkeiten rein äufsere und zufällige waren, was ich in meinem
buche näher nachgewiesen habe. Ich glaube somit, dafs ich, lange bevor Bugges obengenannte mitteilung über den ursprung der runenschrift
mir bekannt geworden war, die gründe widerlegt hatte, worauf sie gestützt werden konnte. Auch mit einer andern abhandlung von Bugge
wurde ich kurz nach dem erscheinen meines buches bekannt, nämlich
dem ersten abschnitt (s. 1—96) der in der Antiqvarisk Tidskrift för
Sverige V, 1 gedruckten „Tolkning af runeindskriften på Rökstenen i
Östergötland" (der schlufs von s. 97 an erschien erst 1878). Ich
trage kein bedenken, diese abhandlung als die bedeutendste runologische
arbeit zu bezeichnen, die in der neueren zeit erschienen ist, denn es
ist dem verfasser durch eine seltene vereinigung von gelehrsamkeit und
scharfsinn geglückt, den gröfsten teil der vielen schwierigkeiten zu
lösen, welche die inschrift darbot, was besonders deutlich bei vergleichung mit dem früheren verzweifelten versuche von Stephens (Old-Northern Runic Monuments 1, s. 230 ff.) zu tage tritt. Bugge erhält in
dieser arbeit gelegenheit, auch bei mehreren von den fragen zu verweilen, die ich in „Runeskr. opr." behandelt hatte, und es hat mich
natürlich gefreut, dafs wir hier wie öfters früher zu denselben ergebnissen gelangt sind (so z. b. darin, der rune ✚ auf dem Röker steine
die bedeutung h zu geben, in den beweisen für die ursprüngliche reihenfolge ⅄ ⌐ im kürzeren futhark u. s. w.).*

*Während Bugges obengenannte auslassungen über den ursprung
der runenschrift unabhängig von meinem buche erschienen waren, hat*

dieses die gröfsere abhandlung von J. Taylor, welche den ursprung
der runenschrift behandelt, „Greeks and Goths: a Study on the
Runes", London 1879, hervorgerufen. Einen wesentlichen anteil an
Taylors buche hatte der herausgeber des grofsen runenwerkes „The Old-
Northern Runic Monuments of Scandinavia and England", lektor des
englischen an der Kopenhagener universität, prof. G. Stephens, und
er sprach dann auch sofort nach dem erscheinen des buches seine unbe-
dingte zustimmung zu den resultaten des verfassers aus („Fœdrelandet"
vom 24. juni 1879). Stephens' äufserungen in dieser angelegenheit
veranlafsten mich, am selben orte („Fœdrelandet" vom 3. juli 1879)
folgende bemerkungen über Taylors buch zu veröffentlichen: „ . . . . . Der
verfasser sucht zu zeigen, dafs die Goten im 6. jahrhundert vor Chr.
ihr runenalphabet nach dem thrakisch - griechischen alphabete schufen,
und er bekämpft in folge dessen die auffassung, die ich geltend gemacht habe, dafs die runen vom lateinischen alphabete abstammen.
Hierbei hat er mir indessen ansichten zugeschrieben, die ich nicht nur
niemals ausgesprochen habe, sondern die im vollständigen widerspruch
mit meinen äufserungen stehen. S. 20 f. fafst er nämlich das resultat
meiner untersuchungen in folgende worte zusammen: „Dr. Wimmer
supposes that the Runes were obtained from the Romans, through the
Gauls, in the time of the early empire. In order to account for
certain Runes which plainly cannot be of Latin origin, he assumes that
his hypothetical Gaulish alphabet contained letters derived from the
Massilian Greeks, and others descended from the old North - Etruscan
alphabet!" Solche ungereimte behauptungen habe ich natürlich niemals
aufgestellt. Nachdem ich im einzelnen, wie ich glaube, genügend nachgewiesen habe, dafs alle runen ohne ausnahme vom lateinischen alphabete abstammen („Runeskr. opr." s. 88—147), werfe
ich (s. 148) die frage auf, auf welchem wege das römische alphabet,
das als grundlage für die runenschrift diente, den germanischen völkern
bekannt geworden, und ich erkläre, dafs es gegenwärtig unmöglich sei,
eine nur irgendwie sichere antwort hierauf zu geben; dafs es aber als
eine möglichkeit hingestellt werden dürfe, dafs die Germanen
nicht direkt durch die Römer selbst, sondern durch die Gallier mit der
lateinischen schrift, nach welcher die runen gebildet wurden, bekanntschaft
gemacht haben. Über die schrift der Gallier habe ich bemerkt, dafs
die bewohner des eigentlichen Galliens zuerst das griechische und darauf
das lateinische alphabet benutzten, während die Gallier in Oberitalien zuerst sich ein alphabet nach der „nordetruskischen" schrift schufen, jedoch

später gleichfalls das römische alphabet annahmen. Das nach der nordetruskischen schrift gebildete gallische alphabet habe ich s. 150 anm.
angeführt, gestützt auf die gallischen inschriften, welche ich an einer
andern stelle in meinem buche (s. 49 anm. 1) behandelt habe. Aus
all dem hat Taylor also herausgelesen, dafs ich zur erklärung gewisser
runen ein hypothetisches gallisches alphabet habe bilden müssen, das
teils griechische, teils nordetruskische zeichen aufgenommen hätte!!

S. 28 ff. bespricht Taylor darauf, wie die einzelnen runen nach
meiner meinung von den lateinischen buchstaben abgeleitet werden sollten.
Auch dieser abschnitt ist voll von unrichtigkeiten und mifsverständnissen,
und alle meine beweise sind entweder weggelassen oder verdreht. Ich
will nur das allererste beispiel anführen (s. 28 ff.). Die erklärung,
die ich von dem a-zeichen in der runenschrift gegeben haben soll,
ist, dafs man ohne genügenden grund das lateinische A aufgab und
an stelle dessen das etruskische a-zeichen aufnahm. Aber ich habe
gerade mit grofsem nachdruck hervorgehoben, dafs die a-rune vom
lateinischen A abstamme, und nicht, wie man durch eine oberflächliche
betrachtung anzunehmen verleitet werden könnte, in irgend einer verbindung mit dem nordetruskischen zeichen stehe („Runeskr. opr." s. 93
mit anm. 1, s. 95 und s. 150 anm.). Von ähnlicher art sind die
übrigen „beweise", die Taylor gegen mich anführt, indem er mir an
vielen stellen eine vollständig unrichtige ansicht zuschreibt, die er
dann bekämpft. Alle diese fehler und mifsverständnisse zu berichtigen, darauf kann ich mich natürlich nicht einlassen; es würde ein
ganzes buch erfordern, dicker als T.s eigenes. Aber seine polemik ist,
wie man aus dem vorhergehenden gesehen haben wird, von einer so
eigentümlichen art, dafs ich eins von beiden voraussetzen mufs: entweder hat der verfasser einfach mein buch nicht selbst gelesen, sondern
hat dessen inhalt erst aus zweiter hand, und arg entstellt, erhalten; oder
er kann kein dänisch lesen und hat infolge dessen nichts von dem
inhalt des buches verstanden, welches zu kritisieren er sich berufen
gefühlt hat. Dies finde ich auch durch die äufserungen des verfassers
über Rask in der vorrede bestätigt; wofern er wirklich mein buch gelesen und verstanden hätte, würde er darin (s. 15 f.) nämlich nicht nur
Rasks ansicht erwähnt gefunden haben, sondern auch die namen
anderer gelehrter, welche die ähnlichkeit zwischen den alten griechischen buchstaben und den runen hervorgehoben haben.

Hiermit kann ich von herrn Taylors buche abschied nehmen. Was
für und gegen seine auffassung vom ursprunge der runen aus der

griechischen schrift spricht, habe ich bereits genügend in meiner oft
genannten abhandlung entwickelt und finde keine veranlassung, jetzt
näher auf diese frage einzugehen. T.s ganze darstellung ist, wie es
von dem verfasser der „Etruscan Researches“ zu erwarten stand, ganz
unmethodisch und verfehlt, und es thut deshalb weniger zur sache, dafs
er sich in den einzelheiten auf eine menge längst nachgewiesener fehler
bei Stephens stützt.“[1])

Das hier ausgesprochene urteil über Taylors buch halte ich weiter
aufrecht: es ist auf eine reihe kühner, teils unbewiesener und unbeweis-
barer, teils vollständig falscher hypothesen gebaut, auf eine grofse
unwissenheit in dem rein thatsächlichen bezüglich der fragen, die beantwortung heischten, und endlich meiner arbeit gegenüber, die zum
gegenstand der kritik gemacht wird, auf die gröbsten verdrehungen
und mifsverständnisse.[2])  Zu einer entgegnung im einzelnen auf diese
arbeit finde ich folglich nicht die geringste veranlassung.  Der erste
abschnitt in meinem buche ist ja eine solche entgegnung, und Taylor
hat mir natürlich keine ursache gegeben, eine zeile von dem zu ändern,
was ich früher behauptet hatte.

Dafs ich einen ähnlichen standpunkt auch Stephens' eigenen arbeiten gegenüber einnehme, ist selbstverständlich.  In allem, was die
runologie diesem manne verdankt, ist nämlich eine phantastische be-
geisterung für die sache gepaart mit dem erstaunlichsten mangel an
einsicht in die behandelten fragen und der vollständigsten verachtung

---

[1]) Obenstehende bemerkungen wurden von folgender nachschrift begleitet:
„Nachdem diese bemerkungen an „Fædrelandet“ abgeschickt waren, erhielt ich
die englische zeitschrift Athenæum vom 28. juni, in welcher ein einsichtiger
kritiker in einer klaren und überlegenen weise die „confusion“ aufdeckt, die
durch T.s ganze abhandlung gehe, so dafs bei seiner „expedition to Thrace“
nicht das geringste herausgekommen sei. „In no case does he critically refute
any of the arguments of Dr. Wimmer, but he condemns them all most cavierly“,
sagt der recensent, nachdem er eine kurze, aber vollkommen korrekte darstellung meiner beweise für die abstammung der runen aus dem lateinischen
alphabet gegeben hat.“ Herr Stephens, dessen äufserungen diese auslassung mei-
nerseits hervorgerufen hatten, hatte hierauf nichts zu antworten.

[2]) Im gegensatze hierzu hebe ich hervor, dafs die resultate meiner unter-
suchungen sich im ganzen korrekt wiedergegeben finden von O. Montelius in
„Sveriges Historia från äldsta tid till våra dagar“, I, Stockh. 1877, s. 212 ff.
und s. 353 ff., C. Rosenberg, Nordboernes Aandsliv fra Oldtiden til vore Dage, I,
Kbh. 1878, s. 53 ff., P. Kobke, Om Runerne i Norden, Kbh. 1879 und von
J. Rhys, Lectures on Welsh Philology, London 1879, s. 320 ff.

aller wissenschaftlichen methode. [1]) Dies hoffe ich genügend in meiner
kritik seines ersten bandes bewiesen zu haben („De ældste nordiske
runeindskrifter" in den Aarboger f. nord. Oldkyndighed og Historie 1867.
s. 1—64, sowie „Prof. G. Stephens om de ældste nordiske runeindskrifter"
ebenda 1868, s. 53—75), so dafs ich eine neue entgegnung auf alle
seine behauptungen im einzelnen für ganz überflüssig halten darf. In
wirklichkeit ist mein ganzes buch ja auch eine indirekte kritik über
Stephens; wenn ich recht habe, ist zugleich über alle deutungen u. s. w.
von Stephens der stab gebrochen, während man natürlich nicht den umgekehrten schlufs ziehen darf, dafs S. recht hätte, wenn ich unrecht
haben sollte.

Dies urteil gilt auch von der behandlung der altenglischen inschriften, wo es der verfasser doch mit seiner muttersprache zu thun
hat, und wo man infolge seiner stellung ihm eine gewisse autorität
zutrauen könnte. Wo er sich indessen nicht, wie bei den gröfseren
inschriften, auf vorzügliche vorarbeiten stützen kann, sondern auf
eigene hand vorgehen mufs, ist er im stande unglaubliche sachen zu
leisten, so bei der behandlung des Brougher steines aus Westmoreland,
wo er auf 10 folioseiten eine griechische inschrift als altenglisch in
einem dialekt deutet, den er f ü r  d i e  g e l e g e n h e i t  erfunden hat.

———————

Es war ursprünglich meine absicht gewesen, in einer deutschen
bearbeitung den ganzen einleitenden abschnitt im 2. kap. des ersten
buches über das phönicische und die alten südeuropäischen alphabete aus-
zulassen, da ich glaubte, von den hier früher dargestellten resultaten als
sicheren thatsachen ausgehen zu können, die nicht aufs neue vorgetragen
zu werden brauchten. Leider zeigen indessen nicht nur bücher wie
Taylors „Greeks and Goths", sondern auch äufserungen von andern

[1]) Als ein neuer eklatanter beweis hierfür verdient erwähnt zu werden,
dafs er in dem 1884 erschienenen 3. bande der „Old-Northern Runic Monuments" an stelle seiner früheren, ganz willkürlichen datierungen der inschriften oft ohne irgend welche begründung andere gesetzt hat, die weit mehr
mit den meinigen übereinstimmen; die meinen waren natürlich auf meine deutungen der inschriften und auf die daraus gezogenen sprachlichen und paläographischen ergebnisse gebaut. Stephens behält indessen seine eigenen deutungen bei und
nimmt nur meine datierungen auf!! (während so der stein von Istaby früher
um 300—400 gesetzt wurde, wird er jetzt bis 600—700 herabgerückt; der
Sölvesborger stein, der früher um 400—500 gesetzt wurde, stammt jetzt von
800—900 her u. s. w.).

verfassern, bei denen man kenntnis dieser dinge zu erwarten berechtigt war, dafs noch in unsern tagen grofse unklarheit bezüglich der
gegenseitigen verwandtschaftsverhältnisse zwischen den älteren alphabeten
herrscht. Ich habe mich daher entschlossen, den genannten abschnitt,
der ja die sichere grundlage für die ganze folgende untersuchung bildet,
stehen zu lassen, um so mehr, als ich in dieser übersicht in bezug auf
verschiedene einzelheiten eine auffassung habe aussprechen müssen, die
von dem abweicht, was man bisher geltend gemacht hat, und ich besonders
durch die benutzung des moabitischen alphabetes hinsichtlich einiger
punkte zum ersten male eine korrektere darstellung der entwicklung
der altgriechischen alphabete gegeben zu haben glaube, nämlich hinsichtlich des verhältnisses zwischen den semitischen zischlauten und
den daraus hervorgegangenen griechischen zeichen und bezüglich des
griechischen *v*-zeichens.[1]) Es ist indessen nur meine absicht mit diesem
passus, einen allgemeinen überblick zu geben, soweit er bedeutung
für meine untersuchungen über die runenschrift hat. Trotz
der vielen, zum teil grofsen und wichtigen arbeiten, die seit 1873
erschienen sind, wo der genannte abschnitt meines buches vollendet
wurde, sind in bezug auf die entwicklung der buchstabenschrift keine neuen resultate erwachsen, und ich habe mich daher
auf grund derselben auch nicht veranlafst gesehen, an irgend einem
punkte meine frühere darstellung zu verändern. Dieser abschnitt tritt
daher ganz in der form auf, die er 1873 hatte, wenn man ausnimmt,
dafs ich hie und da eine hinweisung auf neuere allgemein bekannte
arbeiten zugefügt habe.[2]) Dagegen würde es natürlich ganz gegen den

---

[1]) *Kirchhoff* hat in der 3. auflage seiner „Studien zur Gesch. des griechischen
Alphabets" (s. 85 anm., s. 124 anm. und s. 159 anm.), wie ich vermuten mufs
gerade mit bezugnahme auf meine äufserungen über diese punkte in „Runeskr. opr", den ersten punkt als zweifelhaft hingestellt und bezüglich des andern
erklärt, dafs er die ähnlichkeit zwischen moabitischem Y und griechischem Y
für zufällig ansehe. Im gegensatze hierzu mufs ich jedoch bestimmt an der
auffassung festhalten, die ich geltend gemacht habe.

[2]) Wenn C. *Paulis* wichtige schrift „Die Inschriften nordetruskischen
Alphabets" Leipz. 1885 (vgl. Deeckes recension in den Gött. gel. Anz. vom
15. jan. 1886 und im Lit. Centralblatt vom 27. febr. 1886) mir früh genug
in die hände gekommen wäre, so würde sie mich veranlafst haben, verschiedene
änderungen und zusätze in meinen bemerkungen über das nordetruskische alphabet
(s. 49 ff.) zu machen. Da diese änderungen indessen für das verhältnis zwischen
dem nordetruskischen alphabet und der runenschrift keine bedeutung hätten,
so begnüge ich mich damit hier hervorzuheben, das Paulis untersuchungen

b

charakter dieser übersicht verstofsen, ihren umfang jetzt durch eine,
wenn auch blofs annähernde, vollständigkeit in hinweisungen auf neuere
werke auszudehnen.

Zum schlufs sage ich den männern meinen dank, die auf verschiedene weise diese arbeit gefördert haben. Dr. Holthausen hat
derselben von anfang bis zu ende ein interesse bewiesen, das ich nicht
genug anerkennen kann, und das sich nicht blofs in der sorgfalt zeigt,
womit er die übersetzung besorgt hat, sondern auch in den verschiedenen
wertvollen bemerkungen, die er mir während derselben mitgeteilt
hat. Dafs ich noch im letzten augenblick unmittelbar vor dem druck
des betreffenden bogens die beiden neu gefundenen deutschen runenspangen (s. 59 f.) habe erwähnen können, wurde allein durch seinen
eifer für die sache ermöglicht, wie der leser auch für die interessante mitteilung auf s. 384 über das alphabet auf dem Themsemesser ihm allein
zu danken hat. Besonders verpflichtet bin ich meinem lieben freunde
prof. J. Hoffory in Berlin. Dafs ich mich überhaupt dazu entschlossen habe, die vorliegende bearbeitung zu unternehmen, geschah
wesentlich auf seine kräftige aufmunterung hin, gleichwie er mit nie
geschwächtem interesse für die sache sich der mühe unterzog, die verhandlungen mit dem verleger zu führen und dafür wirkte, dafs meine
verschiedenen wünsche in bezug auf den druck, die ausstattung u. s. w.
des buches so weit wie möglich befriedigt wurden. Er hat auch in
gemeinschaft mit dr. F. Burg eine korrektur des buches gelesen,
wobei ich häufig gelegenheit gehabt habe, das feine sprachgefühl beider
zu bewundern, das sie oft durch eine ganz unbedeutende veränderung
erst den ausdruck treffen liefs, der meinem gedanken wirklich entsprach.

Indem ich jetzt von dieser arbeit scheide, die zwar viel mehr
zeit in anspruch genommen hat, als ich anfangs vorausgesetzt hatte,
die mir aber auch viel freude gebracht, nicht zum wenigsten durch den
stätigen meinungsaustausch mit den genannten studiengenossen, bitte ich
sie alle drei meinen herzlichsten dank entgegenzunehmen.

Aufrichtigen dank sage ich gleichfalls dem verleger, dem angesehenen
besitzer der Weidmannschen buchhandlung, herrn H. Reimer, weil er

---

im ganzen meine ergebnisse auch bezüglich der bedeutung einzelner zweifelhafter
zeichen bestätigt haben, insofern ich bereits 1874 im gegensatze zu Mommsen und
andern dem Φ (ΦϘ) und ↑ die bedeutung q (Ϙ und Ϙ vielleicht f?)
und χ zuerteilt hatte.

in der liberalsten weise meinen wünschen entgegengekommen ist und kein opfer gescheut hat, damit das buch in einer würdigen gestalt erscheinen könne.

Die kgl. nord. oldskriftselskab in Kopenhagen hat mir mit gewohnter bereitwilligkeit sowohl die benutzung der für „Runeskr. opr." 1874 ausgeführten, als auch verschiedener andrer in ihrem besitz befindlicher abbildungen gestattet. Dieselben sind jedoch alle von neuem durchgesehen und auf grund der untersuchungen berichtigt worden, die ich später anzustellen gelegenheit gehabt hatte, ja einzelne der älteren abbildungen (der stein von Tune und der stein von Snoldelev) sind ganz ausgeschieden und durch neue ersetzt. Diese sowohl wie die übrigen abbildungen, die sich nicht in der ausgabe von 1874 befanden und sonst vorher nirgends veröffentlicht sind, gehören mir selbst und sind zum teil für mein lange vorbereitetes werk über die dänischen runendenkmäler ausgeführt worden.

b*

# Inhaltsverzeichnis.

# Einleitung.

Von den drei perioden, worin die altertumsforscher die zeit im
Norden vor der einführung des christentums eingeteilt haben, dem
stein-, bronce- und eisenalter, unterscheidet sich bekanntlich das
letzte von den beiden anderen auch dadurch, dafs wir erst in ihm
spuren von buchstabenschrift treffen. Während die denkmäler
des stein- und broncealters nicht eine einzige inschrift mit wirklichen buchstaben aufweisen — denn die sogenannten „hällristningar"
(felsenritzungen) aus dem broncealter enthalten höchstens eine art
bilderschrift, zu deren richtiger deutung den schlüssel zu finden
kaum jemals gelingen wird —, haben wir solche inschriften aus jedem
der drei hauptabschnitte, in welche man das eisenalter eingeteilt hat. Erst für diese periode werden wir daher — insofern es
uns möglich ist ihre inschriften zu deuten — im stande sein
mit bestimmtheit zu sagen, welcher stamm oder welche stämme im
Norden gewohnt haben, während wir uns in bezug auf die einwohner
der beiden ersten perioden mit vermutungen begnügen müssen, die
höchst unsicher sind.

Mit den grofsen moorfunden, die in den letzten 20 bis 30 jahren
in Dänemark zu tage gekommen sind — den von C. Engelhardt
beschriebenen funden vom Thorsbjærger und Nydamer moore in Schleswig, vom Vier und Kragehuler moore auf Fühnen[1]) —, begann eine
neue aera für das studium des eisenalters im Norden, welches Engelhardt

---

[1]) Thorsbjerg Mosefund, Kbh. 1863. Nydam Mosefund, ib. 1865. (Diese
beiden englisch in: Denmark in the early iron age, illustrated by recent discoveries in the peat mosses of Slesvig, London 1866). Kragehul Mosefund,
Kbh. 1867. Vimose Fundet, ib. 1869.

in seinen verschiedenen archäologischen untersuchungen beständig vom
jahre 250 bis ungefähr 1000 nach Chr. rechnete, wovon das ältere
eisenalter die zeit von 250—450, das mittlere die zeit von 450
bis ungef. 700 und das jüngere die zeit von ungef. 700 bis ungef.
1000 umfaßte. Von den grofsen moorfunden setzte Engelhardt den
ältesten (den Thorsbjærger fund) in die mitte des 3. jahrhdts (also
den anfang der älteren eisenzeit selbst), den jüngsten (den Kragehuler
fund) ins 5. jahrhdt (den anfang der mittleren eisenzeit). Neuere
funde und fortgesetzte untersuchungen haben indessen die altertumsforscher dazu gebracht in den letzten jahren diese zeitbestimmungen
etwas zu modificieren [1]), so dafs der anfang der eisenzeit jetzt in das
erste jahrhundert vor Chr. oder noch früher gesetzt werden mufs,
und innerhalb der älteren eisenzeit, die von ungef. 100 vor Chr.
bis zum schlufs des 5. jahrhunderts nach Chr. gerechnet wird,
scheidet man wieder zwischen der vorrömischen periode (ungef.
100 vor Chr. bis 100 nach Chr.), der römischen periode (ungef.
100—300 nach Chr.) und der völkerwanderungszeit (4. und 5.
jahrhundert). Die mittlere eisenzeit oder die erste nachrömische
zeit umfaßt das 6. und 7. jahrhdt (500—700) und die jüngere
eisenzeit oder die Wikingerzeit das 8. bis 10. jahrhdt (700—1000).
Von den grofsen moorfunden, die jetzt als wesentlich gleichzeitig
angesehen werden, gehören die ältesten (Thorsbjærger und Nydamer
moor) ohne zweifel dem schlusse der völkerwanderungszeit (dem
5. jahrhdt), die jüngeren (Vier und Kragehuler moor) dem anfang
der mittleren eisenzeit (dem 6. jahrhdt) an. In dieselbe zeit wie
die moorfunde gehören auch die ältesten im Norden gefundenen
runeninschriften, von denen keine an alter diejenigen überragt, welche
aus dem Thorsbjærger moore hervorgezogen sind.

s. 3.    Es ist natürlich das charakteristische an den altertümern, was
die einteilung der eisenzeit in verschiedene perioden seitens der altertumsforscher bestimmt hat. Für den sprachforscher, der das hauptge-
wicht auf die sprachform legen mufs, die sich in den inschriften
findet, und auf die zeichen, die in den verschiedenen zeiten nachgewiesen werden können, will sich an keinem punkte eine scharfe und

---

[1]) Vgl. J. J. A. W o r s a a e, „Ruslands og det skandinaviske Nordens Bebyggelse og ældste Kulturforhold" in den årb. f. nord. oldk. 1872, s. 309 ff.; derselbe
„Nordens Forhistorie," Kbh. 1881, s. 127 ff.; (S o p h u s M ü l l e r,) der abschnitt
„Jernalderen" in „Det Kgl. Museum for de nordiske Oldsager", Kbh. 1883 (auch
deutsch: „Führer durch das Kgl. Museum nordischer Alterthümer", ib 1885).

bestimmte grenze zwischen einer älteren eisenzeit, einer mittleren eisenzeit und einer jüngeren eisenzeit in dem sinne zeigen, worin die archäologen diese namen fassen. Was schrift und sprache anbelangt, finden wir nämlich die ganze periode hindurch gleiche und all- mähliche übergänge von den älteren zu den jüngeren formen. Es ist ja indessen auch für den sprachforscher zweckmäfsig, gewisse perioden in der entwicklung anzusetzen und durch bestimmte jahres- zahlen abzugrenzen.

Vom rein sprachlichen und paläographischen standpunkte aus würde ich dann am meisten geneigt sein die eisenzeit in zwei perioden zu teilen, von denen die eine, welche ich die ältere eisenzeit nennen würde, die zeit von ungef. 400 (dem auftreten der ältesten inschriften) bis ungef. 650, die andere, die jüngere eisenzeit, die zeit von ungef. 800 bis ungef. 1000 umfafste. Zwischen diesen beiden perioden liegt also ein zeitraum von 150 jahren (650—800), der in sprachlicher hinsicht als mittlere eisenzeit angesehen werden könnte. Leider sind nur äufserst wenige schriftliche denk- mäler bisher ans tageslicht gekommen, die sich mit sicherheit in diese zeit setzen lassen; aber trotz ihrer geringen anzahl sind sie für uns von der allergröfsten wichtigkeit, da sie deutlich die ältere und jün- gere eisenzeit verknüpfen und den übergang von der sprache und schrift der einen periode zu derjenigen der andern zeigen. Es ver- steht sich von selbst, dafs diese sachlage eine aufserordentliche bedeutung hat, wenn wir auf die frage antwort geben sollen, ob es derselbe stamm ist, oder ob es verschiedene sind, die vom anfang bis zum schlusse der eisenzeit im Norden gewohnt haben.

Vergleichen wir nämlich die ältere eisenzeit unmittelbar mit der jüngeren, ohne die übergangsglieder gebührend in betracht zu ziehen, so werden sich sowohl für den altertums- wie für den sprachforscher ziemlich grofse verschiedenheiten zeigen. Es könnte ja also möglich sein, dafs in der jüngeren eisenzeit eine neue einwanderung nach dem Norden erfolgt wäre, wodurch das gepräge der älteren plötzlich verändert oder in wesentlichem grade modificiert worden wäre, und es ist namentlich früher in der altertumsforschung ein beliebtes mittel s. 4. gewesen, welches aber auch in neuerer zeit eine nicht unbedeutende rolle gespielt hat, die verschiedenheiten in den verschiedenen zeiten mit hülfe von einwanderungstheorieen zu erklären. Es soll auch nicht geleugnet werden, dafs es oft verlockend sein kann dieses mittel an- zuwenden, da man sich dadurch in der regel ohne weiteres kopf-

zerbrechen auf eine anscheinend leichte und natürliche weise aus
vielen schwierigkeiten herauswindet. Findet man grofse verschiedenheiten, so kann man ja ein ganz verschiedenes volk das frühere verdrängen lassen; sind die verschiedenheiten geringer, so kann man sich
ja mit einem stammverwandten volke begnügen. Wenn man uns
blofs ein wenig sichrere nachrichten darüber geben könnte, woher
diese neuen völker gekommen sind, und was unter den während der
völkerwanderungen entstandenen kämpfen aus den alten geworden
ist! Aber so lange man das nicht vermag, ist die einwanderungstheorie nur ein mittel, wodurch man den knoten zerhaut, den man
zu lösen nicht im stande ist, und es wird so oft angewandt, dafs
es uns leicht gegen alle die einwanderungen mistrauisch macht,
welche durch keine anderen beweise gestützt werden können, als den
drang ein neues volk vorzuführen, so oft man gröfsere kultur-
veränderungen entdeckt oder zu entdecken glaubt. Was insbeson-
dere den gegensatz zwischen dem älteren und jüngeren eisenalter im
Norden anbelangt, so könnte derselbe, wie mir scheint, auf eine
weit natürlichere und einfachere weise erklärt werden, als dadurch,
dafs man eine neue völkerwanderung macht, von der man in wirklichkeit nicht das geringste weifs, obgleich es mir nicht unbekannt
ist, dafs schriftsteller selbst in der neuesten zeit nicht blofs unter-
nommen haben zu zeigen, welche stämme bei dem übergange vom
älteren zum jüngeren eisenalter im Norden eingewandert sind,
sondern sogar genau den weg anzugeben, den jeder stamm gegangen
ist. Wie sinnreich dies alles auch ausgedacht sein mag, so ist es
doch nur dichtung, keine geschichte. Dieser völkerwanderungstheorie
stelle ich dreist die behauptung entgegen, dafs der gegensatz zwischen
den altertümern der älteren und jüngeren eisenzeit, selbst wenn
er noch weit gröfser wäre, als er in wirklichkeit ist, doch keineswegs
s. 5. mit notwendigkeit eine neue einwanderung beweisen würde. Es ist
ja doch einleuchtend, dafs in dem zeitraum von mindestens 800 jahren,
welcher zwischen dem beginn der älteren und der jüngeren eisenzeit
liegt, allmähliche veränderungen in der kultur nicht nur vor sich
gegangen sein können, sondern mit wahrscheinlichkeit vor sich gegangen sind, so wie es selbstverständlich ist, dafs die sprache ums
jahr 800 anders gelautet haben mufs, als ums jahr 400. Hierzu
kommt, dafs neue kulturströmungen die frühere kultur vernichten
oder verändern können, so dafs sie fast unkenntlich wird. Aber vermag das volk unter solchen verhältnissen seine sprache zu bewahren,

so hat es zugleich das sicherste zeichen seiner herkunft bewahrt; denn
wohl ist auch die sprache im laufe der zeit grofsen veränderungen
unterworfen, aber diese veränderungen geschehen immer nach bestimmten gesetzen, die der sprachforscher aufzuspüren und nachzuweisen vermag. Wo wir daher, wie gerade in der eisenzeit, erhaltene
sprachdenkmäler durch die verschiedenen perioden hindurch haben,
glaube ich, dafs man weit eher von der sprachforschung als von der
altertumsforschung sichere antwort auf die ethnographischen fragen
erwarten darf, da es mir klar vor augen steht, dafs das verhältnis
zwischen der sprache in der älteren und jüngeren eisenzeit eine ganz
andere bedeutung für die beurteilung der stammesverwandtschaft hat,
als die „schalenförmigen spangen“ der Wikingerzeit und die andern
beweise, die man aus dem gegensatze zwischen den altertümern in
den beiden perioden hat herholen wollen [1]).

Die sprache der eisenzeit ist uns in den sogenannten runeninschriften überliefert, von welchen wir auf steinen (grabdenk-
mälern) und losen gegenständen in den nordischen ländern zwei
verschiedene arten finden; einer begegnen wir in den wohlbekannten inschriften aus dem jüngeren eisenalter. Nach der zeit,
worin sie auftreten, sind wir daher berechtigt diese runen die jüngeren zu nennen. Inschriften mit einem in mehreren beziehungen verschiedenen alphabete, den ältesten runen, finden wir dagegen auf gegenständen aus dem schlufs der älteren eisenzeit und
aus der mittleren eisenzeit. Gemeinsam ist den inschriften in diesen beiden runengattungen, dafs sie selten viele worte enthalten, und
dafs ihr inhalt niemals — wenn wir ein paar der jüngeren inschriften
ausnehmen — uns irgend eine bemerkenswerte historische aufklärung s. 6.
gibt, indem sie uns meistens nur „den namen eines mannes, den
niemand kennt, und als seine wichtigste that, dafs er tot ist,“ erzählen. Trotz dieses dürftigen inhalts gehören die runeninschriften
jedoch zu den unschätzbarsten denkmälern für den sprach-, geschichts-
und altertumsforscher. Indem sie nämlich in einer sprache zu uns
reden, die jahrhunderte vor unsern ältesten handschriften liegt, und
indem sie uns diese sprache auf verschiedenen entwicklungsstufen
zeigen, die im engsten inneren zusammenhange stehen, liefern sie

---

[1]) Vgl. mit obenstehender entwicklung weiter unten im 1. kap. des 2. buches
sowie meine auslassungen über das erste hervortreten der nordischen
volksindividualität in den „Forhandlinger paa det andet nordiske Filologmøde 1881“, Krist. 1883, s. 240—245.

einen unumstöfslichen beweis dafür, dafs der übergang von der sprache
des älteren eisenalters zu der des jüngeren im Norden selbst durch
einfache natürliche veränderungen im laufe der zeit vor sich gegangen
sein mufs, und widerlegen damit zugleich alle theorieen von einwanderungen neuer völker beim übergange vom älteren zum jüngeren eisenalter. — Die runenzeichen in den ältesten inschriften
bilden ihrerseits an sich, wie wir später nachweisen werden, eine thatsache unter vielen andern, die dazu dient die kulturströmungen zu
zeigen, welche auf die bevölkerung des Nordens in den ersten jahrhunderten nach Christi geburt am stärksten eingewirkt haben.

Alle nordischen runeninschriften aus dem eisenalter zerfallen
also in zwei grofse hauptgruppen, deren zeit mit hülfe ihrer sprach-
und runenformen folgendermafsen bestimmt werden kann:

## I.  DIE ÄLTESTE RUNENSPRACHE

(ca. 400—650) in den inschriften mit dem längeren alphabet aus der
älteren und mittleren eisenzeit. Freilich sind nicht blofs die schriftzeichen, sondern auch die sprachformen in allen nordischen inschriften
aus dieser periode in allem wesentlichen dieselben. Dafs wir keine gröfsern
verschiedenheiten nachweisen können, liegt indessen, wie ich früher („Den
historiske sprogforskning og modersmålet", s. 52 = årb. f. nord.
oldk. 1868, s. 308) hervorgehoben habe, darin, dafs der sprachstoff, welcher zu unserer verfügung steht, so gering ist, und es würde
natürlich unrichtig sein, hieraus den schlufs zu ziehen, die sprache
habe sich während dieser ganzen zeit im Norden unverändert gehalten.
Dem wird aufserdem bestimmt durch die inschriften widersprochen,
welche dem schlusse der periode angehören und ungefähr in das
jahr 650 gesetzt werden können, indem sie sowohl in den runen- wie
s. 7. in den sprachformen einzelne veränderungen aufweisen, die sich in der
zeit von ungef. 650 bis ungef. 800 weiter entwickeln. Diese bildet
den übergang zu

## II.  DER JÜNGEREN RUNENSPRACHE

(ca. 800—1000) in den inschriften mit dem kürzeren alphabete aus
der jüngeren eisenzeit. Zu den ältesten denkmälern dieser gruppe
gehören namentlich die steine von Helnæs und Flemlose auf
Fühnen, sowie die damit ungefähr gleichzeitigen seeländischen steine

von Kallerup (Höjetostrup) und Snoldelev. Alle diese steine, die
ungefähr dem jahre 800 (825) angehören müssen, zeigen nämlich
noch durch einzelne runenzeichen und sprachformen den anschlufs
an die ältesten inschriften und den allmählichen übergang zu der
grofsen menge der jüngeren, wo das alphabet nach und nach eine
feste, von dem älteren ziemlich verschiedene gestalt angenommen hat,
wie wir es z. b. auf den beiden berühmten steinen von Jællinge
antreffen, die uns dadurch, dafs sie bestimmte historische personen
und begebenheiten erwähnen, hinsichtlich der zeitbestimmung einen
einigermafsen sicheren anhaltspunkt geben, indem der kleinere (von
könig Gorm zum andenken an königin Tyra errichtet) etwa in das
jahr 930, der gröfsere (von könig Harald zum andenken an Gorm
und Tyra errichtet) ungefähr um 980 gesetzt werden mufs.

Eine vergleichung zwischen der älteren und jüngeren runensprache zeigt, wie ich anderwärts, namentlich in betreff der substantiva, darzulegen versucht habe [1]), dafs die jüngere sich einfach
aus der älteren entwickelt hat, und dafs wir in mehreren fällen auf
den denkmälern selbst den allmählichen übergang von den älteren zu
den jüngeren formen nachweisen können. Aber was von der sprache
selbst gilt, gilt auch von den zeichen, womit sie geschrieben ist;
das jüngere alphabet hat sich nämlich nach und nach aus dem
älteren entwickelt, und auch hier können wir auf den denkmälern
selbst die allmählichen übergänge verfolgen. Das im einzelnen darzu- s. 8.
stellen, wird ein hauptgegenstand für diese abhandlung sein. Bevor
wir jedoch dazu übergehen, das verhältnis zwischen dem älteren und
jüngeren runenalphabete oder die entwicklung der runenschrift
im Norden zu behandeln, erhebt sich eine andere frage, welche wir
zunächst zu beantworten suchen wollen, nämlich die frage nach dem
ursprung der runenschrift überhaupt.

---

[1]) Navneordenes böjning i ældre Dansk, Kbh. 1868. Den historiske sprogforskning og modersmålet, Kbh. 1868 (separatabdr. aus den árb. f. nord. oldk.
1868).

# ERSTES BUCH.

---

# DER URSPRUNG DER RUNENSCHRIFT.

# Erstes buch.
## Der ursprung der runenschrift.

––––––

### I. kapitel.
## Frühere ansichten über alter und ursprung der runen.

Die frage nach dem alter und dem ursprung der runen ist so
oft aufgeworfen und auf so viele verschiedene weisen beantwortet
worden, dafs man fast versucht sein könnte zu sagen, dafs alle möglichen, denkbaren und undenkbaren ansichten zu worte gekommen
sind. Man hat auf der einen seite die runen so alt gemacht wie die
sündflut, auf der andern seite jünger als die einführung des christentums im Norden; man hat sie sich von den nordischen völkern selbst
ohne das vorbild irgend eines fremden alphabetes erfunden gedacht,
und man hat sie von einer menge älterer und jüngerer alphabete abzuleiten gesucht. Es ist eine sehr grofse literatur, die hier vorliegt;
aber die qualität steht leider im umgekehrten verhältnis zur quantität.

Angesehene schwedische gelehrte im 16. und 17. jahrhundert
(Joh. Magnus, Olaus Magnus, Olof Rudbeck u. a.) sahen bekanntlich verschiedene runensteine in Schweden als denkmäler aus
der zeit „vor (!) oder kurz nach der sündflut“ an und hielten die
runen für eine erfindung der alten „Sveo-Gothen“[1]). Noch beim übergange zum 18. jhdt nahm Joh. Peringskiöld an, dafs die runen
durch Japhets sohn Magog von Asien nach Schweden gebracht seien,
dessen grabstein er unter den schwedischen runensteinen fand, wie s. 9.
er mit hülfe einer andern inschrift (des steines von Ärja) die ver-

––––––

[1]) Historia Joannis Magni de omnibus Gothorum Sveonumque regibus,
Romæ 1554, lib. I, c. 7. — Historia de gentibus Septentrionalibus, avtore Olao
Magno Gotho, Romæ 1555, lib. I, c. 36. — Olf Rudbeks Atland eller
Manheim etc. (auch mit lateinischem titel: Olavi Rudbeckii Atlantica sive
Manheim etc.), (I) Upsalæ (1679), c. 38 § 4.

bindung der bewohner des Nordens mit Tyrus und Sodoma nach-
wies [1]). Selbst mitten im 18. jhdt finden diese phantastischen vorstellungen einen eifrigen fürsprecher in Joh. Göransson, der 1750
Bautil herausgab, das noch in unsern tagen durch seine 1173 abbildungen von runendenkmälern eines der wichtigsten werke für das
runenstudium ist. Allerdings betrachtet er es als zweifelhaft, ob mit
dem Sodoma auf dem Ärjaer steine das Sodoma gemeint sei, „welches
im jahre der welt 2100 zerstört wurde"; aber er setzt ohne bedenken
einige von den schwedischen runensteinen in das jahr 2000 vor Chr.
(vorrede zu Bautil § 3 u. no. 52—53, s. 15), und sein standpunkt
wird klar durch den titel auf dem buche bezeichnet, das er 1747
über den ursprung der runen herausgab: „Is Atlinga; Det är: De
Forna Göters, här uti Svea Rike, Bokstäfver Ok Salighets Lära, Två-
tusend Tvåhundrad år före Christum, utspridde i all Land; Igenfunden
af Johan Göransson. Stockholm 1747." [d. h.: „Is Atlinga; das ist:
die buchstaben und die seligkeitslehre der alten Goten hier im
Schwedenreiche, 2200 jahre vor Chr., ausgebreitet in allen ländern;
wiederaufgefunden von J. G . . . ."]. Nachdem er im allgemeinen
darüber gesprochen hat, wie die runen von „einem sehr weisen meister,
der jedoch das hebräische alphabet als vorbild gehabt hat", erfunden seien
(§ 3), und dafs die Griechen, Etrusker und Römer ihre buchstaben von den
16 nordischen runen bekommen hätten (§ 4), gibt er die zeit für
diese erfindung genauer an: „Die runen sind nicht von einem heiden,
sondern von einem frommen und von gottes heiligem offenbartem
worte hocherleuchteten und weisen gottesmanne erfunden, der jedoch
notwendig hier zu lande dies sein teures meisterstück gemacht und
ungefähr im jahre der welt 2000 gelebt hat und zweifelsohne Gomer
gewesen ist" (§ 7).

   Von älteren dänischen gelehrten ist es eigentlich nur Ole Worm,
s. 10. der die frage nach dem ursprunge der runen zum gegenstande besonderer
untersuchungen gemacht hat. In seinem bekannten werke: „ᚱᚢᚾᛂᚱ
seu Danica Literatura antiquissima, vulgo Gothica dicta. Editio se-
cunda auctior & locupletior, Hafniæ 1651", fol. (1. ausgabe 1636, 4to)
stellt er die ansicht auf, dafs die runen vor der einwanderung nach

---

[1]) Vita Theoderici regis Ostrogothorum et Italiæ, autore Joh. Cochlæo.
Cum additamentis & annotationibus etc. opera Joh. Peringskiöld, Stockhol-
miæ 1699, s. 355; 402—4. Vgl. E. J. Bioerner, Prodromus tractatuum de
geographia Scandinaviæ veteri, et historiis Gothicis etc., Stockh. (1726), s. 6
—10; s. 51.

Europa in Asien nach den hebräischen buchstaben gebildet worden
wären (s. 107), was er darauf im einzelnen zu beweisen sucht. Als
eine anerkannte wahrheit, die keines beweises bedarf, stellt er folgenden satz an die spitze seiner untersuchungen: „Ut gentes omnino
omnes ab Hebræis ortum traxere, ita & lingvæ ac literæ, quæ anti-
quitatem aliquam præ se ferunt" (c. 21 anf., s. 109). Es ist nur
die allgemeine ansicht der zeit von dem ehrwürdigen alter der hebräischen sprache und schrift, die hier zu worte kommt. Er ist indessen nicht blind dafür, dafs auch die griechischen und lateinischen
buchstaben ähnlichkeit mit den runen aufweisen; aber er erklärt die
übereinstimmung daraus, dafs alle diese alphabete aus derselben quelle
entsprungen seien (s. 111); dagegen leitet er nicht, wie Bredsdorff
behauptet hat („Om Runeskriftens Oprindelse" s. 6), die griechische
und lateinische schrift aus den runen ab, obgleich er freilich die runen
für weit älter als die griechischen buchstaben hält (s. 113).

Diese übertriebenen vorstellungen von dem alter der runenschrift
erweckten jedoch frühzeitig bei mehr besonnenen und kritischen
forschern widerspruch, und glückte es ihnen auch nicht, selbst eine
befriedigende antwort auf die frage zu geben, so haben sie auf jeden
fall das verdienst, die untersuchung auf andere und sicherere bahnen
gebracht zu haben. Dafs die schwedischen runensteine nicht nur
keine erinnerungen an Magog oder an Tyrus und Sodoma enthielten,
diese „mera geographica et historica portenta", sondern dafs sie im
ganzen genommen sogar jünger als die einführung des christentums
waren, bewies Olof Celsius, der das interesse für das runenstudium
von seinem vater Magnus Celsius geerbt hatte, dem es geglückt war
(1675), den schlüssel zu der deutung der Helsinger runen zu finden
Denselben weg wie O. Celsius in der beurteilung des alters der runeninschriften ging auch N. R. Brocman und Schwedens grofser sprachforscher Joh. Ihre[1]. Hinsichtlich des ursprunges der runenschrift s. 11.

---

[1] O. Celsius, Monumenta quædam Sveo-Gothica suis temporibus reddita
(in den Acta Literaria Sveciæ, edita Upsaliæ, 1726—34). Aufserdem gab er die
schriften seines vaters über die Helsinger runen heraus: Magni Celsii de runis
Helsingicis oratio habita, cum rectoratum academicum deponeret anno 1675,
Upsaliæ 1707, 8vo, und Oreades Helsingicæ redivivæ (I—II), Upsal. 1710, 8vo.
Hieran schliefst sich eine streitschrift gegen Bioerner: Runæ Medelpadicæ ab
importuna crisi breviter vindicatæ, auctore O(lao) C(elsio), Upsal. 1726, 4to. —
N. R. Brocman, Sagan om Ingwar Widtfarne etc. och Undersökning om wåre
Runstenars Ålder, Stockholm 1762, 4to. — J. Ihre, De Runarum in Svecia anti-

war Ihre auf grund der eigentümlichen anordnung des alphabets am
meisten geneigt, es als eine erfindung der „scythischen" völker, ehe
sie noch durch kriege oder auf friedlichem wege in nähere berührung
mit den übrigen europäischen völkern gekommen wären, anzusehn
(Glossarium Suiogothicum I, Upsaliæ 1769 fol. unter dem buchstaben
A). Aufserdem nahm er an (De Runarum patria), dafs die runenschrift sich durch die sächsischen völker bis nach dem Norden ausgebreitet hätte, indem er wie später W. Grimm (Über deutsche Runen
s. 149 ff.) besonderes gewicht auf die von Hrabanus Maurus erwähnten
„markomannischen" runen legte, die indessen nur eins der gewöhnlichen altenglischen runenalphabete in etwas entstellter form sind.
Vor Ihre hatte E. Benzelius dagegen die runen von „den ältesten
griechischen oder ionischen buchstaben" abzuleiten gesucht[1]), eine
ansicht, die später eine bedeutende rolle gespielt hat.

Die von diesen männern vorgebrachten anschauungen gewannen
allmählich ziemlich allgemeinen eingang, und die nüchterneren meinungen kamen auch schon in Dalins und später in Lagerbrings
s. 12. schwedischer geschichte zu worte[2]). Mit Benzelius nimmt Dalin an,
dafs die runen von den griechischen buchstaben abstammen, und
dafs sie mit den ältesten einwohnern Skandinaviens nach dem Norden
gebracht sind; als ganz falsch weist er die ansicht ab, dafs sie nicht
älter als das christentum, oder dafs sie von Wulfila erfunden seien,
der gerade im gegenteil seine buchstaben nicht nur mit hülfe der
griechischen und lateinischen, sondern auch mit hülfe der runen
bildete. Lagerbring will sich dagegen nicht anheischig machen, den
gelehrtenstreit über den ursprung der runen zu entscheiden; sondern
er sagt treffend: „Fragt man nun weiter, wer unsere nordischen völker
schreiben gelehrt hat, so wäre es vielleicht nicht so ungereimt, wenn
man antwortete, dafs man das nicht weifs", und seine folgenden bemerkungen zeigen, dafs er zwischen dem, was man hierüber wufste
und nicht wufste, vortrefflich zu unterscheiden verstand.

Auch in unserm jahrhundert ist der ursprung der runenschrift
gegenstand für die untersuchungen vieler gelehrten gewesen; aber die

---

quitate, Upsaliæ 1769, 4to; De Runarum patria et origine, Upsal. 1770, 4to;
De Runarum in Svecia occasu I—II, Upsal. 1771—73, 4to.

[1]) Periculum Runicum quod ... præside ... Fabiano Törner ... erudi-
torum examini modeste submittit Ericus Benzelius, Upsaliæ 1724, 8vo (siehe
namentlich s. 28 ff.).

[2]) Olof Dalin, Svea Rikes Historia, I, Stockholm 1747, 4to, s. 231 ff. —
(Sven Bring,) Svea Rikes Historia, I, Stockholm 1769, 4to, s. 449 ff.

einigkeit erstreckt sich selten weiter als auf den allgemeinen satz, der von den meisten älteren ebenfalls anerkannt wurde, dafs die runen auf die eine oder die andere weise mit den alten süd-europäischen alphabeten oder der quelle, woraus diese entsprungen sind, verwandt sein müssen. Wenn man dagegen diese verwandt-schaft genauer zu bestimmen versucht hat, so zeigt es sich, dafs die meinungen nach sehr verschiedenen richtungen auseinander ge-gangen sind, und bis in die neuesten zeiten hinein haben die ver-schiedensten ansichten vertreter gefunden.

Nur ausnahmsweise trifft man bei den gelehrten des 19. jahr-hunderts die behauptung, dafs die runen nicht aus einem der be-kannten alphabete hervorgegangen, sondern von den germanischen völkern ohne ein fremdes vorbild erfunden seien. So nimmt G. Brynjulfsen an, dafs der „gotho-kaukasische stamm" die runen er-funden habe, und dafs die buchstabenschrift der übrigen völker all-mählich daraus entwickelt sei, da das runenalphabet das einfach- s. 13. ste und „folglich" das primitivste von allen wäre. Der um das runenstudium höchst verdiente Joh. G. Liljegren findet — wie früher Ihre —, dafs sowohl die anordnung als auch die form der runen dagegen spricht, sie von einem andern bekannten alphabete abzuleiten; dagegen glaubt er, dafs die stablosen Helsinger runen den gewöhnlichen runen zu grunde liegen, welche letzteren später so geändert wurden, dafs sie sich der lateinischen schrift näherten. In neuerer zeit haben auch Weingaertner und Dietrich die ansicht ausgesprochen, dafs die runenschrift von anfang an ohne fremdes vorbild geschaffen sei [1].

---

[1] Gislius Brynjulfi fil., Periculum Runologicum, Havniæ 1823, s. 68 —69. — Joh. G. Liljegren, Run-Lära, Stockholm 1832, s. 65—69; vgl. s. 35—39. Schon M. Celsius hatte übrigens die Helsinger runen für die ältesten er-klärt (Oreades Helsingicæ, s. 48 f.). — W. Weingaertner, Die Aussprache des Gothischen zur Zeit des Ulfilas, Leipzig 1858, s. 20: „Wir sehen die Runen der germanischen Völker als ein den germanischen Dialekten entsprechendes direkt aus dem asiatischen Stammland mitgebrachtes Erbgut an, welches ganz analog den germanischen Sprachen selbst neben der klassischen Schrift sich hinzieht, bis es mit ihr zunächst vorübergehend sich verbindet, dann aber mit den übrigen Errungenschaften des Alterthums den Völkern des Nordens ganz und vollständig anheim fällt, um sich selbständig bei ihnen fortzuentwickeln. Jene erste innige Verbindung der griechisch-römischen und germanischen Schrift ist unsere Gothische, als deren Erfinder Ulfilas also nur insofern angesehen werden darf, als er griechische Lautbezeichnungen nach eigenem Gutdünken in die

s. 14.    Während die hier genannten schriftsteller also den grund der ähnlichkeit zwischen den runen und den andern alten alphabeten entweder darin suchen, dafs diese letzteren aus der runenschrift hervorgegangen seien, oder darin, dafs diese sich erst später der griechischen und lateinischen schrift genähert habe, erklären die meisten andern die ähnlichkeit daraus, dafs das runenalphabet nach einem älteren alphabete gebildet sei. Aber bei der bestimmung dieses alphabetes ist man sehr verschiedene wege gegangen.

Nicht wenige haben die runen unmittelbar aus den semitischen buchstaben herleiten wollen. Es ist jedoch nicht mehr wie im 17. und 18. jahrhundert das hebräische, sondern zunächst das phönicische oder ein noch älteres alphabet, das man als das grundalphabet betrachtet, woraus die runenschrift hervorgegangen sei. Diese ansicht, die schon Sjöborg aussprach (1805), haben unter neueren schriftstellern U. W. Dieterich und Olde — jedoch auf sehr verschiedene weise — ausführlicher zu begründen gesucht, so wie Fr. Lenormant an verschiedenen stellen dieselbe auffassung angedeutet hat[1]).

heimischen Schriftzüge mengte." Vgl. hiermit s. 17: „Meiner Ansicht nach haben die Runen der Gothen in Folge der engen Verbindung des Volkes mit Rom einerseits, mit Konstantinopel andererseits, sich schon lange vor Ulfilas dem Charakter der griechisch-römischen Schrift genähert." — F. Dietrich, Ueber die Aussprache des Gothischen während der Zeit seines Bestehens, Marburg 1862, s. 6: „Ferner ist jetzt [1862!] wenig bezweifelt, dafs die Runen nicht aus den phönicisch-griechischen Zeichen entstanden, sondern bei den germanischen Stämmen einheimisch gewesen sind, woraus ferner mit Wahrscheinlichkeit abzunehmen ist, dafs sie bei ihnen unabhängig, und wie alle graphischen Zeichen anderer Völker aus einer Bilderschrift hervorgegangen sind. In der That sprechen auch dafür die altnordischen Namen . . .".

[1]) N. H. Sjöborg, Litteræ Gothicæ, ab Asia oriundæ, ad Scandinavos hospites deductæ, Londini Gothorum 1805, 4to: „Neque alphabetum Jonicum ut matrem, Gothicum vero ut filiam, sed potius ambo, sorores filiasque germanas ab antiquissimo Phœnicum Ægyptiorumque alphabeto ortas existimamus" s. 7; vgl. s. 13. — U. W. Dieterich, Enträthselung des Odinischen ᚠᚢᚦᚨᚱᚲ durch das semitische Alphabet, Stockholm und Leipzig 1864. — E. M. Olde, Om de skandinaviska runornas omedelbara ursprung frän det äldsta feniciska alfabetet, Lund 1871. — Fr. Lenormant in der Revue archéologique, vol. XVI (Paris 1867), s. 332. Sowohl seine andeutungen hier als auch seine darstellung von dem gegenseitigen verhältnis der verschiedenen runenalphabete im ersten bande seines grofsen unvollendeten werkes: „Essai sur la propagation de l'alphabet phénicien dans l'ancien monde I, Paris 1872", tafel 3, no. 5 zeigen jedoch, dafs man nicht viel von der behandlung der runenschrift erwarten durfte, die einem

s. 15.

Von allen alten alphabeten hat jedoch keines so grofse aufmerksamkeit auf sich gezogen wie das griechische. Bereits im vorigen
jahrhundert wies, wie wir oben bemerkt haben, E. Benzelius auf
die merkwürdige ähnlichkeit zwischen den ältesten griechischen buchstaben und den runen hin und nahm infolge derselben an, die runenschrift sei aus dem ältesten griechischen alphabet hervorgegangen.
Die noch bis in die neuesten zeiten wiederholte fabel von einem
ursprünglichen griechischen alphabete mit 16 buchstaben, das also
in der anzahl der zeichen auf eine merkwürdige weise mit den 16
nordischen runen zusammenfiel[1]), trug sehr dazu bei, diese ansicht
zu bestärken, der sich später viele angeschlossen haben. Nach
Bredsdorffs äufserung („Om Runeskriftens Oprindelse" s. 9 anm.)
soll auch Rask sich hierfür ausgesprochen haben[2]), und Finn Magnusen sagt gleichfalls („Runamo og Runerne" s. 8): „Auf jeden
fall ist es gewifs, dafs die runenbuchstaben in der form sich sehr
der ältesten griechischen schrift nähern, — und ich kann meines
teils nach den aufschlüssen, die man bisjetzt hat. nicht anders als
diese ansicht überhaupt für die wahrscheinlichste ansehen". In der anmerkung auf derselben seite scheint er jedoch schon grofse bedenken
bekommen zu haben. Die griechische herkunft der runenschrift
wird auch von F. J. Lauth (Das germanische Runen-Fudark,
München 1857, s. 180; 185 f.) angenommen. Meistens hat man sich
indessen mit vagen und unbestimmten andeutungen begnügt, ohne
die ähnlichkeiten im einzelnen nachzuweisen. Wenn man dies versuchte, zeigte es sich auch, dafs die vergleichung an vielen punkten

der folgenden bände vorbehalten war. — Mehr als ein curiosum und zugleich
als stütze für meinen ausspruch, dafs alle möglichen, denkbaren wie undenkbaren
ansichten zu worte gekommen sind, will ich anführen, dafs Dieterich in der hier
genannten schrift die 16 nordischen runen aus einem von ihm selbst gemachten
alten semitischen alphabete von 16 zeichen herleitet, so dafs ᚠ von *aleph*, ᚾ
von *béth*, ᚦ von *gîmel* u. s. w. gebildet ist. Das ist unleugbar auch ein ausweg, um die schwierige frage nach der anordnung der runen im vergleich mit
den andern älteren alphabeten zu lösen. (Eine andeutung von etwas ähnlichem,
doch nur bezüglich der ersten drei runen, findet sich übrigens schon bei Brynjulfsen, Periculum Runologicum, s. 93 anm.).

[1]) So noch P. G. Thorsen, De danske Runemindesmærker I, Kbh. 1864,
s. 358 f.

[2]) Vgl. R. K. Rask, Undersøgelse om det gamle Nordiske eller Islandske
Sprogs Oprindelse, Kbh. 1818, s. 301 (vgl. Samlede Afhandlinger III, 1838,
s. 386 ff.).

nicht stich hielt. Anstatt die runen unmittelbar von den griechischen
16. buchstaben herzuleiten, nahm man daher zu „einer gemeinsamen
quelle" für beide alphabete seine zuflucht. Dies wird bereits in
einer anzeige von Bredsdorffs und Brynjulfsens schriften über die
runen in der „Dansk Litteratur - Tidende for 1823" no. 46--47,
s. 726 [von P. E. Müller] angedeutet, und bestimmter wird dieser
gedanke von N. M. Petersen, „Danmarks Historie i Hedenold" III²
(1855) s. 263 ff. ausgesprochen: Auffallend sei besonders die übereinstimmung mit den ältesten griechischen buchstaben, jedoch wolle
er damit nicht behaupten, „dafs die ältesten nordischen runen
unmittelbar von den griechischen buchstaben entnommen sind, aber
sie zeigen, dafs beide völker ihre schrift aus derselben älteren quelle
haben." Wahrscheinlich meint C. C. Rafn dasselbe, wenn er sagt:
„Ces caractères [die 16 nordischen runen] que le mythe attribue à Odin,
dérivent indubitablement de l'ancienne patrie asiatique des habitants
du Nord. Comme les anciens caractères grecs proviennent également,
selon toute probabilité, de la même partie du monde, il est
très curieux de remarquer la conformité que nous présentent les
deux alphabets" (Antiquités de l'Orient, monuments runographiques
interprétés par C. C. Rafn, Copenhague 1856, s. 44). Auch bei
G. Stephens rieselt noch die quelle, aus der sowohl die runen wie
die übrigen alten alphabete ihren ursprung haben: „A single glance
will show that all the Runes are sister staves, descended from a
source which also produced the alphabets of the Phœnicians and
the Classical peoples ... But this Phœnician staverow supplies val-
uable connecting links towards understanding the Runic forms. We
thus see that the „Scandinavian Futhark" [die kürzere runenreihe]
is not younger than the „Old-Northern" [die längere reihe], but
a peculiar modification and compendium of the common Runic tra-
ditions ... But we also see that the Scandinavian Ψ (M) is not
younger than the Old-Northern ᛘ (M), both forms being only varie-
ties of the Phœnician and Palmyrene ᛘ" (!) (The Old-Northern Runic
monuments I, s. 94). Leider hat keiner der genannten schriftsteller
versucht diese „gemeinsame quelle" näher nachzuweisen, aus der
sowohl die griechischen buchstaben wie die runen entsprungen sein
sollen; sie steht in einen mystischen schleier eingehüllt, den man
nicht zu lüften vermocht hat, und man hat sich deshalb mit nebel-
haften, unbestimmten andeutungen begnügen müssen.

Auch aus den alten italischen alphabeten hat man die runen

abzuleiten gesucht. K. Weinhold (Altnordisches Leben, Berlin 1856,
s. 407 ff.) denkt zunächst an das etruskische oder ein anderes italisches,
aber nicht-lateinisches, alphabet. Doch wagt er nicht eine bestimmte
meinung auszusprechen, sondern fasst seine untersuchungen in folgendes resultat zusammen: „Wir halten also an dem Satze fest, die Runen
sind Abkömmlinge des phönicisch-europäischen Alphabetes. Auf
welchem Wege sie den Germanen zukamen, wagen wir nicht zu entscheiden, doch scheint derselbe über Italien und die etrurischen Ge-
biete gegangen zu sein" (s. 412).

Entscheidend hat sich dagegen A. Kirchhoff für den ursprung  s. 17.
der runenschrift aus dem lateinischen alphabete der ersten jahrhunderte nach Christi geburt ausgesprochen, eine ansicht, die er
hinsichtlich der einzelnen zeichen in der vorrede zur zweiten auflage
seines buches „Das gothische runenalphabet", Berlin 1854, 8vo [1])
darzulegen gesucht hat.

Einen ziemlich alleinstehenden versuch hat endlich J. H. Bredsdorff gemacht, die runenschrift von den Wulfilanischen buchstaben
abzuleiten [2]), während die meisten neueren darüber einig sind, dafs

---

[1]) Dagegen enthält die erste ausgabe (Berlin 1851, 4to) die untersuchung über
den ursprung der runenschrift nicht. — Ganz verschieden von Kirchhoff's meinung ist natürlich die vorstellung, die zuweilen bei älteren schriftstellern zu
worte gekommen ist, dafs die runenschrift nichts anderes als eine verdrehung
der lateinischen buchstaben des mittelalters sei (siehe z. B. Leibnitz, Collec-
tanea Etymologica in den Opera omnia VI, 2, Genevæ 1768, s. 197. Gleichfalls spricht U. F. Kopp, Palæographia critica III, Mannhemii 1829, nachdem
er bemerkt hat, dafs kein runendenkmal älter sei als das zehnte jahrhundert,
im vorbeigehen aus: „hoc autem loco monere sufficiat, illas quidem Runas ori-
ginem traxisse a corruptis Romanorum literis, quas virorum doctorum plurimi
omnino ignorant, quasque e Britannia in Scandinaviam transvectas esse utique
verisimile sit" s. 236).

[2]) J. H. Bredsdorff, Om Runeskriftens Oprindelse, Kbh. 1822, 4to, woran
sich schliefst: „Bemærkninger i Anledning af Recensionen [von P. E. Müller]
i Litteraturtidenden [d. i. Dansk Litteratur-Tidende für 1823] No. 46" (8 seiten,
welche als beilage mit no. 51 der Litteratur-Tidende folgten), nebst: „Om For-
holdet mellem det skandinaviske Rune-Alphabet og det gothiske Alphabet, som
er anvendt i de neapolitanske Brevskaber" in der Tidsskrift for Nordisk Oldkyndighed II (1829), s. 59—62. Vgl. ebenfalls die beiden kleinen abhandlungen:
„Om de saakaldte tydske Runer; eller Bemærkninger ved Hr. W. C. Grimms
Skrift: „Über deutsche Runen"" in Molbechs Nordisk Tidsskrift for Historie,
Literatur og Konst II (Kbh. 1828), s. 394—403 und „Om Guldhornsrunernes
Oprindelse" in Barfods Brage og Idun III (Kbh. 1840), s. 502—16.

2*

umgekehrt das runenalphabet in weiterer oder geringerer ausdehnung
dem alphabete Wulfilas zu grunde liegt.

Diese übersicht über die verschiedenen ansichten, die sich be-
s. 18. züglich des ursprungs der runenschrift geltend gemacht haben, könnte
natürlich bedeutend vermehrt werden, und ich könnte eine nicht
kleine reihe namen von schriftstellern hinzufügen, welche, anstatt sich
klar und bestimmt auszudrücken, es vorgezogen haben, so vage und
unbestimmte andeutungen zu geben, dafs es sehr schwer und oft ganz
unmöglich ist, ihre wirkliche meinung herauszufinden.

Was hier angeführt ist, wird indessen genügen, um zu zeigen,
dafs diese frage bis in die neuesten zeiten höchst verschiedene antworten hervorgerufen hat. Die thatsache ist weniger wunderbar, als
es beim ersten anblick scheinen könnte, wenn wir bedenken, dafs ja
alle die alphabete, von denen man die runen herzuleiten gesucht hat,
auf eine gemeinsame quelle zurückweisen; da sie alle mehr oder
weniger das ursprüngliche gepräge bewahrt haben und in manchen
einzelnen zeichen genau übereinstimmen, so hat jede ansicht mit
leichtigkeit die eine oder andere stütze finden können. Aber man
hat bei diesen untersuchungen aufser vielen fehlern im einzelnen den
hauptfehler begangen, alphabete von ganz verschiedenen zeiten mit
einander zu vergleichen. Namentlich hat man fast immer das allbe-
kannte kürzere nordische runenalphabet als ausgangspunkt bei der
vergleichung mit den älteren alphabeten benutzt, indem man auf der
falschen voraussetzung fufste, dafs dieses alphabet dem ursprünglichen am nächsten stände, während es sich in wirklichkeit als
eine jüngere, in den nordischen ländern erfolgte entwicklung eines
älteren runenalphabetes erweist, das einmal allen germanischen
völkern gemeinsam war und uns auf unsern denkmälern aus dem
älteren eisenalter überliefert ist. Da wir später dazu kommen werden,
hierfür den beweis zu führen, so kann für uns keine rede davon sein,
das jüngere alphabet mit andern alphabeten aufserhalb des Nordens
zu vergleichen; es findet seine notwendige voraussetzung und erklärung in dem älteren, und die frage bleibt dann, mit welchem alphabete das letztere verwandt ist. Nur wenn man diesen weg einschlägt,
wird die frage eine, wie ich hoffe, befriedigende lösung finden können.
Aber wir müssen bei der beurteilung der früheren versuche wohl im
auge behalten, dafs erst die neueste zeit uns die mittel gegeben hat,
s. 19. die notwendig waren, um mit sicherheit diesen weg zu betreten. Dafs
es den altertumsforschern glückte, allmählich eine grofse menge

von denkmälern mit den älteren runen sowohl im Norden als auch
aufserhalb desselben ans licht zu ziehen, und dafs die vergleichende
sprachwissenschaft im stande war, die sprachform dieser inschriften
nachzuweisen, waren notwendige bedingungen, um mehr als schwankende und unsichere antworten auf die frage nach dem alter und
der verbreitung der runen sowie nach deren verhältnis zu fremden
schriftzeichen geben zu können.

Da es nun eine thatsache ist, dafs die runenschrift erst in dem
sogenannten älteren eisenalter auftritt, müssen wir uns, um ihre verwandten zu finden, natürlich vor allen dingen zu den alten südeuropäischen alphabeten (dem griechischen, lateinischen, etruskischen und den übrigen italischen) wenden, und die ähnlichkeit
zwischen ihnen und den runen wird sich dann auch sofort in vielen
punkten so augenfällig zeigen, dafs die verwandtschaft unzweifelhaft
wird. Aber damit ist es ja noch keineswegs ausgemacht, dafs die
runenschrift mit notwendigkeit von einem dieser alphabete abstammen
mufs, und also noch weniger, von welchem unter ihnen. Sie könnte
ja aus derselben quelle wie diese alphabete entsprungen
sein und sich darauf selbständig entwickelt haben; aber sie
kann auch aus einem einzigen derselben hervorgegangen
oder mit hülfe mehrerer zugleich gebildet sein.

Es ist ja einleuchtend, dafs man, um diese frage sicher beantworten zu können, zu allererst darüber im reinen sein mufs,
welches verhältnis zwischen den alten südeuropäischen alphabeten
unter einander besteht, und man verwirrt die sache nur, wenn man,
wie es oft geschehen ist und noch häufig geschieht, ohne irgend-
welche methode planlos bald zeichen von dem einen, bald von
dem andern alphabete mit den runen vergleicht. Obwohl nämlich
die entwicklung der alten griechischen und italischen alphabete nach
den neuesten entdeckungen und untersuchungen nicht blofs in den
hauptzügen, sondern auch in den meisten einzelheiten ziemlich klar
vorliegt, haben die forscher, die sich mit dem ursprunge der runenschrift beschäftigt haben, nur ganz ausnahmsweise hiervon kenntnis   s. 20.
genommen. Bei all den verwirrten vorstellungen, die sich infolge
dessen geltend gemacht haben, halte ich es für unmöglich, die untersuchung auf den rechten weg zu bringen, wenn sie nicht noch einmal
so zu sagen ganz von vorn begonnen wird. Um also eine sichere
grundlage zu haben, worauf wir bei den folgenden untersuchungen
über den ursprung der runenschrift bauen können, müssen wir zunächst

eine übersicht über die entwicklung und das gegenseitige verhältnis
derjenigen alphabete geben, zu denen man mit mehr oder weniger
grund die runen hat in beziehung setzen wollen.

---

## II. kapitel.

## Das verhältnis zwischen dem phönicischen und den alten südeuropäischen alphabeten.

### A.  Das phönicische und die alten griechischen alphabete.

Dass die Griechen ihre buchstabenschrift von den Phöniciern
erhalten haben, berichtet schon Herodot (V, 58); und auch später
war dies die allgemeine ansicht bei den Griechen, obgleich wir finden, dafs sich abweichende anschauungen frühzeitig geltend machten [1]).
Um die phönicische herkunft der griechischen buchstaben nachzuweisen, brauchen wir jedoch keineswegs unsere zuflucht zu der griechischen überlieferung zu nehmen, die in manchen punkten unrichtig
und verwirrt ist. Ein unumstöfslicher beweis für die abstammung des
griechischen alphabetes vom phönicischen läfst sich nämlich durch die
übereinstimmung führen, die sich nicht nur zwischen den griechischen
und semitischen buchstabennamen [2]), sondern auch zwischen den
altgriechischen und phönicischen buchstabenformen findet.

s. 21.    Das alte phönicische alphabet bestand aus 22 buchstaben,
deren namen und reihenfolge im hebräischen bewahrt sind [3]). Die

---

[1]) Franz, Elementa epigraphices Græcæ, Berolini 1840, s. 12 ff.

[2]) Man vergleiche hebräisch *áleph, béth, gímel, dáleth, wáw, ḥ'éth, téth, jód,
kaph, lámed, qóph, táw* mit griechisch ἄλφα, βῆτα, γάμμα (γέμμα), δέλτα, βαῦ,
ἦτα (ἦτα), θῆτα, ἰῶτα, κάππα, λάμβδα, κόππα, ταῦ.

[3]) Auch die alten hebräischen zeichen, die sich noch auf münzen aus der
Makkabäerzeit finden, stimmen fast ganz mit den phönicischen überein, sie wurden
aber frühzeitig von der sogen. „quadratschrift" verdrängt, während die Samari-
taner aus hafs gegen die Juden die alte schrift bewahrten. Von besonderem
interesse bezüglich der älteren form der hebräischen zeichen ist die in neuerer
zeit gefundene Siloahinschrift. (Vgl. die alphabettafeln bei G. Bickell, Grund-
rifs der hebr. Grammatik, Leipz. 1869—70 und bei Gesenius-Kautzsch,
Hebr. Gramm. 24. aufl., Leipz. 1885, s. 378. Über die Siloahinschr. vgl. ebenda
s. 9 f. und das facsimile auf s. 377). — Die älteste phönicische aussprache der
22 buchstaben mufs gleichfalls mit der alten hebräischen aussprache übereingestimmt haben, die im laufe der zeit verschiedene modificationen erfuhr, indem

form dieses alphabetes, die wir in den phönicischen inschriften, namentlich von Sidon, finden, hat sich indessen aus einem noch älteren gemein-semitischen alphabete entwickelt, über das man erst in der neueren zeit mit hülfe der bei Dibon (Dhibân) gefundenen merkwürdigen inschrift auf einer steinsäule aus dem 9. jahrhdt vor Christi geburt (c. 890), die dem moabitischen könige Meša ihren ursprung verdankt[1]), sichere aufklärungen erhalten hat. Da der moabitische stein, wenn wir von den keilschriften absehen, ohne zweifel die älteste von allen semitischen inschriften aufweist und auf jeden fall das älteste bisher entdeckte denkmal mit wirklicher buchstabenschrift ist, dessen zeit wir genauer zu bestimmen im stande sind, so wird sein alphabet in zukunft neben dem phönicischen den ausgangspunkt für alle untersuchungen über die entwicklung der buchstabenschrift bilden. Was uns die inschrift von Dibon in dieser beziehung lehren konnte, ist in der neuesten zeit durch die im anfang der siebziger jahre auf der insel Cypern gefundenen 8 bruchstücke von zwei (drei?) phönicischen inschriften aus derselben zeit und von demselben inhalt weiter bestätigt worden, die schwerlich viel jünger sein können, als der stein Mešas und somit die ältesten überreste von eigentlich phönicischer sprache und schrift enthalten[2]).

---

namentlich כ, ת, פ und ג, ר, ב neben dem werte als verschlufslaute *k*, *t*, *p*, *g*, *d*, *b* auch die spirantische aussprache χ, ϑ, φ; γ, δ, β bekamen; aufserdem spaltete sich שׁ, *sîn*, in die beiden laute *s* (שׁ, *sîn*) und *š* (שׁ, *šîn*). Vgl. J. Olshausen, Lehrb. der hebr. Sprache, Braunschw. 1861, § 6, § 23, § 30.

[1]) Zuerst bekannt gemacht in: La stèle de Mesa roi de Moab 896 av. J. C. Lettre à M. le c^te de Vogüé par Ch. Clermont-Ganneau, Paris 1870, 4to. Eine neue und bessere abbildung gab de Vogüé in der Revue archéologique, vol. XXI, Paris 1870, pl. VIII (darnach wiedergegeben bei Th. Nöldeke, Die Inschrift des Königs Mesa von Moab, Kiel 1870). Vgl. noch K. Schlottmann, Die Siegessäule Mesa's, Halle 1870 und ders. in der ZDMG, Bd. XXIV (1870) s. 253 ff. 438 ff. 645 ff., XXV, s. 463 ff.; Nöldekes artikel „Mesa" in Scheukels Bibellex. Bd. IV; Himpel in der Tüb. theol. Quartalschr. 1870, s. 584 ff.; Diestel in den Jahrbb. f. deutsche Theol. 1871, s. 215 ff. Siehe auch den artikel im „Ausland" 1874, no. 48, s. 951 ff. — Der gröfste teil der bruchstücke ist jetzt im Louvre zu Paris.

[2]) Zuerst bekannt gemacht von E. Renan: Notice sur huit fragments de patères de bronze, portant des inscriptions phéniciennes très anciennes im Journal des Savauts août 1877, p. 484—494 mit tafel; später behandelt im Corpus Inscr. Semiticarum I, Parisiis 1881, p. 22—26 u. taf. IV (heliogravure von Dujardin). Es kann kaum ein zweifel darüber bestehen, dafs die 6 stücke (A-F) zusammen gehören, wogegen es nicht sicher auszumachen ist, ob G und H reste von einer oder von zwei inschriften sind.

Um eine vorstellung von den semitischen buchstabenformen zu geben, die dem altgriechischen alphabete am nächsten zu grunde liegen, stellen wir das alphabet von dem moabitischen steine und von
s. 22. der alten phönicischen inschrift (gewifs aus dem 4. oder aus dem schlusse des 5. jahrhdts vor Chr.) auf dem sarkophage des sidonischen königs Ešmûnazar [1]) neben einander auf. In der sarkophaginschrift kommt das ganze phönicische alphabet vollständig vor, wohingegen sich in dem teile, der von der moabitischen inschrift erhalten ist, kein beispiel von dem buchstaben findet, welcher dem hebräischen ט *têth* entspricht[2]); dieser buchstabe kommt dagegen ein einziges mal auf einem der bruchstücke von Cypern in einer form vor, die als gemeinsemitisch angesehen werden kann, weshalb ich denselben in dem moabitischen alphabete eingeklammert hinzugefügt habe.

---

[1]) Entdeckt 1855 in der nähe von Saida (dem alten Sidon), jetzt im Louvre zu Paris. Genau abgebildet bei H. d'Albert de Luynes, mémoire sur le sarcophage et l'inscription funéraire d'Esmunazar, roi de Sidon, Paris 1856, 4to. Aufser der hauptinschrift in 22 zeilen auf der brust des königsbildes oben auf dem deckel des sarkophages findet sich eine zweite inschrift in 6½ zeilen, die um den hals des königsbildes geht und im ganzen mit schöneren und regelmäfsigeren zügen ausgehauen ist als die grofse inschrift, aber nur eine genaue wiederholung dieser letzteren bis zum 29. buchstaben in der 13. zeile bildet, wo sie mitten in einem worte aufhört. Beide texte kontrollieren somit einander, und wir können an 4 stellen die grofse inschrift mit hülfe der kleineren berichtigen, die nur einen fehler enthält, der sich nicht in der gröfseren findet. Die abbildung bei de Luynes ist öfter in besser zugänglichen werken wiedergegeben, so bei S. Munk im Journal asiatique, avril—mai 1856; M. A. Levy, Phönizische Studien, Erstes Heft, Breslau 1856, tab. I; K. Schlottmann, Die Inschrift Eschmunazars Königs der Sidonier, geschichtlich und sprachlich erklärt, Halle 1868, tab. I—II; P. Schröder, Die Phönizische Sprache, Halle 1869, tab. I. Die neueste wiedergabe der inschrift findet sich in dem Corpus Inscr. Semit. I, p. 9 ff. mit taf. II und III (heliogravure von Dujardin).

[2]) Auch in der sarkophaginschrift findet sich ט nur einmal, aber sehr grofs und deutlich, nämlich als der vorletzte buchstabe in der elften zeile. — Um so viel wie möglich den charakter, den die buchstaben in den inschriften selbst haben, zu bewahren, sind auf der alphabettafel die moabitischen zeichen absichtlich feiner und die sidonischen fetter gemacht. Die hier dargestellten formen können als grundtypen betrachtet werden, während unbedeutende und ganz unwesentliche modificationen, die einzelne buchstaben zuweilen aufweisen, natürlich nicht mit aufgenommen sind.

s. 23.

| | | | moabitisch: | sidonisch: | |
|---|---|---|---|---|---|
| 1. | א | áleph | | | ' |
| 2. | ב | béth | | | b |
| 3. | ג | gímel | | | g |
| 4. | ד | dáleth | | | d |
| 5. | ה | hé | | | h |
| 6. | ו | wáw | | | w |
| 7. | ז | zajin | | | z |
| 8. | ח | ḥéth | | | ḥ |
| 9. | ט | ṭéth | | | ṭ |
| 10. | י | jôd | | | j |
| 11. | כ (ך) | kaph | | | k |
| 12. | ל | lámed | | | l |
| 13. | מ (ם) | mém | | | m |
| 14. | נ (ן) | nûn | | | n |
| 15. | ס | sámekh | | | s |
| 16. | ע | 'ajin | | | arab. ع |
| 17. | פ (ף) | pé | | | p |
| 18. | צ (ץ) | ṣádé | | | ṣ |
| 19. | ק | qôph | | | q |
| 20. | ר | réš | | | r |
| 21. | ש | sin (šin) | | | s (š) |
| 22. | ת | táw | | | t |

Wo die moabitischen und sidonischen buchstabenformen von einander abweichen, steht das moabitische alphabet durchgehends auf der ursprünglicheren stufe[1]), wie dies weiter aus den folgenden unter- s. 24.

---
[1]) Die stark abgerundete form, die einzelne buchstaben, namentlich *lämed*, in der moabitischen inschrift im gegensatz zu den gewöhnlichen phönicischen

suchungen über die entwicklung des griechischen alphabetes hervorgehen wird. So weisen *zajin*, *kaph*, *qôph*, *mêm* und *sin* formen auf,
die im gegensatze zum sidonischen genau mit den ältesten griechischen übereinstimmen; die moabitischen formen für *mêm* und *sin*
finden sich genau in einer kleinen inschrift von 4 buchstaben auf
einer gemme wieder, welche de Vogüé in der Revue archéologique,
vol. XVII (1868), tab. XIV, no. 1, herausgegeben hat, und die er
grade auf grund dieser buchstabenformen für älter als das 7., „ja
sogar als das 8. jhdt" anzusehen geneigt war (ibid. s. 433) [1]). Die
entdeckung der moabitischen inschrift hat im ganzen die ansicht
glänzend bewährt, welche graf Vogüé schon früher in bezug auf die
entwicklung der alten semitischen alphabete geltend gemacht hatte [2]).

Unter allen buchstabenformen in der moabitischen inschrift heben
wir jedoch namentlich ◁ (*dáleth*) hervor, das mit dem griechischen
△ (δέλτα) übereinstimmt, während dieser buchstabe bereits in den
ältesten sidonischen inschriften eine verlängerung erhalten hat, wodurch er mit dem zeichen für *reš* zusammen fällt. Höchst merkwürdig wegen der übereinstimmung mit dem griechischen ist auch
das moabitische zeichen für *šámekh*, worüber unten mehr.

Nachdem die vorstehenden bemerkungen über das verhältnis zwischen dem moabitischen und dem sidonischen alphabete in der ersten
ausgabe dieses werkes 1874 gedruckt waren, ist die berechtigung, die
moabitischen buchstabenformen in allem wesentlichen als die ältesten
ge meinsemitischen anzusehen, vollständig durch die obengenannten
acht altphönicischen inschriftbruchstücke von Cypern bestätigt
worden. Wir finden darauf nämlich das ganze phönicische alphabet
mit ausnahme der zeichen für *gimel*, *hê* und *pé* wieder. Hiervon
stimmen *áleph*, *béth*, *dáleth* (△), *zajin* (‡), *jôd*, *kaph*, *lámed* (ᒐ),

---

formen aufweisen, darf jedoch eher für eine eigentümlichkeit in dieser inschrift
als für ein zeichen von hohem alter angesehen werden.

[1]) Aufser *mêm* und *sin* kommt *lámed* zweimal in der inschrift vor, und
die form desselben stimmt gleichfalls mit der moabitischen überein, ermangelt
aber der starken rundung. Dasselbe gilt von dem 4 mal vorkommenden *lámed*
auf den phönicischen bruchstücken A und B von Cypern; eine etwas stärkere
rundung hat das zeichen dagegen auf dem bruchstück H, wo es sich zweimal
findet.

[2]) Siehe namentlich seine abhandlung: „l'alphabet hébraique et l'alphabet
araméen" in der Revue archéologique, vol. XI (1865), s. 319—341 mit pl. VIII
—IX und als ein supplement hierzu: „intailles à légendes sémitiques" in der
Revue archéol., vol. XVII (1868), s. 432—50 mit pl. XIV—XVI.

*mēm*, *nûn*, *sāmekh*, *ʿjîn*, *sādē*, *qôph*, *rēš* und *sin* so gut wie vollständig mit den entsprechenden moabitischen zeichen überein, und
dasselbe kann sicher von *gimel*, *hē* und *pē* angenommen werden.
Ein wenig abweichend ist *wāw*, das nur ein einziges mal als erster
buchstabe auf dem bruchstück E vorkommt und etwas beschädigt
ist, aber die form 𐤅 zu haben scheint, sowie *hʿēth* (𐤇) und *tāw*
(𐤕 𐤕 𐤕). Gerade alle charakteristischen formen sind also mit dem
moabitischen alphabet gemeinsam, und die zeichen für *hʿēth* und *tāw*
dürfen vielleicht eher als die moabitischen für gemeinsemitisch angesehen werden.

Schon eine vergleichung zwischen den verschiedenen buchstabenformen, die in den alten griechischen inschriften angewandt werden,
macht es wahrscheinlich, dafs alle 22 phönicischen buchstaben
von anfang an im griechischen in der gestalt aufgenommen wurden, s. 25.
die sie im altsemitischen alphabet hatten; dafs auch die semitische
reihenfolge und so weit wie möglich die semitischen namen bewahrt
blieben, zeigt das gewöhnliche griechische alphabet. Doch hat der
vollständige beweis für die verpflanzung aller phönicischen zeichen
in ihrer ursprünglichen anordnung auf griechischen boden erst mit
hülfe des altgriechischen alphabetes geführt werden können, das sich
auf der sogen. galassischen vase von Caere, einem kleinen ge-
fäfse von etruskischer arbeit findet, welches von general Galassi in
einem etruskischen grabe bei Caere zusammen mit vasen mit etruskischen inschriften entdeckt wurde und sich jetzt im gregorianischen
museum zu Rom befindet. Von diesem wichtigen denkmal, für das
wir auch später verwendung haben werden, teilen wir auf s. 29
(fig. 1) eine abbildung mit [1]). Die inschrift, die um den bauch der
vase läuft, ist ein etruskisches syllabar, das wir unten näher besprechen werden. Vorläufig behandeln wir nur die inschrift auf dem
fufse, die das griechische alphabet enthält, in welchem jedoch ein
wenig von dem *λ* und das *μ* so gut wie ganz zerstört ist; durch
einsetzung des *μ* aus dem syllabar bekommen wir folgende buch-

[1]) Bekannt gemacht von R. Lepsius in den Annali dell' instituto di corri-
spondenza archeologica, vol. VIII, Roma 1836, tab. B (vgl. s. 186 ff.). Darnach
bei Franz, Elementa epigr. Græcæ s. 22 (nicht ganz genau), und im Corpus
inscriptionum Græcarum, vol. IV, no. 8342 tab. VIII (vgl. ibid. s. 212—13).
Siehe gleichfalls A. Fabretti, Corpus inscriptionum Italicarum, Aug. Tauri-
norum 1867, no. 2403, s. CCVII und tab. XLIII (auf der tafel hat es unrichtig
no. 2405 bekommen); H. Roehl, Inscriptiones Græcæ antiqvissimæ, Berol. 1882,
no. 534.

stabenreihe, in der die zeichen, wie wir sogleich darthun werden, die hier beigefügte bedeutung haben:

α β γ δ ε ω ζ h ϑ ι x λ μ ν - ο π (σ) ϱ σ ι υ ξ ψ χ

A B C D Ɍ F I B⊕ I K L M M ⊞ ⊙ P M P E Υ Y ↑ ꟼ Y

Ein ähnliches griechisches alphabet, das jedoch nicht ganz vollständig ist, indem es mit o schliefst, hatte man lange vorher (1690 oder 98) zwischen etruskischen inschriften und in verbindung mit einem bruchstück eines etruskischen syllabars auf der wand eines

s. 27. etruskischen grabes bei Colle in der nähe von Siena gefunden (siehe s. 29 fig. 2)[1]. Wenn man ein paar abweichungen in den buchstabenformen ausnimmt, die gewifs zum teil auf rechnung der abschrift gesetzt werden können, stimmt es mit dem alphabet von Caere überein.

Die genauesten untersuchungen über diese alphabete verdanken wir Th. Mommsen, dem es zuerst gelang, den wert der einzelnen zweifelhaften zeichen zu bestimmen (Die unteritalischen Dialekte, Leipzig 1850, s. 8 ff.).

Von den 25 buchstaben im alphabet von Caere entsprechen die ersten 21 der alten phönicischen reihe, aus welcher nur das zeichen für qôph, κόππα (Ϙ) vor ϱ fehlt. Dafs dieser buchstabe an dieser stelle im griechischen grundalphabet vorhanden gewesen, ist ja indessen klar, da er in den altgriechischen inschriften allgemein ist und sich selbst in dem gewöhnlichen griechischen alphabete als zahlzeichen erhalten hat; aber er hat im vergleich mit κάππα immer eine sehr eingeschränkte anwendung gehabt, indem er namentlich vor o[2], mehr sporadisch vor υ und konsonanten gebraucht wurde.

Dagegen finden wir, was das merkwürdigste bei diesem alphabet und von der gröfsten wichtigkeit für uns ist, vier zeichen für die zischlaute wie im phönicischen, nämlich nicht nur I (ζ) zwischen ω und h (η) und Ɛ (σ) zwischen ϱ und ι wie in dem gewöhnlichen griechischen alphabete, sondern auch das zeichen ⊞ zwischen ν und

---

[1] Abgebildet bei Bellori, Le pitture antiche etc., Roma 1706 (lateinische ausg. 1738), Appendice tav. XI; Thomæ Dempsteri de Etruria regali libri septem, Florentiæ 1723—24, II, tab. 92; (Lanzi,) Saggio di lingua etrusca, Roma 1789, II, s. 512. Darnach bei Lepsius und Franz l. c. und im Corpus inscr. Gr., vol. III, no. 6153 (s. 874—75). Vgl. Fabretti no. 449—51, s. L und tab. XXVIII; Roehl no. 535.

[2] Daher auch in einer der am spätesten entdeckten inschriften von Thera (Roehl no. 449) in der verbindung Ϙꟾ (= χ) vor ο.

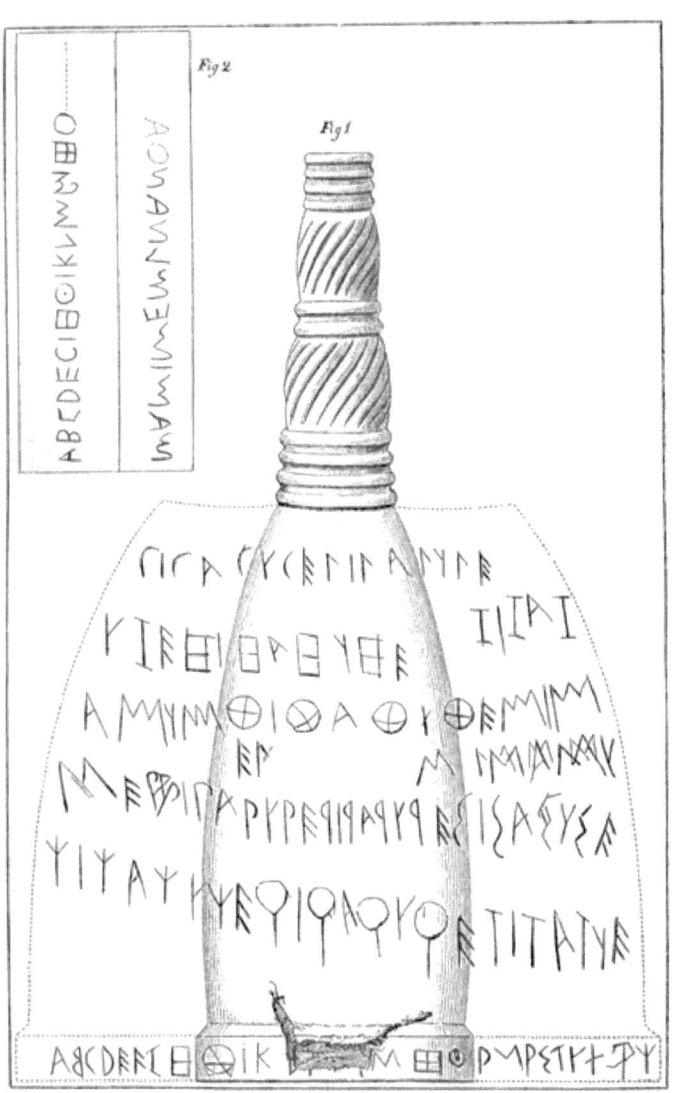

Fig. 1: Die galassische vase von Caere.
Fig. 2: Alphabet und syllabar von Colle.

*o* (und dies wohlgemerkt in dem alphabet von Caere wie in dem von Colle) nebst Ϻ nach π. Diese beiden zeichen entsprechen also dem phönicischen *šāmekh* und *ṣādē*; dafs das letztere in dem alphabet von Caere die ungewöhnliche form Ϻ anstatt M bekommen hat, welche in den allerältesten griechischen inschriften allgemein ist, und welche es wahrscheinlich in dem alphabet von Colle gehabt s. 28. hat, liegt daran, dafs M in dem ersteren alphabet das zeichen für ν ist, wie μ die form MM hat, entsprechend den sonst vorkommenden altgriechischen formen И (ν) und Иᵛ (μ), die beide in der inschrift von Colle gebraucht werden[1]).

Die 4 letzten buchstaben in dem alphabet von Caere, die hinter der alten phönicischen reihe hinzugefügt sind, werden gerade auf grund hiervon allgemein als später erfundene spezifisch griechische zeichen aufgefafst. Dies gilt jedoch nicht von dem zeichen für υ, das in wirklichkeit, wie wir sogleich zeigen werden, aus einem der alten phönicischen buchstaben hervorgegangen ist; dafs es älter ist, als die drei folgenden zeichen, zeigt sich nicht blofs dadurch, dafs es die erste stelle nach τ hat, sondern geht namentlich daraus hervor, dafs das zeichen für υ in keinem einzigen griechischen alphabete fehlt, wogegen die ältesten inschriften von Thera und Melos (taf. I, no. 1) keine besonderen zeichen für ξ, φ, χ und ψ kennen, sondern κσ, πh, κh und πσ gebrauchen. Gleichfalls fehlen dem alten alphabet von Kreta, dessen formen jetzt mit vollkommener sicherheit mit hülfe der kürzlich entdeckten merkwürdigen inschrift von Gortyn[2]) bestimmt werden können, besondere zeichen für ξ, φ, χ und ψ, die hier durch κσ, π[3]), κ[3]) und πσ ausgedrückt werden. Dagegen bekam man schon in der ältesten zeit ein eigenes zeichen für ϑ, da

[1]) Die form des ν in dem alphabet von Colle beruht natürlich auf einer ungenauigkeit entweder in der inschrift selbst oder in der abschrift, da die richtige ν-form 2 mal in dem syllabarbruchstück vorkommt. (Dafs das zeichen für ζ die form I statt I hat, ist auch einfach ein fehler).

[2]) Leggi antiche della città di Gortyna in Creta scoperte dai Dᵣⁱ F. Halbherr ed E. Fabricius lette ed illustrate da D. Comparetti, Firenze 1885. Vgl. Das Recht von Gortyn herausgeg. und erläutert von F. Bücheler und E. Zitelmann im Rhein. Museum für Philologie XL, Ergänzungsheft 1885. (Zwei früher bekannte bruchstücke der inschrift sind bei Roehl no. 475—476 aufgenommen). Da die inschrift kaum weiter als in den schlufs des 5. jahrhdts zurückgesetzt werden kann, so zeigt sie also, dafs man auf der abgelegenen insel einen standpunkt festgehalten hat, der längst in den andern gegenden Griechenlands aufgegeben worden war.

[3]) Ꙩ (H) wird überhaupt nicht in der inschrift gebraucht.

die Phönicier nicht nur das gewöhnliche *t* (*tāw*) hatten, welches für
τ benutzt wurde, sondern auch ein eigentümliches hartes *t* (*téth*,
arabisches ط *ṭā*) [1]) besafsen, und dies für ϑ verwendung fand.

Es ist somit sicher, dafs das älteste griechische alphabet, dessen
grundtypus sich am allerklarsten in den uralten inschriften von Thera
findet, die 22 semitischen zeichen benutzt und höchstens ein neues
hinzugefügt hat; dafs auch die semitische buchstabenfolge bewahrt
blieb, zeigt die übereinstimmung zwischen dem alphabet von Caere
und dem gewöhnlichen griechischen alphabet.

Trotz dieser grofsen ähnlichkeit mit dem phönicischen finden
wir jedoch in dem ältesten griechischen alphabete eine wesentliche
abweichung von dem semitischen grundalphabet, die zugleich so zu
sagen den letzten grofsen fortschritt in der entwicklung
der buchstabenschrift bezeichnet. Während nämlich das altsemitische alphabet noch die spuren ursprünglicher silbenschrift bewahrt, indem es nur zeichen für die konsonanten hat, so dafs
ein jedes konsonantzeichen sowohl den konsonanten als auch den s. 29.
vokal bezeichnet, der in verbindung mit dem konsonanten eine
silbe bildet, haben die Griechen nach der aufnahme des phönicischen
alphabetes zeichen sowohl für die konsonanten wie für die
vokale. Dies ist namentlich mit hülfe der phönicischen gutturale erreicht; von ihnen bezeichneten *áleph* und *hē* den festen und
den gehauchten vokaleinsatz, das erstere dem *hamze* der Araber, dem
*spiritus lenis* der Griechen entsprechend — sonst in den europäischen
sprachen nicht bezeichnet —, während *hē* ein sehr schwach gehauchtes
*h* wie das arabische *he*, das (frühere) französische *h* in *haut* und dgl. war.
Einen sehr starken hauch bezeichneten dagegen *h'éth* und *ájin*, entsprechend dem ح (*ḥa*) und ع (*ain*) der Araber, lauten, die sehr selten
in einer europäischen sprache gebildet werden [2]).

Zur bezeichnung ihres starken hauches, des *spiritus asper*, wähl-
ten die Griechen das phönicische *h'éth*, welches in den ältesten
griechischen inschriften die form ᗺ, später H hat; aber schon in den

---

[1]) Vgl. darüber E. Brücke, Grundzüge der Physiologie und Systematik der
Sprachlaute, 2. Aufl., Wien 1876, s. 137 ff.

[2]) E. Brücke, Grundzüge der Physiologie und Systematik der Sprachlaute,
Wien 1856, s. 9—12, vgl. s. 94—102 = s. 9—15, s. 88, 137, 144—150 in der
2. aufl., Wien 1876 und derselbe: Über eine neue Methode der phonet. Transscription, Wien 1863, s. 31 ff.; H. B. Rumpelt, Das natürl. System der Sprachlaute, Halle 1869, s. 102—7.

ältesten inschriften von Thera kommt ☐ zugleich in der bedeutung
η vor, und bekanntlich gab man später in dem ionischen alphabet
ganz auf, das h zu bezeichnen und benutzte H ausschließlich in der
bedeutung η[1]).   Die drei andern phönicischen gutturale aleph, hē und
ajin nahmen die Griechen dagegen von anfang an als zeichen für die
vocale a, e und o auf, und zwar so, daß sie sowohl die kurzen wie die
langen vokale bezeichneten.   Wie wir aus den inschriften von Thera
sehen, wurde jedoch sehr frühzeitig in einzelnen gegenden der unterschied zwischen dem kurzen und langen e in der schrift ausgedrückt,
indem man dem zeichen für h die bedeutung η gab, so daß also
auch der vierte phönicische guttural bei den Griechen damit endete,
vokalzeichen zu werden.   Später führte man auch einen unterschied
s. 30. zwischen dem kurzem und langen o ein, indem man aus dem alten
o-zeichen ein neues für ω bildete, das bei den Ioniern frühzeitig
in der form Ω auftritt. — Auch die vokale i und u drückten die
Griechen mit hülfe der phönicischen buchstaben aus.   Für i verwandte man das zeichen für den zunächst liegenden phönicischen
laut, nämlich den halbvokal jôd, für den die Griechen in der ursprünglichen bedeutung keine verwendung hatten, da der laut j sehr früh
im griechischen verloren gegangen war.   Anders stellte sich dagegen
das verhältnis hinsichtlich des andern phönicischen halbvokals des wāw;
es lag nahe für die Griechen, diesen buchstaben zur bezeichnung des
vokals u zu benutzen, wie jôd für i gebraucht wurde; aber während
sich der laut j im griechischen bei der einführung der buchstabenschrift nicht mehr vorfand, war der laut w auf jeden fall bei den
meisten griechischen stämmen noch in vollem gebrauch, und es ist
wohl kaum wahrscheinlich, daß er irgendwo ganz verloren gewesen
ist, obwohl sich dieses nicht mit sicherheit beweisen läßt, da er sich
niemals in den ältesten inschriften von Thera findet, wo gerade sehr
oft gelegenheit gewesen wäre, ihn zu bezeichnen[2]).   In andern
der ältesten griechischen inschriften (z. b. von Korinth und Korkyra)
finden wir dagegen das zeichen F ꟻ für den halbvokal w und Ɏ Y
für den vokal u.   Dieselbe form des u-zeichens (Ɏ Ꙋ Y) gebrauchen

---

[1]) Weit später führten die Griechen wieder nicht bloß eine bezeichnung
für den *spiritus asper* ein, sondern bildeten auch (allein von allen europäischen
völkern) ein zeichen für den *spiritus lenis*.

[2]) Ich finde daher auch keinen grund, mit Roehl den dritten buchstaben
in der in mehreren beziehungen zweifelhaften inschrift no. 458 als s aufzufassen.

die inschriften von Thera. Da dieses zeichen eine so grofse ähnlichkeit mit dem moabitischen *wāw* zeigt, während das griechische *w*-
zeichen eine mehr abweichende form hat, so hege ich keinen zweifel,
dafs wir gerade in dem ältesten griechischen zeichen für *u* das phönicische *w*-zeichen haben, dafs dagegen das griechische *w*-zeichen eine
modification hiervon ist. Phönicisches *wāw* hat sich also bei
den Griechen in zwei zeichen, Y für *u* und Ⅎ für *w* gespalten. Entweder kann dies zugleich mit der aufnahme der
phönicischen buchstabenreihe geschehen sein, und der grund dafür,
dafs man das alte *wāw*-zeichen für *u*, aber das neue davon abgeleitete zeichen für *w* benutzte, kann dann eben darin liegen, dafs
auch das *jōd*-zeichen bei den Griechen sofort in der bedeutung des
vokals *i* aufgenommen wurde; oder man kann eine zeit lang das
dem phönicischen *wāw* entsprechende Y an der ursprünglichen stelle
sowohl mit der bedeutung *w* als auch *u* behalten haben; aber da s. 31.
man bald das bedürfnis fühlte, diese beiden laute zu bezeichnen,
bildete man aus Y die modificierte form Ⅎ F, die man dann für *w*
anwandte und an der alten stelle bewahrte, während das alte zeichen
Y mit der bedeutung *u* an den schlufs des alphabetes hinter ταῦ
gesetzt wurde, wo es sich sowohl auf der vase von Caere wie in
dem gewöhnlichen griechischen alphabete findet, wogegen βαῦ dieselbe stelle wie das phönicische *wāw* hat. Als an eine analogie hierzu
will ich daran erinnern, dafs wir in dem ältesten altenglischen runenalphabet eine aus der alten *a*-rune (ᚠ) modificierte form (ᛞ) an der
stelle finden, die ursprünglich dem ᚠ zukam, während sich diese rune
selbst am schlusse des alphabets zwischen den neueren altenglischen
zeichen befindet [1]).

[1]) Auch von griechischen alphabeten können analogieen hierzu vielleicht
nachgewiesen werden. Während nämlich die Ionier aus O die beiden zeichen
O = *o* und Ω = *ō* bildeten, von denen O auf seinem alten platze stehen blieb,
während Ω aus ende des alphabetes gesetzt wurde, finden wir auf Paros und dem
von dorther kolonisierten Thasos dieselben beiden zeichen, aber mit der entgegengesetzten bedeutung (Ω = *o*, O = *ō*). Auch auf Melos hat sich O frühzeitig in die beiden formen O und C gespalten, von denen O *ō*, C dagegen *o* bezeichnet. Aber wir wissen nicht, wie diese zeichen im alphabet geordnet worden
sind, und es ist natürlicherweise deswegen auch nicht gestattet, ohne weiteres
anzunehmen, dafs das alte O mit der bedeutung *ō* an den schlufs des alphabetes an
dieselbe stelle wie das ionische Ω gerückt worden ist, während die neuen zeichen
Ω, C an dem alten platze standen. Es ist eine ebenso grofse wahrscheinlichkeit
dafür vorhanden, dafs O seinen platz behalten hat, und dafs die neuen zeichen
entweder daneben gestellt wurden, oder an den schlufs des alphabetes rückten.

Die letztere annahme, dafs der unterschied zwischen *w* und *u*
nicht gleichzeitig mit der aufnahme des phönicischen alphabetes,
sondern dafs Y ursprünglich das zeichen für beide laute gewesen.
kommt mir am wahrscheinlichsten vor, obgleich sie nicht bewiesen
werden kann. Ist diese annahme indessen richtig, so läfst es sich
nicht mit sicherheit ausmachen, ob die inschriften von Thera noch auf
dem standpunkte stehen, wo Y sowohl *w* wie *u* bezeichnete und
seinen platz hinter *ε* hatte, oder ob es damals als zeichen für *u* seine

s. 32. stelle hinter *τ* gehabt hat[1]). Da indessen alle griechischen alphabete, so
weit wir sie kontrollieren können, übereinstimmend F (*w*) an sechster
stelle in der buchstabenreihe haben und Y (*u*) hinter *τ* stellen, so
scheint dies in hohem grade für die annahme zu sprechen, dafs der
unterschied zwischen *w* und *u* älter sein mufs als die zeit, welcher
die inschriften von Thera angehören. In jedem falle ist die spaltung des *wāw*-zeichens in Y (*u*) und Ⅎ (*w*) die älteste abweichung,
welche die Griechen in die ursprüngliche phönicische reihe eingeführt
haben[2]).

Anders verhält es sich dagegen mit den drei letzten zeichen,
die in dem alphabet auf der galassischen vase hinter *u* erscheinen.
Dies sind nicht blofs neue eigentümlich griechische zeichen, die
später zu der alten reihe hinter *u* hinzugefügt worden und noch
nicht in den ältesten inschriften von Thera und Melos oder in der
inschrift von Gortyn vorkommen; sondern wir finden sie auch in
verschiedenen gegenden in v e r s c h i e d e n e r  a n o r d n u n g  und  b e -
d e u t u n g angewandt, wodurch die alten griechischen alphabete
in zwei grofse gruppen zerfallen, wie A. Kirchhoff in seinen
gründlichen und scharfsinnigen „Studien zur Geschichte des griechischen Alphabets" (2. Aufl. Berlin 1867; 3. umgearb. Aufl. mit einer
Karte 1877) nachgewiesen hat. In der ersten h a u p t g r u p p e, zu
der das alphabet auf der vase gehört, und deren buchstabenfolge wir

---

[1]) Im letzteren falle könnte sich *w* natürlich sehr gut, selbst wenn es als
l a u t z e i c h e n verschwunden wäre, an seinem alten platze als zahlzeichen erhalten haben.

[2]) F. Lenormant hat in seinen Études sur l'origine et la formation de
l'alphabet grec (in der Revue archéol. 1867, vol. XVI, s. 273—78; 327—42;
423—39 mit pl. XXII; 1868, vol. XVII, s. 189—206; 279—292 mit pl. VI)
gleichfalls die ähnlichkeit zwischen phönic. *wāw* und griech. *u* gesehen (siehe
Revue archéol. 1867, s. 330); aber die wichtige frage nach dem verhältnis
zwischen den griechischen zeichen für *w* und *u* erörtert er gar nicht. Auch in
andern beziehungen leidet die fleifsige arbeit an grofsen mängeln.

daraus kennen, folgt nach *u*: ✛ ✚ Χ, Φ φ Φ, Ψ ↓ Υ mit der bedeutung ξ, φ, χ. Das ist das sogenannte „dorische" alphabet, das
sich namentlich in inschriften von Euböa, Böotien, Phokis, Lokris,
Achaia, Lakonien, nebst den chalkidischen und achäischen kolonieen
in Italien findet (taf. I. no. 2—7). In der zweiten hauptgruppe s. 33.
dagegen, wozu aufser dem gewöhnlichen griechischen (ionischen)
alphabet auch die alten inschriften von Korinth und Korkyra, nebst
Argos gehören, haben diese drei zeichen eine andere anordnung und
bedeutung (taf. I. no. 8—11). Während nämlich auf der galassischen
vase und in den alphabeten, welche sich daran anschliefsen, die
zeichen für ξ, φ, χ nach *v* folgen, hat das gewöhnliche griechische
alphabet bekanntlich nach *v* die zeichen für φ, χ, ψ, wohingegen ξ
zwischen *v* und *o* steht. Das zeichen für φ ist dasselbe wie in der
ersten gruppe, aber deren zeichen für ξ und χ bezeichnen in der
zweiten gruppe χ und ψ, während wir in der ersten kein besonderes
zeichen für die lautverbindung ψ[1]) finden (so wenig wie für ω,
das ja auch frühzeitig im ionischen alphabet hinter ψ auftritt).

Der grund für die verschiedene anordnung und bedeutung, die
man so in verschiedenen gegenden den drei neuen zeichen hinter *v*
gab, steht in genauer verbindung mit der art und weise, wie die
vier phönicischen zischlaute, die man in das griechische grundalphabet
aufnahm, allmählich in den beiden hauptgruppen griechischer alphabete benutzt wurden. Auf der galassischen vase fanden wir alle vier
zeichen an ihrem ursprünglichen platze im alphabet; aber in wirklichkeit hatte man nur verwendung für zwei: da das phönicische
*s* (*zajin*) nämlich als bezeichnung für den griechischen laut ζ[2]) aufgenommen wurde, so brauchte man nur ein zeichen für den eigentlichen zischlaut *s*. Dafs der *s*-laut in verschiedenen gegenden Griechenlands eine etwas verschiedene aussprache gehabt haben kann, ist
sehr wohl möglich; aber nach allem was vorliegt, deutet nichts darauf hin, dafs man gleichzeitig in derselben gegend das bedürfnis gefühlt hat, eine verschiedene aussprache des zischlautes durch s. 34.

---

[1]) Ausnahmsweise hat jedoch das lokrische alphabet neben ✛, Φ, Ψ
für ξ, φ, χ auch ein neues zeichen ✕ für ψ gebildet.

[2]) Der griechischen form liegt das moabitische zeichen nahe; dagegen ist
der alte griechische name ζῆτα nach ἦτα, ϑῆτα gebildet (phönicisches *zajin*
mufste notwendigerweise im griechischen, das den laut *j* nicht hatte, umgebildet
werden). Auf gleiche weise ist griechisches μῦ (hebr. *mêm*) nach νῦ (hebr.
*nûn*) gebildet; vgl. Mommsen, Unterital. Dial. s. 5.

verschiedene zeichen auszudrücken. Dagegen waren bei den Phöniciern *šāmekh*, *sādé* und *sin* nicht blofs im zeichen, sondern auch im
laute verschieden: der gewöhnliche s-laut war *sin*, während *sādé* einen
härteren s-laut ausdrückte (wie arabisches ‫س‬ *sin* und ‫ص‬ *sâd*), die
sich zu einander wie *tāw* zu *ṭêth* (arab. *ta* und *tâ*; vgl. vorn s. 31)
verhielten[1]); eine dritte modification des zischlautes, die wir nicht mit
sicherheit bestimmen können, wurde endlich durch *šāmekh* bezeichnet.
Wenn die Griechen nun in ihr alphabet alle d r e i phönicischen zeichen
für den zischlaut aufnahmen, obgleich sie nur eins als lautzeichen
benutzten, so mufs der grund ohne zweifel darin gesucht werden,
dafs die phönicische buchstabenreihe von anfang an den
Griechen nicht blofs als alphabet, sondern auch als zahlenreihe, mit derselben bedeutung wie bei den Phöniciern, diente; aus
diesem grunde wurden gleichfalls sowohl phönicisches *kaph* wie *qôph*
aufgenommen, trotzdem das eine dieser zeichen vom standpunkte der
Griechen aus als lautzeichen überflüssig war. Von den drei phönicischen zeichen *šāmekh*, *sādé* und *sin*, die so in die griechische buch-
staben- und zahlenreihe übergingen, nahm man nur eins als zeichen
für den laut σ auf. So weit es möglich ist, die entwicklung histo-
risch zu verfolgen, scheint *šāmekh* niemals in dieser bedeutung gebraucht zu sein; es ist also nur seines zahlwertes wegen auf
seinem alten platze in der buchstabenreihe bewahrt. Dagegen sind *sādé*
und *sin* beide zu verschiedenen zeiten als zeichen für das griechische
σ benutzt worden; in den allerältesten inschriften wird regelmäfsig
das aus *sādé* hervorgegangene Ϻ gebraucht; aber es wurde schon
früh überall von einem aus *sin* entstandenen zeichen verdrängt, das
zuerst in den formen Ϻ Ϻ (seltener Ϻ Ϻ), später überall in der form
Ϲ auftritt. Es war ohne zweifel ein rein praktischer grund, der
bewirkte, dafs *sādé* allmählich von *sin* verdrängt wurde; bei der benutzung des letzteren zeichens setzte man sich nämlich nicht der
verwechslung mit Ϻ, *μῦ*, aus, das ja später allgemein gerade die
form annahm, welche früher für σ eigentümlich gewesen war. Vor
dieser zeit mufs daher Ϻ mit der bedeutung σ aus allen griechischen
alphabeten verschwunden gewesen sein, und es ist der einzige von
allen phönicischen buchstaben, den wir später weder im alphabete
noch in der zahlenreihe auf der alten stelle finden.

s. 35.    Anders erging es dagegen dem 15. phönicischen buchstaben

---

[1]) Vgl. darüber E. Brücke, Grundz. d. Phys. etc. 2. Aufl., s. 141 ff.

(*šāmekh*). Wir finden ihn noch auf seinem alten platze in der form
⊞ in den alphabeten von Caere und Colle; aber da er in wirklichkeit
ganz aus den inschriften verschwunden ist, die zu dieser gruppe gehören, ja hier kaum jemals als buchstabe angewendet worden ist, so
hat er in jenen alphabeten nicht die bedeutung eines lautzeichens, sondern nur die eines zahlzeichens. Auch in den alphabeten der zweiten
hauptgruppe wurde dieses zeichen lange auf seinem ursprünglichen
platze zwischen *v* und *o* allein wegen seines zahlwertes bewahrt;
aber später benutzte man es hier auch als wirkliches lautzeichen,
indem man ihm die bedeutung ξ und den daran geknüpften neuen
namen ξî gab.

Während *šāmekh* somit niemals, soweit wir zurückblicken können,
im griechischen als zeichen für den *s*-laut gebraucht worden ist, zeigt
der umstand, dafs es später in seiner ursprünglichen form
und an seiner ursprünglichen stelle (aber allerdings mit
einer veränderten bedeutung als zeichen für eine lautverbindung, von
welcher jedoch *s* den letzten bestandteil bildete) als wirklicher buchstabe
in die eine gruppe von alphabeten aufgenommen wurde, dafs es dort
von alter zeit her gestanden haben mufs, was ja auch zum überflufs
durch das alphabet von Caere bestätigt wird, wo *šāmekh* nicht als
lautzeichen angewandt worden sein kann, da wir hier gerade das
dieser gruppe von alphabeten eigentümliche neue zeichen für ξ hinter
*v* finden. Dafs *šāmekh* in das altgriechische alphabet mit den übrigen
phönicischen buchstaben zusammen aufgenommen worden ist, kann
somit keinem zweifel unterworfen sein. Aufser dem bereits angeführten haben wir noch einen beweis hierfür, nämlich den griechischen namen des *s*-lautes; dieser ist in dem gewöhnlichen griechischen alphabete σίγμα, und schon Herodot (I, 139) führt an, dafs
σίγμα der ionische name für *s* war, dafs aber die Dorier diesen
buchstaben σάν nannten (ἐωϋτὸ γράμμα, τὸ Δωριέες μὲν σὰν κα-
λέουσι, Ἴωνες δὲ σίγμα). Von diesen namen geht σίγμα unzweifelhaft auf das phönicische *šāmekh* zurück, während σάν phönicisches *sin*
ist; der name des σ bei den Ioniern ist also von dem alten *šāmekh*
hergenommen, während das zeichen selbst in der ältesten form
(Μ) vom phönicischen *ṣādé* ausging, in der jüngeren (ϟ ϟ) vom phönici- s. 36.
schen *sin*. Zwar sind Franz und Gesenius darin einig, dafs sowohl
der name σίγμα als auch das zeichen ϟ vom phönicischen ⚡, *šāmekh*,
und sowohl der name σάν wie das zeichen Μ vom phönicischen

w . *sin* (bei ihnen *šin*) ausgehe [1]), und dasselbe wird nach Mommsens und Kirchhoffs untersuchungen von Lenormant (Revue archéol. 1867, s. 331 und tab. XXII) wiederholt; aber die moabitische inschrift zeigt, dafs die ursprüngliche form des *šāmekh* ⧻ war, und daraus kann n u r griechisches Ξ, *ξī*, nicht Σ, σίγμα, entstanden sein; das moabitische *šāmekh*-zeichen lehrt uns zugleich, dafs die älteste gemein-griechische form für dieses zeichen nicht mit Mommsen (Unterital. Dial., s. 11; 331) und Kirchhoff (Studien[2] s. 73, 123, 130 = [3] s. 85, 121, 157) in dem zeichen ⊞ der alphabete von Caere und Colle gesehen werden darf, sondern in dem zeichen für *ξī*, ⧻, das in alten inschriften von Korkyra und Miletos vorkommt; hieraus ist durch eine unbedeutende veränderung Ξ, das gewöhnliche zeichen für ξ in den inschriften der zweiten hauptgruppe, gebildet. Dagegen müssen sowohl ⊞ wie argivisches Ⳣ als seltnere modificationen des ursprünglichen zeichens aufgefafst werden [2]).

Es ist somit klar, dafs griechisches ≲ als zeichen für σίγμα nicht aus dem altsemitischen *šāmekh*-zeichen hervorgegangen sein kann; dieses zeichen stimmt durchaus mit dem altgriechischen zeichen überein, das sich an der entsprechenden stelle im alphabete findet, und das später als zeichen für ξ gebraucht wurde. Die frage ist somit nur, wie das älteste griechische zeichen für den s-laut, Μ, und die zeichen, die es später ablösten, ϟ ≲, sich zu den semitischen zeichen ver-halten; denn dafs nicht blofs, wie wir angenommen haben, ϟ ≲, sondern dafs auch, wie Gesenius, Franz und Lenormant meinen, Μ der form nach aus phönicischem *sin* (w) hervorgegangen sein können, läfst sich natürlich nicht leugnen. Aber die oben angenommene ent-wicklung, in folge deren Μ von *şādē* und ϟ ≲ von *sin* ausgehen, wird
s. 37. nicht nur durch das alphabet auf der galassischen vase, sondern auch durch die alten etruskischen alphabete, welche auf uns gekommen sind, vollauf bestätigt; ihnen fehlt nämlich das zeichen an dem platze von *šāmekh*; aber wo das alphabet auf der vase die dem phönicischen *şādē* und *sin* entsprechenden zeichen hat, finden wir grade in den etruskischen alpha-beten an der ersten stelle ein zeichen, das dem griechischen Μ entspricht, und an der andern die dem griechischen ϟ ≲ entsprechenden formen (ge-

---

[1]) Gesenius, Scripturæ linguæque Phoeniciæ monumenta, Lipsiæ 1837, s. 66; Franz, Elementa epigr. Gr. s. 16.

[2]) Das argivische ξ ist nur das ursprüngliche zeichen, auf die seite gekehrt; gerade das entgegengesetzte verhältnis tritt zwischen dem gewöhnlichen grie-chischen ≲ und moabitischem w zu tage.

naueres siehe unten). Wenn wir indessen in den alten griechischen
inschriften immer Ϟ als die ältere form antreffen, die erst später regelmäfsig durch Ϟ verdrängt wird, trotzdem das letztere zeichen dem
semitischen W *sin* am nächsten liegt, so ist es ja keineswegs ausgemacht, dass Ϟ in wirklichkeit älter ist als Ϟ; im gegenteil müssen die
Griechen sogar, ehe Ϟ in den inschriften mit der bedeutung σ auftritt,
notwendig eine andere form dieses zeichens benutzt haben; in den
allerältesten inschriften, die noch M für σ gebrauchen, hat ἰῶτα
nämlich oft die alte form Ϟ; damals kann *sin* (σάν) also nicht dieselbe form gehabt haben, sondern muss entweder unverändert so geblieben sein wie semitisches W, oder die form Ϟ Ϟ gehabt haben,
indem das semitische zeichen auf die seite gekehrt wurde (wie ⪤
*aleph* zu A A ἄλφα wurde). In der zeit wo M als σ verschwindet,
wird auch das zeichen Ϟ für ἰῶτα von I verdrängt, und erst jetzt
kann also W oder Ϟ zu Ϟ mit der bedeutung σ umgebildet worden
sein. Obgleich Ϟ in jüngeren inschriften auftritt als Ϟ, ist es also in
wirklichkeit eine ältere form als dieses.

Es scheint mir somit klar, dass wir uns bezüglich der schicksale der
drei phönicischen zischlaute im griechischen alphabete folgende entwicklung denken müssen: zuerst nahm man alle drei zeichen ⧻ *sāmekh, σίγμα,* M *sādé* (dessen griechischer name unbekannt ist) und
Ϟ *sin, σάν,* an ihrer ursprünglichen stelle auf; σίγμα und σάν standen
eine zeit lang im alphabete, weil sie als zahlzeichen bedeutung hatten,
obwohl sie nicht als buchstaben benutzt wurden, wohingegen *sādé*
das gewöhnliche zeichen für den s-laut war. Noch während dieses
zeichen für s gebraucht wurde, nahm man indessen das alte σίγμα als
zeichen für ξ[1]) auf, wie die inschriften von Korinth und Korkyra zeigen;
aber der name σίγμα konnte natürlich nicht länger für dieses zeichen s. 38.
gebraucht werden, das vielmehr den neuen namen ξῖ bekam (gebildet
wie die namen ϙῖ, χῖ, ψῖ der ausschliefslich griechischen zeichen).
Dagegen wurde der name σίγμα auf das *sādé*-zeichen übertragen; aber
da *sādé* allmählich bei allen Griechen von σάν verdrängt wurde, be-
hielten nur die Dorier den ursprünglichen namen für dieses zeichen,
während die Ionier wohl das neue zeichen aufnahmen, aber den alten
namen σίγμα bewahrten[2]). Ich meine also, dafs wir folgende drei

---

[1]) In ähnlicher weise hatte man ja schon von anfang an den vierten phönicischen zischlaut *zajin* als zeichen für ζ angewandt.

[2]) Man mufs sich wohl denken, dafs M σίγμα und Ϟ Ϟ σάν eine zeit lang
durcheinander als zeichen für σ gebraucht worden sind; das letzte zeichen siegte
allmählich, nahm aber den namen an, welcher ursprünglich dem M zukam.

entwicklungsstufen in der anwendung dieser zeichen in dem gewöhnlichen griechischen alphabete nachweisen können:

|  | šāmekh | sādé | sin |
|---|---|---|---|
| I. | (≢ zahlzeichen) | M | (Ɛ zahlzeichen) |
|  | σίγμα | ? | σάν |
| II. | ≢ Ⲏ | M | (Ɛ zahlzeichen) |
|  | ξῖ | σίγμα | σάν |
| III. | ≢ Ⲏ | — | ϟ Ɛ |
|  | ξῖ |  | σίγμα |

Trotzdem die Ionier also σάν als buchstabennamen nicht zusammen mit dem zeichen aufnahmen, verschwand dieser name doch
nicht ganz, wie es mit sādé der fall war. Bei einer späteren umänderung der zahlenreihe wurde nämlich σάν[1]) als zeichen für 900
zu allerletzt im alphabete hinter ω eingesetzt, da σίγμα ja sowohl als
buchstabe wie als zahlzeichen auf dem früheren platze des σάν stand.
s. 39. Dagegen erhielten sich sowohl βαῦ als κόππα in der zahlenreihe auf
ihrem ursprünglichen platze, trotzdem sie als lautzeichen lange von
den Ioniern aufgegeben worden waren.

Die meisten alten griechischen alphabete schließen sich der einen
oder der andern hier besprochenen hauptgruppe an, je nachdem sie
zur bezeichnung des ξ entweder das alte zeichen für phönicisches šāmekh
an der ursprünglichen stelle zwischen ν und ο benutzen, oder das neue
griechische zeichen + X anwenden, welches in den andern alphabeten die bedeutung χ hat.

Nur einzelne alphabete stehen ganz oder zum teil außerhalb der
beiden hauptgruppen; zur ersteren art gehören die alten inschriften
von Thera und Melos, welche, wie schon bemerkt, keine besonderen
zeichen für ξ, φ, χ, ψ anwenden, sondern diese lautverbindungen
durch κσ, πh, κh, πσ ausdrücken. Am nächsten schließt sich diesen
das alphabet von Kreta in der inschrift von Gortyn an, das die genannten lautverbindungen durch κσ, π, κ, πσ ausdrückt[2]). Eine

---

[1]) Von seiner form bekam es später den namen σαμπῖ, wie Ϝ den namen
δίγαμμα erhielt. Die spätere form des zahlzeichens σαμπῖ bin ich mit Mommsen
(Unterital. Dial. s. 14 anm.) geneigt, auf das alte s-zeichen M sādé zurückzuführen. So würden wir in wirklichkeit in den griechischen zahlzeichen noch
alle 22 phönicischen buchstaben erhalten finden.

[2]) Dagegen kommen in jüngeren inschriften von Melos Φ X (später auch ≢)
in der bedeutung φ, χ (ξ) vor. — In einer kleinen inschrift von Kreta (Roehl

besondere stellung nimmt das attische alphabet ein (taf. I, no. 12), indem es eigener zeichen für ξ und ψ ermangelt, die durch χσ und φσ bezeichnet werden; aber da es X + in der bedeutung χ gebraucht, schliefst es sich zunächst der zweiten hauptgruppe an[1]).

Wir sind hiermit die entwicklung der alten griechischen alphabete durchgegangen; die besonderen veränderungen, denen einzelne zeichen in verschiedenen gegenden unterworfen gewesen sind, werden aus der alphabettafel hervorgehn, ohne dafs wir weiter dabei zu verweilen brauchen. Diese örtlichen eigentümlichkeiten verschwanden ja schnell, als das ionische alphabet Ol. 94, 2 (403 v. Chr.) in Athen und ungefähr gleichzeitig im übrigen Hellas angenommen und dadurch zum allgemeinen griechischen alphabet erhoben wurde.

Das grundalphabet, aus welchem alle griechischen alphabete hervorgegangen sind, hat also aus 23 zeichen bestanden, die genau mit den 22 phönicischen übereinstimmen, nur mit der abweichung, dafs phönicisches *wāw* bei den Griechen zeichen für *u* wurde, während man für *w* eine neue, daraus abgeleitete form bildete, die man an den platz des phönicischen *wāw*-zeichens stellte, wogegen *u* den 23. *s. 40.* platz im alphabete bekam. Nach dem zeugnisse der alten griechischen inschriften mufs dieses griechische grundalphabet, in welchem die schrift wie im phönicischen von rechts nach links ging, am ehesten folgendes aussehen gehabt haben:

1  2  3  4  5  6  7  8  9  10 11    12      13   14 15 16  17 18   19 20 21  22  23
Λ  𐌁  ⟩  △  ∃  ⅂  Ⅎ  Ⅰ  Β  ⊕  ?  ⟩Ⅰ ⟨(𐌋) ᙏ  Ⅿ  ‡  Ｏ  ⟩  Ｍ  Φ  ꟼ  ‡  Υ

Die hier angegebenen formen, die alle in den ältesten inschriften nachgewiesen werden können (mit ausnahme von Ｍ, das stets die form Ｍ hat, und von ⩽, welches erst etwas später als zeichen für den s-laut auftritt). stimmen fast durchaus mit den altsemitischen zeichen auf dem moabitischen steine überein. Die einzelnen abweichungen können zum gröfsten teil als gleichzeitig mit der aufnahme des phönicischen alphabetes betrachtet werden. Die hauptabweichung von dem semitischen grundalphabet besteht darin, dafs βῆτα die form 𝐁 für ⅁ angenommen hat; doch darf 𝐁 gewifs als das gemeingriechische zeichen angesehen werden, und ʃ in den inschriften von Korinth und Korkyra als eine daraus abgeleitete offene form, die not-

---

no. 474), die auf jeden fall nicht viel jünger sein kann als die inschrift von Gortyn, kommt gleichfalls ⊕ = φ vor.

[1]) Mit dem attischen alphabet stimmen auch die inschriften von Ægina und Naxos überein.

wendig wurde, weil ε dort die form ß angenommen hatte [1]). Etwas
abweichend vom phönicischen ist auch das dem ṣādé entsprechende
älteste zeichen für den griechischen s-laut, Ϻ; die ursprüngliche form
dieses zeichens ist gewifs Ϻ gewesen, das also sehr verschieden von
μῦ, Ϻ, war, indem die beistriche nicht nur nach verschiedenen seiten
gingen, sondern μῦ auch einen strich mehr hatte als ṣādé. Sehr
früh wurde der rechte beistrich am ṣādé jedoch ganz bis unten hin
verlängert, Ϻ, und μῦ nahm regelmäfsig die form Ϻ (von rechts
nach links) oder Ϻ (von links nach rechts) an, also dieselbe form,
die ṣādé ursprünglich gehabt hatte. Diese formen für σ und μ finden sich z. b. in den ältesten inschriften von Thera [2]). Da Ϻ in der
bedeutung σ verschwand, nahm μ auch diese form an. — Endlich
haben ein paar der griechischen zeichen eine kleine umstellung (im vergleich zu den phönicischen) erfahren; dies gilt von ἄλφα, und dasselbe ist vielleicht mit dem zeichen der fall gewesen, das dem phönicischen sin entspricht (vgl. oben s. 39). Dagegen ist es sehr
zweifelhaft, ob λάμβδα im ältesten griechischen alphabete die dem
phönicischen entsprechende form Ʋ gehabt oder den beistrich oben ange-
fügt bekommen hat (Γ); das am gewöhnlichsten vorkommende zeichen
ist Γ Λ, später Λ, während Ʋ in Attika, Böotien und den chalkidischen
kolonieen in Italien gebraucht wird; aber da es auf Eubôa gerade die
form Γ hat, so ist Ʋ in den kolonieen in Italien wohl als später wieder
aus Γ entstanden anzusehen. Hierüber wage ich mich jedoch nicht
bestimmt auszusprechen und habe daher in dem oben aufgestellten
griechischen grundalphabet beide formen angeführt, die vielleicht sogar die beistriche nach der entgegengesetzten seite gehabt haben
dürften (Ɩ, ſ), wie wir dies in den inschriften finden, die von rechts
nach links laufen. Sehr frühzeitig mufs nämlich λ im griechischen
nach derselben seite gekehrt worden sein wie γ, selbst wenn sie ur-

---

[1]) Dafs die form ß auf Thera in der ältesten zeit gebraucht wurde, scheint
sicher aus no. 466 bei Roehl geschlossen werden zu können, obgleich diese inschrift mehrere schwierigkeiten darbietet. Dagegen kommt β nicht in der ältesten
inschrift von Melos vor; aber da ein paar jüngere inschriften (Roehl no. 414, 429)
Ϻ = β neben Ν = γ haben, so ist man berechtigt, diese eigentümlich melische
β-form auch für die zeit der ältesten inschrift anzunehmen. Eine andere alte
abweichende β-form, C, ist charakteristisch für die inschriften von Paros,
Thasos, Naxos und Keos.

[2]) Auf der alphabettafel bei Kirchhoff (Studien etc.) ist die μῦ-form in dem
ältesten alphabet von Thera ungenau, indem der rechte strich ganz bis unten
hin verlängert ist.

sprünglich wie im phönicischen verschieden gewandt gewesen sind [1]). Dadurch wurde die ähnlichkeit zwischen den beiden zeichen oft sehr grofs, und das γ-zeichen in einer gegend hat häufig dieselbe form wie das λ-zeichen in einer andern.

## B. Die alten italischen alphabete.

Wenden wir uns nun nach Italien, so ist es einleuchtend, dafs die alten italischen alphabete, wie auch römische schriftsteller berichten [2]), aus dem griechischen, nicht unmittelbar aus dem phönicischen, hervorgegangen sind. Um das letztere anzunehmen, müfste man nämlich von der höchst unwahrscheinlichen voraussetzung ausgehen, dafs die Griechen und die italischen völker unabhängig von s. 42. einander nicht nur in ihren veränderungen der ursprünglichen zeichen zu denselben ergebnissen gekommen sein sollten (man vergleiche z. b. phönic. 9 mit griechisch-italischem 8B u. s. w.), sondern auch durch ein merkwürdiges zusammentreffen dieselben phönicischen zeichen zur bezeichnung der vokale und zischlaute gewählt hätten.

Der griechische ursprung der italischen alphabete wird ganz zweifellos, wenn wir sehen, dafs sie nicht blofs die aus dem phönicischen entlehnten griechischen buchstaben, sondern auch die speciell griechischen zeichen haben, die später zur alten phönicischen reihe hinzugefügt wurden. Und die anordnung und bedeutung, welche diese zeichen in den alten italischen alphabeten haben, dient nicht allein dazu ihre abstammung von einem griechischen alphabete zu bestätigen, sondern zeigt zugleich, dafs das griechische alphabet, wovon alle italischen alphabete abstammen, nach u die zeichen für ξ, φ, χ gehabt und also der ersten hauptgruppe von griechischen alphabeten angehört hat, die wir ja auch gerade in den chalkidischen und achäischen kolonieen in Italien fanden.

Um die ursprüngliche buchstabenordnung in den alten italischen alphabeten zu bestimmen, sind wir glücklicherweise nicht auf das gewöhnliche lateinische alphabet allein angewiesen; auch von dem etruskischen alphabet sind uns nämlich verschiedene darstellungen aus dem

---

[1]) Der unterschied zwischen ꓶ γ und ꓶ Λ λ in den ältesten inschriften von Melos (von links nach rechts) ist zu vereinzelt, um darauf zu bauen.

[2]) Plinius Natural. histor. (ed. Sillig) VII, 193, 210; Tacitus Ann. XI, 14. (Mit den römischen schriftstellern vgl. Dionysius Halicarn. Antiqq. Rom. I, 33.)

altertum überliefert. Aufser dem syllabar, das sich mit dem oben
behandelten griechischen alphabet von Caere (und Colle) vereinigt
findet, haben wir ein vollständiges etruskisches alphabet auf einem
thongefäfse, das 1845 bei Bomarzo (im distrikt Viterbo) gefunden wurde [1]), und zwei andere gleichfalls vollständige alphabete auf
ein paar nolanischen schalen (jetzt im museo Borbonico in Neapel)[2]).
s. 45. Endlich hat Gamurrini in neuerer zeit in einem grabe in Clusium
drei etruskische, auf zwei tufsteinen eingeritzte alphabete entdeckt[3]).

Nach dem bisher vorliegenden material zerfallen alle
italischen alphabete in zwei hauptgruppen. Die erste
gruppe hat zu der ursprünglichen griechischen reihe ein neues zeichen
8 8 für den laut *f* gefügt, da griechisches φ zu fern gelegen haben mufs,
um diesen laut auszudrücken. Aufserdem finden wir in den alphabeten aus dieser gruppe die beiden dem phönicischen *sade* und *sin*
entsprechenden formen des zischlautes, die wir aus den alten griechischen alphabeten kennen, aber kein zeichen an der stelle des *sâmekh*.
Von den beiden gaumenlauten Я (*kaph, κάππα*) und Φ (*qôph, κόππα*)
ist nur der erste bekannt. Dies stimmt genau mit dem griechischen
alphabete auf der galassischen vase, welchem das κόππα fehlt, und
wo ⊞, wie wir oben gesehen haben, wohl an der stelle des *sâmekh*
steht, aber keine bedeutung als lautzeichen gehabt haben kann.    Da
nun dieses griechische alphabet in Etrurien mit einem etruskischen
syllabar und etruskischen inschriften zusammen gefunden ist, so
haben wir hier ohne zweifel gerade das grundalphabet (in einer
etwas modificierten form) sowohl für das gewöhnliche etruskische wie
auch für die andern italischen alphabete dieser gruppe. Allen diesen
alphabeten gemeinsam und abweichend von dem griechischen auf
der vase ist auch, dafs sie nicht das griechische X (ξ) als lautzeichen[4])

---

[1]) Bekannt gemacht von P. Secchi im Bulletino dell' instituto di corri-
spondenza archeologica 1846, s. 7; Mommsen, Unterital. Dial. tab. I, no. 13
(vgl. ibid. s. 3 ff.); G. Conestabile in der Revue archéol. IV, 1861, s. 446;
Fabretti, Corpus inscr. Ital. no. 2436 a—c (s. CCIX und tab. XLIII).

[2]) C. R. Lepsius, Inscriptiones Umbricæ et Oscæ quotquot adhuc repertæ
sunt omnes, Lipsiæ 1841, tab. XXVI, no. 33 und 34; Mommsen, l. c. tab. I,
no. 14 und 15; Fabretti, l. c. no. 2766--67 (s. CCLI und tab. XLIX).

[3]) G. F. Gamurrini, Alfabeti etruschi di Chiusi in den Annali dell' instit.
di corrisp. archeol. 1871, s. 156 ff. mit tab. L. Vgl. Mommsen in der Ephe-
meris epigraphica, corporis inscriptionum Latinarum supplementum, Fasciculus
tertius, 1872, s. 220—21.

[4]) Als zahlzeichen gebraucht das etruskische dagegen X + in der
bedeutung 10.

gebrauchen, und dafs sie so gut wie ohne ausnahme von rechts nach links geschrieben werden. Hierher gehören:

1) Das gewöhnliche etruskische alphabet auf dem thongefäse von Bomarzo (taf. II, no. 2), womit die campanisch-etruskischen alphabete, die sich auf zwei nolanischen schalen eingekratzt finden (taf. II, no. 3—4), in allem wesentlichen übereinstimmen, während s. 44. die clusinischen (taf. II, no. 5) eine einzelne gröfsere abweichung aufweisen[1]).

Das alphabet von Bomarzo hat 19 der griechischen buchstaben von der galassischen vase bewahrt und hinter denselben 𐌚 hinzugefügt; dagegen hat es die griechischen zeichen für o, β, δ und ϰ aufgegeben. Das letztere findet sich jedoch noch ab und zu in den ältesten etruskischen inschriften (taf. II, no. 6)[2]), wird aber später durch Ɔ ersetzt, welches daher in dem ersten alphabet von Nola sowohl an seiner eigenen stelle, wie an der von k vorkommt, während die andern alphabete auf diesem platze kein zeichen besitzen, mit ausnahme der clusinischen, die gerade umgekehrt K, aber kein C haben[3]). Im übrigen stimmt das erste der nolanischen alphabete in der anzahl und form der zeichen bis auf ein paar unwesentliche abweichungen fast genau mit dem alphabet von Bomarzo überein; das zeichen für r ist zweimal geschrieben, aber die erste verunglückte form durch einen kleinen strich oben wieder getilgt[4]). Das andere alphabet ent- s. 45.

---

[1]) Keines der alphabete von Clusium ist noch vollständig; indessen ergänzen sich die beiden alphabete auf dem einen stein gegenseitig, indem das eine von a bis t und das andere von k bis zum schlufs geht, wogegen sein anfang ganz undeutlich geworden ist. Mit hülfe hiervon haben wir das alphabet auf taf. II aufgestellt; nur ist dort die veränderung vorgenommen, dafs u vor q gestellt ist, während diese buchstaben in der inschrift selbst in der umgekehrten reihenfolge stehen (das erste alphabet hat hinter p nur die drei zeichen für q, r, t); in dem alphabet auf dem andern steine ist die anordnung dagegen zweifelhaft, da die nach p folgenden buchstaben fast verschwunden sind. Im gegensatz zu den nolanischen alphabeten und dem alphabet von Bomarzo laufen alle clusinischen von links nach rechts; nur t wird in dem einen alphabet durch 𐌋 (aber in den beiden andern durch Ʋ) ausgedrückt.

[2]) Vgl. Mommsen, Unterital. Dial. s. 18; G. Conestabile, Iscrizioni etrusche e etrusco-latine, Firenze 1858, s. XCIV.

[3]) K findet sich in allen drei alphabeten, und den beiden, deren anfang bewahrt ist, fehlt C.

[4]) Nach dem platze dieses zeichens im alphabet läge es unläugbar nahe, es für q (κόππα) zu nehmen; da aber sowohl die form wie auch andere gründe, die unten genauer entwickelt werden sollen, dieses höchst unwahrscheinlich

hält dagegen mehrere abweichungen, welche zum teil auf unachtsamkeit beruhen; so fehlen die zeichen für *h*, *r* und *t*, und ein paar
buchstaben haben abweichende formen, die sonst nicht nachgewiesen
werden können[1]; aber doch ist dieses alphabet von grofser wichtigkeit, um ein paar eigentümlichkeiten bei dem syllabar von Caere zu erklären, mit hülfe dessen wir ein fünftes etruskisches alphabet aufstellen können (taf. II, no. 1), dessen buchstabenformen so gut wie
gänzlich mit den griechischen auf derselben vase übereinstimmen[2]).
Es kann kaum einem zweifel unterliegen, dafs dieses syllabar mit
Mommsen und Kirchhoff in folgender ordnung gelesen werden mufs:

| | | | |
|---|---|---|---|
| *ci* | *ca* | *cu* | *ce* |
| *wi* | *wa* | *wu* | *we* |
| *zi* | *za* | *zu* | *ze* |
| *hi* | *ha* | *hu* | *he* |
| *ϑi* | *ϑa* | *ϑu* | *ϑe* |
| *mi* | *ma* | *mu* | *me* |
| *ni* | *na* | *nu* | *ne* |
| *pi* | *pa* | *pu* | *pe* |
| *ri* | *ra* | *ru* | *re* |
| *si* | *sa* | *su* | *se* |
| *ti* | *ta* | *tu* | *(t)e* |
| *χi* | *χa* | *χu* | *χe* |
| *ϙi* | *ϙa* | *ϙu* | *ϙe* |

Hier haben wir also 13 konsonanten, von denen jeder mit den
4 etruskischen vokalen verbunden ist; aber während diese letzteren
nicht in der reihenfolge stehen, die sie im alphabet einnehmen (was
auch nicht in dem syllabarbruchstück von Colle der fall ist, das
s. 46. nur: *ma mi me mu na u .....* hat[3])), folgen die vokale in der ge-

machen, so glaube ich mit Mommsen (Unterital. Dial. s. 7), dafs es ein *r* ist,
welches wieder ausgelöscht wurde (vgl. den auf *me* folgenden teil eines *n* und
das erste *pi* im syllabar von Caere).

[1]) Das zeichen für *u* ist fast mit *l* gleich geworden, und *i* hat die form ⊥
statt ∣ (vgl. den umgekehrten fehler im alphabet von Colle; siehe oben s. 30
anm. 1).

[2]) Dem Ρ im griechischen alphabete entspricht Ρ im syllabar, und dessen *r*
ist nach der andern seite gewendet, ohne zweifel um es besser von *p* zu unterscheiden, das im syllabar unmittelbar vorhergeht.

[3]) Dafs die alte zeichnung hinter dem zweiten *u* Λ O hat, beruht unzweifelhaft auf einer unrichtigen wiedergabe der inschrift; O mufste im etruskischen
ϑ bedeuten, das indessen im griechischen alphabet die form ⊙ hat, während O

wöhnlichen anordnung. Wir finden also übereinstimmend mit andern
etruskischen alphabeten folgende buchstaben aus dem griechischen
alphabet in dem alphabete des syllabars fortgelassen: den vokal *o* und
die konsonanten *b*, *d*, *k*; aber außerdem fehlt *l* und der zischlaut
zwischen *p* und *r* nebst *q̓*, während wir hinter *χ* das zeichen *Ϙ*
finden, das in dem griechischen alphabete nicht vorkommt. Diese
auslassungen erklärt Mommsen (Unterital. Dial. s. 17) daraus, daß
die Etrusker in der regel *q̓* nur in griechischen wörtern gebrauchten, und daß *l* sowie der zischlaut zwischen *p* und *r* keine konsonanten, sondern halbvokale waren. Da der beweis dafür, daß die beiden
letzteren buchstaben im etruskischen halbvokale waren, sich indessen
nur auf deren auslassung hier im alphabete stützt, so ist Mommsens
erklärung unbeweisbar und zugleich höchst unwahrscheinlich, weswegen auch Kirchhoff annimmt, daß beide zeichen nur durch reine
vergeßlichkeit im syllabar ausgelassen sind. Dies wäre ja ebensowohl hier wie in dem andern nolanischen alphabete möglich, wo wir
gleichfalls mehrere zeichen vergessen finden; aber ich nehme doch
nur in bezug auf *l* an, daß es durch ein vergessen ausgelassen sei;
gerade wo die reihe mit *m* endet, ist ja etwas bei den zeichen ge-
stümpert, und es ist da leicht denkbar, daß auch die reihe mit *l*,
die vorangehen sollte, vergessen worden ist. Dagegen kann ich bezüglich der auslassung des einen *s*-lautes weder mit Mommsen noch
mit Kirchhoff übereinstimmen; sondern ich finde die erklärung zu dieser
auslassung in dem zweiten nolanischen alphabet, wo gerade an der
stelle dieses *s*-lautes nicht dessen gewöhnliches zeichen (**M**) sondern
**I** d. i. *z* steht, das somit an zwei stellen auftritt, wie **Ɔ** in dem
ersten nolanischen alphabet. Das zeichen **M** für den zischlaut ist im
etruskischen alphabete vorhanden gewesen und wird in den inschriften
gebraucht, aber der laut ist nicht von *z* (oder dem andern *s*-laut s. 47.
wie im umbrischen; siehe unten) verschieden gewesen, und daher ist
es absichtlich in dem syllabar ausgelassen[1]). Gleichfalls ist *q̓* ausgelassen, weil es nicht einen eigentümlichen etruskischen laut bezeich-

---

dort das gewöhnliche zeichen für *o* ist. An stelle von **Λ Ο** hat das syllabar
gewiß ein undeutliches **ꟸI** (*in*) gehabt, wonach der schluß verschwunden war.

[1]) Von den clusinischen alphabeten läßt das einzige, das am schlusse vollständig ist, umgekehrt das *s*-zeichen vor *t* aus, da man kaum den kleinen strich,
der sich auf der zeichnung hinter *r* findet, als rest von **Ɛ** oder **Ƨ** auffassen darf
(in dem ersten alphabet fehlen beide *s*-zeichen, während das dritte wegen
undeutlichkeit keine aufklärung gibt; vgl. oben s. 45 anm. 1).

nete, sondern nur in fremdwörtern gebraucht wurde, und auch hier
gibt uns das zweite nolanische alphabet die erklärung, indem es an
stelle von q $\text{Я}$ d. h. das zeichen für w hat, das also gleichfalls an
zwei stellen in diesem alphabet auftritt.  Es bleibt somit nur noch
die bedeutung des zeichens $\mathsf{P}$ in dem syllabar zu besprechen. In der
äußeren form stimmt es ganz mit dem griechischen κόππα überein;
aber da dieses zeichen im griechischen alphabet vor ϱ, nicht wie
hier im syllabar hinter χ steht, da die ursprüngliche reihenfolge der
konsonanten sonst an keiner stelle im syllabar durchbrochen ist, und
da $\mathsf{P}$ in dem griechischen alphabet auf der vase fehlt, so kann ich
keineswegs Kirchhoff darin beistimmen, ihm dieselbe bedeutung
wie dem gewöhnlichen griechischen $\mathsf{P}$ zuzuerteilen. Es ist unzweifelhaft sowohl hier im syllabar wie in einzelnen der ältesten etruskischen
inschriften, wo es ebenfalls nachgewiesen werden kann[1], nur eine
andere form für das gewöhnliche etruskische ⊗ 8, das neue zeichen
für den f-laut, das ja gerade in den andern alphabeten gleichwie im
syllabar die letzte stelle hinter griechischem χ einnimmt[2]. Vielleicht
s. 48. ist dann das zeichen für κόππα gerade in dem griechischen alphabet
auf der vase ausgelassen, weil es in der äußeren form mit diesem
in der bedeutung ganz verschiedenen etruskischen zeichen zusammen
fallen würde; jedoch ist dies ja nur eine vermutung, deren richtigkeit zu beweisen unmöglich ist. Aber gerade weil griechisches κόππα
im etruskischen aufgegeben war, konnte das f-zeichen (8) die form
$\mathsf{P}$ bekommen, wie ϑ im alphabet von Bomarzo und sonst allgemein
die form O erhalten hat, weil griechisches o im etruskischen aufgegeben war.

Die folgenden alphabete dieser gruppe kennen wir nur aus inschriften, und ihre buchstabenordnung muß deshalb mit hülfe der
hier behandelten etruskischen alphabete (und des griechischen alphabetes auf der vase von Caere) bestimmt werden, nämlich:

---

[1] Mommsen, Unterital. Dial. s. 17 f.

[2] A. Noël des Vergers, der übrigens glaubt, daß die etruskische schrift
unmittelbar aus der phönicieschen hervorgegangen ist, betrachtet wie Kirchhoff
das in einzelnen der ältesten inschriften vorkommende $\mathsf{P}$ als zeichen für q
(L'Étrurie et les Étrusques, Paris 1862—64, Tome III fol. pl. XL). Es wäre
ja höchst merkwürdig — wenn nicht geradezu unmöglich (vgl. z. b. das faliskische unten) —, daß das etruskische eine zeit lang beide zeichen Ж und $\mathsf{P}$
für den gaumenlaut k bewahrt und sie dann beide zugleich aufgegeben haben
sollte. Hierzu kommt, daß beide zeichen in derselben inschrift zu finden sind,
und daß $\mathsf{P}$ da auch vor andern vokalen als u gebraucht werden kann.

2) Das nordetruskische alphabet in einer anzahl inschriften, die nördlich von den Apenninen, namentlich in Oberitalien und dem alten Rätien gefunden sind, und die Th. Mommsen zuerst gesammelt und sorgfältig untersucht hat[1]). Die verwandtschaft zwischen den alphabeten in diesen inschriften und dem gewöhnlichen etruskischen alphabet ist augenscheinlich; aber da die deutung der inschriften, welche offenbar verschiedenen sprachen angehören, bezüglich der meisten als noch nicht einmal angefangen bezeichnet werden kann[2]), so ist es nur mit hülfe der bekannten italischen (namentlich etruskischen) alphabete möglich, die bedeutung der einzelnen zeichen zu bestimmen. Hieraus geht nun folgendes hervor: die zeichen für *b* und *d* fehlen wie im gewöhnlichen etruskischen; aber während dieses von den zeichen Ɔ (*g*) und ɰ (*k*) regelmäßig das erstere wählte, hat das nordetruskische ungekehrt Ɔ aufgegeben und ɰ behalten[3]). Auch *q* fehlt, und für den zischlaut finden sich

s. 49.

---

[1]) Die nordetruskische Alphabete auf Inschriften und Münzen, von Th. Mommsen in den Mittheilungen der Antiquarischen Gesellschaft in Zürich, VII. Band, Zürich 1853, s. 199 ff. (mit 3 tafeln). Vgl. Fabretti, Corpus inser. Ital. s. III—VIII und tab. I—VI samt tab. LVIII und s. 2033—34, wo verschiedene neue inschriften hinzugekommen sind, denen noch die 1871 bei Trevisio im Veltlin gefundene inschrift beigefügt werden kann (Bulletino dell' instit. di corrispond. archeol. 1871, s. 214—19; vgl. Anzeiger für Schweizerische Alterthumskunde, Januar 1872, Zürich, s. 306—7 und tab. XXIV no. 8).

[2]) Nach dem erscheinen von Mommsens abhandlung ist es jedoch geglückt mit sicherheit nachzuweisen, daß mindestens einzelne der inschriften in dem „west-etruskischen" alphabet (von links nach rechts und mit bewahrung sowohl des *o* wie des *u*) gallische sind.

[3]) Zwar behauptet W. Corssen mit vollkommener sicherheit, daß das nordetruskische gerade im gegensatze zum gewöhnlichen etruskischen alle drei „mediae" *b*, *g*, *d* bewahrt habe (siehe seinen artikel „Alphabet" in Paulys Real-Encyclopädie I, 2. Aufl., Stuttgart 1864, s. 802 und „Über Aussprache, Vokalismus und Betonung der lateinischen Sprache" I, 2. Ausg., Leipzig 1868, s. 2). Diese behauptung ist jedoch ganz unbegründet, da sie sich nur auf die inschrift von Limone am Gardasee (Mommsen tab. II no. 17; Fabretti tab. I no. 13) und vielleicht auf ein sehr unsicheres zeichen in einer andern inschrift (Mommsen tab. II no. 25, Fabretti tab. IV no. 33) stützen kann; aber von der Limoner inschrift, deren sprache unzweifelhaft gallisch ist, und deren alphabet eine ganz eigentümliche stellung einnimmt, indem die drei ersten zeilen mit rein lateinischen buchstaben geschrieben sind, während die drei letzten eine mischung von lateinischen und fremden zeichen enthalten, die sich nur zum teil in den übrigen „nordetruskischen" inschriften wiederfinden, ist man natürlich keineswegs berechtigt schlüsse zu ziehen, die von dem nordetruskischen alphabete im allgemeinen gelten. Im gegenteil zeigen die gallischen inschriften, die ausschließlich

beide zeichen M und Ʂ. Die abweichungen vom gewöhnlichen etruskischen bestehen wesentlich darin, dafs wir den vokal *o* zugleich mit
*u* bewahrt finden — in der regel (ausgenommen in den gallischen
inschriften) jedoch nur das eine dieser zeichen, indem man in ver-

s. 50. schiedenen gegenden entweder *o* oder *u* aufgab —, und dafs das
neue etruskische zeichen 8 8 für *f*, welches sonst eben für diese
gruppe der italischen alphabete charakteristisch ist, fehlt, auf jeden
fall in dieser form. Ich halte es nämlich für sehr zweifelhaft, ob
die zuweilen vorkommenden zeichen Ꝗ[1]) Ⴔ[2]) wirklich, wie Mommsen
und andere nach ihm meinen, *ϑ* und nicht eher *f* bedeuten, wie
wir bezüglich des Ꝗ in dem syllabar auf der vase von Caere annahmen. Das zeichen für *z* kommt in ein paar inschriften in der
form ⋇ ⋇ vor, die natürlich aus ⋕ entstanden ist, das sich in keiner
der bisher bekannten nordetruskischen inschriften nachweisen läfst.

---

„nordetruskische" schrift gebrauchen, dafs die Gallier die etruskischen zeichen
KⲄ✕ sowohl in der bedeutung *k*, *p*, *t* wie *g*, *b*, *d* aufnahmen. Dies ging schon
aus der zweisprachigen inschrift von Todi (Mommsen in Hoefers Zeitschrift
für die Wissenschaft der Sprache I, 1846, s. 394 ff.; Fabretti tab. XXI no. 86;
W. Stokes in den Beiträgen zur vergl. Sprachforschung III, 1863, s. 65 ff., J.
Becker ibid. s. 170 f. und öfters) hervor und ist weiter durch die später gefundene
inschrift von Novaria (Fabretti tab. V no. 41 bis; G. Flechia, di un' iscrizione
celtica trovata nel Novarese, Torino 1864; vgl. H. Ebel in den Beiträgen zur
vergl. Sprachforschung IV, 1865, s. 486—89) bestätigt worden. [Was Corssen später
in seinem grofsen werke „Über die Sprache der Etrusker" I—II, Leipzig 1874—75
für das verständnis der nordetruskischen inschriften geleistet, hat die vielen
schwierigen fragen der lösung nicht näher gebracht. Überhaupt betrachte ich
im gegensatze zu S. Bugge (Jenaer Literaturzeitung 1875, s. 287) den abschnitt
über nordetruskisch in Corssens erstem bande als einen der unglücklichsten in
dem im ganzen verfehlten buche.]

[1]) So mufs dieses zeichen, das 3 mal in der inschrift von Verona (Mommsen
tab. II no. 19, Fabretti tab. II no. 14) vorkommt, wiedergegeben werden, nicht
mit Mommsen und Fabretti in ihren alphabettafeln als Ꝗ.

[2]) Mommsen tab. I no. 12, Fabretti tab. VI no. 59. Dasselbe zeichen findet
sich gewifs auch bei Mommsen tab. II no. 14, Fabretti tab. II no. 22. — Diejenigen, welche annehmen, dafs Ꝗ im etruskischen *q* bezeichne, werden wohl am
ehesten diese „nordetruskischen" zeichen ebenso auffassen. Aufserdem ist ja die
möglichkeit vorhanden, dafs mindestens Ⴔ geradezu dem griechischen *φ* entspricht.
Jedenfalls liegt es am nächsten, diese bedeutung dem ⴲ in der inschrift von
Trient (Mommsen tab. I no. 11, Fabretti tab. I no. 12) zuzuerteilen, das von
Mommsen gleichfalls als *ϑ* aufgefafst wird. Auch kann ich dem ⵝ auf dem
helme aus Steiermark (Mommsen tab. I no. 12, Fabretti tab. VI no. 59) nicht
mit Mommsen die bedeutung *ϑ* geben; es ist eher, wie in der inschrift von
Vadena (Fabretti tab. II no. 24), eine andere form für Ⴘ = *χ*.

Dafs das ausnahmsweise auftretende ⋈ eine andere form des zischlautes M wie in dem einen alphabet von Nola ist, darf als sicher
angesehen werden. Auf taf. II, no. 7 habe ich nach den inschriften
das „nordetruskische“ alphabet zusammengestellt und durch frage-
zeichen meine zweifel bezüglich der bedeutung einzelner zeichen zu
erkennen gegeben.

3) Das umbrische alphabet auf den tafeln von Iguvium
und einzelnen andern denkmälern[1]) ermangelt wie das gewöhnliche s. 51.
etruskische des o und d; aber im gegensatz zu diesem hat das umbrische von den zeichen ꗈ und ꖅ das ꗈ aufgegeben und ꖅ bewahrt,
wie die alphabete von Clusium und das „nordetruskische“. Die griechischen aspiraten φ und χ fehlen ganz, und auch das zeichen für
ϑ kommt nur ein paar mal und in derselben bedeutung wie das
gewöhnliche t vor. Gleichfalls ist M selten und steht gleichbedeutend
mit dem gewöhnlichen Ƨ. Eine eigentümliche runde form, die jedoch
auch in etruskischen inschriften vorkommt, hat h angenommen, wogegen Λ für m nur auf der einen tafel gebraucht wird: es ist wohl
eine abgekürzte form des gewöhnlichen zeichens. Endlich hat das umbrische zwei neue zeichen hinzugefügt, nämlich ꟼ, um einen laut
zwischen r und s zu bezeichnen, der in lateinischer schrift durch rs
ausgedrückt wird, und ꝺ, um einen aus k hervorgegangenen „pala-
talen“ laut (wie indisches ç) wiederzugeben, in lateinischer schrift
durch s mit einem kleinen haken vorn (Ꙅ) ausgedrückt. Von diesen
beiden zeichen, deren platz im alphabete natürlich zweifelhaft ist,
scheint das letztere willkürlich erfunden zu sein, wogegen ꟼ die eine
der im etruskischen vorkommenden r-formen (ꓷ, ꟼ) ist, die hier gebraucht wird, um einen von dem gewöhnlichen r (ꓷ) etwas verschiedenen, aber damit verwandten laut zu bezeichnen (taf. II, no. 8).

4) Das oskische alphabet in den inschriften von Abella,
Agnone und mehreren andern[2]) ermangelt des o wie das etruskische
und umbrische, hat aber alle drei „mediae“ b, g, d bewahrt, — die
beiden ersten in den gewöhnlichen formen 𐌁, ꘉ, während d die
eigentümliche gestalt ꓡ bekommen hat, welche dadurch veranlafst

---

[1]) C. R. Lepsius, Inscriptiones Umbricæ et Oscæ, tab. I—XX, XXIX;
S. Th. Aufrecht u. A. Kirchhoff, Die Umbrischen Sprachdenkmäler, I—II,
Berlin 1849—51; Fabretti, Corpus inscr. Ital., s. IX ff. und tab. VI bis—XXI.
[2]) Lepsius, Inscr. Umbr. et Oscæ, tab. XXI—XXVIII, XXX; Mommsen,
Unterital. Dial. tab. V—XII; Fabretti, Corpus inscr. Ital. tab. XLVIII—LV,
wo einzelne später entdeckte inschriften mitaufgenommen sind.

wurde, dafs das ursprüngliche zeichen für *r* (ᑫ) wie im etruskischen
s. 52. und umbrischen die form ᗡ annahm, also mit der ursprünglichen
*d*-form zusammenfiel[1]). Dagegen sind sowohl ꟼ wie der zischlaut M,
die beide auch nur ausnahmsweise im umbrischen vorkommen, aufgegeben.      Endlich hat das oskische zwei neue vokalzeichen gebildet,
nämlich ꓞ, um einen zwischenlaut zwischen *i* und *e* zu bezeichnen,
und V, um *o* zu bezeichnen (anstatt des ursprünglichen, frühzeitig auf-
gegebenen zeichens für diesen laut). Diese zeichen, die deutlich aus
I (*i*) und V (*u*) gebildet sind, haben wohl ihren platz im alphabete
hinter ꕭ gehabt (taf. II, no. 9).

Zu der jetzt besprochenen gruppe von italischen alphabeten gehört auch das sabellische in den beiden inschriften von Crecchio
und Cupra maritima[2]); aber da es nicht vollständig bekannt ist, und
die bedeutung einzelner zeichen noch als zweifelhaft gelten mufs,
übergehen wir es hier.

Die zweite hauptgruppe von italischen alphabeten unterscheidet sich von der ersten dadurch, dafs sie kein neues zeichen
für *f* gebildet, sondern das griechische *wâw*-zeichen benutzt hat, um
s. 53. diesen laut auszudrücken, und infolge dessen wird *u* sowohl für den
vokal *u* wie für den halbvokal *w* gebraucht.   Von den zischlauten
findet sich nur die dem phönicischen *sin* entsprechende form, und
die griechischen aspiraten (ꟼ, ᵠ, χ) sind als lautzeichen aufgegeben[3]).

---

[1]) Ich kann nicht mit Mommsen (l. c. s. 25) und Kirchhoff (Studien u. s. w.
s. 119) die oskische *d*-form als ausreichenden beweis dafür ansehen, dafs das
zeichen für *d* einmal im oskischen gefehlt habe, und dafs später wieder zur bezeichnung dieses lautes die griechische *r*-form ꓑ benutzt worden sei. Obgleich
dies möglich ist, halte ich es doch für weit wahrscheinlicher, dafs *d* im oskischen
immer vorhanden gewesen ist, und dafs dessen *d*-form sich selbständig aus
älterem ᗡ entwickelt hat; dafs dieses auf jeden fall im alten stelle im
alphabete (hinter *g*) gestanden, wie Mommsen selbst (l. c.) nachzuweisen
gesucht hat, zeigt ein bruchstück eines oskischen alphabetes auf einer wand in
Pompeji, das die vier ersten buchstaben (*a*, *b*, *g*, *d*) ganz deutlich und einen
teil des fünften enthält (siehe R. Garrucci, Graffiti de Pompéi, 2 de édit., Paris
1856, tab. I no. 1). — Wenn das oskische wirklich später das griechische ꓑ
*r* als bezeichnung für *d* aufgenommen hätte, könnten wir auch griechisches ᗡ
in der bedeutung *o* aufgenommen erwarten, was unleugbar viel näher zu liegen
scheint; aber hier wurde eben ein ganz neues zeichen gebildet.

[2]) Mommsen, Unterital. Dial. tab. II und XVII; vgl. ibid. s. 329 ff.; Fabretti tab. LIII no. 2848, tab. XLV no. 2682; Corssen in der Zeitschr. f.
vergl. Sprachf. X (1861), s. 1 ff.

[3]) Doch können sie alle drei als zahlzeichen bei den Römern nachgewiesen
werden: Ꙩ (sehr selten) = 100, ꓮ = 1000 und Ψↄ = 50 (Mommsen, Unter-

Dagegen sind die beiden griechischen zeichen für den guttural *k*, **K**
*κάππα* und **Ϙ** *κόππα*, wie auch griechisches *o* (das sich jedoch auch
im „nordetruskischen" fand) und **ξ** bewahrt. An stelle der in der
ersten gruppe gebrauchten form für *r* **D** (**Ϙ**) finden wir hier **Я R**.
Durch die benutzung des ursprünglichen *w*-zeichens in der bedeutung
*f* und des *u* sowohl für *u* wie *w*, durch die bewahrung von **Ϙ** und
**ξ** (ebenso zum teil *o*), und durch ihre *r*-form unterscheidet sich
diese italische alphabetgruppe von der ersten; durch die *r*-form und
durch die bewahrung von **Ϙ** weicht sie gleichfalls von dem griechischen alphabet auf der galassischen vase ab; aber da wir hinter *u*
**X†** in der bedeutung *x*, entsprechend dem **†** (**ξ**) auf der vase,
finden, so ist es klar, dafs auch diese gruppe von italischen alphabeten von einem griechischen alphabete ausgeht, welches zu derselben
klasse gehört wie das der galassischen vase. Wenn wir daher in
diesem alphabet uns nur **Ϙ** an der ursprünglichen stelle denken, wird
es in allem wesentlichen als grundalphabet für alle italischen alphabete sowohl der ersten wie der zweiten gruppe angesehen werden
können. Zu dieser letzteren gehören:

1) Das lateinische alphabet hatte in der ältesten nachweis-
lichen gestalt 21 buchstaben mit dem zeichen für *z* (ohne zweifel in
der form **I‡**) an der ursprünglichen (siebenten) stelle.  Schon in
den ältesten inschriften, die in Ritschls Priscae Latinitatis monumenta epigraphica (Berol. 1862) in schönen abbildungen herausgegeben sind, ist indessen *z* aufgegeben[1]), und **K** *k* hat eine sehr eingeschränkte anwendung; um den *k*-laut auszudrücken, wird regelmäfsig s. 54.
das ursprüngliche *g*-zeichen (**C**) gebraucht, das lange sowohl *g* wie
*k* bezeichnete.  Später bekam es ausschliefslich die bedeutung *k*,
indem man für den *g*-laut das neue zeichen **G** durch eine kleine

---

ital. Dial. s. 33 f ; F. Ritschl, Zur Geschichte des lateinischen Alphabets im
Rheinischen Museum für Philologie, 24. Jahrgang, Frankfurt am Main 1869, s.
12 f.).

[1]) Dagegen kommt *z* in einem bruchstück von einer der salischen hymnen
vor, das von Varro (De lingua Latina VII, 26) aufbewahrt ist. — Auch in den
ältesten lateinischen inschriften scheint auf den ersten blick *z* zweimal in den
formen COZA, (CO)ZANO auf den alten lateinischen münzen bei Ritschl tab.
VII no. 40, a & b (vgl. ibid. s. 11 und Mommsen, Inscriptiones Latinæ anti-
quissimæ, Berol. 1863, s. 6) vorzuliegen, was dann zugleich einen beweis dafür
enthalten würde, dafs die form Z ziemlich früh aufgetreten wäre. Namentlich
aus diesem grunde bin ich jedoch am meisten geneigt, Z auf diesen münzen
nicht in der bedeutung *z* aufzufassen, sondern als eine kleine veränderung von
**ζ** d. i. **S** (vgl. Ritschl ibid. no. 41, a & b).

veränderung von C bildete; dieses neue y-zeichen, das sich schon
in den ältesten inschriften zeigt, setzte man im alphabet an der
stelle ein, wo früher z gestanden hatte.   Das ist das ältere lateinische alphabet von 21 buchstaben, wovon Cicero und Quintilian
reden[1]), und wovon wir mehrere darstellungen, mit dem griffel geschrieben, auf wänden in Pompeji finden[2]); seine wichtigsten buchstabenformen sind nach den alten inschriften auf taf. II, no. 11
wiedergegeben. — Später wurde dieses alphabet um 2 buchstaben
vermehrt, indem man zum gebrauch in griechischen wörtern schon
zu Ciceros zeit ziemlich allgemein griechisches Υ, Υ und ξ in der
jüngeren form Z aufnahm.   Obwohl diese beiden buchstaben von den
Römern immer als fremde angesehen und in wirklich lateinischen
wörtern nicht gebraucht wurden[3]), gab man ihnen doch später eine
stelle am schlufs des alphabetes hinter x, und so kam das allgemein
bekannte lateinische alphabet von 23 buchstaben zu stande, das uns
s. 55.   in den inschriften aus der kaiserzeit begegnet (taf. II, no. 12)[4]).   Im
unterschied nicht blofs von allen alphabeten in der vorigen gruppe,
sondern auch von dem zweiten in dieser gruppe, geht die lateinische
schrift, soweit wir sie zurückverfolgen können, ohne ausnahme von
links nach rechts.

2) Das faliskische alphabet in den von Garrucci entdeckten
inschriften in Civita Castellana (dem alten Falerii)[5]) stimmt in allem
wesentlichen mit dem älteren lateinischen alphabet überein; jedoch
hat es sowohl K wie Φ aufgegeben und bezeichnet den k-laut (was

---

[1]) Cic. de nat. deor. II, 37.  Quintil. In. Or. I, 4, 9.  Vgl. Sueton.
Aug. 88.

[2]) Inscriptiones parietariæ Pompeianæ ed. C. Zangemeister, Berol. 1871
(Corpus Inscr. Lat. IV), no. 2514—2549 e enthalten die lateinischen alphabete und
bruchstücke davon, die auf den wänden in Pompeji gefunden sind.  Die alphabete, welche vollständig sind (no. 2514—18; tab. XL. no. 3, 5, 9—11; vgl.
Ritschl, monum. epigr. tab. XVII no. 24), enden alle mit X und haben natürlich G an der siebenten stelle; E wird fast immer durch II und F zuweilen
durch |' bezeichnet.

[3]) Vgl. Cic. Orator 160.  Quintil. In. Or. XII, 10, 27.

[4]) Die jüngere lateinische buchstabenreihe ist uns in inschriften aus Vigna
Acquari (Bulletino dell' inst. di corr. archeol. 1862, s. 29) und aus Stein am
Anger, dem alten Savaria in Pannonien (Corp. Inscr. Lat. III, 2 s. 962) über-
liefert.

[5]) R. Garrucci, Scoperte falische in den Annali dell' instituto di corrispond. archeol. 1860, s. 211—81 mit taff. F, G, H; Mommsen in den Monats-
berichten der königl. Preufs. Akademie der Wissenschaften zu Berlin 1860,
Berlin 1861, s. 451—56.

auch im lateinischen die regel ist) durch ⊃⊂; dagegen hat es z (das
sich ebenfalls im lateinischen auf der ältesten stufe fand) in den
formen ‡Ⅎ bewahrt. Die letztere form, die nur eine verkürzung
der ersteren ist, gleicht sehr der ursprünglichen *wāw*-form, die im
lateinischen und faliskischen für *f* angewandt wird, und dieser buchstabe bekam daher im faliskischen die vom lateinischen abweichende
form ↑[1]). Unsicher ist es, ob ꓶ, wie Detlefsen nachzuweisen gesucht s. 56.
hat[2]), zeichen für *b* ist, während *p* durch Γ ausgedrückt wird. In
jedem falle ist sowohl ꓶ wie Γ von anfang an zeichen für *p*, und
das alte *b*-zeichen ist folglich aufgegeben. Aber es ist möglich, dafs
man später von den beiden *p*-zeichen das eine in der bedeutung *b*,
das andere in der bedeutung *p* benutzt hat. Selbst wenn es sich damit richtig verhält, so ist es doch kaum wahrscheinlich, dafs ꓶ in
der bedeutung *b* an die zweite stelle im alphabet gestellt worden
ist. Eine eigentümliche form sowohl im vergleich zum lateinischen
wie zu den andern italischen alphabeten bietet das faliskische *a*-zeichen
Я dar, das grofse ähnlichkeit mit dem *r*-zeichen hat, wovon es sich
jedoch dadurch unterscheidet, dafs beim letzteren die seitenstriche
niemals ganz bis an den senkrechten stab reichen (Я). Faliskisches

---

[1]) Dafs ↑ eine umbildung des *wāw*-zeichens ist (um die verwechslung mit
dem zeichen für z, ‡, das durch verkürzung Ⅎ oder ꓯ wurde, zu vermeiden),
bezweifle ich nicht; es ist also ein ähnliches verhältnis, wie wenn das oskische
ꓷ *d* in Я verändern mufste, um der verwechslung mit dem aus ꝗ *r* entstandenen ꓷ vorzubeugen. Dafs das faliskische z und das oskische r formen bekamen, die ursprünglich ganz andern buchstaben angehörten, welche daher notwendigerweise verändert werden mufsten, ist ein vorgang, auf den wir jeden
augenblick stofsen, wenn wir die entwicklungsgeschichte der verschiedenen
alphabete untersuchen (man vergleiche z. b. die korinthischen und korkyräischen
formen für β und ι). — Corssen nimmt dagegen an, dafs faliskisches ↑ und
etruskisch-umbrisch-oskisches 88 verschiedene entwicklungen einer älteren
grundform sind, die er im sabellischen ⊠ findet (Zeitschr. f. vgl. Sprachf. X
(1861), s. 28; Über Aussprache etc. s. 2); aber weil diese formen einander allzu
fern liegen, und weil sich das griechische *wāw* im faliskischen als zeichen für *w*
nicht findet, sondern dieses, gerade wie das lateinische, *u* sowohl für den vokal
wie für den halbvokal gebraucht, finde ich Corssens annahme sehr unglücklich.
Wie er trotz dieser ansicht das lateinische und faliskische zusammen als eine
gruppe den andern italischen alphabeten gegenüberstellen kann, sehe ich nicht
ein. Auf die dem lateinischen und faliskischen gemeinsame *r*-form ist doch unmöglich eine urverwandtschaft zu gründen, wenn die abweichungen sonst so
grofs sind, wie sie nach Corssens auffassung des *f*-zeichens werden müssen.

[2]) Alcune osservazioni sulle iscrizioni falische im Bulletino dell' inst. di
corr. archeol. 1861, s. 198—205.

Я entspringt offenbar aus der alten italischen *a*-form Ꞁ, die im etruskischen und umbrischen die gewöhnliche ist, nicht, wie Mommsen meint, aus dem Ⱥ der alten lateinischen inschriften, das selbst aus Ⱥ entstanden ist. Wie die inschriften der ersten hauptgruppe gehen auch die faliskischen von rechts nach links; aber einzelne buchstaben können willkürlich nach beiden seiten gewendet werden (taf. II, no. 10).

---

### III. kapitel.

## Die runenschrift.

### A. Ihre verbreitung.

Nach dieser übersicht über den ursprung und die entwicklung der alten südeuropäischen alphabete gehen wir zu unsrer eigentlichen aufgabe über, den ursprung der runenschrift zu untersuchen.

s. 57.      Es wird jedoch zweckmäfsig sein, dieser untersuchung einige bemerkungen über die verbreitung der runenschrift voraus zu senden.

Bekanntlich kommen die runen namentlich in den skandinavischen ländern und in England vor; aber sie sind doch keineswegs auf diese völker des germanischen stammes beschränkt gewesen. Denn auch in den gegenden, wo Goten und Germanen auf dem festlande wohnen oder früher wohnten, hat man einzelne denkmäler mit der gattung von runen gefunden, die in den ältesten inschriften im Norden (und in England) vorkommen.

Aufser sechs brakteaten mit runen, von denen einer ohne zweifel um 1839 irgendwo in Norddeutschland gefunden ist (jetzt im museum zu Berlin, Stephens no. 29 = Atlas for nord. Oldk. no. 113) [1], einer 1850 oder 52 bei dem dorfe Wapno (zwischen Wongrowitz und Exin) südlich der Netze in Posen [2], die vier andern (von denen zwei mit derselben inschrift) 1859 bei Dannenberg in Hannover (Stephens

---

[1] Unrichtig gibt Stephens (II, s. 541) Köslin in Pommern als die fundstätte dieses brakteaten an. Vgl. Vierzehnter Bericht der Schleswig-Holstein-Lauenburgischen Gesellschaft für die Sammlung und Erhaltung vaterländischer Alterthümer 1849, s. 13 f. und taf. no. 3; Müllenhoff in der Zeitschr. f. d. a., neue folge VI, s. 253.

[2] Müllenhoff in der Zeitschr. f. d. a., neue folge VI, s. 254 ff.

no 7—9)[1]), sind aufserhalb des Nordens und Englands bisher folgende denkmäler mit den älteren runen aufgefunden:

1) Der Bukarester ring, ein grofser goldring, der 1837 zusammen mit vielen andern goldsachen bei Petrossa in der Walachei gefunden wurde (seit 1838 im museum zu Bukarest)[2]);

2) das Koveler speerblatt, ein speerblatt von eisen, 1858 bei Kovel in Volhynien gefunden, aber erst viel später bekannt gemacht; es gehört prof. A. Szumowski in Warschau[3]);

3) das Müncheberger speerblatt, ein speerblatt von eisen, 1865 bei Müncheberg in Brandenburg gefunden[4]);

4) der Körliner ring, ein goldener fingerring, gefunden 1839 bei Körlin in Pommern (jetzt im museum zu Berlin)[5]);

---

[1]) Aufserdem ist eine goldmünze, die auf der einen seite eine barbarische nachbildung von Theodosius' namen, auf der andern einige runen hat, bei Harlingen in Friesland gefunden (Atlas for nord. Oldk. no. 251, s. 8 = Stephens no. 58), und eine silbermünze, gleichfalls mit runen auf der einen seite, in Holland in der nähe von Utrecht (Stephens no. 70). Die erstere von diesen münzen hat zweimal die specifisch englische *a*-rune ᚠ (und einmal die *h*-rune ᚻ); auch auf der letzteren scheint die *a*-rune ᚠ vorzukommen.

[2]) J. Arneth, Die antiken Gold- und Silber-Monumente des K. K. Münz- und Antiken-Cabinettes in Wien. Mit XLI Tafeln. Wien 1850 fol., s. 86 und Beilage taf. VI, no. 2.

[3]) Wiadomości archeologiczne III, Warszawa 1876, s. 49—61 mit taf. I (s. 55—57 enthalten meine bemerkungen über die inschrift); Congrès international d'Anthropologie et d'Archéologie préhistoriques, Comte-Rendu da la 8ᵐᵉ Session à Budapest 1876. I (Budapest 1877), s. 457—60 (ein brief von mir an prof. J. Sawisza über die inschrift). Vgl. A. Kohn und C. Mehlis, Materialien zur Vorgeschichte des Menschen im östlichen Europa nach polnischen und russischen Quellen II, Jena 1879, s. 177 ff.; Revue archéol. juillet-août 1884, s. 54 ff.

[4]) Anzeiger für Kunde der deutschen Vorzeit. Neue Folge XIV, Nürnberg 1867, s. 33—41. — Bezüglich des von J. Undset im Oktober 1883 im museum zu Torcello in Italien entdeckten speerblattes von bronze (Zeitschr. für Ethnologie, Berlin 1883, mit taf. IX) habe ich bereits 1884 in einer mitteilung an herrn L. Chodzkiewicz in Paris ausgesprochen: „. . . . Que l'inscription sur la pointe de lance en bronze de Torcello ait été fabriquée à une époque moderne d'après celle de Müncheberg, je n'en saurais douter. Cela se conclut avec évidence des fautes commises dans celle-là et qui seraient impossibles dans une inscription authentique. Mais l'imitation — je n'ose dire la supercherie — paraît d'ailleurs être faite avec beaucoup de soin et beaucoup d'art." Diese ansicht halte ich auch nach den später erschienenen aufklärungen (Zeitschr. f. Ethnol. 1885) aufrecht.

[5]) Finn Magnusen, „Runamo og Runerne" in den Det kgl. danske Videnskabernes Selskabs histor. og philos. Afhandlinger VI (1841), s. 221—23; vgl. s. 656; abgebildet tab. XIII, fig. 4 a & b und darnach wiedergegeben bei Stephens. Vgl. Vierzehnter Bericht der Schleswig-Holstein-Lauenburgischen Gesellschaft

5) die spange von Charnay, eine silberspange (fibula), gefunden 1857 bei Charnay in der Bourgogne in einem begräbnisplatze aus der „merovingischen“ zeit (in H. Baudots altertümersammlung zu Dijon) [1]);

s. 58.     6) die Nordendorfer spange a, eine silberspange, 1843 in einem grabe bei Nordendorf in der nähe von Augsburg in Bayern gefunden (im museum zu Augsburg) [2]);

7) die Nordendorfer spange b, eine silberspange, wie die vorige vor mehreren jahren in einem der gräber bei Nordendorf gefunden (im museum zu Augsburg) [3]);

etc. 1849, s. 10 ff. und taf. no. 1; Zeitschr. f. d. a., neue folge VI, s. 252 f. Die fundstätte ist Körlin (nicht, wie früher oft unrichtig angegeben, Köslin) in Pommern. — Der ring hat fünf kanten mit zwei facetten in jeder; in einer der facetten findet sich das mystische „hakenkreuz“ oder „svastika“ (卐), und in einer andern die runen in zwei reihen, durch einen strich geschieden; zu unterst stehen ᚾᛘᛉ, also dieselben runen, die wir in einer andern ordnung auf einem der pfeile aus dem Nydamer moore zusammengestellt finden, und worin ich ein beispiel von dem magischen gebrauche der runen zu finden geglaubt habe („De ældste nordiske runeindskrifter“ s. 26–27, in den arb. f. nord. oldk. 1867); oben über diesen drei runen findet sich das zeichen ᛋ, das ich für eine binderune, zusammengesetzt aus ᚠ und ᛁ, ansehe, wie wir auf einem andern der pfeile aus dem Nydamer moore ᚼ, dasselbe zeichen wie auf dem Körliner ringe, aber nach der entgegengesetzten seite, finden (vgl. „de ældste nord. runeindskr.“ s. 46); es sind dieselben beiden runen, zu einem zeichen vereinigt, die wir auch in der häufigen verbindung ᚠᛘᚾ oder ᚾᛘᚼ (ᚾᚼᛘ, ᚼᛘᚾ) finden; ᛘᛘ allein (ohne ᚾ, also der binderune auf dem ringe und pfeile entsprechend) scheint auf einem brakteaten vorzukommen, der nördlich von Hadersleben gefunden ist (Stephens no. 21; Atlas no. 88; Thorsen, Runemindesmærker s. 329), obgleich man hinsichtlich der bedeutung des ersten zeichens, das auch ein verunglücktes ᚾ sein könnte, einige zweifel hegen darf. Daß gerade ᚠ regelmäßig in diesen magischen zusammenstellungen vorkommt, steht sicher in verbindung mit dessen namen áss, óss (in der sprachform der ältesten nordischen inschriften ansuz). Daß alu (mit seinen varianten lau, lua — al, la) aus dem ein einziges mal vorkommenden salu (Stephens no. 20 = Atlas no. 85) hervorgeht, glaube ich nicht. (Vgl. Bugge in den arb. f. nord. oldk. 1871, s. 182—185.)

[1]) H. Baudot, Mémoire sur les sépultures des barbares de l'époque Mérovingienne, découvertes en Bourgogne, et particulièrement à Charnay. Dijon & Paris 1860, pl. XIV, no. 1 und s. 49 ff.

[2]) Die runeninschrift wurde erst mehr als 20 jahre später (1865) von dr. L. Lindenschmit in Mainz entdeckt, der die spange in „Die Alterthümer unserer heidnischen Vorzeit“ II, 2, Mainz 1866, 4 to, taf. 6 no. 1 & 2 herausgegeben hat.

[3]) Auch diese inschrift wurde erst längere zeit nachher von Lindenschmit entdeckt und in „Die Alterthümer etc.“ III, 8 (1877), taf. 6 no. 2 herausgegeben. Vgl. M. Rieger, „Eine neue Runeninschrift“ (mit abbildung) im „Correspon-

8) die Hohenstadter spange, eine prachtvolle spange, gefunden in einem „alamanischen" grabe bei Hohenstadt in Würtem-
berg (im museum zu Stuttgart)[1];

9) die Osthofener spange, eine vergoldete bronzespange,
gefunden bei Osthofen in Rheinhessen (im museum zu Mainz)[2];

10) die Freilaubersheimer spange, eine silberspange,
gefunden 1873 in einem grabe bei Freilaubersheim in Rheinhessen
(im museum zu Mainz)[3];

11) die Friedberger spange, eine silberspange, gefunden im
winter 1885.86 in einem grabe bei Friedberg in der Wetterau,
provinz Oberhessen; gehört dem finder, herrn G. Dieffenbach in
Friedberg[4];

12) die Emser spange, ein bruchstück ($\frac{1}{3}$) von einer silberspange, gefunden 1878 bei Ems in Nassau; in privatbesitz[5];

13) die spange von Engers, eine silberspange, gefunden
1885 in einem grabe bei Engers im kreise Neuwied des reg.-bez.
Koblenz in der Rheinprovinz (im museum zu Worms)[6].

denzblatt des Gesammtvereins der deutschen Geschichts- und Alterthumsvereine"
(Darmstadt) No. 5 (Mai) 1877.

[1] Nach M. Rieger in der Zeitschr. f. d. Philologie V, s. 381 findet sich
hier eine inschrift mit runen, die jedoch jetzt mit ausnahme von ein paar
zeichen vollständig unleserlich sind.

[2] Herausgegeben von Lindenschmit in „Die Alterthümer etc." I, 1 (1858)
taf. 8 no. 4 & 5. Die runen wurden aber erst später entdeckt, und Lindenschmit
lieferte dann eine neue zeichnung in vol. II, 2, taf. 6 no. 3 & 4. Leider ist die
inschrift an mehreren stellen sehr undeutlich und so verschieden bei Lindenschmit und Stephens (II, p. 585) wiedergegeben, dass es kaum glücken wird, sie
zu deuten.

[3] Lindenschmit, „Die Alterthümer etc." III, 4 (1874) taf. 6 no. 1; M.
Rieger in der Zeitschr. f. d. Philologie V, s. 375 ff. mit taf. 1.

[4] Siehe herrn Dieffenbachs mitteilung im „Korrespondenzblatt der Westdeutschen Zeitschr. f. Gesch. u. Kunst", Jahrg. V, no. 4 (April) 1886, s. 105 f.
Durch dr. F. Holthausen habe ich von herrn Dieffenbach genaue wiedergaben der
sehr deutlichen inschrift erhalten, die ᛒᚢᚱᚢᚦᚻᛁᛚᛞ þuruþhild lautet (= ahd.
*Drudhilt*, Förstemann, Altdeutsches namenbuch I, sp. 350).

[5] „Eine fränkische Gewandnadel mit Runeninschrift, gefunden bei Ems" im
„Correspondenzblatt des Gesammtvereins der deutschen Geschichts- und Alterthumsvereine" (Darmstadt) No. 5 (Mai) 1878 nebst einer mitteilung von M. Rieger
über die runeninschrift.

[6] Siehe dr. Koehls mitteilung im „Korrespondenzblatt der Westdeutschen
Zeitschr. f. Gesch. u. Kunst", Jahrg. V, no. 2 (Febr.) 1886, s. 41 ff. Genaue
nachrichten über die spange und deren inschrift verdanke ich dr. F. Holthausen,
der im verein mit prof. Zangemeister in Heidelberg dieselbe persönlich in Worms

s. 59.   Diese denkmäler, denen sich hoffentlich allmählich mehr ähnliche anschliefsen werden[1]), um so mehr da die meisten in der letzten zeit zu tage gekommen sind, und sowohl die Nordendorfer wie die Osthofener spangen zeigen, dafs die runen sich lange nach der entdeckung der denkmäler haben verborgen halten können, finden sich mit ausnahme der später gefundenen spangen von Friedberg und Engers abgebildet und besprochen in Stephens' werke „The Old-Northern Runic monuments of Scandinavia and England" II, 1868, s. 565—603 und s. 880—84 (das Müncheberger speerblatt) sowie in III, s. 97f. (die Charnayer spange nach meiner zeichnung in „Runeskriften" 1874), s. 109ff. (die Freilaubersheimer spange), s. 158f. (die Nordendorfer spange b nach Lindenschmits zeichnung), s. 266ff. (das speerblatt von Kovel), s. 274 (die Emser spange nach der zeichnung im Correspondenzblatt), s. 485f. (das speerblatt von Torcello). Stephens fafst die genannten denkmäler unter dem namen „Wanderers" zusammen, indem er von der voraussetzung ausgeht, dafs sie alle „altnordisch" seien und in alter zeit von den skandinavischen ländern nach den gegenden, wo sie gefunden sind, gebracht („gewandert") sein müfsten[2]). Aber diese annahme wird vollständig

---

untersucht hat; von beiden genannten herren habe ich gleichfalls sorgfältige wiedergaben der inschrift erhalten. Diese besteht aus vier flüchtig eingeritzten, aber vollkommen sicheren runen ᚱᛖᚢᛒ (leub), das ja auch in dem leubwini der Nordendorfer spange vorkommt, aber hier am wahrscheinlichsten subst. neutr. (= ahd. *liup*, as. *liof*) ist.

[1]) Aufser auf den oben aufgezählten denkmälern hat man auch mit gröfserer oder geringerer wahrscheinlichkeit auf folgenden andern germanische runen zu finden geglaubt: ein kleiner kopf von thon, dessen fundstätte unbekannt ist (jetzt in Berlin; siehe Vierzehnter Bericht der Schleswig-Holstein-Lauenburgischen Gesellschaft etc. 1849, s. 14 f. und taf. no. 4), ein kreuz von Nordendorf, eine thonscheibe von Nassenbeuern und ein becher von Monsheim (siehe Dietrich in der Zeitschr. f. d. a. XIV, 83 f., 85, 91, und vgl. Müllenhoff in der Zeitschr. f. d. a., neue folge VI, s. 252 ff. und die anmerkung s. 254 f.). Ich halte jedoch die zeichen auf keinem dieser denkmäler für wirklich echte alte runen.

[2]) Als eine art zugeständnis gegenüber der ansicht, die ich bezüglich der nationalität der denkmäler geltend gemacht hatte, hat Stephens jedoch in dem 1884 erschienenen 3. bande die drei denkmäler, die ich für gotisch erklärt hatte (die speerblätter von Kovel und Müncheberg, den Bukarester ring) unter einer besonderen rubrik mit dem titel „The Gothic march" zusammengestellt (dafs es dem verfasser durch seine lesung dieser inschriften geglückt ist, jede spur von gotischen formen zu entfernen, bin ich ihm jedoch noch hinzuzufügen schuldig). Aber andererseits hat er dann auch im selben bande mit der gröfsten willkür und ohne einen schatten von beweis die denkmäler, die ich

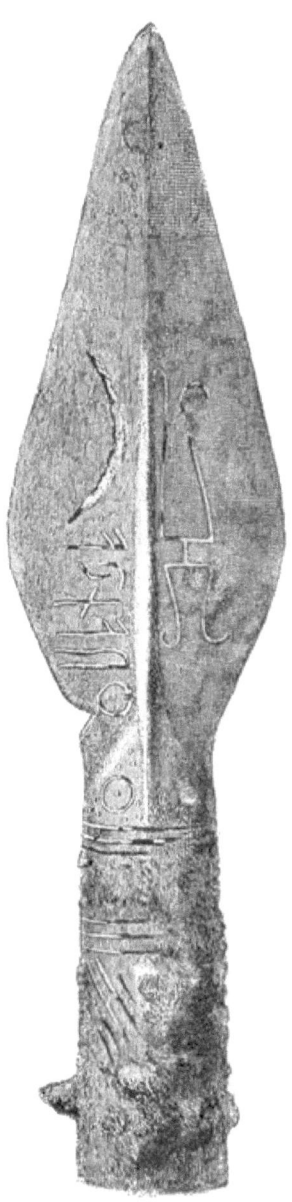

Das speerblatt von Müncheberg.

Das speerblatt von Kovel.

durch die sprache der inschriften widerlegt, die sich überall, wo sie
mit sicherheit gedeutet werden kann, als dem gotischen und germanischen stamme angehörend erweist[1]), indem wir entweder rein gotische
s. 60. oder germanische sprachformen finden.

Dies gilt vor allem von den inschriften auf dem speerblatt von
Kovel und auf der spange von Freilaubersheim. Bezüglich der ersteren
hatte ich bereits 1875 nach einer mir zugesandten mangelhaften
photographie herrn prof. J. Sawisza in Warschau mitgeteilt, dafs die
inschrift sicher einen gotischen mannsnamen enthielte (vgl. oben
s. 57 anm. 3). Genaue aufklärungen, die ich kurze zeit darauf über
die inschrift empfing, setzten es aufser allen zweifel, dafs diese, wie
ich vermutet hatte, lautete: ᚦᛚᛁᚨᚱᛁᛏ d. i. tilarids, indem T
und ⊓ als variationen der gewöhnlichen runenformen ↑ (t) und ᛗ
(d)[2]) angesehen werden müssen, wie wir in nordischen inschriften
ausnahmsweise ⊓ für das gewöhnliche ᛗ (e) finden. Tilarids ist
ein mannesname im nom. sgl. und in echt gotischer form (mit tila-
vgl. tils, gatils bei Wulfila), und das wort, welches 'tüchtiger reiter'
bedeutet, ist gleich gebildet mit dem mannsnamen woduridak
('kühner, kecker reiter') auf dem norwegischen stein von Tune;
aber während -ridak die speciell nordische form des wortes ist,
wurde es bei den Goten -rīds[3]). Da die inschrift auf dem speerblatt

---

für deutsche erklärt habe, teils nach England (die spangen von Nordendorf, Osthofen und Ems), teils nach Norwegen (die spangen von Charnay und Freilaubersheim) verlegt; dafs die sprache, welche er durch seine lesung aus diesen inschriften herausbekommt, ebenso gut nordisch oder englisch oder welchen
andern namen man ihr geben will, genannt werden kann, wie deutsch, räume
ich natürlich ohne bedenken ein.

[1]) Vgl. Navneordenes böjning i ældre dausk s. 2 anm.

[2]) Dafs X, B und ᛗ ursprünglich zeichen für die spiranten g, b und d,
nicht, wie bisher allgemein angenommen wurde, für die mutæ g, b und d waren,
wird aus der folgenden untersuchung hervorgehen; ich umschreibe diese runen
daher mit g, b und d.

[3]) Siehe meine bemerkungen in den „Forhandlinger paa det andet nordiske
Filologmøde i Kristiania 1881", Krist. 1883, s. 244. — Die regelmäfsige
form bei Wulfila würde zwar -reifs sein; aber das -rīds der inschrift zeigt nach
meiner meinung einen älteren standpunkt, indem gemeingerm. -ridak (mit runen
ᚱᛁᛗᚨᚠᚢ) im nord. -ridak, aber im got. -rīds, später -rīfs, wurde. Die got.
sprachüberreste haben ja noch in vielen fällen d (d. i. d) statt þ im auslaut
und vor dem s des nominativs bewahrt (so immer reitvods u. s. w.). Selbst
wenn man in diesen fällen die formen mit d (ᛗ) nicht als die älteren, sondern
nur als (ungenaue) schreibung für þ betrachten will, erklärt sich der gebrauch

von Kovel somit ausgeprägt gotisch ist, glaube ich, dafs dasselbe
mit dem höchsten grade von wahrscheinlichkeit auch von der
inschrift auf dem speerblatt von Müncheberg gesagt werden kann,
das in andern beziehungen die gröfste ähnlichkeit mit dem speerblatt
von Kovel aufweist und wie dieses einen mannsnamen enthält. Denn
wohl kann das ᛉᛋᛏᚨᚾ ranᚾa d. i. raniᚾa nom. sgl. masc. eines
an- stammes, das sich zusammen mit dem „hakenkreuz" und
andern symbolischen zeichen auf dem Mücheberger speer findet, auch
nach seiner sprachform nordisch sein (vgl. den namen ᚺᚨᚱᚦᚨ
harᚾa d. i. hariᚾa auf dem kamm aus dem Vier moore, den wir
auf dem Skäänger stein von Södermanland ganz ausgeschrieben als
ᚺᚨᚱᛁᛋᚦ finden); aber einer solchen annahme wird bestimmt durch die
fundstätte widersprochen. Wir haben hier also einen fall, wo nordisch
und gotisch (möglicherweise auch deutsch) in dieser periode
zusammen fallen, und wo also nur die fundstätte entscheiden kann,
welcher sprachform die inschrift angehört. Dasselbe gilt von dem s. 56
genannten, ohne zweifel in Norddeutschland gefundenen brakteaten,
dessen inschrift ᛞᚠᛁᚷᚠ ich mit Müllenhoff und Bugge (árb. for.' nord.
oldk. 1871, s. 200) waiga lese und als einen mannsnamen auffasse,
der dem ahd. Waiko entspricht.

Dafs auch die inschrift des Bukarester ringes gotisch ist, wird
sowohl durch dessen fundort wie durch dessen inschrift bewiesen, die
nach einem abgufs im altnord. museum in Kopenhagen und nach
der zeichnung bei Stephens (vgl. auch Revue archéol. XVII, 1868,
s. 52) sicher gutaniowi hailag gelesen werden mufs[1]). Wenn
auch die bedeutung von -niowi unsicher ist, glaube ich doch jetzt
wie früher, dafs guta- den namen des Gotenvolkes enthält, und dafs
hailag der nom. sgl. neutr. von einem dem altnord. heilagr, ahd.
heilag entsprechenden adjectiv ist.

Während die drei genannten inschriften also mit sicherheit oder
grofser wahrscheinlichkeit auf die Goten zurückgeführt werden dür-

---

des d (ᛗ) ja leicht aus analogie von den formen, die d hatten (gen. und dat.
sgl. und der ganze plur.). — Das ☐ des Koveler speeres als eine veränderung
von ᛞ, ᛞ, nicht von ᛗ, aufzufassen, wie mir dr. Holthausen vorgeschlagen
hat, kann ich aus vielen gründen nicht billigen.

¹) Meine frühere lesung und deutung dieser inschrift („De ældste nordiske
runeindskrifter" s. 45 anm.), die sich auf die älteren zeichnungen stützte, sehe
ich jetzt also für unhaltbar an.

fen[1]), zeigen die drei ersten sicheren worte in der inschrift auf der
Freilaubersheimer spange eine ausgeprägt deutsche sprachform.
Die genannten worte lauten nämlich ᛒᛟᛋᛟ: ᚹᚱᚨᛖᛏ: ᚱᚢᚾᚨ:, boso
wraet runa[2]), wo es mir am natürlichsten scheint, runa als acc. plur.
aufzufassen, also: „Boso schrieb (die) runen". Dafs wir hier west-
germanische sprache haben, ist ja offenbar[3]) (altsächsisch
würde es lauten: *Bôso wrêt rûna,* altfriesisch: *Bôsa wrêt rûna,* altenglisch: *Bôsa wrât rûna (rûne);* althochdeutsch: *Buoso (w)reiz
rûno (rûna),* wohingegen dieselben worte auf gotisch die form: *Bôsa
wrait rûnôs* und auf nordisch in den ältesten inschriften *Bôsa
wrait rûnôʀ,* in den jüngeren *Bôsi rait rûnaʀ* haben würden). Der
dem boso der inschrift entsprechende mannsname kommt öfter sowohl
im germanischen wie im nordischen vor, wo er in den ältesten
inschriften bosa lauten müfste, während boso in der sprachform
dieser inschriften ein frauenname sein würde, wie auch das verhältnis im gotischen ist. Was über die sprachform in dieser inschrift gesagt ist, würde natürlich auch gelten, wenn wir mit M. Rieger
runa als singular auffassen (also collectiv in der bedeutung „die
runeninschrift" gebraucht); denn im nordischen würde diese form in
den ältesten inschriften runo lauten, was wir gerade auf dem norwegischen Einanger steine finden, wo das wort gleichfalls, was also
Riegers auffassung stützen könnte, collectiv von der ganzen inschrift
gebraucht ist. Ausgeprägt germanische sprache, entgegengesetzt dem
gotischen und nordischen, treffen wir gleichfalls in dem wodan und
leubwini der Nordendorfer spange (wodan würde got. *wôdans* und

---

[1]) Auch den Körliner ring führe ich auf grund der fundstätte am ehesten
auf die Goten zurück, obgleich dessen inschrift in bezug auf seine nationalität
keinen aufschlufs enthält. Nach den fundstätten (von süden nach norden) habe
ich die denkmäler oben s. 57—59 geordnet, so dafs die gotischen zuerst angeführt werden (no. 1—4) und demnächst die westgermanischen (no. 5—13).

[2]) Die trennungszeichen hinter dem zweiten worte, besonders das unterste,
sind höchst unsicher. Über den hinter runa folgenden teil der inschrift, die an
mehreren stellen sehr undeutlich ist, kann ich nur unsichere vermutungen aufstellen, die anzuführen hier nicht der rechte ort ist.

[3]) Dafs die sprachform in der inschrift der Freilaubersheimer spange nicht
blofs als deutsch (im gegensatz zu gotisch und nordisch), sondern sogar als
niederdeutsch (im gegensatz zu hochdeutsch) bestimmt werden kann,
wie ich 1874 in „Runeskr." s. 263 aussprach, halte ich auch jetzt für wahrscheinlich; ae in wraet fasse ich als eine tastende lautbezeichnung aus einer
zeit auf, wo der alte diphthong auf dem wege war, ein einfacher langer vokal
zu werden.

nordisch in den ältesten inschriften *wôlanaʀ* (*wôlinaʀ?*) lauten; vgl.
„den historiske sprogforskning og modersmålet" s. 48 = årb. f. nord.
oldk. 1868, s. 304; le ub = ahd. *liup, liop*, altsächs. *liof*, altengl.
*leôf*, got. *liufs*, altnord. *ljúfr*; wini = ahd. as. *wini*, altengl. *wine*,
altnord. *vinr*), in dem le ub der spange von Engers und dem frauennamen þuruþhild auf der Friedberger spange (vgl. s. 59, anm. 4 u. 6).

Die hier besprochenen und an so verschiedenen stellen aufserhalb
des Nordens, in gegenden, wo Goten und Germanen früher wohnten,
gefundenen runendenkmäler liefern somit durch ihre zeichen und sprache
einen vollgültigen und unwiderleglichen beweis dafür, dafs die
ganze germanische völkerklasse einmal ein gemeinsames
runenalphabet gehabt, das in allem wesentlichen mit demjenigen übereingestimmt hat, das wir auf den ältesten denkmälern
im Norden finden. Da man nichts desto weniger in der neueren
zeit eifrig gesucht hat diese thatsache zu leugnen, so wollen wir einen
augenblick bei verschiedenen andern umständen verweilen, woraus
dasselbe zum überflufs hervorgeht.

Wenn verschiedene ältere und neuere schriftsteller[1]) Tacitus' s. 61.
bekannte äufserung über die Germanen: *litterarum secreta viri pariter
ac feminæ ignorant* (Germ. c. 19) als beweis dafür gebraucht haben,
dafs sie zu seiner zeit die schrift nicht kannten, so beruht dies auf
einem misverstehen von Tacitus' worten, die man unrichtig übersetzt hat: „männer und weiber sind in gleichem grade mit dem geheimnis der buchstabenschrift unbekannt", eine deutung, welche voraussetzen würde, dafs Tacitus das schreiben überhaupt als ein ge-
geheimnis betrachtete, selbst bei seinen eigenen landsleuten; oder,
da dies natürlich nicht der fall war, müfste „das geheimnis der
buchstabenschrift" dasselbe bezeichnen wie „die buchstabenschrift
im allgemeinen". So könnte sich vielleicht der eine oder der
andere moderne schriftsteller ausdrücken; aber nach Tacitus' ganzer
ausdrucksweise kann *litterarum secreta* bei ihm nicht dieselbe bedeutung haben wie *litteræ*; wollte er nichts anderes sagen, als
dafs die buchstabenschrift den Germanen unbekannt war, so hätte
er dies sicherlich ganz einfach durch die worte *litteras ignorant* oder
*litterarum ignari* ausgedrückt. Eine andere erklärung der stelle, wozu
*litterarum secreta* etwas besser passen würde, ist von W. Grimm[2])
gegeben; er nimmt nämlich an, dafs Tacitus durch die worte *viri*

---

[1]) So auch Stephens, Old-Northern Runic monuments s. 106.
[2]) Über deutsche Runen, Göttingen 1821, s. 30 ff.

WIMMER, Die runenschrift.                              5

*pariter ac feminæ* „das volk" im allgemeinen, aber nicht zugleich die
priester habe bezeichnen wollen, die nach Grimms meinung gerade
im besitze einer buchstabenschrift gewesen sind, welche also dem
gewöhnlichen volke gegenüber mit recht „geheim" genannt werden
konnte. Bei dieser erklärung brauchen wir uns jedoch nicht lange
aufzuhalten, da es ja einleuchtend ist, dafs kein schriftsteller darauf verfallen würde, „das volk mit ausschlufs der priester" durch
die worte *viri pariter ac feminæ* auszudrücken, ohne mit einem
worte zu erwähnen, dafs er jene ausnahme mache. Die stelle mufs
daher auf andere weise verstanden werden, und wie, wird klar,
wenn wir das ganze im zusammenhang lesen. Tacitus spricht an der
genannten stelle über die heiligkeit der ehe und die keuschheit der
frauen bei den Germanen und sagt da (c. 19): Ergo sæpta pudicitia
s. 62. agunt, nullis spectaculorum illecebris, nullis conviviorum irritationibus
corruptæ. Litterarum secreta viri pariter ac feminæ ignorant. Pau-
cissima in tam numerosa gente adulteria, quorum pœna præsens et
maritis permissa . . . . . . . . . . . . . Nemo enim illic vitia ridet, nec
corrumpere et corrumpi sæculum vocatur, d. h. „So leben da die
frauen mit wohlgeschützter keuschheit, ohne durch schlüpfrige schauspiele oder durch aufregende gastmähler verdorben zu werden . . . . . .
Im verhältnis zur gröfse des volkes kommen dort sehr wenig ehe-
brüche vor, die eine sofortige strafe mit sich führen, deren voll-
streckung den ehemännern überlassen ist" (dies wird darauf näher
geschildert); „denn dort lacht niemand über die laster, und man
nennt es nicht übereinstimmend mit dem zeitgeist („guten ton") zu
verführen und sich verführen zu lassen." Dafs Tacitus in diesem
ganzen zusammenhange, wo er gerade die reinen sitten der Germanen im gegensatze zu den römischen zuständen preisen will (plus-
que ibi boni mores valent quam alibi bonae leges c. 19 schlufs),
eine bemerkung darüber einschieben sollte, dafs sie nicht schreiben
konnten, wäre ja völlig sinnlos. Es ist selbstverständlich, dafs *litterarum
secreta* parallel mit *spectaculorum illecebræ* („die schlüpfrigen, verführe-
rischen schauspiele") und *conviviorum irritationes* („die aufregenden
gastmähler") steht und ein drittes, den Römern wohlbekanntes ver-
führungsmittel bezeichnet; es mufs daher, wie auch schon J. Lipsius
richtig gesehen hat, von „heimlichem briefwechsel, heimlichen liebes-
briefen, die männer und frauen einander sandten", verstanden werden.
Nur diese erklärung pafst sowohl zu dem zusammenhang wie zu den
worten *litterarum secreta*. Aber hiermit fällt dann auch der beweis,

den man aus Tacitus für die unbekanntschaft der Germanen mit der
schrift hat herholen wollen.   Soll die stelle in bezug auf diese frage
etwas beweisen, so müßte es im gegenteil sein, daß die Germanen
gerade die buchstabenschrift gekannt haben.   Denn erst dadurch würde
ja der ruhm, welchen Tacitus ihnen wegen nichtanwendung der buchstabenschrift zu heimlichem briefwechsel zuerkennt, völlig begründet
sein, wohingegen derselbe weniger zu bedeuten hätte, wenn sie gar
nicht hätten schreiben können.   Außerdem erwähnt ja Tacitus an
andern stellen als thatsachen, die ihn keineswegs verwundert haben, s. 63.
einen brief von dem berühmten Markomannenkönige Marobod (Ma-
roboduus) an Tiberius (Ann. II, 63) und von dem Chattenfürsten
Adgandester (Adgandestrius) an den römischen senat (Ann. II,
88).   Es kann wohl kein zweifel darüber bestehen, daß diese briefe
lateinisch und mit lateinischen buchstaben geschrieben waren — von
Marobod wissen wir, daß er sich längere zeit in Rom aufgehalten
hatte —, und es geht also hieraus hervor, daß zum mindesten hoch-
stehende Germanen sich schriftlich in einer fremden sprache haben
ausdrücken können.   Aber es liegt dann nahe anzunehmen, daß sie
auch versucht haben, ihre eigene sprache mit den ihnen wohlbekannten lateinischen schriftzeichen zu schreiben, wie es mit den
Galliern zu der zeit der fall war, und von hier aus war dann der
schritt zur bildung eines eignen alphabetes für ihre sprache (der runen)
nach den lateinischen buchstaben ebenso leicht als natürlich.   Eine
positive aufklärung, die zu sicheren resultaten in dieser beziehung
führen kann, geben indessen weder Tacitus noch andere schriftsteller
des altertums[1].   Aus der folgenden untersuchung wird sich außer-

---

[1] Germ. cap. 10 schildert Tacitus das looswerfen der Germanen auf folgende
weise: „Virgam frugiferæ arbori decisam in surculos amputant eosque notis
quibusdam discretos super candidam vestem temere ac fortuito spargunt.  Mox,
si publice consultetur [Halm für *consuletur*], sacerdos civitatis, sin privatim
ipse pater familiæ, precatus deos cœlumque suspiciens, ter singulos tollit, sub-
latos secundum impressam ante notam interpretatur".  Daß hier bei nota,
nota impressa an runen gedacht sein sollte, würde ich für höchst unwahrscheinlich halten, selbst wenn die Germanen zu der zeit wirklich die runenschrift gekannt hätten; es müßte viel eher von anderen „zeichen" oder „marken"
zu verstehen sein.  Vgl. übrigens K. Müllenhoff, Zur Runenlehre.  Zwei Abhandlungen von R. v. Liliencron u. K. Müllenhoff, Halle 1852, s. 26 ff.; C. G. Homeyer in dem Bericht über die Verhandlungen der königl. Preußs. Akademie der
Wissenschaften zu Berlin 1853, s. 747 ff.  In seinem größeren werke „Die Haus-
und Hofmarken", Berlin 1870, s. 8 erklärt Homeyer beiläufig, daß notæ

dem ergeben, dafs es nicht angenommen werden kann, dafs die Germanen bereits zu Tacitus' zeit die runenschrift gekannt haben sollten.

Erst mehrere jahrhunderte nach Tacitus legt ein schriftsteller
beiläufig und ganz zufällig ein ausdrückliches zeugnis von dem
gebrauche der runenschrift bei den Germanen ab. Dies ist Venantius Fortunatus, der in Oberitalien geboren und in Ravenna erzogen war, sich aber später an vielen verschiedenen stellen in
s. 64. Deutschland und Frankreich aufhielt, bis er am schlusse des sechsten
jahrhunderts bischof zu Poitiers (episcopus Pictaviensis) wurde [1]).
Unter Venantius' lateinischen gedichten findet sich auch ein brief an
seinen (im übrigen unbekannten) freund Flavus, worin er diesen
auffordert, ihm entweder lateinisch oder in einer andern sprache zu
antworten; wenn er nicht lateinisch schreiben wolle, könne er ja
z. b. mit „barbarischen runen" auf holztafeln oder auf einem
glatten holzstabe schreiben. Dies wird folgendermafsen in den beiden
seit O. Worms tagen [2]) oft angeführten versen (Carminum lib. VII,
18, v. 19 f.) ausgedrückt:

---

an der angeführten stelle bei Tacitus mit Müllenhoff von runen verstanden
werden könne.

[1]) Bezüglich dieses merkwürdigen mannes verweise ich auf die schöne
schilderung bei A. Thierry, Récits des temps mérovingiens, II (Paris 1840),
s. 242 ff., sowie auf die lebensbeschreibungen vor den ausgaben seiner werke:
Venantii Honorii Clementiani Fortunati carmiuum, epistolarum, expositionum
libri XI etc. Omnia recens illustrata notis variis a Christophoro Browero,
Moguntiæ 1617; Venantii Honorii Clementiani Fortunati opera omnia quæ extant
etc. notis et scholiis illustrata opera et studio Mich. Angeli Luchi, I—II,
Romæ 1786—87 (abgedruckt bei J. P. Migne, Patrologiæ cursus completus, tom.
LXXXVIII, Parisiis 1850); Venanti Honori Clementiani Fortunati presbyteri
Italici Opera poetica rec. et emend. Fridericus Leo, Berolini 1881 (Mon. Germ.
Hist. Auct. antiquiss. IV, 1). — Vgl. W. Wattenbach, Deutschlands geschichts-
quellen im mittelalter bis zur mitte des 13. jhdts I, 5. aufl. Berlin 1885,
s. 87 ff., wo die weitere litteratur unter anm. 3 verzeichnet ist.

[2]) Es war Steph. Stephanius, der 1635 Ole Worm auf die stelle bei
Venantius aufmerksam machte. Stephanius schreibt die beiden verse mit Browers
bemerkung ab und fügt hinzu: „Quæ ego nunc omnia tuam in gratiam descri-
benda duxi, ut si a te antea non sint observata, locum fortasse inveniant in
eruditissimo Tractatu tuo de Litteratura Runica" (siehe Olai Wormii et
ad eum doctorum virorum epistolæ, Havniæ 1751, I, s. 162). Hierauf antwortet
O. Worm (ibid. s. 163): „Fortunatum me judicavero, tuum ubi videro Fortunatum
Venantium. Auctor enim est mihi nunquam visus, sed tuæ [„dein brief"] ejus
mihi ingessere videndi cupiditatem, ut sine eo meas de Runis Meditationes
mancas ac mutilas plane esse arbitrer. Locus, quem mihi suggessisti, elegans

> Barbara fraxineis pingatur runa tabellis,
> quodque papyrus agit, virgula plana valet.

Wer leugnet, dafs die Germanen (im engeren sinne) überhaupt die s. 65 runenschrift gekannt haben, müfste wohl annehmen, dafs Venantius durch einen zufall mit den nordischen (oder altenglischen) runen bekannt geworden wäre, und dafs der ausdruck „barbara runa" sich darauf bezöge. Aber da diese „barbarischen runen" nach dem zusammenhange eine schrift bezeichnen müssen, die nicht nur dem Venantius, sondern auch dem Flavus wohlbekannt ist, so scheint es mir einleuchtend, dafs wir nicht an die fernliegenden nordischen runen denken dürfen, sondern dafs barbara runa als die speciell germanische („barbarische") schrift in gegensatz zur lateinischen gestellt wird. Mit der runenschrift hatte Venantius bei den verschiedenen germanischen völkern, unter denen er sich aufgehalten, bekanntschaft gemacht (ja, es ist sogar nicht unmöglich, dafs er sie schon bei den Goten in Ravenna kennen gelernt haben könnte), und er gebraucht barbara von runa in derselben bedeutung, wie wenn er anderwärts (Carm. lib. IX, 1, v. 27 f.) in einem gedichte „ad Chilpericum regem" sagt:

> Chilperice potens, si interpres barbarus extet,
> adjutor fortis, hoc quoque nomen habes.

In derselben weise stellt er die barbarische (d. i. germanische) harfe der römischen lyra gegenüber, und die deutschen lieder werden „barbara carmina" genannt (Carm. lib. VII, 8, v. 63 ff.):

> Romanusque lyra, plaudat tibi barbarus harpa,
> Graecus Achilliaca, chrotta Britanna canat.

— — — — — —

— — — — —

> Nos tibi versiculos, dent barbara carmina leudos;
> sic variante tropo laus sonet una viro[1].

_____

est, & meis cogitationibus in multis favens; utinam ejus generis invenires pluscula". (Vgl. s. 165, wo Worm für das leihen des buches dankt). In der ersten ausgabe seiner Danica Literatura 1636, 4to, s. 7 (vgl. s. 9 & 22) erwähnte Worm die stelle bei Venantius. Später ist sie oft von andern angeführt und behandelt worden, am ausführlichsten von W. Grimm, Über deutsche Runen, s. 61 ff.

[1]) Vgl. Carm., Praefatio, wo er erwähnt, dafs er auf seiner reise unter den barbarischen völkern oft an ihren gelagen teilnahm, „ubi mihi tantundem valebat raucum gemere quod cantare apud quos nihil disparat aut stridor anseris aut canor oloris, sola saepe bombicans barbaros leudos harpa relidens". Das wort _leudus_ bei Venantius ist das deutsche _lied_ (ahd. _liod_, _leod_); _harpa_ ist ahd. _harpha_, _harfa_. Auch _chrotta_ kommt im ahd. in der form _rotta_ (für _hrotta_), _rota_ als ein saiteninstrument von keltischem ursprung vor.

s. 66.    Wenn wir nicht gewaltsame oder künstliche erklärungen auf die
hier angeführte stelle des Venantius anwenden wollen, zeigt sie uns
also, dafs die runen, die wir auf den spangen von Charnay,
Nordendorf u. s. w. finden, noch zu seiner zeit (am schlufs des
6. jahrhdts) von germanischen („barbarischen") völkern — es liegt ja
am nächsten anzunehmen, dafs Venantius besonders an die Franken
denkt —, benutzt wurden, obgleich sie wohl stark auf dem wege
waren, vor der lateinischen schrift zu weichen. Aber Venantius' worte
geben uns aufserdem eine andere interessante aufklärung, da daraus
hervorgeht, dafs die runenschrift von den Deutschen auf holztafeln
oder holzstäbe eingeritzt wurde, die als briefe dienten.
Dies stimmt auffallend zu einem zeugnisse aus dem Norden, nämlich
Saxos worten (lib. III, s. 145 ed. P. E. Müller = s. 92 ed.
A. Holder): „Proficiscuntur cum eo bini Fengonis satellites, literas
ligno insculptas — nam id celebre quondam genus chartarum erat — secum gestantes", und es ist ja bekannt, dafs
„runenstäbe" (kefli, rúnakefli) im Norden bis in sehr späte zeit hinab
benutzt wurden[1]). Auch der den verschiedenen germanischen völkern
gemeinsame name für „buch" (ahd. buoh; alts. bôc; altengl. bóc,
plur. béc; altnord. bók, plur. bækr; got. bôka sgl. 'buchstabe', plur.
bôkôs 'buch, brief') ist höchst wahrscheinlich von anfang an dasselbe
wort wie „buche", das sich in den meisten sprachen erst spät, in
einzelnen gar nicht in zwei worte gespalten hat.   Die ursprüngliche
bedeutung von „buch" ist daher wohl gerade „tafeln von buchen-
holz" gewesen, auf welche die runen, die stäbe (ahd. buohstab,
rúnstab; alts. bôcstaf; altengl. bócstæf, rúnstæf; altn. stafr, bókstafr, rúnastafr — vgl. got. stafs im plur. „kinderlehre", στοιχεῖα) geschrieben,
geritzt wurden (ahd. rizan; alts. und altengl. writan; altn. rita —
s. 67. vgl. got. writs 'strich', „tüpfel", κεραία, wie ahd. riz 'strich, buchstabe').
Dafs wir in der ältesten zeit dieselben benennungen für „buch",
„buchstabe", „schreiben" so verbreitet bei den verschiedenen
germanischen völkern finden, ist ja auch ein moment, das für die
beantwortung der frage nach ihrer kenntnis der buchstabenschrift
bedeutung hat.

Dafs die Germanen am schlusse des 6. jahrhdts eine eigentümliche buchstabenschrift unter dem namen runen kannten, wissen wir
also aus dem zeugnisse des Venantius, das ja durch die oben ge-

---

[1]) Vgl. Liljegren, Run-Lära, s. 181 ff.; P. E. Müller in der ausgabe
von Saxo II, s. 5 ff.; P. G. Thorsen, De danske Runemindesmærker, s. 250 ff.

nannten speciell germanischen runendenkmäler (die spangen von Charnay, Nordendorf u. s. w.) positiv bestätigt wird, unter denen die ältesten aus archäologischen gründen gerade in die zeit, da Venantius seine gedichte schrieb, gesetzt werden müssen. Dafs die runenschrift indessen noch älter ist, wird durch die runendenkmäler bewiesen, die wir als speciell gotische bezeichnet haben (die speerblätter von Kovel und Müncheberg samt dem Bukarester ringe), und die sicher an das ende des 4. jahrhdts gesetzt werden dürfen, also in dieselbe zeit, in welche auch die ältesten der im Norden gefundenen runeninschriften (die inschriften aus dem Thorsbjærger moore und einige andere) gehören. Aufser den genannten gotischen runeninschriften haben wir noch einen andern wichtigen beweis dafür, dafs die Goten im 4. jahrhdt die runenschrift gekannt haben. In einer handschrift in Wien aus dem schlusse des 9. oder dem anfang des 10. jahrhdts (cod. Salisb. no. 140), die auf den ersten 18 blättern Alcuini orthographia enthält, finden sich auf dem 20. blatte zwei merkwürdige alphabete, nämlich auf der ersten seite in zwei senkrechten reihen ein altenglisches runenalphabet mit hinzufügung der namen und der bedeutung der runen (vgl. näheres unten), auf der rückseite gleichfalls in zwei senkrechten reihen zwei gotische alphabete, von denen das erstere sich der kursivschrift nähert, aber die ursprüngliche gotische buchstabenordnung bewahrt, die sich mit sicherheit mit hülfe des zahlenwertes der buchstaben bestimmen läfst. das andere dagegen ungefähr die aus den bibelhandschriften bekannten buchstabenformen. aber nach dem lateinischen alphabete geordnet, hat. In einer dritten senkrechten reihe rechts vor dem zweiten alphabet sind endlich die namen der buchstaben hinzugefügt[1]). Auf die ähnlichkeit zwischen diesen namen und den alten s. 68. runennamen (namentlich den altenglischen) hatte bereits W. Grimm hingewiesen (Zur Literatur der Runen s. 9 f.), wozu J. Grimm einzelne bemerkungen hinzugefügt hatte (ebenda s. 41 f.). Aber erst 20 jahre später glückte es P. A. Munch[2]) und A. Kirch-

----

[1]) Abgebildet bei W. Grimm, Zur Literatur der Runen. Nebst Mittheilung runischer Alphabete und gothischer Fragmente aus Handschriften. (Aus dem XLIII. Bande der Wiener Jahrbücher der Literatur besonders abgedruckt.) Wien 1828, s. 1 ff. Vgl. auch H. F. Massmann in Haupts zeitschrift für deutsches alterthum I (1841), s. 296 ff.

[2]) In dem Bericht über die Verhandlungen der königl. Preufs. Akademie der Wissenschaften zu Berlin 1848, s. 55 ff. (Samlede Afhandlinger I, Christi-

hoff[1]), wie es scheint unabhängig von einander, aber im wesentlichen mit demselben resultat, die ursprünglichen formen der gotischen
buchstabennamen nachzuweisen.   Einzelne zweifelhafte namen hat
später J. Zacher einer sorgfältigen prüfung unterzogen[2]).   Trotzdem mehrere einzelheiten gewifs bei erneuerter durchsicht noch berichtigt werden können, ist das hauptergebnis von Munchs und Kirchhoffs untersuchungen die unzweifelhafte thatsache, dafs die gotischen
buchstaben eigene namen gehabt haben, die uns in einer etwas ver-
derbten gestalt im cod. Salisb. 140 überliefert sind, und dafs diese
namen auf das genaueste mit den alten altenglischen (und nordischen) runennamen übereinstimmen.   Aber hieraus müssen wir
dann mit notwendigkeit den schlufs ziehen, dafs die Goten vor
und zu Wulfilas zeit ein runenalphabet gehabt haben.
An stelle dieses alphabetes gab Wulfila seinen landsleuten ein neues,
das er nach den griechischen (und lateinischen) uncialbuchstaben
bildete; aber er behielt die alten buchstabennamen, und wenn wir
die einzelnen zeichen in dem Wulfilanischen alphabete betrachten,
werden wir finden, dafs er auch zwei von den alten runenzeichen
unter die griechischen (und lateinischen) buchstaben aufgenommen
hat (siehe unten 'Anhang' I), ein verfahren, das wir ja auch in
s. 69. England (und Skandinavien) treffen, als das lateinische alphabet dort
die alte runenschrift verdrängte[3]).

---

ania 1873, s. 416 f.), sowie in „Det gotiske Sprogs Formlære", Christiania 1848,
§ 18, s. 15—16.

   [1]) Das gothische runenalphabet, Berlin 1851, 4to.   (Zweite aufl. 1854, 8vo).

   [2]) Das gothische alphabet Vulfilas und das runenalphabet, Leipzig 1855.

   [3]) Venantius Fortunatus' zeitgenosse, der fränkische geschichtsschreiber
Gregor von Tours, erzählt in seiner historia Francorum (V, 44) von könig
Chilperik: „Addit autem et litteras litteris nostris, id est ω, sicut Graeci habent,
ae, the, uui, quarum caracteres hi sunt: ω Θ, ae ψ, the Z, uui Δ.   Et misit
epistulas in universis civitatibus regni sui, ut sic pueri docerentur, ac libri
antiquitus scripti, planati pomice rescriberentur".   Dies verstehe ich so, dafs
Chilperik das von den Franken allgemein benutzte lateinische alphabet um
vier neue buchstaben habe vermehren wollen, ein versuch, der jedoch keine
gröfsere bedeutung erlangte, als der des kaisers Claudius, drei neue buchstaben
einzuführen.   Leider sind die von Chilperik gebildeten zeichen in späteren handschriften und ausgaben von Gregors werke sehr verderbt (vgl. die abbildungen
der zeichen in der ausgabe von W. Arndt, Mon. Germ. Scriptt. rer. Mero-
ving. I, tab. 4 oben (Cod. Lugd.) und s. 237 anm. l.); dagegen scheint eine
vorzügliche alte handschrift von Cambrai (aus der mitte des 7. jahrhdts, vgl.
Arndt a. a. o. s. 24 f.) dem ursprünglichen sehr nahe zu stehen.   Nach dieser

Die hier besprochenen thatsachen in verbindung mit dem alter der nordischen, gotischen und germanischen runendenkmäler machen es daher im höchsten grade wahrscheinlich, dafs die ganze germanische völkerklasse in den ersten jahrhunderten nach Christi geburt ein runenalphabet gehabt hat, welches aufs genaueste mit dem ältesten nordischen übereinstimmte.

Bei den Goten und Germanen auf dem festlande hat die runenschrift indessen nur wenige spuren zurückgelassen und ist frühzeitig ganz verschwunden. Während das Wulfilanische alphabet bereits im 4. jahrh. bei den Goten eingeführt wurde, finden wir in den ältesten deutschen sprachüberresten (8. und 9. jahrh.) ausschliefslich das lateinische alphabet benutzt; aber es hatte ohne zweifel schon lange vorher die alte runenschrift verdrängt, die noch eine zeit lang sowohl bei den Goten wie bei den Germanen neben den neueren alphabeten gebraucht sein kann, aber doch bald vor diesen gewichen sein mufs. Länger als die verwandten auf dem festlande hielten dagegen die germanischen stämme, die nach England ausgewandert waren, ihre alte schrift in ehren. Das runenalphabet wurde in England durch einzelne neue zeichen für später entwickelte laute vermehrt, und es wurde eine zeit lang mit dem lateinischen zusammen gebraucht, sogar auf denselben denkmälern, wie uns namentlich das kreuz von Ruthwell beweist. In den ältesten altenglischen handschriften (9. und 10. jahrh.) ist indessen das lateinische alphabet alleinherrschend; jedoch finden wir in einzelnen handschriften ab und zu runen eingemischt, was im verein mit den vielen handschriftlichen runenalphabeten zeigt, dafs man noch in späten zeiten die kenntnis von der anordnung, den namen und der bedeutung der runen bewahrte.

<sub>s. 70.</sub>

---

handschrift werden die zeichen folgendermafsen in dem Nouveau traité de Diplomatique vol. II, Paris 1755, s. 62 (vgl. s. 50—65) wiedergegeben: ꟃ ⊙, Ψ æ, Ƶ the, þ uui. Ich glaube hiernach, dafs das erste zeichen (für das lange o) geradezu die griechische uncialform von ω ist, oder vielleicht eher ⊙ mit einem punkt darin, so dafs ω eine erklärung davon ist; und dafs die zeichen für æ und th durch verschlingung der lateinischen uncialbuchstaben a und e, sowie t und h, gebildet sind. In dem letzten zeichen (für uui d. i. w) finde ich dagegen die alte w-rune (ᚹ) oder eine daraus gebildete form wieder, wo nur der hauptstab verkürzt ist (bekanntlich ging diese rune ja auch in die „angelsächsische" schrift über). Ist diese vermutung richtig, so haben wir hierin einen neuen beweis dafür, dafs die runenschrift zu Chilperiks zeit von den Franken gekannt war, wodurch Venantius' zeugnis weiter bestätigt wird.

Trotzdem finden wir auch in England nur eine verhältnismäfsig
höchst unbedeutende anzahl runendenkmäler bewahrt.

In den skandinavischen ländern waren die verhältnisse
in allen beziehungen der alten runenschrift am günstigsten; hier erhielt sie sich so lange im allgemeinen gebrauch, dafs sie im laufe der
zeiten mannigfaltige veränderungen erleiden und an verschiedenen
stellen sich sehr verschieden entwickeln konnte. Auch scheint ihre
anwendung in inschriften auf steinen zur erinnerung an verstorbene
sich besonders im Norden entwickelt zu haben, wo sie eine bedeutende rolle spielen sollte, während bisher kein einziger gedenkstein
mit runen in den gegenden gefunden worden ist, wo Goten und
Germanen auf dem festlande wohnten, gleichwie in England der stein
von Kent (Stephens I, s. 367) ganz allein dasteht. Ohne zweifel ist
die sitte, den toten runensteine zu errichten, zuerst in Norwegen und
Schweden aufgekommen, da wir von Dänemark, wo doch die ältesten
runendenkmäler aus dem älteren eisenalter zu tage gekommen sind,
s. 71. keinen grabstein kennen, der in diese zeit gesetzt werden kann. Aber
später hat dieser gebrauch sich über den ganzen Norden erstreckt,
und in der ersten periode des jüngeren eisenalters scheint er besonders allgemein in Dänemark und zumal auf den dänischen inseln
verbreitet gewesen zu sein. Jedoch sind der denkmäler gerade aus
dieser zeit allzu wenige, als dafs wir noch einen bestimmten
schlufs daraus ziehen dürften.

### B. *Das älteste gemeingermanische runenalphabet.*

Wir haben im vorhergehenden gezeigt, dafs die runenschrift einmal dem ganzen germanischen völkerstamme angehört hat; aber über
den ursprung dieser schrift haben wir nicht die geringste aufklärung
in unsern quellen finden können. Um auf diese frage eine befriedigende antwort geben zu können, müssen wir natürlich zuerst damit im reinen sein, wie das gemeingermanische runenalphabet beschaffen gewesen ist, und hier würden wir sicher
noch lange in bezug auf eine menge einzelheiten im dunkeln getappt
haben, wenn uns nicht ein glücklicher zufall geholfen hätte, dieses rätsel
zu lösen. Dies ist in weit höherem grade, als wir hoffen durften,
geschehen, indem drei von den bisher bekannten denkmälern mit
den ältesten runen das alte runenalphabet als solches enthalten,
und von diesen drei alphabeten ist das eine im Norden, das zweite
in Burgund, das dritte in England gefunden. Wir haben auf

diese weise ein mit den übrigen denkmälern gleichzeitiges alphabet von dreien der hauptstämme in unserer
sprachklasse.

Diese für unsere untersuchung wichtigen denkmäler sind:

1) ein brakteat (d. h. eine dünne goldplatte, bractea, in form
einer münze, mit prägung auf der einen seite und mit einer öse
versehen, um als schmuckgehänge benutzt werden zu können), gefunden 1774 bei Vadstena in Schweden, jetzt im museum zu
Stockholm. Der gröfste teil der umschrift desselben besteht aus
einem runenalphabet in der ursprünglichen reihenfolge der runen
(tab. III, fig. 1, nach einem ausgezeichneten galvanoplastischen abgufs im altnordischen museum zu Kopenhagen);

2) die oben (s. 58) genannte spange, die bei Charnay in der s. 72.
Bourgogne gefunden ist. Die oberste zeile der inschrift enthält
den gröfsten teil des runenalphabetes in derselben anordnung wie
der brakteat von Vadstena (taf. III, fig. 2, nach einer zeichnung,
die ich zugleich mit genauen erläuterungen über die einzelnen runen
dem französischen altertumsforscher E. Beauvois verdanke, der mir
die gefälligkeit erwiesen hat, die inschrift in herrn Baudots
sammlung in Dijon sorgfältig zu untersuchen und sich dadurch im
stande gesehen hat, verschiedene wertvolle berichtigungen zu den früheren abbildungen zu liefern);

3) ein messer oder kleines schwert, gefunden 1857 in der
Themse (jetzt im British Museum), mit einem altenglischen
runenalphabete, ebenfalls in der ursprünglichen anordnung (taf. III,
fig. 3, nach der zeichnung bei Stephens I, s. 362 in halber gröfse,
mit dem original verglichen und darnach berichtigt von dem attaché
bei der dänischen gesandtschaft in London, C. C. A. Gosch).

Von diesen drei alphabeten müssen die beiden ersteren ungefähr gleichzeitig sein und können in das ende des 6. jahrhdts (um
600) n. Chr. gesetzt werden, wohingegen das alphabet auf dem
Themsemesser, das auch die neueren zeichen für die besondern
altenglischen laute enthält, jünger ist und gewifs dem ende des
8. jahrhdts (um 800) angehört. Die bedeutung, welche das alte
griechische alphabet auf der vase von Cære und die alten etruskischen alphabete von Bomarzo, Clusium und Nola für das verständnis der entwicklungsgeschichte der griechischen und italischen
alphabete haben, dieselbe haben die genannten runenalphabete für
die geschichte der runenschrift.

Indem wir daher dazu übergehn, diese alphabete im einzelnen näher zu besprechen, beginnen wir mit demjenigen, das nicht nur am längsten bekannt und oft behandelt worden ist, sondern auch in vielen beziehungen als das wichtigste angesehen werden muſs, nämlich:

1) dem alphabete auf dem brakteaten von Vadstena.

Dieses alphabet hat folgende gestalt:

ᛉᚢᛏᛗᛗᛒᛏ : ᛉᛋᛦᛅᛚᚦᛁᛏᚺ : ᚦᛉᚷᚱᚨᚠᛞᚢᚾᛦ

Die runen stehen also umgekehrt und laufen von rechts nach links. Sie sind folglich im stempel richtig eingeschnitten gewesen, und wir müssen sie also umwenden um die formen zu erhalten, die der stempelschneider dargestellt hat (die richtig gewendeten formen werden sich natürlich auf der rückseite des brakteaten zeigen).

s. 73.

Von groſser wichtigkeit ist, wie wir später sehen werden, das trennungszeichen (:) an den beiden stellen. Hinsichtlich der runenzeichen sind nur das vorletzte und der seitenstrich im ᛏ etwas undeutlich; aber es fehlt eine rune im alphabet hinter ᛉ, die wir jedoch mit sicherheit aus den inschriften und andern alphabeten ergänzen können, nämlich ᛗ. Daſs sich diese rune nicht auf dem brakteaten findet, wo man gemeint hat, daſs sie von der perle unter der öse verdeckt sein könnte, hat Klemming bei Stephens II, s. 536 erklärt. Sie ist also einfach aus mangel an raum ausgelassen (vgl. weiter unten), wie wir aus demselben grunde mehrere zeichen in dem nächsten alphabet, das wir besprechen werden, ausgelassen finden[1]).

---

[1]) Die acht runen, die sich auf dem brakteaten von Vadstena vor der alphabetreihe finden, lese ich mit Bugge (årb. f. nord. oldk. 1871, s. 203) luwatuwa, was ich jedoch ebenso wenig wie Bugge befriedigend zu erklären vermag. Man könnte an zwei namen (an-stämme mascul. gen.) oder an einen zusammengesetzten mansnamen denken. Doch glaube ich am ehesten, daſs wenigstens die vier ersten runen (luwa) keine bestimmte sprachliche bedeutung haben, und ich halte es nicht für zufällig, daſs wir in dieser zusammenstellung dieselben drei runen (luа) antreffen, deren vorkommen auf andern denkmälern wir oben (s. 57 f. anm. 5) besprochen haben. Ich nehme daher auch an, daſs ein zusammenhang zwischen dem luwa des brakteaten von Vadstena und dem lawu auf einem brakteaten von Schonen (Stephens no. 19 = Atlas no. 84) besteht, worauf dort ohne zweifel laukan folgt, das ein mansname sein kann (altn. laukr; vgl. Bugge in den årb. f. nord. oldk. 1871, s. 200). — Während der brakteat von Vadstena das ganze alphabet mit ausnahme einer einzigen rune enthält, finde ich mit C. J. Thomsen (annaler f. nord. oldk. 1855, s. 272) den anfang

Die ursprüngliche form der runenreihe auf dem brakteaten von s. 71.
Vadstena wird also, wenn wir die runen umwenden und ᛗ hinzufügen, folgende:

1  2  3  4  5   6   7  8    9  10 11 12 13  14   15  16    17  18   19  20  21  22  23  24

ᚡ ᚢ ᚦ ᚨ ᚱ  ᚲ ᚷ ᚹ ᚺ ᛏ ᛁ ᛃ ᛈ ᛒ ᚤ ᛋ ᛬ ᛏ ᛒ ᛗ ᛘ ᛚ ᛜ ᛉ [ᛗ]

Mit dem „futhark“ des brakteaten von Vadstena stimmt vollständig in der anordnung der runen und bis auf ein paar geringere
abweichungen auch in deren formen

### 2) das alphabet auf der spange von Charnay.

Da mehrere von den runenzeichen auf dieser spange in den
früheren wiedergaben bei Baudot und Stephens mir zweifelhaft vor-
kamen, wandte ich mich in dieser angelegenheit an herrn E. Beauvois
mit der bitte, die inschrift zu untersuchen. Dieser bitte kam
er auch mit gröfster bereitwilligkeit nach und sandte mir eine auf
den sorgfältigsten untersuchungen beruhende zeichnung der spange;
ehe diese zeichnung endgültig ausgeführt wurde, sandte ich einen
probeabdruck davon an herrn Beauvois, damit er sich noch einmal

---

davon (fuþ) auf einem brakteaten von Schonen (Stephens no. 26, Atlas no. 103).
Zusammenhang hiermit hat vielleicht auch fuþ auf einem kleinen amulet (?)
von granit, das 1866 bei Valby in der nähe von Kopenhagen gefunden wurde
und früher in meinem besitz war, aber 1875 dem altnordischen museum in
Kopenhagen geschenkt wurde („de ældste nord. runeindskr.“ s. 23, anm. 1;
Stephens II, s. 861). Dafs die runen fuþ auf diesem steine, von dem hier
eine abbildung in natürlicher gröfse mitgeteilt wird, mit dem runenalphabet

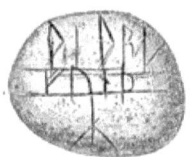 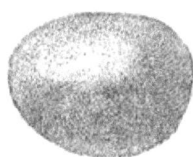

in verbindung ste-
hen können, wird
durch einen stein
von Vermland be-
stätigt, aufdem sich
eben dieselben vier
runen    zusammen
mit den 16 zeichen
der jüngeren runenreihe in der später bekannten anordnung finden (E. Fernow,
Beskrifning öfver Wermeland, Götheborg 1773, p. 128; Liljegren, Run-Urkunder
no. 2003). — Mit diesen darstellungen vom runenalphabete oder von teilen desselben verdienen nicht nur die verschiedenen darstellungen des jüngeren runenalphabetes, die unten im 2. buche näher besprochen werden, sondern auch ein
in Schonen gefundener messingbrakteat aus dem mittelalter (12. jahrhdt?), dessen
umschrift das lateinische alphabet von A bis R enthält, womit es aus mangel
an raum endet (Atlas no. 37), verglichen zu werden.

von deren genauigkeit vergewissern könnte. Mit einer zuvorkommen-
heit und einem interesse für die sache, wofür ich ihm nicht genug
danken kann, reiste er aus dem grunde nochmals nach Dijon, wo er
im verein mit herrn Baudot jedes einzelne zeichen auf der spange
einer erneuerten sorgfältigen untersuchung mit der lupe unterwarf
und mit dem probedruck verglich. Diese neue untersuchung bestätigte
unter anderm aufs schönste meine vermutung bezüglich der 16. rune
im alphabet, worüber ich geäußert hatte, daß sie als „eine verunglückte
form für das gewöhnliche ⟨, welches hier darzustellen offenbar die
absicht des runenritzers gewesen war“, aufgefaßt werden müßte;
es zeigte sich nämlich, daß es nicht nur „die absicht“ gewesen war,
diese runenform darzustellen, sondern daß sie sich auch in wirklichkeit auf der spange befand. Nach diesen wiederholten untersuchungen ist die abbildung der spange taf. III, fig. 2 ausgeführt,
und ich hoffe, daß diese zeichnung in bezug auf die runen das
original so genau wie möglich auch in solchen kleinigkeiten, wie dem
gegenseitigen längenverhältnis der stäbe u. s. w. wiedergibt. Da ich
mich nicht im stande sehe, die eigentliche inschrift zu deuten und
alle versuche, die man bisher deswegen gemacht hat, als gänzlich
verfehlt ansehen muß, so werde ich, um wenigstens die diplomatische
grundlage zu sichern, folgende bemerkungen von herrn Beauvois in
bezug auf einzelne zeichen mitteilen, die früher entweder ungenau
wiedergegeben sind oder anlaß zum zweifel geben können:

In der zeile rechts hinter dem trennungszeichen (den drei
punkten) folgt zuerst ein ᚾ (nicht das von Stephens wiedergegebene
zeichen), demnächst ᚦ (beinahe wie die dritte rune im futhark; nur
der unterste nebenstrich geht ein wenig über den obersten hinaus,
aber beginnt nicht wie bei Stephens am fuße des hauptstriches).
Die dritte rune ist ᚠ (nicht ᚢ wie bei Baudot und Stephens); in
der vierten ist der querstrich beinahe wagrecht, aber neigt sich doch
ein wenig nach rechts (muß folglich ᚾ n sein). Nach der siebenten
rune folgt ein trennungszeichen, bestehend aus 4 punkten (nicht 5
wie bei Stephens); das letzte zeichen in dieser zeile ist unzweifelhaft ᛗ, obgleich der senkrechte strich rechts nicht vollständig mit
dem übrigen zeichen verbunden ist, was ja auch, wie die zeichnung
beweist, bei mehreren andern runen vorkommt, und sich aus der
art und weise der einritzung erklärt.

In der zeile links folgen auf das trennungszeichen (4 punkte)
ᚲᛁ, worüber Beauvois nicht bloß bemerkt, daß sie nicht verbunden

sind, sondern ausdrücklich hinzufügt, daſs „es klar ist, daſs sie
nicht einen einfachen buchstaben bilden".

Es geht hieraus hervor, daſs die wiedergabe der inschrift in
doppelter gröſse, die sich s. 49 in Baudots werke befindet, bis auf
ein paar ausnahmen die einzelnen runenformen ganz richtig und weit
genauer darstellt, als die übrigen bisher veröffentlichten zeichnungen.
Nach dem, was ich hier über die zeichen der inschrift angeführt
habe, kann kaum ein zweifel darüber bestehen, daſs diese gelesen
werden soll:

uþſuþai ⦙ iddan ⦙ ᚲiano

In dem ersten worte muſs mindestens ein vokal ausgelassen sein,
und die bedeutung von ᚲ in dem letzten worte ist zweifelhaft (vgl.
unten). Es ist nicht wahrscheinlich, daſs die 3 kleinen runen auf
dem untersten teile der spange rechts und die zwei gröſseren mitten
auf der spange in näherer verbindung mit der hauptinschrift stehen.
Ich fordere nun gelehrte studiengenossen auf, ihren scharfsinn daran
zu üben, diese worte zu erklären; denn daſs wir hier wirkliche worte,
nicht eine willkürliche zusammenstellung von runen ohne sprachliche bedeutung haben, scheint offenbar.

Die oberste inschriftzeile auf der spange enthält das runenalphabet in folgender form:

ᚠᚢᚦᚨᚱᚲᚷᚹᚺᚾᛁᛃᛈᛇᛉᛊᛏᛒᛖᛗᛜ

Die zeichen sind hier im vergröſserten maſsstabe in genauer
übereinstimmung mit den formen, die sie in der inschrift
selbst haben, wiedergegeben (vgl. taf. III, fig. 2). Infolge der art, auf
welche die runen eingeritzt sind, stoſsen die striche in vielen fällen
nicht völlig zusammen. Die beiden letzten runen (namentlich ᛗ,
wovon nur der eine senkrechte stab, sowie die unterste hälfte links
von dem einen querstrich und ein kleines stück des andern senkrechten stabes zu sehen ist) sind durch abnutzung ziemlich undeutlich
geworden; jedoch kann kein zweifel über ihre form bestehen (das
fehlende ist oben durch punkte ausgefüllt). Die 16. rune, welche
dem ᛉ, ᛋ (s) auf dem brakteaten von Vadstena entspricht, hat auf
den früheren zeichnungen eine sehr unregelmäſsige gestalt und ist
bedeutend kleiner als die zeichen, die sie umgeben; aber es hat sich,
wie oben bemerkt wurde, gezeigt, daſs hier in der inschrift ein

ziemlich regelmäfsiges ᛉ steht (nur mit etwas getrennten strichen,
wie sonst öfters). Die abweichung der 5. rune (r) von den allgemein
bekannten formen ist ja nur unbedeutend, und dasselbe mufs von
der dritten (þ) gesagt werden, die nur die nebenstriche ziemlich weit
oben an dem hauptstab erhalten hat, aber sich doch deutlich von
der achten rune (w) unterscheidet; eine glücklichere form des þ finden
wir dagegen zwei mal in der zeile rechts, und r hat gleichfalls die
regelmäfsige form mitten auf dem untersten teile der spange. — Da
das alphabet aus mangel an raum mit ᛗ abbricht, so fehlen folglich
die vier letzten runen; aber von diesen kommen in der übrigen inschrift aufserhalb des alphabetes die beiden letzten in den gewöhnlichen formen ᛟ und ᛗ vor.  Gleichfalls befindet sich in der zeile
s. 75. links die form ᚾ (= n), während das alphabet ᚿ hat (ebenso wie die
zeile rechts, wo der querstrich jedoch beinahe wagrecht geworden ist).
Es kann nämlich kein zweifel darüber sein, dafs sowohl die vierte rune
in der zeile rechts als auch die dritte in der zeile links n bezeichnen, und
dasselbe gilt von der rune vor ᛟ in der zeile links; dieses zeichen als eine
ungeschickte form der g-rune (ᚷ) aufzufassen, dem widerspricht nämlich
bestimmt sowohl der senkrechte hauptstrich wie die gröfse des nebenstriches, besonders links. —  Von den beiden grofsen runen, die für sich
allein mitten auf dem untersten teil der spange stehen, anscheinend ohne
zusammenhang mit den übrigen, mufs die letztere nach Beauvois' zeichnung notwendig als r. nicht als u, aufgefafst werden; dagegen hat die
erstere eine form, die sich nicht in der runenreihe oder in der übrigen
inschrift wiederfindet, sondern der k-rune im jüngeren nordischen
alphabete gleicht.  Wenn indessen Thorsen (De danske Runemindesm. s. 356) annimmt, dafs die beiden gröfseren runen auf der
spange wirklich dem kürzeren nordischen runenalphabet angehören
(also zeichen für k und r oder u sind) und gerade durch ihre gröfse
absichtlich als die wichtigsten im gegensatz zu der übrigen inschrift,
die das andere alphabet benutzt, hervorgehoben seien, so beruht dies
auf einer auffassung von dem verhältnis zwischen den beiden runenalphabeten, deren unhaltbarkeit ich im folgenden zu beweisen hoffe.
Da sich nämlich ᚴ, wie wir unten darthun werden, erst weit später
im Norden aus älteren ᚲ durch die mittelform ᚼ entwickelt hat,
kann das ᚴ der spange von Charnay selbstverständlich nicht das jüngere
nordische zeichen für k sein; sondern wenn diese rune hier die
bedeutung k hat, so mufs sie eine andere form an stelle von ᚲ des
alphabetes sein, die ganz unabhängig vom nordischen ᚴ ent-

wickelt ist, und ich würde dann geneigt sein, auch die mir unverständliche rune in der zeile links gleich hinter dem trennungszeichen ebenso aufzufassen, indem man dadurch, dafs man dem ᚲ
einen senkrechten stab gab, entweder ᚡ oder ᚴ bildete (zufällig
fiel also die erstere form mit der nordischen, die zweite mit der
altenglischen *k*-rune zusammen). Doch ist dies nicht nur äufserst
zweifelhaft, sondern auch höchst unwahrscheinlich, gerade weil wir
im alphabet selbst ᚲ in dieser bedeutung finden. Man könnte auch
darauf verfallen, in ᚡ eine vereinfachte form von ᚡ zu erblicken
(vgl. ᚺ und ᚺ in altenglischen alphabeten); aber dieses finde ich
noch unwahrscheinlicher, da nicht blofs der futhark mit der gewöhnlichen form ᚡ beginnt, sondern diese gleichfalls in der zeile
rechts steht; und selbst wenn man denken könnte, dafs ᚡ dieselbe bedeutung wie ᚡ hätte, wird kaum jemand dasselbe von ᚴ annehmen.
Aber diese beiden zeichen (ᚡ und ᚴ) scheinen notwendig auf dieselbe weise aufgefafst werden zu müssen. Da somit keine von den
im alphabet vorkommenden runen zu diesen zeichen pafst, liegt es
natürlich nahe, an eine von den beiden im futhark fehlenden runen,
nämlich die zeichen für *l* und *ŋ* zu denken. Da nun sowohl ᚡ wie
auch ᚴ im anfange eines wortes stehen, können sie selbstverständlich
nicht das zeichen für *ŋ* sein, und es bleibt somit nur *l* übrig. Ich halte
es daher auch für überwiegend wahrscheinlich, dafs ᚴ hier eine andere form für das ursprüngliche ᚱ ist, und dafs ᚡ an dessen stelle
treten und neben ᚴ gebraucht werden konnte (gerade wie ᛏ mit ᛏ
wechselt u. s. w.). Dagegen finde ich durchaus keinen grund, ᚴ und
ᚡ als neue zeichen für laute anzusehen, die sich im ursprünglichen
futhark nicht bezeichnet fanden, und die also ihre stelle nach der
24. rune wie in den altenglischen alphabeten gehabt haben müfsten.

Das alphabet der spange von Charnay hat somit folgende gestalt
gehabt, wenn wir die zeichen, die sich in der inschrift aufserhalb des s. 76.
futharks finden, in parenthese setzen:

| 1 | 2 | 3 | 4 | 5 | 6 | 7 | 8 | 9 | 10 | 11 | 12 | 13 | 14 | 15 | 16 | 17 | 18 | 19 | 20 | 21 | 22 | 23 | 24 |
|---|---|---|---|---|---|---|---|---|----|----|----|----|----|----|----|----|----|----|----|----|----|----|----|

ᚡ ᚢ ᚦ(ᚦ) ᚨ ᚢ (ᚱ) ᚲ ᚷ ᚺ ᛏ(ᛏ) ᛁ ᚾ ᛃ ᛟ ᚬ ᛉ ᛏ ᛒ ᛖ ᛗ (ᚴ ᚡ?) ·· (ᛞ ᛜ)

Nichts spricht dafür, dafs dieses alphabet neue zeichen hinter der
ursprünglichen reihe hinzugefügt und also mehr als die 24 runen enthalten haben sollte, welche sich auch in dem nordischen futhark
finden.  Anders verhält sich die sache dagegen in dieser beziehung
mit dem

WIMMER, Die runenschrift.                                                  6

### 3) alphabet auf dem Themsemesser.

Um möglichst grofse sicherheit bezüglich der form der runenzeichen in dieser inschrift zu erreichen, wo besonders die 16. rune
(s), die auf Stephens' zeichnung die form ⱡ hat, mir höchst ver-
dächtig vorkam, wandte ich mich an herrn G o s c h in London, der
mit grofser bereitwilligkeit die von mir übersandte vorläufige zeichnung mit dem original im British Museum verglich und jeden
einzelnen buchstaben genau mit der lupe untersuchte. Herr Gosch
schreibt darüber: „Das betreffende messer (richtiger ein kleines
schwert) wird auf der etiquette folgendermafsen bezeichnet: 'Anglo-
Saxon scrammasax or sword-knife, inlaid with an Alphabet in
Anglo-Saxon runes, found in the Thames. Purchased 1857'. Der
direktor der altertumssammlung des museums, W. Franks, entdeckte
die inschrift, die nicht sichtbar war, als das stück, kurz nachdem
es gefunden war, gekauft wurde. Die reinigung wurde von W. Franks
selbst vorgenommen ... Die schriftzeichen sind mit geflochtenem
metalldraht eingelegt, der jetzt eine gelbliche farbe angenommen hat,
wohl durch den firnifs veranlafst, womit das stück überzogen ist, um
es vor dem einflusse der luft zu schützen. Die buchstaben sind im
ganzen vollständig deutlich . . . . . Was speciell no. 16 anbelangt, so
scheint sie mir ganz deutlich als ein ı mit scharfen konturen und
ohne irgend welche spur von einem querstriche dazustehn. Es ist
wahr, dafs sich ein wenig rechts davon, unter ↑ hin, ein sehr kleiner,
etwas hellerer fleck befindet, der als überrest von einlegung und
folglich als überrest von einem sonst verschwundenen querstriche gedeutet werden könnte; aber er ist sehr undeutlich, und ähnliche zum
teil viel deutlichere gelbe flecken finden sich an mehreren stellen
zwischen den buchstaben, wo sie nicht so gedeutet werden können.
Jetzt steht dort ganz entschieden n i c h t ⱡ. Eine solche lesung
kann nur conjectur sein." Infolge dessen mufs die s-rune auf dem
Themsemesser also für eine vereinfachte form der gewöhnlichen
altenglischen s-rune ⱨ angesehen werden, von der nur der unterste
strich bewahrt ist (wie man umgekehrt im Norden zuweilen ⟙ d. i.
den obersten strich von ⱨ, findet; diese und mehrere ähnliche vereinfachungen werden im folgenden näher besprochen werden). Auf
der zeichnung des Themsemessers tafel III, fig. 3 ist also ı für
Stephens' ⱡ eingesetzt.

Das ganze alphabet hat folgende gestalt:

1 2 3 4 5 6 7 8 9 10 11 12 13 14 15 16 17 18 19 20 21 22 23 24 25 26 27 28

ᚠ ᚾ ᚦ ᚨ ᚱ ᚲ ᚷ ᚹ ᚺ ᚾ ᛁ ᛃ ᛇ ᛈ ᛉ ᛊ ᛏ ᛒ ᛖ ᛗ ᛚ ᛜ ᚺ ᛟ ᛞ ᚠ ᚨ ᛪ

Wir finden hier einige abweichungen von den beiden oben besprochenen alphabeten sowohl in der anordnung wie in der anzahl s. 77.
der runen[1]), welche indessen, wie wir nachweisen können, nicht ursprünglich vorhanden gewesen sind. Eine darstellung des alten altenglischen runenalphabetes ist uns nämlich nicht blofs auf dem Themsemesser überliefert, sondern auch in mehreren handschriften aus
dem neunten bis elften jahrhundert, die an verschiedenen stellen sowohl in England wie aufserhalb desselben gefunden sind, sich aber
alle ursprünglich dorther schreiben. Diese handschriftlichen alphabete,
welche nicht nur die runenzeichen, sondern auch deren namen und
bedeutung wiedergeben, folgen teils der ursprünglichen anordnung der
runen („futhork"), teils dem lateinischen alphabet[2]). Die letzteren
sind natürlich alle jüngere umstellungen der ersteren und erweitern
in keiner beziehung unsere kenntnis der runenschrift; dagegen sind
mehrere der alphabete in der alten futhorkordnung für uns von
grofser wichtigkeit bei der beurteilung des runenalphabetes auf dem
Themsemesser. Von diesen alphabeten geben wir deswegen s. 85
die beiden wieder, die aus mehreren gründen als die wichtigsten angesehen werden können, nämlich:

1) das alphabet, welches dem alten altenglischen runenliede
zu grunde liegt, das eine erklärung der runennamen enthält[3]), und

---

[1]) Die abweichenden runenformen werden nach und nach im folgenden besprochen werden.

[2]) Abgedruckt bei G. Hickes, Linguarum Vett. Septentrionalium Thesaurus,
vol. I (Oxoniæ 1705), s. 135—36; vol. III (1703), tab. VI (in der futhork-ordnung),
ibid. tab. II (nach dem lateinischen alphabet geordnet); W. Grimm, Über deutsche
Runen, Göttingen 1821, tab. I—III, und Zur Literatur der Runen, Wien 1828
(aus den Wiener Jahrbüchern der Literatur vol. XLIII), s. 1—2, 23, 25; J. M.
Kemble, On Anglo-Saxon Runes in der Archæologia, published by the society of
antiquaries of London, vol. XXVIII, London 1840, pl. XV—XVI; G. Stephens,
The Old-Northern Runic monuments, I, s. 100—103 (in der futhork-ordnung),
s. 104—114 (in der ordnung des lateinischen alphabetes); vgl. nachträge s. 829
—832. Eine geordnete übersicht über die zu der zeit bekannten „futhorke" und
alphabete lieferte Liliencron in Zur Runenlehre. Zwei Abhandlungen von
R. v. Liliencron und K. Müllenhoff. Halle 1852 (aus der Allgemeinen Monats-
schrift für Wissenschaft und Literatur), s. 8 ff.

[3]) Hickes, Thesaurus I, s. 135 (nach einer jetzt verlorenen handschrift).
Darnach ist das alphabet wiedergegeben bei W. Grimm, deutsche Runen
tab. III no. 1, Kemble pl. XVI fig. 11, Stephens I, s. 100 no. 5; das runen-

6*

s. 78.      2) das alphabet in dem oben (s. 71) genannten cod. Salisb. no. 140[1]).

In dem ersten dieser alphabete müssen die 4 letzten zeichen indessen später hinzugefügt sein, da sie nicht im runenliede genannt werden, das mit dem verse über ear schließt. Hinter dem zweiten alphabete stehen zuletzt in der zweiten reihe die lateinischen vokale mit nachfolgenden punkten, womit sie sich auch sonst zuweilen bezeichnet finden. Eine dritte reihe, die hier ausgelassen ist, enthält die gotischen buchstaben bis *u*, wie man auf der zeichnung bei W. Grimm sehen kann.

In dem alphabet des runenliedes entsprechen die ersten 24 zeichen genau dem nordischen alphabet auf dem brakteaten von Vadstena, wenn wir in diesem das fehlende ᛗ nach ᛉ hinzufügen; gleichfalls stimmt die anordnung in diesen beiden alphabeten mit dem teil des burgundischen alphabetes überein, der sich auf der spange von Charnay befindet. Nach ᛗ haben die altenglischen alphabete und das runenlied dagegen neue zeichen und namen für solche altenglische laute hinzugefügt, die später entwickelt sind, oder wegen der veränderungen, die mit den runennamen vorgegangen waren, nicht mehr durch die ursprünglichen zeichen ausgedrückt werden konnten: das runenlied und sein alphabet haben 5 neue zeichen (für a, æ, y, io, ea), aber der cod. Salisb. 140 nur 4 (für a, æ, ea[2]), y). Vergleichen wir nun das Themsemesser mit diesen alphabeten, so ist es klar, daß dessen ᚠ ᚠ ᚪ ᛦ gleichfalls die 4 zeichen für die altenglischen
s. 80. laute a, æ, y, ea vorstellen, und wir dürfen gewiß ihre anordnung in diesem alphabet als die ursprüngliche ansehen, da auch das runenlied und sein alphabet y v o r ea hat. Über den grund, warum
d a s z e i c h e n ᚠ, das im nordischen und burgundischen alphabet

---

lied bei W. Grimm s. 217 ff., Kemble s. 339—45, Grein, Bibliothek der angelsächs. Poesie II, s. 351—54 (= s. 331—337 im 1. bande der neuen bearbeitung von R. P. Wülcker, Kassel 1883), M. Rieger, Alt- und Angelsächsisches Lesebuch nebst altfriesischen Stücken mit einem Wörterbuche, Gießen 1861, s. 136—39.

[1]) W. Grimm, Zur Literatur der Runen s. 1—2; darnach bei Kemble pl. XV fig. 7, Stephens I, s. 102 no. 8.

[2]) So wird die bedeutung von ᛦ angegeben, während es unrichtig den namen cor (für ear) bekommen hat. — Auch ein paar andere fehler in diesen alphabeten sind so augenscheinlich, daß jeder sie sofort wird berichtigen können: die *ng*-rune hat im cod. Salisb. den namen lug statt ing, und im alphabet des runenliedes steht bei der *m*-rune der name an für mau.

s. 79.

1. Alphabet des altenglischen runenliedes.
2. Altenglisches runenalphabet im cod. Salisb. 140.

die vierte stelle hat, im altenglischen als bezeichnung für den neuen laut æ gebraucht wurde, während die vierte rune hier die form ᚩ erhielt, werden wir später sprechen.

Dagegen zeigt eine vergleichung mit dem alphabet auf dem brakteaten von Vadstena und dem runenliede, dafs die ursprüngliche reihenfolge in dem alphabet auf dem Themsemesser an einem einzigen punkte gestört ist. Von den 24 ursprünglichen runen haben nämlich nur die ersten 19 dieselbe anordnung wie in den beiden andern alphabeten bewahrt; während der brakteat nach ᛖ
ᛗ ᛚ ◇ ᛟ [ᛞ] hat, und das runenlied gleichfalls
ᛗ ᛚ ᛝ ᛟ ᛞ, finden wir auf dem Themsemesser
ᛝ ᛞ ᛚ ᛗ ᛟ.
Da die bedeutung von ᛝ, ᛚ, ᛗ klar zu sein scheint (ŋ, l, m), mufs ᛞ eine andere form für ᛞ und ᛟ eine andere für ᛟ sein [1]).

Sowohl das brakteatenalphabet, das runenlied wie die handschriftlichen altenglischen alphabete setzen es aufser allen zweifel, dafs wir nicht die ursprüngliche anordnung dieser 5 runen auf dem Themsemesser haben. Zwar finden wir in dem kürzeren nordischen alphabet gleichwie auf dem Themsemesser **l**, **m** an stelle von **m**, **l**; aber dafs diese umsetzung weit später im Norden vorgenommen ist, werden wir unten zeigen.

Nur an einem einzigen punkte könnte das Themsemesser vielleicht zu einem kleinen zweifel veranlassung geben; da es nämlich das alte o-zeichen (altengl. œ̂, ê) an der 24. stelle hat, und da wir gleichfalls im cod. Salisb. 140 und in den andern alten altenglischen alphabeten mit ausnahme desjenigen des runenliedes ᛟ hinter ᛞ
s. 81. finden [2]), im übrigen aber dieselbe anordnung wie auf dem brakteaten von Vadstena, so könnte man annehmen, dafs das im brakteatenalphabet fehlende ᛞ eigentlich vor ᛟ stehen sollte, und dafs es entweder vergessen oder, da nur für éine rune platz da war, absichtlich ausgelassen wäre, man also das letzte zeichen im alphabet (ᛟ)

[1]) Es verdient bemerkt zu werden, dafs wir in einem der handschriftlichen alphabete (bei Stephens I, s. 103 no. 13) die beiden formen ᛟ und ᛟ neben einander, beide mit dem namen edel, finden. — Ähnliche veränderungen (vereinfachungen) wie bei ᛞ und ᛟ zeigt das Themsemesser auch in seinem + und ı im verhältnis zu dem ᛄ ᛄ und ᛋ der andern alphabete.

[2]) Siehe Stephens I, s. 100 no. 4 (wo nach der *l*-rune ᛟ in, hinc; ᛞ d, dag; ᛝ oe, othl folgen, indem die zeichen für ŋ und œ̂ unrichtig vertauscht sind); s. 102 no. 7 & 9; s. 103 no. 10, 13 & 15; s. 829 no. 61; s. 830 no. 62 bis.

gesetzt, aber das vorletzte (ᛗ) aus raummangel weggelassen hätte. Jedoch finde ich dies unwahrscheinlich, und der beweis, welcher von dem
Themsemesser hergeholt werden könnte, wird natürlich in hohem grade
dadurch abgeschwächt, dafs die reihenfolge von allen fünf runen hinter
e hier gestört ist, so dafs auch d durch zwei runen von o *(æ̂, é)*
getrennt worden ist. Obgleich ich also die reihenfolge ᛗ ᛟ in den
altenglischen alphabeten für eine spätere umstellung halte [1]), die in
dem alphabet des runenliedes nicht vorgenommen ist, weil das alte
gedicht, woran sich dieses alphabet knüpfte, die ursprüngliche anordnung bewahrt hatte, sehe ich mich freilich nicht im stande, einen
durchaus entscheidenden beweis dafür zu erbringen, dafs ᛗ und nicht
ᛟ an der letzten stelle in dem ursprünglichen alphabete gestanden hat.

Die verhältnismäfsig jungen altenglischen runeninschriften stehen hinsichtlich der formen und der bedeutung der
runen im ganzen genommen auf derselben stufe, wie die handschriftlichen alphabete. Ein älterer standpunkt in der entwicklung der
runenschrift in England (ungef. um das jahr 600) wird jedoch durch
eine alte altenglische münze repräsentiert, die sich jetzt im British
Museum befindet (Stephens II, s. 879 und LXVIII f.). Diese münze,
die eine nachbildung von einem solidus des Honorius ist, hat auf der
reversseite eine runeninschrift, die nach ein paar vorzüglichen lack-
abdrücken, welche ich vom British Museum erhalten habe, unzweifelhaft:

ᛊᛁᚠᛏᛟᛗᛟᛗᚢ

zu lesen ist, was mit gewöhnlicher altengl. orthographie durch scánomódu wiedergegeben werden mufs. Dafs die inschrift eine altenglische ist, geht mit sicherheit aus der speciell altengl. rune ᚠ hervor. Die erste rune ᛊ weicht nur durch den kleinen strich unten
von der gemeingerm. s-rune ᛉ ab, welche im altengl. später (wie
im nordischen) die form ᚼ bekam; gleichfalls sehe ich die zweite
rune ᛁ als eine mittelform zwischen gemeingerm. ᚲ und späterem
altengl. ᚴ an (die entwicklung in England war also ᚲᛁᚴ, im Norden
dagegen ᚲᚤᚡ). Endlich hat ᛟ in dieser inschrift noch seine ursprüngliche bedeutung o, nicht æ̂ wie sonst in den altengl. inschriften.
Mit dieser alten stufe in der schrift stimmt auch die sprachform
überein. Formell könnte scánomódu natürlich ein frauen-

---

[1]) Einen natürlichen grund für diese umstellung finde ich darin, dafs man
das zeichen für æ̂, é in unmittelbare verbindung mit der reihe von vokalen hat
setzen wollen, die im altenglischen alphabete zu dem ursprünglichen futhark
hinzugefügt war.

name sein (= ahd. -móda in *Adalmóda* etc.; vgl. Förstemann, Altd.
Namenbuch, Personenn. sp. 933), der nom. sgl. eines ō-stammes,
dessen endung nach langer silbe noch nicht wie bei *ár* (gegenüber
*giefu*) abgefallen wäre.   Aber da ich einen frauennamen an dieser
stelle für äufserst unwahrscheinlich halte, so hege ich keinen zweifel
darüber, dafs scánomódu ein mannsname und nom. sgl. eines
*a*-stammes (= altengl. -*mód*; vgl. *Heremód* im Beówulf) ist, wo sich
der stammauslaut noch als *u* erhalten hat (entweder geradezu durch
übergang von *a* zu *u*, oder vielleicht eher durch analogie der *u*- und
der weiblichen ō-stämme).

Die vergleichung zwischen dem nordischen, burgundischen und
den altenglischen runenalphabeten zeigt nun, dafs das ursprüngliche gemeingermanische alphabet 24 zeichen enthalten
hat in der anordnung, wie wir sie auf dem brakteaten
von Vadstena finden, und wahrscheinlich mit dem darauf
fehlenden ᛗ hinter ᛟ.

Die bedeutung der einzelnen zeichen in der runenreihe auf
dem brakteaten von Vadstena (der spange von Charnay und dem
Themsemesser) ist zum gröfsten teile klar, teils durch vergleichung
mit den handschriftlichen altenglischen alphabeten, wo die bedeutung
und die namen der runen hinzugefügt sind, teils und vornehmlich
durch die bedeutung, welche die zeichen in den aus der älteren und
mittleren eisenzeit überlieferten inschriften selbst aufweisen.   Indessen
s. 82. enthält der „futhark" auf dem brakteaten ein paar runen, die wir auf
den denkmälern, deren inschriften zu deuten geglückt ist, nicht nachweisen können (dafs die brakteateninschriften zum gröfsten teile uner-
klärbar sind, liegt in verschiedenen besonderen verhältnissen begründet).

Aus den nordischen runeninschriften können wir nämlich
folgendes alphabet und folgende hauptformen der runen aufstellen,
die wir nach der alten reihenfolge auf dem brakteaten (und in den
andern alphabeten) ordnen:

| | 1 | 2 | 3 | 4 | 5 | 6 | 7 | 8 | |
|---|---|---|---|---|---|---|---|---|---|
| 1. | ᚡ | ᚢ | ᚦᚦ | ᚨ | ᚱᚱ | ᚲ | ᚷ | ᚹᚹ | : |
| | f | u | þ | a | r | k | g | w | |

| | 9 | 10 | 11 | 12 | 13 | 14 | 15 | 16 | |
|---|---|---|---|---|---|---|---|---|---|
| 2. | ᚺᚺ | ᚾᚾ | ᛁ | .. | .. | .. | ᛉ(ᛣ) | ᛋᛉ | : |
| | h | n | i | | | | ṇ | s | |

| | 17 | 18 | 19 | 20 | 21 | 22 | 23 | 24 | |
|---|---|---|---|---|---|---|---|---|---|
| 3. | ᛏ | ᛒᛒ | ᛖ | ᛗᛗ | ᛚ | ᛜᛜ | ᛟ | ᛗᛞ | : |
| | t | b | e | m | l | ŋ | o | d | |

Mehrere andere unwesentlichere modificationen in diesen formen werden später angeführt werden. (Dafs X, B. M ursprünglich spiranten bezeichneten, und nicht, wie bisher allgemein angenommen, mutæ, wird unten näher nachgewiesen werden.)

Von den zeichen, welche im futhark auf dem brakteaten vorkommen, fehlen somit in unsern inschriften die drei, die auf dem brakteaten die form 𝄞, ⫬, B haben, und deren bedeutung in den altenglischen alphabeten als j, eo (i), p angegeben wird. Wir werden unten diese zeichen und den grund dafür, dafs sie sich nicht in den inschriften finden, des näheren besprechen. Hier bemerken wir nur, dafs der platz dieser drei runen n e b e n  e i n a n d e r in den alphabeten nicht in der geringsten verbindung mit dem umstande steht, dafs sie sich nicht in unsern inschriften nachweisen lassen.

## C. Das verhältnis der runenschrift zu den übrigen alten alphabeten. Ihre abstammung vom lateinischen alphabet.

B e t r a c h t e n  w i r  n u n  d i e  r u n e n z e i c h e n  u n d  i h r e  b e deutung, so wird die übereinstimmung mit den alten südeuropäischen alphabeten sofort an vielen punkten in die augen fallen. Es ist wohl kaum jemand, der es für zufällig halten wird, dafs die runen R, ⟨, H, I, 𝄞, B so gut wie gänzlich den lateinischen und zum teil den griechischen buchstaben s. 83. mit derselben bedeutung entsprechen. Aber auf der andern seite scheinen allerdings einzelne runenzeichen nicht die geringste ähnlichkeit mit irgend einem andern bekannten alphabete aufzuweisen. Können wir da die runenschrift von einem oder von mehreren der südeuropäischen alphabete ableiten, oder weist sie nicht eher, wie man oft behauptet hat, auf eine mit diesen alphabeten gemeinsame quelle zurück? Diese frage ist in wirklichkeit sehr leicht zu beantworten, da die vielbesprochene „gemeinsame quelle" keineswegs so unbekannt ist, wie man anzunehmen scheint. Nach dem, was im vorhergehenden nachgewiesen ist, wissen wir, dafs das griechische alphabet vom phönicischen entlehnt ist, und dafs die italischen alphabete wiederum vom griechischen ausgehen. Stellte die sache sich nun so, dafs wir das griechische alphabet erst aus einer so späten zeit kännten, dafs es in vielen punkten als von seinem phönicischen vorbilde abgewichen und selbständig entwickelt angesehen werden

müfste, und wäre dasselbe mit dem phönicischen alphabete der fall,
so liefse sich ganz gewifs ein ursprüngliches semitisches grundalphabet denken, woraus sowohl das phönicische, das griechische wie
das runenalphabet (aufser vielen andern) hervorgegangen sein könnten,
worauf sie sich im laufe der zeit, jedes auf seine weise, entwickelt
hätten, bis sie zu der form gekommen wären, worin wir sie kennen.
Das grundalphabet könnte dagegen verloren sein, und es bliebe die
aufgabe der wissenschaft, mit der gröfstmöglichen genauigkeit auf
dieses alphabet zurückzuschliefsen und es mit hülfe aller jüngeren
abgeleiteten formen zu rekonstruieren. Das verhältnis könnte also ein
gleiches sein wie z. b. zwischen dem altenglischen und dem jüngeren
nordischen runenalphabete, die beide aus einer gemeinschaftlichen
quelle abgeleitet sein müssen, von der sie sich später auf sehr verschiedene weise entfernt haben. Ein solcher gedanke mufs, jedenfalls
dunkel, denen vorgeschwebt haben, die das griechische und das
runenalphabet aus einer gemeinsamen, unbekannten quelle ableiten.
Aber dieser ganze gedanke beruht auf durchaus unrichtigen vorstellungen
von der entwicklungsgeschichte des griechischen alphabetes. Wir
kennen dieses alphabet nämlich nicht nur in vielen jüngeren abgeleiteten formen, sondern wir finden es auch (namentlich in den inschriften von Thera) in einer gestalt vor, die so altertümlich ist, dafs
s. 84. sie fast in allen beziehungen für das griechische grundalphabet gelten
kann, und wir finden gleichfalls das altsemitische alphabet (auf der
moabitischen säule) in einer form, worin es als das grundalphabet
sowohl für das griechische wie für die übrigen alten semitischen
alphabete in allem wesentlichen betrachtet werden kann. Wir vermögen
mit hülfe der buchstabenformen in den alten semitischen, griechischen
und italischen inschriften fast mit mathematischer genauigkeit ein
phönicisches, griechisches und italisches grundalphabet zu konstruieren
und die weitere entwicklung dieser alphabete nachzuweisen.

Aber hiermit ist es nun zugleich mit notwendigkeit gegeben,
wo die quelle gesucht werden mufs, woraus man sich sowohl das
griechische, oder im ganzen genommen die alten südeuropäischen
alphabete, als auch die runenschrift hervorgegangen gedacht hat. Ist
die runenschrift nämlich nicht unmittelbar mit diesen alphabeten
verwandt, sondern aus einer älteren gemeinsamen quelle entsprungen,
so kann diese quelle nur das phönicische, oder richtiger
das altsemitische alphabet sein, dessen älteste gestalt
wir auf der moabitischen säule finden.

Selbst der flüchtigste blick überzeugt uns indessen davon, dafs
die runenschrift keine unmittelbare berührung mit diesem alphabete haben kann, sondern gerade auf die südeuropäischen alphabete
hinweist; man vergleiche aufser mehreren andern formen, die wir unten
näher besprechen werden, z. b.:

| | b | ḣ | j | r |
|---|---|---|---|---|
| | | | | |
| moab.-sidon.: | 𐤁 | ᚻ ᚼ | Ƶ ᶾ | Ꮓ ᖾ |
| | β | h, η | ι | ϱ |
| griechisch: | B | ᚻ H | Ƨ1 | P R |
| | b | h | i | r |
| etruskisch: | - | B | \| | ᖾ ᗡ |
| oskisch-umbr.: | ᗷ | B ⊘ | \| | ᗡ |
| faliskisch: | - | ᚻ H | \| | Я |
| lateinisch: | B | H | | R |
| runen: | ᛒ | ᚺ | ᛁ | R |

Man wird vielleicht einwenden, dafs das runen-ᚺ ebenso gut unmittelbar aus dem semitischen ḣéth-zeichen wie aus dem griechisch-
lateinischen H entwickelt sein kann, besonders da die form ᚼ auf der
spange von Charnay und in den altenglischen alphabeten genau mit
dem moabitischen zeichen übereinstimmt; aber da die nordischen inschriften ohne ausnahme ᚺ ᚻ haben, da H sich gleichfalls auf dem
Bukarester ringe findet, und da die bedeutung h eher auf griechisch-
lateinisches, als auf semitisches ḣéth zurückweist, so mufs die ähnlichkeit zwischen moabitischem ᚼ und dem burgundischen und altenglischen h-zeichen als ganz zufällig angesehen werden; die älteste
runenform für h müssen wir am ehesten im nordischen ᚺ ᚻ und in
dem H des Bukarester ringes suchen. Was man mit einem scheine
von recht gegen die zurückführung des runen-ᚺ auf griechisch-
lateinisches H anstatt auf altsemitisches ᚼ einwenden könnte, kann
hingegen nicht bezüglich der formen ᛒ l R angeführt werden. Man
darf es gewifs nicht blofs als höchst unwahrscheinlich, sondern als
durchaus unglaublich bezeichnen, dafs die runenschrift und die
griechisch-lateinische schrift unabhängig von einander die ursprünglichen (semitischen) formen dieser drei zeichen verändert haben und
doch zuletzt zu demselben resultat gekommen sein sollten. Hierzu
kommt noch weiter, dafs dieselbe merkwürdige übereinstimmung
zwischen diesen alphabeten sich auch bezüglich der wald eines von
den semitischen zischlauten zum ausdruck des s-lautes geltend ge-

s. 85.

macht hätte. Gleichwie die griechischen alphabete niemals das zeichen
für *sámekh* in dieser bedeutung benutzt zu haben scheinen, sondern
eine zeit lang zwischen den zeichen für *ṣáde* und *sin* schwankten,
von denen endlich das letztere alleinherrschend wurde (Ϛ Ϟ) und ausschliefslich im lateinischen alphabete gebraucht wird ([Ϟ] Ϛ S), so
finden wir auch in der runenschrift n u r dieses zeichen für s (Ϛ und
verschiedene veränderungen hiervon wie im griechischen und lateinischen). Ich nehme nicht an, dafs jemand im ernste behaupten
wird, dafs nicht nur die runen B I R unabhängig von den griechisch-lateinischen buchstaben durch ein merkwürdiges zusammentreffen dieselben formen wie diese angenommen, sondern dafs auch
alle diese alphabete von den drei (oder richtiger vier) semitischen
zischlauten durch einen zufall d e n s e l b e n zur bezeichnung ihres
s-lautes gewählt und auf dieselbe weise umgebildet haben. Wer
dessenungeachtet an dem unmittelbaren semitischen ursprunge der
runenschrift festhalten will, ist auf jeden fall genötigt, eine spätere umbildung von einem teil der runenzeichen vorauszusetzen, wodurch sie dieselbe form wie die griechischen und lateinischen buchstaben angenommen.
Diese ansicht ist nun auch von verschiedenen gelehrten vorgebracht
worden, welche uns jedoch noch den beweis für deren richtigkeit
schuldig sind; und dieser beweis würde ja am leichtesten durch den
nachweis eines denkmals mit der u r s p r ü n g l i c h e n, vom griechischen
und lateinischen unbeeinflufsten runenschrift geführt werden können.
A b e r  e i n e  s o l c h e  s c h r i f t  i s t  n i e m a l s  d a g e w e s e n; es ist nämlich
keineswegs ausreichend für die, welche dieser ansicht huldigen, die
an und für sich mögliche, aber wenig glaubliche behauptung aufzustellen, dafs die mit dem griechischen und lateinischen u. s. w. übereinstimmenden runen erst s p ä t e r diese gestalt angenommen haben.
Selbst wenn wir dies einräumen könnten, so hat man unglücklicherweise noch die allermerkwürdigste übereinstimmung zwischen der
runenschrift und den südeuropäischen alphabeten vergessen, wodurch
sie sich alle von dem altsemitischen unterscheiden. Von den semitischen g u t t u r a l e n müfste nämlich die runenschrift das *h'éth*
zur bezeichnung von h, aber *áleph*, *hē* und *ajin* zur bezeichnung der vokale a, e und o (ᚠ, M, ᛉ), gerade wie das
ä l t e s t e griechische und deshalb auch die italischen
a l p h a b e t e gewählt haben. Sie müfste gleichfalls in übereinstimmung mit dem griechischen u. s. w. den halbvokal *jód* zur
bezeichnung des vokals i (ᛁ) gewählt haben, obgleich wir in der

s. 86.

runenschrift gerade im gegensatze zum griechischen u. s. w. zeichen
sowohl für j als auch für i finden. Endlich müfste der semitische
halbvokal *wāw*, der nach dem, was wir oben gezeigt haben, sich
im griechischen in die beiden zeichen F w und Y u spaltete, die
sich im etruskischen, umbrischen und oskischen in derselben bedeutung wiederfinden, aber im lateinischen F f und V u, w wurden,
auch in der runenschrift in den beiden formen Ⱶ f und Ⴖ u auftreten!

Also: 1) die vier altsemitischen gutturale und die beiden
halbvokale *jôd* und *wāw* genau in derselben weise wie in den
südeuropäischen alphabeten, mit einer von der ursprünglichen semitischen wesentlich verschiedenen bedeutung angewandt; 2) der
s-laut durch dasselbe zeichen wie im griechischen u. s. w. ausgedrückt, obgleich man drei (oder vier) zur auswahl hatte; 3) eine
menge runenformen genau mit den griechischen und lateinischen
zeichen übereinstimmend, welche dieselbe bedeutung haben, aber          s. 87.
gänzlich von den semitischen abweichend — alles dieses mufs man
wohl hauptpunkte nennen, worin die runenschrift sowohl in
der form wie in der bedeutung der zeichen vom phönicischen (altsemitischen) alphabete abweicht, aber mit den südeuropäischen übereinstimmt.

Ich füge hinzu: überall, wo die ähnlichkeit zwischen der runenschrift und andern alphabeten hervortritt, ist es die griechisch-
italische schrift, welche vergleichungspunkte darbietet; wo sich
keine ähnlichkeit mit der griechisch-italischen zeigt, ist
auch keine spur davon mit der semitischen vorhanden.

Hiermit hoffe ich denn ein für allemal vollständig die ansicht
derer zurückgewiesen zu haben, welche die runenschrift unmittelbar
vom phönicischen oder altsemitischen alphabete haben herleiten
wollen, und damit zugleich die meinung derjenigen, die sie zu einer
mit den südeuropäischen alphabeten „gemeinsamen quelle" haben hin-
führen wollen; denn in wirklichkeit kann die letztere ansicht keine
andere bedeutung haben als die erstere, trotzdem dieses kaum einem
einzigen von den forschern, welche sie ausgesprochen haben, klar
gewesen sein dürfte.

Wenn wir also genötigt werden, jeden gedanken an die unmittelbare verwandtschaft der runenschrift mit dem altsemitischen alphabete
aufzugeben, dagegen aber die auffallende ähnlichkeit mit der griechisch-
italischen schrift nicht abweisen können, so folgt daraus natürlich

zugleich, dafs die runenschrift weder mit den germanischen völkern
— oder speciell mit den bewohnern des Nordens, was man ja auch
hat behaupten wollen — aus ihrer ursprünglichen heimat in Asien
mitgebracht sein, noch dafs sie sich (so Dietrichs und vieler anderer
meinung) auf eine eigentümliche weise aus einer ursprünglichen
bilderschrift entwickelt haben kann. Im letzteren falle müfste man
nämlich wieder, um die auffallende ähnlichkeit zwischen einzelnen
runen und den entsprechenden griechischen und lateinischen zeichen zu
erklären, zu der ausrede seine zuflucht nehmen, dafs die ursprüngliche bilderschrift später nach dem griechischen und lateinischen umgebildet worden wäre. Ich werde nicht hierbei verweilen, da diese
ganze vorstellung von der entwicklung der runen aus einer bilderschrift auf die wildesten phantasien gebaut ist, worüber eine bemerkung hinzuzufügen wir später gelegenheit erhalten werden.

s. 88.      Um den ursprung der runenschrift zu finden, müssen
wir uns also zu den alten südeuropäischen alphabeten
wenden, und hier scheinen schon ein paar der oben (s. 91) besprochenen runenformen, nämlich R und H mit der bedeutung h,
besonders auf das lateinische alphabet hinzuweisen, trotzdem sie
natürlich keinen sicheren beweis abgeben, da R und H (jedoch
meistens mit der bedeutung η) auch in verschiedenen griechischen
alphabeten vorkommen. Dafs wir indessen das vorbild für die
runen weder in einem griechischen alphabete, noch in
einem der alten nicht-lateinischen alphabete Italiens
suchen können, sondern zu dem ausschliefslich lateinischen gehen müssen, zeigt die bedeutung und zum teil
die form verschiedener anderer runenzeichen.

Den stärksten und, wie ich mit Kirchhoff[1]) glaube, an und für
sich durchaus entscheidenden beweis für die abstammung der runenschrift vom lateinischen alphabete liefert das erste zeichen in der
runenreihe, nämlich ⱑ mit der bedeutung f. Man hat diese
rune oft mit griechischem F (βαῖ, δίγαμμα), latein. F, verglichen,
und es kann kein zweifel darüber sein, dafs es dasselbe zeichen ist,
was wir des weiteren unten beweisen werden; aber nur das runenalphabet und das lateinische alphabet gebraucht dieses
zeichen mit der eigentümlichen bedeutung f. Dagegen hat
F im griechischen die bedeutung des halbvokals w, und dieselbe be-

--------

[1]) Das gothische runenalphabet, 2. aufl., s. 4 ff.

deutung ist an die entsprechenden zeichen in den italischen alphabeten (etruskisch, umbrisch, oskisch) geknüpft, ausgenommen gerade das lateinische[1]), welches statt dessen V (*u*) sowohl für den vokal *u* wie für den halbvokal *w* gebraucht, während die übrigen italischen alphabete, welche F (zum teil in etwas modificierter gestalt) nur in der ursprünglichen bedeutung **w** haben, für den laut **f** das neue zeichen 8 8 bildeten. s. 59.

Zu der übereinstimmung, die wir in form und bedeutung zwischen der rune ᚠ und lateinischem F finden, kommt ferner das runenzeichen < mit der bedeutung **k** dem lateinischen ‹ C[2]) entsprechend, während das griechische und oskische das entsprechende zeichen in der urspünglichen bedeutung **g** anwenden, und das umbrische diesen buchstaben gänzlich aufgegeben hat, indem ꓘ hier sowohl **k** wie **g** bezeichnet. Allerdings gebraucht das etruskische auch in der regel Ↄ in der bedeutung **k** (und ohne zweifel zugleich **g**); aber in der nordetruskischen schrift ist Ↄ durchaus unbekannt, und nur ꓘ wird wie im umbrischen gebraucht. Aufserdem steht das etruskische alphabet in andern wesentlichen punkten zu fern, als dafs vom ursprung der runenschrift aus demselben die rede sein könnte, was gleichfalls hinsichtlich des umbrischen und oskischen gilt[3]). Während wir nämlich in diesen alphabeten für **h** und **r** die formen 8 ⊙, ꟼ ᗡ finden, hat das lateinische die den runen entsprechenden zeichen. Weit wich-

---

[1]) Es gibt jedoch ein italisches alphabet, das in dieser hinsicht mit dem lateinischen übereinstimmt, nämlich das faliskische; aber da **f** dort die eigentümliche form ↑ angenommen hat, weil ꟻ das zeichen für *z* geworden war (vgl. s. 55 mit anm. 1), und da dem faliskischen alphabet aufserdem das zeichen B (*b*) gänzlich fehlt, welches sich in der runenschrift in der lateinischen form findet, so kann es keinen einflufs auf die bildung der runenschrift gehabt haben, was ja auch aus historischen gründen höchst unwahrscheinlich sein würde.

[2]) Dafs < in der runenschrift durchgehends kleiner als die andern buchstaben ist, mufs als ganz unwesentlich angesehen werden und hat wohl nur seinen grund darin, dafs die kürzere form für leichter und einfacher gehalten wurde; etwas ähnliches begegnet uns aufserdem bei ein paar andern runenzeichen, und es hat ja auch eine analogie in der *o*-form der älteren alphabete, die ganz allgemein kleiner ist als die der andern buchstaben.

[3]) Dasselbe ist der fall mit dem zu dieser gruppe gehörigen sabellischen alphabete, das dieselbe *d*-form wie das oskische gebraucht und wie dieses das *o* durch ein aus *u* gebildetes zeichen ausdrückt; für *r* und für den zischlaut finden sich die aus dem etruskischen bekannten formen, und ꟼ ist *w*, während die eigentümlichen zeichen ⫼ und ⊠ *f* auszudrücken scheinen.

tiger ist jedoch folgendes: dem etruskischen fehlen sowohl im süden
als auch im norden die ursprünglichen zeichen für b und d; das
umbrische und das oskische haben dagegen 8, aber d mangelt ebenfalls im umbrischen und hat im oskischen die eigentümliche form
Я. Nur das lateinische hat beide zeichen in denselben formen, die
wir in dem B und Þ (mit der bedeutung þ) der runenschrift wieder
erkennen, worüber unten mehr; diese letztere rune läfst sich dagegen
nicht vom griechischen ϑ (⊕ ○) herleiten, das auch im etruskischen
bewahrt ist.

s. 90.    Die besondere verwandtschaft der runenschrift mit
dem lateinischen alphabete wird nun deutlich durch folgende
zusammenstellungen hervortreten:

| | h, η | r | b | d | g | w | f |
|---|---|---|---|---|---|---|---|
| griechisch: | 8 H | Ρ R | B | △ D | Γ C | F | |
| | h | | | | k, g | w | f |
| etruskisch: | 8 | 9 ◁ | - | - | ) | ⊣ ⅃ | |
| | | | | | | w | |
| umbrisch: | ⊘ | ◁ | 8 | - | - | ⅃ | 8 8 |
| | | | | | g | w | |
| oskisch: | 8 | ◁ | 8 | Я | ⟩ | ⅃ | |
| nordetr.: | ⋈ | ◁ | - | - | - | ⊣ | ? |
| | | | | | k, g | f | |
| faliskisch: | 8 H | Я | - | ◁ | ) | ↑ | |
| | | | | | k (g) | f | |
| lateinisch: | H | R | B | D | C | F | |
| | | | | | þ k | f | |
| runen: | Η | R | B | Þ | ‹ | ⱱ | |

Es kann noch hinzu gefügt werden, dafs sowohl das lateinische
wie die runen nur die aus dem ursprünglichen sin entstandene s-form
(ϟ S) kennen, während die alten griechischen, das etruskische und
umbrische alphabet auch das dem ursprünglichen ṣādé entsprechende
Μ haben. Gleichfalls haben das allgemeine etruskische, das umbrische
und oskische das griechisch-lateinische o-zeichen O aufgegeben, das
in der runenschrift zu ⋈ wurde.

Schon ein paar der hier genannten runenzeichen, namentlich Ⱶ,
zeigen jedoch eine abweichung von den entsprechenden lateinischen
zeichen, was auf den ersten blick vielleicht sonderbar erscheinen
kann, sich aber nichts desto weniger als in genauer übereinstimmung

mit dem ganzen wesen der runenschrift stehend erweist. Wir
müssen deswegen einen augenblick bei der ursache dieser abweichungen verweilen, weil sie uns den schlüssel zur erklärung der
formen gibt, die viele runenzeichen angenommen haben.

Nach dem übereinstimmenden zeugnis von Venantius Fortunatus
und Saxo, das wir früher (s. 68 f. und 70) angeführt haben, das auch    s. 91.
durch viele andere thatsachen aus einer späteren zeit erhärtet wird,
können wir nicht daran zweifeln, dafs die runen von anfang an
namentlich zum einritzen auf dünne holztafeln — *celebre quondam*
*genus chartarum*, wie Saxo sagt — benutzt wurden [1]. Aber es ist
selbstverständlich, dafs die form der schrift zum teil von dem material bedingt wird, worauf man sie anwendet. Zur einritzung in
holz sind namentlich senkrechte linien zweckmäfsig, wogegen die
wagerechten leicht undeutlich werden; auch die runden formen lassen
sich sehr schwer darstellen. Es liegt deswegen nahe, in einer schrift,
deren hauptbestimmung es war, auf holz angewandt zu werden, so
weit wie möglich überall gerade linien zu wählen, die eine
senkrechte oder schräge richtung hatten. Und dieses princip
hat die runenschrift in ihrer ursprünglichen gestalt in seiner ganzen
strenge durchgeführt [2]; hierauf deutet auch die alte benennung der    s. 92.

---

[1] Wegen der beschaffenheit des materials waren diese holztafeln natürlicherweise leicht der zerstörung ausgesetzt, und kein solches denkmal ist auf
die gegenwart gekommen. Einzelne inschriften auf holz mit älteren runen
sind jedoch aus unsern mooren hervorgezogen, so die runenpfeile aus dem
Nydamer moor, der hobel aus dem Vier moor, der lanzenschaft und ein paar andere
kleinigkeiten aus dem Kragehuler moor. Ein runenstab ist bei Frøslev in der
nähe von Flensburg gefunden (Thorsen, De danske Runemindesm. I, s. 233 und 243 ff.,
wo jedoch weder die abbildung noch die erläuterungen der einzelnen zeichen
correct sind. Das original, das unzweifelhaft ein bruchstück ist, dessen schlufs
fehlt, befindet sich jetzt im museum zu Kiel, wo ich es untersucht habe; die
drei letzten runen scheinen sicher als ⌐ | Ψ gelesen werden zu müssen, und
hiernach ein trennungszeichen, was darauf hindeutet, dafs wir ein denkmal mit
älteren runen vor uns haben). Zwei holzstäbe mit runen (ungefähr aus dem jahre
1200), die früher in der kirchthüre zu Vinje in Telemarken gesessen hatten
(Antiqvariske Annaler I, 1812, tafel IV, fig. 1—2 und s. 247 ff.; S. Bugge in
den Forhandlinger i Videnskabs-Selskabet i Christiania for 1864, s. 216 f.),
wurden 1867 von dem altnordischen museum in Kopenhagen an das museum in
Kristiania abgegeben.

[2] Bereits Bredsdorff hat mit grofser schärfe diese eigentümlichkeit bei
der runenschrift hervorgehoben. Indem er Worms ansicht über die abstammung
der runen von den hebräischen buchstaben bekämpft, fährt er fort (Om Runeskriftens Oprind. s. 8): „Dagegen kann der übergang von dem griechischen und

WIMMER, Die runenschrift.                                    7

runenzeichen: „stäbe", und dasselbe geht deutlich aus den inschriften auf holz und metall aus der älteren eisenzeit hervor, die
zum grofsen teile älter sein müssen als die in Norwegen und
Schweden gefundenen inschriften auf stein. Trotzdem das metall
nämlich sehr gut wagerechte linien nicht nur gestattete, sondern
ganz besonders dafür geeignet sein mufste, finden wir sie auch hier
s. 93. nur als ausnahme angewandt[1]); sonst sind die wagerechten

lateinischen alphabete zum runenalphabet leicht aus der in älteren zeiten im
Norden üblichen schreibweise erklärt werden. Wohl sind nämlich die meisten
jetzt vorhandenen denkmäler mit runenschrift von stein, aber es ist bekannt,
dafs es die gewöhnliche schreibweise war, die runen in längliche bretter oder stäbe
einzuschneiden. Jeder, der diese art und weise einzuschneiden versucht hat,
wird gefunden haben, 1) dafs horizontale striche schwer anzubringen sind, weil sie
mit den holzadern parallel gehen, und deshalb teils nicht recht kenntlich werden,
teils nicht ausgeführt werden können, ohne dafs ein ganzer splitter von dem
holze abgeht, weswegen man sie gerne vermeidet und schräge striche an ihrer
stelle gebraucht; 2) dafs senkrechte linien am allerleichtesten zu machen sind;
3) dafs auch krumme linien schwierig sind, und dafs man deshalb gern gebrochene gerade an deren stelle wählt; 4) dafs die arbeit etwas beschwerlich
ist, weswegen man leicht geneigt sein kann, einen strich statt zweier zu
schreiben". Ich habe hier um so mehr diese äufserungen des scharfsinnigen
dänischen gelehrten hervorziehen wollen, als seine abhandlung wegen des unglücklichen versuches, die runen von dem Wulfilanischen alphabete abzuleiten
von den meisten gewifs als wertlos angesehen wird. Dies ist so wenig der fall,
dafs ich gerade im gegenteil zu behaupten wage, dafs nur die mangelhafte kenntnis, die man noch zu jener zeit von der ältesten gestalt der runenschrift hatte,
ihn in der hauptsache fehl greifen liefs. Sonst wäre er mehr als irgend ein
anderer im stande gewesen, klarheit in diese frage zu bringen. Es ist eine
pflicht, dies dem manne gegenüber hervorzuheben, welcher zum ersten male mit
glück die inschrift des goldenen hornes zu deuten und ihre sprache zu bestimmen suchte (siehe „de ældste nord. runeindskrifter" in den árbøger f. nord.
oldk. 1867, s. 34 f.; s. 57 f.) und dadurch einen sicheren grund für spätere
forschungen legte.
 Auch Kirchhoff hat, gewifs ohne Bredsdorffs hier genannte abhandlung zu
kennen, auf dieselben charakteristischen eigenheiten bei der runenschrift aufmerksam gemacht (Das gothische runenalphabet, 2. aufl., s. 3).
 [1]) Т und ⊓ für ↑ (t) und ᛞ (d) auf dem speerblatt von Kovel, ⊓ für
ᛗ (e) auf der zwinge aus dem Thorsbjærger moor und (ohne zweifel in derselben bedeutung, kaum als ᚾ u) auf dem Sträruper diadem (siehe „den histor.
sprogforskn. og modersmalet" s. 42—43 anm. == árb. f. nord. oldk. 1868,
s. 298—99 anm.), ᛗ als binderune für ⊓ᛗ (em) gleichfalls auf der zwinge
aus dem Thorsbjærger moor. Endlich hat auch die j-rune auf dem Themsemesser die ungewöhnliche form + mit wagerechtem strich und die h-rune auf
dem Bukarester ringe einen geraden querstrich (H) anstatt der schrägen (ᚺ, ᚺ).

striche von den ältesten bis auf die jüngsten zeiten aus
der runenschrift verbannt gewesen.

Dafs man auch anstatt der runden ursprünglich gebrochene gerade
linien anwandte, geht gleichfalls deutlich aus den alten inschriften
auf holz und metall hervor, wo wir meistens Þ (þ); R (r); P (w);
ϟϟ, ϟϟ (s); B (b); M (m); M (d) mit den scharfen kanten finden,
während diese zeichen später in den steininschriften in der regel
eine stärkere oder geringere rundung annehmen: Þ; R; P; ϟ und ϟ (der
Bergaer stein), ϟ (der Tanumer stein), ϟ und ϟ (der Krogstader stein);
B; M; M. Dieselbe beobachtung kann bei noch mehreren runenformen
(u, w, o) gemacht werden.

Der umstand, dafs man in der runenschrift ursprünglich die
wagerechten und runden linien vermied, erklärt nicht nur vollständig
die abweichungen, die sich zwischen einzelnen runenzeichen und den
entsprechenden lateinischen buchstabenformen finden, sondern zeigt
zugleich, dafs wir das vorbild für die runenschrift nicht
in den älteren kantigen lateinischen buchstaben zu
suchen brauchen, sondern dafs die späteren abgerundeten lateinischen formen dasselbe ergebnis liefern
mufsten: die runenzeichen für k und s, ᐸ und ϟ, entsprechen nicht
allein genau den altlateinischen formen ᐸ und ϟ, sondern mufsten auch
mit notwendigkeit aus den jüngeren lateinischen C und S hervorgehen.
Ebenfalls läge die a-rune F der altlateinischen form A nahe: man hätte
den hauptstab senkrecht gemacht; aber auch das jüngere A mufste
in der runenschrift die form F annehmen [1]). Eine notwendige folge
hiervon war es, dafs lateinisches F in der runenschrift F wurde,
indem die seitenstriche ein wenig heruntergerückt wurden, damit

---

Auch in den nordischen steininschriften können die schrägen nebenstriche besonders in H H (h) und ᛏ ᛏ (n) sich zuweilen der wagerechten stellung
nähern, was jedoch als eine reine zufälligkeit angesehen werden mufs (so H
und beide ᛏ-runen auf dem stein von Tanum und noch mehr die beiden H-
runen auf dem steine von Strand, während die dritte die form H hat, wie die
beiden ᛏ-runen einen schrägen strich haben).

[1]) Es ist dagegen rein zufällig, wenn a in der nordetruskischen (und
der daraus entlehnten gallischen) schrift zuweilen grofse ähnlichkeit mit der
a-rune bekommen hat; denn nordetruskisches (gallisches) F (in der bedeutung
a) ist nur eine variation der a-form A, wo die nebenstriche nicht ganz her-
unter geführt sind; im übrigen ist nordetruskisches A gewifs nur eine jüngere
offene form des auch vorkommenden A und zeigt eine dem lateinischen parallele
entwicklung, wo wir gleichfalls in der ältesten zeit A und (das daraus entstandene) A finden.

dieses zeichen nicht mit ᚠ (a) zusammenfalle. Eine form ᚠ war unbrauchbar, da die runenschrift auch den grundsatz durchgeführt hat
s. 94. niemals die beistriche sich über den senkrechten stab
erheben oder unter denselben gehen zu lassen.

Nach diesen bemerkungen gehen wir dazu über im einzelnen
die entwicklung der runen aus der lateinischen schrift nachzuweisen.
Der übersichtlichkeit halber beginnen wir damit die lateinischen
buchstaben und die daraus entstandenen runen nebeneinander zu
stellen. Da wir im vorhergehenden gesehen haben, dafs die runenschrift in folge ihrer natur sowohl von den älteren eckigen wie von
den jüngeren abgerundeten lateinischen formen hergeleitet werden
kann, so verzeichnen wir sie beide:

| | Lateinisch: | Runen: |
|---|---|---|
| a | Λ Λ Λ Λ Λ Λ | ᚠ |
| b | Β Β | Β Β |
| k (g) | ⟨ ⟨ ⟨ | k ⟨ |
| d | ▷ D | ᚦ ᚦ ᚦ |
| e | Є Є E Ⅱ | Μ |
| f | ᚠ ᚠ F Ⅰ· | ᚦ |
| g | G G | - |
| h | H | Η Η |
| i, j | Ⅰ Ⅰ | i Ⅰ |
| k | Κ Κ | - |
| l | L L L | ᚱ |
| m | (ʌʌ W) ʌʌ ʌʌ | Μ ᛈ |
| n | N ʌʌ N | ᛏ ᛏ |
| o | ◊ O | ᛟ |
| p | Ⴑ Ρ Ρ | - |
| q | ᛩ ᛩ Q Q | - |
| r | ᚱ ᚱ ᚱ ᚱ | ᚱ ᚱ |
| s | (Ɛ Ɜ) ᛋ ᛋ S | ᛋ ᛋ (ᛋ ᛋ) |
| t | ⟨ ᛏ T | ᛏ |
| u, w | ᚢ ᚢ | u ᚢ ᚢ |
| x | Χ | - |
| [y] | Υ | - |
| [z] | Ζ | - |

s. 95. Von den 24 runen haben wir somit für 16 entsprechende
zeichen im lateinischen alphabete finden zu können geglaubt. Übrig

bleiben also 8 runen von den inschriften und dem alphabet auf dem brakteaten, die wir vorläufig nicht mit irgend einem lateinischen buchstaben zusammenzustellen gewagt haben, nämlich: X *g*. P P *w*, (ᛃ *j*, ᛋ altengl. *eo*, *i*, B *p*), Y (ᛉ) *z*, ᛟ ᛜ *ŋ*, ᛗ ᛞ *d*.

Sehen wir die 16 zusammengestellten lateinischen buchstaben und runen ein wenig näher an, so finden wir auf den ersten blick eine deutliche übereinstimmung zwischen

| Lateinisch: | Runen: |
|---|---|
| b B B | B B |
| k ᚲ C | ᚲ |
| h H | H H |
| i I | I |
| r R R | R R |
| s ᛋ S | ᛋ |

Dafs ebenfalls die a-rune ᚠ aus ᚨ, A hervorgegangen ist, und dafs in folge hiervon F die form ᚡ bekam, haben wir schon besprochen. Auch beim T mufste die wagerechte linie gebrochen werden, so dafs wir die form ᛏ erhalten (es ist also kein grund dafür vorhanden, an eine mittelform zwischen lateinischem ᚵ und ᛏ zu denken, die auch beide in der runenschrift unbrauchbar waren, weil sich der querstrich über den hauptstab erhebt). Bei diesen runen liegt wie beim h der unterschied von den lateinischen buchstaben also nur darin, dafs man die wagerechten linien vermied. Das T des Koveler speeres und das H des Bukarester ringes als die ursprünglichen formen anzusehen, würde dagegen ganz unstatthaft sein; das H anstatt H des letzteren halte ich für eine reine zufälligkeit, die natürlich auch, wenn das material es zuläfst, bei ᚠ, ᚱ, ᛏ vorkommen kann, und wovon selbst die nordischen steininschriften beispiele darbieten (siehe s. 98 f. anm. 1); dagegen hat der Bukarester ring selbst neben H nicht nur ᚠ, ᚱ und ᛏ, sondern auch die ursprüngliche *t*-form ᛏ. Wenn der speer von Kovel statt dessen T gebraucht, so ist dies wie das ▯ für ᛗ derselben inschrift in der eigentümlichen art und weise begründet, wie die inschrift hier sowohl als auf dem speere von Müncheberg und auf dem Themsemesser mit metalldraht in das eisen eingelegt ist (mehrere vereinfachungen der runen auf dem Themsemesser erklären sich gerade am besten hieraus). Dafs das ᚺ der spange von Charnay wie das altengl. ᚺ (auf dem Themsemesser, in den inschriften und in der regel in den handschriftlichen alphabeten) jüngere (zierlichere) formen für H sind, kann ja keinem

zweifel unterworfen sein; aber die übereinstimmung zwischen den
*h*-formen auf den spangen von Charnay und Friedberg (nach Stephens'
zeichnung auch auf der Osthofener spange) und in den altengl.
inschriften scheint zu beweisen, dafs die Westgermanen frühzeitig das ursprüngliche H zu ᛞ verändert haben. Auch
bei der *s*-rune treffen wir frühzeitig verschiedene veränderungen
von ᛋ (oder nach der entgegengesetzten seite ᛌ); dafs diese
form nämlich die ursprüngliche gemeingermanische ist, zeigen der
speer von Kovel, die spange von Charnay, die Freilaubersheimer
spange, das goldene horn und der gröfste teil der übrigen inschriften
aus dem Norden; aus dieser form geht natürlich auch das altengl. und das spätere nordische ᚼ (ᛀ) hervor. Wenn wir daher auf
dem Thorsbjærger schildbuckel und dem lanzenschaft von Kragehul
ᛈ, auf der spange von Himlingöje ᛥ, auf der spange von Vimose ᛦ
finden, so ist es klar, dafs wir in all diesen fällen rein willkürliche abweichungen von der ursprünglichen form haben; aber diese
änderungen lagen ja gerade bei dieser rune verführerisch nahe.

    Das lateinische e-zeichen ƐE war schwerer zum gebrauch für
die runenschrift umzubilden. Dadurch, dafs man den wagerechten
linien eine schräge stellung gab, hätte man eine form Ɛ oder Ȝ
erhalten können; aber da der beistrich, wie wir bei ᚠ und ᛏ sahen,
sich niemals unter oder über den hauptstab ziehen durfte, so wurde
E umgedreht und an stelle der in der runenschrift unanwendbaren
form ᛟ wurde ᛗ gebildet. Obgleich ich somit glaube, dafs die runenschrift ganz natürlich E in ᛗ verändern mufste, kann freilich
nicht geleugnet werden, dafs die form beider zeichen dadurch sehr
verschieden geworden ist, und ich könnte daher geneigt sein,
die rune ᛗ nicht von E. sondern von der eigentümlich lateinischen e-form ᚺ abzuleiten. Dies letztere zeichen, das sich auch
(als entlehnung aus dem lateinischen) in den faliskischen inschriften
vorfindet, ist sehr früh bei den Römern in gebrauch gekommen und
mufs bis in sehr späte zeit hinein allgemein benutzt worden sein,
wie z. b. die wandinschriften von Pompeji zeigen; alle die von Zangemeister angeführten alphabete und alphabetbruchstücke haben, mit
ausnahme zweier, ᚼ als zeichen für *e* (vgl. oben s. 54 anm. 2).
Auch auf den wachstafeln (aus dem zweiten und dritten jahrhdt nach
Chr.), die in bergwerken in Siebenbürgen[1]) gefunden sind, wird

    [1]) Jo. F. Mafsmann, Libellus aurarius sive tabulæ ceratæ et antiquissimæ
et unicæ Romanæ in fodina auraria apud Abrudbanyam, oppidulum Transsylva-

ausschliefslich dieses zeichen gebraucht. Wenn die beiden senkrechten striche in der runenschrift zu einem zeichen verbunden werden
sollten, lag die form M ja am nächsten. Dafs diese form die gemeingermanische ist, geht aus der übereinstimmung zwischen den
germanischen, altengl. und nordischen inschriften hervor. Das in
ein paar der allerältesten nordischen inschriften vereinzelt vorkommende ∏ (s. 98 anm. 1) verdankt seine form ausschliefslich dem
material (metall), worauf diese inschriften angebracht sind, und kann
keineswegs als die ältere ursprünglichere form angesehen werden, da
sie ganz gegen das in der runenschrift durchgeführte princip verstofsen würde. Ich kann daher auch nicht mit Bugge (To nyfundne norske Rune-Indskrifter fra den ældre Jærnalder, Krist. 1872,
s. 24) darin übereinstimmen, die form der e-rune in der Valsfjorder
inschrift als zeichen von „hohem alter" zu betrachten, weil sie dem
oben genannten ∏ „am meisten zu gleichen scheint". Die ziemlich
plumpe und unbehülfliche form, die nicht nur M, sondern die runen
im ganzen genommen in dieser inschrift haben, sehe ich keineswegs
als zeichen von alter an, sondern erkläre ich ganz einfach aus den
sehr schwierigen verhältnissen, unter denen der runenritzer sicherlich hat arbeiten müssen, als er die inschrift auf der klippe an-
brachte.

Sei es nun, dafs die M-rune vom lateinischen E oder von II
abstammt, so fiel sie zusammen mit dem lateinischen m-zeichen
M M, das in folge dessen notwendig zum gebrauch für die runenschrift ein wenig geändert werden mufste und die form M annahm.
Das verhältnis hier ist also ein ähnliches wie zwischen lateinischem A A,
F und den runen ᚠ, ᚢ. Hinsichtlich der runenzeichen M e, M m
gegenüber lateinischem E II e, M m kann man sich auch an das
verhältnis zwischen den gewöhnlichen altgriechischen formen β β,
F ε und den alten korinthisch-korkyräischen ∫ β, β ε, sowie an ähnliche analogieen von andern alten südeuropäischen alphabeten erinnern,
wo ein buchstabe durch eine laune diejenige form bekommen hat,
die ursprünglich einem ganz andern zeichen zukommt, und dieses in

num, nuper repertæ, Lipsiæ (1841), 4to; Detlefsen, Über zwei neu entdeckte
römische Urkunden auf Wachstafeln in den Sitzungsberichten der philosophisch-
historischen Classe der kaiserlichen Akademie der Wissenschaften, XXIII. Band,
Wien 1857, s. 601—635, und Über ein neues Fragment einer römischen Wachs-
urkunde aus Siebenbürgen, ibid. s. 636—650 (vgl. XXVII. Band, 1858, s. 89—
108); Corpus Inscr. Lat. III, 2 (1873), s. 921 ff.

folge dessen auch eine von seiner früheren mehr oder weniger abwei-
s. 97. chende gestalt annehmen mußte [1]). Daß wir in ᛘ das gemeingermanische zeichen für die m-rune haben, zeigen die inschriften sowohl wie
die alten runenalphabete, und irgend eine alte abweichung von dieser
form läßt sich nicht nachweisen. Wenn ich früher in übereinstimmung
mit der allgemeinen auffassung das ᛦ auf der Thorsbjærger zwinge
als eine zierlichere form von ᛘ angesehen habe, die gleichwie ᚾ an
derselben stelle dem material, worauf die inschrift angebracht war,
ihren ursprung verdankte, so halte ich nämlich jetzt diese auffassung
für unrichtig. Bereits Burg hatte (Die älteren nord. runeninschriften, s. 24 f.) ausgesprochen, daß ᛦ mehr enthalten könne als das
bloße m (ᛘ), und später hat mir dr. Holthausen schriftlich die vermutung mitgeteilt, daß ᛦ binderune für em sein und diese zeile also
niwaᚾe mariᚾ gelesen werden könnte, wo er mit Hoffory niwaᚾe
als locativ ohne präposition („in Niwang") auffaßte, wenn man nicht
vorzöge, ni als fehler für in anzusehen (vgl. owl- für wol- in der
zeile auf der andern seite). ni als schreibfehler für in zu halten
wage ich nicht; aber dagegen bin ich nicht länger im zweifel darüber,
daß ᛦ wirklich binderune für em ist. Daß die zwei zeilen der inschrift, die jede auf einer seite der zwinge angebracht sind, gleichzeitig und von derselben person geritzt sind, wird kaum jemand in
zweifel ziehn, der wie ich gelegenheit gehabt hat, das original (jetzt
im museum zu Kiel) selbst zu untersuchen; daß die runen in beiden

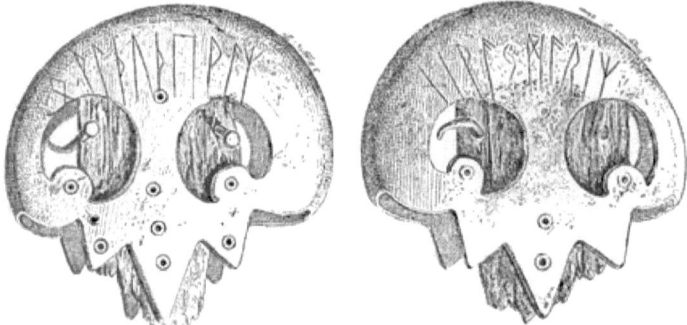

[1]) Das zeichen ᛈ in dem griechischen alphabet auf der vase von Caere
anstatt des gewöhnlichen ᛘ ist, wie wir oben (s. 30) bemerkt haben, gleichfalls dadurch hervorgerufen, daß r die form bekommen hatte, die sonst für den
zischlaut üblich war; vgl. ebenso s. 55 anm. 1.

zeilen ganz denselben charakter haben, geht auch aus der beistehen-
den sorgfältigen abbildung hervor. Ich glaube jetzt wie früher, dafs
beide zeilen zusammengehören und das ganze folgendermafsen gelesen
und verbunden werden mufs: o w l þ u þ e w aʀ n i w a ꝺe m a r i ꝺ d. i. *Wol-
þuþewaʀ Niwaꝺe-märiꝺ*, was in gewöhnlicher altnordischer sprachform
lauten würde: *Ullþér (i) Nivange mérr*; dafs die präposition ausgelassen ist, und dafs beide worte mit einer binderune zusammengeschrieben sind, könnte vielleicht daraus erklärt werden, dafs sie zu einem
begriff („der in Niwang berühmte" = „Niwangs ruhm", „der held
von Niwang") zusammengeschmolzen waren.

Zwei lateinische buchstaben wurden in der runenschrift umgedreht, nämlich die zeichen für ɪ und ᴜ, Ⱶ L und Ⅴ V, welche daher
die formen Ⲅ und Λ annahmen. Es ist gewifs kein zweifel darüber
möglich, dafs nur die rücksicht auf die bequemlichkeit diese veränderung
veranlafst hat, da man offenbar viel leichter und genauer Ⲅ und Λ wird
einritzen können, wo der nebenstrich von der spitze des hauptstabes
ausgeht, als Ⱶ und V, die geradezu den lateinischen formen entsprechen würden. Wenn wir, namentlich in den wandinschriften von
Pompeji, nicht selten Λ für Ⱶ L finden, so ist dies ja eine änderung
von ganz derselben art, wie sie die runenschrift durchgeführt hat.
Wenn Λ, V, wie ich oben vermutet habe, auf der spange von
Charnay zeichen für *l* sind, so sehe ich sie als spätere abweichungen von Ⲅ an; dafs dieses nämlich die ursprüngliche form für die
rune gewesen ist, geht aus der übereinstimmung zwischen allen andern denkmälern (gotischen, deutschen, englischen und nordischen)
hervor. — In der *u*-rune hat der rechte seitenstrich kaum von anfang
an die krümmung gehabt, die später gewöhnlich wurde (ɳ); man betrachte z. beisp. die formen auf dem Bukarester ringe, der zwinge
aus dem Thorsbjærger und dem hobel aus dem Vier moore, die der
ursprünglichen am nächsten zu liegen scheinen. Aber die *u*-rune
hat gewifs früher als irgend eine andere eine abgerundete form (vielleicht durch eine mittelform ɳ) angenommen.

Dafs auch die runenzeichen für n und o eine von den latei- s. 98.
nischen buchstaben etwas abweichende gestalt bekamen, lag daran,
dafs sie sonst leicht der verwechslung mit zwei andern runenzeichen
ausgesetzt gewesen wären. — Lat. ᴎ Ⱶ N konnte in die runenschrift
in der form ᴎⱵ aufgenommen werden; aber da dieses zeichen
leicht mit der *h*-rune Ⱶ Ⱶ [1] zusammengefallen wäre, so gab man ihm

---

[1] Gerade diese form hat *n* gewöhnlich im etruskischen und oskischen.

die einfachere form ᛏ ᛏ, indem die beiden senkrechten stäbe im N zu
einem vereinigt und der querstrich mitten hindurch gezogen wurde.
Das verhältnis zwischen ᛏ ᛏ ist dasselbe wie zwischen ᚺ ᚻ; beide
formen werden in den ältesten inschriften durcheinander gebraucht
und wechseln sogar in derselben inschrift [1]).   Eine von ᛏ abgeleitete
jüngere form ᚱ, wo der nebenstrich nur auf der rechten seite des
hauptstriches angebracht ist, scheint nach den zeichnungen sicher auf
der Nordendorfer spange b vorzukommen, läfst sich aber sonst kaum
in den inschriften mit der längeren runenreihe nachweisen, trotzdem
es leicht, wenn der strich links verhältnismäfsig kurz ist, das aussehen derselben bekommen kann (dies ist vermutlich z. b. mit der
kleinen *n*-rune in dem worte runa auf der Freilaubersheimer spange
der fall, die auf der zeichnung bei Stephens die form ᚱ hat, während

---

[1]) Das goldene horn hat z. b. zuerst einmal ᚺ und demnächst zweimal ᚻ, der
stein von Varnum (Järsberg) zweimal ᚺ, einmal ᚻ.  Während *n*, das nur einmal auf dem goldenen horne vorkommt, dort die form ᛏ hat, gleichwie auf der
lanze von Kragehul und auf den steinen von Stenstad und Belland, gebraucht
die zwinge vom Thorsbjærger moore und der hobel aus dem Vier moore ᛏ, das
sich gleichfalls auf dem Varnumer und Orstader steine und dreimal auf dem
Reidstader steine findet.  Im ganzen scheint ᛏ als die gewöhnlichste form angesehen werden zu müssen, wie die inschrift, wie in den genannten fällen, von
links nach rechts geht; dagegen finden wir im allgemeinen ᛏ in den inschriften,
die von rechts nach links gehen (Möjebro zweimal, Krogstad, Tanum zweimal,
Einang, Strand zweimal, Tomstad, Torvik b).  Doch läfst sich eine bestimmte
regel keineswegs aufstellen; denn auf dem steine von Berga steht ᛏ von rechts
nach links, und der Tuner stein hat auf der ersten seite ᛏ von rechts nach
links und gleichfalls auf der zweiten seite in der zeile 2 und 3, aber in der
ersten zeile ᛏ von links nach rechts.  Auch auf der Charnayer spange finden
sich beide formen; die Freilaubersheimer spange hat ᛏ (zweimal), aber der
Bukarester ring, der Müncheberger speer (von rechts nach links), die Nordendorfer spange und die altenglischen inschriften ᛏ.  Ich halte ᚺ und ᛏ für die
ursprünglichen formen und nehme an, dafs ᚻ und ᛏ entstanden sind, als die
schrift auch die richtung von rechts nach links bekam; seit der zeit wurden
beide zeichen oft durcheinander gebraucht, ohne rücksicht auf die richtung der
schrift. — Dieselbe willkür finden wir im gebrauche der formen ᛋ ᛉ der *s*-rune
mit ihren abänderungen.  Dafs ᛋ die ursprüngliche aus lat. S entstandene form
ist, und dafs ᛉ erst in inschriften, die von rechts nach links laufen, gebraucht
wurde, halte ich für sicher, und dies wird durch den Koveler speer und die
Freilaubersheimer spange bestätigt; im Norden werden ᛋ ᛉ und deren neben-
formen dagegen vermischt und sogar in derselben inschrift schwankend gebraucht (siehe z. b. die steine von Tune, Krogstad und Björketorp), wie später in
den inschriften der kürzeren reihe ᚺ und ᚿ auf demselben denkmal gefunden
werden können.

ein grofses und deutliches ᛏ in der zweiten zeile vorkommt; es ist
daher wahrscheinlich, dafs auch in dem ersten n der nebenstrich auf
dem original durch den hauptstrich hindurch läuft; aber es besteht
möglicherweise dasselbe verhältnis zwischen der gröfse der teile, welche
auf der linken und auf der rechten seite des hauptstriches liegen, wie
z. b. auf dem goldenen horn, wo der nebenstrich rechts ungefähr doppelt
so grofs wie der zur linken ist; vgl. ebenfalls die letzte n-rune in
der zeile links auf der spange von Charnay). Sollte nicht auch ᚲ
auf der Nordendorfer spange b eine abgekürzte form von ᛏ sein?
(in diesem falle würden also beide formen der n-rune in dieser
inschrift vorkommen, wie z. b. auf der spange von Charnay und
anderwärts). Dafs ᚲ hier nicht die bedeutung l haben kann, wie
ich bezüglich des sehr ähnlichen zeichens auf der spange von Charnay
vermutet habe, geht nämlich mit sicherheit daraus hervor, dafs die
l-rune in der inschrift in der gewöhnlichen form ᚱ vorkommt.

Wie lateinisches ᚲ ᚲ in der runenschrift zu ᚲ wurde, das kleiner
war als die übrigen runenzeichen, so sollten wir lat. ◇ ○ zu ◇ um-
gewandelt erwarten; aber da dieses oder ein sehr ähnliches zeichen
in der runenschrift die bedeutung ᛈ hatte, wie wir sogleich sehen
werden, so mufste die o-rune eine form annehmen, die ein wenig
vom lateinischen abwich, und dieses erreichte man dadurch, dafs s. 99.
man den beiden untersten strichen eine kleine verlängerung gab, so
dafs sie sich einander schneiden mufsten; so entstand ᛟ, das als
die gemeingermanische form für o angesehen werden mufs, was aus
den gotischen und deutschen inschriften auf dem Bukarester ringe,
den spangen von Charnay, Nordendorf, Osthofen und Freilaubersheim,
sowie den altengl. und nordischen inschriften hervorgeht. Eine etwas
modificierte form, die sich sonst nicht in einer inschrift nachweisen
läfst, ist ᛦ in dem alphabet auf dem Themsemesser (siehe oben s. 86).

Die bisher betrachteten 15 runen stimmten in der bedeutung
ganz zu den entsprechenden lateinischen zeichen. Dieses gilt dagegen
nicht von der 16. der runen, die wir nichts desto weniger von anfang
an mit den lateinischen buchstaben zusammengestellt haben, weil
ihre form hinsichtlich ihres ursprungs keinen zweifel übrig läfst,
nämlich ᚦ. Diese rune dient bekanntlich sowohl im ältern wie im
jüngern runenalphabet zur bezeichnung für den unserer sprachfamilie charakteristischen laut þ, der im lateinischen fehlt, dessen
alphabet daher kein zeichen darbot, welches diesen laut geradezu wieder-
gab. Hätte man dagegen das griechische oder etruskische alphabet

dem runenalphabet zu grunde gelegt, so hätte man vielleicht zur bezeichnung für þ das zeichen für ϑ wählen können [1]). Es ist indessen der form nach klar, dafs die rune þ nur eine etwas modificierte gestalt des lateinischen d-zeichens ▷ D ist, indem die nebenstriche ein wenig kleiner geworden, so dafs ▷ insoweit genau dem latein. D auf dieselbe weise wie ⟨ dem latein. ⊂ entspricht.

Dieses anscheinend merkwürdige verhalten, dafs man in der runenschrift das lateinische D in der bedeutung þ, nicht in derselben bedeutung aufnahm, die das zeichen im lateinischen hatte, findet seine erklärung in der beschaffenheit des gemeingermanischen konsonantensystems. Bis vor wenigen jahren nahm man bekanntlich allgemein an, dafs die gemeingermanische sprache keine der altnord. spirantenreihe (g, d, ƀ) entsprechenden laute hatte, selbst wenn man, wie ich es immer gemeint und seit vielen jahren in meinen vorlesungen über gotische und altnordische sprachgeschichte dargestellt habe, davon ausging, dafs gotisch g, d, b im in- und auslaute spiranten waren. Die spiranten galten als in den einzelsprachen aus den entsprechenden mutae entstanden, so dafs wir hier parallele entwicklungen innerhalb der germanischen sprachen bekamen, nicht den gemeingermanischen standpunkt, der gerade durch die aus den „aspiraten" entwickelten mutae g, d, b bezeichnet wurde. Neuere untersuchungen haben ja indessen das unrichtige in dieser früheren annahme evident nachgewiesen, so dafs wir jetzt in das gemeingermanische lautsystem anstatt der muten-reihe g, d, b gerade die spiranten g, d, b einsetzen müssen. Diese neuere auffassung stimmt nun vortrefflich sowohl zu dem älteren wie zu dem jüngeren runenalphabete, und ihre richtigkeit erhält gerade hierdurch eine weitere bestätigung.

Wenn g und d in den germanischen sprachen zu der zeit spiranten waren, als das runenalphabet gebildet wurde, konnte man diese laute kaum durch die lateinischen zeichen für g und d, die eher unsern jetzigen mutae entsprachen, ausdrücken. Wären die laute im lateinischen und germanischen dagegen dieselben gewesen, so wäre es mindestens sehr auffallend, dafs man lat. D zur bezeichnung für den ganz verschiedenen, im lateinischen unbekannten laut þ gewählt, aber

---

[1]) In wiefern man dies gethan haben würde, ist jedoch äufserst zweifelhaft, da Wulfila in seinem alphabet þ durch griechisches ψ ausdrückte, während griech. ϑ als zeichen für die lautverbindung hw benutzt wurde (vgl. s. 114).

für das dem lat. und german. gemeinsame *d* ein neues zeichen gebildet hätte. Ganz anders dagegen stellt sich die sache, wenn das
germanische den *d*-laut gar nicht hatte, aber sowohl *þ* wie *d*, die
beide von lat. *d* weit ablagen und zwei zeichen im runenalphabet er-
forderten. Es lag dann eben so nahe, lat. D zur bezeichnung für *þ*
wie für *d* zu wählen, und das hat das runenalphabet ja auch gethan,
da es aufser allem zweifel steht, dafs Þ formell das lateinische
D ist.

Um den laut *d* auszudrücken, fehlte es also an einem vorbilde
im lateinischen alphabet, und man mufste ein neues mittel finden,
um diesen laut in der runenschrift zu bezeichnen. Dieses erreichte
man dadurch, dafs man zwei *þ* gegen einander stellte und
daraus das zeichen ᛗ bildete, wo die ursprüngliche lateinische
*d*-form noch deutlicher als in Þ bewahrt ist, weil man bei ᛗ sich
leichter der verwechselung mit ᛗ *m* aussetzte. Die gemeingermanische form der *đ*-rune ist nämlich ᛗ wie in den nordischen inschriften, auf der Charnayer, Nordendorfer und Friedberger spange u. s. w.;
dasselbe zeichen wird auch öfter in den altenglischen inschriften (z. b.
auf Franks schrein) gebraucht, während die handschriftlichen alphabete das jüngere ᛞ haben, das gleichfalls in den inschriften (so auf
dem kreuze von Ruthwell) gewöhnlich ist. Diese form konnte wie
gesagt leicht mit ᛗ *m* verwechselt werden, und wir finden daher
auch in ein paar der alten altenglischen alphabete den wert von ᛗ
als *m*, *d* und von ᛞ als *d*, *m* angegeben (siehe z. b. das alpha- s. 100.
bet des runenliedes oben s. 85) [1]. Ganz alleinstehend ist die auf
dem Koveler speere gebrauchte *d*-form ☐ und sicher wie das ᛏ
statt ↑ derselben inschrift durch technische gründe hervorgerufen
(vgl. s. 101); ☐ für ᛗ stimmt ja vollkommen zu ᚇ für ᛗ in zwei
nordischen metallinschriften (s. 103).

---

[1] Wenn ich oben (s. 86) sagte, dafs die bedeutung der runen ᛉ, ᚱ, ᛗ
auf dem Themsemesser klar zu sein „scheint", so geschah dies, weil also wirklich die möglichkeit da ist, dafs ᛗ zeichen für *d* sein kann. In diesem falle
würde also auch das alphabet auf dem Themsemesser die in den handschriftlichen altenglischen alphabeten gewöhnliche reihenfolge *d*, *æ* haben, und sein
ᛞ müfste folglich zeichen für *m* sein, so dafs nur ᛉ an einen unrichtigen platz
(vor *m* anstatt hinter *l*) gestellt wäre. Dieses habe ich hier erwähnen wollen,
obwohl ich es für höchst unwahrscheinlich halte. — In inschriften aus den
skandinavischen ländern läfst sich die form ᛞ für ᛗ erst in einer zeit nachweisen, wo das längere alphabet längst vor dem kürzeren als der allgemein gebräuchlichen schrift gewichen war, nämlich unter den runen der längeren reihe,
die auf dem Röker steine vorkommen.

Aufser den oben (s. 101) genannten 6 lateinischen buchstaben und runen, die so gut wie gänzlich in form und bedeutung übereinstimmten, haben wir also ferner übereinstimmung zwischen folgenden lateinischen buchstaben und runen nachgewiesen:

| Lateinisch: | | Runen: |
|---|---|---|
| a | A A | ᚨ |
| f | F | ᚠ |
| t | ᛏ T | ᛏ |
| e | E, II | ᛖ |
| m | M M | ᛗ ᛗ |
| l | ᛚ L | ᛚ |
| u | V V | ᚢ ᚢ |
| n | N N | ᚾ ᚾ |
| o | ◇ O | ᛟ |
| d | ▷ D | { þ ᚦ ᚦ; davon wieder gebildet: đ ᛞ ᛞ (ᛞ) |

Hiermit sind also 17 von den runen, die in unsern inschriften und in dem alphabet auf dem brakteaten vorkommen, aus dem lateinischen alphabete erklärt.

Es ist indessen selbstverständlich, dafs mehrere von diesen ru-
s. 101. nenzeichen sich ebenso gut aus dem griechischen oder den andern alten italischen, nicht-lateinischen alphabeten würden erklären lassen, und man könnte daher annehmen, dafs die runenschrift durch entlehnung von mehreren alphabeten gebildet wäre. Dafs so etwas an und für sich keineswegs unmöglich ist, zeigt ja das Wulfilanische alphabet zum überflufs. Aber unter den hier behandelten 17 runenzeichen ist nicht ein einziges, das gröfsere ähnlichkeit mit einem andern italischen alphabete als mit dem lateinischen zeigt, und nur éin einziges, das eher auf das griechische als auf das lateinische hinzuweisen scheinen könnte. Dieses eine zeichen ist die *l*-rune ᛚ; während nämlich alle italischen alphabete *l* mit ᛇ ᛚ L bezeichnen, finden wir diese form nur ausnahmsweise in den alten griechischen alphabeten (Attika, Böotien, die chalkidischen kolonieen in Italien); in der regel geht dagegen im griechischen der beistrich im *l* von oben aus (ᛚ ᐱ Λ) wie im runenalphabet. Man könnte daher vielleicht glauben, in der rune ᛚ einen beweis für die ansicht zu finden, dafs das runenalphabet besonders mit einem

griechischen alphabete verwandt sei; aber dieser beweis ist aus
mehreren gründen durchaus ungenügend. Das runenalphabet hat
nämlich nicht blofs Ⱶ für *l*, sondern auch ∩ für *u*; dies letztere zeichen hat indessen nicht nur im lateinischen, sondern auch in allen
griechischen alphabeten die umgekehrte stellung. Konnte nun grie-
chisch-lateinisches V umgewendet und zu ∩ gemacht werden, so
mufste ebenfalls Ⱶ L zu Ⱶ werden können, und es mufs geradezu,
wie wir oben angedeutet haben, als consequent angesehen werden,
dafs das runenalphabet sowohl lateinisches *l* wie *u* umgedreht hat.
Aufserdem zeigen die alten griechischen alphabete selbst, dafs es auf
vollständiger willkür beruht hat, ob man für *l* Ⱶ oder Ⱶ gewählt hat; während nämlich das alte alphabet auf Euböa Λ Ⱶ gebraucht, hat das daraus entstandene chalkidische alphabet in Italien
stets die form Ⱶ. Nach den alten semitischen formen müfste man
am ehesten annehmen, dafs Ⱶ die ursprüngliche griechische form
wäre; aber es würde, wie ich oben (s. 42) hervorgehoben habe, nicht
möglich sein, dem einen gegenbeweis zu liefern, der sich auf die
ältesten griechischen inschriften stützend behaupten wollte, dafs schon
das griechische grundalphabet das phönicische *lämed* umgewendet und
es zu Ⱶ gemacht hätte (auf dieselbe weise wie das altsemische ⟨ s. 102.
*aleph* und W *sin* im griechischen nur in den umgedrehten formen
A und ⋝ nachgewiesen werden können).

Das verhältnis zwischen den *l*-zeichen im griechischen, lateinischen und in den runen gibt daher durchaus keinen beweis dafür
ab, dafs dieses runenzeichen nicht vom lateinischen ausgegangen ist.
Und was die übrigen 16 runen angeht, die wir oben mit den lateinischen buchstaben zusammengestellt haben, so werden sie nur von
einem nicht-lateinischen alphabete abgeleitet werden können, wo
dessen zeichen mit den lateinischen zusammenfallen; aber
überall, wo sich ein charakteristischer unterschied in form
oder bedeutung zwischen dem lateinischen und den andern alphabeten findet, weisen die runenzeichen ausschliefslich auf das lateinische hin [1]. Daraus sind wir be-

----

[1] Um keine einwendung unbeantwortet stehen zu lassen, will ich noch
darauf aufmerksam machen, dafs, während niemand, so weit ich weifs, das verhältnis zwischen den *l*-zeichen besonders hervorgehoben hat, obgleich es doch
eine gewisse bedeutung zu haben scheinen könnte, man dagegen ein aufser-
ordentliches gewicht auf die rune ⋈ gelegt hat, die man nicht wie oben vom
latein. O, sondern vom griech. Ω abgeleitet hat. Ich leugne nicht, dafs sie
von diesem zeichen ausgehen könnte, obwohl ich es für höchst merkwürdig an-

rechtigt, den schluss zu ziehen, dafs sie auch in den fällen aus dem
lateinischen entstanden sein müssen, wo dieses mit den andern alphabeten zusammenfällt, sofern nicht die sieben noch unerklärten
runenzeichen uns anderswohin weisen.

Von den sieben runen, deren ursprung wir noch nicht untersucht haben, kommen vier, nämlich X *g*, P P *w*, Y (⋏) *k* und
◇ ◇ *ŋ*, ganz allgemein in unsern inschriften vor, wogegen die drei
andern zwar in allen alten alphabeten auftreten, aber in den inschriften nur sehr selten oder gar nicht als zeichen für wirkliche
s. 103. buchstaben nachgewiesen werden können.   Diese drei runen haben
auf dem brakteaten von Vadstena die formen ϕ, ᛚ und B; aber die
erste und die letzte treten, wie wir sogleich sehen werden, an andern
stellen in einer sehr abweichenden gestalt auf.   Was die bedeutung
anbelangt, so ist sie nur bezüglich dieser beiden unzweifelhaft: ϕ
nimmt dieselbe stelle ein wie die altengl. *gér*-rune; der spätere altnord. name ist *ár*, aber die gemeingermanische form dieses wortes
war *jëra*, welches in der sprache der ältesten nordischen inschriften
*jära* gelautet haben mufs.   Die bedeutung der rune im gemeingermanischen und im ältesten nordischen alphabete war daher (wie im altenglischen) *j*.   Über ihre spätere veränderung im nordischen sowohl im
namen (und der damit folgenden bedeutung) als auch in der äufseren
form wollen wir später ausführlicher reden. — ᛚ hat in den altenglischen
alphabeten den namen *eoh* oder *ih*.   Dies könnte zu der vermutung
führen, dafs die rune ursprünglich das zeichen für langes *i* oder für
den diphthongen gewesen sei, dessen gemeingermanische form *eu* war,
und der später in den verschiedenen sprachen verschiedene formen
annahm: got. *iu*, altengl. *eó*, *ió*, altnordisch-isländisch *jú*, *jó* u. s. w.

---

sehen würde, dafs man darauf verfallen wäre *o* durch Ω auszudrücken, wenn
man für *e* E wählte. Aber hierzu kommt, dafs dasjenige griechische alphabet, von dem in einem solchen falle allein bei der ableitung der runenschrift die rede sein könnte, nämlich das ionische, unglücklicherweise H
in der bedeutung η gebraucht, des F (*w*) ermangelt und γ und ρ in den formen
Γ und P hat, während die eigentümliche form und bedeutung von
lateinischem H *h*, F *f*, C *k* und R *r* sich gerade genau in den entsprechenden runen wiederfindet. — In seinem neuesten werke „Die
Kultur Schwedens in vorchristlicher Zeit“, Berlin 1885, s. 114 schliefst O.
Montelius sich wie in früheren arbeiten meiner annahme an, „dafs die Runen
durch eine Veränderung der römischen Buchstaben entstanden sind“; aber er
leitet nichtsdestoweniger die rune ᚱ vom griech. Ω ab, ohne den widerspruch
zu bemerken, in welchen er hierdurch gerät.

Eine praktische anwendung als lautzeichen hat diese rune indessen in unsern inschriften nicht gefunden; dagegen hat sie sich lange im alphabet gehalten, und da sie endlich auch hier aufgegeben wurde, so ist es möglich, dafs ihr name auf eine andere rune übertragen worden ist. Über alle diese verhältnisse werden wir unten des näheren zu sprechen gelegenheit finden. — B auf dem brakteaten entspricht der altenglischen p-rune (peord), und ihre bedeutung im gemeingermanischen und ältesten nordischen alphabete mufs gleichfalls p gewesen sein.

Es sind also die runenzeichen für die gutturale g und ꝥ, den labial p, die halbvokale w und j sowie für das nordische ʀ und das altenglische eo (i), die wir noch betrachten müssen.

## 1. Die rune X g.

Wir haben oben gesehen, dafs die runenschrift das lateinische C in der form < und mit derselben bedeutung wie im lateinischen aufnahm, und wir haben gerade hierin einen der beweise für die abstammung der runen vom lateinischen alphabet gefunden. Ursprünglich hat das lateinische alphabet natürlich wie das griechische C in der bedeutung g gebraucht und k durch K ausgedrückt; aber bereits in den ältesten lateinischen inschriften wird C nicht nur in der bedeutung g, sondern auch als die gewöhnliche bezeichnung für k verwandt, während das alte K auf einzelne worte, und Q auf eine einzige verbindung beschränkt war. Da man später wieder das bedürfnis fühlte, den g- und k-laut durch zwei zeichen zu unterscheiden, so bildete man von dem alten C ein neues zeichen C (auch in den formen G, G) für den g-laut. Dieses zeichen, das man in der buchstabenreihe zwischen F und H an den platz setzte, wo früher ꝫ (I) gestanden hatte, kann zwar frühzeitig nachgewiesen werden, da es dreimal auf dem sarkophage des L. Cornelius Scipio Barbatus (cos. 298 v. Chr.) vorkommt[1]) und später allgemein wird (z. b. in dem senatuscons. de Bacchan. 186 v. Chr.); aber lange nachdem ein eigenes zeichen für g gebildet worden war, fuhr man dennoch fort, C sowohl in der bedeutung k wie g zu gebrauchen (vgl. Ritschl, Priscæ Lat. mon. s. 111). Da die runenschrift für den k-laut das

_s. 104._

---

[1]) Trotz Corssens einwendungen (Über Aussprache etc. II², s. 93 anm.) kann ich die inschrift auf dem sarkophage des Barbatus nicht für älter ansehen, als die, welche sich auf dem seines sohnes L. Cornelius Scipio (cos. 259 v. Chr.) befindet.

am gewöhnlichsten gebrauchte lateinische *k*-zeichen C aufgenommen
hatte, waren K und Q, die denselben laut ausdrückten, für den, der
das runenalphabet schuf, eigentlich überflüssige zeichen; aber selbstverständlich konnten diese zeichen in einer von der lateinischen verschiedenen bedeutung aufgenommen werden.    Dafs man indessen als
zeichen für den *g*-laut weder eines der lateinischen *k*-zeichen noch
das lateinische *g*-zeichen wählte, zeigt die form der *g*-rune auf den
ersten blick.   Daraus zu schliefsen, dafs das runenalphabet aus dem
lateinischen alphabete gebildet sei, be vor dieses das zeichen G für *g*
eingeführt hätte, würde jedoch übereilt sein.   Das verhältnis zwischen lat. *g* und germ. *g* war ja nämlich ganz dasselbe, wie zwischen lat. *d* und germ. *d*; in beiden fällen lagen also die lateinischen
und germanischen laute weit auseinander, und so wenig wie man
lat. D wählte, um den germ.  spiranten *d* auszudrücken, eben so
wenig konnte lat. G als zeichen für den spiranten *g* gebraucht werden.    Fragen wir nun nach dem ursprung des runenzeichens X,
so gibt es verschiedene möglichkeiten.   Formell fällt diese rune
s. 105. ja ganz mit lat. X *x* zusammen; aber hier liegt der lat. laut so
fern, dafs man am ehesten einen zufall in der ähnlichkeit erblicken
darf, obgleich die möglichkeit gewifs vorhanden ist, dafs das runenalphabet zur bezeichnung für *g* gerade lat. X gewählt haben kann,
weil dieses eine lautverbindung ausdrückte, wofür man kein eigenes
zeichen brauchte.   Es würde das auf jeden fall nicht merkwürdiger sein
als das verhältnis, das wir im Wolfilanischen alphabete finden, wo
griechisches *ψ* zur bezeichnung für den laut *þ* benutzt ist, während
griech. *ϑ* die lautverbindung *hw* [1]) ausdrückt (natürlich weil ein unterschied zwischen dem laute des griech. *ϑ* und dem des got. *þ* bestanden hat, also aus einem ähnlichen grunde, wie griech. *φ* in den
italischen alphabeten nicht zur bezeichnung des *f*-lautes verwendet
wurde).

Wenn ich trotzdem am meisten geneigt bin, die ähnlichkeit zwischen der *g*-rune und dem lat. *x* als zufällig zu betrachten (gerade wie
die zwischen lat. M *m* und der rune M *e* und zum teil die zwischen
lat. F *f* und der rune F *a*), so liegt das daran, dafs ich in der rune
X ein zeichen sehe, welches aus ᚲ *k* auf dieselbe weise gebildet ist,
wie M aus Þ gebildet wurde.   Gleichwie man nämlich die *d*-rune
dadurch bildete, dafs man zwei *þ* gegen einander kehrte, so hat man

---

[1]) Vgl. unten 'Anhang' 1.

höchst wahrscheinlich die g-rune durch zusammenrücken zweier
einander zugewendeter ᚲ gebildet, und der parallelismus wird
vollständig, wenn wir darauf achten, dafs sowohl D wie auch ᚲ in ᚦ und
ᚲ verkleinert, aber in ᛗ und X in ihrer ursprünglichen gröfse bewahrt
wurden. Dafs die so entstandene rune mit lat. X zusammenfiel, war
dann nicht merkwürdiger, als dafs die e-rune mit lat. m zusammenfiel.
Hiermit will ich jedoch nicht behaupten, dafs lat. X nicht das muster
für die bildung des runenzeichens X abgegeben haben könne.
Ich finde dies im gegenteil höchst wahrscheinlich; es lag ja nämlich
sowohl wegen der form wie wegen der bedeutung nahe zu glauben,
dass lat. X wirklich aus ᚲ hervorgegangen wäre, und gerade das
vorbild, das man so im lat. alphabete zu finden glaubte, kann ja
veranlassung zur bildung der X-rune gegeben haben. Dafs diese
letztere wirklich durch zusammenstellung zweier ᚲ gebildet ist, finde
ich nicht nur in der analogie mit dem runenzeichen für d, sondern
auch in der art und weise bestätigt, auf welche man zum gebrauch
für das runenalphabet ein zeichen für den dritten guttural gebildet
hat, welchen das lateinische sowohl wie die andern alten alphabete s. 106.
nicht durch ein besonderes zeichen auszudrücken für notwendig befunden hat, nämlich den nasal der gutturalreihe, ŋ.

## 2. Die rune ◇ ⟡ ⟡ ŋ.

Bei der bildung des zeichens für diesen laut legte man wie beim
g-zeichen ᚲ zu grunde, indem man auf eine weise, die der bei X
angewandten entgegengesetzt ist, zwei ᚲ zu der figur ◇ zusammenrückte. Diese form finden wir (jedoch etwas undeutlich) auf dem
brakteaten von Vadstena und gleichfalls (ganz deutlich) dreimal auf
dem brakteaten no. 17 bei Stephens (= Atlas no. 80); aber im übrigen ist das geschlossene zeichen für ŋ selten, und die formen,
welche in unsern ältesten inschriften gebraucht werden, namentlich
⟡ ⟡, zeigen noch deutlicher als ◇ den ursprung aus den beiden ᚲ.
Leider fehlt diese rune im futhark der spange von Charnay und in
den deutschen inschriften; aber dafs die offene form die ursprüngliche gemeingermanische ist, kann gleichwohl mit ziemlicher sicherheit
aus der übereinstimmung zwischen ᛝ ⟡ in den inschriften aus den
mooren von Thorsbjærg und Vi u. s. w., ⟡ auf dem goldenen horn
u. s. w. samt dem ᛝ des Müncheberger speeres gefolgert werden,
und das geschlossene ◇ auf dem brakteaten von Vadstena ist ohne

zweifel allein der rücksicht auf den raum zuzuschreiben [1]). Die form
des runenzeichens für *ŋ* (◊) scheint zugleich einen grund dafür zu
enthalten, dafs die o-rune die form ⋈ an stelle von ◊ bekam, das
besser mit lat. O übereinstimmen würde.

Man hat zuweilen auf das runenzeichen für *ŋ* besonderes gewicht gelegt und es als beweis für die abstammung der runen vom
griechischen benutzen wollen. Aber die bildung dieses zeichens
enthält gerade einen beweis gegen direkte verwandtschaft mit dem
griechischen; denn im griechischen bezeichnete man bekanntlich den
gutturalen nasal vor *g* und *k* durch *γ* (und dies nahm Wulfila später
in sein alphabet auf); dagegen bildete man kein besonderes zeichen
für diesen laut. Wenn also das runenalphabet, um *ŋ* auszudrücken,
aus seinem ⟨ *k* ein ganz neues zeichen mit einer eigenen
stelle im alphabet zwischen den andern buchstaben gebildet hat,
so unterscheidet es sich dadurch sowohl vom griechischen wie von
den alten italischen alphabeten, und die ähnlichkeit, die man mit griech.
*γγ* = *ŋg* hat finden wollen, ist nur rein oberflächlich und scheinbar.

s. 107.  ## 3. Die rune ᛒ ᚹ ᚴ *p*.

In der labialreihe hatte das lateinische je ein zeichen für **b**
und **p**, und zwei zeichen finden sich gleichfalls in den alten runenalphabeten auf dem brakteaten, der spange von Charnay, dem Themsemesser und in den handschriftlichen altengl. alphabeten; aber während das *b̶*-zeichen öfter in den inschriften vorkommt, kann *p* —
natürlich zufällig — in keiner der bisher bekannten ältesten nordischen inschriften nachgewiesen werden, und in der gemeingermanischen sprache hatte dieser laut ja auch eine sehr beschränkte anwendung. In den alten alphabeten finden wir folgende zwei zeichen
für *p* und *b̶*:

|  | *p* | *b̶* |
|---|---|---|
| der brakteat von Vadstena: | ᛒ | ᛒ |
| die spange von Charnay: | ᚹ | ᛒ |
| das Themsemesser: | ᚴ | ᛒ |
| handschr. altengl. alphab.: | { ᚴ ᚼ ᛄ  ᚼ | ᛒ ᛒ |

---

[1]) Jüngere änderungen zeigen sich in ᛐ (Stenstad), ᛄ (Krogstad; von
rechts nach links) und altengl. ᚷ, das letztere zwei gegeneinandergekehrte ⟨ ,
die in einander geschoben sind, während sie bei ᚷ *g* nur zusammengerückt
wurden.

Das zeichen für ƀ ist somit überall dasselbe und stimmt zu dem
Ƀ Ƀ der inschriften und dem lat. Ƀ Ƀ. In der labialreihe ist das verhältnis also verschieden von dem, das wir in der dental- und gutturalreihe angetroffen haben, was uns auch nicht wundern kann, da
lat. b sicherlich in der aussprache nicht so stark vom germ. ƀ entfernt war, wie g und d von g und d, und es kann ja nach der
form des zeichens kein zweifel darüber obwalten, daſs die runenschrift
geradezu das lat. Ƀ in der bedeutung ƀ aufgenommen hat. — Dagegen
tritt p in mehreren formen auf, die nicht auf den ersten blick auf lat.
Ƥ Ƥ zurückgeführt werden können. Die formen der ƀ- und p-rune
auf dem brakteaten könnten vielleicht zu der annahme verleiten, daſs
man ursprünglich nur éin zeichen für beide laute benutzt hätte,
nämlich lat. Ƀ; daſs p auf dem brakteaten die eckige form hat, während ƀ abgerundet ist, wie daſs der hauptstab im letzteren ein wenig
über und besonders unter die nebenstriche reicht, scheint, wenn es
nicht auf einem reinen zufall beruht, zu zeigen, daſs man versucht hat, einen künstlichen unterschied zwischen diesen beiden
zeichen zu machen; aber einen solchen unterschied hat die schrift
in wirklichkeit durchaus nicht anerkannt; denn wir finden für ƀ sowohl die eckige wie die runde form in den alten inschriften, und die
letztere muſs wegen des grundprincips der runenschrift die jüngere
sein. Die annahme, daſs das ursprüngliche runenalphabet nur éin
zeichen für ƀ und p gekannt habe, wird überhaupt dadurch vollständig
widerlegt, daſs alle alten alphabete an der 14ten stelle in der reihe
die p-rune und an der 18ten die ƀ-rune haben. Das ursprüngliche alphabet muſs deshalb auch zwei zeichen für diese
beiden laute gehabt haben. Aber wie ist dann das runenzeichen
für p entstanden? Es schiene ja nahe gelegen zu haben, ein-<sub>s. 108.</sub> fach das lateinische Ƥ aufzunehmen und es in derselben bedeutung
zum gebrauch für die runenschrift umzuformen. Da indessen die
rune Ƥ, die die bedeutung w hat, formell ganz mit dem lat. Ƥ zusammenfällt, so muſste man als zeichen für p entweder das lat. Ƥ
auf andere weise umbilden (vgl. das verhältnis zwischen lat. Μ m und
den runen Μ e und Μ m), oder ein neues mittel ausfindig machen,
um diesen laut auszudrücken. Welchen von diesen auswegen man
gewählt hat, kann etwas zweifelhaft erscheinen. Da mir die verschiedenen formen der p-rune von lat. Ƥ so weit abzuliegen schienen, daſs
ich nicht wagte, sie daraus abzuleiten, so hatte ich mir früher folgende möglichkeit gedacht. Wie das runenalphabet in der gut-

tural- und dentalreihe die aus dem latein. C und D hervorgegangenen formen zur bildung neuer zeichen für verwandte laute benutzte, indem man aus ᚲ zeichen für *g* und *w*, aus ᚦ ein zeichen für *d* bildete, dadurch dafs man zwei gegen einander gekehrte ᚲ und ᚦ zusammenrückte (X, ᛜ; ᛞ), so könnte man nach demselben princip auch in der labialreihe ein zeichen für *p* geschaffen haben, indem man zwei gegen einander gekehrte ᛒ zusammenrückte. Dadurch würde dann ein zeichen ᛒᛒ entstehen, welches zwar nicht nachgewiesen werden kann, aus dem aber alle *p*-zeichen in den alten alphabeten hervorgegangen sein könnten. Da nämlich das ursprüngliche zeichen ziemlich verwickelt und schwierig war, so wurde es später auf verschiedene weise vereinfacht: dadurch, dafs man die hälfte wieder fortwarf, entstand ᛒ auf dem brakteaten, wodurch das *p*- und *b*-zeichen im Norden zusammenfielen; dagegen hat das ᛈ der spange von Charnay den mittleren teil und die schrägen striche oben und das altengl. ᛈ den mittleren teil und den rechten senkrechten strich fortgeworfen [1]).

Diese auffassung, bei der ich, obwohl zweifelnd, in „Runeskr.“ 1874, s. 108 stehen geblieben war, und die auch später von anderer seite zustimmung gefunden hat, kommt mir jedoch jetzt selbst allzu künstlich und daher unwahrscheinlich vor. Das ᛈ der spange von Charnay und das altenglische ᛈ lassen sich ja sehr gut auf lat. P zurückführen, das zum gebrauch für die runenschrift nicht nur die form ᚹ, sondern auch ᛗ annehmen konnte; eine mehr symmetrische und zierliche form dachte man ohne zweifel durch verdopplung der nebenstriche zu erzielen, wodurch altengl. ᛈ entstand (vgl. ᚷ auf der spange von Charnay, ᚻ ebenda und ᚻ auf der Friedberger spange und im altengl.). Dafs das ursprüngliche ᛗ eben so gut die nebenstriche am fufse wie oben haben konnte (also ᛚ neben ᛗ) stimmt dazu, dafs wir ᚾ ᚺ neben ᚾ ᚺ finden, und besonders zu dem ᛚ und ᚴ der spange von Charnay in der bedeutung *l*, wenn meine oben ausgesprochene vermutung über diese zeichen richtig ist, sowie zu dem ᛦ und ᛦ der nordischen inschriften neben ᛉ und ᛉ. Dafs das alphabet auf der spange von Charnay dem ᛚ wieder einen senkrechten strich rechts zugefügt hat, halte ich für eine eigentümlichkeit bei diesem alphabete, die an dessen ᚻ für ᚺ und

---

[1]) Die verschiedenen formen in den handschriftlichen altenglischen alphabeten lassen sich alle mit leichtigkeit auf ᛈ zurückführen.

besonders an ᛯ für ᛉ erinnert, und wodurch man auf einem andern wege als im altenglischen ᛈ eine mehr symmetrische form erreichte[1]). Ich hege daher jetzt keinen zweifel darüber, dafs die *p*-rune geradezu aus lat. P hervorgegangen ist. Leider kennen wir weder von den gotischen, deutschen noch nordischen inschriften her die form der *p*-rune, abgesehen von den alphabeten auf der spange von Charnay und dem brakteaten. Wenn sie indessen, wie ich annehme, aus lat. P gebildet ist, so ist es klar, dafs nur die burgundische und die altenglischen runenformen sich darauf zurückführen lassen. Dagegen zeigt das brakteatenalphabet, dafs das *p*-zeichen im Norden sehr früh durch das *ƀ*-zeichen ersetzt ist, welches daher in dem alphabet auf dem brakteaten nicht nur an seiner eigenen stelle, sondern auch da auftritt, wo früher *p* gestanden hatte, gerade wie in dem einen etruskischen alphabet von Nola ⊃ sowohl auf seinem eigenen platze s. 109.
wie auf dem des alten ⋊ steht.

## 4. Die rune ᚹ P *w*.

Wir wenden uns hiernach zu den runenzeichen für die halbvokale w und j. Das zeichen, welches in dem griechischen und den alten italischen nichtlateinischen alphabeten zur bezeichnung für den *w*-laut gebraucht wurde, wandte das lateinische und nach diesem das runenalphabet in der bedeutung *f* an, wie wir oben gesehen haben. Zur bezeichnung für den halbvokal *w* bildete das lateinische alphabet kein neues zeichen, sondern behalf sich mit dem vokal V, wie es durch I sowohl den vokal *i* als auch den halbvokal *j* ausdrückte. Das runenalphabet nahm dagegen lat. V und I nur zur bezeichnung der vokale *u* und *i* auf, wogegen es für die halbvokale *w* und *j* ganz andere zeichen gebraucht.

Das zeichen für den halbvokal *w* ist in den alten runenalphabeten sowohl wie in den inschriften ohne ausnahme ᚹ P. Diese rune stimmt in der form genau mit dem latein. *p*-zeichen überein, das, wie wir eben gesehen haben, gerade aus diesem grunde im runenalphabet als zeichen für *p* auf andere weise umgebildet wurde. Die ähnlichkeit zwischen dem runenzeichen ᚹ und dem lateinischen P mufs

---

[1]) Eine vollständige analogie zu dem ᛞ statt ᛈ der spange von Charnay bieten die griechischen zeichen M und ᛗ für N (*ν*) und ᛗ (*μ*) in dem alphabet auf der galassischen vase.

daher eben so zufällig sein wie die zwischen lat. M *m* F *f* und den
runen M *e* F *a*, und wie zum teil die zwischen lat. X *x* und der rune
X *g*, obgleich das lateinische zeichen im letzteren falle wohl gerade eine
mitwirkende ursache dazu war, dafs die *g*-rune diese form erhielt. Dagegen würde es ja mehr als merkwürdig sein, wenn die runenschrift,
wo sie sowohl *w* wie *p* ausdrücken wollte, lat. P zur bezeichnung für
diese b e i d e n laute benutzt hätte, und das obendrein in der weise, dafs
das *w*-zeichen formell vollkommen mit lat. P gleich wurde, während das
*p*-zeichen eine mehr abweichende form erhielt. Aufserdem hat die
runenschrift in keinem andern falle aus d e m s e l b e n l a t e i n i s c h e n
b u c h s t a b e n  zeichen für z w e i  o d e r  m e h r  v e r s c h i e d e n e  l a u t e
gebildet (X und ♦ sind ja neue zeichen, die erst aus der ‹-rune zum
s. 110. besondern gebrauch für die runenschrift gebildet sind). Ich wage also
nicht in den hier genannten fällen die ähnlichkeit zwischen den lateinischen buchstaben und den runen als zeichen von verwandtschaft anzusehen, da ich als h a u p t g r u n d s a t z für die ableitung zweier alphabete von einander die forderung aufstelle, dafs die zeichen einander
s o w o h l  i n  f o r m  w i e  bedeutung entsprechen müssen, wofern man
nicht, wo dies in der einen oder andern richtung nicht der fall ist,
ganz evident die gründe der abweichungen nachweisen kann. Sonst
wird man leicht zu den willkürlichsten und unbegreiflichsten zusammenstellungen verleitet. Folglich mufs ich die behauptung zurückweisen, dafs die rune P *w* von lat. P *p* ausgehe, und den gedanken, den ich früher („Runeskr." s. 110) mit grofsem zweifel der
näheren erwägung anheimgestellt habe, dafs P entweder aus der B-
oder der ∩-rune gebildet sein könnte, gebe ich jetzt auch vollständig
auf. Es gibt nämlich einen lateinischen buchstaben, aus dem die *w*-
rune nach meiner meinung nicht nur zufolge seiner form, sondern
auch seiner bedeutung abgeleitet werden kann, also aller wahrscheinlichkeit nach wirklich entstanden ist, nämlich lat. Q.

Dieser buchstabe wird ja in verbindung mit V mit dem laute
ausgesprochen, der auf jeden fall auf das nächste dem germanischen
*w* entsprach, und es lag daher nahe, den buchstaben Q selbst, der
sonst in der runenschrift keine verwendung finden konnte, mit der
bedeutung *w* aufzunehmen. Dafs dies wirklich geschehen ist, wird
in hohem grade durch die form der *w*-rune wahrscheinlich gemacht;
sollte Q nämlich zum gebrauch für die runenschrift umgebildet
werden, so ist es klar, dass P so nahe wie möglich lag, wenn man
nicht eine form wählen wollte, die mit ᚶ zusammenfiel.

### 5. Die rune ⌀ ᚿ ⌽ j.

Während das runenzeichen für *w* in den alphabeten und inschriften immer dasselbe ist, finden wir für den andern halbvokal, **j,** eine verschiedene form in den verschiedenen alphabeten, nämlich:

auf dem brakteaten von Vadstena: ⌀
auf der spange von Charnay: ᚿ
auf dem Themsemesser: +
in handschr. altengl. alphab.: ⌽ ⌽.

Die anzahl dieser formen kann mit hülfe der inschriften noch ver- s. 111. mehrt werden. Zwar können wir in keiner der bisher bekannten ältesten inschriften im Norden mit vollkommener sicherheit das alte *j*-zeichen mit der bedeutung *j* nachweisen; aber dafs dies — wie bei *p* — auf einem reinen zufalle beruht, der sich aus dem geringen sprachstoff erklärt, den man in diesen inschriften findet, ist daraus klar, dafs dieses zeichen weit später, aber allerdings mit veränderter bedeutung, eins der allerhäufigsten ist. Da nämlich der ursprüngliche name der rune *jâra* in folge nordischer lautgesetze zu *âr* wurde, konnte sie selbstverständlich nicht länger als zeichen für *j* gebraucht werden, sondern mufste die bedeutung *a* annehmen. Hierfür hatte das ursprüngliche runenalphabet indessen die rune ᚠ, und da man nicht zwei zeichen für den *a*-laut brauchte, so kam die alte *jâra*-rune ohne zweifel zu irgend einer zeit aufser gebrauch; aber sie hielt sich im alphabete, und da später das ᚠ seinen namen (ursprünglich und in der sprachform der ältesten nordischen inschriften ᚠᚦᛊᚢᛦ ansuz, ansuʀ) so veränderte, dafs das reine *a* im anlaut wegen des folgenden nasals etwas verdunkelt wurde, so verdrängte die *âr*-rune allmählich das ᚠ als bezeichnung für das reine *a,* während ᚠ das zeichen für einen dunkleren laut wurde. Am frühesten kann die alte *jâra*-rune mit der bedeutung *a* auf dem steine von Istaby nachgewiesen werden, wo ᚠ dagegen zur bezeichnung eines schwa-lautes (svarabhaktisches *a*) dient [1]). Ob die *jâra*-rune diesen namen und die damit verbundene bedeutung *j* noch zur zeit des brakteatalphabetes gehabt, oder ob sie bereits den namen *âra* und die bedeutung *a* angenommen habe, ist für den augenblick unmöglich mit sicherheit zu entscheiden; denn sie scheint zwar auf dem Skodborger brakteaten

---

[1]) Siehe „De ældste nord. runeindskr." (ârb. f. nord. oldk. 1867), s. 39, 51, 56; Navneordenes böjning i ældre dansk, s. 41 ff.; Bugge in der Tidskr. for Philologi og Pædagogik VII, s. 314 ff.

(Stephens no. 67; Thorsen I, s. 329), wo sie dreimal die form ⟩[1] und einmal umgekehrt ⟨ hat, j bedeuten zu müssen, da sie an allen vier

s. 112. stellen unmittelbar vor ⟩ steht; aber ein sicherer schluß läßt sich keineswegs hieraus ziehen, da es nicht ausgemacht ist, ob dieser brakteat mit seinem dreimal wiederholten unerklärten auja-alawin und darauf folgenden jalawid wirkliche worte hat ausdrücken sollen oder nur eine willkürliche zusammenstellung von runen enthält[2]); auf jeden fall ist es unmöglich für uns, jetzt die bedeutung dieser inschrift ausfindig zu machen, und daher können wir sie auch nicht als beweis bezüglich des wertes ihrer jāra-rune gebrauchen. Indem wir es also auch unentschieden lassen müssen, ob die jāra-rune auf dem brakteaten von Vadstena j oder a bedeutet, finden wir sie wie gesagt auf dem Istabyer steine (ungef. 650) in der bedeutung a, aber mit der ungewöhnlichen form ⟨. Auf andern der Blekinger steine mit älteren runen sowohl wie in einigen der ältesten inschriften mit dem kürzeren alphabet hat sie endlich die form ✳, die früh zu ✦ vereinfacht wurde, welches die gewöhnliche a-form in unsern inschriften aus der jüngeren eisenzeit ist. Diese ganze entwicklung werden wir unten des näheren zu besprechen gelegenheit finden.

Der übersichtlichkeit halber stellen wir hier die verschiedenen formen zusammen, unter denen die alte jāra-rune auftritt, einerlei ob sie die ältere bedeutung j, oder die neuere nordische a hat:

| | |
|---|---|
| die spange von Charnay: | ⋈ (j) |
| der stein von Istaby: | ⟨ (a) |
| der brakteat von Vadstena: | ⟩ (j oder a?) |
| altenglisch: | ✛ ⟨ ⟩ (j) |
| jünger nordisch: | ✳ ✦ (a). |

---

[1]) Diese form entspricht ganz der 'des brakteaten von Vadstena, da die runen auch auf dem brakteaten von Skodborg umgekehrt stehen. Ich kann daher nicht der meinung Bugges beipflichten (ārb. f. nord. oldk. 1878, s. 69), daß das zeichen auf dem Skodborger brakteaten eine form der ing-rune sei, da das charakteristische für diese rune im gegensatz zur jāra-rune gerade als regel die offene form ist. Die spange von Fonnås, deren ing-rune Bugge veranlaßt hat, sich für die bedeutung ing auf dem brakteaten auszusprechen, gebraucht ja auch gerade die form ⟨, die ich für die korrekteste halte; denn daß die striche an den beiden andern stellen unten zusammenlaufen (⟨), betrachte ich als einen reinen zufall, hervorgerufen durch unachtsamkeit von seiten des runenritzers.

[2]) Wie in andern inschriften, wo die runen wahrscheinlich magische bedeutung haben, spielt die a-rune auch auf dem Skodborger brakteaten eine

Von den altenglischen formen kommt die erste nur auf dem Themsemesser vor; die ähnlichkeit, welche die *gér*-rune hier mit dem
späteren nordischen ᛉ bekommen hat, ist nur scheinbar und ganz
zufällig; nordisches ᛉ ist nämlich eine jüngere vereinfachte form
des älteren ✳; und das altengl. ✚ auf dem Themsemesser ist ohne
zweifel eine dieser inschrift eigentümliche modification von ähnlicher s. 113.
art wie ihr ı für ᚺ, ᛘ für ᛗ, ⛿ für ᛉ, womit ich jedoch nicht behaupten will, dafs das ✚ des Themsemessers unmittelbar aus ⬦ ⬦
hervorgegangen.

Bei einer betrachtung dieser verschiedenen formen der *j*-rune
zeigen die abweichungen unter denselben sich beim ersten anblick so
grofs, dafs es schwierig erscheinen kann, die gemeingermanische form
dieser rune nachzuweisen. Was indessen sofort in die augen fällt, ist,
dafs die beiden denkmäler, die räumlich am weitesten von einander getrennt sind, die spange von Charnay und der stein von Istaby, zeichen
darbieten, die völlig identisch genannt werden müssen, da ᛤ und ᚼ
ja nur in derselben weise von einander abweichen, wie z. b. die beiden
formen der *s*-rune ᛍ und ᛋ u. s. w. Dafs diese ähnlichkeit zufällig sein
k ö n n t e, entstanden durch parallele entwicklung, darf natürlich nicht
ohne weiteres geleugnet werden; aber es müfste doch sicherlich in
hohem grade merkwürdig genannt werden, dafs man in so weit von
einander liegenden gegenden unabhängig von einander auf zwei so
charakteristische formen gekommen sein sollte. Weit eher müfste man
daher zu dem schlusse geführt werden, dafs die übereinstimmende burgundische und nordische runenform auch die
ursprüngliche war, und dafs sich die andern formen allmählich
daraus entwickelt haben. Dafs dies in wirklichkeit der fall ist,
scheint mir mit sicherheit aus der merkwürdigen inschrift auf dem
lanzenschaft aus dem Kragehuler moore hervorzugehn, den C. Engelhardt so glücklich war im sommer 1877 hervorzuziehen, und wovon
ich hier eine zeichnung mitteile, die ihrer zeit für eine beabsichtigte
abhandlung von Engelhardt und mir über die späteren funde im Kragehuler moore ausgeführt wurde (dieselbe abbildung ist bei Stephens
III, s. 133 wiedergegeben). Bei der aufnahme wurde der morsche
holzschaft an mehreren stellen in stücke zerbrochen, so dafs die inschrift, wie dies aus der zeichnung hervorgeht, aus 5 bruchstücken
besteht; von diesen passen jedoch die zwei gröfsten genau zusammen

wichtige rolle, und wir finden ebenso die *u*- und *l*-rune wieder (vgl. oben s. 57 f.
anm. 5 und s. 76 anm. 1).

Der lanzenschaft aus dem Kragehuler moore.

und schliefsen sich sicher an einander (von der F-rune befindet sich der hauptstrich auf dem ersten stück, die spitze des oberen nebenstriches auf dem andern stück, wogegen der untere nebenstrich durch den bruch ganz verschwunden ist, was aus der im übrigen sehr genauen zeichnung nicht genügend hervorgeht); das dritte stück fand sich später und pafste zufolge der mitteilung, die Engelhardt mir sofort nach der entdeckung sandte, nicht genau an das zweite, und deswegen hielt er es für „zweifelhaft, ob sie ohne lücke zusammengehörten". Dafs sie nicht unmittelbar mit einander verbunden werden können, halte ich für sicher auf grund der sprachformen, die dadurch entstehen würden. Ebenso wenig glaube ich, dafs das vierte stück sich unmittelbar an das dritte schliefst; dagegen passen das vierte und fünfte genau zusammen. Leider fehlt das stück, worauf der schlufs der inschrift angebracht gewesen ist (von der letzten rune sieht man nur gerade im bruch einen hauptstrich, der keinen nebenstrich zur linken gehabt hat). Die ganze inschrift umschreibe ich demnach folgendermafsen mit lateinischen buchstaben, indem ich die binderunen mit einem bogen darüber bezeichne und die stellen, wo ich die inschrift für unvollständig halte, mit punkten angebe:

> ek erilan asugisalas muha haite gagagaginugahe...
> liha ... hagalawihubig...[1])

---

[1]) Die überraschende ähnlichkeit, welche die inschrift sowohl im inhalt wie in der form der runen mit der inschrift auf der schlange (dem amulet?) aus dem Lindholmer moore in Schonen aufweist, wird natürlich auf den ersten blick jedem auffallen. Merkwürdig genug stimmt einer von den gegenständen, die 1751—52 aus dem Kragehuler moore hervorgezogen wurden, aber später verschwunden sind, nach S. Abildgaards beschreibung so genau mit der Lindholmer schlange (vgl. Engelhardt, Kragehul Mosefund, s. 9 und s. 26), dafs man versucht sein könnte, diese letztere gerade für das im Kragehuler moore gefundene denkmal anzusehen. Gegen diese annahme spricht jedoch die bestimmte mitteilung, die der frühere eigentümer der Lindholmer schlange, der berühmte archäologe S. Nilsson in Lund, F. Magnusen gegeben hat, der zufolge die Lindholmer schlange 1840 in einem zu dem herrenhofe Lindholm in Schonen gehörenden torfmoore gefunden ist („Runamo", s. 649 f. und das register s. u. Lindholm). Wenn diese mitteilung richtig ist, müssen wir also annehmen, dafs zwei fast gleiche runendenkmäler aus dem fühnischen und dem schonischen moore hervorgezogen sind, was ja an und für sich auch nicht unmöglich genannt werden kann; man braucht sich blofs an die auffallende übereinstimmung zwischen den speerblättern von Müncheberg und Kovel zu erinnern. Mit den runenformen auf dem lanzenschaft und der schlange stimmen gleichfalls die

Es kann natürlich kein zweifel darüber bestehen, dafs das in dieser
inschrift zweimal vorkommende **ᚼ** die alte *jära*-rune in der von
dem Istabyer steine her bekannten form ist, selbst wenn die bedeutung der rune sich wegen der mangelhaften inschrift nicht mit
vollkommener sicherheit feststellen läfst; der umstand, dafs sie an
beiden stellen zwischen zwei vokalen steht, macht es jedoch höchst
wahrscheinlich, dafs die bedeutung **j** sein mufs; namentlich an der
letzten stelle liegt es nahe, hagala als accusativ von einem bekannten
dem altnord. *hagall* entsprechenden worte aufzufassen und das folgende wort w i j u zu lesen.  Da ich glaube, dafs die runen h a g a l a zu
einem worte zusammengehören, und da ich nicht annehme, dafs das
dritte und vierte bruchstück sich unmittelbar an einander schliefsen, so
halte ich es für unzulässig, **ᚼᚠ** am schlusse des dritten bruchstückes
mit **ᚼ** im anfang des vierten zu dem worte j a h zu verbinden, wie
verlockend eine solche lesung auch bei dem gedanken an das i a h
des steines von Varnum sein könnte (natürlich kann aber sehr gut auf
dem zwischen **ᚠ** und **ᚼ** fehlenden stücke gerade ein **ᚼ** gestanden haben, das mit dem vorhergehenden **ᚼᚠ** verbunden werden sollte).

Die vollständig übereinstimmende form, die die alte *jära*-rune somit auf der spange von Charnay, der lanze von Kragehul und dem stein
von Istaby zeigt, mufs a priori zu der annahme führen, dafs wir auf
diesen denkmälern gerade die älteste ursprüngliche form dieser rune
finden, und diese annahme wird vollständig durch den lateinischen
buchstaben bestätigt, aus dem die j-rune hervorgegangen ist, da **ᚼ**
g e r a d e z u  a u s  lat. G gebildet ist. Lateinisches G wurde, wie
früher erwähnt, wegen der ganz verschiedenen aussprache nicht als
zeichen für die germanische spirans *g* gebraucht.  Dagegen müssen
lat. *g* und germanisches *j* in vielen fällen zu der zeit, als das
runenalphabet gebildet wurde, nahezu im laute zusammengefallen sein,
wenn wir, wofür alles spricht, diese nicht weiter zurück verschieben
als frühestens bis zum jahre 200 nach Chr. Sollte nun lat. G zum
gebrauch für die runenschrift umgebildet werden, so lag kaum ein
zeichen näher als das **ᚼ** der lanze von Kragehul und des steines von
Istaby und (umgekehrt) das **ᚽ** der spange von Charnay.  Hieraus
müssen sich dann die andern formen im Norden und in England allmählich entwickelt haben, und die ursprüngliche form mufs notwendiger-

---

runen überein, die sich auf dem kleinen bruchstück eines messerheftes (?) aus
dem Kragehuler moore befinden; ich finde auch auf dem messerhefte mehrere
der auf der Lindholmer schlange vorkommenden magischen runen wieder.

weise in beiden gegenden verändert sein, ehe die alte *s*-rune (ᛋ ᛊ) sowohl im Norden wie auch in England die form ᚺ annehmen konnte, also gerade die gestalt, welche ursprünglich der *jāra*-rune zukam.

Eine frühzeitige veränderung des ᚺ finde ich in dem ᛃ des brakteaten von Vadstena, das wohl gerade entstanden ist, um die verwechselung mit der *s*-rune ᛋ zu vermeiden. Gleichfalls fasse ich das zeichen ᚻ auf der spange von Fonnås als eine veränderung des ᚺ auf, und hier dann ohne zweifel in der späteren bedeutung *a*, nicht mit Bugge (årb. for nord. oldk. 1878, s. 70) als eine form von ᚦ, das ja von den ältesten bis auf die neuesten zeiten seine ursprüngliche form bewahrt hat. Habe ich indessen in dieser vermutung recht, so liegt es verführerisch nahe, die sehr ähnliche geschlossene form ᛔ, die auf dem steine von Rök zwischen den runen der längeren reihe und in einem jetzt verschwundenen norwegischen runenkalender (Worm, Fasti Danici, 2. ausg., Hafniæ 1643, p. 92 und darnach bei Stephens II, p. 867) vorkommt, in derselben bedeutung aufzufassen, in welchem falle das ᚺ des steines von Rök natürlich die jüngere form der *s*-rune sein mufs, während der kalender die ältere form ᛊ bewahrt hat. Dafs dies mehr als eine blofse vermutung ist, scheint mir aus dem umstande hervorzugehen, dafs die ersten 5 runen der längeren reihe auf dem Röker steine (ᚺᛔᚷᚹᛗ) uns in diesem falle ein wohlbekanntes wort geben (s a g w m = *sagum*, indem die alte *w*-rune hier wie auf dem seeländischen steine von Freslev in der bedeutung *u* gebraucht ist; vgl. Burg s. 47, wo jedoch anstatt ᛩ ein ᚹ zu lesen ist). Indessen fanden die formen ᛃ, ᚻ, ᛔ der *j*- (*a*-)rune, die wohl zur einritzung in holz und metall dienlich sein konnten, aber in steininschriften sehr beschwerlich waren, niemals allgemeine verbreitung, sondern wurden frühzeitig von dem zweckmäfsigeren zeichen ᛄ verdrängt, das vielleicht eher aus ᚻ ᛔ als unmittelbar aus ᚺ abzuleiten ist. Welche mittelform oder mittelformen zwischen altengl. ϕ ϕ und dem ursprünglichen ᚺ liegen, kann mit hülfe der verhältnismäfsig jungen englischen runendenkmäler nicht aufgeklärt werden (das + des Themsemessers kann natürlich direkt von ᚺ abgeleitet werden).

Dafs das j-zeichen in der runenschrift unmittelbar von lat. G ausgeht, enthält natürlich einen entscheidenden beweis dafür, dafs es das lateinische alphabet **in seiner jüngeren gestalt** ist, das bei der bildung der runenschrift zu grunde gelegt wurde. s. 114.

Die hier vorgetragene auffassung wird auch in hohem grade durch die betrachtung des andern alten alphabetes gestützt, das wir bei einem der germanischen völker, den Goten, finden, wo die runenschrift bereits gegen die mitte des 4. jahrhdts von dem alphabete Wulfilas abgelöst wurde. Während die runenschrift von den lateinischen kapitalbuchstaben ausgeht, ist das Wulfilanische alphabet wesentlich den griechischen uncialbuchstaben nachgebildet, doch so, daſs auch einzelne lateinische buchstaben für laute, die sich im griechischen nicht fanden, die aber die Römer mit den Goten gemeinsam hatten (*f*, *j*), benutzt sind; daſs auch zwei runen in das Wulfilanische alphabet übergegangen, und daſs die alten runennamen bewahrt sind, ist in verbindung mit den andern oben (s. 71 f.) hervorgehobenen umständen ein wichtiger beweis dafür, daſs die runenschrift bei den Goten älter ist als Wulfilas alphabet.

Als zeichen für *b* und *g* finden wir nun gerade im Wulfilanischen alphabete griech. $\beta$ und $\gamma$, und dieselbe herkunft muſs daher von got. *d* angenommen werden, obschon es nach seiner form sowohl von griech. $\delta$ wie von latein. *d* abgeleitet werden kann; aber da die aussprache des griechischen $\beta$, $\gamma$, $\delta$ damals im wesentlichen mit derjenigen der germanischen spiranten *b*, *g*, *đ* zusammenfiel, so müssen die Goten sicher noch zu Wulfilas zeit diese aussprache nicht nur im in- und auslaut, sondern auch im anlaut bewahrt haben. Hätten die Goten mutæ gehabt, so müſsten wir weit eher lat. *b*, *g*, *d* zu finden erwarten.

Wäre das runenalphabet aus dem griechischen alphabete gebildet, oder hätte es nur einzelne griechische buchstaben unter die lateinischen aufgenommen — wie Wulfila lateinische unter die griechischen aufnahm —, so können wir kaum bezweifeln, daſs wir besonders in diesem punkte (bei der bildung der zeichen für die spiranten *g*, *đ*) den griechischen einfluſs spüren würden, was ja indes durchaus nicht der fall ist.

Um den halbvokal *j* auszudrücken, muſste Wulfila dagegen das griechische alphabet verlassen und das lateinische G-zeichen aufnehmen, mit welchem got. *j* in vielen fällen in der aussprache auf das nächste übereinstimmte. Ganz dasselbe verhältnis hat sich auch in der runenschrift geltend gemacht, die wegen der verschiedenen aussprache lat. G nicht für ihr *g* verwenden konnte, dasselbe dagegen als zeichen für ihr *j* aufnahm.

### 6. Die rune Ⴤ (ᛍ) *z*; *R*.

Von den 24 zeichen des alten runenalphabetes sind somit nur noch Ⴤ und ᛏ übrig.

Die erstere dieser runen hat im futhark auf dem brakteaten, dem
Themsemesser und im allgemeinen in den handschriftlichen altengl.
alphabeten die form ᛉ. In unsern inschriften aus dem älteren eisenalter gehört sie zu den am häufigsten vorkommenden zeichen, und sie
hat hier wie in den alphabeten fast ausschliefslich die form ᛉ mit
den beistrichen oben. Ausnahmsweise finden wir jedoch auf dem
lanzenschafte aus dem Kragehuler moore die runen an als binderune
ᛟ in demselben namen zusammengeschrieben und also in ganz derselben
bedeutung wie ᛉᚦ (von rechts nach links) auf der Lindholmer
schlange, und von den andern inschriften mit dem längeren alphabete
gebraucht der stein von Varnum (Järsberg) nur einmal ᛉ (in dem
worte ᚱᚢᚾᛟᛉ), aber dreimal in derselben bedeutung ᛉ, jedoch nur
in verbindung mit ᚠ, darunter das eine mal als binderune wie in der
Kragehuler inschrift. Es geht hieraus hervor, dafs ᛉ, welches später
allgemein wurde und in der jüngeren eisenzeit alleinherrscht, bereits s. 115.
frühzeitig als eine gleichbedeutende nebenform zu ᛉ gebraucht worden
ist. Da indessen die inschriften von Kragehul und Varnum, die nicht
zu den ältesten nordischen inschriften mit der längeren reihe gehören, die einzigen bisher bekannten beispiele für ᛉ bieten, während
alle andern inschriften mit den zeichen dieser reihe (auch die der brakteaten) wie die altenglischen alphabete durchgehends ᛉ haben, so
müssen wir natürlich die letztere form als die älteste und ursprüngliche ansehen und ᛉ als eine jüngere speciell nordische veränderung,
die, wie dies sowohl aus der Kragehuler wie aus der Varnumer inschrift hervorgeht, von anfang an in der in den nordischen inschriften
besonders häufigen verbindung ᚠᛉ entstanden ist, wenn diese beiden
runen an einem hauptstriche zusammengeschrieben wurden. Da nämlich
im älteren alphabete unmöglich verwechslung zwischen einem andern
zeichen und ᛉ entstehen konnte, sei es dafs dieses die beistriche oben
oder unten hatte, so konnte man, wie ich früher hervorgehoben habe
(„De ældste nord. runeindskr.", s. 40—41), ᛉ und ᛉ durcheinander gebrauchen. Ein ganz entsprechender wechsel in der stellung der nebenstriche kann übrigens auch bei einem andern runenzeichen nachgewiesen werden: die älteste form der *k*-rune ᚲ begann man bereits
frühzeitig so zu verändern, dafs ᚲ umgedreht und mit einem senkrechten striche versehen wurde; aber während der stein von Varnum
und einzelne andere etwas jüngere inschriften *k* durch ᛉ ᛉ mit den
beistrichen oben ausdrücken (woraus sich das jüngere ᛉ entwickelt hat),

finden wir in den inschriften von Kragehul und Lindholm ⋏. Es
ist ja einleuchtend, dafs ᛉ sich zu ⋏ verhält wie ᛏ zu ⋏[1]). Neben
dem älteren ᛉ und dem daraus veränderten jüngeren ⋏ kommt indessen ein einziges mal eine dritte form dieser rune vor, nämlich ᛢ
im futhark der spange von Charnay. Man könnte vielleicht geneigt
sein, diese form als den ursprünglichen grundtypus zu betrachten,
woraus sowohl nordisches ᛉ wie ⋏ durch vereinfachung hätte hervorgehen können, indem man entweder nur die oberen oder die
unteren beistriche behielt. Aber da wir im Norden niemals eine
spur von ᛢ finden, und da die ältesten nordischen inschriften sowohl wie die altenglischen alphabete wie gesagt nur ᛉ kennen[2]),
s. 116. so halte ich es für höchst unwahrscheinlich, dafs wir in dem ganz
alleinstehenden ᛢ auf der spange von Charnay die gemeingermanische
form dieser rune haben sollten. Ich halte es im gegenteil für sicher,
dafs nicht blofs ⋏ eine spätere nordische veränderung von ᛉ ist,
sondern dafs auch auf der spange von Charnay ᛢ eine spätere (zierlichere) form für ᛉ ist, wie wir an derselben stelle und in England
ᚢ und ᚺ für ᚺ, ᚹ und ᛣ für ᛘ (ᛚ) finden.

Die bedeutung der ᛉ-rune geht klar aus den nordischen inschriften hervor, wo sie namentlich im wortauslaut als bezeichnung
für den aus stimmhaftem s (z) entstandenen r-laut vorkommt, der

---

[1]) Wenn meine oben (s. 81) dargelegte vermutung über die bedeutung der
zeichen ⋏ und ᛉ auf der spange von Charnay richtig ist, so würden wir hier
ein ganz ähnliches verhältnis auf einem deutschen denkmal finden.

[2]) Zwar hat ein altenglisches alphabet von St. Gallen (W. Grimm, Über
deutsche Runen, tab. II no. 3; Stephens s. 102 no. 7) die form ᛤ, die ich früher
(„De ældste nord. runeindskr.", s. 32) mit ᛢ auf der spange von Charnay verglichen habe; aber ich bin jetzt überzeugt, dafs diese beiden formen nicht in
der geringsten verbindung mit einander stehen. Da nämlich alle altenglischen
alphabete den namen und die bedeutung dieser rune mifsverstanden haben, die
sie in der regel mit x wiedergeben, so veränderte das genannte alphabet auch
das zeichen ᛉ zu ᛤ, das somit das aussehen eines durchstrichenen lateinischen
X bekam. Dafs diese erklärung richtig ist, wird in hohem grade durch ein
anderes altenglisches alphabet, gleichfalls aus St. Gallen, bestätigt (Grimm
tab. II no. 1 & 2; Stephens s. 103 no. 10, s. 107 no. 21), wo wir anstatt
ᛉ geradezu das lateinische X mit dem namen *elux* und dem werte *x* finden.
Da X sonst das gewöhnliche zeichen für die g-rune war, so hat diese in diesem
alphabete eine etwas veränderte form bekommen; umgekehrt hat dagegen das
zuerst erwähnte alphabet richtig X als *g*, und da es folglich nicht dasselbe
zeichen auch in der bedeutung *x* brauchen konnte, so hat es der dieser
entsprechenden rune die form ᛤ gegeben.

gotischem s (z) entspricht, wogegen der ursprünglichem (gemeinger-
manischem) r entsprechende r-laut durch R R ausgedrückt wird.
Diese beiden r-laute, von denen ich den ersten mit ʀ, den zweiten
mit r bezeichne, wurden im Norden nicht blofs während des ganzen
älteren eisenalters, sondern auch in den ältesten inschriften aus dem
jüngeren eisenalter genau unterschieden[1]). Die eigentümlich n o r d i s c h e
bedeutung von Ⱨ (ᛉ) ist also unzweifelhaft; aber in inschriften aufserhalb des Nordens hat diese rune bisher nicht mit wirklicher buch-
stabenbedeutung nachgewiesen werden können.  Da wir sie indessen s. 117
als 15. zeichen im runenalphabet zwischen p und s nicht blofs auf
dem nordischen brakteaten von Vadstena, sondern auch auf der burgundischen spange von Charnay und dem altenglischen Themsemesser
sowohl wie in den handschriftlichen altenglischen alphabeten finden,
so ist es klar, dafs wir in Ⱨ keine rune haben, die speciell im
Norden erfunden ist, um den eigentümlichen nordischen ʀ-laut aus-
zudrücken. Ⱨ m u f s  b e r e i t s  i m  ä l t e s t e n  g e m e i n g e r m a n i s c h e n
r u n e n a l p h a b e t  d e n  15. p l a t z  i n  d e r  r e i h e  e i n g e n o m m e n
h a b e n, und es ist zugleich klar, dafs es damals nicht die bedeutung ʀ
wie im nordischen gehabt haben kann, sondern das dem nordischen  ʀ
zu grunde liegende stimmhafte s (z) bezeichnet haben mufs, welches
in der gemeingermanischen sprache eine weit gröfsere rolle gespielt
hat, als man nach den überresten der gotischen sprache vermuten
sollte, die wir aus Wulfilas bibelübersetzung kennen, wo z, das diesen
laut bezeichnet, fast ausschliefslich im inlaute vorkommt; aber bereits
Holtzmann hat den richtigen zusammenhang gesehen, wenn er (Alt-
deutsche Gramm. s. 43 f.) meint, dafs namentlich jedes gotische
flexions-s im auslaut aus z entstanden sei.  A u f  j e d e n  f a l l  h a b e n
d i e  g e r m a n i s c h e n  v ö l k e r, als das runenalphabet gebildet
w u r d e,  d e n  u n t e r s c h i e d  z w i s c h e n  d e m  s t i m m l o s e n  u n d
d e m  s t i m m h a f t e n  s-l a u t e  so stark gefühlt, dafs sie  z u r
b e z e i c h n u n g  d a f ü r  d i e  b e i d e n  z e i c h e n  ᛋ  u n d  Ⱨ  b i l d e t e n,
die ganz genau dieselben laute wie Wulfilas s und z ausgedrückt ha-
ben.  Im  n o r d i s c h e n, wo älteres z als ʀ bewahrt wurde, fuhr man
also fort, Ⱨ in dieser bedeutung zu benutzen.  Dagegen warfen die

---

[1]) Siehe im ganzen genommen „De ældste nord. runeindskr." (årb. f. nord.
oldk. 1867), s. 29 ff.; „Professor G. Stephens om de ældste nordiske runeindskrifter", s. 9 ff. (= årb. f. nord. oldk. 1868, s. 61 ff.). Vgl. meine „altnordische grammatik", Halle 1871, s. 9 anm.; „fornnordisk formlära", Lund 1874,
§ 5, 7) anm., s. 11.

westgermanischen sprachen bekanntlich frühzeitig den dem got.
s (ꝣ), nord. ʀ entsprechenden laut in der flexion ab, und sie haben
daher auch früh aufgehört, die rune Ψ als buchstaben zu benutzen.
Gleichwohl blieb sie auf ihrem alten platze in den alphabeten stehen;
aber da man in der praxis keine verwendung dafür hatte, so vergafs
man nach und nach ihren ursprünglichen namen nebst der bedeutung.
Daher schreiben sich die vielen entstellungen in den handschriftlichen
altenglischen runenalphabeten, die ihm die namen *eolhx*, *ilcs*, *ilix*, *elux*
und die bedeutungen *x*, *il*, *l et x* geben.   In dem oben (s. 83)

s. 118. genannten altenglischen runenliede bei Hickes, wo jeder vers mit
dem namen der rune, die erklärt werden soll, beginnt, heifst es
von Ψ:

$$\mathrm{X} \ \Psi^{eolhx} \quad \text{seccard hæfþ oftust on fenne}$$

wo *seccard* schon von W. Grimm richtig in *secg eard* verbessert ist,
so dafs die ganze zeile lautet:

eolhx secg eard hæfþ oftust on fenne [1]).

In *eolhx* sollen wir also den namen der rune und zugleich ihre
bedeutung finden; aber *eolhx* ist in wirklichkeit nichts, obgleich Grein
(Glossar I, s. 257) es als genitiv von *eolh* auffafst. Diese erklärung
ist natürlich zu verwerfen, da der genitiv *eol(h)es* lauten würde. Dagegen können wir auf einem andern wege zu der form *eolhx* gelangen:
in der zusammensetzung mit *secg* würde *eolh* nämlich das wort
*eolhsecg* bilden, wo *hs* für *x* gelten könnte; wenn *eolhxsecg* geschrieben wird, ist *x* in wirklichkeit überflüssig, da es nur eine wiederholung des vorhergehenden *h* und des folgenden *s* ist. Die bedeutung
der rune (*x*) findet sich also in der mitte des wortes: *eolhsecg* =
*eolxecg* (*eolhxsecg*) und entspricht dem werte, der ihm in dem an
das runenlied geknüpften alphabete beigelegt wird. Aber selbstverständlich beruhen die angaben in den altenglischen alphabeten auf
späteren misverständnissen.   Da Ψ, wie wir gesehen haben,
ursprünglich das zeichen für stimmhaftes *s* (ꝣ), später im nordischen
ʀ, war, und dieser laut niemals im wortanfang vorkommt, so müssen
wir für diese rune wie für *ꝝ* einen namen haben, wo sich die bedeutung der rune im auslaut findet, während die übrigen runennamen

---

[1]) Etwas gewaltsamer ist Kembles besserung:
   eolhx secg cardað oftust on fenne.

umgekehrt mit dem buchstaben an fangen, den die rune ausdrückt.
Nun entspricht indes der altenglische name *eolhx*, der nur durch
misverständnis aus *eolh* entstanden ist, gerade dem altnordischen *elgr*,
das in der ältesten runensprache ohne zweifel *algin* ($FFXIY$) ge-  *s.* 119.
lautet haben würde[1]), wo wir also die bedeutung von $Y$ (ursprünglich $z$, nord. $R$) im wortende als merkmal des nominativs
finden. Im altenglischen ging dieses wort dagegen in *eolh* über und
verlor also gerade den laut, welcher die bedeutung der rune angab;
da die rune folglich als ein müsiges zeichen im alphabete stand, und
man ihre ursprüngliche bedeutung vergessen hatte, so, scheint es,
gab man ihr willkürlich den wert $x$, weil das alte runenalphabet
kein zeichen für diesen buchstaben hatte; um aber für die bedeutung
$x$ zu passen, mußte auch der name *eolh* verändert werden, und dies
wurde durch zusammensetzung mit dem worte *secg* erreicht, indem
$h$ am schlusse des ersten gliedes in verbindung mit $s$ im anfange
des zweiten gliedes $x$ vorstellen konnte, und um diesen buchstaben deutlicher zu bezeichnen, veränderte man in der schrift *eolhsecg*
in *eolhxsecg* und ließ endlich das sinnlose *eolhx* selbst mit abwer-
fung von *secg* als namen der rune gelten.

Da der ursprüngliche name der rune $Y\lambda$ im laufe dieser untersuchungen für uns von großer wichtigkeit werden wird, so habe ich
hier diese entwicklung darlegen müssen, die ich übrigens in allem
wesentlichen bereits in den årboger for nord. oldk. 1867 („de ældste
nord. runeindskr."), s. 32—34 anm. vorgebracht habe.

Nachdem wir so die ursprüngliche bedeutung der rune $Y$
sowie deren namen nachgewiesen haben, bleibt noch übrig zu untersuchen, woher das runenzeichen stammt. Einen buchstaben mit ganz
entsprechender bedeutung finden wir ja im lateinischen alphabete
nicht; aber da lateinisches $s$ für $\zeta$ $s$ benutzt war, mußte man für
den andern zischlaut entweder ein zeichen unabhängig vom lateinischen
bilden, oder $z$ wählen, wie Wulfila in sein alphabet diesen buchstaben zur bezeichnung für got. $z$ aufnahm, das gerade den ursprüng-

---

[1]) Da Cæsar (de bello Gall. VI, 27) das wort *alces* und Pausanias (V, 12, 1;
IX, 21, 3) ἄλκη gebraucht, da ferner das *e* in altn. *elgr* *i*-umlaut von *a* sein muß,
weil das wort entweder *ja*- oder *i*-stamm ist, so dürfen wir die oben genannte
grundform (in got. gestalt *algeis* oder *algs*) annehmen, wohingegen ags. *eolh*
und mhd. *ëlch* ein urgerm. *elhaz* voraussetzen, womit jenes im verhältnis des
ablauts und des grammatischen wechsels steht. Eine dritte form, einen *n*-
stamm, hat das hochdeutsche in ahd. *ëlaho, ëlho*, mhd. *ëlhe*.

lichen laut der ᛉ-rune repräsentiert. Da nun Z zum gebrauch für die
s. 120. runenschrift am natürlichsten entweder zu ᛇ (vgl. ᛏ aus T) oder, indem die querstriche von der mitte des stabes ausgingen, zu ᛉ ᛦ (vgl. ᚠ aus F) umgebildet werden mufste, so zweifle ich nicht daran, dafs wir in ᛉ wirklich eine aus lat. Z entstandene rune haben.

### 7. Die rune ᛇ ᛇ (?).

Dafs man für die *z*-rune nicht die form ᛇ wählte, die unleugbar dem Z näher zu liegen scheint, findet eine natürliche erklärung darin, dafs das zeichen ᛇ oder ᛇ zur darstellung derjenigen rune gebraucht wurde, die in allen alten alphabeten die 13te stelle einnimmt. Dagegen finden wir diese rune nicht als lautzeichen in den gotischen und nordischen inschriften, und wo sie in deutschen inschriften nachgewiesen werden kann (auf der Nordendorfer spange a [1]), der Freilaubersheimer spange, rechts unten auf der spange von Charnay), ist ihre bedeutung ganz unsicher. Auch sehe ich mich nicht im stande, ihre bedeutung in der altenglischen inschrift auf dem steine von Thornhill (Stephens III, s. 211) zu bestimmen, und in den gröfseren bekannten altengl. runeninschriften tritt ᛇ nur ein einziges mal auf dem kreuze von Ruthwell in dem worte ᚪᛚᛗᛖᛇᛏᛏᛁᚷ auf, wo es also am ehesten die bedeutung *h* zu haben scheint (*almehttig*), das will sagen die des letzten buchstabens in dem namen, womit die rune in den handschriftlichen altengl. alphabeten bezeichnet wird: *eoh*, *ih*; gerade dieser name hat natürlich zu dem eigentümlichen gebrauch der rune auf dem kreuze von Ruthwell veranlassung gegeben, der jedoch nicht der ursprüngliche sein kann. Dagegen könnte der name *eoh*, *ih* zu der annahme verleiten, dafs die rune ursprünglich das zeichen für den gemeingermanischen diphthongen *eu* oder für langes *i* gewesen sei. Das erstere kommt mir jedoch nicht nur höchst zweifelhaft, sondern auch unwahrscheinlich vor, da ich nicht einsehe, was den, der die runenschrift bildete, bewogen haben sollte, ein eigenes zeichen für die lautgruppe *eu* einzuführen, wenn die beiden andern diphthonge (*ai*, *au*) durch zusammenstellung der beiden vokalzeichen (ᚨᛁ, ᚨᚢ) ausgedrückt wurden. Dafs man dasselbe mittel auch dazu benutzt hat, den diphthong *eu* auszudrücken, geht aufserdem

[1]) Möglicherweise ist ᛇ auf der Nordendorfer spange gar nicht als lautzeichen, sondern als eine art trennungszeichen gebraucht.

mit sicherheit aus dem ᚱᛗᚾᛒᛈᛁᚻ leubwini der Nordendorfer spange
(vgl. s. 64) und dem ᚱᛗᚾᛒ leub der spange von Engers (vgl. s. 65)
hervor. Dafs man auch im Norden diesen diphthong nicht durch
ein einzelnes zeichen ausgedrückt hat, werden wir später gelegenheit
finden nachzuweisen.

Eher könnte man sich daher mit dem Wulfilanischen alphabete
vor augen denken, dafs man in der runenschrift von anfang an ᛁ als
zeichen für ï gebraucht und ᛇ oder ᛃ als zeichen für i gebildet hätte.
Da indessen die vier andern vokalzeichen in der runenschrift (ᚠᛗᛟᚾ)
sowohl für die kurzen wie für die langen laute gebraucht werden,
so finde ich es unwahrscheinlich, dafs man für ï das bedürfnis nach
zwei zeichen gefühlt haben sollte. Aufserdem gebrauchen die runeninschriften nachweislich ᛁ sowohl in der bedeutung ï wie i (vgl. got.
tilariðs auf dem Koveler speere mit woduridan auf dem steine
von Tune, asugisalas = altnord. Ásgísls auf der Kragehuler lanze).

Da ich mir auch schwer einen andern laut denken kann, den
das gemeingermanische runenalphabet durch dieses zeichen auszudrücken sich veranlafst gesehen haben sollte [1]), so stellt es sich für
mich als eine möglichkeit dar, die mir einen nicht geringen grad
von wahrscheinlichkeit zu haben scheint, dafs ᛇ von anfang an
gar nicht als lautzeichen gebraucht worden ist, sondern aus
einem andern grunde gebildet wurde, um das runenalphabet zu ver-
vollständigen, so dafs jedes der drei „geschlechter“ seine acht zeichen
erhalten konnte (Wulfila nahm ja bekanntlich in sein alphabet die

---

[1]) Die gemeingermanische sprache hatte ja sowohl im anlaut wie im inlaut spiranten (ð, g, đ), doch sicherlich mit einer einzigen ausnahme, nämlich
wo ein nasal (ꝥ, n, m) vorherging; hier fanden sich wahrscheinlich bereits zu
der zeit, da das runenalphabet geschaffen wurde, mutæ (ꝥg', nd, mb); nun zeigen
die inschriften, dafs die rune ◊ nicht blofs das zeichen für ꝥ, sondern auch
für den nasal in verbindung mit der folgenden mutä (ꝥg') war, und diese
letztere bedeutung hat sie überall in den bis jetzt bekannten inschriften, die
kein beispiel für ꝥk darbieten. Consequent mufsten ✛ (n) und ᛗ (m) also
auch zeichen sowohl für den nasal wie für diesen in verbindung mit der muta
(nd, mb) sein, worüber wir im folgenden des näheren zu sprechen haben werden.
Der gedanke, dafs die runenschrift ein eigenes zeichen zum ausdruck der lautverbindung nd erfunden haben, und dafs dieses die ursprüngliche bedeutung von
ᛇ sein könnte, würde also durch die verwendung des ◊ nicht gestützt werden
und scheint mir auch an und für sich ganz unwahrscheinlich. Ich habe jedoch
hierauf aufmerksam machen wollen, weil es überhaupt schwer fällt, sich einen
laut oder eine lautverbindung zu denken, die die runenschrift durch ihr ᛇ
auszudrücken bedürfnis hätte fühlen können.

griechischen episema koppa und sampi als zahlzeichen, aber nicht
als lautzeichen, auf). Da die rune ja indessen einen bestimmten namen wie die übrigen runen gehabt haben mufs, so kann sie natürlich
später ab und zu sehr wohl als lautzeichen in der bedeutung gebraucht worden sein, die ihr name angab.

Ist diese vermutung richtig, so würde ich geneigt sein, in der
rune $\mathcal{L}$ $\mathcal{J}$ eine umänderung des lat. $\curlyvee$ zu sehen, das ja sonst im
gemeingermanischen alphabete keine verwendung finden würde, wo ein
entsprechender laut fehlte.    Latein. $\curlyvee$ konnte nach dem grundsatze
der runenschrift, dafs die nebenstriche sich niemals über den hauptstab
erheben, die form $\uparrow$ annehmen; da lat. $T$ indessen gerade in dieser
weise umgebildet war, so lagen die formen $\mathcal{L}$ oder $\mathcal{J}$, wo der eine
arm des $\curlyvee$ an die spitze, der andere an den fufs des hauptstabes gefügt wurde, ja nahe.

Hinsichtlich der 8 runen, die wir von anfang an bei der vergleichung mit dem lateinischen alphabete (s. 100 f.) aufserhalb der be-
trachtung liefsen, nämlich $\mathsf{X}$ $g$, $\mathsf{P}$ $w$, $\phi$ $j$, $\mathcal{L}$ ?, $\mathsf{B}$ $p$, $\curlyvee$ $R$, $\phi$ $ŋ$, $\bowtie$ $d$,
haben unsere untersuchungen also zu dem ergebnis geführt, dafs als
die ursprünglichen gemeingermanischen formen der $j$- und $p$-rune
$\mathsf{H}$ und $\mathsf{M}$ anstatt des $\phi$ und $\mathsf{B}$ des brakteaten von Vadstena angenommen werden müssen, und dafs die offene form der $ŋ$-rune ur-
sprünglicher ist als die geschlossene des brakteaten, wogegen sich
die ursprünglichen formen in den übrigen fällen auf dem brakteaten
finden (dafs er auch für das fehlende $\partial$ die form $\bowtie$ haben würde,
kann natürlich als sicher angenommen werden).    Von den ge-
nannten 8 runen gehen vier, nämlich $\mathsf{H}$ $j$, $\mathsf{M}$ $p$, $\mathsf{P}$ $w$ und $\curlyvee$ $z$ (R),
aus lateinischem $\mathsf{G}$, $\mathsf{P}$, $\mathsf{Q}$ und $\mathsf{Z}$ hervor; dagegen sind $\mathsf{X}$ $g$, $\phi$ $ŋ$
und $\bowtie$ $d$ zum besonderen gebrauch für die runenschrift durch ver-
doppelung der $\mathsf{<}$- und $\mathsf{P}$-rune gebildet, doch so, dafs lat. $\mathsf{X}$ ohne
zweifel das vorbild für $\mathsf{X}$ abgegeben hat, während ein solches vorbild
für die beiden andern zeichen nicht nachgewiesen werden kann. Nur
bezüglich des ursprungs der rune $\mathcal{L}$ wage ich keine bestimmte ansicht auszusprechen; aber ich halte es für möglich, dafs sie von lat.
$\curlyvee$ ausgeht.

s. 121.    Selbst wenn man jetzt zweifel an der richtigkeit der einen oder
der andern meiner zusammenstellungen erheben, und selbst wenn man
nicht meiner erklärung des ursprungs der für die runenschrift eigentümlichen zeichen $\mathsf{X}$, $\phi$, $\bowtie$ beitreten will, von denen auf jeden fall

nur das erste ein direktes vorbild in der lateinischen schrift haben kann, so wird dies natürlich nicht im mindesten unser hauptergebnis erschüttern können, dafs das runenalphabet von einem griechisch-italischen alphabete abstammt, und dafs dieses alphabet nur das speciell lateinische gewesen sein kann. Jedes beliebige andere alphabet als das lateinische würde uns nämlich bezüglich der zweifelhaften zeichen ebenso wenig aufklärung wie dieses geben, und wo kein zweifel möglich ist, kann die erklärung nur in einem nicht-lateinischen alphabete gesucht werden, wenn dieses mit dem lateinischen übereinstimmt, und nur in dem specifisch lateinischen, wenn dieses von den andern abweicht. Ebenso wenig wie man deshalb die abstammung des griechischen alphabetes vom phönicischen leugnen kann, weil es unmöglich ist, mit sicherheit den ursprung einzelner von den speciell griechischen zeichen nachzuweisen, ebenso wenig ist man berechtigt, den ursprung der runenschrift aus dem lateinischen alphabete zu leugnen, weil wir die herkunft einzelner, oder nach meiner meinung vielmehr nur eines einzigen der für die runenschrift eigentümlichen zeichen nicht sicher anzugeben vermögen.

Aber wir sind ja sogar der lösung der frage noch näher gekommen, als blofs bis zu dem resultat, dafs die runenschrift vom lateinischen alphabete abstammt. Da nämlich die *j*-rune von lat. G und die z-(κ-) rune von lat. Z ausgeht, so ist ja damit zugleich bewiesen, dafs dasjenige alphabet, welches der runenschrift zu grunde liegt, das **jüngere lateinische** ist, das nicht nur das neue zeichen G hinter F gestellt hatte, sondern auch die später aufgenommenen griechischen zeichen Y und Z benutzte. Von den 23 buchstaben, die sich in diesem alphabete befanden, hatte s. 122 K eine sehr beschränkte anwendung und war für das runenalphabet ganz überflüssig, da es denselben laut wie das gewöhnliche C ausdrückte. Auch X und Y waren überflüssig für dieses, da sie zeichen waren, für welche die runenschrift keine verwendung hatte, insofern X eine lautverbindung ausdrückte, und *y* in der gemeingermanischen sprache noch unbekannt war. Von den übrigen 20 buchstaben wurden 17 mit derselben bedeutung wie im lateinischen alphabet und in einer form aufgenommen, die nur nach einem bestimmten princip geändert war, wo die eigentümliche bestimmung der runenschrift zur einritzung in holz es notwendig machte, nämlich:

| | |
|---|---|
| A | ᚠ |
| B | ᛒ |
| C | ᛐ |
| E, II | ᛖ |
| F | ᛦ |
| H | ᚺ |
| I | ᛁ |
| L | ᛚ |
| M | ᛗ |
| N | ᚾ |
| O | ᛟ |
| P | ᛣ |
| R | ᚱ |
| S | ᛋ |
| T | ᛏ |
| V | ᚢ |
| Z | ᛉ |

Auch die 3 andern buchstaben, die sich im lateinischen alphabete fanden, nämlich D, G und Q, wurden alle in den mit dem
charakter der runenschrift übereinstimmenden formen ᚦ, ᚺ und ᚹ
aufgenommen, aber in der abweichenden bedeutung þ, j und w,
wovon der grund bezüglich jedes einzelnen zeichens im voraufgehenden
angegeben ist. Von den drei noch übrigbleibenden, vom standpunkte
der runenschrift aus ganz überflüssigen buchstaben K, X und Y hat
X unzweifelhaft veranlassung dazu gegeben, dafs das runenzeichen
für g gerade die form X bekam[1]), und es ist möglich, dafs Y der

---

[1]) Dafs die rune X vielleicht mit lat. X verwandt sein könnte, hat bereits
Müllenhoff (Zur Runenlehre, s. 59 anm. 1) geäufsert; jedoch spricht er sich
darüber mit grofser behutsamkeit aus. Weniger vorsichtig wird diese frage von
einem gelehrten in der Tidskrift for Philologi og Pædagogik V, s. 298 behandelt. Indem er nämlich Kirchhoffs ansicht über die abstammung der runenschrift vom latein. alphabete aufnimmt — zwar wird Kirchhoff nicht genannt;
aber wer sonst mit den „andern" gemeint ist, die dies nachgewiesen haben
sollen, ist mir unbekannt —, fügt er die behauptung hinzu, dafs die runenzeichen
für w, g und j lateinisches P, X und Q seien; diese stützt sich auf die falsche
voraussetzung, dafs dem ursprünglichen runenalphabete das zeichen für p fehlte,
und auf die merkwürdige aufklärung, dafs lat. G „wie bekannt jünger" sei.
Dafs G im lat. alphabet jünger ist als X und Q, ist gewifs „bekannt"; aber
ich sehe nicht ein, welchen nutzen diese aufklärung schafft, wenn nicht zugleich
nachgewiesen wird, dafs G jünger ist als dasjenige lateinische alphabet, aus
dem die runenschrift hervorgegangen ist.

rune ⟨runes⟩ zu grunde liegt. In diesem falle würde also K der
einzige lateinische buchstabe sein, der bei der bildung
der runenschrift keine verwendung fand; aber es war ja
auch das einzige zeichen, das bei den Römern selbst als eine ruine
aus älteren zeiten dastand, beschränkt auf den gebrauch in einigen
einzelnen fällen.

Das älteste gemeingermanische runenalphabet, das s. 123.
uns in der ursprünglichen buchstabenfolge und bis auf
ein paar ausnahmen mit der ursprünglichen gestalt der
runen namentlich auf dem brakteaten von Vadstena und
der spange von Charnay überliefert ist, hat also aus 24
zeichen bestanden, die zum gröfsten teil nach den lateinischen kapitalbuchstaben in der form gebildet sind,
welche sie im jüngern lateinischen alphabete aus der
ersten kaiserzeit hatten. Dieses runenalphabet mufs am ehesten
folgendes aussehen gehabt haben:

| 1 | 2 | 3 | 4 | 5 | 6 | 7 | 8 | | 9 | 10 | 11 | 12 | 13 | 14 | 15 | 16 | | 17 | 18 | 19 | | 20 | 21 | | 22 | 23 | 24 |
|---|---|---|---|---|---|---|---|---|---|----|----|----|----|----|----|----|---|----|----|----|---|----|----|---|----|----|----|
| f | u | þ | a | r | k | g | w | | h | n | i | j | - | p | z | s | | t | b | e | | m | l | | ŋ | o | d |

Ein älteres stadium in der entwicklung der runenschrift anzunehmen, wo dieses alphabet eine einfachere form gehabt
hätte, was namentlich M. Rieger in den interessanten bemerkungen,
die er in seiner recension der dänischen ausgabe meines buches in
der Z. für d. Philol. VI, 1875, s. 333 ff. als eine möglichkeit hingestellt hat, liegt nach meiner meinung durchaus kein grund vor. Dem
widersprechen bestimmt alle vorliegenden thatsachen, dadurch dafs sowohl die gotischen, deutschen, englischen und nordischen runendenkmäler als auch der Wiener cod. Salisb. 140 auf das hier dargestellte
alphabet von 24 zeichen hinweisen. So lange man daher nicht im
stande ist, mit hülfe von runendenkmälern oder andern thatsachen das
vorhandensein eines älteren alphabetes nachzuweisen, aus dem das gemeingermanische mit den 24 zeichen sich entwickelt hat, bleibt die
annahme eines solchen alphabetes nur eine hypothese, die sich nicht
nur nicht beweisen läfst, sondern mir sogar im höchsten grade
unwahrscheinlich dünkt, und zwar nicht am wenigsten aus dem grunde,
weil sie mir ganz überflüssig vorkommt, um die entstehung des
wirklich vorliegenden gemeingermanischen runenalphabetes zu erklären.
Da die gründe, die Rieger seinerzeit veranlafsten, den hier be-
kämpften gedanken vorzubringen, jetzt in allem wesentlichen durch die

neuen erklärungen weggefallen sind, die ich im vorhergehenden über
das verhältnis einzelner runenzeichen zu den lateinischen buchstaben
habe geben können, so hoffe ich, dafs er an seinem älteren alphabete mit den 18 zeichen nicht länger festhalten, sondern mir einräumen wird, dafs die übrigen 6 zeichen ein ebenso ehrwürdiges
alter haben wie jene 18.

### D. Verschiedenheiten zwischen der runenschrift und den übrigen alten alphabeten.

Selbst wenn wir nun, wie ich hoffe, ganz unwiderleglich den
ursprung der einzelnen runenzeichen aus den lateinischen buchstaben
nachgewiesen haben, so tritt uns doch bei der betrachtung des runenalphabetes, das wir als das gemeingermanische aufgestellt haben, ein
merkwürdiges factum entgegen, eine auffallende abweichung vom
lateinischen alphabete, nämlich die ganz verschiedene buchstabenordnung.   Die übereinstimmung zwischen den alphabeten
s. 124. auf der spange von Charnay und dem brakteaten von Vadstena
sowie den altenglischen alphabeten, welche die später gebildeten
zeichen hinter der älteren ursprünglichen reihe hinzugefügt haben,
beweisen unwiderleglich, dafs bereits das älteste gemeingermanische
runenalphabet seine zeichen auf dieselbe weise geordnet hat, und die
trennungszeichen, welche sich auf dem brakteaten von Vadstena
nach der achten und sechzehnten rune finden, machen es bei vergleichung mit dem jüngeren nordischen alphabete ebenso höchst
wahrscheinlich, dafs die 24 alten runenzeichen auch von anfang
an in 3 abteilungen eingeteilt gewesen sind.   Nichts von
diesem stimmt mit dem lateinischen überein.   Und hierzu kommen
weiter noch die abweichenden buchstabennamen.   Während die
lateinischen buchstabennamen so weit wie möglich durch den eigenen
laut der buchstaben ausgedrückt werden (was die konsonanten anlangt,
also in verbindung mit einem vorhergehenden oder nachfolgenden vokal),
so sind die runennamen wirkliche worte der sprache, die, so weit
dies möglich ist (also mit ausnahme der namen für z und ƿ), mit
dem buchstaben beginnen, den die rune ausdrückt. Dafs auch diese
vom lateinischen verschiedenen namen den runen von
anfang an zugehört haben, zeigt die übereinstimmung zwischen
den gotischen buchstabennamen, den altenglischen und späteren
nordischen runennamen, durch deren hülfe es uns möglich werden

wird auch die namen der runen in der gemeingermanischen und
ältesten nordischen form zu bestimmen.

Damit diese verschiedenheiten zwischen dem runenalphabet und dem lateinischen alphabet hinsichtlich der
reihenfolge und benennung der buchstaben jedoch in
irgend welcher beziehung das ergebnis unserer untersuchungen erschüttern könnten, müfste man auf jeden fall
ein anderes älteres alphabet nachweisen, welches besser
als das lateinische den grund dieser abweichungen zu erklären vermöchte; aber ein solches alphabet findet sich
nicht; denn dieselben abweichungen sind ja auch vorhanden, wenn
wir das runenalphabet mit dem phönicischen oder griechischen oder
andern verwandten alphabeten vergleichen. Die eigentümliche anordnung des runenalphabetes und die besondern namen der runen,
die auf jeden fall echt germanisch und also aus der sprache
desjenigen germanischen stammes entnommen sind, bei dem die
runenschrift zuerst geschaffen wurde, helfen uns daher in keiner
beziehung auf die spur, wenn wir nach dem ursprung der zeichen
fragen, erschüttern aber selbstverständlich auch nicht im mindesten s. 125.
das resultat, zu dem wir auf andern wegen gekommen sind. Gerade
im gegenteil scheint die selbständigkeit, die der erfinder der runenschrift in so vielen beziehungen dem lateinischen vorbilde gegenüber
an den tag gelegt hat, auf eine spätere zeit hinzuweisen und so
selbst unsere weitere annahme zu bestärken, dafs es das jüngere
lateinische alphabet von 23 zeichen sei, welches die grundlage für die
runenschrift bildete. Dafs man auf einem älteren standpunkt eher zu
einer ganz sklavischen nachahmung seines vorbildes versucht sein
konnte, zeigt die art, in welcher das älteste griechische alphabet sich
dem phönicischen anschlofs, indem es alle phönicischen zeichen samt
ihrer reihenfolge und ihren namen aufnahm; gleichfalls nahmen die
italischen alphabete die griechischen zeichen in der ursprünglichen
reihenfolge auf, aber nicht — wenn wir aus dem uns bekannten
lateinischen alphabete schliefsen dürfen — die griechischen namen.
Das runenalphabet endlich nahm die lateinischen zeichen
auf, aber weder deren anordnung noch deren namen und
bildete aufserdem ein paar neue zeichen ohne vorbild in
der lateinischen schrift.

Die genannten abweichungen vom lateinischen alphabete könnten
nun zwar, wie Müllenhoff hervorgehoben hat (Z. f. d. a., neue folge

VI, 1875, s. 250 f.), daraus erklärt werden, dafs derjenige, welcher
zuerst das runenalphabet schuf, die lateinischen buchstaben gar nicht
nach abcedarien, sondern aus zusammenhängenden texten gelernt hätte.
Die möglichkeit einer solchen annahme darf natürlich nicht geleugnet werden; aber es kommt mir doch in hohem grade wahrscheinlich vor, dafs der mann, der mit der lateinischen schrift so
vertraut war, wie der erfinder der runenschrift es gewesen ist, die
buchstabenfolge dieser schrift gekannt hat und also auch, wenn ihn
nicht besondere gründe bewogen hätten davon abzuweichen, dieselbe
in seinem eignen alphabete hätte befolgen können, gleichwie Wulfila
in seinem alphabete die reihenfolge der griechischen buchstaben bei-
behielt.   Ich hege daher auch keinen zweifel darüber, dafs wir
hier gerade eine mit bewustsein vorgenommene abweichung
vom lateinischen alphabete haben.    Welche gründe den alten
runenmeister bewogen haben, die lateinische buchstabenfolge aufzugeben
und gerade die zu wählen, welche wir in dem ältesten runenalphabet
finden, und ferner, warum er die 24 runen in 3 abteilungen ordnete
und den runenzeichen die namen gab, die wir vorfinden, können wir
jetzt natürlich nicht bis ins einzelne entscheiden.   Vieles deutet jedoch
darauf hin, dafs die runenschrift von anfang an nicht blofs als
buchstabenschrift, sondern auch und vielleicht wesentlich zu magischem gebrauche gedient hat; besonders lehrreich
sind ja in dieser beziehung die vielen unzweifelhaft magischen inschriften mit älteren runen, die noch erhalten sind, und auf die ich
bereits in der abhandlung: „De ældste nordiske runeindskrifter" (årb.
f. nord. oldk. 1867) s. 26 f. (vgl. oben s. 57 f. anm. 5 und 122 anm. 2)
aufmerksam gemacht habe.   Dieser gebrauch setzt indessen mit notwendigkeit voraus, dafs jede rune ihren bezeichnenden namen hatte,
erklärt es, wenn ein einziges runenzeichen ($\pmb{\mathcal{L}}$) von anfang an vielleicht
gar nicht als lautzeichen gebraucht worden, und hier liegt ohne zweifel
auch der grund dafür, dafs die 24 runenzeichen in einer von der lateinischen buchstabenordnung verschiedenen reihenfolge in 3 abteilungen
mit je 8 zeichen eingeteilt wurden.

Weiter als zu dieser ganz allgemeinen einsicht können wir,
glaube ich, nicht gelangen.   Jedesfalls verlocken die versuche, die
bisher gemacht worden sind, diese fragen im einzelnen zu lösen, nicht
dazu, neue beiträge in dieser richtung zu liefern.   Namentlich hat
man bezüglich der runennamen oft die ansicht aufgestellt, dafs sie
mit besonderer rücksicht auf die form der zeichen gewählt seien,

und viele ältere und neuere gelehrte haben sogar diese zeichen und namen als beweis für die entwicklung der runen aus einer ursprünglichen uralten bilderschrift gebraucht; hier ist ja ein weites feld für die phantasie: „ᛏ, Týr, ist der gott, der seine hände schützend und segnend über die erde ausbreitet; ᛉ, maðr, ist der mann, der betend seine hände erhebt; ᚡ, fé, ist der stierkopf mit den hörnern" u. s. w., u. s. w. (Brynjulfsen, Pericul. Runolog. § 36; Dietrich an der oben s. 15 f. anm. genannten stelle). Zwar ist, wie wir gesehen haben, s. 126. das ursprüngliche zeichen für die nordische maðr-rune nicht ᛉ, sondern ᛘ, wogegen ᛉ im ältesten alphabet das zeichen für ʀ war und einen namen hatte, der später im altnordischen die form *elgr* bekam; aber es wird ja gewiſs nicht schwer fallen, die früheren erklärungen der runennamen mit bezug hierauf zu ändern. Derjenige, der früher in ᛉ (maðr) „einen mann" sah, „der seine hände zum gebet erhebt", kann wohl auch in ᛘ (mannʀ) „einen mann" finden, „der auf der erde hinschreitet", oder dergl., und ᛉ (elgʀ) könnte ja ausgezeichnet „das elentier mit den zacken" anstatt „des betenden mannes" vorstellen. Aber ich verlasse diese müſsigen phantasien mit dem geständnis, daſs ich mich nicht im stande sehe, den grund für den namen jedes einzelnen runenzeichens anzugeben, und ich glaube, daſs diese frage immer als ein rätsel vor uns stehen wird, wenn nicht einmal im laufe der zeit ein unvorhergesehener glücksfall uns den schlüssel zu ihrer lösung geben sollte[1].


*E. Die richtung der runenschrift; trennungszeichen; binderunen;*
*einfassungslinien.*

### 1. Die richtung der schrift.

Ehe wir unsere untersuchungen über den ursprung der runenschrift schlieſsen, müssen wir noch einige bemerkungen besonders über die richtung der schrift und über die trennungszeichen hinzufügen.

---

[1] Es hat mich gefreut, lange nachdem dies niedergeschrieben war, eine äuſserung von W. Grimm über den hieroglyphischen charakter der runenschrift zu finden, die ich ganz zu der meinigen machen kann. In einer anzeige von Brynjulfsens buche über die runen sagt er (Götting. gel. Anz. 1824, s. 1024): „Rec. glaubt weder an hieroglyphische Entstehung der Runen, noch von allen hier gegebenen Erklärungen ein Wort; er wüſzte kaum etwas, das man auf diese Art nicht in den paar Strichen finden könnte".

Es kann als unzweifelhaft angesehen werden, dafs die Griechen bei der aufnahme des phönicischen alphabetes zugleich die ursprüngliche richtung der schrift von rechts nach links bewahrten. Schon in den allerältesten griechischen inschriften treffen wir jedoch daneben entweder die richtung von links nach rechts[1]) oder eine s. 127. vermischung beider weisen, so dafs man gewöhnlich von links nach rechts begann, darauf aber die zweite zeile in der entgegengesetzten richtung von rechts nach links laufen liefs (βουστροφηδόν)[2]). Eine eigentümliche art von bustrophedon in schlangenwindungen, wo die zeilen nicht blofs in entgegengesetzter richtung laufen, sondern wo auch die buchstaben in beiden reihen umgekehrt gegen einander stehen, kommt ab und zu, wenn auch sehr selten, in griechischen inschriften vor[3]). Frühzeitig wurde jedoch bekanntlich die richtung von links nach rechts alleinherrschend.

Von den alten italischen alphabeten gebraucht nur das lateinische ohne ausnahme die richtung von links nach rechts, wäh-

---

[1]) Z. b. in mehreren der inschriften von Thera, in der ungefähr gleichzeitigen inschrift von Melos (Corp. Inscr. Græc. no. 3, Franz, Elem. epigr. Gr. no. 21, Roehl, Inscr. Gr. ant. no. 412) und in andern der ältesten inschriften.

[2]) Beispielshalber mögen angeführt sein: die sigäische inschrift (C. I. G. no. 8, Franz no. 32, Roehl no. 492), drei inschriften aus Milet (C. T. Newton, History of discoveries at Halicarnassus, Cnidus and Branchidæ II p. 777 & tab. XC VI 66, Roehl no. 483; Newton II p. 583 und 781 & tab. XCVII 67 und 68, Roehl no. 484; C. I. G. no. 39, Franz no. 45, Roehl no. 486), zwei inschriften aus Attika (Kirchhoff, Corp. Inscr. Attic. I no. 463; C. I. G. no. 22, Franz no. 43, A. R. Rangabé, Antiquités Helléniques no. 7, Ph. Le Bas, Voyage archéologique en Grèce et en Asie mineure, Inscriptions pl. V no. 4, C. I. A. I no. 465), aus Korkyra (Le Bas pl. VI no. 1, Roehl no. 343) und sonst wo. — Rechts beginnt die grofse in zwölf kolumnen aufserordentlich sorgfältig und elegant eingehauene inschrift von Gortyn (siehe oben s. 30 anm. 2) und mehrere inschriften aus Didyma (Roehl no. 487, 488, 489). Rechts und mit der untersten zeile beginnt die inschrift von Krissa (C. I. G. no. 1, Le Bas pl. XII no. 3, Roehl no. 314) und eine inschrift aus Samos (C. Curtius im Rhein. Museum f. Philologie XXIX, 1, 1874, s. 160 no. 3, Roehl no. 383). — Zu Solons zeit war bekanntlich die schreibweise βουστροφηδόν herrschend in Athen.

[3]) So in einer inschrift von Korkyra (C. I. G. no. 20, Franz no. 31, Roehl no. 340), aus Athen (Rangabé no. 6, Le Bas pl. II no. 3, C. I. A. no. 467), aus Sparta (Rangabé no. 316, Le Bas pl. II no. 1, Roehl no. 54), eine zu Olympia gefundene inschrift (Kirchhoff in der Archäolog. Zeitung XXXVII, 1879, p. 153, Roehl no. 370). — Eine mischung des gewöhnlichen und des in schlangenwindungen gehenden βουστροφηδόν findet sich in einer inschrift aus Naxos (Fraenkel in der Archäolog. Zeitung XXXVII, p. 85, Roehl no. 407).

rend die etruskischen, umbrischen und oskischen sowie die
sonst mit dem lateinischen nahe verwandten faliskischen inschriften
regelmäßig von rechts nach links gehen. Dagegen treffen wir nur
ganz ausnahmsweise die schreibweise βουστροφηδόν in ein paar der
nordetruskischen inschriften und in einzelnen aus dem eigentlichen
Etrurien[1]). Beispiele für das bustrophedon in schlangenwindungen,
die so deutlich in den sabellischen inschriften von Crecchio und
Cupra (vgl. s. 52) hervortreten, sind sonst sehr schwer nachzu- s. 128.
weisen, obgleich etwas ähnliches wenn auch nur selten im etruskischen
vorkommt[2]).

Die runeninschriften beobachten bezüglich der richtung der
schrift kein festes princip. Wir finden sie sowohl von links nach
rechts wie von rechts nach links geschrieben, sowohl in
gewöhnlichem wie in schlangenförmigem bustrophedon.
Dies stimmt gewiß nicht mit dem lateinischen überein, wo die schrift
seit den ältesten zeiten ohne ausnahme von links nach rechts geht; und
es kann auch nicht von den Galliern entlehnt sein, wenn, was wir
unten des näheren besprechen werden, das lateinische alphabet durch
sie zu den germanischen völkern gekommen ist; wenigstens wenden alle
bisher bekannten gallischen inschriften mit dem griechischen und
lateinischen alphabete nur die richtung von links nach rechts an,
und dasselbe muß in den gallischen inschriften mit dem nordetruskischen alphabet als regel angesehen werden, obgleich dieses sonst
wie das gewöhnliche etruskische am häufigsten die umgekehrte richtung gehabt hat.

Es beruht aber im ganzen genommen auf einem vollständigen
mißverständnis, den grund für die willkür, welche die runeninschriften in dieser beziehung aufweisen, bei einem andern volke
suchen zu wollen. Sie ist nämlich etwas, das sich im laufe der zeit
ganz natürlich ohne ein fremdes vorbild von selbst entwickeln kann.
Wir dürfen wohl von der voraussetzung ausgehen, daß der, welcher
zuerst das runenalphabet erfand, auch der schrift eine bestimmte
richtung gab. Aber welchen stichhaltigen grund könnte man dafür
anführen, daß die, welche das runenalphabet benutzten, nicht ebenso

---

[1]) G. Conestabile, Iscrizioni etrusche e etrusco-latine, s. XCI f. und tav.
IV no. 15, tav. XIII no. 54, tav. XVIII no. 73.

[2]) Siehe z. B. bei Conestabile tav. I no. 1 und tav. XLVI no. 161. Dieselbe schreibweise findet sich gewiß auch in einer der nordetruskischen inschriften (Mommsen tab. II no. 14, Fabretti tab. II no. 22).

gut wie die alten Griechen darauf verfallen konnten, die ursprüngliche richtung der schrift umzuwenden? Und es wird wohl kaum
jemand behaupten wollen, dafs es für die Griechen natürlich gewesen
sei, die richtung der semitischen schrift zu verändern[1]), aber unnatür-
s. 129. lich für unsere vorfahren dasselbe mit der lateinischen zu thun.
Wenn niemand daran anstofs nimmt, dafs die uralten griechischen
inschriften von Thera wie unsere runeninschriften zugleich sowohl
von links nach rechts, von rechts nach links als auch βουστροφηδόν geschrieben sind, wenn wir — weil es eine unwiderleg-
liche thatsache ist — ohne bedenken einräumen, dafs die Griechen
ohne ein fremdes vorbild die ursprüngliche richtung der schrift haben
verändern können, sie überhaupt lange als etwas ganz unwesentliches
betrachtet haben, was sollte uns da hindern, dasselbe von unsern vorfahren anzunehmen, um so mehr, als es sich nachweisen läfst, dafs
es zum teil rein äufserliche gründe sind, rücksicht auf platz und
deutlichkeit u. s. w., die ursprünglich anlafs zu dieser scheinbaren
willkür gegeben haben?

Bezüglich der runeninschriften ist es jedoch von wichtigkeit zu
beachten, dafs die richtung von rechts nach links und βουστροφηδόν keineswegs wie bei den griechischen ein zeichen
von hohem alter der inschriften ist. Im gegenteil scheint
vieles dafür zu sprechen, dafs dies später entstandene veränderungen
sind, und dafs die ursprüngliche richtung gerade die von
links nach rechts gewesen ist, wie in den römischen und
gallischen inschriften. Diese finden wir nämlich nicht nur regelmäfsig aufserhalb des Nordens (auf dem Bukarester ringe, den
spangen von Charnay, Nordendorf a und b, Osthofen, Freilaubersheim,
Friedberg und Engers, sowie in den altenglischen inschriften, während
nur der name auf den speerblättern von Müncheberg und Kovel und die
runen auf dem Körliner ringe von rechts nach links laufen), sondern
auch in den meisten nordischen inschriften, die zu den allerältesten gerechnet werden müssen: der zwinge von Thorsbjærg, dem
diadem von Strårup, der spange von Himlingöje,
dem kamme aus dem Vier moore, dem lanzenschaft
aus dem Kragehuler moore, dem goldenen horn,
deren inschriften nur aus einer einzigen zeile bestehen. Hierzu müssen

---

[1]) Auch einzelne sehr alte etruskische inschriften gehen gegen die regel
von links nach rechts (man vergleiche ebenfalls die alphabete von Clusium
und das syllabar von Caere).

natürlich auch solche inschriften gerechnet werden, in denen zwei
zeilen gegen einander gewendet sind, die aber jede für sich von links
nach rechts gehen, z. b. auf der spange von Ems und der aus
dem Vier moore, von welch letzterer wir hier eine abbildung
in natürlicher gröfse mitteilen:

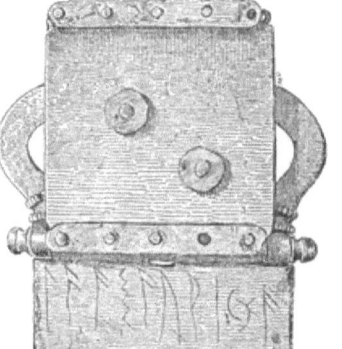

s. 130.

Die spange aus dem Vier moore.

Es ist offenbar, dafs der runenritzer, nachdem er die eine zeile eingeritzt hatte, die spange umgekehrt und darauf die zweite zeile geritzt
hat[1]). Dasselbe gilt von den inschriften auf der oberen fläche und

---

[1]) Die inschrift, welche von C. Engelhardt 1868 entdeckt und im selben
jahre in dem „Guide illustré du musée des antiquités du Nord à Copenhague“,
s. 24 (vgl. Vimose Fundet, 1869, s. 20) in der oben wiedergegebenen, unter meiner
kontrolle ausgeführten zeichnung herausgegeben wurde, ist im ganzen sehr deutlich und scheint nur die lesung:

laasauwiꝥa
nseᚦꝉpee

zu gestatten. Die bedeutung hiervon ist mir indessen unverständlich, und ich
kann daher auch nicht ausmachen, welche zeile als die erste zu betrachten ist. Ich
wage weder zwei namen noch eine zusammensetzung aaꝺagasu-laasauwiꝥa
anzunehmen. Am wahrscheinlichsten dünkt es mir, dafs die ganze inschrift (vielleicht mit ausnahme von wiꝥa, das ein name sein könnte, entsprechend dem
altnord. *Vingi*) runen ohne wirkliche sprachliche bedeutung enthält, und es verdient dann hervorgehoben zu werden, dafs nicht blofs ᚠ hier eine grofse rolle
spielt, sondern dafs wir auch ᚱ und ᚺ wie anderwärts wiederfinden (vgl. die bemerkung über die inschrift auf dem brakteaten von Vadstena oben s. 76, anm. 1).

10*

s. 131. auf der seite des hobels aus dem Vier moore, die sich aufserdem von verschiedenen personen herzuschreiben scheinen. Daneben mufs es als eine ausnahme angesehen werden, wenn die im übrigen unverständliche inschrift auf dem Thorsbjærger schildbuckel von rechts nach links zu laufen scheint [1]).

[1]) „Professor G. Stephens om de ældste nordiske runeindskrifter", s. 16—17 (= årb. f. nord. oldk. 1868, s. 68 f.). Zu dem von mir dort bemerkten kann ich jetzt folgendes hinzufügen:

Das original, welches früher der sammlung von altertümern in Flensburg angehörte, befindet sich jetzt im museum zu Kiel, wo ich es 1879 zu untersuchen gelegenheit hatte. Die fein eingeritzte inschrift hat ungefähr folgende form ᚺᛉᚷᛊᛁᚨ; der oberste nebenstrich in ᚨ ist ein wenig undeutlich; in der vorletzten rune ist der nebenstrich links feiner und befindet sich weiter oben an dem hauptstabe, als der zur rechten, und in der lezten rune läuft der querstrich ein kleines stück über beide hauptstäbe hinaus. Über die bedeutung der einzelnen zeichen kann jedoch kaum ein zweifel bestehn, und ich halte die lesung ᚺᛉᚷᛊᛁᚨ für sicher. Von diesen runen deutet nur ᚨ darauf hin, dafs die inschrift von rechts nach links geht, da die 5 andern dieselbe form haben könnten, einerlei ob die richtung von rechts nach links oder umgekehrt war, obgleich die form der *s*-rune, die am nächsten mit derjenigen übereinstimmt, die wir auf dem lanzenschaft von Kragehul finden, sonst am ehesten für das letztere sprechen würde. Ich habe mir daher die möglichkeit gedacht, dafs die fünf runen ᚺᛉᚷᛊᛁ wirklich von links nach rechts gelesen werden sollen und die eigentliche inschrift enthalten (natürlich so, dafs die worte nicht ganz ausgeschrieben sind), und dafs der runenritzer hiernach das magische ᚨ gesetzt hat, gerade deshalb nach der entgegengesetzten seite gewendet, um diese rune deutlicher als aufserhalb der eigentlichen inschrift stehend zu bezeichnen. Wie es sich hiermit auch verhalten mag — und es wird kaum jemals aufgeklärt werden können —, so hege ich keinen zweifel darüber, dafs wir hier eine wirkliche runeninschrift haben. Einen solchen zweifel hege ich dagegen jetzt wie früher bezüglich der inschrift auf einem römischen broncegefäfs, gefunden bei Valloby in der nähe von Koge (herausgeg. von C. Engelhardt in der beschreibung des Vallobyer fundes, årb. f. nord. oldk. 1873, s. 303—305). Die inschrift, die sehr leicht aufsen auf den boden des gefäfses eingeritzt ist, läuft von links nach rechts und scheint fünf buchstaben enthalten zu haben, von denen jedoch der letzte mit ausnahme eines teiles von dem untersten striche zerstört ist; die vier ersten buchstaben müfsten, wenn sie runen wären, am ehesten wiis gelesen werden, und da der letzte zu ᚨ ergänzt werden könnte, würden wir ein wort wiisa (vgl. altnord. *vísi*) bekommen; aus mehreren gründen glaube ich jedoch nicht, dafs wir diese zeichen als runen auffassen dürfen (es sind eher lateinische buchstaben PIIS., kaum RIIS.); auch Engelhardt ist am meisten geneigt, hier lateinische buchstaben zu finden. Dafs die inschrift auf einer kleinen broncefigur von Frohov in Norwegen (Stephens I, s. 250) nicht aus runen besteht, obgleich sie ein ᚨ enthält, sehe ich mit Rygh und Bugge (årb. f. nord. oldk. 1871, s. 176 anm.) für sicher an; jedoch wage ich nicht die zeichen „nordetruskische" zu nennen.

Dafs die richtung der schrift indessen früh, wenn auch nicht gleich
von anfang an, als ganz gleichgültig betrachtet wurde, geht deutlich aus
einer vergleichung zwischen den gleichzeitigen gotischen inschriften
auf dem Bukarester ringe (von links nach rechts) und auf den speerblättern von Müncheberg und Kovel (von rechts nach links), sowie
zwischen den beiden gleichzeitigen und in so vielen beziehungen identischen nordischen inschriften auf der lanze von Kragehul (von links
nach rechts) und der schlange von Lindholm (von rechts nach links)
hervor. Dasselbe verhältnis finden wir in den inschriften auf den nor- s. 132.
wegischen und schwedischen steinen, die alle für jünger als die dänischen
inschriften aus dem Thorsbjærger moore, von Strårup und Himlingöje
zu halten sind. Von links nach rechts laufen die inschriften in
3 zeilen auf den steinen von Reidstad und Orstad, und dasselbe gilt
zum teil (vgl. unten) von der inschrift in zwei zeilen auf dem Varnumer
steine, samt den inschriften in éiner zeile auf den steinen von Skärkind,
Skåäng, Bö, Tanem, Bratsberg, Belland, Stenstad, auf der
felswand bei Veblungsnæs, sowie den längeren inschriften auf den
Blekinger steinen (Björketorp, Stentofte, Istaby). Aber ungefähr ebenso oft finden wir die umgekehrte richtung von rechts nach
links; die längste von den bisher bekannten inschriften, welche diese
richtung hat, ist der 1882 entdeckte merkwürdige Strander stein aus
Ryfylke in Norwegen, von welchem auf der nächsten seite eine abbildung
mitgeteilt wird [1]). Dieselbe richtung haben die beiden zeilen auf den
steinen von Berga, Krogstad und Möjebro und die ein-
zelne zeile auf den steinen von Einang, Tomstad, Tanum,
Vånga, den beiden steinen von Torvik, sowie auf der felswand

---

[1]) Die inschrift lautet:

> hadulaikaʀ
> ek hagusta[l]daʀ
> hlaaiwido magu minino

d. h. „Hadulaik (der name des toten). Ich Hagustald begrub meinen sohn (in
diesem hügel)“. Hinsichtlich der dritten rune in der zweiten zeile vermute
ich, dafs der runenritzer die absicht hatte, zuerst **H** zu hauen; aber als er **ᚢ**
gehauen hatte, zeigte es sich, dafs diese rune zu nahe an das vorhergehende **>**
kommen oder allzu schmal werden würde; er änderte dann das beabsichtigte
**H** in **H**, mufste aber natürlich den ersten querstrich stehen lassen. Auch im
anfang der nächsten zeile schlug er ohne zweifel, wie Bugge annimmt, **ᛁᚱᚱH**
statt **ᛁᚱᛁH** ein und berichtigte dann den fehler, indem er an das **H** den kleinen
strich für die *l*-rune fügte; aber die beiden *a*-runen mufste er natürlich stehen
lassen. Die etwas nachlässige und unbeholfene art, in der die ganze inschrift
ausgeführt ist, erklärt genügend die genannten beiden fehler

Der stein von Strand.

am Valsfjord. Der vollständigkeit halber füge ich noch hinzu,
dafs die inschrift auf der Etelhemer spange von links nach rechts
läuft, was gleichfalls von der einen zeile auf der spange von Fonnås
gilt, während die drei andern die umgekehrte richtung haben — also
beide schreibweisen in ein und derselben inschrift! Von
den drei wesentlich gleichartigen magischen inschriften auf den
steinen von Förde, Kinnevad und Elgesem geht endlich die erste
von links nach rechts, die beiden letzten von rechts nach links[1]).
Es wird aus der hier mitgeteilten übersicht hervorgehen, dafs es für
vollständig gleichgültig angesehen worden ist, welche richtung man
der schrift gab; beide arten sind gleichzeitig und ungefähr gleich
häufig im gebrauch gewesen. Neben der nach meiner ansicht
ursprünglichen richtung von links nach rechts hat man also früh
auch von rechts nach links zu schreiben begonnen, was um so natürlicher war, als über die hälfte der runenzeichen in beiden fällen
dieselbe form behalten konnte, namentlich X *g*, H *h*, ✝ *u*, I *i*, ᚼ *j*,
ᛉ?, Y *n*, ᚴ *s*, ᛏ *t*, M *e*, ᛗ *m*, ♢ *ṽ*, ᚯ *o*, ᛞ *d* (häufig auch ᚨ *u*).
Da es gleichgültig war, ob man H, ᚼ, ᛚ, ᚴ u. s. w. oder H, ᚿ, ᛌ,
ᛉ u. s. w. schrieb, so lag es ja nahe, dieselbe freiheit auch bei den
andern zeichen anzuwenden und ᛦ, ᛆ, ᚩ u. s. w. für ebenso berechtigt
wie ᚠ, ᚦ, ᚨ anzusehn. Infolge dessen gelangte man ganz natürlich dazu,
die richtung der einzelnen zeichen und folglich auch die der ganzen
inschrift als gleichgültig zu betrachten. Um zu diesem resultat zu
kommen, brauchten die bewohner des Nordens wahrlich ebensowenig
wie die Griechen ein fremdes vorbild.

War man indessen erst zu der ansicht gekommen, dafs die s. 133.
richtung der schrift gleichgültig sei, so konnte hieraus wieder sehr
leicht folgen, dafs man darauf verfiel, beide weisen zu vereinigen,
und so gelangte man zu dem gewöhnlichen bustrophedon. Jedoch
findet sich dies sehr selten in den inschriften mit den ältesten
runen vor und ist zweifelsohne erst in gebrauch gekommen, nachdem die schrift neben der älteren richtung längst auch die richtung
von rechts nach links angenommen hatte. Es gibt eigentlich nur
ein denkmal aus dem älteren eisenalter, dessen inschrift βουστροφηδόν läuft; dafür ist aber dieses denkmal äufserst lehrreich in
dieser beziehung, da es eine längere inschrift auf beiden seiten

---

[1]) Alle die hier genannten inschriften finden sich jetzt abgebildet bei
Stephens I—III mit verweisung auf die werke, wo sie sonst abgebildet und
behandelt sind. Dies letztere kann man noch besser bei Burg sehen.

hat, nämlich der stein von Tune, von dem ich hier eine neue zeichnung, gegründet auf meine eigenen untersuchungen der inschrift im
sommer 1881 und auf eine reihe vorzüglicher abdrücke, mitteile.
Diese zeichnung, bei der grofse sorgfalt auf genaue wiedergabe der
einzelnen runenformen verwandt ist, bestätigt nicht nur vollständig
die berichtigungen, die Bugge seiner zeit zu der zeichnung bei Stephens mitgeteilt hat, sondern zeigt auch, dafs in wirklichkeit an
keiner einzigen stelle irgendwelcher zweifel über die lesung bestehen
kann.

Die eine seite des steines enthält in zwei zeilen folgende inschrift:

> d. i. ek wiwan after woduri | de
>       witada-halaiban : worahto [: runon][1])

Wir haben also hier die gewöhnliche bustrophedonform, wo die erste
zeile von links nach rechts läuft und die zweite sich darauf in der
entgegengesetzten richtung dreht, wodurch man ja erreichte, dafs
s. 134. die buchstaben, die zusammengehörten, auch so nahe wie möglich
bei einander zu stehen kamen.

Auf der andern seite des steines, wo die inschrift aus drei zeilen
s. 135. besteht, haben dagegen nur die zwei ersten die gewöhnliche bustrophedonform, während die dritte mit der zweiten eine schlangenwindung bildet, ganz wie in der s. 144 am schlufs der 3. anm. angeführten griechischen inschrift von Naxos, indem die runen in diesen
beiden zeilen umgekehrt gegen einander stehen, also:

---

[1]) „Ich Wiwan machte die runen nach dem genossen (kriegsgefährten)
Wodurid". Vgl. „de ældste nord. runeindskrifter" (årb. f. nord. oldk. 1867),
s. 37 f., s. 51 ff.; Navneordenes bøjning i ældre dansk, s. 41 ff.; Bugge in der
filol. tidskr. VII, s. 225 ff. Dafs die inschrift nur die lesung witada erlaubt,
hat Bugge hier ausgesprochen, was vollständig mit meiner untersuchung und
meinen abdrücken übereinstimmt.

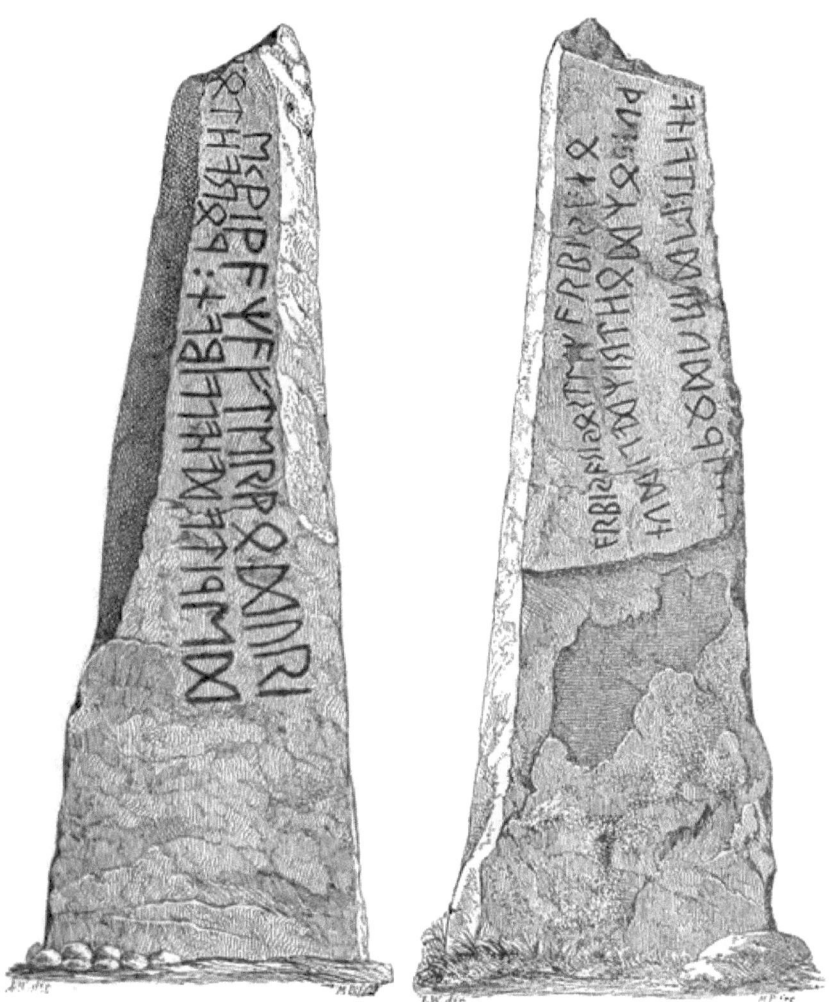

Der stein von Tune.

> d. i. arbiɴa siɴosteɴ arbiɴaɴo
> ꝥuiɴoɴ dohtriɴ dalidun
> [afte]ʀ woduride: staina:[1]

---

[1] Der obere punkt nach staina läuft mit dem ende von dem oberen beistrich der a-rune zusammen, von dem er jedoch sicher geschieden werden kann. — Bugge (filol. tidskr. VII, 229 ff.) liest und deutet die inschrift folgendermafsen: arbinga singosten arbingan oꝥlingon (statt oꝥuingon) dohtrin dalidun (afte)n woduride staina, d. h.: „die ältesten erben der erben, Odlingas töchter, setzten(?) nach Wodurid den stein“. Bugge will jedoch nur den anfang seiner deutung (bis dohtrin) als einen unsichern versuch angesehen wissen und läfst dalidun unerklärt. Später (filol. tidskr. VIII, 191—92) erklärt er dalidun = dallidun von *dalljan, „schön ausstatten“, behält ꝥuingon und verbindet in der ersten zeile arbingano ꝥuingon; er übersetzt dann: „die ältesten von den erben, Thuingas töchter“, aber läfst das erste arbinga unerklärt (filol. tidskr. VIII. 194). — In meiner abhandlung über „de ældste nord. runeindskr.“ s. 60 und in „Navneordenes böjn.“ s. 41 ff. hatte ich nur eine deutung des schlusses der inschrift versucht: dohtrin daedun (oder dalidun?) (afta)n woduride staina, „töchter errichteten (oder teilten?) nach Wodurid den stein“. Dagegen hatte ich in einem briefe an meinen verstorbenen freund K. Lyngby, worin ich, ehe Bugges obengenannte abhandlung in der filol. tidskr. erschien, ihm eine zusammenhängende darstellung der resultate gegeben hatte, zu denen ich damals in der deutung der ältesten runeninschriften gekommen war, meine meinung über die deutung der ganzen inschrift aufgestellt. Nachdem ich darauf aufmerksam gemacht hatte, dafs ich bezüglich meiner früheren deutungen in den ārb. f. nord. oldk. 1867 zweifel über das witai gahalaiban auf der einen seite des steines von Tune hege, wo vielleicht eher „witada-halaiban als ein zusammengesetztes wort mit bewahrung des auslautes in witada-“ zu lesen sein dürfte, und dafs auf der andern seite sowohl daedun wie dalidun gelesen werden könnte, sowie dafs eine ähnliche zweideutigkeit in der ersten zeile auf dieser seite vorhanden sei, indem sowohl -lin als auch -en vor arbingano gelesen werden könnte (selbst hatte ich damals nie gelegenheit gehabt, die inschrift zu untersuchen), kam ich nach einer längeren entwicklung, die ich hier übergehe, zu dem resultate, dafs die worte

li
arbingasingostenarbinganoꝥuingondohtrin

Wodurids „enkel“ oder „sohn und enkelinnen“ bedeuten müfsten, indem ich, je nachdem wir den stamm arbinga- oder arbingan- hätten, zu lesen vorschlug:

entweder: arbinga singosten (arbingas ingosten) arbinga noꝥuingon dohtrin, „der erben (des erben) ‘söhne’ [und] der erben . . . (ein adjectiv) töchter“ . . .

oder: arbinga singostlin arbingano ꝥuingon (arbingan oꝥuingon) dohtrin, „der erbe Singostlin [und] von den erbinnen Thuingas (oder der erbe Oduingas) töchter“ . . .

Der stein von Tune gibt uns somit das älteste beispiel von s. 136.
beiden arten der bustrophedonschrift, von welcher die zuerst besprochene art auch in einigen der ältesten griechischen und in ein- s. 137.

---

Hinsichtlich des verbums daedun oder dalidun hinter dohtrin fand ich
in beiden fällen eine schwierigkeit, da ich für daedun ein dadun und für
dalidun ein dailidun erwartete. Wenn daedun staina gelesen würde, so
fafste ich diesen ausdruck im verhältnis zu worahto runon ebenso auf, wie
z. b. auf den steinen von Helnæs und Glavendrup sati stain im verhältnis zu
faþi, raist runan. Jedoch war ich am meisten geneigt, dalidun (statt
dailidun durch eine mischung der a- und i-klasse) zu lesen und bemerkte hinsichtlich der bedeutung des wortes folgendes: „Ich erkläre es so: 'die kindes-
kinder' teilten den stein nach Wodurid, das will sagen: der stein wurde nach
Wodurid errichtet („Wiwar machte die runen nach Wodurid" — die erste
seite); aber später teilten Wodurids erben wieder den stein nach ihm — sie
kamen in dasselbe grab, und ihre namen wurden auf demselben steine eingehauen. Eine bestätigung für die richtigkeit dieser meinung finde ich aufserdem
in der form der runenzeichen in beiden inschriften, die deutlich zeigt, dafs sie
aus verschiedener zeit stammen; die kürzeste, schönste und älteste inschrift wurde
von Wiwar gehauen, während der stein noch an der erde lag und für den, der
die runen einschlug, leicht zu handhaben war; dagegen wurde die andere inschrift, welche zum gedächtnis an Wodurids „erben" diente, später eingehauen,
nachdem der stein aufgerichtet war; es war deshalb schwerer für den runenritzer, die arbeit schön zu machen, und das zeigen die runenzüge auch deutlich
genug. Ehe ich diese erklärung der inschrift auf dem steine von Tune verlasse, will ich noch einer einwendung entgegentreten, die dagegen erhoben
werden könnte; man könnte sagen, es sei ohne beispiel, dafs ein stein erst
über Wodurid errichtet wäre, und dafs später seine „erben an demselben
steine nach ihm teilhaber wurden". Wenn wir aus dem schliefsen, was noch
heutigen tages oft mit leichensteinen geschieht, die über einer bestimmten
person gesetzt werden, aber so, dafs man für einen oder mehrere namen
der familie platz frei läfst, so würde die einwendung ohne bedeutung sein, da
dasselbe natürlich auch in alter zeit geschehen sein könnte. Aber ich glaube
aufserdem ein paar ältere runensteine nachweisen zu können, die zum gedächtnis zweier errichtet sind: auf dem stein von Berga steht nach meiner
vermutung der name saligastin; aber aufserdem enthält der stein noch das
wort fino, das ich als nom. sgl. f. (= luþro, hariso) auffasse. Auch der
stein von Krogstad zeigt uns vielleicht dasselbe verhältnis; ich lese hier das
eine wort als stainaʀ (konnte es nicht leicht einem runenritzer einfallen ⅃
anstatt ↑ einzuhauen? auf der andern seite schlug er ꟻ nach der entgegengesetzten seite gekehrt ein), was ich nicht als das „appellativ" „stein", sondern
als nomen proprium, den mannsnamen „Stein", auffasse (wenn es „appellativ"
wäre, müfste nämlich ein genitiv vorausgehen); aber das wort auf der andern
seite endigt auf -ingi, nicht auf -ingaʀ; und der name auf der andern seite
kann dann der name eines andern mannes (vaters, bruders) sein; jedoch ist es
nach der endung -ingi (jüngere form für -inga) vielleicht wahrscheinlicher,

zehen etruskischen inschriften vorkommt, während die andere art
bei den Griechen und mit ausnahme der beiden „sabellischen“ in-
s. 138. schriften auch in Italien sehr selten ist.   Zwar nimmt Mommsen bei
der behandlung der sabellischen inschriften (Unterital. Dial. s. 22 ff.,
s. 329 ff.) an, dafs ihre bustrophedonform so aufserordentlich alt sei,
s. 139. dafs auch die gewöhnliche aus dem griechischen bekannte form davon
ausgegangen sein mufs, und er findet hier überreste einer uralten

---

ihn als „patronymikon“ zu s t a i n a n aufzufassen. — Wir haben auf diesen denkmälern:

1) teils einen (oder zwei) einzelne namen im nominativ; dies findet sich
aufser auf den steinen von B e r g a, K r o g s t a d und B r a t s b e r g auch auf
einzelnen losen gegenständen aus Dänemark;

2) teils den namen im genitiv mit hinzufügung des wortes „stein“; dies
findet sich auf dem steine von S t e u s t a d: igingon balan („lgingos stein“)
und hat wohl auch auf dem steine von B e l l a n d gestanden, wo jetzt nur
der genitiv erhalten ist, wofern nicht das $Y$, womit der name nicht
beginnen kann, und das sich nur auf der einen zeichnung bei Stephens
findet, der letzte buchstabe z. b. von $(STFI+F)Y$ (staina)n sein sollte,
worauf dann der genitiv eines männlichen a n-stammes folgte.  Auf dieselbe weise bin ich endlich geneigt das þ r a w i n g a n  h a i t i n a n was des
steines von T a n u m mit auslassung von „stein“ zu erklären, das auf dem
jetzt abgehauenen stücke des steines gestanden hat (jedoch könnte ein
anderer vielleicht eher annehmen, dafs z. b. das wort s u n u n hier den
genitiv þ r a w i n g a n regiert hätte);

3) teils längere und vollständigere inschriften.

Alles dieses hat seine entsprechung in den jüngeren runen:

1) der stein von H a v e r s l u n d;

2) die steine von K a l l e r u p und S n o l d e l e v;

3) die masse der jüngeren runeninschriften.“

Der schlufs des briefes enthält eine kleine übersicht über die flexion der
substantiva in der ältesten runensprache (wovon ein teil später in die årb. f.
nord. oldk. 1868, s. 305 — 6 = „den historiske sprogforsko. og modersm.“
s. 49—50 aufgenommen ist) und endlich meine deutung des S ö l v e s b o r g e r
steines (Navneordenes bøjn., s. 74 anm. 2).

Obgleich ich jetzt verschiedene dinge anders auffasse und die hier mitgeteilte
erklärung von dalidun nur als einen flüchtigen einfall betrachte, so habe ich
doch die gelegenheit benutzen wollen, diese bemerkungen mitzuteilen, da es von
interesse sein kann, zwei von einander unabhängige deutungen des steines von
Tune und anderer inschriften mit den älteren runen zu sehen, wo noch einzelne
worte als zweifelhaft angesehen werden müssen.   Es wird zugleich hieraus hervorgehen, dafs ich in mehreren beziehungen meine meinung über die ältesten
runeninschriften weit abgerundeter und ausführlicher in dem genannten briefe
als in meiner kurze zeit darauf erschienenen und ebenfalls von Bugges deutungen unabhängigen abhandlung über die flexion der substantiva dargelegt habe.

italischen schreibweise und einen beweis dafür, dafs die griechische schrift als bustrophedon nach Etrurien kam und in dieser form eine zeit lang von Etruskern, Umbrern und Sabellern gebraucht wurde. Ich halte indessen alle diese schlüsse für sehr übereilt, und ich glaube, dafs sein scharfsinn Mommsen hier vollständig auf den irrweg geleitet hat, um so mehr, als er selbst trotz der grofsen bewunderung für die altertümliche schreibweise in den sabellischen inschriften mit recht hervorgehoben hat, dafs weder ihr alphabet noch die sprachformen gerade auf einen besonders alten standpunkt deuten.

Das bustrophedon in schlangenwindungen ist nämlich an und für sich so natürlich, dafs man sich nur darüber wundern mufs, dasselbe nicht öfter in alten inschriften angewandt zu finden; denn in wirklichkeit ist ja jede inschrift, die um einen runden, ovalen oder eckigen gegenstand (eine münze u. s. w.) läuft, ein solches bustrophedon, das also von selbst wegen der form des gegenstandes entsteht, der die inschrift tragen soll[1]). Auch in der oben (s. 147) abgebildeten inschrift auf der Vimoser spange sowohl wie in andern ähnlichen inschriften (der Emser spange, dem hobel aus dem Vier moore, der schlange von Lindholm) stehen die beiden zeilen eigentlich in demselben verhältnis zu einander, obgleich es hier offenbar nicht vom runenritzer beabsichtigt worden ist, von der gewöhnlichen richtung abzuweichen[2]). Wenn es im ganzen als gleichgültig betrachtet wurde, ob man die schrift von links nach rechts oder umgekehrt gehen liefs, und man gleichwohl in einer inschrift recht deutlich bezeichnen wollte, wo die eine zeile sich an die andere schlofs, so wurde dies ja am leichtesten gerade dadurch erreicht, dafs man einen buchstaben so

---

[1]) Vgl. z. b. die alten griechischen inschriften von Naxos (Fraenkel in der Archäol. Zeitg. XXXVII, 1879, p. 84, Roehl no. 408), von Thera (Roehl no. 449 und 466), von Olympia (Kirchhoff in der Archäol. Zeitg. XXXVII, p. 161, Roehl no. 512a) u. s. w. Auch in der s. 144 anm. 3 genannten inschrift aus Olympia hat die form des steines offenbar veranlassung zu dem bustrophedon in schlangenwindungen gegeben.

[2]) In der inschrift auf der Nordendorfer spange finden wir in derselben linie absichtlich den mannesnamen, der ohne eigentliche verbindung mit der übrigen inschrift steht, nach der entgegengesetzten seite geschrieben, was vollkommen mit der weise stimmt, auf welche in einer von den inschriften von Thera (bei Boeckh, Franz und Rangabé no. 1, Le Bas pl. II no. 4, Roehl no. 451) die namen Κλεαγόρας und Περαιεύς geschrieben sind. Der grund war in beiden fällen derselbe, nämlich das streben nach deutlichkeit.

s. 110. zu sagen zu beiden zeilen gehören liefs.  Hierdurch entsteht dann die
schlangenförmige schrift in den sabellischen inschriften, die uns im
Norden zuerst auf dem stein von Tune begegnet, aber später mehr und
mehr allgemein wurde und sich auf einigen der ältesten steine aus dem
jüngern eisenalter findet, z. b. den steinen von Helnæs, Flemlose
und Glavendrup, wo jedoch der unterschied von dem Tuner steine
besteht, dafs die einzelnen zeilen durch einen strich geschieden sind,
auf dem die runen stehen.  Der nächste schritt war, dafs man an
stelle der einfachen striche die steine mit den eigentümlichen und
kunstvollen schlangenwindungen schmückte, die später eine
grofse rolle spielen sollten, und in denen so aufserordentlich viele
von den jüngeren runeninschriften namentlich in Schweden eingeritzt wurden.

Dafs die bustrophedonform in den runeninschriften im Norden
selbst entwickelt ist, wo sie anfangs nur einer steinhauerlaune, die
wohl durch das streben nach gröfserer deutlichkeit hervorgerufen
wurde, ihr dasein verdankt, ergibt sich daraus, dafs sie anderwärts
so aufserordentlich selten vorkommt, und dafs sie bei uns erst auf
einem steine erscheint, der aus mehreren gründen keineswegs zu den
ältesten denkmälern gerechnet werden darf[1]).

---

[1]) Auf dem stein von Varnum (Järsberg), der, wie auch Bugge in seiner
scharfsinnigen deutung dieser inschrift (filol. tidskr. VII, s. 237 ff.; vgl. VIII,
s. 196 f.) hervorgehoben hat, in mehreren beziehungen an den Tuner stein erinnert und ungefähr derselben zeit wie dieser angehören mufs, läuft die inschrift,
wie oben (s. 149) bemerkt, in zwei zeilen von links nach rechts; nur das letzte
wort ist sowohl aus rücksicht auf platz wie auf deutlichkeit bustrophedon geschrieben, so dafs es zugleich um die unterste zeile läuft, mit der
die inschrift beginnt:

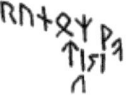

d. i.: runon waritu („wir beide schrieben die runen"); runon ist das letzte
regelmäfsig geschriebene wort in der obersten (letzten) zeile, und vor ↑ in
dem worte waritu steht der letzte buchstabe in der untersten (ersten) zeile.
In den inschriften mit der längeren runenreihe finden sich sichere beispiele für
die bustrophedonform bisher nur auf dem Tuner steine und in diesem einen
wort auf dem Varnumer stein, und der letztere zeigt gerade deutlich, dafs es
rein zufällig ist, dafs diese form gewählt wurde.

Der entwicklungsgang, den wir auf den denkmälern verfolgen s. 141. können, ist also der, dafs die ursprüngliche richtung der runenschrift von links nach rechts war, wie die der lateinischen schrift; aber früh hat man ihr daneben auch die richtung von rechts nach links gegeben. Durch eine vereinigung dieser beiden formen entstand später das gewöhnliche bustrophedon, und gleichzeitig damit zeigen sich auch die ersten spuren der schlangenförmig gewundenen schrift. Alle diese formen hielten sich in der folgenden zeit lange neben einander, indem es ausschliefslich auf dem geschmack und der kunstfertigkeit des runenritzers beruhte, welche form er wählen wollte.

Ich habe etwas bei diesem ganzen entwicklungsgange verweilen müssen, da man natürlich auch die richtung der schrift von rechts nach links und βουστροφηδόν als beweis für die unmittelbare abstammung der runen vom phönicischen oder einem alten griechischen oder italischen, nicht-lateinischen alphabete benutzt hat; dafs sie auch die richtung von links nach rechts hatte, und dafs sich dies gerade in den allerältesten inschriften als regel zeigt, hat man entweder übersehen oder nicht für der aufmerksamkeit wert erachtet, indem man von der ganz falschen voraussetzung ausgegangen ist, dafs es wohl einer schrift, die ursprünglich von rechts nach links ging, gestattet werden könnte, später die entgegengesetzte richtung anzunehmen, dafs aber die umgekehrte veränderung undenkbar sei. Von dem ersteren hatte man ja ein sicheres beispiel im griechischen, und daraus zog man dann den unrichtigen schlufs, dafs dasselbe auch mit der runenschrift geschehen sein müfste. Dafs beides der natur der sache nach gleich berechtigt und gleich wahrscheinlich war, dafür hat man kein auge gehabt.

In der art, wie die inschriften auf den runensteinen angebracht wurden, finden wir in einer andern beziehung einen bestimmten unterschied zwischen den inschriften mit den runen der längeren und der kürzeren reihe. In diesen letzteren ist es nämlich eine feste regel, dafs die inschrift unten auf dem steine beginnt und dann an demselben hinauf läuft. Das umgekehrte, dafs die inschrift oben an dem steine anfängt und dann hinab läuft. oder dafs sie horizontal an dem steine angebracht wird, mufs als besonders seltene, ganz alleinstehende ausnahmen angesehen werden (eine solche ausnahme bildet z. b. der gröfsere stein von Jællinge, dessen inschrift

horizontal angebracht ist, natürlich mit rücksicht auf die ganze form
des steines und die verschiedenen verschlingungen und bildlichen
darstellungen, die sich aufser der inschrift darauf finden). In den
inschriften mit der längeren runenreihe herrscht dagegen grofse willkür in dieser beziehung. Denn es befolgen wohl einzelne die jüngere
regel, die inschrift von unten nach oben laufen zu lassen (die steine
von Tanum, Tomstad, Strand, Torvik a, Stentofte, die felswand am Valsfjord); aber wir finden doch öfter die umgekehrte
richtung von oben nach unten (die steine von Skåång, Vånga,
Krogstad, Varnum, Einang, Bö, Stenstad, Torvik b, Istaby).
Eine vermischung beider arten zeigt der stein von Tune, auf dessen
erster seite die inschrift an der spitze beginnt, während die auf der
zweiten seite umgekehrt von unten anfängt. Auch horizontale linien
kommen öfter vor (die steine von Möjebro, Orstad, Reidstad,
Björketorp, die felswand bei Veblungsnæs), und auf dem steine
von Berga steht der eine name horizontal, während der andere von
oben nach unten läuft, wozu man kaum etwas entsprechendes in einer
einzigen aus der grofsen menge von inschriften der jüngeren eisenzeit
wird nachweisen können.

In der regel wird die form des steines natürlich mit vollkommener
sicherheit zeigen, was als dessen oberer und was als dessen unterer
teil angesehen werden soll, und wo dies — besonders bei bruchstücken — zweifelhaft sein kann, wird die hier dargestellte regel uns
die frage entscheiden helfen. Dafs man nicht früher auf diese regel
aufmerksam gewesen ist, hat indessen veranlassung dazu gegeben, dafs
verschiedene runendenkmäler an ihrem gegenwärtigen platze eine unrichtige stellung erhalten haben, indem sie entweder auf die seite
gewendet oder auf den kopf gestellt sind. Auch bei Thorsen treffen
wir diesen fehler öfters in seinem buche „De danske Runemindesmærker" II, 1: auf die seite gestellt sind z. b. no. 9 (bruchstück
des steines von Horne), no. 30 (bruchstück eines steines von Århus),
no. 64 (bruchstück des steines von Hammel), no. 67 (der kleinere stein
von Skærn), no. 72 (bruchstück des steines von Vårst), und auf dem
kopfe stehen no. 32 (bruchstück eines steines von Århus), no. 35
(der Ferslever stein), no. 36 (der Flejsborger stein; hier zeigt jedoch
die form des steines deutlich das richtige), no. 80 (der stein von
Bröndeslev), no. 86 (der Hanninger stein). Über den Tågeruper stein,
der auf der abbildung II, 1 zwischen no. 27 und no. 28 richtig gestellt
ist, bemerkt Thorsen ausdrücklich II, 2, s. 268, dafs er so zu stellen

sei, dafs er auf die seite zu stehen käme, und denselben fehler begeht
er s. 269 bezüglich des steines von Brejninge. Dies sind jedoch nur
kleinigkeiten im vergleich zu den vielen und grofsen fehlern, die sich
in andern beziehungen in dieser arbeit finden, nicht am wenigsten in
der wiedergabe der inschriften selbst.

## 2. Trennungszeichen.

Dieselbe willkür, die uns in den älteren alphabeten in beziehung
auf die richtung der schrift begegnet, treffen wir auch in der an- s. 142.
wendung der trennungszeichen.

Dafs man bereits in sehr alter zeit zur erreichung eines höheren
grades von deutlichkeit die grenze zwischen den einzelnen wörtern
mit hülfe von trennungszeichen festzusetzen gesucht hat, zeigt die
moabitische inschrift, welche regelmäfsig die einzelnen worte durch
einen punkt scheidet [1]). Aufserdem aber bietet diese inschrift die
bisher alleinstehende eigentümlichkeit, dafs sie auch ein anderes
zeichen, nämlich einen senkrechten strich, benutzt, um die einzelnen
sätze zu unterscheiden. Ebenso sind in der oben (s. 22 anm. 3)
erwähnten althebräischen Siloahinschrift (ca. 700 vor Chr.) alle
worte durch einen punkt von einander getrennt. In den bruchstücken
der phönicischen inschriften von Cypern finden sich dagegen keine
trennungszeichen; sie kommen auch in der grofsen sidonischen inschrift auf dem sarkophage Ešmunazars nicht vor und werden überhaupt nur ganz ausnahmsweise in den phönicischen inschriften angewandt.

Auch bei den Griechen kommen trennungszeichen zwischen
den einzelnen worten selten und meistens nur in sehr alten inschriften
vor. Die ältesten inschriften von Thera und Melos gebrauchen in der
regel keine trennungszeichen. Ausnahmsweise dient jedoch ein
senkrechter strich als trennungszeichen in einer inschrift von Thera
(Roehl no. 449)[2]), von Lyttos (Roehl no. 478) und Axos (Roehl
no. 480). Ein einzelner punkt wird angewandt auf der broncetafel
von Petilia (C. I. G. no. 4, Franz no. 23, Roehl no. 544) und in

---

1) Die altpersischen keilinschriften aus der Achämenidenzeit wenden bekanntlich regelmäfsig einen kleinen schrägliegenden keil als trennungszeichen
zwischen den einzelnen worten an.

2) Durch die art und weise, auf welche die namen Κλεαγόρας und Περαιεύς
in einer der inschriften von Thera geschrieben werden (siehe s. 157 anm. 2),
wird natürlich dasselbe erreicht, wie durch den gebrauch von trennungszeichen.

einer inschrift von Syrakus (Roehl no. 509), und etwas häufiger finden wir 2 oder 3 punkte auf dieselbe weise gebraucht[1]). Später wird der gebrauch der trennungszeichen ganz aufgegeben, und wenn wir in griechischen inschriften aus der römischen kaiserzeit wieder einzelne beispiele von anwendung eines einzelnen punktes finden können[2]), so ist dies ohne zweifel von den Römern entlehnt.

s. 143.

Eine weit gewöhnlichere anwendung haben dagegen die trennungszeichen bei den italischen völkern gefunden, wo es als ausnahme angesehen werden muſs, wenn sie nicht gebraucht werden (so in einzelnen etruskischen inschriften). Im übrigen finden wir dieselben trennungszeichen wie bei den Griechen; sehr selten kommen jedoch drei punkte vor, z. b. ab und zu in etruskischen inschriften sowie in den sabellischen von Crecchio und Cupra und mit zwei punkten abwechselnd auf der broncetafel von Velletri (Mommsen, Unterital. Dial. tab. XIV). Zwei punkte sind dagegen sehr gewöhnlich im etruskischen und werden durchgehends auf den iguvinischen tafeln mit umbrischer schrift gebraucht. Sonst müssen auch die beiden punkte als seltene ausnahmen angesehen werden (so in einzelnen der faliskischen inschriften und in den oskischen bei Mommsen tab. VIII, no. 1, 10 und 14). Der einzelne punkt, der bei den Griechen so selten ist, kommt sehr oft in Italien vor, so in vielen etruskischen inschriften, in mehreren der faliskischen, fast ohne ausnahme in den

---

[1]) Zwei punkte finden sich z. b. in dem vertrag zwischen Elis und Heræa (C. I. G. no. 11, Franz no. 24, Roehl no. 110), in einer andern gleichzeitigen eleischen inschrift (Roehl no. 111) und in einzelnen alten attischen inschriften (z. b. C. I. A. no. 4, 472). Drei punkte werden in der gröſseren lokrischen inschrift aus Galaxidi (W. Fischer im Rhein. Mus. XXVI, s. 39 ff., Roehl no. 321) und in mehreren der alten attischen inschriften (z. b. C. I. G. no. 22, 139, 147 = C. I. A. 465, 170, 188; ebenso C. I. A. no. 477, 482 und öfters) gebraucht. Auch kommen zuweilen in derselben inschrift abwechselnd zwei oder drei punkte vor, so in der sigäischen inschrift, in der kleineren lokrischen inschrift aus Galaxidi (Rangabé no. 356 b pl. XIII, J. L. Ussing in der Oversigt over det kgl. danske Videnskabernes Selskabs Forhandlinger 1857, s. 21 f., Roehl no. 322) und in einer alten attischen inschrift (C. I. A. no. 2). Ein beispiel für einen und drei punkte in derselben inschrift bietet eine kleine inschrift von Dodona (Carapanos, Dodone et ses ruines, Paris 1878, p. 47 & tab. XXVI, 2, Roehl no. 5). In einer andern kleinen inschrift von Dodona (Carapanos p. 40 & tab. XXIII, 2, Roehl no. 502) kommen sowohl zwei, drei wie vier punkte vor (die ersteren je einmal, das letzte zweimal).

[2]) J. L. Ussing in „Det kgl. danske Videnskabernes Selskabs Skrifter“. V. Række. Historisk og philos. Afdel. II, s. 9.

oskischen, und er ist bei den Römern schon in den ältesten bekannten inschriften regel geworden [1]).

In den runeninschriften herrscht von den ältesten zeiten an
grofse willkür in dem gebrauch und der form der trennungszeichen.
Meistens werden sie in den inschriften der längeren reihe
gar nicht angewendet. Wo die inschrift nur einen einzigen
namen enthält (der speer von Müncheberg und Kovel, das diadem von
Strårup, die spange von Himlingöje, die steine von Vånga und Bratsberg), war natürlich keine veranlassung vorhanden, ein trennungs- s. 141.
zeichen zu gebrauchen; dies gilt gleichfalls, wo jedes wort in der
inschrift in einer besonderen zeile steht (der stein von Orstad, die
erste und dritte zeile auf dem steine von Reidstad, der stein von
Krogstad); aber sie kommen auch nicht auf dem Bukarester ringe,
den spangen von Nordendorf[2]), Osthofen und Etelhem, dem Thorsbjærger scheidebeschlag, dem lanzenschaft von Kragehul, den steinen
von Tanum, Einang, Strand, Bö, Stenstad, Torvik b, in den felsen-
inschriften bei Veblungsnæs und dem Valsfjord oder in den gröfseren
blekingschen inschriften (Björketorp, Stentofte, Istaby) vor. Nur auf ganz
vereinzelten denkmälern ist der gebrauch von trennungszeichen etwas
consequent durchgeführt: das goldene horn bezeichnet viermal den
unterschied zwischen den einzelnen worten durch 4 punkte[3]), der
brakteat von Vadstena hat nach den ersten 8 runen einen einzelnen punkt und darauf zweimal 2 punkte nach jeder der folgenden 8 runen[4]); der hobel von Vimose gebraucht auf der oberen

---

[1]) Auch in den herculanensischen papyrusrollen findet sich wie in
den inschriften ein punkt hinter den einzelnen worten (siehe das lateinische
gedicht über die schlacht bei Actium in Herculanensium Voluminum quae supersunt Tom. II, Neapoli 1809). Dagegen gebrauchen die wachstafeln von
Siebenbürgen nur ganz ausnahmsweise trennungszeichen, nämlich ab und zu
einen punkt am schlusse eines satzes (Mafsmann, Libellus aurarius, § 154).

[2]) Auf dem Bukarester ringe ist jedoch ein deutlicher abstand zwischen den
worten gutaniowi und hailag, wodurch also dasselbe erreicht wird, wie
durch ein trennungszeichen. Dasselbe hat die Nordendorfer spange a auf eine
andere weise erreicht, indem der name leubwini, der in derselben zeile steht
wie das letzte wort der hauptinschrift, von dieser deutlich geschieden wird,
indem er nach der entgegengesetzten seite geritzt ist (vgl. oben s. 157 anm. 2).

[3]) Dafs nicht ebenso zwischen ek hlewagastin ein trennungszeichen angebracht ist, liegt sicher, wie Burg (Die älteren nord. runeninschr., s. 20
anm. 2) meint, darin begründet, dafs ek hier proklitisch steht.

[4]) Hier waren die trennungszeichen oder ein anderes mittel natürlich durchaus notwendig, um die drei geschlechter im alphabet zu bezeichnen.

fläche deutlich einmal 4 punkte, während die inschrift auf der seite
sowohl 2 als auch 3 punkte zu haben scheint. Ebenfalls hat die Freilaubersheimer spange drei- oder viermal 2 punkte (längliche
kleine striche) als trennungszeichen zwischen den einzelnen worten, und
auf der spange von Charnay finden sich vor der eigentlichen inschrift in der zeile rechts 3 punkte, um diese zeile deutlich von dem
alphabete zu scheiden; später gebraucht diese inschrift dagegen zweimal
4 punkte[1]), aber kein trennungszeichen nach dem letzten buchstaben.
Unter den steininschriften hat der stein von Tomstad, der wahrscheinlich nur zwei worte enthalten hat, 3 punkte zwischen diesen,
und die zweite zeile des steines von Reidstad 2 punkte zwischen
ik wakran und unnam[2]).

Dafs man indessen den gebrauch von trennungszeichen zwischen
den einzelnen worten für ganz überflüssig gehalten hat, geht deutlich
aus der rein sporadischen anwendung hervor, die sie in einzelnen
inschriften gefunden haben. Der stein von Tune gebraucht so
in jeder seiner längeren inschriften nur zweimal 2 punkte und in der
inschrift von 3 zeilen doch nur vor und hinter dem letzten worte[3]);
auch der stein von Varnum hat nur einmal 3 punkte, aber sonst
kein trennungszeichen. Öfters kommt ein trennungszeichen am ende
der inschrift vor, — und nicht, oder nur ganz ausnahmsweise, zugleich
zwischen den einzelnen worten derselben. Auch dies zeigt deutlich, dafs
man diese zeichen eher als eine reine verzierung aufgefafst hat. Ich habe
bereits angeführt, dafs das eine trennungszeichen auf der zweiten
s. 145. seite des steines von Tune sich hinter der inschrift befindet. Die
Lindholmer schlange hat 3 punkte am schlusse beider in-

_____

[1]) Auf der zeichnung bei Stephens besteht das zweite trennungszeichen aus
fünf punkten in einer sonst nicht vorkommenden form; dies ist indessen nach
Beauvois' erklärung (siehe oben s. 78) unrichtig. Es kann kein zweifel darüber
sein, dafs der runenritzer hier wie in der zeile links vier punkte hat setzen
wollen; aber sie haben in der zeile rechts eine etwas unregelmäfsigere form
bekommen. Die punkte auf der spange von Charnay sind wie auf der Freilaubersheimer spange eigentlich längliche strichelchen, die natürlich durch einritzung mit der feinen nadel im metall entstehen mufsten.

[2]) Dafs kein trennungszeichen zwischen ik und wakran gebraucht wird,
stimmt zu dem goldenen horn.

[3]) Die inschrift von zwei zeilen hat nur das trennungszeichen vor und
hinter dem vorletzten worte; ob auch zwei punkte hinter dem letzten worte
gestanden haben, können wir nicht entscheiden, da nur der oberste teil von
der ersten rune in diesem worte übrig geblieben ist; auch der unterste punkt
vor diesem worte ist jetzt fort.

schriftzeilen und sonst nur 2 punkte vor dem magischen ᚾᛁᛁ welches das letzte wort in der einen zeile ist[1]. Auch auf dem brakteaten von **Tjörkö** bezeichnen die 3 punkte ohne zweifel den schluss der inschrift, und im übrigen gebraucht sie nur 2 punkte vor dem vorletzten worte[2] (mit rücksicht auf den engen raum sind die punkte hier horizontal hinter einander gestellt, nicht wie sonst über einander). Ein einzelner punkt findet sich am schlusse der inschrift des steines von **Skåäng** und **Skärkind** und gleichfalls hinter dem worte **saligastin** (aber nicht nach **fino**) auf dem steine von **Berga**.

Wir haben hiermit über den gebrauch der trennungszeichen rechenschaft abgelegt, die in form von punkten in den ältesten runeninschriften vorkommen; aber es liegt natürlich die möglichkeit vor, dafs in der einen oder andern von den undeutlichen inschriften ursprünglich ein trennungszeichen dagewesen ist, das jetzt nicht mit sicherheit unterschieden werden kann; dafs die punkte in der inschrift auf der seite des hobels von Vimose schwach und etwas unsicher sind, haben wir bereits hervorgehoben; auch auf dem steine von Tune sind beide punkte nur recht klar an der einen stelle, und auf dem steine von Berga fehlen sowohl der punkt wie der linke nebenstrich in der letzten rune noch auf Stephens' zeichnung I, 177 (vgl. „Prof. G. Stephens om de ældste nordiske runeindskrifter", s. 13 = árb. f. nord. oldk. 1868, s. 65). Umgekehrt können natürliche unebenheiten im steine fälschlich als trennungszeichen aufgefafst sein; dies ist so z. b. der fall mit dem striche, der sich bei Stephens (aber nicht auf der älteren zeichnung bei Finn Magnusen) vor der inschrift auf dem Stenstader steine findet, und eine menge beispiele von ähnlichen fehlern könnten von den inschriften mit der kürzeren runenreihe angeführt werden (vgl. unten im 'Anhang' VI).

Aufser den hier genannten am gewöhnlichsten gebrauchten formen der trennungszeichen (punkten in verschiedener anzahl) glaube ich, dafs einzelne seltener vorkommende zeichen in einigen inschriften ebenso aufgefafst werden müssen. Hierhin rechne ich ᛝ auf dem steine von **Möjebro**, das auch durch seine geringere gröfse zeigt, dafs es kaum als wirkliche rune genommen werden darf; das

---

[1] Ich habe mir gedacht, dafs dasselbe in der inschrift auf dem schildbuckel von Thorsbjærg beabsichtigt sein könnte, indem man ᚲ umgekehrt im verhältnis zu der eigentlichen inschrift stellte (vgl. s. 148 anm. 1).

[2] Die punkte in dieser inschrift sind gewifs nur gebraucht um den raum auszufüllen.

kleine kreuz zwischen den beiden punkten scheint nur als eine zierlichere form anstatt eines dritten punktes gewählt zu sein [1]). Gleichfalls bin ich geneigt, nicht nur das letzte zeichen ⅂ auf dem stein
von Skåäng als trennungszeichen aufzufassen, trotzdem noch ein
punkt darauf folgt, sondern auch das zeichen ✳ mitten in der inschrift hinter harina. Wir haben hier offenbar denselben namen wie
auf dem kamm von Vimose, und durch ein zeichen, das damals kaum
als lautzeichen im gebrauch war, sich aber doch im futhark befand
und später zeichen für die a-rune wurde [2]), hat man gewiß diesen
namen deutlich von dem folgenden leugan scheiden wollen, dessen
ursprung ich indessen nicht sicher erklären kann. Daß das zeichen hinter
Y auf jeden fall nicht die bedeutung einer rune hat, sondern nur zur verzierung am schlusse der inschrift gebraucht ist, unterliegt keinem zweifel.
Daß auch ✳ wirklich als trennungszeichen gebraucht ist, scheint
mir durch die sehr ähnliche inschrift auf dem einen steine von
Torvik bestätigt zu werden, welche lautet:

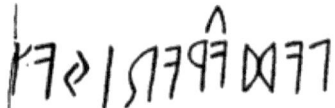

d. i. ladawarinak (das letzte Y zerstört, da die spitze des steines
wegen der spaltung fehlt; siehe B. E. Bendixen in der „Aarsberetning

---

[1]) Das zeichen auf dem stein von Möjebro erinnert an das auf jüngern
runensteinen oft vorkommende trennungszeichen ✕, das z. b. auf dem stein von
Hedeby und anderwärts abwechselnd mit zwei punkten gebraucht wird. Diese
ähnlichkeit halte ich jedoch für ganz zufällig. — Wenn das in rede stehende
zeichen auf dem stein von Möjebro dieselbe größe gehabt hätte wie die übrigen
runen, würde ich es am ehesten als eine zierlichere form der ✕-rune aufgefaßt
haben, was ja nahe liegt, und dies ist auch früher mein gedanke gewesen, indem
ich annahm, daß die oberste zeile mit ⅂ anstatt mit | schlösse („Prof.
G. Stephens om de ældste nord. runeindskrifter“, s. 20 = ārb. f. nord. oldk. 1868,
s. 72). Ich glaubte damals, daß die ganze inschrift als frawaradan ana hahai
slaginan gelesen werden müßte und altnord. Frárádr á há (dat. sgl. fem.)
sleginn entspräche (vgl. auch Burg s. 107, anm. 2). In folge später empfangener
aufklärungen über die inschrift kann die letzte rune in der obersten zeile jedoch
nur | gelesen werden, was in verbindung mit der form der vermuteten g-rune
mich zu der oben dargelegten auffassung brachte.

[2]) Es besteht natürlich auch die möglichkeit, daß ✳ auf dem steine von
Skåäng nur durch einen reinen zufall dieselbe form bekommen hat, welche die
alte jära-rune später annahm.

fra Foreningen til norske Fortidsmindesmerkers Bevaring for 1880",
Krist. 1881, s. 66; vgl. s. 254). Dafs das zeichen, welches über 9٦
steht, und eine auffallende ähnlichkeit mit der *u*-rune hat, als eine art
trennungszeichen zwischen l a d a und w a r i ᚦ a ᚾ gebraucht ist, bezweifle
ich nicht; w a r i ᚦ a ᚾ scheint sicher = altnord. *vẹ́ringr* zu sein, und
l a d a [1] lese ich *landa* und fasse es als einen mannsnamen = altnord.
*Landi*. Ob das ᛁ, das auf der Nordendorfer spange a am schlusse
der hauptinschrift zwischen dieser und dem nach der entgegengesetzten seite geritzten l e u b w i n i steht, in gleicher weise als trennungszeichen aufgefafst werden soll, wage ich nicht zu entscheiden.

Das schwanken, das sich so im gebrauch der trennungszeichen
zu erkennen gibt, und die vielen verschiedenen formen, worin sie s. 146.
auftreten, zeigen deutlich, dafs es auf der laune des runenritzers beruht hat, wie weit er sie überhaupt hat benutzen wollen, und dafs
es ausschliefslich sache seines eigenen geschmackes war, welche
form er wählen wollte. Irgend ein fremdes vorbild wird man
hier schwer nachweisen können; aber da die runenschrift aus dem
lateinischen alphabete entstanden ist, so ist es ja das natürlichste
auch anzunehmen, dafs die grofse abwechslung, welche die runeninschriften bezüglich der trennungszeichen aufweisen, doch im grunde
von dem einzelnen punkte ausgeht, der bei den Römern regel geworden war; aber eine der gröfse der runenzeichen entsprechende
zierlichere form fand man bald in 2, 3 oder 4 punkten (strichelchen),
oder auf andere weise[2], und bis in späte zeit hinab blieb dieses

---

[1] Die wiedergabe *laþa* bei Burg s. 134 mufs auf einem schreib- oder lese-
fehler beruhen.

[2] Wollte man das vorbild für die trennungszeichen der runeninschriften in
den zwei oder drei punkten bei den Griechen und Etruskern suchen — ohne sich
darum zu bekümmern, dafs wir auch dort éinen punkt treffen —, so müfste
man auf alle fälle einräumen, dafs der runenritzer auf eigene hand sowohl die
drei punkte in vier als auch die zwei in éinen verändert haben kann, eine annahme, die mir eben so kühn wie die meinige vorkommt, der zufolge er nach
seinem eignen geschmack den einzelnen punkt behandelt haben kann, wie er es
für gut befand. Wie täuschend die ähnlichkeiten sich zuweilen ganz unabhängig von einander entwickeln können, dafür haben wir ein beispiel in dem ᛁ·
des steines von Skåång als trennungszeichen hinter der letzten rune. Auf
dem moabitischen steine, wo der punkt zur trennung der wörter und der senkrechte strich zur scheidung der sätze dient, können zuweilen beide zu dem
zeichen ᛁ. vereinigt werden. Hier haben wir zwar, da die inschrift von rechts nach
links läuft, den punkt vor dem striche, während das umgekehrte auf dem
steine von Skåång der fall ist, dessen inschrift von links nach rechts geht.

schwanken bestehen. Von den ältesten inschriften aus dem jüngeren
eisenalter haben einige gar keine trennungszeichen (die steine von
Helnæs, Flemløse), während der stein von Kallerup einen einzigen
punkt und der stein von Snoldelev (fünfmal) einen kleinen strich hat,
der auch beständig auf den steinen von Glavendrup und Tryggevælde
s. 147. u. s. w. gebraucht wird; 3 punkte finden sich auf dem steine von
Nörrenærå; der stein von Læborg hat dreimal 3 und zweimal
2 punkte, der kleinere stein von Jællinge überall 2 punkte, der
gröfsere sowohl 2 wie einen, und in den inschriften aus der letzten
hälfte des 10. jhdts kommen ja bekanntlich der einfache oder namentlich 2 punkte aufserordentlich häufig vor.

### 3. Binderunen.

Der gebrauch, zwei runen an einem und demselben hauptstriche
zu einer sogenannten „binderune“ zu vereinigen, kommt bekanntlich
ab und zu in den inschriften mit der kürzeren runenreihe vor, wo
er jedoch in älterer zeit als eine äufserst seltene ausnahme anzusehen
ist, die erst weit später eine allgemeinere anwendung findet[1]). Dagegen treffen wir öfters binderunen in den inschriften mit der längeren
runenreihe. Dafs keine solche in den gotischen und deutschen inschriften vorkommt, mufs am ehesten als ein zufall betrachtet
werden; im Norden treten sie nämlich bereits in einer der allerältesten inschriften, auf der Thorsbjærger zwinge, auf, wo ⨅ und ᛗ
in dem zeichen ᛤ verschlungen sind, obgleich ⨅ hier der letzte
buchstabe in dem einen und ᛗ der erste buchstabe im nächsten worte
ist (beide worte verschmolzen jedoch wahrscheinlich zu einem begriffe;
vgl. s. 105). Die neigung, binderunen zu gebrauchen, geht aus der art
und weise hervor, wie das wort erilan in verschiedenen inschriften
geschrieben wird: ᛗᚱᛁᚠᛜ Kragehuler lanze, ᛗᚱᛁᚠᚠᛉ Varnumer stein,
aber auch ohne binderunen ᚤᚦᚹᛁᚪᛗ Lindholmer schlange. Der
lanzenschaft aus dem Kragehuler moore und der stein von Varnum
zeichnen sich im ganzen genommen durch einen starken gebrauch
von binderunen aus, die übrigens vielleicht namentlich in magischen
inschriften eine rolle gespielt haben (vgl. oben s. 57 f. anm. 5).

Die ähnlichkeit ist indessen ja schlagend, und ich überlasse diesen beitrag denjenigen, welche noch an der abstammung der runenschrift vom semitischen
alphabet festhalten.

[1]) Sehr selten kommt der fall vor, dafs derselbe hauptstrich mehr als zwei
runen trägt. Ein schönes muster von solchen auf einem stabe verbundenen runen
(„samstavsruner“) weist der schleswigsche Hedebyer stein auf.

### 4. Einfassungslinien.  Bildliche darstellungen.

Von dem gebrauche, die runeninschriften zwischen einfassungslinien anzubringen, der ja in den inschriften mit der kürzeren
runenreihe regel wurde, obgleich sich ab und zu bis in späte zeit
hinab ausnahmen davon finden, treffen wir bereits, jedoch selten, die
ersten spuren in den inschriften der längeren reihe. Meistens stehen
die runen in diesen inschriften jedoch frei, was ohne ausnahme von
den ältesten unter ihnen gilt: den speeren von Müncheberg und Kovel,
dem Bukarester ringe, dem schildbuckel und der zwinge von Thorsbjærg, dem diadem von Strårup, der spange von Himlingöje, den inschriften aus dem Vier und Kragehuler moore. Dasselbe ist der fall
mit den deutschen inschriften auf den spangen von Nordendorf, Freilaubersheim, Friedberg, Ems und Engers. Dagegen ist ein doppelter
strich unter den runen auf dem obersten teile der spange von Charnay
angebracht, aber keiner über denselben, während die drei kleineren
runen auf dem untersten teile der spange einen einfachen strich sowohl
am fuße wie an der spitze haben, und nur die beiden größeren runen
mitten auf dem untersten teile der spange ganz frei stehen.  Die
spange von Osthofen hat einen doppelten strich unter den runen
und einen einfachen an deren spitze. Mit ausnahme der brakteateninschriften, die öfters, aber keineswegs durchgehends, zwischen ein-
rahmungsstrichen angebracht sind, werden diese selten in den gleichzeitigen nordischen inschriften angewandt: auf der spange von Fonnås
werden die runen in der einen zeile von einer umrahmung eingeschlossen, während die in den 3 anderen zeilen frei stehen. Die inschrift der spange von Etelhem hat gleichfalls eine linie sowohl an
der spitze wie am fuße der runen, und außerdem hinter der inschrift das zeichen ⌐, das entweder als verbindungslinie zwischen den
rahmenstrichen oder als ein trennungszeichen am schlusse der inschrift
aufgefaßt werden kann, das in diesem falle an das ⌐ des steines
von Skåäng erinnert (siehe oben s. 166). Auch für die steininschriften mit den älteren runen gilt als regel, daß die runen frei
stehen.  Ausnahmen hiervon bietet jedoch der stein von Stenstad,
wo die runen auf einem strich stehen, was gleichfalls mit den beiden
zeilen auf dem steine von Möjebro der fall ist. Ein ganzer rahmen
scheint die magische inschrift auf dem stein von Kinnevad eingeschlossen zu haben, und die inschrift auf dem stein von Tanem
ist möglicherweise von einem gleichen umgeben gewesen, der ziemlich
genau mit demjenigen auf der Etelhemer spange übereinstimmt. Nach

ein paar vorzüglichen abdrücken von dem steine in seinem gegenwärtigen zustande hat die stark verwischte und bisher ungedeutete inschrift folgendes aussehen:

Der oberste teil der beiden ersten runen mit den beistrichen kann jetzt nur sehr schwach verfolgt werden; aber die übrig gebliebenen spuren in verbindung mit der älteren zeichnung (L. D. Klüwer, Norske Mindesmærker, Christiania 1823, taf. 29 fig. b) stellen es aufser allen zweifel, dafs hier ᛗᚠ steht. Eine kleine vertiefung an der dritten rune etwas über der mitte ist durch abschälung hervorgerufen und kann nicht als überrest des nebenstriches in einem ᛏ aufgefafst werden. Da die erste rune die form ᛗ hat, mufs die sechste trotz der ovalen form der nebenstriche, die derselben grofse ähnlichkeit mit der rune ᛈ in der kürzeren reihe verleiht, eine form des gewöhnlichen ᛦ ʀ sein. Ich hatte in bezug hierauf vor vielen jahren vermutet, dafs die inschrift ursprünglich

ᛗᚨᛁᚹᚨᛦ  maiwaʀ

gelautet haben könnte, ein wohlbekannter mannsname = dem späteren altnord. *Már*. Da die 4. und 5. rune indessen auf Klüwers zeichnung als deutliches ᚱᚠ wiedergegeben werden, und da die übrig gebliebenen spuren dieser runen eher für diese lesung als für ᛈᚠ sprechen, so scheint die inschrift ᛗᚨᛁᚱᛚᛦ  mairlʀ wiedergegeben werden zu müssen, worin ich am meisten geneigt bin, verkürzte schreibung (wie auf der Etelhemer spange) eines mannesnamens zu sehen. Wie die inschrift indessen auch gedeutet werden soll, so glaube ich sicher, dafs das zeichen hinter ᛦ, dafs bei Klüwer die form ᛁ hat, ebenso aufgefafst werden mufs, wie das ᛚ der Etelhemer spange.

Diese schwachen anläufe sind das einzige, das den übergang zu dem späteren gebrauche zeigt, wo die einrahmungsstriche regel wurden. Besonders geht es klar aus der inschrift des steines von Möjebro hervor, deren beide zeilen jede für sich auf einem einzigen rahmenstriche stehen, wie leicht der übergang hiervon zu der anbringung der runen zwischen einfassungslinien sein würde, die beiden zeilen gemeinsam sind, wodurch man eine form erhalten würde, die ganz derjenigen entspräche, die sich auf dem steine von

Kallerup findet. Einen vollständigen rahmen wie auf den steinen von
Kinnevad und Tanem hat dagegen der stein von Suoldelev. Im
allgemeinen zeigt sich jedoch in den ältesten inschriften des jüngeren
eisenalters in diesem punkte noch die anknüpfung an die inschriften
mit den älteren runen, daſs in der ersten und letzten zeile an der
spitze und am fuſse den runen der einfassungsstrich fehlt, während
die übrigen zeilen zwischen den gemeinsamen einfassungsstrichen angebracht sind (siehe z. b. die steine von Helnæs, Flemlose, Glavendrup und Tryggevælde).

------------

Auch zu bildlichen darstellungen, die auf vielen runendenkmälern aus der jüngeren eisenzeit eine so groſse rolle spielen,
finden sich die ersten ansätze auf denkmälern mit älteren runen.
Wenn ich von den merkwürdigen künstlerischen darstellungen auf
dem goldenen horne absehe sowie von den brakteaten, deren darstellungen ja von anfang an den vorbildern ihre entstehung verdanken,
die man auf fremden (südländischen) münzen fand, so spielen jedoch
bildliche darstellungen auf den älteren runendenkmälern eine höchst
untergeordnete rolle.

Von diesen haben nämlich nur die beiden upländischen steine von
Krogstad und Möjebro ein paar einfache darstellungen, der erstere
die eines mannes mit aufgehobenen händen, der zweite die eines mannes
zu pferde. Gewiſs lassen sich ähnliche derartige umrisse auch auf
einzelnen runensteinen aus der jüngeren eisenzeit nachweisen; aber
die „bilder“ der steine von Krogstad und Möjebro führen doch
meine gedanken weit eher zu den felsenritzungen („hällristningar“)
der broncezeit als zu den oft mit groſser kunstfertigkeit und
tüchtigkeit ausgeführten bildlichen darstellungen, die auf vielen
runensteinen aus der jüngeren eisenzeit vorkommen; denn selbst
wenn dem gröſseren steine von Jællinge der erste rang in dieser beziehung eingeräumt werden muſs, so hat er doch viele seitenstücke
besonders auf schonischen und schwedischen steinen.

### F. Wo entstand die runenschrift?

Ich glaube, daſs wir im vorhergehenden alles dasjenige dargestellt
haben, was die runenschrift selbst uns über ihren ursprung wird
lehren können, und wir haben nirgends etwas gefunden, das gegen
das resultat sprechen könnte, zu dem wir durch unsere betrachtung
der form und bedeutung der einzelnen zeichen kamen, daſs diese

schrift aus dem lateinischen alphabete entstanden sein müsse. Wir
haben sogar geglaubt, annähernd die zeit für die bildung des runenalphabetes feststellen zu können, insofern ein paar zeichen beweisen,
dafs es das jüngere lateinische alphabet sein mufs, das ihm als vorbild
gedient hat. Zu dieser zeitbestimmung werden wir auch mit wahrscheinlichkeit auf einem andern wege geführt. Wir haben bereits früher
hervorgehoben, dafs die runenschrift erst in der älteren eisenzeit auftritt, und wir sind nach den bisher vorliegenden thatsachen nicht berechtigt, irgend eine inschrift mit den ältesten runen weiter als bis ins
vierte jahrhdt nach Chr. zurückzusetzen. Aber den archäologischen
untersuchungen zufolge macht sich gerade zu dieser zeit der römische
einflufs in seiner vollen stärke geltend. Es liegt deswegen nahe, a priori
anzunehmen, dafs der ursprung der runenschrift, die auf den ersten
blick eine unzweifelhafte verwandtschaft mit den alten südeuropäischen
alphabeten (dem griechischen, etruskischen, lateinischen) zeigt, zunächst im lateinischen gesucht werden mufs. Der etruskische einflufs
müfste nämlich älter, und der griechische jünger sein, während umgekehrt diejenigen griechischen buchstaben, aus denen man sich
allein die runen entstanden denken könnte, einer früheren periode
angehören würden, nämlich unserm broncealter. Wenn daher die
runenschrift, wie wir im vorhergehenden gezeigt haben, sich nur
aus dem lateinischen alphabete herleiten läfst, so ist dies in vollkommener übereinstimmung mit archäologischen und historischen
s. 148. thatsachen, und die zeit für das erste auftreten dieser schrift gibt
eine neue und gewichtige stütze für unsere annahme, dafs sie von
dem jüngeren lateinischen alphabet von 23 buchstaben ausgegangen
sein mufs. Hieraus folgt dann zugleich, dafs das auftreten der runenschrift in der älteren eisenzeit an und für sich durchaus keinen
beweis liefert, der die hypothese von einer neuen stammeseinwande-
rung in den Norden in dieser periode stützen kann. Die runenschrift
ist nur ein einzelnes moment in dem römischen einflufs, der
in jener zeit sichtbar wird, und sie ist so früh zu uns gekommen,
wie es im ganzen genommen denkbar war. Soll eine neue einwanderung stattgefunden haben, so mufs dies also durch andere gründe
bewiesen werden.

Es gibt jedoch noch eine frage, die ohne zweifel aufgeworfen
werden wird, auf die aber zur zeit eine nur irgendwie sichere antwort zu geben unmöglich ist, und bezüglich deren ich mich deswegen auf einzelne andeutungen beschränken werde. Auf welchem

wege wurde das römische alphabet, das der runenschrift als grundlage diente, den germanischen völkern bekannt?

Nach Cäsars eroberung von Gallien kamen bekanntlich auch die Germanen in nähere verbindung mit den Römern, mit denen sie in der folgezeit in mannichfache friedliche und kriegerische berührungen gerieten. Da also die direkte verbindung zwischen den Römern und Germanen im älteren eisenalter so bedeutend war, so kann auch die runenschrift leicht als bei einem germanischen stamme entstanden gedacht werden, der in näherer verbindung mit den Römern stand[1]. Jedoch läfst sich dies nicht beweisen, und es ist auch nicht notwendig, dafs die schrift zu den germanischen völkern direkt von den Römern gekommen sei. Aufser den Römern gab es nämlich ein anderes volk, mit dem germanische stämme zu dieser zeit und früher in lebhaftem verkehr standen, und durch deren land ohne zweifel einer der hauptwege für die ausbreitung der römischen kultur nach dem Norden gegangen ist, nämlich die Gallier[2]. Sichere kunde von der schrift der Gallier haben wir zuerst durch die in s. 149. neuerer zeit entdeckten altgallischen inschriften erhalten[3]. Übereinstimmend mit dem zeugnis der alten schriftsteller gebrauchen die ältesten von diesen inschriften das griechische alphabet (in seiner jüngeren gewöhnlichen gestalt), das sich natürlich von Massilia aus über Südgallien verbreitet hat[4]. Durch Cäsars eroberung ging in-

---

[1] Ich werde nur neben den vielen andern thatsachen auf Tacitus' äufserung über die Hermunduren (Germ. c. 41) hinweisen.

[2] Vgl. J. J. A. Worsaae, Om Slesvigs eller Sonderjyllands Oldtidsminder, Kbh. 1865, s. 47 & 57.

[3] J. Becker, Die inschriftlichen überreste der keltischen sprache in Kuhns und Schleichers Beiträgen zur vergl. Sprachforschung III (1863), s. 162—215, 326—59, 405—43; IV (1865), s. 129—70. A. Pictet, Nouvel essai sur les inscriptions Gauloises in der Revue archéol. 1867, XV, s. 276—89, 313—29, 385—402; XVI, s. 1—20, 123—40.

[4] Vgl. Strabo IV, 1, 5 (p. 181 edit. Casaub.). Cæsar B. G. I, 29: In castris Helvetiorum tabulæ repertæ sunt litteris Græcis confectæ et ad Cæsarem relatæ, quibus in tabulis nominatim ratio confecta erat, qui numerus domo exisset eorum, qui arma ferre possent, et item separatim pueri, senes mulieresque, also „listen, mit griechischen buchstaben (aber natürlich in gallischer sprache) geschrieben, die ein verzeichnis über diejenigen enthielten, welche von hause fortgezogen waren"; ibid. VI, 14 (von den Druiden): neque fas esse existimant ea litteris mandare, quum in reliquis fere rebus, publicis privatisque rationibus Græcis litteris utantur, „sie halten es für unerlaubt, ihre lehre niederzuschreiben, obwohl sie sonst in der regel, wie z. b. in öffentlichen und privaten rechenschaften, griechische buchstaben gebrauchen". Dafs diese kenntnis indessen zu Cäsars zeit nicht bei allen Galliern verbreitet

dessen hierin eine veränderung vor; die bekanntschaft mit dem
lateinischen alphabete wurde nun allgemein, und in den altgallischen inschriften aus der ersten kaiserzeit finden wir die griechi-
s. 150. schen buchstaben mit den lateinischen kapitalbuchstaben vertauscht, die
später wiederum von der uncial- und kursivschrift verdrängt werden.

Während so die bewohner des eigentlichen Galliens zuerst das
griechische und demnächst das lateinische alphabet gebrauchten,
scheinen die gallischen völker in Oberitalien am frühesten die „nordetruskische" schrift ihrem alphabete zu grunde gelegt, aber später
gleichfalls das römische alphabet angenommen zu haben.

Auf grund des näheren verkehrs, der an vielen stellen zwischen
Galliern und Germanen stattgefunden hat, müssen wir daher als eine
möglichkeit hinstellen, dafs die lateinische schrift gerade gleichzeitig
mit ihrem siegreichen vordringen bei den gallischen völkern auch den
germanischen stämmen bekannt geworden ist, und dafs das runenalphabet aus den lateinischen kapitalbuchstaben entstanden sein kann, mit denen germanische völker in der
ersten römischen kaiserzeit bei den Galliern bekanntschaft machten. Dagegen finde ich in den runenzeichen selbst
nichts, welches darauf hindeuten könnte, dafs auch die von den
Galliern vor dem lateinischen alphabet benutzte griechische und nordetruskische schrift bei der bildung des runenalphabetes eine rolle gespielt haben kann [1]). Aber es verdient hervorgehoben zu werden,

war, scheint aus V, 48 hervorzugehen, wo Cäsar davon spricht, dafs er während seines aufenthaltes bei den Nerviern einen brief an Cicero absandte,
der mit griechischen buchstaben (und wahrscheinlich, obgleich dies nicht geradezu in den worten „hanc Graecis conscriptam litteris mittit" liegt, griechisch)
geschrieben war, damit er nicht, wenn er vom feinde aufgefangen würde, seine
pläne verraten sollte. Dafs die fern wohnenden, uncivilisierten Nervier (II, 4) im
gegensatze zu andern gallischen stämmen die griechische schrift nicht kannten, pafst
eben sehr gut zu der schilderung, die Cäsar anderwärts (II, 15) von ihnen gibt.

[1]) Da indessen mein gelehrter, um das runenstudium hochverdienter freund
S. Bugge in seiner abhandlung über die runeninschriften auf goldbrakteaten
beiläufig angedeutet hat, dafs die nordetruskische schrift mit der runenschrift in verbindung stehen könnte (ärb. f. nord. oldk. 1871, s. 176; mé-
moires de la société royale des antiquaires du Nord 1871, s. 363), eine ansicht, an der er in seinen bemerkungen „Om Runeskriftens Oprindelse" (Christ.
1874) festgehalten hat, so werde ich hier zur näheren vergleichung mit dem
„nordetruskischen" alphabet, das ich auf taf. II no. 7 zusammengestellt habe,
die form dieses alphabetes anführen, welche die Gallier benutzten:

a  b  g  d  e  w  z  h  ϑ  i  k  l  m  n  o  p  ş  r  s  t  u

F  -  -  -  ₿  -  -  -  -  I  k  ι  (M)  ʏ  O  ſ  ⋈  D  ş  ×  V

dafs während die Gallier allmählich das griechische, nordetruskische s. 151. und lateinische alphabet so gut wie unverändert aufnahmen, das runenalphabet weit selbständiger seinem lateinischen vorbilde gegenüber steht.

Es ist somit eine möglichkeit vorhanden, dafs die germanischen völker ihre kenntnis der lateinischen buchstaben, wonach die runenschrift gebildet wurde, nicht direkt von den Römern, sondern indirekt durch die Gallier, und besonders die gallischen stämme in Oberitalien erhalten haben. Dafs die runen dagegen auf einem westlichen wege, über das eigentliche Gallien, zu den Germanen gekommen sein sollten, dünkt mir wenig wahrscheinlich, da es mir der thatsache zu widerstreiten scheint, dafs wir auch die runenschrift im Osten bei den Goten vor dem Wulfilanischen alphabete finden, und gerade die speciell gotischen inschriften müssen nach allem, was vorliegt, zu den ältesten von allen bisher bekannten runendenkmälern gerechnet werden, und wesentlich gleichzeitig mit ihnen sind die ältesten im Norden entdeckten denkmäler, während die specifisch deutschen bedeutend jünger sind. Wie es sich nun auch bezüglich der gegend, wo die runenschrift entstanden ist, ver-

---

Von wichtigkeit bei der vergleichung mit der runenschrift ist es, dafs die ursprünglichen zeichen für *b*, *g*, *d* fehlen und diese laute durch *p*, *k*, *t* ausgedrückt werden (vgl. oben s. 49 f. anm. 3). Das einzige zeichen, das an die runenschrift erinnert, ist ᚱ mit der bedeutung *a*; aber dafs dieser buchstabe hier diese form bekommen hat, die sonst im etruskischen *w* bezeichnet, liegt darin, dafs die Gallier ᚢ sowohl für *u* wie für *w* gebrauchten; da also kein mifsverständnis möglich war, bekam ᚨ gleich den übrigen buchstaben eine aufrechte stellung. Da indessen die buchstaben, die vom lateinischen abweichen, den runen weit ferner liegen als diese (namentlich *r* und *t*), und da die in die runenschrift aufgenommenen lateinischen B, C, D, F, Z, H hier ganz fehlen, so glaube ich, wird man einräumen, dafs das von den Galliern benutzte nordetruskische alphabet nicht die entfernteste berührung mit der runenschrift haben kann, und dafs die ähnlichkeit zwischen der *a*-rune und dem gallisch-etruskischen *a*, wie ich oben (s. 99 anm. 1) bemerkte, als ganz zufällig anzusehen ist. — Dagegen ist es möglich, dafs einzelne eigentümliche zeichen, die sich auf einigen brakteaten mit runen zusammen finden, und deren bedeutung anzugeben uns unmöglich ist, nicht blofs äufsere ähnlichkeit, sondern auch einen wirklichen zusammenhang mit entsprechenden zeichen in inschriften von Oberitalien und auf den goldgefäfsen, die im Banat gefunden sind, haben, wie Bugge vermutet hat (ärb. f. nord. oldk. 1871, s. 175 f.). Aber diese mischung von runen und fremden schriftzeichen auf einzelnen brakteaten gehört dann einer späteren zeit an und steht mit der ursprünglichen entwicklung der runenschrift nicht in verbindung. (Bezüglich der vermuteten verwandtschaft zwischen den runen und der „nordetruskischen" schrift verweise ich im übrigen auch auf die bemerkungen, die ich in der vorrede über diesen punkt gegeben habe.)

halten möge, so hoffe ich, dafs so viel als ergebnis der vorhergehenden
untersuchungen hingestellt werden darf: das runenalphabet ist
nach dem lateinischen alphabete frühestens am ende des
zweiten oder zu anfang des dritten jahrhunderts nach Chr.
bei einem der südlich wohnenden germanischen stämme
(natürlich an einer einzigen stelle und — können wir wohl getrost
hinzufügen — von einem einzigen manne) gebildet, und es hat
sich von dort aus allmählich zu den andern nahverwandten
stämmen verbreitet.

Wir haben hiermit den ersten teil unserer aufgabe vollendet.
Wir haben nachgewiesen, dafs das einzige alte alphabet, von welchem
die runen unmittelbar abstammen können, das lateinische ist; und
dafs es das jüngere lateinische alphabet sein mufs, wird sowohl durch
einzelne runenzeichen, wie durch die zeit bewiesen, der die ältesten
runeninschriften angehören. Der gebrauch der schrift bei den
germanischen völkern — mögen sie dieselbe nun unmittelbar von den Römern, oder mittelbar durch die
Gallier erhalten haben — steht somit in verbindung mit
dem mächtigen einflusse, den die Römer in der ersten
kaiserzeit auf die barbaren ausübten, und ihr auftreten
im Norden im älteren eisenalter kann folglich nicht als
beweis für das eindringen eines neuen stammes zu dieser
s. 152. zeit gebraucht werden. Die runenschrift allein kann uns somit
nicht helfen, die schwierige, noch ungelöste frage nach dem verhältnis
zwischen den bewohnern des Nordens in dem bronce- und denen im
eisenalter zu beantworten; dagegen beweist sie das ganze eisenalter
hindurch nicht blofs durch ihre sprache, sondern auch durch ihre
äufsere form mehr als alle andern thatsachen, dafs das volk, welches in
dem älteren eisenalter zuerst die runenschrift in den
nordischen ländern zu benutzen anfing, dasselbe ist, das
uns die inschriften aus dem jüngeren eisenalter hinterlassen hat. Hiermit werden wir uns im zweiten teile unserer untersuchungen beschäftigen, in welchem ich einen genügenden beweis dafür
zu liefern hoffe, dafs die schrift, die uns auf den nordischen
denkmälern aus dem jüngeren eisenalter begegnet, durch
eine stufenweise entwicklung aus derjenigen hervorgegangen ist, die in dem älteren eisenalter gebraucht wurde.

# DIE ENTWICKLUNG DER RUNENSCHRIFT IM NORDEN.

# Zweites buch.

## Die entwicklung der runenschrift im Norden.

———

### I. kapitel.

### Die jüngere, kürzere (nordische) runenreihe.

Das runenalphabet, mit welchem wir uns bisher beschäftigt und dessen ursprung wir nachzuweisen gesucht haben, wurde also von den bewohnern der nordischen länder am schlusse des älteren und in dem mittleren eisenalter gebraucht. Dafs es indessen keine speciell nordische schrift war, sondern dafs es auch von andern stämmen der germanischen völkerfamilie gebraucht wurde, ist im vorhergehenden dargelegt worden.

Anders stellt sich die sache dagegen, wenn wir die schriftlichen denkmäler im Norden aus dem jüngeren eisenalter betrachten; wir finden da ein alphabet, das nicht blofs in manchen beziehungen von demjenigen abweicht, das früher in gebrauch war, sondern das auch als speciell nordisch im strengsten sinne angesehen werden mufs. Wo denkmäler mit dieser schrift aufserhalb der skandinavischen länder nachgewiesen werden können, da bezeugt die sprache immer, dafs sie von Nordleuten herrühren, die auf ihren zügen nach fremden ländern gekommen.

Das runenalphabet, welches im Norden im jüngeren eisenalter benutzt wurde, hat in seiner am meisten bekannten gestalt, so wie wir es auf der gröfseren menge unserer runensteine finden, 16 zeichen, die wir mit angabe ihrer namen und ihrer bedeutung hier folgen lassen:

12*

s. 153.

|  | 1 | 2 | 3 | 4 | 5 | 6 |
|---|---|---|---|---|---|---|
| **1.** | ᚠ f | ᚢ u | ᚦ þ | ᚨ (ᚬ) a (o) | ᚱ r | ᚴ k |
|  | fé | úr | þurs, þorn | óss | reið | kaun |

|  | 7 | 8 | 9 | 10 | 11 |
|---|---|---|---|---|---|
| **2.** | ᚼ h | ᚾ n | ᛁ i | ᛆ a | ᛋ s |
|  | hagall, hagl | naud | íss | ár | sól |

|  | 12 | 13 | 14 | 15 | 16 |
|---|---|---|---|---|---|
| **3.** | ᛏ t | ᛒ b | ᛚ l | ᛘ m | ᛦ R (ʀ) |
|  | týr | bjarkan | logr | madr | ýr |

Diese zeichen wurden in 3 abteilungen („ættir“, „geschlechter“)
geteilt: Froys ætt, die 6 ersten runen enthaltend, Hagals ætt
die 5 folgenden, und Týs ætt die 5 letzten.

Das hier angeführte alphabet ist durch die überlieferung bis in späte
zeit hinein bewahrt worden. Wir kennen seine zeichen (mit einzelnen
veränderungen und mit einer veränderten anordnung an einer einzigen
stelle), deren namen und bedeutung durch das alte norwegische
runengedicht, welches O. Worm 1636 in seiner „Danica Literatura antiquissima“, s. 105 ff. (2 ausg. 1651, s. 95 ff.) mitteilte, wonach es von W. Grimm, Über deutsche Runen, 1821, s. 246 ff. wiedergegeben wurde. Das original ging bei der feuersbrunst von Kopenhagen im j. 1728 zu grunde; aber es ist dr. Kr. Kålund geglückt,
ein paar alte abschriften des gedichtes aufzuspüren, wonach er es in
einer verbesserten gestalt (in den „Småstykker, udgivne af samfund til
udgivelse af gammel nordisk litteratur“, Kbh. 1884, s. 1—16) herausgegeben hat. Das gedicht ist ohne zweifel in den schlufs des 12.
oder den anfang des 13. jahrhdts zu setzen. Mit diesem runengedichte
eng verwandt, aber in einzelnen wesentlichen punkten doch von ihm abweichend, ist eine isländische runenreimerei, die in jüngeren
handschriften und in Jón Olafssons handschriftlicher Runologia
erhalten ist, und die Kålund an derselben stelle s. 16—21 mitgeteilt
hat (vgl. 'Anhang' II). Aufserdem sind verschiedene darstellungen des
jüngeren runenalphabetes auf steinen, glocken und andern gegenständen
aus den nordischen ländern überliefert. Liljegren führt mehrere
solche an (Run-Lära s. 172 f.; Run-Urkunder no. 2001 ff., aufserdem einzelne andere, z. b. no. 1982 = Stephens s. 104 no. 15, c; no. 1986,
1995), wozu noch ferner aus Dänemark der futhork auf dem taufstein in der kirche zu Bårse (in der nähe von Præsto) gefügt
werden kann, welcher hinter den 16 runen drei zeichen zugefügt hat,
die allgemein in kalendern gebraucht wurden, um in verbindung mit

den 16 runen die 19 goldenen zahlen auszudrücken (Annaler f. nord. Oldk. og Hist. 1846, s. 283 ff. mit taf. II). Auch auf zwei dänischen runensteinen in Åstrup (bei Varde) und in Mønsted (bei Viborg) findet sich die runenreihe; aber aus mangel an platz läfst der erste die drei letzten, der zweite die letzte rune im alphabete aus (abgebildet bei Thorsen, De danske Runemindesmærker I, s. 317 und II. 1 no. 14; II, 1 no. 60)[1]). Diese und mehrere andere darstellungen der kürzeren runenreihe werden wir unten näher zu besprechen gelegenheit finden.

Vergleichen wir nun das hier dargestellte runenalphabet aus dem jüngeren eisenalter mit demjenigen, das in dem älteren gebraucht wurde, so ist sofort eine wichtige thatsache klar und unwidersprechlich, nämlich dafs beide alphabete mit notwendigkeit auf eine gemeinsame quelle zurückweisen. Die beweise hierfür sind folgende:

1) Von den 16 runen im kürzeren alphabete finden sich 9, nämlich s. 154.

ᚠᚢᚦᚱᚴᛁᛏᛒᛚ

auch in dem längeren ganz in derselben form und mit derselben bedeutung wie im kürzeren wieder. Auch die ähnlichkeit zwischen dem ᚠ q (o), ᚼ s des kürzeren und dem ᚠ a, ᛋ s des längeren ist augenfällig;

2) die runennamen in dem kürzeren alphabete stimmen genau mit denen überein, die wir mit hülfe der altenglischen und gotischen namen für die entsprechenden zeichen des längeren alphabetes feststellen können;

3) das kürzere alphabet wird in 3 abteilungen („geschlechter") eingeteilt, die mit ᚠ f, ✳ h und ᛏ t beginnen; dafs dieselbe einteilung in dem längeren alphabete benutzt worden ist, geht aus dem futhark auf dem brakteaten von Vadstena hervor, der zwei punkte (:) als trennungszeichen vor ᚼ h und ᛏ t hat.

Jeder einzelne dieser gründe ist an und für sich ausreichend, um zu zeigen, dafs die beiden alphabete nicht nur nicht unabhängig von einander entwickelt sind, sondern sogar in der engsten verbindung untereinander stehen. Hiermit ist ja indessen noch nicht aus-

---

[1]) Fälschlich nimmt Thorsen (I, s. 315 u. II, 2, s. 35) an, dafs die 3 letzten runen in der Åstruper reihe deshalb fehlen, weil ein stück vom steine abgeschlagen sei; wie auf dem Mønsteder steine sind jedoch auch auf dem Åstruper steine alle runen erhalten, was allerdings auch aus Thorsens zeichnung nicht hervorgeht.

gemacht, welches verhältnis zwischen ihnen im einzelnen ob-
waltet. Die frage, welche wir beantworten müssen, ist, ob das eine
von diesen alphabeten unmittelbar aus dem andern hervorgegangen, oder ob sie beide aus einer älteren gemeinsamen quelle abgeleitet sind.

In den vorhergehenden untersuchungen kamen wir zu dem
resultate, dafs ein für alle germanischen völker gemeinsames runenalphabet von 24 zeichen mit hülfe des lateinischen gebildet wurde,
und dafs es eben dieses alphabet ist, welches auf den ältesten
schriftlichen denkmälern im Norden gebraucht wird. Eine notwendige folge hiervon wird natürlich sein, dafs das kürzere speciell nordische alphabet, das wir auf den jüngeren denkmälern finden, und
das auf dieselbe quelle wie das längere gemeingermanische zurückweist,
nur von diesem abgeleitet werden kann. Wäre nämlich umgekehrt das
längere alphabet aus dem kürzeren hervorgegangen — was wohl als die
bis 1874 allgemeine ansicht bezeichnet werden mufs, in welchem
jahre ich in der dänischen ausgabe dieses buches die entgegengesetzte
auffassung zu beweisen suchte —, oder wären beide alphabete,
wie man auch behauptet hat, unabhängig von einander aus einem
gemeinschaftlichen grundalphabete entwickelt[1]), so müfste unser
früheres resultat in einem wesentlichen punkte modificiert werden.
An stelle eines grundalphabetes von 24 zeichen müfste man sich dann
weit eher ein vom lateinischen ausgegangenes gemeinger-
manisches alphabet denken, das in der anzahl der zeichen
mit dem kürzeren nordischen übereinstimmte. Ein solches
alphabet läfst sich zwar nicht nachweisen; aber wir brauchten nur einzelne

s. 155.

--------

[1]) Müllenhoff sagt hierüber (Z. f. d. a., neue f. VI, s. 259): „Wimmer
ist in seiner abhandlung über den ursprung und die entwicklung der runenschrift im Norden zu zwei ergebnissen gelangt, von denen das eine, die abstammung der runen von dem lateinischen alphabet, mit der wol schon lange
feststehenden überzeugung aller vorurteilslos in diesen dingen denkenden über-
eintrifft, das andere dagegen, die herleitung des nordischen alphabets von 16
zeichen aus dem älteren von 24, mit einer ansicht in widerspruch tritt, die
bisher wol den meisten ungefähr wie Kirchhoff (zs. 10, 206) die sicherheit
eines rechenexempels zu haben schien. ich glaube, auch der beweis, den
hr Wimmer hierfür mit hilfe der inschriften führt, wird sich nicht anfechten
lassen und leicht durch neue funde noch weitere bestätigung erhalten“. Dagegen versuchte Zarncke (Lit. Centralblatt 7. Novbr. 1874) noch die ältere
auffassung aufrecht zu erhalten. Vgl. auch M. Riegers oben (s. 139 f.) erwähnte äuferungen in der Z. f. d. Ph. VI.

runenformen in dem kürzeren nordischen alphabet auf einen älteren
standpunkt zurückzuführen, der im längeren alphabet bewahrt sein
müfste (dessen ᚲ *k*, ᚺ *h* u. s. w. gegenüber dem ᚠ, ᛉ u. s. w.
des kürzeren) und den runen *óss* und *ár* ihre ursprüngliche bedeutung *a* und *j* wiederzugeben, um sofort ein alphabet zu erhalten,
welches sowohl dem kürzeren nordischen als auch dem längeren auf
dem brakteaten von Vadstena u. s. w. zu grunde liegen könnte. Das
ursprüngliche runenalphabet hätte sich dann frühzeitig in z w e i
gespalten, von denen das eine, das in der anzahl der zeichen dem
grundalphabet entspräche, und insoweit demselben am nächsten
stände, von den eigentlichen skandinavischen völkern bewahrt worden
wäre, bei denen wir es im jüngeren eisenalter in vollem gebrauch
finden, während die gotischen und deutschen völker später das
grundalphabet durch hinzufügung neuer zeichen weiter entwickelt
hätten, so dafs es die form erhalten, die wir von dem Vadstenaer
brakteaten, der spange von Charnay u. s. w. kennen; auf einem
noch späteren standpunkt wäre dieses (gotisch-deutsche) alphabet dann
in England weiter ausgebildet worden [1]). Ein solcher gedanke ist an

---

[1]) Über das verhältnis zwischen den verschiedenen runenalphabeten spricht
sich W. Grimm folgendermafsen aus: „Wir haben die drei Runenalphabete,
das nordische, deutsche und angelsächsische verglichen und ihre Verwandtschaft
gefunden. Es entsteht jetzt weiter die schwierige Frage: wie wir uns die
Entstehung dieses Verhältnisses und die Abhängigkeit des einen von dem andern vorstellen müssen? Wir gehen von dem Grundsatz aus, dasz das ein-
fachste Alphabet das älteste sey; dem gemäsz sind wir genöthigt, den sechszehn
alten Runen, und zwar nach ihrer eigenthümlichen, alten Ordnung, deren Ursache,
so viel ich weisz, noch nicht entdeckt ist, den Vorrang zu geben" (Über
deutsche Runen, s. 124), und er kommt dann zu dem resultat, „dasz die s e c h s-
zehn altnordischen Runen Grundlage der deutschen und angel-
sächsischen sind" (s. 128). Gegen diese ganze betrachtung, der sich später
viele angeschlossen haben, auf jeden fall im wesentlichen, hat jedoch bereits
Bredsdorff einspruch erhoben: „Das ärmste alphabet braucht nicht gerade das
älteste zu sein. Es ist wohl denkbar, dafs unsere vorfahren einige buchstaben
fortgeworfen haben können, teils weil sie für unnötig gehalten wurden, teils
weil sie schwer nachzumachen waren, teils weil man sich vielleicht nur unvollständig mit dem älteren alphabet bekannt gemacht hatte. So warfen die
Griechen einige von den buchstaben der Phönicier, und die Römer einige von
denen der Griechen fort, und die Engländer haben æ, þ und ð abgeschafft"
(„Om de saakaldte tydske Runer" in Molbechs Nordisk Tidsskrift for Historie,
Literatur og Konst, II, 1828, s. 397). An derselben stelle (s. 398) spricht er
sich über das verhältnis zwischen dem kürzeren nordischen runenalphabet und
dem altenglischen folgendermafsen aus: „ich vermute, dafs diese beiden arten

s. 156. und für sich natürlich, und er war vollkommen berechtigt, so lange
man von der voraussetzung ausging, dafs die sprachform auf den
denkmälern mit dem längeren alphabet in Skandinavien (dem gol-
s. 157. denen horn u. s. w.) nicht dem nordischen sprachstamme angehöre,
sondern entweder gotisch oder deutsch sei.    Anders stellt sich
die sache dagegen, nachdem in der neuesten zeit nachgewiesen ist,
dafs die sprache in diesen inschriften n o r d i s c h ist, und dafs das
längere runenalphabet nicht blofs von Goten und Deutschen benutzt
wurde, sondern auch die e i n z i g e gebräuchliche schrift in Skandinavien war, ehe das kürzere alphabet bei uns auftrat.    Wenn man
zugleich mit mir in der auffassung einig ist, die ich an verschiedenen
stellen zu erhärten gesucht habe und — wie ich hoffe — zur evidenz
beweisen werde, dafs die sprache in den nordischen inschriften mit
dem längeren alphabete nur ein älteres stadium der sprache ist, die
wir in den inschriften des jüngeren eisenalters mit dem kürzeren alpha-

---

von runen unabhängig von einander sind, aber aus einer gemeinsamen quelle
stammen, und ich gebe deshalb die ansicht auf, die ich in der schrift über den
ursprung der runenschrift s. 19 betreffs der normannischen (markomannischen)
runen geäufsert habe".    Diese vollständig richtige auffassung von dem ver-
wandtschaftsverhältnis zwischen den beiden alphabeten ist später auch von andern vorgetragen worden; so äufsert L i l i e n c r o n (Zur Runenlehre s. 16):
„Die herkümmliche Annahme, das erweiterte goth.-ags. Alphabet habe seine
directe Quelle in dem engeren nord., ist wohl nicht haltbar . . . Der Einfluss
beider Alphabete auf einander war ein wechselseitiger, beiden aber liegt ein
gemeinschaftliches Uralphabet zu Grunde".    Auch K i r c h h o f f betrachtet den satz
als bewiesen, „dass das angelsächsische und nordische alphabet sich unabhängig
von einander auf einer gemeinschaftlichen grundlage entwickelt haben, das eine
nicht aus dem anderen abzuleiten ist" (Das goth. runenalphabet, 2te aufl., s. 2).
Es war natürlich, dafs diese gelehrten zu dem resultate kamen, dafs das kürzere
nordische alphabet dem gemeinsamen grundalphabete („uralphabete") am nächsten
 stände, und Kirchhoff meint daher auch, „dass, wenn wir im altskandinavischen
alphabete die ȝr-rune streichen und den zeichen 4 und 12 [d. h. der óss- und
ár-rune] ihre ursprünglichen bedeutungen a und j wiedergeben, wir die anzahl
der laute erhalten, die in dem uralphabete bezeichnet waren.    Diesem uralphabete steht allerdings das skandinavische am nächsten; dass aber aus ihm, etwa
in einer noch älteren gestalt, die übrigen alphabete abgeleitet sein sollten, oder
mit anderem worte das skandinavische alphabet selbst als jenes uralphabet zu
betrachten sei, das ist eine annahme, zu der unkenntnis und auch wohl misver-
standener patriotismus hat ehemals verleiten können, die aber durch gar nichts
zu erweisen steht und als für immer widerlegt betrachtet werden kann, wenn
wahr ist, was ich an einem andern orte über das verhältnis jenes ältesten runenalphabetes zu dem lateinischen bemerkt habe" („Zur würdigung der französischen runen" in Haupts zeitschr. für deutsches alterthum, X, 1856, s. 202).

bete finden, so wird die frage über das verhältnis zwischen den beiden alphabeten natürlich damit zugleich entschieden sein: in dem älteren längeren alphabet müssen wir dann notwendig die quelle für das kürzere jüngere suchen.

Dafs unsere runeninschriften aus dem älteren und jüngeren eisen-alter die sprache desselben nordischen volksstammes aus verschiedenen zeiten enthalten, wie ich behaupte, hat indessen nicht blofs Gislason bestimmt geleugnet, indem er das resultat seiner untersuchungen über die sprache in den ältesten inschriften in folgende worte zusammenfafst: „Sieht man von den einzelheiten ab und betrachtet man das idiom in der hier behandelten abteilung der älteren inschriften im ganzen, so scheint es weder auf den „germa-nischen" noch auf den „skandinavischen stamm" zurückgeführt werden s. 158 zu können, sondern ein mittelding mit einer stark hervortretenden „germanischen" und einer vielleicht noch stärker hervortretenden „skandinavischen" seite zu sein. Es hat einer völkerschaft angehört, die im strome der zeit untergegangen, von einer eindringenden völker-woge überschwemmt worden ist — „einem naheverwandten sprofs aus gotischer wurzel" " (årb. f. nord. oldk. 1869, s. 145). Auch Bugge, mit dem ich sonst vollständig, sowohl in der auffas-sung der sprache der ältesten inschriften im ganzen wie in den meisten einzelheiten übereinzustimmen das vergnügen habe — eine übereinstimmung, der in diesen fragen eine um so gröfsere bedeu-tung beizumessen ist, als wir in den allermeisten fällen ganz unab-hängig von einander zu denselben resultaten gekommen sind —, hat sich, jedenfalls früher, mit einem gewissen vorbehalt über diese sache aussprechen zu müssen geglaubt, indem er äufserte: „ich habe nicht sagen wollen, dafs einzig und allein ein zeitunterschied zwischen der sprache in den inschriften aus der älteren eisenzeit und der sprache in den gewöhnlichen skandinavischen runeninschriften bestehe. Archäologen haben mir im gegenteil den glauben beigebracht, dafs der anfang der jüngeren eisenzeit in verbindung damit stehe, dafs ein neues nordisches element eindringt" (Tidskr. for Philologi og Pædag. VII, s. 356; vgl. årb. f. nord. oldk. 1871, s. 214 f.) [1].

---

[1] Spätere auslassungen Bugges gehen jedoch in einer andern richtung und fallen im wesentlichen mit der von mir vertretenen anschauung zusammen; man sehe z. b. seine äufserungen bei der zweiten nordischen philologenversammlung 1881 in den „Forhandlinger paa det andet nord. Filologmøde", Krist. 1883, s. 218 f. und meine bemerkungen dazu an derselben stelle s. 240 ff. Noch be-stimmter formuliert Bugge seine auffassung in den årb. f. nord. oldk. 1884,

Wenn die sprachforscher somit auf die wichtige frage nach der
stammesverwandtschaft zwischen den bewohnern des Nordens in der
älteren und jüngeren eisenzeit verschiedene antworten haben geben
können, so brauchen wir uns nicht darüber zu wundern, dafs auch
historiker und altertumsforscher zu entgegengesetzten resultaten gekommen sind.    Sowohl nach Gislasons wie nach Bugges oben ge-
nannter auffassung steht der weg für die möglichkeit offen, dafs ein
neuer stamm beim beginn des jüngeren eisenalters das kürzere runenalphabet nach dem Norden gebracht, und dafs sich dieses also unabhängig von der schrift entwickelt haben kann, die in dem älteren
eisenalter gebraucht wurde.   Diese ansicht ist denn auch in neuerer
zeit zu worte gekommen, und man hat mit grofser bestimmtheit die
behauptung aufgestellt, das kürzere runenalphabet könne unmöglich
aus dem längeren hervorgegangen sein, da kein volk darauf verfallen
würde, zeichen für laute fortzuwerfen, die es früher ausgedrückt hätte,
und später wieder neue zeichen für diese laute zu bilden (vgl. z. b.
das ᚲ *k* und ᚷ *g* des längeren alphabetes, die im kürzeren beide
durch ᚱ ausgedrückt werden, während man später wieder einen unter-

s. 159. schied zwischen ᚱ *k* und ᚣ *g* einführte).    Das verhältnis zwischen
den runenalphabeten in der älteren und jüngeren eisenzeit hat man
daher zusammen mit archäologischen ergebnissen als stütze für
die ansicht benutzt, dafs ein neues volk beim übergange aus der
älteren zur jüngeren eisenzeit in den Norden eingewandert sein müsse[1]).

s. 93 ff., wo der gedanke an eine einwanderung in der jüngeren eisenzeit ganz
aufgegeben ist: „Jedoch gehören die im Norden gefundenen inschriften mit den
runen der längeren reihe demselben volksstamme an, der hier in der historischen
zeit gewohnt hat; und die sprache, die im Norden in der letzten heidnischen
zeit geredet wurde, hat sich aus der sprachform entwickelt, die jene inschriften
uns kennen lehren" (s. 95).  Aber diese auffassung gebietet nach meiner überzeugung mit notwendigkeit, die vorstellung von einer wesensverschiedenheit zwischen der sprache in der jüngeren eisenzeit (der Wikingerzeit) und der unmittelbar vorhergehenden periode aufzugeben, einen gedanken, den Bugge beständig
festhält und der nach meiner meinung nur darauf beruht, dafs er die sprachform
auf denkmälern von sehr verschiedener zeit vergleicht, ohne die übergangsglieder
gehörig in betracht zu ziehen. — Wenn ich oben ältere äufserungen Bugges
hervorgezogen habe, obgleich sie gegen die auffassung streiten, die er jetzt hegt,
so liegt das daran, dafs man gerade diesen früheren äufserungen so grofse
bedeutung beigelegt und sie als stütze für die einwanderungstheorieen gebraucht
hat, die ich immer aufs stärkste bekämpft habe.

[1]) Siehe namentlich Hans O. H. Hildebrand, Svenska folket under hedna
tiden, Stockh. 1866; 2. uppl. 1872, s. 53 und öfters (vgl. s IX anm.).  Der
verfasser stützt sich gerade auf Gislasons und Bugges autorität.

Bei dieser annahme erspart man sich unleugbar auf eine leichte
weise jede mögliche schwierigkeit in bezug auf die erklärung der entwicklung des kürzeren alphabetes; es wird von dem neuen volke
eingeführt und verdrängt das längere, das die früheren bewohner gebraucht hatten. Wenn man von der voraussetzung ausgeht, dafs das
längere alphabet das jüngere und vollkommnere sein müsse, so bleibt
es jedoch ein rätsel, dafs die völker, die früher dieses alphabet
benutzten, es mit dem kürzeren und unvollkommneren des neuen
stammes vertauscht haben, und nicht umgekehrt. Aber ich werde
nicht bei diesem widerspruch verweilen, da ich fürchte, dafs alle
sprachlichen und archäologischen — nicht zu reden von historischen
— thatsachen, worauf man diese völkerwanderung gebaut hat, gleich
schwach und unhaltbar sind.

Es ist zum mindesten eine höchst übereilte behauptung, dafs
eine sprache nicht auf einem älteren standpunkte laute, die später
durch ein einziges zeichen ausgedrückt werden, auf eine genauere und
vollkommnere weise unterscheiden könne. Analogieen von der schrift
anderer völker zeigen im gegenteil, dafs das runenalphabet, das
z. b. *k* und *g* durch ein einziges zeichen ausdrückt, sehr gut aus
einem älteren alphabet hervorgegangen sein kann, welches zwei
zeichen für diese laute gebrauchte. Das älteste römische alphabet
benutzte natürlich übereinstimmend mit dem griechischen vorbilde
C für *g* und K für *k*; später wurde K nur ganz ausnahmsweise
angewandt, während C sowohl für *g* wie für *k* gebraucht wurde;
endlich erhielt C nur die bedeutung *k*, und man bildete hieraus
ein neues zeichen G für *g*. Dies stimmt vollständig mit dem verhältnis in der runenschrift überein, wo wir am frühesten ‹ = *k*,
X = *g* [1]), demnächst Υ (aus älterem ‹, Y) = *g* und *k*, endlich
Υ = *k* und das daraus gebildete Υ = *g* finden. Auf ähnliche
weise gebraucht das umbrische, wenn es mit seinem eigenen alphabet
geschrieben wird, nur die ursprünglichen zeichen für *k* und *t* als bezeichnung sowohl für *k*, *t* als auch für *g*, *d*, während es mit *s. 160.*
lateinischer schrift alle vier laute verschieden ausdrückt; dafs auch das
umbrische alphabet selbst ursprünglich vier zeichen für diese laute gehabt
hat, kann kaum einem zweifel unterworfen sein. Aber wir brauchen uns
nicht einmal zu der schrift fremder völker zu wenden, um analogieen

---

[1]) Ich lege hier absichtlich den zeichen in dem runenalphabete die bedeutung bei, welche die gelehrten, deren ansicht ich bekämpfe, ihnen in übereinstimmung mit dem bisher allgemein angenommenen zuerteilt haben.

zu dem zu finden, was wir in der runenschrift antreffen. Es ist ja
eine bekannte sache, dafs die ältesten dänischen — so gut wie die
schwedischen — handschriften die mutæ d und g von den spiranten,
die durch th (dh) und gh bezeichnet werden, unterscheiden, und dafs
sie gleichfalls v und w auf verschiedene weise bezeichnen; aber wie-
wohl sich alle 6 laute noch im dänischen finden — während das
schwedische ziemlich spät die spiranten đ und g, samt w verloren
hat —, drücken wir sie jetzt nur durch die drei zeichen d, g und
v aus. Wenn man also im jahre 1300 für die genannten sechs laute
sechs verschiedene zeichen hatte, aber einige jahrhunderte später sich
mit drei zeichen begnügte, so mufs man wohl einräumen, dafs es
nicht angeht, es a priori unmöglich oder unwahrscheinlich zu nennen,
dafs auch das runenalphabet früher sowohl für k, t, als auch für
g, d zeichen haben, sich aber später mit zwei zeichen für diese vier
laute behelfen konnte. Die sprachlichen — oder richtiger paläographischen — gründe, die man gegen die ableitung des kürzeren
runenalphabetes aus dem längeren angeführt hat, können folglich nicht
als stichhaltig gelten.

Dafs auch die archäologischen thatsachen, worauf man hingewiesen hat, nicht im stande sind die theorie von der einwanderung eines
neuen stammes zu stützen, hat, wie ich glaube, Worsaae mit schla-
genden gründen in seinen untersuchungen über „Ruslands og det
skandinaviske Nordens Bebyggelse og ældste Kulturforhold" bewiesen. Gegen die annahme, dafs es speciell Rufsland sein sollte,
durch welches der neue stamm nach dem Norden gekommen wäre,
bemerkt Worsaae: „Die altertümer in Rufsland können, wie wir
bisher gesehen haben, keine irgendwie feste stütze für die annahme abgeben, dafs die skandinavischen völker oder auch nur ein
einzelner skandinavischer stamm von osten her durch Rufsland in
den Norden eingewandert sein sollte. Nur eine östliche völkerbe-
wegung nach dem Norden aus dem nördlichen Asien ist deutlich an
s. 161. dem vorrücken der finnischen und lappischen völker über Nordrufs-
land und Finnland nach dem nördlichsten Schweden und Norwegen
zu spüren. Wenn alle früheren germanischen stämme auf einem
südlichen und südöstlichen wege in den Norden hineingekommen
sind, würde es eine merkwürdige erscheinung sein, wenn wirklich einzelne zweige dieser völker mehrere jahrhunderte später
beim beginn des jüngsten eisenalters (gegen das jahr 700) nach dem
nördlicheren Schweden und Norwegen auf einem östlichen wege ein-

gewandert wären, nachdem bereits Slaven, Liven, Letten, Kuren und
Finnen längst bis zu den küstenländern der Ostsee hin vorgedrungen
waren. Auf jeden fall müfste dann bestimmt nachgewiesen werden
können, dafs sich in diesen gegenden ältere überreste eines solchen
skandinavischen volkes und von mindestens den voraussetzungen
für die eigentümliche kulturrichtung befanden, welche dieses später
in dem jüngsten eisenalter in Schweden und Norwegen entwickelte.
Namentlich würde es von besonderem interesse und von besonderer
bedeutung sein, wenn es glücken könnte, in irgend einem teile von
Rufsland und aus einer so frühen zeit wie ungefähr dem jahre 700
spuren der jüngeren skandinavischen runenschrift nachzuweisen, die,
wie man gemeint hat, nicht aus der älteren entwickelt, sondern
gerade das kennzeichen für ein in den Norden neu eingewandertes
volk sein sollte. Es ist jedoch bekannt, dafs noch in ganz Rufsland
nicht die mindeste spur von runenschrift entdeckt ist, weder aus
einer älteren noch aus einer jüngeren periode des eisenalters" (årb.
for nord. oldk. 1872, s. 417—18).

Dafs ein neuer stamm gleich beim beginn der historischen
zeit nach dem Norden eingewandert sein und eine neue schrift und
eine neue kultur mitgebracht haben sollte, die gleichsam mit éinem
schlage die ältere verdrängte, müfste durch gewichtige gründe gestützt werden; aber die geschichte schweigt darüber, die altertümer
zeugen dagegen, sprache und schrift widerlegen es und
machen sowohl die einwanderungstheorie als auch die
vorstellung von dem höheren alter und der gröfseren
ursprünglichkeit des kürzeren runenalphabetes dem
längeren gegenüber zu nichte[1]).

---

[1]) Nachdem die obenstehenden bemerkungen in ihrer dänischen gestalt schon
gedruckt waren, erhielt ich J. E. Sars, „Udsigt over den norske Historie" I,
Christ. 1873, worin die beweise für eine völkerwanderung nach dem Norden
gegen den anfang des jüngeren eisenalters einer gründlichen kritik unterworfen
werden (siehe namentlich s. 63 ff.). Es freut mich, dafs der verfasser dieser
scharfsinnigen und, selbst wo ich mich mit ihm uneinig erklären mufs, in hohem
grade anregenden untersuchungen, bezüglich der völkerwanderungstheorie zu
demselben resultate gekommen ist wie ich. „Es scheint uns also das wahrscheinlichste, dafs sowohl das ältere wie das jüngere eisenalter demselben stamme
angehören und von den im laufe der zeit und nach dem gange der entwicklung wechselnden sitten oder gebräuchen derselben völker zeugnis ablegen"
(s. 66).

Wie nämlich die sprache in den inschriften mit dem kürzeren
alphabete nur ein jüngeres stadium derjenigen sprache ist, die wir in
den inschriften mit dem längeren alphabet finden — was nicht

s. 162. näher in der vorliegenden abhandlung entwickelt werden soll —, so
ist das kürzere alphabet von 16 zeichen selbst nur eine
jüngere entwicklung des längeren von 24 zeichen, eine
entwicklung, die nicht plötzlich und auf ein mal, sondern
längere zeit hindurch vorbereitet, vor sich gegangen ist, wie die
runendenkmäler selbst uns zeigen, und wie wir mit hülfe
derselben im folgenden näher nachweisen werden[1]).

----

[1]) Auch Lauth (Das germanische Runen-Fudark, 1857, s. 177 ff.) leitet
das kürzere nordische runenalphabet aus dem längeren ab; aber im einzelnen
leiden seine beweise hierfür allerdings an grofsen fehlern. — Dafs das kürzere
runenalphabet „ohne zweifel im wesentlichen in folge einer durchgreifenden vereinfachung der längeren reihe entstanden“ ist, hat F. Dyrlund in „Kort Udsigt
over det philologisk-historiske Samfunds Virksomhed i Aaret 1857—1858“, s. 39
ausgesprochen. Es ist mir jedoch nicht bekannt, wie sich mein geehrter freund
diese entwicklung gedacht hat. Etwas weiter ausgeführt ist derselbe gedanke
von einem gelehrten in der „Tidskrift for Philologi og Pædagogik“ V (1864),
s. 299. Von dem was hier angeführt wird, kann ich jedoch nur dem auch von
Lauth und andern hervorgehobenen verhältnisse zwischen den beiden a-zeichen
im kürzeren alphabete gegenüber der a- und j-rune des längeren einige beweis-
kraft zuschreiben. Hinsichtlich des übrigen, das zum teil auf unrichtige voraussetzungen gestützt wird — z. b. dafs ✳ mit der bedeutung a eine umänderung
von ᚠ sei (was auch Bredsdorff annahm, „Om Guldhornsrunernes Oprindelse“ in
Barfods Brage og Idun, III, 1840, s. 505), und dafs ᛉ in der längeren reihe eine
nebenform zu ᛘ sei —, habe ich eine wesentlich verschiedene auffassung. —
Dafs das kürzere alphabet durch eine stufenweise entwicklung
aus dem längeren hervorgegangen sei, das verhältnis zwischen
den abweichenden runenformen und der verschiedenen anzahl
von zeichen sowie die gründe für die verschiedene anordnung von
einzelnen zeichen in beiden alphabeten hat noch niemand nachzuweisen
gesucht. Aber ohne einen solchen nachweis ist das verhältnis zwischen den
beiden a-zeichen im kürzeren alphabete und den entsprechenden zeichen im
längeren natürlich keineswegs an und für sich ausreichend, um die unmittelbare abstammung des kürzeren von dem längeren zu beweisen. Deswegen ist
auch Kirchhoff, trotzdem er zuerst den zusammenhang zwischen der óss- und
ár-rune im nordischen alphabet und dem a und j des längeren klar dargelegt
hat, der meinung, dafs das kürzere nordische alphabet dem gemeinsamen grundalphabete am nächsten liege, während er keineswegs, wie in der genannten abhandlung in der filol. tidskr. (s. 297 anm.) gesagt wird, „die gröfsere reihe von
der kleineren ableitet“, sondern ganz im gegenteil eine solche vorstellung als
vollständig unrichtig abweist (siehe seine oben angeführte äufserung s. 154
in der anmerkung). — Ganz unklar ist Stephens' auffassung des verhältnisses

## II. kapitel.

# Das verhältnis zwischen der kürzeren und längeren runenreihe.

Indem wir also dazu übergehn, das verhältnis zwischen den beiden runenalphabeten im einzelnen darzustellen, beginnen wir — um sofort die ähnlichkeiten und verschiedenheiten so deutlich wie möglich hervortreten zu lassen — damit, das alphabet von dem Vadstenaer brakteaten (s. 77) und den ältesten inschriften (s. 88) mit dem gewöhnlichen kürzeren nordischen alphabete (s. 180) zusammen zu stellen:

I. ᚡ ᚢ ᚦ ᚨ ᚱ ᚲ ᚷ ᚹ : ᚺ ᛏ ᛁ ᛃ ᛉ ᛒ ᛦ ᛊ : ᛏ ᛒ ᛗ ᛖ ᛜ ᛟ ᛞ ᛗ

II. ᚡ ᚢ ᚦ ᚨ ᚱ ᚤ — — : ᛣ ᛏ ᛁ ᛏ — — ᚼ : ᛏ ᛒ — ᚱ ᚤ — — — ᛙ

Die laute, die durch die verschiedenen zeichen in den beiden reihen ausgedrückt werden, sind folgende:

### I. Längere reihe:

ᚠ *a ā*[1])

| | | | | | |
|---|---|---|---|---|---|
| ᛗ *e ē*[1]) | ᛟ *o ō* | | Diphthonge: | ᚠᛁ *ai* | ᚠᚢ *au* |
| ᛁ *i i* | ᚢ *u ū* | | | (ᛗᚢ *eu*) | ᛁᚢ *iu*[2]) |

| | | | | | |
|---|---|---|---|---|---|
| ᚲ *k* [3]) | ᚺ *h* | ᚷ *g* | ᛟ *ŋ*[4]) | | ᛇ *j* (*a*)[5]) |
| ᛏ *t* [3]) | ᚦ *þ* | ᛗ *d* | ᛏ *n* | ᚱ ᛚ ᚱ *r*[6]) | |
| ᛒ *p*[1]) [3]) | ᚡ *f* ᛒ *b* | ᛊ *s* ᛦ [z] *R*[6]) | ᛗ *m* | | ᛈ *w* |

Doppelkonsonanten werden durch einfaches zeichen ausgedrückt.

1) Das lange gemeingermanische (und gotische) *ē* ist im nordischen bereits in den ältesten inschriften zu *ā* geworden (vgl. *māriʀ* = altnord. *mᶒrr* auf der Thorsbjærger zwinge). Dagegen findet sich hier *ē* (aus älterem gemeingerman. *ai*) in verschiedenen endungen.

2) Die älteste gemeingermanische gestalt dieses diphthongen ᛗᚢ *eu* läfst sich nicht mit sicherheit in den nordischen inschriften nachweisen, die frühzeitig das jüngere ᛁᚢ *iu* angewandt zu haben scheinen (vgl. unten s. 210 f.).

---

zwischen den beiden runenalphabeten, wie dies aus seinen s. 18 citierten auslassuugen hervorgeht. Auch P. G. Thorsen, der die kürzere reihe als die ursprüugliche ansab, hat nur vage und unbestimmte andeutungen von dem verhältnis zwischen beiden reihen gegeben ("De danske Runemindesmærker" I, Kbh. 1864, s. 323 ff. an verschiedenen stellen).

3) Sprachgeschichtliche gründe machen es jedoch höchst wahrscheinlich, dafs bereits die gemeingermanische sprache die mutenreihe *g*, *d*, *b* hinter den nasalen *ŋ*, *n*, *m* gehabt hat. Indessen geben die ältesten inschriften keine sichern aufschlüsse darüber, wie die muten in den beiden zuletzt genannten fällen (*nd*, *mb*) ausgedrückt sind, was wir unten näher besprechen werden.

4) In den inschriften, wo diese rune gebraucht wird, ist sie das zeichen für den nasal mit folgender muta, also *ŋg*.

5) Dafs die älteste form dieser rune ᚺ ist, und dafs sie frühzeitig wegen der veränderung des namens die bedeutung *a* für älteres *j* erhalten hat, ist oben (s. 121 ff.) nachgewiesen.

6) Dafs sowohl ᛉ wie ᚱ dental sind, hat J. Hoffory nachgewiesen (Arkiv f. nord. Filologi I, 1882, s. 41 f.); er bestimmt das erstere als alveolar, das zweite als gingival.

7) Das ursprüngliche *b*-zeichen ist im Norden frühzeitig auch als zeichen für *p* gebraucht worden.

## II. Kürzere reihe:

ᚬ nasaliertes *a* (*â*, *æ*) ᛅ *a* (*â*, *æ*) Diphthonge: ᛅᛁ *ai* ᛅᚢ *âu* (*øy*)
ᛁ *i*, *e* ᚢ *u*, *o* (*y*, *ø*) ᛁᚢ *iu*

Zeichen sowohl für kurze wie für lange laute.

| | | | | | |
|---|---|---|---|---|---|
| ᚴ *k g* (*ŋg*) | ᚼ *h* ᚴ *g* | | (ᛅ *ŋ*) | | ᛁ *j* |
| ᛏ *t d* (*nd*) | ᚦ *þ d* | ᛋ *s* ᛦ *R* | ᚾ *n* | ᛚ *l* ᚱ *r* | |
| ᛒ *p b* (*mb*) | ᚠ *f v* | | Φ ᛘ *m* | | ᚢ *w* |

Doppelkonsonanten werden durch einfaches zeichen ausgedrückt.

(Vgl. in beziehung auf einzelheiten sowie betreffs der vokale und konsonanten genaueres unten 'Anhang' VI.)

Die vergleichung zwischen beiden reihen zeigt also:

1) dafs ein paar zeichen in beiden alphabeten eine verschiedene bedeutung haben, indem die rune, welche in der kürzeren reihe den namen *óss* hat und gewöhnlich mit *o* wiedergegeben wird, aber in älterer zeit die bedeutung *ą* (nasaliertes *a*) hat, dem *a*-zeichen ᚨ der längeren entspricht, während die *a*-rune ᛅ der kürzeren reihe auf derselben stelle steht wie die *j*-rune der längeren;

2) dafs einige zeichen in beiden alphabeten eine abweichende form haben, nämlich die

ᚴ ᚼ ᛅ ᛋ ᛘ ᛦ des kürzeren, entsprechend den
ᚲ ᚺ ᛃ ᛊ ᛗ ᛉ des längeren.

Auch ᚨ weicht in der regel ein wenig von ᚠ ab;

3) dafs a c h t von den z e i c h e n, die sich in dem längeren alphabete vorfinden, im kürzeren fehlen, nämlich

$$ ᚷ ᚹ ᛇ ᛒ (p) ᛗ ᛜ ᛟ ᛞ; $$

4) dafs ein paar zeichen in der kürzeren reihe eine andere stelle haben als die gleichwertigen zeichen in der längeren, insofern die ᛏᛦ der kürzeren den ᛘᛏ der längeren in umgekehrter aufeinanderfolge entsprechen, und ᛨ in der kürzeren reihe auf einem ganz andern platze steht als ᛦ in der längeren.

Das sind verschiedenheiten, die auf den ersten blick vielleicht so zahlreich und so grofs scheinen, dafs man darüber die ähnlichkeiten fast vergessen könnte. Aber wir müssen wohl daran denken, dafs sich das erste der hier dargestellten s. 164. alphabete auf denkmälern findet, die der zeit von ungefähr 400 bis ungefähr 600 angehören, das andere auf runensteinen ungefähr vom jahre 1000, und dafs wir noch nicht die dazwischenliegende entwicklung in betracht gezogen haben. Ziehen wir sie in betracht, so werden sich die scheinbar grofsen verschiedenheiten in einem andern lichte zeigen, und ich hoffe, dafs es mir auf diesem wege glücken soll, die gründe für diese oben aufgezählten ungleichheiten nachzuweisen und zugleich den beweis dafür zu liefern, dafs die k ü r z e r e reihe sich allmählich aus der längern entwickelt hat.

Die 4 hauptpunkte, unter denen wir die verschiedenheiten zwischen den beiden runenreihen zusammenstellten, behandeln wir in der oben angegebenen ordnung und beginnen unsere untersuchungen daher mit der besprechung einer eigentümlichkeit des kürzeren alphabetes, die ihre erklärung nur in dem längeren findet und also zugleich zeigt, dafs das kürzere, was diesen punkt betrifft, aus dem längeren hervorgegangen sein k a n n, aber nicht umgekehrt.

### 1. Das verhältnis zwischen der *ansur*- und *óss*- sowie zwischen der *jâra*- und *âr*-rune.

Trotzdem das kürzere alphabet im ganzen genommen eine sehr eingeschränkte und mangelhafte lautbezeichnung hat, finden wir doch hinsichtlich eines einzigen lautes eine merkwürdige ausnahme hiervon: es kommen zwei zeichen für den a-laut vor, nämlich die runen ᚨ und ᛆ. Von diesen hat zwar die erstere den namen *óss* und die andere den namen *âr*, so dafs wir erwarten sollten, dafs

jene das zeichen für *o*, diese das für *a* wäre. Aber das ist keineswegs der fall, wenn wir die runendenkmäler selbst betrachten, die
vielmehr in der regel den *o*-laut durch ᚳ (*u*) ausdrücken, während ᚠ
ebensowohl wie ᛏ zeichen für den *a*-laut ist; ja diese beiden
zeichen können sogar abwechselnd auf demselben steine in demselben worte gebraucht werden. Als beweis hierfür werde ich
vorläufig nur folgende formen von dem Glavendruper steine (ungefähr
ums jahr 900) anführen: ᚼᚠᚾᛊ hạus = altnord. *hans*, ᚠᚾᚠᛏ
ạnạn = altnord. *annan*; ᛒᚠᛏᚼᛁ bạnsi und ᛒᛏᚼᛁ bansi, jedes
einmal, = *bannsi* (in der altnorweg.-isländ. schriftsprache *benna*).

Was ist nun der grund dafür, dafs das kürzere alphabet diese
s. 165. beiden zeichen für den *a*-laut besitzt, und dafs das erstere zeichen
den namen *óss* bekommen hat, obgleich es *a*, nicht *o*, ausdrückt?

Diese beiden fragen stehen in enger verbindung mit einander,
und die antwort darauf findet sich in den veränderungen, welchen
die nordische sprache und folglich auch die ursprünglichen runennamen im laufe der zeit unterworfen gewesen sind. In der darstellung derselben kann ich mich fast überall Kirchhoff (Das goth.
runenalphabet, 2. aufl., s. 43 ff.) und Bugge (filol. tidskr. VII,
s. 315 ff.) anschliefsen.

Wo die kürzere reihe ihre *ár*-rune hat, da finden wir in der
längeren das zeichen, welches im altenglischen den namen *gèr* führt,
got. *jèr*, ahd. *jâr* (gemeingermanisch *jèra*, in der sprachform der
ältesten nordischen inschriften *jâra*). Ursprünglich war also die
rune das zeichen für *j*; aber im nordischen schwand *j* frühzeitig im
anlaut: *jâra* wurde *âra*, *ár*, und damit veränderte sich die
bedeutung des zeichens von *j* zu *a*.

Wo das kürzere nordische alphabet dagegen seine *óss*-rune hat,
besitzt das altenglische alphabet gleichfalls eine rune, die *ós* genannt
wird; aber nur der name, nicht das zeichen stimmt mit dem
nordischen überein; während das nordische alphabet das zeichen ᚠ gebraucht, später im allgemeinen ᚠ, hat das altenglische *ós* die form ᚩ, wogegen das dem nordischen *óss* entsprechende zeichen ᚠ im altenglischen
futhork als die 26. rune zwischen den speciell altenglischen zeichen auftritt, die später zu der ursprünglichen reihe hinzugefügt worden. Auch ᚠ
hat indessen im altenglischen nicht die bedeutung *a*, vielmehr die bedeutung *æ* und den namen *æsc*. Alles dieses hat seinen grund in späteren
lautveränderungen innerhalb der altenglischen sprache. In dem ge-

meingermanischen und ältesten nordischen futhark nimmt das zeichen
ᚠ mit der bedeutung a die vierte stelle ein: der ursprüngliche und
älteste nordische name für diese rune war ansuz, ansur. Da nach
altenglischen lautgesetzen ursprüngliches ans zu ôs wird, so mußte
auch der runenname ansuz die form ôs annehmen (vgl. gôs
'gans' u. s. w.). Anstatt nun die alte a-rune ᚠ mit dem veränderten namen ôs und der bedeutung o die ursprüngliche stelle im
futhork behalten zu lassen, bildete man aus ᚠ das neue zeichen ᚩ,
das mit dem namen ôs und der daran haftenden bedeutung o auf s. 166.
den früheren platz des ᚠ gestellt wurde. Für den a-laut behielt
man dagegen das alte zeichen ᚠ; aber es bekam den neuen namen
asc (vgl. ahd. ask, altnord. askr) und wurde ans ende der runenreihe
gestellt. Auch das wort asc veränderte indessen später im altengl.
seinen a-laut, nämlich in æ, und in folge dessen wurde ᚠ mit dem
namen asc das zeichen für æ, während man für den a-laut ein neues
zeichen ᚪ (eine mittelform zwischen ᚠ und ᚩ) bildete, dem man den
namen âc gab (eine speciell altengl. form, wo â aus einem älteren diphthongen entstanden ist; vgl. ahd. eih, altnord. eik 'eiche'). Die beiden
runen ᚪ âc und ᚠ asc stellte man dann mit der bedeutung a und æ
vornan unter den speciell altengl. runen, während ᚩ ôs mit der bedeutung o den platz und den namen behielt, die ursprünglich dem ᚠ
zukamen. So muß man sich die entwicklung im altengl. denken, wo
sich also ᚠ allmählich in drei runenformen zur bezeichnung der laute
a, æ, o gespalten hat.

Auch im Norden mußte der alte name ansur verschiedene veränderungen erleiden, wodurch sein ursprüngliches a allmählich verdunkelt wurde. Der entwicklungsgang ist hier ungefähr folgender gewesen: an in ansur ging in ein langes nasales a über, so daß ansur
zu ąsur wurde[1]), und dies nasale a wurde später wegen des folgenden
u durch die lautveränderung, die wir u-umlaut zu nennen pflegen,
weiter verdunkelt, so daß eine form entstand, die ungefähr ǫ̈sur gelautet haben muß; da später der thematische vokal schwand, ging
daraus die form ǫ̈ss und weiterhin durch aufgeben der nasalierung

---

[1]) Es liegt nahe, aus der schreibung asugisalas = altnord. 'Asgisls auf
dem lanzenschaft aus dem Kragehuler moore zu vermuten, daß die aussprache
mit ą- statt an- schon zu der zeit dieser inschrift eingetreten gewesen; aber ᚠ
kann hier natürlich auch an- gelesen werden, da eine verkürzte schreibung ᚠ
für ᚠᛏ im namen der rune selbst ganz mit dem öfter vorkommenden ◊ = in
für ᛁ◊ übereinstimmen würde.

ǫss hervor, eine aussprache, die in den ältesten altnord. handschriften durch ǫss oder ǫ̈ss bezeichnet wird. In der regel verschwand dieses ǫ́, der *u*-umlaut von *á*, später, indem *á* wieder in alle formen eindrang; aber in einzelnen worten hielt sich umgekehrt ǫ́ durch alle formen und fiel dann mit *ó* zusammen (vgl. *nátt* und *nótt*, *ambátt* und *ambótt*, *spánn* und *spónn*, *ál* und *ól* u. s. w.)[1]). So

s. 167. konnte die form ǫ́ss, die regelmäfsig aus ansun entwickelt ist, später also sowohl in *áss* wie in *óss* übergehn, und der runenname *óss* kann folglich, wie Bugge meint, im Norden selbst aus dem älteren ǫ́ss entstanden sein. Ich habe jedoch einiges bedenken, dies anzunehmen. Da nämlich ǫ́ss als name für einen heidnischen gott später nicht in *óss*, sondern in *áss* überging, so müfste man ja annehmen, dafs das alte ǫ́ss sich in die beiden worte *áss* in der bedeutung 'heidnischer gott' und *óss* als name für die rune gespalten hätte; als grund hierfür könnte man vielleicht anführen, dafs ǫ́ (ǫ) leichter in dem runennamen siegen konnte, der wohl gewöhnlich im nominativ (und accusativ) sgl., seltener im genitiv gebraucht wurde, aus welchem *á* später wieder eindringen konnte, während von ǫ́ss 'heidnischer gott' wohl gerade der genitiv plur. *ása* häufig vorkam; da der runenname *óss* somit formell von *áss* verschieden geworden, so hätte man auch allmählich die ursprüngliche bedeutung dieses wortes vergessen und es als identisch mit altnord. *óss* 'flufsmündung', nicht als eine nebenform zu *áss*, aufgefafst. Obgleich alles dieses denkbar ist, finde ich es doch nicht sehr wahrscheinlich und bin deshalb am meisten geneigt, den ursprung des runennamens *óss* anderwärts zu suchen. Da die alte *áss*-rune nämlich erst sehr spät mit der bedeutung o auftritt, zu einer zeit, wo auch andere veränderungen in der kürzeren runenreihe vorgenommen sind, so halte ich es für das wahrscheinlichste, dafs die bedeutung o und der damit sich ergebende name *óss* unter einflufs des altenglischen runenalphabetes auf die *áss*-rune übertragen ist, das ja seine *ós*-rune an der stelle hatte, wo die nordische *áss*-rune stand. Im altengl. mufs der runenname *ós* frühzeitig unverständlich geworden sein, da das alte runenlied denselben in der bedeutung „mund" zu nehmen scheint (indem es ihn mit lat. *os* in verbindung setzt!); es lag somit für die Nordleute nahe, das

---

[1]) Vgl. meine „altnord. gramm." und „fornnord. forml." § 11, c; § 33, B, anm. 3; § 48, anm. 2; § 51, b, anm. 2; § 58, b, anm.; § 70 und öfter. — Siehe auch Noreen, altisl. und altnorweg. gramm. § 71, 2; § 74, 2; § 79; § 100; § 146; § 148, 6; § 269, 5; § 287 ff.; § 304 ff.; § 309, 1 und öfter.

altengl. *ós* mit ihrem *óss* 'flufsmündung' zu identifizieren. Ich finde
es deshalb wahrscheinlicher, dafs man im Norden geradezu den altengl. namen aufgenommen habe, als dafs man aus *óss* die beiden formen
*áss* ('gott') und *óss* (als runennamen) erhalten und darauf die bedeutung des letzteren wortes mifsverstanden haben sollte. In der hier
ausgesprochenen vermutung werde ich auch dadurch bestärkt, dafs *s. 168.*
das altengl. runenalphabet an andern punkten in einer späteren zeit offenbar auf das nordische eingewirkt hat: der alte nordische name für
die rune ᚦ war *þurs* (*þurs rist ek þér* Skírnismál 36; vgl. *thuris* im
„abecedarium Nordmannicum", *þors* in einem futhork bei Hickes III,
tab. VI no. 7 = Stephens I, s. 103 no. 14); aber später wurde der
name *þurs*, der in einer älteren form auch dem gemeingermanischen
futhark angehört haben mufs, im Norden mit *þorn* vertauscht, das
zweifelsohne aus dem altengl. alphabete entlehnt ist, wo dieser name frühzeitig den älteren verdrängt hatte; mit dem runenzeichen ging bekanntlich auch der name *þorn* in das lateinische alphabet über und
lebt noch auf Island, obgleich schon der verfasser der ältesten orthographischen abhandlung in der Snorra-Edda die benennung *þé* dafür
einzuführen suchte (Sn. Edda II, 38). Dafs auch *ýr* als name für die
rune ᛦ wahrscheinlich aus dem altengl. entlehnt ist, werde ich unten
näher besprechen [1]).

Ob man indessen den namen *óss* als geradezu aus dem ältesten
nordischen runennamen *an* ṣ *un* hervorgegangen oder als aus dem altengl. entlehnt betrachtet, so hat dies natürlich durchaus keinen einflufs auf die darstellung, die wir von den veränderungen gegeben

---

[1]) Es verdient hervorgehoben zu werden, dafs das norwegische runengedicht
die namen *óss* (in der bedeutung 'flufsmündung') und *ýr* hat, aber dagegen das
alte *þurs*. Diese drei namen finden sich auch in der isländischen runenreimerei; aber merkwürdig genug fafst sie *óss* nicht als 'flufsmündung', sondern
gerade in der ältesten ursprünglichen bedeutung 'as' (von Odin: *Óss er aldin-
gautr | ok ásgarðs jöfurr | ok valhallar vísi*), und die lateinische übersetzung, die
in der einen handschrift dem runennamen beigefügt wird, ist Jupiter. Sollte
sich hierin das bewufstsein von der alten magischen bedeutung dieser rune zeigen,
die ich oben öfter gelegenheit gehabt habe hervorzuheben (vgl. s. 57 f. anm. 5),
das sich auf Island bis in späte zeiten erhalten hätte, gerade an Odin geknüpft als 'den as' κατ' ἐξοχήν in diesem falle, den gott der runen? Dafs eine
solche tradition sich lange auf Island erhalten haben kann, beweist indessen
nichts bezüglich der andern nordischen länder; und thatsächlich zeigt ja das
norwegische runengedicht, dafs die spätere auffassung von *óss* auf eine zeit
zurückgeführt werden kann, die weit derjenigen voraus liegt, wo die isländische
runenreimerei entstanden ist.

haben, welche im Norden mit den namen jâra und ansuʀ und infolge dessen mit der bedeutung der entsprechenden runen vorgehen
mufsten. Es ist ja klar, dafs die alte jâra-rune später dazu
übergehen mufste, das gewöhnliche zeichen für *a* zu werden,
während die alte ansuʀ-rune namentlich benutzt werden konnte, wo
man einen von dem folgenden nasal beeinflufsten *a*-laut bezeichnen
wollte, und dieser entwicklungsgang wird vollständig von den inschriften bestätigt. Ehe wir jedoch dazu übergehen, dies genauer
zu betrachten, wollen wir sehen, wie die alten zeichen für *a* und *j*
sich im laufe der zeit verändert haben.

Das älteste und ursprünglichste zeichen für die ansuʀ-rune ist
ᚨ. Es mufs hierneben als selten und zum grofsen teile als rein zufällig betrachtet werden, wenn der obere nebenstrich in den inschriften
mit dem längeren alphabete nicht von der spitze ausgeht, wie z. b.
auf der Etelhemer spange, wo namentlich das erste ᚨ wie das vor-
s. 169.  hergehende ᚱ und das folgende ᚹ die nebenstriche etwas weiter unten
bekommen hat; dasselbe gilt von dem zweiten ᚨ auf dem oben (s. 63)
genannten brakteaten aus Norddeutschland. Auch auf dem Kinne-
vader steine, dessen inschrift von Bugge in den årb. f. nord. oldk.
1871, s. 221 angeführt wird, kommt ᚨ (von rechts nach links) vor.
Als eine reine ausnahme, die nur durch rücksicht auf den platz hervorgerufen ist, mufs es dagegen betrachtet werden, wenn der stein
von Varnum, der sonst regelmäfsig ᚨ gebraucht, ein einziges mal ᚨ
mit den beistrichen nach der entgegengesetzten seite in dem worte
ᛁᚼ iah (= got. *jah* 'und') hat: da nämlich ᛁ und ᚨ nicht zu einer
binderune verschlungen werden konnten, so war es notwendig, *a* h
wie hier auszudrücken, obgleich das eigentlich im längern alphabet ha
(von rechts nach links) bedeuten mufste (für h a gebraucht derselbe
stein die binderune ᚼᚨ). Im kürzeren alphabete hat die *áss*-rune
wesentlich dieselbe form wie die *ansuʀ*-rune im längeren; in der
regel sind es jedoch nur die ältesten inschriften mit dem kürzeren
alphabete, welche ᚨ mit dem von der spitze des hauptstabes aus-
gehenden nebenstriche gebrauchen, so die steine von Snoldelev und
Helnæs, und es mufs als ein zufall angesehen werden, wenn wir
dieselbe form in dem futhork auf dem steine von Åstrup finden, wo
auch der nebenstrich in ᚦ fast bis zur spitze reicht. Frühzeitig
wurde nämlich im kürzeren alphabet ᚨ von ᚬ verdrängt (als eine
übergangsform zwischen dem älteren ᚨ und dem jüngeren ᚬ kann
die form auf dem steine von Nörrenærå, der zu unsern ältesten

runensteinen gehört, angesehen werden). Erst später treten auch die formen ⌐ und ⫢ auf.

Während die *áss*-rune sich also seit den ältesten zeiten wesentlich unverändert erhalten hat, verhält es sich mit der jära-rune anders. Wir haben schon oben (s. 121 ff.) darauf aufmerksam gemacht, dafs diese rune unter vielen verschiedenen formen auftritt, die alle auf das ᚺ der Kragehuler lanze und des Istabyer steines zurückgeführt werden müssen, während sowohl das ⌀ des brakteaten von Vadstena, das ⌐ der spange von Fonnås wie das ✳ auf den blekingschen steinen von Björketorp, Stentofte und Gommor jüngere ent- s. 170. wicklungen sind[1]). Von den inschriften mit dem kürzeren alphabet kennen nur ein paar der allerältesten dänischen noch die form ✳ für *a* („de ældste nord. runeindskr." s. 62); sehr früh wurde ✳ nämlich durch fortwerfen des einen querstriches weiter vereinfacht und erhielt die form ✦, die das gewöhnliche zeichen für *a* in den inschriften mit der kürzeren runenreihe ist. Aber ✳ und ✦ sind eine zeit lang neben einander sogar in derselben gegend[2]) und auf denselben denkmälern im gebrauch gewesen, wie dies aus den ältesten dänischen steinen hervorgeht. Während der stein von Kallerup (Höjetostrup) und der gleichzeitige schonische stein von Örja nur ✳ und der von Helnæs nur ✦ gebraucht, drückt der stein von Snoldelev den *a*-laut zuerst zweimal durch ✳ aus, gebraucht darauf aber fünfmal ✦; wären die inschriften der steine von Kallerup und Örja länger, so könnten wir daher auch erwarten, auf denselben ✦ mit ✳ zusammen zu finden. Dafs es auf jeden fall zufällig ist, dafs der stein

---

[1]) In der beurteilung der steine von Björketorp und Stentofte als denkmäler aus jüngerer zeit, die künstlich die schriftzeichen und zum teil die sprachformen einer älteren zeit nachahmen, schliefse ich mich im ganzen vollständig der von Bugge vorgebrachten auffassung an. Wie weit der verschwundene stein von Gommor derselben kategorie angehört hat, oder geradezu eins der originalen denkmäler gewesen ist, welche der Björketorper und Stentofter stein nachgeahmt haben, läfst sich natürlich nicht entscheiden. Dagegen finde ich auch auf dem steine von Istaby eine künstliche nachahmung der sprache und der zeichen einer älteren zeit, nicht einen zuverlässigen ausdruck für eine zu einer gewissen zeit wirklich herrschende sprachform. Indem ich hoffe, bei einer andern gelegenheit auf diese frage zurückzukommen, verweise ich vorläufig auf meine bemerkungen hierüber bei Borg s. 156 ff. Selbst bei dieser auffassung geben die genannten Blekinger steine uns doch wertvolle aufklärungen über die entwicklung der schrift und sprache im Norden.

[2]) Mit unrecht scheint Bugge dies in zweifel zu ziehen (filol. tidskr. VIII, 164).

von Helnæs nur ⤉ gebraucht, geht daraus hervor, dafs der stein von
Flemløse, dessen inschrift, wie ich unten zeigen werde, von demselben manne eingehauen sein mufs wie die des steines von Helnæs

s. 171. und zwar später als diese, ✳ abwechselnd mit ⤉ in denselben fällen
gebraucht, wo der stein von Helnæs ⤉ hat.

Wir sehen also, dafs die alte jāra-rune mit der bedeutung a
und folglich mit dem namen āra, ār nach und nach in den formen
ᚼ, ✳, ⤉ auftritt. Das besondere zeichen für *j* war damit verloren,
wogegen man zwei zeichen für den *a*-laut bekommen hatte.
Man könnte sich nun mit Bugge (filol. tidskr. VII, 243) denken, dafs
von diesen beiden zeichen āra dazu benutzt wurde, um das lange *a*
auszudrücken, während ansun für die bezeichnung des kurzen
*a* bewahrt blieb. Jedoch läfst sich diese vermutung nicht beweisen, und ich finde es unwahrscheinlich, dafs man den kurzen
und langen *a*-laut durch zwei zeichen unterschieden haben sollte,
da man einen solchen unterschied bei den andern vokalen nicht
machte, und da ᚠ in den ältesten inschriften sowohl das lange wie
das kurze *a* bezeichnet. Ich glaube deshalb am ehesten, dafs die
alte jāra-rune, nachdem sie zu āra geworden war, eine zeit lang
als lautzeichen aufser gebrauch gekommen ist[1]), wenn man sie nicht
zuweilen mit ᚠ zusammen und in derselben bedeutung verwandt
hat, was ja möglich, aber nicht zu beweisen ist[2]). Dagegen erhielt
sie sich auf ihrem alten platze im alphabet, und erst als der *a*-laut
in ansun allmählich durch das folgende *n* nasaliert wurde, nahm
man die āra-rune als zeichen für den rein oralen *a*-laut auf,
während ᚠ das zeichen für einen davon verschiedenen *a*-laut wurde.
Dies ist der grund dafür, dafs beide zeichen auf dem steine von Istaby
in verschiedener bedeutung gebraucht werden (s. oben s. 121), und auf

---

[1]) Auf ähnliche weise denke ich mir, dafs die altengl. ós-rune erst als
lautzeichen in gebrauch gekommen ist, als die ursprüngliche o-rune ᚫ den
namen œðel und die bedeutung œ annahm, und wir müssen hierin wohl gerade
den grund dafür suchen, dafs die ós-rune das neue zeichen ᚩ bekommen hat,
während das alte ᚠ mit dem neuen namen asc sich als zeichen für *a* (später œ,
æsc) erhielt.

[2]) Auf dem stein von Stentofte kommt ᚠ nur ein einziges mal und in derselben bedeutung wie ✳ vor (nämlich in ᚼᚠ in der zweiten zeile, das in der
ersten zeile ᚼ✳ geschrieben wird); sonst tritt nur ✳ als zeichen für *a* sowohl
auf dem steine von Björketorp wie auf dem steine von Stentofte auf; auf dem
steine von Istaby bezeichnet ᚼ *a*, aber ᚠ einen schwa-laut (svarabhaktisches *a*).

den ältesten runensteinen mit dem kürzeren alphabete ist (ᛉ) ᛏ geradezu das zeichen für das gewöhnliche *a*, während ᚠ ᚠ regelmäfsig gebraucht wird, wo früher ein *a* mit darauffolgendem *n* gestanden
hatte, das später in nasales *a*, *ą*, übergegangen war, eine aussprache,
die wir noch zu der zeit voraussetzen müssen, der diese steine an- s. 172.
gehören. Deshalb hat der stein von Snoldelev neben ᛉ ᛏ für *a* einmal
ᚠ, ausgesprochen *ą̄*, aus älterem *an* = altnord. *á*, und derselbe unterschied wird auf den steinen von Örja, Helnæs und Flemløse beobachtet. Auch später wird häufig ᚠ in der dem altnord. *á* entsprechenden präposition wie in ᚦᚠ (der grofse stein von Århus, der
stein von Hedeby u. s. w.) = altn. *þá* geschrieben. Aus demselben
grunde finden wir gleichfalls ᚠ in der grofsen menge mit ᚠᛌ- zu-
sammengesetzter namen, die auf den runensteinen vorkommen, so in
ᚠᛌᛒᛁᚾᚱᛏ (der eine Hällestader stein), ᚠᛌᚢᚱᛁᚦᚱ (der stein von
Vedelspang) und vielen andern = altn. *Ásbjǫrn*, *Ásfreðr*, wo *ás-* ja
gerade aus dem alten ansu- enstanden ist und nasaliert ausgesprochen sein mufs, ehe es die form *ás-* bekam. Eine erinnerung
an älteres nasaliertes *a* haben wir vielleicht auch, wenn der infinitiv
der verba auf ᚠ ausgeht, so auf dem einen Hällestader steine, der
dreimal ᚠ gebraucht, nämlich in dem namen ᚠᛌᚢᚾᛏᚱ *ąsgautr*,
in der präposition ᚠ *ą* und in dem infinitiv ᛌᛏᛏᚠ *standą*. Der
gebrauch von ᚠ ist jedoch nicht auf die hier genannten fälle beschränkt, wo es ein aus *an* entstandenes nasales *a* ausgedrückt hat;
sondern es kommt aufserdem ganz allgemein anstatt des rein oralen
*a* vor einem wirklich vorhandenen nasal (*n*, *m*) vor, z. b. in den
oben (s. 194) genannten beispielen von dem Glavendruper steine;
gleichfalls wird m**ą**nr (= *mannr*) auf dem gröfseren Skærner steine
geschrieben (aber m**a**tr auf dem schleswigschen steine von Hedeby
= *mandr*, siehe „Navneordenes bøjn. i ældre dansk", s. 85 f.),
kl**ą**mulan (der stein von Tryggevælde, gewifs *glǭmulan* ausgesprochen). Bei in der schrift, aber nicht in der aussprache ausge-
lassenem nasal wird ᚠ ᚠ in ᛌᛏᚠᛏᛡ, ᚾᛏᚠᛏᛡ st**ą**tr d. i.
*stændr* auf dem Örjaer und Flemløser steine gebraucht, und der
Tryggevælder stein hat sogar ᚦᚠᛁᛒᛏᚱᛁ *þąi batri* in der bedeutung *þæim bætri*. Dafs *a* vor dem nasal gerade so besonders regelmäfsig durch die *ás·*rune ᚠ ausgedrückt wird, während man es
sonst durch die *ár*-rune ᛏ bezeichnet, scheint es aufser allem zweifel
zu setzen, dafs *a* hier eine zeit lang nasaliert gewesen wie in den fällen,

wo *n* früher verschwunden war[1]). Da der unterschied, der zwischen ᚨ ᚨ *ą* und ᛡ ᚬ *a* wirklich vorhanden gewesen war, allmählich verschwand, so wurden auch beide zeichen vermischt gebraucht; dafs man noch bis in sehr späte zeit hinein ᚨ, ᚦᚨ, ᚨᚺ-
s. 173. = altnord. *á*, *þá*, *Ás-* schrieb, beweist daher auch nicht, dafs der nasalklang noch in diesen fällen gehört wurde, sondern ist nur die alte schreibweise, die sich unverändert erhalten hat, lange nachdem ihre ursprüngliche bedeutung vergessen war. Das verhältnis zwischen den beiden *a*-runen ᚨ ᚨ *ą* und ᚬ *a* ist dann dasselbe wie zwischen den beiden *r*-runen ᛦ *ʀ* und ᚱ *r*, die gleichfalls ursprünglich sowohl im laut wie im zeichen verschieden waren, aber später zusammengeworfen wurden, als die laute zusammengefallen waren; und wie man es zuletzt ganz aufgab ᛦ für *r* zu gebrauchen, so siegte auch ᚬ über ᚨ. Erst später treten sowohl ᛦ wie ᚨ (ᚮ) wieder, aber mit den neuen bedeutungen *y* und *o*, auf.

## 2. Das verhältnis zwischen den verschiedenen runenformen in der kürzeren und längeren reihe.

In den veränderungen, denen die runen ansuʀ und jāra im Norden sowohl in den namen und der damit verbundenen bedeutung, als auch in der form unterworfen gewesen sind, sahen wir einen allmählichen und langsamen übergang von dem ᚨ *a* und ᚺ (ᛃ, ᛡ) *j*, *a* der längeren reihe zu dem ᚨ ᚨ *ą* und (ᛡ) ᚬ *a* der kürzeren. Dieser übergang steht zugleich in enger verbindung mit den veränderungen, welche andere der älteren zeichen nach und nach erlitten.

So lange die *ár*-rune wie auf dem Istabyer steine die form ᚺ hatte, mufste die *s*-rune notwendigerweise noch die ältere form ᛊ ᛊ bewahren, und ich halte es, wie oben (s. 127) hervorgehoben wurde, für wahrscheinlich, dafs das ᛃ des brakteaten von Vadstena gerade aus ᚺ gebildet ist, um der verwechslung mit ᛊ vorzubeugen. Aber in jedem falle sind die älteren formen ᚺ, ᛃ frühzeitig durch ᛡ verdrängt, das eine zeit lang die herrschende form für die *a*-rune im ganzen Norden war, und nicht lange darnach, dafs die *a*-rune

[1]) Die nasale aussprache von vokalen vor nasallauten wird bezüglich Islands durch die beispiele erhärtet, welche der verfasser der ältesten grammatischen abhandlung in der Snorra-Edda aufführt. — Vgl. zu dieser ganzen auseinandersetzung den aufsatz Noreens „De nordiska språkens nasalerade vokaler" im Arkiv f. nord. Fil. III (Christ. 1885), s. 1 ff., bes. s. 24 ff.

diese form angenommen hatte, ist das alte ⟨ᛋ⟩ zu ⟨ᚺᛈ⟩ geworden, indem diese rune eine senkrechte stellung bekam wie die übrigen zeichen. Während die steine von Björketorp und Stentofte noch ⟨ᛋ⟩ für s neben ⟨ᚨ⟩ haben, gebraucht der stein von Kallerup zweimal ⟨ᚨ⟩ = a und dreimal ⟨ᚺ⟩ = s, und dieselben beiden zeichen finden sich auf dem gleichzeitigen stein von Örja und dem etwas älteren Sölvesborger steine, den wir sogleich näher besprechen werden. Ungefähr um das jahr 700, können wir daher sagen, ist ⟨ᚺ⟩ das gewöhnliche zeichen für s geworden, und es ist als ganz zufällig anzusehen, wenn wir nachher, sogar bis in späte zeit, wieder ab und zu einer form begegnen können, die an das zeichen des ältesten alphabetes erinnert, so in dem futhork auf dem steine von Åstrup, der ⟨ᛋ⟩ gebraucht.

Indessen hielt sich auch ⟨ᚨ⟩ nicht als zeichen für die *ár*-rune; s. 174. neben ⟨ᚨ⟩ tritt früh die daraus vereinfachte form ⟨ᛆ⟩ auf, wie wir oben erwähnt haben. Aus dem dort angeführten geht zugleich hervor, daſs ⟨ᛆ⟩ nicht plötzlich ⟨ᚨ⟩ verdrängt hat, sondern daſs beide formen sich längere zeit nebeneinander gehalten haben. Die form, welche die *ár*-rune zuletzt in der kürzeren reihe annahm (⟨ᛆ⟩), hatte in der längeren eine ganz andere bedeutung, ⟨ᛆ⟩ war dort eine nebenform von ⟨ᚾ⟩ *n*. Von diesen beiden formen, die in der ältesten zeit durcheinander gebraucht wurden wie ⟨ᚺᚺ⟩ (s. oben s. 106), war für *n* später ausschlieſslich ⟨ᛆ⟩ in gebrauch. Der stein von Istaby hat jedoch noch ⟨ᛆ⟩ = *n*, und auf den steinen von Björketorp und Stentofte, wo die *ár*-rune durch ⟨ᚨ⟩ ausgedrückt wird, wird sowohl ⟨ᛆ⟩ wie ⟨ᛆ⟩ mit der bedeutung *n* gebraucht. Da ⟨ᛆ⟩ indessen als nebenform von ⟨ᚨ⟩ *a* auf den ältesten steinen mit dem kürzeren alphabete auftritt und gleichfalls auf dem steine von Räfsal gebraucht wird, der ungefähr mit dem Sölvesborger gleichzeitig sein muſs (vgl. unten), so muſs die eine der alten *n*-formen ⟨ᛆᛆ⟩ um das jahr 700 aufgegeben sein; von dieser zeit an wurde nur ⟨ᛆ⟩ in der bedeutung *n* gebraucht, und die *ár*-rune ⟨ᚨ⟩ konnte also in ⟨ᛆ⟩ übergehn.

Erst zwischen den jahren 800—900 wurde ⟨ᛆ⟩ jedoch als zeichen für die *ár*-rune alleinherrschend, und nicht lange darauf nahm das alte *h*-zeichen ⟨ᚺᚺ⟩ die form ⟨ᚨ⟩ an, die früher der *ár*-rune angehört hatte. Der stein von Kallerup hat daher ⟨ᚺ⟩ = *h*, ⟨ᚨ⟩ = *a*, der Snoldelever stein ⟨ᚺ⟩ = *h*, ⟨ᚨ⟩ und ⟨ᛆ⟩ = *a*; der Helnæser stein hat ⟨ᚺ⟩ = *h*, ⟨ᛆ⟩ = *a*; aber daſs ⟨ᚨ⟩ noch damals

und in dieser gegend für *a* im gebrauch war, zeigt der Flemløser
stein, wie wir oben bemerkt haben. Ungefähr vom jahre 900
an finden wir dagegen ausschliefslich ᚭ = *a* und ✳ = *h* (der
stein von Glavendrup u. s. w.).

Dafs man ᚼᚼ in ✳ veränderte, als dieses zeichen nicht mehr
für einen andern laut gebraucht wurde, lag daran, dafs man eine
einfachere form mit einem einzigen stabe wie bei den übrigen runenzeichen suchte, und da man weder ᚭ noch ᛏ gebrauchen konnte, die
zeichen für *a* und *n* waren, so mufste die form ✳ am nächsten
liegen.

Ungefähr gleichzeitig mit dem übergange von
ᚼᚼ zu ✳ und aus demselben grunde geht auch eine veränderung
s. 175. mit einem andern der alten runenzeichen vor, nämlich mit der *m*-rune
ᛉᛈ. So lange ✳ (zusammen mit ᛏ) noch das zeichen für *a* und
ᚼᚼ das für *h* ist, finden wir auch das *m*-zeichen in der ältesten form;
so braucht der stein von Sölvesborg ᛉ, und um das jahr 800
(S 25) läfst sich dieses zeichen zum letzten male auf dem steine
von Helnæs nachweisen. Aber zwischen den jahren 800—900
nahm es eine form an, in der die beiden stäbe zu éinem
vereinigt wurden, nämlich ᛘ ᛘ, das oft auf den älteren dänischen
steinen (auf dem Tryggevælder steine von Seeland, dem Nörremærer
und Rönninger steine von Fühnen, den Jællinger steinen und vielen
andern der jütischen steine) vorkommt. Dieses zeichen für die *m*-
rune hielt sich namentlich in Jütland, während es an andern stellen
früher von der daraus hervorgegangenen einfacheren form ᛦ verdrängt wurde, die als das gewöhnliche zeichen für die *m*-rune in der
kürzeren reihe angesehen werden mufs. Ausnahmsweise kommt
sowohl die geschlossene wie die offene *m*-form (ᛘ und ᛦ) auf
demselben denkmal vor (so auf dem schonischen steine
von Valleberga). Da die inschriften auf den runensteinen aus der
jüngeren eisenzeit in der regel von einfassungslinien eingeschlossen
sind, so kann es sogar ab und zu schwer fallen zu entscheiden,
ob wir die form ᛘ oder ᛦ haben. Der über der rune angebrachte
einfassungsstrich (ᛘ̄) gibt ja gerade eine einfache und natürliche
erklärung dafür, dafs aus ᛘ sich allmählich ᛦ entwickelt hat[1]),

---

[1]) Der schonische stein von Krageholm hat in wirklichkeit in seinen vielen
*m*-runen noch überall die form ᛘ; aber diese inschrift stellt uns zugleich
handgreiflich vor augen, wie ᛦ natürlich aus ᛘ hervorgehen konnte und mufste.

und dafs die jüngste *m*-form, ᛉ, bereits so früh auftreten kann wie
auf dem steine von Snoldelev (vgl. unten) [1]).

Im längeren alphabet war ᛉ dagegen das zeichen für den aus
dem stimmhaften *s* (ʒ) entstandenen *r*-laut *ʀ*. Mit derselben bedeutung wie das gewöhnliche ᛉ tritt jedoch bereits in den inschriften
mit der längeren reihe die form ᛣ auf (s. oben s. 129 f.), die später
die alleinherrschaft erringt. Während der stein von Istaby noch
ausschliefslich ᛉ hat, das gleichfalls auf dem stein von Björketorp
gebraucht wird, kennt der stein von Stentofte nur das jüngere ᛣ
(„de ældste nord. runeindskr." s. 58), das gleichfalls immer in den
inschriften mit dem kürzeren alphabete vorkommt. Wir dürfen
hieraus schliefsen, dafs die form ᛣ das ᛉ ungefähr in derselben zeit verdrängt hat, wo das *n*-zeichen ᛏ das ᛆ verdrängte. In folge hiervon konnte die *m*-rune ᛗ also in
ᛉ verändert werden[2]), und der umstand, dafs der stein von
Helnæs noch ᛗ gebraucht, während andere der älteren steine mit
dem kürzeren alphabete ᛙ ᛚ haben, schliefst die möglichkeit nicht
aus, dafs auch ᛉ sehr früh als eine nebenform zu den andern zeichen
im gebrauch gewesen sein kann, wie wir gleichzeitig ᛉ und ᛆ (ja sogar
frühzeitig als lokale eigentümlichkeit ᛆ, z. b. auf dem Källvestener steine s. 176.
von Östergötland, Bautil no. 904 = Stephens s. 724) für die *ár*-rune
gebraucht finden. Dafs ᛉ frühzeitig neben den andern *m*-formen
aufgetreten, würde ausgemacht sein, wenn es sich beweisen liefse,
dafs der stein von Snoldelev diese form gebraucht hat; die ganze inschrift ist deutlich, leider mit ausnahme von *m*, welches am schlusse
des letzten wortes ᛋᚨᛚᚼᚨᚢᚴᚢ salhauku[m] d. i. *Salhaugum* gestanden hat; doch scheinen die spuren, die sich von dem linken beistriche der letzten rune noch auf dem steine finden, nur ein ᛉ zu
erlauben, weder ᛗ ᛘ noch ᛙ ᛚ. Wenn dies richtig ist, so würden
wir hierin zugleich einen beweis dafür haben, dafs ᛗ etwas eher
zu (ᛙ) ᛉ geworden wäre als ᚾ die form ᛉ angenommen
hätte.

―――――――

[1]) Eine sehr selten vorkommende *m*-form, die nie allgemeine verbreitung
erhielt, ist ᛦ, das auf den beiden steinen von Hällestad aus Schonen und auf
einem runensteinbruchstück von Århus vorkommt. Sind die punkte hier angebracht um einen klaren und augenfälligen unterschied zwischen ᛉ *m* und
ᛣ *ʀ* hervorzubringen?

[2]) Vgl. „De ældste nord. runeindskr.", s. 40; „Prof. G. Stephens om de ældste
nord. runeindskrifter", s. 9 (= årb. for nord. oldk. 1868, s. 61).

Aufser den bisher besprochenen zeichen weicht auch die *k*-rune
Y der kürzeren reihe von dem < der längeren ab. Bereits in den
inschriften mit dem längeren alphabete ist indessen das alte < zuweilen
etwas verändert worden, indem man ihm einen senkrechten stab gab,
wodurch es in form und gröfse besser mit den übrigen runenzeichen
in übereinstimmung kam. Die inschriften auf der Kragehuler lanze und
auf der schlange aus dem Lindholmer moore drücken *k* durch ⋏
aus, und das umgekehrte zeichen Y kommt auf dem Varnumer steine
vor; von den Blekinger steinen gebraucht der von Björketorp gleichfalls Y, welches ohne zweifel sich auch auf dem Stentofter steine
findet. Durch eine unbedeutende änderung geht hieraus das zeichen
Y hervor, indem der beistrich zur linken und der senkrechte
stab eine linie bilden. Diese form der *k*-rune ist in dem kürzeren
alphabete von den ältesten bekannten inschriften (den steinen von Kallerup, Snoldelev, Helnæs, Flemlose) an die herrschende, und es mufs
als zufällig angesehen werden, wenn später zuweilen wieder eine form
gefunden werden kann, die an das ältere Y erinnert[1]). Den übergang von dem aus < entstandenen Y zu dem jüngeren
Y halte ich für gleichzeitig mit dem übergange von ʃ
zu Ⴙ.

s. 177.    Folgende punkte in der entwicklung beim übergange von dem
längeren zum kürzeren alphabete haben wir also vorläufig nachgewiesen:

ᚠ = *a* wird ᚠ ᚠ = *ᴀ* (schwa-laut auf dem steine von Istaby),
*ǫ* (nasaliertes *a*);

Ⴙ (ꝗ) ursprüngl. = *j* wird das zeichen für *a* und nimmt später
die formen ✳, ✝ an;

ʃ ⟩ = *s* wird Ⴙ Ⴖ, nachdem Ⴙ in der bedeutung *a* von ✳
verdrängt war;

✝ ✝ = *n*; von diesen formen wurde ✝ alleinherrschend, ehe ✳
*a* die form ✝ annahm;

ᚺ ᚺ = *h* wird ✳, nachdem dieses zeichen in der bedeutung *a*
vor ✝ gewichen war;

ᛗ ᛈ = *m* wird ᛩ ᛩ, Y; dieser übergang scheint ein wenig
älter als der übergang von ᚺ ᚺ in ✳ zu sein;

---

[1]) In dem worte s k a r þ a auf dem Danevirke-steine ist die *k*-rune auf
Thorseus zeichnung (De danske Runemindesmærker I, s. 93) ungenau; die
rune hat in diesem worte wesentlich dieselbe form wie an den andern stellen,
wo sie in dieser inschrift vorkommt.

ᛉ ᛦ = *R*; von diesen formen war ᛦ alleinherrschend geworden, ehe ᛗ die form ᛘ annahm;

ᚲ = *k* wird ᛉ und dieses wieder ᚴ.

Diese veränderungen sind, wie wir gesehen haben, keineswegs gleichzeitig vor sich gegangen; ich denke mir ungefähr folgende entwicklung, die zum gröfsten teil mit hülfe der runendenkmäler selbst nachgewiesen werden kann:

I. ungef. 400 bis ungef. 600 (625), der gröfste teil der inschriften mit dem längeren alphabete:

ᚠ ᚢ ᚦ ᚨ ᚱ ᚲᛣᛉ : ᚺᚻ ᚾᚾ ᛁ ᛋᛃ ᛉᛦ ᛊᛊ : ᛏ ᛒ ᛗ ᛚ

*f u þ a*[1]) *r k h n i j*(*a*)[2]) *R s t b m l*

II. ungef. 650, die schrift, die auf den Blekinger steinen von Istaby, Björketorp und Stentofte nachgeahmt wird:

ᚠ ᚢ ᚦ ᚨ ᚱ ᛉ : ᚺᚻ ᚾᚾ ᛁ ᛋᛡ ᛉᛦ ᛊᛊ : ᛏ ᛒ ᛗ ᛚ

(*a*) *ʌ*[3]) *a b*

III. ungef. 800 (825), die ältesten inschriften mit der kürzeren runenreihe (die steine von Kallerup, Snoldelev, Helnæs, Flemlose und Örja):

ᚠ ᚢ ᚦ ᚨ*ą* ᚱ ᚴ : ᚺᚻ ᚾ ᛁ ᛡᛆ ᛦ ᛋᛋ : ᛏ ᛒ ᛗ(ᛘᛉ) ᛚ

IV. etwa 900 bis etwa 1000 (die steine von Glavendrup, Tryggevælde, Jællinge u. s. w.):

ᚠ ᚢ ᚦ (ᚨ)ᚬ ᚱ ᚴ : ᛡ ᚾ ᛁ ᛆ ᛦ ᛋᛋ : ᛏ ᛒ ᛘᛉ ᛚ

Der übergang von den älteren zu den jüngeren formen ist also s. 178. allmählich und im ganzen ziemlich langsam geschehen, und die entwicklung darf auch nicht als gleich schnell in den verschiedenen gegenden des Nordens vorgegangen gedacht werden. Wir haben ja sogar ᛡ und ᛆ auf demselben steine wechseln sehen, und es ist

[1]) Vor einem nasal ist der laut vielleicht in dieser periode bereits nasaliert.

[2]) In der bedeutung *j* kommt ᛋ ohne zweifel auf dem lanzenschaft aus dem Kragehuler moore vor. Gegen den schlufs der periode hat die rune sicher die bedeutung *a* bekommen und wird kaum als lautzeichen gebraucht (der stein von Varnum drückt *j* in dem worte *jah* 'und' durch ᛁ aus).

[3]) Nur ein einziges mal auf dem steine von Stentofte hat diese rune die bedeutung *a* wie in der vorigen periode; auf dem steine von Istaby ist sie das zeichen für einen schwa-laut (*ʌ*). Als zeichen für das reine *a* gebrauchen der stein von Istaby ᛋ, die steine von Björketorp und Stentofte mit der genannten ausnahme ᛡ.

sehr wohl möglich, dafs ✝ das einzige gebräuchliche zeichen in einer
gegend gewesen sein kann, während man in einer andern noch das
ältere ✱ benutzte; auch von den übrigen zeichen können ältere und
jüngere formen längere zeit hindurch neben einander gegolten
haben und die älteren an einer stelle früher als an einer andern aufgegeben worden sein. Aufserdem haben sich in gewissen gegenden
sehr früh örtliche eigentümlichkeiten entwickelt, indem die
ursprünglichen runenzeichen dort auf eine weise verändert worden, die von der gewöhnlichen abweicht. Alle diese formen
lassen sich indessen mit leichtigkeit auf die allgemein bekannten
zurückführen, so die auf dem s. 205 genannten steine von Källvesten,
der seiner sprache nach nicht viel jünger sein kann als die älteren
dänischen (etwa 900), aber ᚺ = ᚾ hat, ᛒ = ✝, ᛄ = ᛏ, ı = ᛉ,
indem nur der unterste teil des senkrechten stabes, ı = ᚺ, indem nur
der oberste stab übrig blieb, ᛄ = ᛏ, ᚨ = ᛒ; auch die h- und m-
rune haben in dem futhark, der auf diesem steine gebraucht wird,
ohne zweifel formen gehabt, die von den gewöhnlichen abweichen[1]),
so dafs nur ᚠ, ᚦ, ᚱ, ᚢ, ı, ᚲ (die sich alle 6 auf dem steine finden)
und wohl ᚴ (das nicht vorkommt) mit den sonst zu der zeit allgemein gebrauchten zeichen übereingestimmt haben. Auf diese örtlichen eigentümlichkeiten, wovon mehrere weit später wieder auftreten und eine allgemeinere ausbreitung bekommen, nehme ich
hier keine rücksicht, da sie nur eine weitere entwicklung (in der
regel vereinfachung) der allgemein bekannten formen sind. Eine darstellung hiervon im einzelnen mufs gegenstand einer besonderen abhandlung werden (vgl. unten 'Anhang' III).

s. 179. 3. Das verhältnis zwischen den 24 zeichen der längeren
reihe zu den 16 der kürzeren.

Wir haben bisher nur die abweichenden runenformen behandelt, die in beiden alphabeten mit derselben bedeutung oder mit
einer bedeutung vorkommen, die auf grund der wandlungen, denen
die sprache selbst unterworfen gewesen, verändert worden ist,

---

[1]) Ich schliefse dies aus dem Röker steine, dessen alphabet in hohem grade dem
hier besprochenen gleicht (nur die ár- und b-rune haben die umgewendeten
formen ᛒ und ᛓ), und wo h und m durch ✝ und ✝ ausgedrückt werden
(wenn die gér-rune ✝ des Themsemessers von den gewöhnlichen altengl.
formen ⟨φφ⟩ ausgeht, so würde sie sich zu diesen verhalten, gerade wie sich
das m des steines von Rök zu ⟨φφ⟩ verhält).

und wir haben nachgewiesen, dafs die formen des kürzeren alphabetes überall auf die des längeren zurückweisen, sowie dafs die entwicklung allmählich vor sich gegangen ist. Die differenz zwischen
den beiden alphabeten, über die wir demnächst rechenschaft geben
werden, ist die verschiedene anzahl der zeichen, die in beiden
gebraucht werden, nämlich 24 in der längeren reihe gegenüber 16
in der kürzeren. Auch hier haben wir eine entwicklung
vor uns, die nicht plötzlich, sondern lange zeit sachte
fortschreitend, vor sich gegangen ist.

Von den 24 zeichen, die ursprünglich dem längeren alphabete
angehörten, sind ein paar im Norden sehr früh aufgegeben. Dies
gilt von dem *p*-zeichen, das sich auf dem brakteaten von Vadstena
in der form ᛒ findet, also dieselbe gestalt bekommen hat wie
das zeichen für *b*, obgleich auf dem brakteaten vielleicht ein
künstlicher unterschied zwischen den beiden zeichen versucht ist
(siehe oben s. 117 und 119). In den bisher bekannten inschriften
aus der älteren eisenzeit kommt zufällig kein wort mit dem *p*-laute
vor; aber wir dürfen annehmen, dafs dieser laut durch ᛒᛒ ausgedrückt
worden ist, ausgenommen vielleicht in den allerältesten inschriften.
Ich finde nämlich keinen grund dafür, mit Bugge (årb. f. nord.
oldk. 1878, s. 66f.) das ᛒ und ᛒ der spange von Fonnås als zwei
verschiedene zeichen aufzufassen, von denen das erstere *p*, das andere
*b* bezeichnen sollte. Ich glaube, dafs wir in beiden fällen die *b*-rune
haben, da entsprechende formen dieser rune häufig neben einander sowohl in inschriften mit den zeichen der längeren wie der
kürzeren reihe vorkommen. Während der stein von Björketorp ᛒ
gebraucht, hat der stein von Stentofte ᛒ, und von den beiden spangen
von Nordendorf hat die eine ᛒ wie die Freilaubersheiner spange
(die letztere in dem namen boso, also sicher mit der bedeutung *b* oder
*b*), die ändere ᛒ wie die spange von Engers (die erstere in dem
namen leubwini, die zweite in leub, also auch sicher mit der bedeutung *b* oder *b*). Dieses letztere zeichen stimmt aufs nächste mit
der form auf der spange von Fonnås überein, der Bugge die bedeutung *p* zuerteilt, und dasselbe gilt von ᛒ (von rechts nach links) auf
der schlange von Lindholm und auf dem messerheft (?) von Kragehul,
das ich also auch als *b*-rune auffasse. Wenn Bugge das erste wort
auf dem Björketorper steine uþarabasba, wie ich glaube, richtig als
úþarfa-spá „verwünschung“ gedeutet hat, so scheint die schreibweise sba einen direkten beweis dafür abzugeben, dafs die form der

längeren reihe, die auf dem Björketorper steine nachgeahmt ist, p durch B ausgedrückt hat, wie wir so wie so erwarten müssen.

Sehr frühzeitig ist auch die 13. rune in den alten futharken, ⟨⟩, als lautzeichen aufgegeben worden, wenn sie überhaupt von anfang an zeichen für einen bestimmten laut gewesen ist. Wie ich oben (s. 112 f. und 134 ff.) nachgewiesen habe, ist die ursprüngliche bedeutung dieser rune nämlich ungewifs, und es scheint mir sogar am wahrscheinlichsten, dafs sie im ursprünglichen runenalphabete gar kein lautzeichen gewesen ist. Auf jeden fall kann sie hier kaum, wie man nach ihrem altengl. namen vermutet hat, zeichen für den gemeingerm. diphthongen eu oder für ï gewesen sein. Dafür, dafs der letztere laut in den ältesten runeninschriften durch dasselbe zeichen wie ï ausgedrückt wird, habe ich oben beispiele angeführt, und ich habe gleichfalls hervorgehoben, dafs die deutschen inschriften auf den spangen von Nordendorf und Engers den diphthong eu durch zusammenstellung der beiden runen ᛗᚢ ausdrücken. Im Norden hat dieser diphthong ohne zweifel frühzeitig die form iu angenommen; ein sicheres beispiel für das ältere ᛗᚢ läfst sich in unsern inschriften nicht nachweisen[1]). Dagegen kommt das jüngere ᛁᚢ auf dem Reidstader steine in dem worte iuþingan vor. Dafs nur so gelesen werden kann (und nicht ᛁᚢᛨᛁᚷᚨᚾ iud(i)ngan, wie ich früher mit bezugnahme auf Bugges äufserungen vermutet hatte), davon bin ich durch untersuchung der inschrift überzeugt worden, und das ist auch aus meinem abdruck ersichtlich, nach welchem ich hier die inschrift wiedergebe, da die zeichnung bei Stephens an mehreren fehlern leidet:

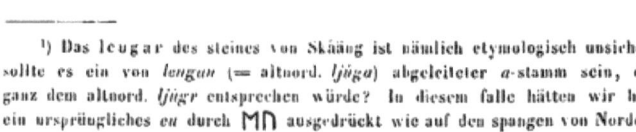

---

[1]) Das leugar des steines von Skääng ist nämlich etymologisch unsicher; sollte es ein von lengan (= altnord. ljúga) abgeleiteter a-stamm sein, der ganz dem altnord. ljúgr entspräche würde? In diesem falle hätten wir hier ein ursprüngliches eu durch ᛗᚢ ausgedrückt wie auf den spangen von Nordendorf und Engers.

Nur in der letzten rune in der zweiten zeile (dem verhältnismäfsig schmalen ᛗ) sind die nebenstriche etwas undeutlich, aber doch
vollkommen sicher. Die punkte in dieser zeile stehen nahe dem
zweiten worte; im anfang der zeile ist ᚲ gewifs unabsichtlich so
nahe an das vorhergehende ᛁ herangekommen, dafs es damit ganz
zusammenläuft. Es besteht kein zweifel darüber, dafs die inschrift,
wie auch Bugge gelesen hat, wiedergegeben werden mufs:

iuþingaʀ

ik wakraʀ: unnam

wraita

iuþingaʀ fasse ich mit Bugge als den namen des mannes, zu dessen   s. 180.
andenken der stein gesetzt ist (eine bestätigung der richtigkeit dieser
auffassung bietet der stein von Strand, der ebenfalls mit dem namen
des toten beginnt und darauf sagt, wer den grabhügel über ihm auf-
warf). Die älteste nordische form dieses namens würde ohne zweifel
Euþingaʀ lauten (vgl. Juthungi, ᾿Ιουθούγγοι, ahd. Eodunc)[1]). Dafs der
gemeingerm. diphthong eu also frühzeitig im Norden durch ᛁᚿ ausgedrückt worden ist, geht aus dem namen auf dem Reidstader steine
hervor[2]); dagegen läfst sich nicht mit sicherheit entscheiden, ob die
aussprache eu oder iu gewesen ist, da wir in dieser inschrift auch
ik für ek finden, und sie also in diesem falle unzweifelhaft die I-rune
anstatt des älteren ᛗ als zeichen für ě gebraucht hat.

---

[1]) Sehr zweifelhaft ist dagegen die von Bugge angenommene verwantschaft
mit altnord. jóð 'kind'. Dieselbe wurzel wie in jóð haben wir ja in altnord. auðr
'reichtum; schicksal', auðinn 'vom schicksal bestimmt, gegeben', eigentlich
ptcp. prät. von einem sonst verlorenen starken verbum (altnord. gram. § 132,
anm. 1). Das präteritum dazu würde *jóð heifsen, was indessen nur zufällig dieselbe form wie das substantiv jóð 'kind' bekommen hätte, da das präteritum jóð
einem got. *aiauþ entsprechen würde, während das nomen jóð got. *iuþ, stamm
iuda-, wäre. Gotisch audags u. s. w. zeigt, dafs die hierher gehörenden worte
ursprünglich d, nicht þ, hatten; nach vokalen und r fiel ursprüngliches d und
urspr. þ im in- und auslaut bekanntlich später im altnord. in d zusammen (altnord. gram. § 5, 2, anm. 3; fornnord. forml. § 5, 2, anm. 1). Aber da wir in
den inschriften mit dem längeren alphabete noch đ (ᛞ) und þ (ᚦ) unterschieden
finden, so kommt es mir mehr als zweifelhaft vor, ob iuþingaʀ auf dieselbe
wurzel wie jóð zurückgeführt werden kann.

[2]) Dagegen bin ich mit Burg (s. 35 f.) darin einverstanden, dafs der name
ᚻᛁᚿᚢᛁᛚᚠ niuwila, der auf einem brakteaten vorkommt, wovon 1570 drei
exemplare bei Næsbjærg in der nähe von Varde in Jütland gefunden wurden,
kaum ein aus urnord. eu entstandenes iu enthalten kann.

Ob nun die rune ⌇ ursprünglich das zeichen für einen bestimmten laut gewesen, oder, was ich für das wahrscheinlichste halte,

*s. 151.* aus andern gründen in den futhark eingesetzt ist, so kann sie im
Norden nicht als laut zeichen nachgewiesen werden, was natürlich
nicht im widerspruch damit steht, dafs sie lange ihren alten platz im
futhark (wie auf dem brakteaten von Vadstena) behalten hat und
ohne zweifel als magisches zeichen gebraucht worden ist. Dafs sie
keine bedeutung als lautzeichen hatte, geht auch daraus hervor, dafs der
stein von Krogstad ⌇ und ⌇ (jedes einmal) in der bedeutung *t*,
also als eine andere form der ⊤-rune, hat[1]). Wenn wir daher auf
einzelnen brakteaten ⌇ finden können, und das oben (s. 77 in der
anm.) genannte amulet (?) gleichfalls am schlufs der ersten zeile ⌇
hat, so kommt es mir am wahrscheinlichsten vor, dafs diese zeichen
eine magische bedeutung haben.

Das oben besprochene iŋiŋan auf dem Reidstader steine zeigt
durch sein ✚✕ eine abweichung von der schreibweise der älteren
zeit, indem es die alte *ing*-rune nicht durch eins der besonderen zeichen
für diese rune ausdrückt, die ja zu den am häufigsten vorkommenden in den inschriften mit älteren runen gehören, sondern durch
zusammenstellung der beiden runen ✚✕. Wir dürfen daraus allein
natürlich nicht schliefsen, dafs das alte *ing*-zeichen zu der zeit dieser
inschrift ganz aufgegeben war; aber dies wird doch wahrscheinlich,
wenn wir bedenken, dafs die ohne zweifel gleichzeitige inschrift auf dem
Torviker steine b (vgl. unten in der anm. 1) statt der *ing*-rune ‹✕✚
d. i. ngk (von rechts nach links) schreibt[2]), wo ngk also dieselbe be-

---

[1]) „Navnordenes bøjning i ældre dansk", s. 46 (vgl. oben s. 155 in der anmerkung); Bugge in der filol. tidskr. VIII, s. 169. — Die form der *t*-rune
auf dem Krogstader steine ist so alleinstehend, dafs ich eher geneigt bin sie
einer laune des runenritzers zur last zu legen, als darin eine lokale eigentümlichkeit zu erblicken. Selbst in dem letzteren falle kann ich jedoch keineswegs mit Bugge (årb. f. nord. oldk. 1878, s. 67) darin übereinstimmen, das
⊤ der spange von Fonnås für eine mittelform zwischen ⊤ und dem ⌇ des
Krogstader steines zu erklären; den kleinen strich, der bei der *t*-rune der
spange von Fonnås vom fufse des hauptstabes ausgeht, halte ich für ganz zufällig
und nichtsbedeutend gleichwie den etwas kleineren strich bei ⼘ in derselben
inschrift (ähnliche strichelchen kommen öfters auf dem 1883 entdeckten Torviker steine b (Stephens III, s. 457) vor, wo sie offenbar als verzierung angewandt sind).

[2]) Die form ‹ in einer inschrift von rechts nach links deutet auch auf
eine jüngere zeit.

deutung wie n g auf dem Reidstader steine und wie das ◇ ◇ der älteren inschriften hat.

Endlich zeigt die schreibweise ᚴ d. i. ik[1] auf dem Reidstader steine statt ᛗᚲ (ᛗᛉ, ᛗᚥ), das sonst in den inschriften mit der längeren runenreihe (vgl. das goldene horn, den Kragehuler lanzenschaft, die schlange von Lindholm, die steine von Tune, Strand und Varnum, die felswand am Valsfjord) gebraucht wird, dafs man auf jeden fall in einzelnen gegenden I zur bezeichnung des (kurzen) e zu verwenden begonnen hatte, woraus jedoch natürlich nicht folgt, dafs das alte ᛗ zu der betreffenden zeit ganz aufgegeben war.

Was uns der Reidstader stein bezüglich der e-rune ᛗ lehrt, geht noch klarer hinsichtlich der alten o-rune ᛟ aus der inschrift auf dem brakteaten von Tjörkö hervor, wovon hier eine abbildung folgt:

Übereinstimmend mit Bugge lese ich die inschrift:

wurte runoʀ an w(a)lhakurne . . heldaʀ kunimudiu . . .[2] indem ich das erste ᚠ in wll für einen, wahrscheinlich durch einen mangel im stempel hervorgerufenen, fehler für ᚠ halte.

In gewöhnlicher altnordischer sprachform würde diese inschrift lauten:

> *orti rúnar á Valkorni Hjaldr Kynmundi.*

Das kurze o ist hier also durch ᚢ ausgedrückt in wurte (vgl. worahto auf dem stein von Tune) und -kurne (vgl. horna auf dem goldnen horn), während ᛟ als zeichen für das lange o in runoʀ bewahrt ist. Im gegensatz zu dem ik des Reidstader steines drückt diese inschrift dagegen ě durch ᛗ aus (heldaʀ; auch in wurte halte ich e

---

[1] Die art und weise, auf welche die beiden runen hier zusammengerückt sind, hat gleichfalls ein seitenstück auf dem Torviker steine b in der zusammenschreibung von ᚦ und I zu ᚼ; dafs dies þi bezeichnen mufs und nicht eine form der d-rune sein kann, zeigt die regelmäfsige form dieser rune später in der inschrift.

[2] Vgl. bezüglich der trennungszeichen s. 165.

für kurz, während es mir zweifelhaft ist, ob e in kurne zu dieser zeit
verkürzt worden ist, oder noch seine ursprüngliche länge bewahrt hat).

Ein anderes mit dem brakteaten von Tjörkö gleichzeitiges beispiel von dem gebrauche des ᚾ für ᛟ ö in einer endung finde ich in
der inschrift auf dem steine von Orstad. Nach persönlicher untersuchung und einem abdruck der inschrift gebe ich diese folgendermafsen wieder:

Das übertrage ich:

> hiwigaʀ
> saralu
> .. wina .

Die lesung der beiden ersten zeilen halte ich für vollkommen
sicher (ein paar kleine vertiefungen im steine hinter der zweiten
rune der ersten zeile können nach meiner ansicht nicht als nebenstriche einer ᚼ-rune aufgefafst werden, die auch allzu nahe an
das folgende w herankommen würde); dagegen wage ich nicht zu
entscheiden, welche beiden (kaum drei) runen vor dem sicheren
wina in der dritten zeile stehen, und welche rune darauf folgt[1]). In
hiwigaʀ — saralu finde ich einen manns- und frauennamen (vgl.
saligastiʀ — fino auf dem steine von Berga), und das letztere halte

---

[1]) Der grofse abstand zwischen dem zeilenpaar, das an der spitze des steines
angebracht ist, und der dritten zeile, die sich an dessen fufse befindet, zeigt,
dafs keine unmittelbare verbindung zwischen dieser zeile und den beiden
obersten bestebt.

ich für einen fem. ō-stamm, der einem späteren altnord. *Sǫrl* (oder
*Sǫrul?*) entsprechen würde[1]. Während die älteren inschriften in diesem
falle ᛟ haben (vgl runo auf dem steine von Einang), finden wir also
hier das jüngere ᚾ, sei es dafs dasselbe hier wie auf dem brakteaten
von Tjörkö die bedeutung ō hat, oder wirklich eine jüngere aussprache mit u bezeichnet. Dafs ᛟ dagegen als zeichen für ō noch
lange nach der zeit auftritt, in welche der brakteat von Tjörkö und
der stein von Orstad zu setzen sind, davon werden wir unten ein
beispiel sehen.

Die schlüsse, die sich aus den hier behandelten, sämtlich um
das jahr 600 (625) zu setzenden denkmälern (dem stein von Reidstad, dem stein von Torvik b, dem stein von Orstad, dem brakteaten
von Tjörkö) bezüglich der zeichen ziehen lassen, die sich nicht in
der kürzeren runenreihe wiederfinden, sind also folgende: Bereits
lange vor der zeit, der diese denkmäler angehören, ist ohne zweifel
die rune ᛇ als lautzeichen aufgegeben, wenn sie jemals als solches
in gebrauch gewesen ist. Gleichfalls ist das besondere zeichen für p
aufgegeben; es wird durch das zeichen für b mitvertreten. Die
steine von Reidstad und Torvik zeigen uns weiter, dafs die alte
*ing*-rune durch zusammenstellung der zeichen für n und g, oder für
n, g und k ausgedrückt werden konnte, und das besondere zeichen
für diese rune darf somit gewifs als aufgegeben betrachtet werden.
Dafs ferner ě durch die l-rune und ō durch die ᚾ-rune ausgedrückt
werden konnte, geht aus dem steine von Reidstad, dem brakteaten
von Tjörkö und dem Orstader steine hervor. Dies bereitet die

---

[1] Anläfslich einer äufserung meines freundes V. Thomsen in seiner dis-
putation über „den gotiske sprogklasses indflydelse på den finske“ (s. 94 anm. 1)
hatte ich gelegenheit, 1869 diese erklärung mündlich aufzustellen. Später hat
auch Bugge saralu gelesen und es als frauennamen aufgefafst; aber er glaubte,
dafs es ein *an*-stamm sei ( saralu ungenaue bezeichnung für o sei (årb. for nord.
oldk. 1871, s 209). Im gegensatze dazu mufs ich als das wahrscheinlichste
festhalten, dafs wir einen ō-stamm haben, und als eine möglichkeit, dafs ᚾ sogar
die wirkliche aussprache bezeichnet (vgl. „Navnoordenes bøju. i. ældre dansk“,
s. 68 anm.). Wenn Bugge in der „Aarsberetning fra Foreningen til norske
Fortidsmindesmerkers Bevaring for 1874“ (Krist. 1875), s. 177 seine frühere
deutung aufgegeben und die ansicht ausgesprochen hat, dafs saralu kein wort,
sondern eine unerklärbare magische formel sei, so kann ich dieser auffassung
nicht beitreten, obgleich ich, so lange ich nicht das ganze denkmal deuten kann,
mich mit Burg einverstanden erklären mufs, wenn er sie folgendermafsen
charakterisiert: „diese auffassung ist selbstverständlich unwiderlegbar, leider aber
auch nicht zu beweisen“ (s. 117).

vollständige aufgabe von M und ☒, d. h. deren durch-
gängige ersetzung durch I und ∏, vor. Wenn hierzu noch
kommt, daſs auch von der alten j-rune angenommen werden muſs, daſs
sie vor der zeit dieser denkmäler ihren namen in āra verändert habe, so
daſs j nicht länger ein eigenes zeichen hatte, sondern durch die iss-
rune I ausgedrückt wurde, wie wir auf dem Varnumer steine jah (= got.
jah 'und') i a h geschrieben finden —, so glaube ich, daſs die
augenblicklich vorliegenden thatsachen in hohem grade die richtigkeit
des resultates bestätigen, das ich bereits 1874 feststellen zu können
vermeinte, nämlich, daſs der standpunkt in der entwicklung
der runenschrift, der durch den Reidstader stein und
die übrigen gleichzeitigen denkmäler bezeichnet wird,
nur 20 von den zeichen benutzt hat, die sich in dem ursprünglichen runenalphabete befanden, und auſserdem
den übergang zu der aufgebung zweier andern gebildet
hat, da ⎇ sowie die p- und wahrscheinlich die ing-rune als gänzlich aufgegeben angesehen werden können, wogegen die alte j-rune
mit der bedeutung a nur vorläufig als überflüssig betrachtet
wurde, so lange ᚠ noch das gewöhnliche zeichen für a war; etwas
später änderte sich dieses verhältnis, indem gerade die ār(a)-rune
aufs neue, als zeichen für das gewöhnliche a, in gebrauch kam,
während ᚠ eine modificierte bedeutung erhielt, wie wir oben nachgewiesen haben. Die runen M und ☒ waren noch gebräuchlich,
konnten jedoch, auf jeden fall als zeichen für ĕ und ŏ, durch I und ∏
ersetzt werden. In der alten reihenfolge geordnet sind die zu dieser
zeit gebrauchten lautzeichen also gewesen:

ᚡ ∏ ᚦ ᚠ ᚱ ᚲ ᚤ ᚦ ᛈ : ᚺᚺ ᛏᛏ ᛁ (ᚺa) - - ᚤᛚ ᛋᛉ ᛬ ᛏ ᛒ ᛗᛁ ᛗᚱ - ᚴᛁ ᛗ

        ‖            ∏‖

Übrig sind somit noch 5 zeichen von denjenigen der längeren
s. 182. reihe, die sich nicht in der kürzeren finden, nämlich M e, ☒ o, X g,
ᛗ d, ᛈ w. Aus mangel an denkmälern können wir leider nicht mit
sicherheit nachweisen, wie früh jedes einzelne von diesen zeichen
aufgegeben worden ist. Dagegen können wir engere zeitgrenzen
festsetzen, innerhalb deren es geschehen sein muſs, und wir können
zugleich nachweisen, daſs die aufgabe nicht plötzlich geschehen ist,
sondern erst nachdem längere zeit schwanken zwischen der älteren
und jüngeren bezeichnungsweise geherrscht hatte. Auf zweien der
blekingschen steine, welche die schrift und zum teil die sprache
einer älteren zeit nachgeahmt haben (den steinen von Björketorp und

Stentofte), kommen sie noch alle fünf wie auf den soeben behandelten denkmälern von Reidstad, Orstad, Torvik und Tjörkö vor, und
derselbe standpunkt darf mit sicherheit bezüglich des steines von Istaby
angenommen werden, obgleich dieser zufällig nur ᛗ und ᛈ hat. Der
unterschied zwischen diesen blekingschen steinen und den etwas
älteren denkmälern von Reidstad u. s. w. liegt also in paläographischer beziehung darin, dafs die letzteren für die a-rune nur
das ältere zeichen ᚠ kennen, während die ersteren regelmäfsig die
ár-rune gebrauchen (der stein von Istaby in der ältesten form ᚼ,
die andern in der form ᛪ); dagegen kommt ᚠ auf dem Björketorper
steine gar nicht vor, auf dem steine von Stentofte nur ein einziges
mal in derselben bedeutung wie ᛪ, aber auf dem steine von Istaby
durchgehends neben ᚼ, jedoch mit einer verschiedenen bedeutung, indem ᚼ das reine a ausdrückt, ᚠ dagegen einen schwa-laut (svarabhaktisches a). Dieser jüngere standpunkt in der schrift stimmt auch
mit den sprachformen (aufgeben des stammauslautenden a im nom. sgl.
der masc. a-stämme, im acc. sgl. der schwa-laut auf dem steine
von Istaby, acc. plur. fem. runaʀ an derselben stelle für älteres
runoʀ) überein. Mit rücksicht auf den Reidstader stein u. s. w., den
ich in den anfang des 7. jhdts setze, glaube ich daher mit gutem grunde
die schrift und die sprache, welche auf den blekingschen steinen
nachgeahmt wird, wo wir zum letzten male noch alle die fünf alten
runen ᛗᛟᚷᛪᛈ in vollem gebrauch finden, in die mitte des 7. jhdts
setzen zu können. Auf den ältesten dänischen steinen mit der kürzeren
reihe (anfang des 9. jhdts) sind diese 5 zeichen dagegen ganz aufgegeben und durch ᛁᚾᚤᛏᚢ ersetzt; diese veränderung ist also
zwischen etwa 650 und etwa 800 (825) eingetreten. Mit hülfe
der wenigen denkmäler, die in den zeitraum zwischen den blekingschen
steinen und den ältesten dänischen gesetzt werden müssen, können
wir jedoch der lösung der frage noch näher kommen, und es wird
sich herausstellen, dafs die genannten 5 zeichen zu verschiedener
zeit aufgegeben sind. Dies werden wir im folgenden näher nachweisen,
indem wir dazu übergehen, die sprachgeschichtlichen gründe zu untersuchen, die veranlafst haben können, dafs die älteren zeichen allmählich
verschwanden.

Schon auf dem Reidstader steine sahen wir, dafs ᛁ für ᛗ in dem
worte ëk gebraucht war. Dafs dieser gebrauch jedoch noch weit
davon entfernt war, durchgeführt zu sein, zeigt der Torviker stein
h und der brakteat von Tjörkö, die regelmäfsig das alte ᛗ so-

wohl für ursprüngliches ĕ wie für älteres ē verwenden. Dies letztere
kommt ja in den ältesten nordischen inschriften in verschiedenen
flexionsendungen vor, wo es bekanntlich später verkürzt wurde, und
ich halte es für höchst wahrscheinlich, dafs ĕ eine aussprache angenommen hat, die dem ĭ nahe lag, und dafs man daher natürlich dazu geführt wurde, diesen laut durch ⌶ anstatt des älteren ᛖ auszudrücken, wie es bei dem ik des Reidstader steines der fall war[1]).
Hierdurch war für den späteren gebrauch der weg gebahnt, wo ⌶
überall ᛖ verdrängte.

s. 183.    Es war indessen auch ein anderer umstand, der notwendig dazu
führen mufste, dafs ᛖ allmählich als zeichen für e aufgegeben wurde,
nämlich die veränderungen, welche im laufe der zeit mit dem r u n e n -
n a m e n vorgingen. Der altenglische name für diese rune ist eh (eoh)
„pferd“, ein aus den andern sprachen unserer sprachfamilie bekanntes
wort: got. *aihws in aihwatundi, alts. ehu in ehuscalc. Der ursprüngliche
gemeingerman. stamm ist ĕhwa-, der ganz mit lat. equus (gr. ἵππος,
älter ἴχχος, skr. áçvas u. s. w.) übereinstimmt. In der sprachform
der ältesten nordischen inschriften mufs dieses wort notwendig ᛖᚺᚹᚨᛉ
e h w a ʀ gelautet haben, das später zu dem in altnordischen gedichten
vorkommenden jór wurde (ursprünglich a-stamm, später mit einzelnen
spuren von übergang zu den i-stämmen; altnord. gram. § 38, anm. 1).
Wann e in dem ursprünglichen ĕhwaʀ sich so verändert hat, dafs
das runenzeichen nicht länger in der bedeutung e benutzt werden
konnte, wage ich jedoch nicht zu entscheiden, aber ich halte es für
höchst wahrscheinlich, dafs urnordisch ĕhwaʀ schon zur zeit des
Reidstader steines eine form angenommen hat, in der ĕ verdunkelt
wurde, so dafs es nahe liegen mufste, ⌶ zur bezeichnung für diesen
laut anzuwenden. Lange bevor dies geschah, war ⌶ ja auch das
zeichen für j geworden, da der runenname jära die form āra angenommen hatte.

    Ein gleicher grund, veränderung des runennamens, läfst sich
nicht dafür nachweisen, dafs ᛟ als zeichen für o aufgegeben werden
mufste; aber wir treffen doch auch hier verhältnisse, die eine leichte

---

[1]) Dagegen kann ich mich nicht Bugges lesung m w s t u i ʘ i auf dem Krogstader
steine und seiner auffassung dieser form als dat. sgl. mit ⌶ für ᛖ anschliefsen.
Von der letzten rune ist nur die spitze sichtbar und dahinter eine gröfsere abschälung, die nach meiner meinung sowohl diese rune wie die darauf folgende
vernichtet hat; ich nehme an, dafs die inschrift auf dieser seite des steines
ursprünglich m w s t u i ʘ a n gelautet hat.

und natürliche erklärung davon geben, dafs ᚿ allmählich an die stelle von ᛡ trat, das ja in den ältesten inschriften das einzige sowohl für ŏ wie für ō gebrauchte zeichen ist. Während der entwicklung der sprache nahm ŏ indessen in vielen fällen eine aussprache an, die sich dem *u* näherte oder geradezu damit zusammenfiel; dies gilt sowohl von den flexionsendungen wie von der wurzelsilbe: urnord. -*o* im nom. und acc. der fem. ō-stämme (ru n o auf dem steine von Einang) wurde später -*u*, das umlaut bewirkte und dann abfiel (vgl. urnord. *geho* = altnord. *gjǫf*); ein beispiel von -*u* für älteres -*o* in den inschriften mit den runen der längeren reihe habe ich oben in dem s a r a l u des Orstader steines zu finden geglaubt. Auch in der wurzelsilbe konnte *u* an die stelle eines älteren *o* treten: altnord. *ulfr* (isl. *úlfr*) setzt ein älteres *wolfaʀ* voraus[1]), das wir auch auf dem steine von Stentofte finden (w o l a f ʀ), wogegen der stein von Istaby w u l a f ʀ hat; obgleich dies letztere anscheinend ein jüngeres sprachstadium bezeichnet, so sind wir doch nicht berechtigt, aus der schreibweise mit ᚿ auf dem steine von Istaby zu schliefsen, dafs d e r l a u t wirklich *u* gewesen ist, da ᚿ auch das zeichen für das ältere *o* sein kann[2]). Das schwanken, das somit, zum teil infolge der veränderung der sprache, allmählich im gebrauche von ᛡ und ᚿ eintrat, endete zuletzt ganz natürlich damit, dafs man das beschwerlichere zeichen ᛡ aufgab und überall ᚿ gebrauchte, wozu die analogie von ᛁ und ᛘ natürlich auch beigetragen haben kann; aber in beiden fällen gab es eine längere übergangsperiode, wo beide zeichen noch durcheinander gebraucht werden konnten, und wo man, wie es scheint, zuerst ᛁ und ᚿ als zeichen für ĕ und ŏ einführte, aber ᛘ und ᛡ in der bedeutung ē und ō behielt (vgl. den stein von Reidstad und den brakteaten von Tjörkö).

Wir gehen nunmehr zu den beiden runen ᚷ und ᛜ über, die s. 184. in demselben zeitraum wie ᛘ und ᛡ, und ohne zweifel eher als diese, aufgegeben sind, wogegen ᚹ sich länger hielt.

---

[1]) Vgl. N o r e e n, altisl. gramm. § 172.

[2]) Umgekehrt gebraucht der stein von Stentofte ᛡ nicht blofs in w o l a f ʀ, sondern auch in r o n o ʀ, entsprechend dem r u n a ʀ des steines von Björketorp und Istaby. Da die älteste nordische form r u n o ʀ, später r ū n a ʀ war, und dieses wort niemals ein *o* in der wurzel gehabt hat, so ist die schreibweise r o n o ʀ offenbar durch einen unglücklichen versuch, eine ältere schreibweise nachzuahmen, hervorgerufen; die beobachtung, dafs ᛡ früher in vielen fällen gebraucht wurde, wo man später ᚿ schrieb (so in w o l a f ʀ), wurde unrichtig auf die form r u n o ʀ übertragen.

So lange man von der voraussetzung ausging, dafs X und M in
dem ursprünglichen runenalphabete zeichen für mutæ, g und d, wären,
mufste es als eine etwas unerklärliche thatsache dastehen, dafs man
später die zeichen für diese laute aufgab und sie durch die zeichen
für k und t (Y und ⊥) ersetzte; denn selbst wenn aus andern älteren
alphabeten entsprechende vorgänge nachgewiesen werden können
(vgl. oben s. 187f.), so enthält dies doch keine völlig befriedigende
erklärung der gründe, dafs gerade diese zeichen in der runenschrift
aufgegeben wurden.   Wenn man nämlich zu der zeit, da diese zeichen
aufgegeben wurden, mit absicht die runenschrift durch ausstofsung
einiger der älteren zeichen hätte vereinfachen wollen, so hätte es
unleugbar, vom standpunkt der gegenwart aus, weit näher gelegen,
z. b. mit der einen von den beiden a-runen, oder mit der einen von
den beiden r-runen, oder mit der alten w-rune zu beginnen, die thatsächlich doch erst lange nach X und M aufgegeben wurden.   Ganz anders
stellt sich die sache dagegen, wenn X und M im ursprünglichen
runenalphabete nicht zeichen für mutæ, sondern, wie oben nachgewiesen, für die spiranten g und đ waren.   Wir erhalten dann eine
einfache und natürliche erklärung des verhältnisses zwischen dem
älteren und jüngeren futhark auch in diesem punkte, und die erklärung bleibt dieselbe, die wir auch in andern fällen gefunden haben,
nämlich die durch die veränderung der sprache hervorgerufenen veränderungen in den runennamen.   In der ältesten
(urnordischen) sprache hatten die runen X und M die namen gebo und
đagaʀ.   Später gingen die spiranten im anlaut in stimmhafte mutæ
über, wie in altn. gjǫf, dagr, während sie im in- und auslaut bewahrt wurden.   Wo die sprache früher nur zwei laute hatte — wenn
wir uns vorläufig an die guttural- und dentalreihe halten —, erhielt
sie jetzt also vier, und die zeichen des älteren alphabetes waren folglich
zu einer genauen lautbezeichnung unzureichend.   Man hätte nun den
ausweg wählen können, die neuen mutæ auch als zeichen für die
spiranten zu behalten, wie dies ja im jetzigen dänischen der fall ist
(dag, god).   Aber der unterschied zwischen den beiden lauten mufs so
stark gefühlt worden sein, dafs man zum mindesten in der dentalreihe
es für notwendig gehalten hat, sie durch zwei verschiedene laute auszudrücken, wie dies auch später im Norden der fall war, wenn is-
ländisch und altnorwegisch d und đ (þ), altschwedisch und altdänisch
d und th (þ, dh) unterschieden.   Als zeichen für den spiranten đ
lag es natürlich viel näher þ als d zu gebrauchen, und diese be-

zeichnung wurde daher in die runenschrift eingeführt, wo sie sich bis in die spätesten zeiten hielt, da selbst die punktierten runen nur ganz ausnahmsweise einen unterschied zwischen Þ (= þ) und Þ (= đ) machen.

Dagegen hätte man natürlich die alte *đagaʀ*-rune nach dem übergange ihres namens in *dagʀ* als zeichen für den *d*-laut behalten können, und es ist wohl auch sowohl möglich wie wahrscheinlich, dafs dies verhältnis zu irgend einer zeit bestanden hat; aber man hat es auf jeden fall bald aufgegeben, da die laute *t* und *d* einander so nahe lagen, dafs sie ebenso gut durch éin zeichen ausgedrückt werden konnten, wie þ und đ. Man hatte hierfür die wahl zwischen ↑ und ᛙ, und es war dann natürlich, dafs man das letztere beschwerlichere zeichen aufgab und das erstere wählte.

Auf etwas andere weise mufste man sich in der guttural- und labialreihe helfen. In der ersteren wurde die muta *g* durch die *k*-rune ausgedrückt, wie *d* in der dentalreihe durch *t*; aber als zeichen für *g* im in- und auslaut wählte man nicht *h*, was dem verhältnis in der dentalreihe am nächsten entsprochen haben würde, und was das jüngste runenalphabet (die punktierten runen) auch wirklich durchgeführt hat, sondern man liefs hier die *k*-rune auch für die spirans gelten, nachdem das alte X, wie es scheint, eine zeit lang als zeichen sowohl für *g* wie für *g* gebraucht worden war.

In der labialreihe endlich war, wie oben (s. 209 f.) nachgewiesen, das zeichen für *b* sehr früh auch in der bedeutung *p* gebraucht worden. Hier hatte man also kein anderes mittel als das, die alte *b*-rune zur bezeichnung sowohl für *b* wie für *p* beizubehalten. Um die spirans im in- und auslaut auszudrücken, wählte man dagegen anstatt des alten B (vgl. u b a ʀ und h a r a b a n a ʀ auf dem steine von Varnum) die *f*-rune, was mit dem verhältnis in der dentalreihe übereinstimmt. Dies wurde jedoch gewifs ziemlich spät durchgeführt; denn bis in junge zeiten — ohne zweifel noch in den älteren inschriften mit der kürzeren runenreihe (um 900) — scheint man genau zwischen ursprünglichem *b* und ursprgl. *f* durch B und ᚡ unterschieden zu haben; und selbst nachdem beide laute zusammengefallen, und ᚡ das regelmäfsige zeichen in beiden fällen geworden war, finden wir noch in gewissen gegenden eine erinnerung an die ältere schreibweise, indem jüngere inschriften sporadisch B für ᚡ, nicht blofs ursprünglichem *b* sondern auch ursprgl. *f* entsprechend, gebrauchen.

So denke ich mir also, in den hauptzügen, dafs die entwicklung in laut und zeichen von dem älteren zu dem jüngeren runenalphabete bezüglich der spiranten und mutæ vor sich gegangen sein mufs, und wir sind somit von den lauten und den zeichen, die ich s. 191 taf. I dargestellt habe, zu denjenigen gelangt, welche sich s. 192 auf taf. II finden.

Leider ist es nicht möglich, auf den denkmälern selbst die entwicklung im einzelnen zu verfolgen, da uns nur eine so geringe anzahl denkmäler aus der zeit bewahrt ist, in der diese veränderungen vor sich gegangen sind, und die einzelnen, die aus andern gründen in diese periode gesetzt werden können, wegen der sehr kurz gefafsten inschriften über die hier behandelten fragen keinen aufschlufs geben. Was die zur zeit bekannten inschriften aufklären, ist folgendes:

Auf dem steine von Strand (s. oben s. 149 f.) wird h a đ u l a i k a ʀ (altn. **Hǫđleikr*, ahd. *Hadaleih*) geschrieben, wogegen drei Blekinger steine h a þ u - gebrauchen (h a þ u w u l ᴀ f ʀ Istaby, h a þ u w o l a f ʀ Stentofte, h a þ u w o l a f a acc. Gommor; siehe „de ældste nordiske runeindskrifter“ s. 53 f., „Navneordenes böjning i ældre dansk“ s. 46), das nach ahd. *hadu-* (*hada-*), altengl. *heađu-*, *heađo-* als die ältere, ursprüngliche form angenommen werden mufs. Wenn der stein von Strand also ᛞ statt ᚦ gebraucht, so sehe ich hierin eine begonnene vermischung der beiden in den ältesten inschriften genau unterschiedenen zeichen ᚦ und ᛞ und wohl auch der laute, die sie ursprünglich bezeichneten. Im späteren nordischen fielen ja beide laute (*þ* und *đ*) zusammen und worden, wie oben bemerkt, durch ᚦ ausgedrückt. Diese erklärung des h a đ u - auf dem steine von Strand, die ich bei Burg s. 156 vorgebracht habe, halte ich auch jetzt für wahrscheinlicher, als die von Bugge in den årb. f. nord. oldk. 1884, s. 86 f.

Einen befriedigenden grund dafür, dafs die alte *ing*-rune ᛜ auf dem Reidstader steine durch zusammenstellung der beiden runen ᚾᚷ n g und auf dem Torviker steine b sogar der drei runen ᚲᚷᚾ n g k ausgedrückt wird, finde ich in der annahme, dafs der name der rune ᚷ zu der zeit dieser inschriften nicht mehr mit der spirans, sondern mit der muta begann. Ich denke mir, dafs ᚷ noch zur zeit dieser inschriften zeichen sowohl für die spirans wie für die muta war; aber welchen ausweg man später wählen würde, scheint mir in der inschrift des Torviker steines angedeutet, wo ᚷ (*g*) mit ᚲ (*k*) zur

bezeichnung der muta zusammengestellt ist. oder wo ᚾᚼ ng vielleicht
eher zeichen für *ŋ* und ᚲ für die folgende muta ist. Dieser brauch
wurde ja gerade später in den inschriften mit der kürzeren reihe
durchgeführt, wo die *k*-rune (ᚴ) das regelmäfsige zeichen auch für
*ŋg* (ᛁᚴ = *iŋg*) wurde.

In den hier genannten schreibweisen auf den steinen von Strand,
Reidstad und Torvik finde ich also erinnerungen an die übergangszeit,
da durch veränderung der sprache und damit zugleich der runennamen
verwirrung im gebrauch der alten zeichen eingetreten war.

In der dentalreihe war ᛗ ursprünglich als zeichen für die
spirans *đ* gebildet, wie ᚷ und ᛒ in der guttural- und labialreihe *g*
und *b* bezeichneten. Neben den spiranten hatte die gemeingerm.
sprache jedoch ohne zweifel in einem einzigen falle, nämlich wenn
ein nasal unmittelbar vorherging, die muta *g, d, b,* wie ich oben (s. 192)
hervorgehoben habe. Die ältesten runeninschriften zeigen uns, dafs
*g* in dieser verbindung gar nicht in der schrift ausgedrückt worden
ist, indem die *ing*-rune nicht blofs als zeichen für *ŋ*, sondern auch
für *ŋg* gebraucht wurde (beispiele für *ŋk* bieten diese inschriften
nicht, aber dafs hier ᛜᚲ geschrieben worden wäre, kann kaum einem
zweifel unterliegen). Dagegen stellt sich die sache schwieriger bezüglich *d* und *b* in den verbindungen *nd* und *mb*. Analog der
schreibung ᛜ = *ŋg* könnten wir auch in der guttural- und labialreihe ᚾᚼ (*n*) und ᛗ (*m*) als zeichen für den nasal in verbindung mit
der folgenden muta (*nd, mb*) gebraucht erwarten, also gerade entgegengesetzt dem verfahren der inschriften mit der kürzeren reihe,
wo ᚴ, ᛏ, ᛒ sowohl zeichen für die einzelnen mutæ, wie für diese in
verbindung mit dem vorhergehenden nasal sind. Dafs ᛏ in den
ältesten inschriften wirklich zeichen für *nd* wie ᛜ für *ŋg* gewesen
ist, könnte durch die schreibung unnam auf dem Reidstader steine
bestätigt werden, worin Bugge gewifs mit recht *und-nam* gefunden
hat; aber wenn er aus der schreibung un- schliefst, dafs *d* auch
wirklich in der aussprache weggelassen gewesen ist, so kann ich ihm
nicht beipflichten. Dagegen würde un- in der bedeutung *und-* ja
gerade die korrekte schreibweise sein, wenn *nd* in den ältesten inschriften in analogie zu *ŋg* ausgedrückt worden wäre. Der stein von
Reidstad allein gibt jedoch keinen genügenden beweis dafür, dafs dies der
fall gewesen, da ja auch die möglichkeiten vorhanden sind, dafs die
runenschrift anfangs *nd* durch das zeichen für die spirans (ᛗ), oder
wie in der kürzeren runenreihe durch ᛏ ausgedrückt haben könnte, in

beiden fällen mit oder ohne vorhergehendes ᚾ *n* (das wort *landa* könnte man sich also entweder ᛚᚨᚾᛚᚨ — was zu dem *uu*-nam des Reidstader steines stimmen würde — oder ᛚᚨᚾᛞᛁᚨ, ᛚᚨᛞᛁᚨ oder ᛚᚨᚾᛏᚨ, ᛚᚨᛏᚨ — entsprechend dem ᛚᚨ(ᚾ)ᛏ, ᛚᛏ(ᚾ)ᛏ der jüngeren inschriften — geschrieben denken). Daſs wirklich das ursprüngliche spiranten-zeichen ᛞ, sogar mit auslassung des zeichens für den nasal, zur be-zeichnung von nasal und muta (*nd*) gebraucht worden ist, geht sicher aus dem kunimudiu des brakteaten von Tjörkö hervor, das natür-lich *kunimundiu*, dat. sgl. von *kunimundur*, zu lesen ist, und die-selbe schreibweise würden wir in lada auf dem Torviker steine a haben, wenn meine deutung dieser inschrift (s. 166 f.) richtig ist. In diesen beiden inschriften, von denen die des brakteaten von Tjörkö zu den jüngeren unter den inschriften der längeren reihe gehört, und die des Torviker steines kaum für viel älter angesehen werden kann, könnte der gebrauch von ᛞ = *nd* jedoch dadurch hervorgerufen sein, daſs sich ᛞ zur zeit dieser inschriften im anlaut zur muta ent-wickelt hatte (*đagan* war *dagan* geworden); denn daſs die echte spirans nicht bloſs als zeichen für die muta, sondern selbst für diese in verbindung mit dem nasal gebraucht wurde, müſste auf jeden fall eine eigentümliche bezeichnungsweise genannt werden. Da wir von den ältesten inschriften keine beispiele für die verbindung *nd* haben, läſst sich indessen nichts sicheres in bezug auf diesen punkt fest-stellen. Nach dem was vorliegt, kommt es mir am wahrscheinlichsten vor, daſs man in der ältesten zeit ᚾ = *nd* gebraucht hat, und daſs eine erinnerung hieran noch auf dem Reidstader steine bewahrt ist, daſs man aber später, nachdem ᛞ muta geworden war, dieses auch in der bedeutung *nd*, wie auf (dem steine von Torvik und) dem brakteaten von Tjörkö, gebraucht haben kann. — Für die gemeingerm. verbindung *lđ*, die im Norden wie im germanischen überhaupt früh, gewiſs noch vor dem übergang von *đ* zu *d* im anlaut, *ld* wurde, gebrauchen die inschriften regelmäſsig ᛚᛞ (hagustaldaʀ Valsfjord = hagustadaʀ Strand [1]), beldan Tjörkö; vgl. das þuruþhild der Friedberger spange und ᛚᛞ auf dem kreuze von Ruthwell in ᚻᛖ ᚹᚨᛚᛞᛖ 'he walde' u. s. w.).

---

[1]) Die schreibweise hagustadaʀ = -staldaʀ (kaum -staldaʀ) neben -stal-dan (vgl. in den jüngeren inschriften haratr = *Haraldr* auf dem steine von Sondervissing neben haraltr auf dem Jällinger steine) stimmt ja genau zum kunimudun = -mundur des brakteaten von Tjörkö (vgl. das spätere ᛏ = *nd* neben ᚾᛏ); aber die schreibung ᛞ, ᛏ für ᛚᛞ, ᛚᛏ ist so alleinstehend, daſs sie sich nur als durch ungenauigkeit hervorgerufen betrachte.

In der verbindung *ld*, vielleicht auch in der verbindung *nd*, scheint ᛗ also als zeichen für die muta gebraucht zu sein, noch bevor sie im anlaut in die muta überging. Als dies geschah, ist ᛗ ohne zweifel eine zeit lang sowohl für *d* wie für *đ* zeichen gewesen; aber der unterschied zwischen beiden lauten mufs bald so stark gefühlt worden sein, dafs man ein neues mittel suchte sie zu unterscheiden. Dies erreichte man, indem man ᛏ (*t*) als zeichen für die muta *d* und ᚦ (*þ*) als zeichen für die spirans *đ* wählte, so dafs das alte ᛗ also überflüssig wurde, wie ich oben entwickelt habe.

Dafs diese darstellung mehr ist als eine theorie, und dafs das alte ᛗ als zeichen für *d* frühzeitig von ᛏ abgelöst wurde, geht zur evidenz aus einem interessanten norwegischen denkmal aus der übergangszeit, nämlich dem im sommer 1874 von J. Undset entdeckten steine von Vatn, hervor. Nach einer mir zugesandten photographie hatte ich bereits 1874 in den nachträgen zu meiner abhandlung über die runenschrift die vermutung ausgesprochen, dafs die inschrift das wort ᚱᚺᛟᛆᛚᛏᛆ r h o a l t n d. i. *Hróaldn* enthielte, und die richtigkeit dieser vermutung wurde kurze zeit nach dem erscheinen meiner abhandlung auf das erfreulichste durch die vortrefflichen abdrücke und übrigen genauen aufklärungen über die inschrift, die ich vom adjunkten K. Rygh in Drontheim und herrn Undset erhielt, sowie durch die mitteilungen des letzteren in „Det kgl. norske Videnskabers Selskabs Skrifter“, Throndhjem 1875, s. 24 ff. (= separatabdruck s. 8 ff.) bestätigt. Wegen ihrer wichtigkeit gebe ich die inschrift umstehend nach dem mir seiner zeit zugesandten material wieder.

Die art und weise, wie das *Hróaldn* der inschrift ausgedrückt ist, ist in vielen punkten interessant; während der stein von Vatn nämlich ᚱᚺᛟᛆᛚᛏᛆ schreibt, drückt einer der allerältesten unter den dänischen runensteinen, der Snoldelever stein, der unten im 'Anhang' VI wiedergegeben wird, den genitiv desselben namens durch ᚱᛟᚺᛆᛚᛏᛋ aus. Statt des alten ᛗ, das in den inschriften mit der längeren reihe, wie oben nachgewiesen ist, ja auch in der verbindung *ld* gebraucht wird, hat die inschrift von Vatn also in übereinstimmung mit den inschriften der kürzeren reihe ᛏ. Wir können nicht im zweifel darüber sein, dafs ᛏ hier das zeichen für die muta *d* ist, und es darf wohl als berechtigt gelten, hieraus den schlufs zu ziehn, dafs derjenige, der die inschrift des steines von Vatn ritzte, auch im anlaut ᛏ in der bedeutung *d* und im in- und auslaut ᚦ in der bedeutung *đ* gebraucht hätte, dafs also das alte

WIMMER, Die runenschrift.                                                    15

zeichen ᛗ damals aufgegeben war. Aber die inschrift von Vatn zeigt uns zugleich, dafs das alte ᚨ, auf jeden fall als zeichen für das lange *o*, noch nicht von ᚢ verdrängt war, wie auf dem stein von Snoldelev. Dafs wir auf dem stein von Vatn auch ✳ als zeichen für

Der stein von Vatn.

*a* finden, ist nur, was wir erwarten mufsten (dafs der Snoldelever stein in dem entsprechenden worte ᚦ gebraucht, ist zufällig, da er in andern worten ✳ hat). Dafs die entwicklung der runenschrift auf

eine merkwürdige weise im allgemeinen über den ganzen Norden
hin den gleichen schritt eingehalten hat — eine ansicht, die mir
immer fest gestanden hat, und wovon ich daher auch in meiner ganzen
abhandlung sowohl in ihrer älteren dänischen wie in ihrer jetzigen
gestalt ausgegangen bin —, wird aufs klarste durch die inschrift von
Vatn bestätigt, selbst wenn die entwicklung, was sich ja von selbst
versteht, und was ich auch ausdrücklich hervorgehoben habe (s. 207 f.),
in einigen gegenden bezüglich dieses oder jenes punktes schneller gegangen als in andern.

Mehr inschriften aus derselben zeit, als der stein von Vatn, der
nach meiner ansicht ums jahr 700 (725) gesetzt werden muſs, und
aus der zunächst vorhergehenden zeit werden uns natürlich helfen,
mit noch gröſserer schärfe die hier behandelten fragen nach der zeit
des aufgebens der alten runenzeichen M, ᛉ und X, ᛗ zu beantworten.
Aber bereits das jetzt vorliegende material ist ausreichend, um die
allmähliche entwicklung auch auf diesen punkten und dadurch den
übergang zu dem gebrauche der späteren zeit zu zeigen. Nach dem
oben entwickelten zweifle ich nicht daran, daſs X wenigstens ebenso
früh wie ᛗ aufgegeben und von (ᚲ) Y (auf dem stein von Vatn
vielleicht bereits in der form ᚡ) verdrängt ist, andrerseits halte ich
es für höchst wahrscheinlich, daſs ᛉ als zeichen für ō sich etwas
länger in gebrauch gehalten hat als M. Verglichen mit dem futhark
auf dem Reidstader steine u. s. w. (s. 216), würde derjenige des
steines von Vatn also folgende form haben:

ᚠ ᚢ ᚦ ᚨ ᚱ ᚲ(ᚡ) - ᚹ : ᚺᚺ ᛏ ᛁ � a - - ᛉ ᛋ(ᛡ) : ᛏ ᛒ - ᛗ ᛚ - ᛉ| -
ᚾ|

Daſs von den für die längere reihe eigentümlichen zeichen nicht
nur ᛉ, sondern auch ᚹ sich noch in diesem futhark fand, kann
nämlich durchaus keinem zweifel unterworfen sein, seit es sich
mit sicherheit nachweisen läſst, daſs von allen älteren zeichen, die
im kürzeren alphabete aufgegeben sind, die w-rune ᚹ sich am längsten
gehalten hat. Diese für die entwicklung der runenschrift wichtige
thatsache geht daraus hervor, daſs wir in ein paar inschriften, die
sich sonst in zeichen und sprachformen eng an die ältesten denkmäler mit der kürzeren reihe anschlieſsen (stein von Helnæs u. s. w.),
noch ᚹ als zeichen für w finden, nämlich auf dem Sölvesborger
steine aus Bleking und dem Räfsaler steine aus Bohuslän. Der
erste von diesen steinen hat nach der zeichnung bei Stephens (I, s. 193)

die im ganzen zu der älteren zeichnung bei Worsaae (Blekingske
Mindesmærker fra Hedenold, Kbh. 1846, taf. XIII, fig. 2) stimmt,
folgende inschrift:

s. 185. Stephens, der behauptete, dafs die inschrift vollständig erhalten
sei, las:

ÆSMUTS HIUSH.

RUTI W[rai]TI.

das er übersetzt:

*Æsmut's hruse (barrow, stone-mound).*

*Ruti wrote (carved these runes).*

Da ich natürlich eine solche sprachform nicht anerkennen konnte,
so vermutete ich („Navneordenes böjn. i ældre dansk“, s. 74 anm. 2),
dafs auf dem steine gestanden habe:

so dafs die ganze inschrift, von welcher also nur ein teil erhalten
wäre, ungefähr gelautet haben müfste:

ruti rai[t (oder raist) runaʀ aft(iʀ)]

ąsmut sunu sin.

Bugge, der meine deutung in der filol. tidskr. VII, s. 349 ff. aufnahm,
schlofs sich im ganzen derselben an, fand es aber doch bedenk-
lich, die inschrift als ein bruchstück anzusehen und vermutete,
gestützt auf die zeichnung bei Stephens, dafs anstatt meines ᛦᛁᛏ
rait möglicherweise ᚹᛘᛦᛁᛏ warait gestanden haben könnte[1].
Eine untersuchung des steines, die Bugge später anzustellen gelegenheit hatte, und deren ergebnisse er in der filol. tidskr. VIII, s. 201 ff.
mitgeteilt hat, bestätigte sowohl meine vermutung, dafs die inschrift

---

[1] Meine berichtigung zu ᛦᛁᛏ stützte sich nicht blofs darauf, dafs die
dritte rune sowohl bei Stephens wie bei Worsaae ein deutliches ᛁ war, sondern auch und namentlich auf die form der ersten rune bei Worsaae.

nur ein bruchstück sei, als auch die meisten meiner berichtigungen: es stand dort s u n u s i n statt Stephens' . . . s r i u s i i, und in der zweiten zeile hatte ich gleichfalls richtig die sechste rune ↓ (*t* bei Stephens!) zu ✳ ergänzt [1]). Nur die fünfte rune in dieser zeile war wirk- s. 186. lich P, nicht R, und da die siebente rune nur I oder vielleicht Þ, nicht R, sein konnte, so konnte die inschrift an dieser stelle weder das wort R✳IT r a i t, wie ich angenommen, noch P✳R✳IT w a r a i t, wie Bugge vermutet hatte, enthalten haben. Die spuren der letzten rune vor a s m u t machten es nach Bugges meinung wahrscheinlich, dafs das vorhergehende wort die form aft, nicht aftin, gehabt, so dafs die ganze inschrift also gelesen werden mufste:

RⱮTI ⵏ P✳I (oder Þ) . . . (✳ⵏⱰ)ⴼⵂⱲⱰTⵂⱮⴕⱮⵂIⴕ

Wie die hinter r u t i folgenden runen w a i oder w a þ ergänzt werden sollten, war zweifelhaft (Bugge vermutete, dafs es ein patronymikon, z. b. „*Vades sohn*", sein könnte); aber die gesammtbedeutung der inschrift war ja klar („*Ruti . . . . [ritzte die runen oder errichtete den stein] nach Asmund seinem sohne*"). Durch eine erneute untersuchung der inschrift im sommer 1876 kam Bugge jedoch zu dem ergebnis, dafs das erste wort ⱮRTI, nicht RⱮTI gelesen (Vitterhets Historie och Antiqvitets Akademiens Månadsblad 1877, s. 534), und der anfang der inschrift also ergänzt werden müfste: u r t i w a [þ i a f t]. Ob nun Bugges frühere oder zweite lesung sich schliefslich als die richtige erweist, was ich für den augenblick unentschieden lassen mufs, da ich noch keine gelegenheit gehabt habe diese inschrift selbst zu untersuchen, das hat glücklicherweise keine bedeutung für den gebrauch, welchen ich hier von dem denkmal machen will. Die inschrift liefert nämlich auf jeden fall einen sicheren beweis dafür, dafs P noch zu einer zeit gebraucht wurde, wo wir sonst im ganzen das alphabet finden, welches wir oben (s. 207) als für das jahr 800 (825) eigentümlich aufgestellt haben. Namentlich zeigt a s m u t = *Asmund*, dafs das besondere zeichen für *d* aufgegeben war und nicht nur *d*, sondern auch *nd*, wie später allgemein, durch Ⱶ ausgedrückt wurde. Wenn die inschrift r u t i hat, so wage ich nicht

---

[1]) Bugge glaubt, dafs auch das wort a s m u t eher mit ✳ als mit ⴼ begonnen hat; es läfst sich indessen nach Bugges äufserungen keinesweges mit sicherheit entscheiden, und ich finde es höchst unwahrscheinlich, da *a* in *ás-* zur zeit des Sölvesborger steines unzweifelhaft mit deutlichem nasalklang ausgesprochen worden ist, eine aussprache, die ja gerade in *ás-* noch weit später durch ⴼ bezeichnet wurde (s. oben s. 201 f.).

zu entscheiden, wie dieser name ausgesprochen worden ist, da ich
jetzt Burgs bedenken teile, es mit ahd. *Ruozo* zusammenzustellen;
aber selbst wenn man von Ↄ also hier nicht sagen kann, dafs es als
zeichen für den ō-laut stehe, so dürfen wir doch sicher annehmen,
dafs ∣ als *e* ausgesprochen worden ist, und wenn urti (= altnord.
*orti*) die richtige lesung ist, so würden wir nicht blofs ein ∣ mit
der bedeutung *e*, sondern auch Ↄ in der bedeutung ō haben.
Zwar wäre, wenn wir nur auf die sprachformen rücksicht nehmen,
die möglichkeit vorhanden, dafs auch ⋈ noch als zeichen für ō bewahrt sein könnte, und dafs die inschrift somit auf derselben stufe
wie der stein von Vatn stehn und derselben zeit angehören könnte,
wie dieser.  Aber dem wird auf das bestimmteste von dem ganzen
charakter der inschrift widersprochen, der in verbindung mit ihren
runenformen und selbst dem trennungszeichen nach ruti (urti) es
aufser allen zweifel setzt, dafs sie den ältesten dänischen steinen (von
Kallerup u. s. w.) näher gerückt werden mufs; nur die P-rune
macht sie älter als diese, und ich glaube daher das richtige zu
treffen, wenn ich sie jetzt wie früher chronologisch zwischen diese
und den stein von Vatn einordne.

Zusammen mit runen- und sprachformen, die sonst für die inschriften mit der kürzeren reihe eigentümlich sind, finden wir gleichfalls die P-rune auf dem Räfsaler steine, dessen inschrift bereits
s. 187. von Bugge in der filol. tidskr. VIII, s. 163 ff. mitgeteilt und gedeutet
ist. Nach einem gipsabgufs im altnordischen museum zu Kopenhagen hat diese inschrift folgendes aussehen:

Der unterste teil besonders der letzten runen ist etwas beschädigt,
namentlich hat die allerletzte rune die beistriche unten verloren;
aber die älteren zeichnungen lassen erkennen, dafs dort ⋏ gestanden
hat.  Bugge liest die inschrift:

hariwulfs stainar

„*Herwolfs steine*“.

Über hariwulfs, das zuerst von Bugge richtig gelesen ist, kann kein
zweifel herrschen. Das zweite wort wird von Liljegren s t i n a ʀ wiedergegeben (Run-Urkunder no. 2033), von Bugge s t a i n a ʀ, und ich
glaube mit Bugge, daſs dort stainaʀ gestanden hat, wodurch wir
eine von älteren und jüngeren steinen her wohlbekannte formel bekommen (einen namen im genitiv, regiert von dem worte „stein“, hier
im plur. „steine“; vgl. „Navneordenes böjn. i ældre dansk“, s. 46 anm.),
obgleich einiges bedenken dagegen erhoben werden kann, die zweite
rune als ᛏ zu nehmen; von dem linken beistriche finde ich nämlich
keine deutliche spur, und der rechte beistrich biegt gegen den hauptstab
derartig ein, daſs die rune als ein ᚹ aufgefaſst werden k a n n, wo der
unterste teil des beistriches undeutlich ist[1]).   Wir würden dann

hariwulfs swainaʀ

*„Herwolfs knechte“*

s. 188.

erhalten, und der stein müſste wohl für ein denkmal angesehen werden,
das Herwolf über seinen mannen errichtet hätte.

Ob wir das zweite wort s t a i n a ʀ lesen, was ich für richtig halte,
oder s w a i n a ʀ, hat indessen glücklicherweise keinen einfluſs auf die
beantwortung der frage, welche hier die hauptsache ist. Wie der Helnæser braucht der Räfsaler stein die alte h-rune ᚺ zusammen mit der
jüngeren form der *ár*-rune ᛀ; aber er hat auſserdem ᚹ in dem namen
h a r i w u l f ʀ, der somit zu dem h a r i w u l a f ʀ des steines von Istaby
und dem h a r i w o l a f ʀ des steines von Stentofte stimmt, während der
Haverslunder stein aus Schleswig (Thorsen 1, s. 5) die jüngere form
h a i r u l f ʀ d. i. *Herulfʀ* aufweist. Durch sein ᚹ in *wulfʀ* steht der
Räfsaler stein auf einem älteren standpunkte als die ä l t e s t e n dänischen steine, wo *w* vor *u* fortgefallen ist (ᚱᚼᚢᚢᛚᚠᛉ r h u u l f ʀ auf
dem Helnæser steine, ᚱᚢᚢᛚᚠᛉ r u u l f ʀ auf dem Flemloser, d. i.

---

[1]) Jedoch würde die form der *w*-rune an dieser stelle nicht ganz mit dem
zeichen in h a r i w u l f s übereinstimmen, wo der nebenstrich nicht gleich von
der spitze des hauptstabes ausgeht, so daſs ᚹ hier groſse ähnlichkeit mit ᚦ
bekommt, besonders da auch ein teil des hauptstabes unten abgeschlagen ist.
Wie in der *w*-rune erhebt sich der hauptstab in der dritten rune (ᚱ) etwas
über den nebenstab. — Da hinter der *s*-rune im zweiten worte gerade platz genug
für den linken beistrich eines ᛏ ist, so zweifle ich nicht daran, daſs dieses zeichen
wirklich auf dem steine in einer ziemlich abgerundeten form, ungefähr wie in
der ersten zeile auf dem F l e m l o s e r steine, gestanden hat, mit welchem der
Räfsaler auch eine auffallende übereinstimmung durch die verschiedene gröſse
der runenzeichen aufweist. Eine *t*-form mit ungewöhnlich abgerundeten beistrichen würde auch gut zu der form stimmen, die die *s*-rune beide male hat.

*Hróulfʀ*), und wo es sonst durch die *u*-rune ausgedrückt wird (suiþks = *Swiđings* der stein von Kallerup, kunualts = *Gunnwalds* der stein von Snoldelev, uas = *was* der stein von Flemlose u. s. w.). Die form der *s*-rune auf dem steine von Räfsal fafst Bugge als eine übergangsform zwischen dem älteren ᛊ ᛋ und dem jüngeren ᛋ ᛋ; die abweichung von dem gewöhnlichen jüngeren zeichen kommt mir jedoch so gering vor, dafs ich sie nur als rein zufällig zu betrachten wage, um so mehr, als nicht blofs die ältesten dänischen steine, sondern auch der Sölvesborger stein durchgehends ᛋ (ᛋ) gebrauchen.

s. 159. Sowohl durch die bewahrung der ᚹ-rune wie durch die erhaltung des *w*-lautes vor *u* in *wulfʀ*[1]) weisen der Sölvesborger und Räfsaler stein über die ältesten bekannten inschriften mit der kürzeren runenreihe vom anfang des 9. jhdts hinaus; aber da sie im übrigen in runen- und sprachformen sowie im ganzen charakter der inschriften sich nahe an diese steine anschliefsen, so nehme ich an, dafs sie ungefähr ums jahr 750 (775) gesetzt werden müssen. Für diese zeit können wir also folgende runenreihe aufstellen, wenn wir die vom längeren futhark bekannte reihenfolge beibehalten (vgl. s. 227):

ᚠᚢᚦᚨᚱᚲ - ᚹ : ᚺᚺ ᚾᛁ ᚼᛅ - - ᛦ ᛋᛋ : ᛏᛒ - ᛗᛚ - - -

Wie wir erwarten konnten, stimmen die runenformen genau mit denen überein, die um das jahr 800 (825) gebraucht wurden (siehe s. 207, wo die reihen III & IV, aber natürlich nicht I & II, vollständig sind). Die einzige sichere abweichung, die sich zwischen beiden reihen nachweisen läfst, ist also die bewahrung von ᚹ im futhark der hier besprochenen steine[2]).

---

[1]) Dafs *w* gleichzeitig in andern analogen fällen geschwunden war (vgl. fornnord. forml. § 24, C, c), würde aus dem urti des Sölvesborger steines hervorgehen, wenn dies die richtige lesung ist (vgl. worahto auf dem stein von Tune mit bewahrung sowohl des *w* wie des *h*, wurte auf dem brakteaten von Tjörkö mit bewahrung von *w*, aber ausstofsung von *h*).

[2]) Wenn dagegen die ᚹ-rune auf dem Röker steine zwischen den runen der längeren reihe und auf dem seeländischen Frerslever steine in einer inschrift mit der kürzeren reihe in der bedeutung *u* gebraucht ist (s. oben s. 127), so stammt dies in beiden fällen ohne zweifel aus einer zeit her, wo diese rune in wirklichkeit längst durch ᚢ ersetzt war, während man jedoch noch die erinnerung daran bewahrte, dafs sie früher in fällen benutzt war, wo ᚢ sie später abgelöst hatte. Dies wird dadurch bestätigt, dafs man auf den genannten beiden steinen nach meiner meinung durch ein mifsverständnis gerade der rune eine bedeutung zuerteilt hat, die sie nicht hatte, so lange sie wirklich in gebrauch war.

Wir haben hiermit die entwicklung vom längeren zum kürzeren alphabete mit rücksicht auf die verschiedene anzahl der zeichen in beiden verfolgt, so weit sie sich mit hülfe der denkmäler selbst nachweisen läfst, und obwohl einzelne fragen sicherlich mit der zeit noch bestimmter mit hülfe neuer funde gelöst werden dürften, so liegt doch jetzt schon ein genügendes material vor, um im einzelnen den beweis für die behauptung zu führen, die ich zu anfang aufstellte, dafs wir a u c h h i e r eine entwicklung haben, die allmählich längere zeiten hindurch vor sich gegangen ist, n i c h t e i n e z u e i n e r b e s t i m m t e n z e i t m i t b e w u f s t e r a b s i c h t v o r g e n o m m e n e v e r e i n f a c h u n g.

An und für sich liefse sich natürlich wohl denken, dafs man, um das runenalphabet für die benutzung zu inschriften einfacher und bequemer zu machen, a u f e i n m a l mehrere der älteren schwierigen zeichen aufgegeben und sie durch die am nächsten liegenden ersetzt hätte, und selbst wenn wir nur das längere alphabet in der form auf dem brakteaten von Vadstena und das kürzere in der gewöhnlichsten oben (s. 191) angeführten form kännten, würde man keineswegs berechtigt sein, a priori die behauptung aufzustellen, dafs das letztere alphabet nicht aus dem ersteren hervorgegangen sein könnte, obgleich eine un- s. 190. befangene betrachtung wohl zunächst zu der von Kirchhoff und andern aufgestellten ansicht führen müfste, dafs beide von einem gemeinschaftlichen grundalphabete ausgegangen seien. Aber nach allem was vorliegt, nach dem ganzen entwicklungsgang, der auf den denkmälern verfolgt werden kann, wird die sache ganz unumstöfslich klar, indem wir nicht nur nachweisen können, dafs die jüngeren runenf o r m e n die älteren, denen sie in der bedeutung entsprechen, zu ihrer notwendigen voraussetzung haben, sondern a u c h, dafs die acht zeichen des älteren alphabetes, die sich nicht in dem jüngeren wiederfinden, erst g a n z a l l m ä h l i c h vollständig aufgegeben wurden, sicherlich nachdem sie längere zeit mit den zeichen promiscue benutzt worden waren, die später ganz an ihre stelle traten. C h r o n o l o g i s c h scheint die entwicklung die folgende gewesen zu sein:

F r ü h z e i t i g hat man die rune ↲↳ als lautzeichen, wenn sie überhaupt im anfang als ein solches gebraucht worden ist, und das besondere zeichen für p aufgegeben, indem die ᛏ-rune auch zur bezeichnung für p angewendet wurde; d e m n ä c h s t folgte ◇, das man in einer übergangsperiode durch ✝X oder sogar ✝X< ausdrückte, was zugleich zeigt, dafs X und < noch in gebrauch waren, nachdem ◇ aufgegeben war. S p ä t e r, als die spiranten g und d

im anlaut zu den muten g und d geworden waren, wurden X und M
durch Y und T verdrängt, wie man für die laute p, b sehr lange
nur das eine zeichen B gekannt hatte. Ungefähr gleichzeitig
hiermit wurden M durch I und ᚼ als zeichen für ŏ durch ᚿ ersetzt, während es sich noch einige zeit als zeichen für ō erhielt, bis
es auch hier durch ᚿ verdrängt wurde, das endlich gleichfalls
an die stelle von Y trat.

Diese ganze entwicklung ist um das jahr 800 abgeschlossen; aber sie ist im laufe von mehreren hundert jahren vor
sich gegangen, und selbst ganz correspondierende phasen derselben sind
keineswegs auch immer gleichzeitig, wie wir deutlich aus dem verhältnis
zwischen den runen I und ᚿ sehen; die erstere ist an die stelle des I i,
ᚼ j, M e der längeren reihe, die zweite ebenso an die stelle von ᚿ u,
Y w, ᚼ o getreten; aber I war mehrere hundert jahre eher das zeichen
für j geworden, bevor ᚿ zeichen für w wurde, und während das alte
w-zeichen ganz aufgegeben wurde, als ᚿ an dessen stelle trat, erhielt
sich die alte jāra-rune mit dem namen ár und der bedeutung a bis in
die spätesten zeiten.

Dafs die für die längere reihe charakteristischen acht runen nach dem
jahre 800 in der gewöhnlich gebrauchten schrift nicht mehr als lautzeichen auftreten, berechtigt uns jedoch nicht zu dem schlusse, dafs
sie von da an auch ganz vergessen waren. Ich halte es im gegenteil,
wie ich an andern stellen angedeutet habe, für höchst wahrscheinlich,
dafs sie ihren platz im futhark behalten haben, lange nachdem sie als
eigentliche lautzeichen aufgegeben waren, und dafs sie — oder einzelne
von ihnen — ebenfalls lange nachher als magische zeichen im
gebrauch gewesen sein können. Dafs sowohl die der längeren reihe
eigentümlichen runenzeichen wie ihre bedeutung noch in später zeit
bekannt gewesen sein müssen, jahrhunderte nachdem die kürzere reihe
in ausschliefslichen gebrauch gekommen war, geht ja unter anderm mit
sicherheit aus den inschriften auf dem Röker steine (mitte des
10. jhdts) und auf den in dieser abhandlung so oft angeführten Blekinger steinen hervor, die künstlich die schrift der älteren zeit nachgeahmt haben. Ja, lange nach der zeit des Röker steines finden wir
runen aus der längeren reihe in dem oben (s. 127) genannten norwegischen runenkalender. Besonders runenkundig zu sein, war ja
eine eigenschaft, worauf man im Norden grofsen wert legte (vgl. unten
s. 239 f.), und dies erklärt dann ausreichend nicht nur, dafs man die
kenntnis von der schrift der älteren zeit zu bewahren suchte, sondern

auch, dafs man sich versucht fühlen konnte, dieselbe sogar nachzuahmen, um auf diese weise seine gelehrsamkeit an den tag zu legen.

4. Das verhältnis zwischen den ᛗᛚ und ᛉ(ᛢ) der längeren
und den ᛚᛉ und ᛢ der kürzeren reihe.

Es braucht nur noch über eine abweichung zwischen der längeren
und der kürzeren runenreihe rechenschaft gegeben zu werden, nämlich
über die verschiedene reihenfolge, die ein paar runenzeichen in beiden einnehmen, indem die längere reihe ᛗᛚ entsprechend dem ᛚᛉ der kürzeren hat, gleichwie das ᛉ(ᛢ) der längeren s. 191.
sich an einer ganz andern stelle findet, als das entsprechende zeichen
der kürzeren.

Was die erste dieser umstellungen anlangt, so ist das verhältnis
sehr einfach. Wir können nämlich mit sicherheit nachweisen, dafs die
anordnung ᛗᛚ in der längeren reihe die ursprüngliche ist, welche erst
sehr spät zu ᛚᛉ in der kürzeren abgeändert worden ist. Dafs der
kürzere futhark in seiner bekanntesten gestalt auch ursprünglich m
vor l gestellt hat, zeigen verschiedene darstellungen dieses futharks,
die bis auf die gegenwart erhalten sind. Die älteste derselben findet
sich in einer handschrift von St. Gallen aus dem 9. jhdt (cod.
Sangallens. no. 878), die auf s. 321 einen altenglischen futhork (mit
dem namen ANGULISCUM) und darauf die nordische runenreihe unter
dem namen ABECEDARIUM NORD(MANNICUM) enthält.

Diese letztere hat folgende gestalt[1]):

---

[1]) W. Grimm, Über deutsche Runen, s. 138 ff. und tab. II nach einer zeichnung von Ildefons von Arx; Zur Literatur der Runen, s. 26—28 (vgl. s. 42)
mit einer neuen zeichnung des nordischen futbarks von von Arx, nachdem
vieles durch anwendung eines reagens deutlicher hervorgetreten war. Später
(1830) sah H. F. Mafsmann die handschrift und teilte seine lesung im „Anzeiger für Kunde der deutschen Mittelalters" 1832, s. 32 mit. Endlich hat auch
H. Hattemer ein facsimile davon in „Denkmahle des Mittelalters" I, St. Gallen
1844, taf. I gegeben. Die umstehende wiedergabe hält sich genau an die zweite
zeichnung von von Arx; nur die letzte der altenglischen runen, die unter *feu
forman* steht, ist als ᛚ nach Mafsmanns lesung wiedergegeben (von Arx hat ᛈ,
Hattemer ↑, was gewifs das ursprüngliche ist); gleichfalls ist das zeichen über
der nordischen *madr*-rune mit (Mafsmann und) Hattemer als ᛗ, d. i. die altengl.
*man*-rune, wiedergegeben, während dieses zeichen ganz auf von Arx' erster
zeichnung fehlte und auf der zweiten nur eine diagonale hatte. — Das an die
runen geknüpfte gedicht ist am besten behandelt von Müllenhoff in Denkmäler deutscher Poesie und Prosa, herausgeg. von K. Müllenhoff u. W. Scherer,
Berlin 1864, s. 10 & s. 271—73 (2. ausg. 1873, s. 12 & s. 283—85) sowie in

AB ECFFAKIVM NORD

feufor man | Nur after | þchurifthriczε | For uþizzno R ratẽnc
PRTT          N          il          ſtabu        oboro | of uurιtan

chaonthan ne X hagal Y nauohab& | if   X ar   endιſol
diaeτ                                    M

Γ∴ Bbriτa Pendiman | Laguτheleohτo | A ynalbchabe
nn di

s. 192. Hier finden wir also nicht nur die reihenfolge *m l* wie im längeren futhark, sondern auch die form ♀ für das gewöhnliche Ψ; es ist klar, daſs die *m*-form hier dem von unsern runensteinen her bekannten ♀ entspricht, das früh das ᛗ verdrängte, wie wir oben nachgewiesen haben, und ich zweifle nicht daran, daſs die *m*-rune auch in der handschrift ursprünglich die form ♀ mit ganz durchgezogenem stab gehabt hat, daſs dieser aber später oben so undeutlich geworden ist, daſs er nicht mehr zu sehen ist (in der *týr*-rune ist gleichfalls der linke strich jetzt fort, und das altengl. *m*-zeichen über dem nordischen kam auch erst mit hülfe von reagens zum vorschein). Der futhark, welcher in der handschrift von St. Gallen aufbewahrt ist, stimmt somit zu demjenigen, der auf dem Tryggevælder steine u. s. w. benutzt ist (vgl. s. 207).

Eine gewichtige einwendung läſst sich jedoch dagegen erheben, die anordnung *m l* in dieser handschrift als ursprünglich zu betrachten, indem man behaupten könnte, diese umstellung sei unter einfluſs des altenglischen futhorks vorgenommen. Es ist daher ein glück, daſs wir uns nicht allein auf die sangallische handschrift zu stützen brauchen, um nachzuweisen, daſs *m* in der kürzeren nordischen reihe ursprünglich vor *l* gestanden hat.

Dieselbe ordnung hat man auch in einem futhork finden wollen,
s. 193. der zwischen andern runeninschriften auf den wänden in der grabkammer eingeritzt ist, die 1861 von Farrer auf dem hügel Maeshowe bei Stenness (d. i. Steinsnes) auf den Orkneys geöffnet wurde,

_____

einer besonderen abhandlung „Über das abcedarium Nordmannicum" in Haupts zeitschr. f. deutsches alterthum XIV (Neue folge II), 1869, s. 123—33, der ich mich in allem wesentlichen anschließen kann.

und der hier in halber größe nach einem abgufs im altnordischen museum zu Kopenhagen wiedergegeben wird[1]):

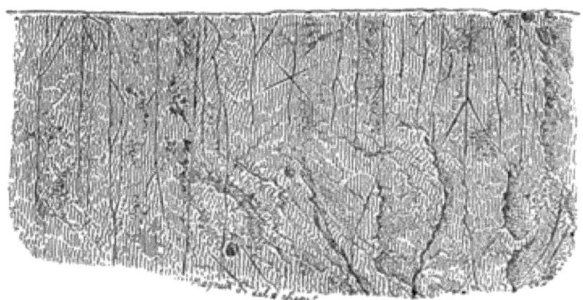

Da die 13 ersten runen in den allgemein bekannten jüngsten formen in der gewöhnlichen ordnung aufeinander folgen, so haben sowohl Rafn, wie Stephens und Munch die 3 letzten als zeichen für *m*, *l*, *y* aufgefafst[2]); man müfste dann annehmen, dafs ᛏ, das sonst in den Maeshower inschriften das zeichen für *y* ist, hier an stelle von ᛦ gebraucht wäre, während die *ýr*-rune die form ᚿ hätte. An der richtigkeit hiervon wird jedoch starker zweifel gehegt werden können; denn auf Farrers zeichnung fehlt der punkt (der kleine strich) in dem letzten ᚿ ganz, und obgleich der abgufs eine kleine unebenheit hat, die so aufgefafst werden kann, bin ich nach wiederholter untersuchung weit mehr geneigt, dieselbe als zufällig anzusehn. Wenn hierzu noch kommt, dafs von den beiden vorhergehenden zeichen das vermeintliche *l* den beistrich so weit unten an dem hauptstabe hat, dafs es natürlich als *n* aufgefafst werden mufs, und dafs *m* die ganz alleinstehende form mit den beistrichen am fufse des haupt-stabes hat, so liegt es nach meiner meinung weit näher, die 3 letzten s. 194. runen in der bedeutung zu nehmen, worin sie sonst in diesen in-schriften vorkommen, nämlich als *y*, *n*, *u*. Der futhork ist also unvollständig, wie das öfters der fall ist, indem die zeichen für *m* und *l* fehlen, während die letzte rune ᛏ (*y*) dasteht, und die

[1]) Vgl. James Farrer, Notice of runic inscriptions discovered during re-cent excavations in the Orkneys. Printed for private circulation 1862. Plate VII no. 5; Stephens II, s. 758 (vgl. I, s. 101); P. A. Munch im Illustreret Nyhedsblad, Christiania 1861, no. 49, 8. Decbr. (= Samlede Afhandlinger IV, Christ. 1876, s. 525).

[2]) Diesen schliefst sich auch Bugge in „Tolkning af Runeindskrifter paa Röksteuen", s. 73 an.

beiden darauf folgenden runen (n u) müssen dann am ehesten als eine
abkürzung (des namens des runenritzers?) aufgefasst werden [1]).  Dieser
futhork gibt also keinen aufschluss über die reihenfolge von *m* und *l*.

Die frage läfst sich dagegen auf anderem wege mit vollkommener sicherheit vermittelst der Maeshower inschriften lösen.  Die
„zweig-" oder „astrunen", die in ein paar dieser inschriften vorkommen, setzen nämlich folgende anordnung des futhorks voraus:

```
        1   2   3   4   5   6
1.     Ϝ   u   Þ   R   Ϝ

        1   2   3   4   5
2.     ᛣ   ᛙ   ᛁ   ᚿ   ᛁ

        1   2   3   4   5
3.     ᛏ   B   Y   ᚱ   ᛘ
```

wo dann wie sonst häufig die „geschlechter" in verschiedene ordnung
gestellt werden konnten, so dafs z. b. Frøys geschlecht (no. 1)
und Týs geschlecht (no. 3) den platz tauschten (vgl. Liljegren,
Run-Lära s. 52).  Hiernach finden wir leicht die bedeutung der
zweigrunen in der Maeshower inschrift bei Farrer pl. VIII no. 8,
Stephens I, s. 237:

Aus der anzahl der zweige ist es klar, dafs die zur rechten die
stelle der rune im geschlecht, die zur linken das geschlecht selbst
angeben.  Da das fünfte zeichen die 6. rune im 3. geschlecht ausdrücken soll, und nur Frøys geschlecht nach der gewöhnlichen einteilung 6 runen hat (die beiden andern jedoch 5), so können wir
hieraus sofort mit wahrscheinlichkeit schliefsen, dafs Týs geschlecht als no. 1 und Frøys als no. 3 gezählt wird.  Wir erhalten
folglich:

---

[1]) Ich habe mir auch gedacht, dafs n u die anfangsbuchstaben des adjektivums n u r u n = *norrønn* 'nordisch, norwegisch' wären, in welch letzterer bedeutung es sich gerade auf dem dänischen steine von Egå findet („Navneordenes böjning i ældre dansk" § 21, s. 50); der ausdruck hier würde dann ganz der bezeichnung „Abecedarium Nordmannicum" im cod. Sangall. entsprechen.  Gegen diese auffassung kann jedoch der einwand erhoben werden, dafs n u r u n nach der in den inschriften von Maeshowe gebrauchten schreibweise wahrscheinlich ᚼ, nicht ᚿ haben würde.

s 195.

4. rune im 2. geschlecht   $= a$
5. rune im 3. (1.) geschlecht $= r$
4. rune im 1. (3.) geschlecht $= l$
3. rune im 2. geschlecht   $= i$
6. rune im 3. (1.) geschlecht $= k$
5. rune im 3. (1.) geschlecht $= r$

also arlikr. Die erste rune (*a*) hat indessen noch einen querstrich an dem hauptstabe; in dem alphabete, das der runenritzer benutzte, war die alte *ár*-rune (⊦) nämlich in die beiden formen ⊣ mit der bedeutung *a* und ⊦ mit der bedeutung *æ* gespalten. Durch den querstrich ist also deutlich zu erkennen gegeben, dafs es die form der 4. rune im 2. geschlechte war, welche die bedeutung *æ* hatte, die hier ausgedrückt werden sollte. Folglich mufs das wort ærlikr d. i. *Ærlingr* (= dem gewöhnlichen altnord. *Erlíngr*) gelesen werden, der name des runenritzers. Schon Stephens hat diese runen auf dieselbe weise gedeutet; nur liest er unrichtig aærlikr, indem er die erste rune als zeichen für *aw* statt für *æ* allein ansieht.

Nach demselben princip werden auch die zweigrunen in der Maeshower inschrift bei Farrer pl. X no. 18, Stephens 1, s. 238, gedeutet, die ich hier mitnehme, da wir sogleich anlafs bekommen werden, den futhork gerade dieser inschrift zu besprechen:

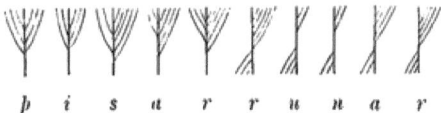

þ   i   s   a   r   r   u   n   a   r

also þisar runar (‚diese runen‘), wie auch Stephens gelesen hat. Dagegen hat, soweit ich weifs, niemand bemerkt, dafs der runenritzer in dieser inschrift zugleich ein ganz deutliches zeugnis darüber abgelegt hat, welche stelle *m* in dem von ihm benutzten futhork hatte. Nach den worten þisar runar mit den zweigrunen folgt nämlich in gewöhnlichen runen: rist sa maþr er runstr er fyrir uæstan haf; während die übrigen runen nichts eigentümliches bieten, ist *m* in maþr durch Ψ und *h* in haf durch ✳ bezeichnet. Stephens nennt die *m*- und *h*-form „ornamental“; aber dies gilt auf jeden fall nur von *h*, wo die querstriche verdoppelt sind; dagegen ist die s. 196. angeführte form der *m*-rune gerade absichtlich gebraucht, da der runenritzer dadurch zugleich *m* als dritte rune im ersten (d. h. dritten)

geschlechte bezeichnen wollte; es ist nämlich eine „zweigrune" von
derselben art, wie in dem worte þisar, und der runenritzer hat
uns dadurch zugleich den schlüssel gegeben, um diese runen zu
lesen; es ist offenbar, dafs er mit seiner fertigkeit im runenritzen hat
spielen wollen, was ja auch gut dazu stimmt, dafs er sich selbst
„den runenkundigsten" nennt.

Es geht also hieraus hervor, dafs der futhork der Maeshower
inschriften die reihenfolge m l hatte. Dieselbe anordnung finden wir
gleichfalls auf dem oben (s. 181) genannten steine in der Monsteder
kirche, und es kann kein zweifel darüber bestehn, dafs der ebenda
genannte stein von Åstrup, dessen futhork wegen der runenformen
für etwas älter als der des Monsteder steines gehalten werden mufs,
dieselbe reihenfolge gehabt hat. Erst im 12. jhdt finden wir die spätere
anordnung auf dem taufstein in Bårse. In Schweden treffen wir die
ursprüngliche reihenfolge auf einem stein von Upland (Bautil no. 331,
Liljegren no. 2006, Upplands Fornminnesförenings Tidskrift I, 1871,
s. 76). Merkwürdiger ist es, dafs die reihenfolge m l auch nicht blofs
in dem norwegischen runengedicht, sondern sogar in der spät nieder-
geschriebenen isländischen runenreimerei bewahrt ist; ja selbst in ein
paar jüngeren handschriftlichen futhorken (Hickes, Thesaurus III,
tab. VI no. 5 und 7; Stephens I, s. 103 no. 12 und 14), von denen
der eine hinter der ýr-rune Y g und der andere eine gröfsere reihe
neuerer runen hinzugefügt, nimmt m noch seinen alten platz vor l ein.

Wir dürfen hieraus schliefsen, dafs die anordnung m l erst sehr
spät (kaum vor dem schlusse des 11. oder eher vielleicht erst gegen die
mitte des 12. jhdts) von der jüngeren l m verdrängt worden ist, und
dafs die überlieferung doch die alte anordnung noch viel später hat
festhalten können. Dafs die umstellung unter einflufs des lateinischen
alphabetes geschehen ist, welches zu der zeit stark dazu beitrug, dafs
die alte runenschrift auch in andern beziehungen wesentliche veränderungen erfuhr, kann kaum einem zweifel unterworfen sein. Möglicherweise hat das lateinische alphabet auch die umstellung von m l
hervorgerufen, die sich wahrscheinlich auf dem Themsemesser findet
(siehe oben s. 86 und s. 109 anm. 1); aber das ist auf jeden fall
klar, dafs die anordnung auf dem Themsemesser nicht in der geringsten
verbindung mit der weit später vorgenommenen umordnung im nordischen futhork steht, und während die reihenfolge l m in den altenglischen alphabeten als eine alleinstehende ausnahme auf dem Themsemesser auftritt, wurde sie in dem jüngsten nordischen futhork regel.

Weit schwieriger ist es, die letzte frage zu beantworten, die uns entgegentritt, welches verhältnis zwischen dem Ψ (ᛉ) ʀ der längeren reihe und dem ᛉ r (y) der kürzeren statt findet. Wir finden hier nämlich nicht nur eine verschiedene anordnung in beiden reihen, indem die längere Ψ im zweiten geschlecht zwischen p und s s. 197. hat, während das ᛉ der kürzeren zuletzt in dritten geschlecht steht; sondern es besteht zugleich die abweichung zwischen beiden reihen, dafs das ᛉ der kürzeren den namen ýr führt, während ich oben nachgewiesen habe, dafs das Ψ der längeren einen dem altnord. *elgr* entsprechenden namen gehabt hat. In der erklärung dieser verhältnisse müssen wir uns wesentlich an vermutungen halten, und ich bin daher nicht sicher, dafs es mir geglückt ist das richtige zu treffen oder alle die zweifel zu entfernen, die erhoben werden können. Als einen lösungsversuch, von dessen richtigkeit ich gleichwohl jetzt mehr überzeugt bin als im jahre 1874, teile ich die folgenden bemerkungen mit, in der hoffnung, dafs es einem andern gelingen werde sie entweder zu bestätigen, oder etwas besseres an ihre stelle zu setzen.

Die sichere grundlage, von der wir in jedem falle ausgehen müssen, ist die bedeutung von ᛉ in den inschriften mit dem kürzeren alphabete. Dafs ᛉ in den ältesten dieser inschriften das zeichen für einen von ᚱ verschiedenen r-laut ist, welcher ursprünglichem *z* (gotischem s, z) entsprach, habe ich in „de ældste nord. runeindskr." (årb. f. nord. oldk. 1867), s. 31 f. (vgl. oben s. 130 ff.) nachgewiesen. Diese bedeutung von ᛉ entspricht somit ganz der bedeutung von Ψ (ᛉ) im längeren alphabete, und es ist daher unzweifelhaft, dafs das ᛉ des kürzeren geradezu die eine (jüngere) von den formen ist, welche das längere alphabet zum ausdruck des lautes ʀ gebrauchte. Da in späterer zeit die beiden r-laute zusammenfielen, so finden sich auch die zeichen ᛉ und ᚱ durcheinander, und zuletzt wird nur ᚱ für den r-laut gebraucht, während ᛉ die bedeutung y bekommt (so in der runenhandschrift des schonischen gesetzes von ungef. 1300 oder ein wenig früher ᛒᛉ = by). Es liegt nahe, den grund zu diesem übergange von der bedeutung r zu y in dem runennamen ýr selbst zu suchen. Ursprünglich ist dieser name für das sogenannte „schlufs-ʀ" gebraucht worden, er endete also auf die rune, welche er bezeichnete; aber da man später ein besonderes zeichen für diesen r-laut zum unterschiede von ᚱ nicht brauchte, so bekam ᛉ die bedeutung y, indem man wie bei den andern runennamen

WIMMER, Die runenschrift.                                                      16

den wert dieses zeichens in dem laute suchte, womit der name
anfing.

Diese vorgänge scheinen an und für sich überaus natürlich
und einfach, aber sie geben uns keine erklärung für die verschiedene
anordnung und die verschiedenheit der namen in den beiden reihen.

Was zunächst die anordnung betrifft, so müssen wir darauf
achten, dafs alle darstellungen der kürzeren reihe ohne ausnahme
die *ýr*-rune an der letzten stelle und kein dem ᛉ der längeren reihe
entsprechendes zeichen vor s haben. Dies gilt von der handschrift
von St. Gallen, den eben besprochenen futhorken von Maeshowe
u. s. w., wo die alte reihenfolge m l noch bewahrt war. Ebenfalls zeigen die zweigrunen in der Maeshower inschrift no. 18
(s. 239), dafs s den fünften platz im zweiten geschlechte gehabt, und
dafs ᛆ folglich im dritten zuletzt gestanden hat. Die umstellung
von ᛆ mufs daher vorgenommen sein, lange bevor l vor m gestellt
wurde, und sie mufs einen ganz andern grund haben, da gerade das
lateinische alphabet hier dazu hätte auffordern können, *r* vor s zu
behalten. Der grund für diese umsetzung scheint jedoch nicht so
schwer nachweisbar. Da nämlich acht von den älteren runenzeichen
allmählich aufgegeben waren, so würden wir mit bewahrung der alten
anordnung folgende reihe etwa um das jahr 800 (der stein von Helnæs
u. s. w.) erhalten:

ᚠᚢᚦᚨᚱᚲ : ᚺᚾᛁᛉᛆᛋ : ᛏᛒᛗᛚ

Hier waren also 6 runen in jedem der beiden ersten geschlechter,
aber nur 4 im dritten. Um gröfsere harmonie zwischen der anzahl
der zeichen in den 3 geschlechtern zu wege zu bringen, versetzte
man dann ᛆ aus dem zweiten geschlecht an das ende des dritten.
Da natürlich ᚠᚺᛏ ihren ursprünglichen platz als erste rune in jedem
geschlechte behalten mufsten, so hatte man nur die wahl zwischen
einer der fünf andern runen in den beiden ersten geschlechtern,
und dafs man gerade ᛆ wählte, lag ohne zweifel daran, dafs diese
rune sich von allen andern dadurch unterschied, dafs ihre bedeutung
im ende ihres namens enthalten war. Dafs sie in der kürzeren
reihe gerade denselben platz erhielt, welchen die andere rune, deren
wert gleichfalls im schlusse (auslaute) des namens stand, nämlich die
*ing*-rune ᛜ, in der längeren reihe gehabt, mufs als ganz zufällig
angesehen werden, da die umsetzung von ᛆ sicher erst lange nachdem die *ing*-rune aufgegeben war, geschehen ist.

Es bleibt also nur noch übrig das verhältnis zwischen den namen s. 199.
ýr in der kürzeren und *elgr* (\*algin) in der längeren reihe zu betrachten. Durch eine scharfsinnige auseinandersetzung hat Müllenhoff (Zur Runenlehre s. 60 f.) nachzuweisen gesucht, dafs der
nordische runenname ýr mit ahd. *iwa*, nhd. *eibe* und mit dem altengl. runennamen *eóh* (*íh*) = *eów* (*íw*) identisch sei[1]). Wäre diese
erklärung richtig, so würde daraus ja mit notwendigkeit folgen, dafs
altnord. ýr, das in der kürzeren reihe der name für ᛆ ist, in der
längeren dem der altengl. *eóh*-rune entsprechenden zeichen ᛉ ᛦ
angehört haben müfste, und ich sähe dann keinen andern ausweg
dieses verhältnis zu erklären, als die annahme, dafs die rune ᛉ, die,
wie wir oben nachgewiesen haben, im Norden nicht als lautzeichen
auftritt, hier ihren namen an die rune ᛆ abgegeben hat, die deshalb in der jüngeren reihe ýr statt *elgr* heifst; der neue wie
der alte war ja ein name, in welchem der lautwert der rune (ʀ)
am wortende als kennzeichen für den nominativ stand. Obwohl
eine solche namenübertragung von éinem zeichen auf ein anderes
nicht an und für sich unmöglich genannt werden kann (man
denke z. b. an die verhältnisse bei griech. σίγμα), so ist sie
doch wenig wahrscheinlich, und ich würde in diesem falle nicht
im stande sein, einen irgend wie vernünftigen grund dafür anzugeben. Trotzdem daher Müllenhoffs zusammenstellung von altnord. ýr und altengl. *eóh* sprachlich unanfechtbar ist, erweckt sie doch
so grofse bedenken, dafs ich die ähnlichkeit zwischen dem altenglischen und dem nordischen runennamen nur für zufällig ansehen
kann und in folge dessen auch die annahme verwerfen mufs, dafs s. 200.

---

[1]) Altnord. ýr geht von einer grundform aus, die in der ältesten runensprache ᛁᛒᚠᛦ *iwaʀ* lauten, und etymologisch ganz dem griechischen ἰός (aus
\*ἰσός) 'pfeil' entsprechen würde, das also nicht mehr als ein wort da stände,
das nur im griechischen und arischen nachgewiesen wäre (J. Schmidt, Die Ver-
wantschaftsverhältnisse der Indogerm. Sprachen, s. 61). Müllenhoff weist
an der oben genannten stelle auf die ähnlichkeit zwischen ýr und ἰός hin,
scheint sie jedoch für zufällig zu halten, trotzdem er mit rücksicht auf die verschiedene bedeutung der worte mit recht das verhältnis zwischen lat. *arcus*
'bogen' und den entsprechenden worten in der germanischen sprachfamilie her-
vorhebt, die die bedeutung 'pfeil' haben: got. \*arhwa-, *arhwazna*, altnord.
ǫr, gen. ǫrvar (würde in der ältesten runensprache \*arhwö lauten), altengl.
*earh*, *arewe* (eng. *arrow*). — Es beruht natürlich auf einem misverständnisse,
wenn Munch glaubt, dafs der runenname ýr 'bogen' ursprünglich ǫr 'pfeil' gelautet haben könne (Forn-Svenskans och Forn-Norskans Spräkbyggnad s. 123).

16*

*ýr* ursprünglich der nordische name für die rune ⌁ war, der später, ungewifs aus welchem grunde, auf ⋏ übertragen worden.

Als erklärung dafür, dafs das *ýr* im jüngsten nordischen futhork *elgr* als namen für die rune ⋏ verdrängt hat, sehe ich nur eine möglichkeit, nämlich die annahme, dafs die Nordleute erst in sehr später zeit den namen *ýr* aus dem altenglischen runen- alphabete aufgenommen haben. Hier hatte man früh aus der alten *u*-rune ein neues zeichen für *y* gebildet, welches hinter die ursprüngliche reihe gestellt wurde und den namen *yr* hatte. Die form des nordischen ⋏ *elgr* führte leicht zu der annahme, dafs es wie altengl. *yr* eine umbildung von ∩ sei, und als man ⋏ auf den letzten platz im futhark gestellt hatte, wurde die scheinbare über- einstimmung mit dem altenglischen zeichen noch gröfser, was mit sich brachte, dafs auch der altengl. name auf die nordische rune übertragen wurde; dies konnte um so leichter geschehen, als man im altengl. namen *yr* das nordische wort *ýr* zu finden glaubte. Wir haben hier dann denselben vorgang, wie wenn altengl. *ós* später das nordische *áss* verdrängt und mit altnord. *óss* identificiert wird. Zwar scheint der futhark in der handschrift von St. Gallen zu beweisen, dafs *ýr* im Norden frühzeitig als name für ⋏ gebraucht worden; aber ich kann dem zeugnis dieser handschrift bezüglich dieser frage kein grofses gewicht beimessen, da einwirkung von dem altenglischen alphabete gerade hier so nahe lag, dafs ich kein bedenken hege

s. 201. anzunehmen, der name *yr* im cod. Sangall. sei durch ein mifsver- ständnis, unter einflufs der *yr*-rune des altenglischen alphabetes, in das nordische gekommen, welche man natürlich mit dem nordischen zeichen identificierte. Dessen wirklicher name war damals und weit später nach meiner meinung *elgꞦ*, und *elgꞦ* wurde erst dann von *ýr* verdrängt, als man das bedürfnis nach einem eigenen zeichen für den *y*-laut fühlte.

Zu dieser annahme bin ich durch einen ziemlich seltenen ge- brauch des zeichens ⋏ auf dänischen und schwedischen runensteinen geführt worden, der nach meiner meinung bisher nicht richtig er- klärt ist.

Der gröfsere Sondervissinger stein, der ohne zweifel von Harald blauzahns gemahlin Tofa zur erinnerung an ihre mutter er- richtet ist und dem ende des 10. jahrhunderts angehört, hat in 4 zeilen folgende inschrift:

tufa · l↑t · kaurua · kubl
mistiuis · tuti↑ · uft · muþur
sina · harats · hins · kuþa · kurms
kuna                 suna↑

die ungefähr gelautet haben mufs: *Tófa lét gørwa (gårwa) kumbl,
Mistiwis dóttiʀ, øft mødur sina, Haralds hins góda Gorms sunaʀ kona,*
d. h. „Tofa, Mistiwis tochter, Haralds des guten Gormssohns weib, liefs
das denkmal machen nach ihrer mutter".

Gemäfs der ursprünglichen unterscheidung zwischen ↑ʀ und ℞ r
steht ↑ richtig in dem genitiv *sunaʀ* und ℞ richtig in dem accusativ
muþur d. i. *mødur*; auch in dem nominativ tutiɴ d. i. *dóttiɴ*
ist ↑ frühzeitig durch analogie aus andern formen an stelle von ℞
getreten (vgl. 'Anhang' IV). Daneben treffen wir indessen hier auf
dem Sondervissinger steine ↑ in dem worte l↑t mit einer
ganz andern bedeutung; dafs wir in dieser form das präteritum
des verbums *láta* haben, das sonst auf den runensteinen unzählige
male ℾℾ↑ lit geschrieben wird, ist natürlich über jeden zweifel erhaben; es handelt sich also nur um die aussprache dieser form.
Thorsen („Den sondervissingske Runesten" s. 15—16) nimmt an,
dafs ℾ↑↑ *løt* gelautet habe, und findet in dem gebrauch des ↑
mit der bedeutung *ø* ein sehr altes beispiel für den später allgemeinen gebrauch dieses zeichens als vokal, weshalb er es nicht
nur mit ↑ auf dem Hobroer steine, den wir sogleich näher be- s. 202.
sprechen werden, sondern auch mit dem ↑ℾ↑℞ des Vejerslever
steines und mit ↑ in der Gesingholmer inschrift zusammenstellt. Im
gegensatz zu Thorsen glaube ich indessen, dafs das ↑ der beiden
letzten inschriften mit der gewöhnlichen jüngeren bedeutung y (das
↑ℾ↑℞ des Vejerslever steines lese ich yfær == *yvær* im jütischen
gesetze) nicht in der geringsten verbindung mit ↑ auf den steinen
von Sondervissing und Hobro steht. Dafs der y-laut später in vielen
fällen in *ø* überging, erklärte ja keinesfalls, wie so das spätere y-zeichen
schon auf dem Sondervissinger steine mit der bedeutung *ø* gebraucht
wäre, und die schreibweise (kaurua,) uft, wo gerade der *ø*-laut
wie sonst regelmäfsig in den runeninschriften durch (*au* oder) *u* ausgedrückt wird, macht es höchst unwahrscheinlich, dafs man für *ø*
in *løt* eine neue, sonst unbekannte, bezeichnung für diesen laut gewählt haben sollte. Da aufserdem sprachgeschichtliche gründe dagegen sprechen, die form *løt* für so alt zu halten, so zweifle ich nicht

daran, dafs die schreibweise ᚱᛆᛏ hier dieselbe aussprache wie das
gewöhnliche ᚱᛁᛏ, nämlich *lēt* (= isl. *lēt*) oder *læt* bezeichnet[1]).

s. 203.    Obgleich ᛆ auf den runensteinen selten als zeichen für den
e- oder æ-laut vorkommt, ist der Sondervissinger stein jedoch nicht
alleinstehend. Dasselbe verhältnis begegnet uns wenn möglich noch
deutlicher auf einem andern jütischen steine, nämlich dem von
Hobro, den ich umstehend nach einer zeichnung von prof. Kornerup
im archiv des altnordischen museums zu Kopenhagen mit einigen
berichtigungen, die sich auf meine eigene untersuchung des steines
gründen, wiedergebe. Die inschrift lautet:

: þuriᛆ : risþi : stin : þ̨aasi[2]) : aufti : karl :

hin : kuþ̨a : fᛆlaka : sin : harþa : kuþ̨an : trᛆk :

d. h. *Þórir ravisþi* (oder *résþi*) *stwin* (oder *stén*) *þannsi ofti Karl hinn
góda félaga sinn, harda gódan dræng*, „Thorir errichtete diesen stein
nach Karl dem guten, seinem kameraden, einem sehr tüchtigen manne“.

Hier steht ᛆ also wie auf dem Sondervissinger steine einmal
mit seiner gewöhnlichen bedeutung in *Þórir* und zugleich als zeichen

---

[1]) Wenn Thorsen meint, dafs das jetzige dänische *lod* „sich aus der pro-
vinzialeigentümlichkeit entwickelt hat, welche ᚱᛆᛏ uns erkennen läfst“, so
kann ich diese auffassung nicht teilen. Von den ältesten dänischen sprachdenkmälern hat die runenhandschrift des schonischen gesetzes zweimal *lot* (V, 17),
während die Hadorfsche handschrift an beiden stellen *lot* schreibt; diese letztere
form wird auch in den seeländischen gesetzen gebraucht, wogegen das jütische
gesetz einmal *lot* und einmal *læt* hat. Im altschwedischen ist die regelmäfsige
form *læt* (im Gutalag *lit*, wo *i* wie in andern fällen isländ. *é* entspricht), aber
*lot* selten. Das verhältnis zwischen den formen *læt, lot, lot* im altschwedischen
und altdänischen ist sicher dieses, dafs *læt* die älteste ist, und dafs *lot* erst
später dadurch aufkam, dafs das wort in die ablautsreihe *a—ó* übergeführt
wurde (in analogie mit *fara* u. s. w. flectiert wurde, wie z. b. in dem jetzigen
gotländischen dialekte *rada* im präteritum *rod* heifst, während die Gutasaga
*reþ, riaþ* hat). Dagegen hat sich *lot* am ehesten aus *lot* durch übergang von *œ*
in *o* entwickelt. — Da altnord. *lét* wie bekannt aus einer älteren form mit
reduplicationssilbe entstanden ist, könnte man, wenn das ᛆ des ᚱᛆᛏ auf dem
Sondervissinger steine als zeichen für den e- oder æ-laut alleinstehend wäre, versucht sein dieses wort *lot* zu lesen, wo ᛆ also seine ursprüngliche bedeutung
hätte, und der vokal ausgelassen wäre; in *l̄œ̄rt* gehörte das *l* somit der reduplicationssilbe an, und *r* müfste durch dissimilation aus dem *l* der wurzel hervorgegangen sein (vgl. altengl. *leort*, prät. von *létan*, got. *lailot*). Aus mehreren
gründen halte ich jedoch diese erklärung für unrichtig.

[2]) Die inschrift hat ᚦᚨᛏᚼᛁ (nicht ᚦᛏᛏᚼᛁ wie auf Kornerups zeichnung),
wo ᚨᛏ wie in kuþ̨a und kuþ̨an gebraucht ist.

für *é* (*œ*) und *œ* in den worten *félagi* (*fèlagi*) und *drœngʀ*, die beide
sonst regelmäfsig ᚠᛁᛚᛅᚴᛁ und ᛏᚱᛅᚴ geschrieben werden.

Noch öfter kommt ᛆ mit der bedeutung *e*, *œ* in Schweden
vor. Aus der harde Åse in Vestergötland führt Liljegren 10
steine an (Run-Urkunder no. 1367—76), von denen wenigstens vier
ᛆ als zeichen für *e*, *œ* gebrauchen in den worten ᚦᛆᚴᚾ = *þegn* (no.
1370), ᛏᚱᛆᚴ = *drœng* (no. 1371, 1372), ᛆᚠᛏᛁᛆ = *eftiʀ* (no. 1370,

Der stein von Hobro, Jütland.

1376), also ganz in derselben bedeutung wie ᛁ in ᚦᛁᚴᚾ, ᛁᚠᛏᛁᛆ auf
no. 1369 gebraucht ist und ᛆ in ᛁᚠᛏᛁ auf no. 1372, wo wir also sowohl
ᛆ wie auch ᛆ in der bedeutung *e* (*œ*) finden [1]. Der letztgenannte stein s. 201.

---

[1] Dagegen ist es höchst unwahrscheinlich, dafs ᛆ auch in ᛁᚠᛏᛆ auf
no. 1375 und in ᛁᚠᛆ auf no. 1371 *e* (ifte, ife; vgl. efti auf no. 1372) oder
*eʀ* (iften, ifeʀ) bezeichnet, so dafs ᛆ sowohl zeichen für *e* wie für ʀ wäre;

(no. 1372) scheint in naher beziehung zu dem eben besprochenen dänischen steine von Hobro zu stehen, mit dessen hülfe er mit

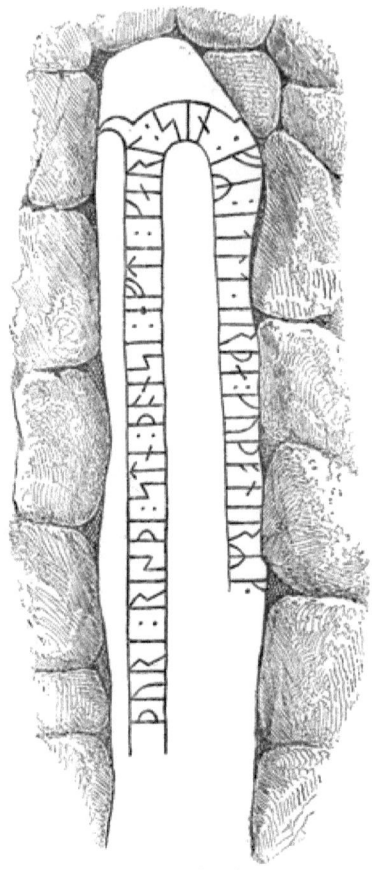

Der stein aus dem kirchspiel Ås, Åse härad, Vestergötland.

sicherheit wird ergänzt werden können, weshalb ich ihn hier nach der zeichnung im Bautil (no. 951) wiedergebe.   Die inschrift,

---

ᚼ mufs in den genannten worten in seiner gewöhnlichen bedeutung ᛦ genommen werden (iftn, ifn ist eine nicht selten vorkommende schreibweise).

in deren schlufs die spitzen der runen abgeschlagen sind, mufs gelesen werden:

þuri : risþi : st[i]n : þạnsi : efti : karl :
sin : fᛆ.... : h[a]rþa : kuþạn : trᛆk :

Zwischen s i n und h[a]rþa liest Liljegren, was auch die zeichnung s. 205. im Bautil zunächst anzeigt, Fn: *iant*, das also *frénd(a)* bedeuten müfste; aber es hat dort offenbar ᚠᛆᛚᚼᛆ (= *félaga*) wie auf dem Hobroer steine gestanden [1]). Da dieser stein aus Vestergötland v o n s. 206. und nach einem manne mit demselben namen wie der stein von Hobro errichtet ist, da beide inschriften ungefähr gleichlautend sind, und beide ᛆ in derselben bedeutung gebrauchen, so liegt es trotz des unterschiedes, der sich in der orthographie einzelner worte findet, nahe, anzunehmen, dafs derselbe Thorir seinem kameraden Karl ein denkmal sowohl in Jütland wie in Vestergötland errichtet hat.

Neben ᛚᛁᛏ, das uns unzählige male auf schwedischen runensteinen begegnet, kommt hier auch einigemal die schreibweise ᛚᛆᛏ, plur. ᛚᛆᛏᚾ vor, wie auf dem Sondervissinger steine, so auf no. 288, 612, 625 bei Liljegren.

Eine befriedigende erklärung der thatsache, dafs die r u n e ᛆ, während sie noch in vollem gebrauch als zeichen für das „schlufs-ᴎ" war, und lange bevor sie mit der jüngeren bedeutung *y* auftritt, zugleich als bezeichnung für den

---

[1]) Die richtigkeit dieser vermutung ist inzwischen durch K. T o r i n in „Westergötlands Runinskrifter, Andra samlingen", Lund 1877, s. 19 bestätigt worden. Aus der übrigens sehr undeutlichen zeichnung des steines bei Torin (no. 42) scheint hervorzugehen, dafs sich hinter ᚠᛆ keine punkte finden; in der folgenden rune (ᛚ) ist der ganze nebenstrich weggeschlagen, aber in der vierten (ᛏ) ist noch der unterste teil zu sehen, was mit Bautil übereinstimmt; der fünften rune (ᚠ) fehlt der ganze nebenstrich (Bautil hat ᚡ, ohne zweifel unrichtig statt ᚠ), der auch in der sechsten (ᛏ) nicht zu sehen ist, während Bautil noch den untersten teil hat. Von den folgenden beiden punkten ist der unterste erhalten wie in Bautil, und in der rune vor ᚱ ist der unterste teil von beiden nebenstrichen, der in Bautil fehlt, und der zeigt, dafs hier ᛦ gestanden hat, noch deutlich; dem ᛏ in ᛏᚱᛆᛦ fehlt die spitze wie in Bautil. — Von den andern bei Liljegren angeführten steinen aus dieser harde finden sich aufserdem no. 1369—70 und 1375—76 bei Torin als no. 44—45 und 40—41 wieder und bezeugen Bautils und Liljegrens lesung bezüglich der oben angeführten formen. Auf einem neuen bruchstück bei Torin (s. 18), das wahrscheinlich einen teil von Liljegrens no. 1376 ausmacht, wird aufserdem ᚦᛆᚠᛏ wie auf no. 1370 geschrieben.

e- und æ-laut angewandt werden kann, finde ich darin, dafs
sie noch zu der zeit den alten namen *elgᴿ* gehabt hat; am ende
der worte fuhr sie fort mit der ursprünglichen bedeutung ᴿ
gebraucht zu werden; aber man konnte auch wie bei den andern
runenzeichen ihre bedeutung in dem buchstaben suchen, womit der
name begann, und sie konnte somit zugleich für *e* und *æ* angewandt werden.   Dieser letztere gebrauch drang jedoch niemals recht
durch und mufs am ehesten als eine individuelle eigentümlichkeit
einzelner runenritzer aufgefaſst werden.   Zur bezeichnung der laute
*e* und *æ* fand man nämlich ein neues mittel mit hülfe der punktierten
runen, und ⋏ *elgᴿ* wurde allmählich sowohl als zeichen für das
„schluss-ᴿ“ (jedoch erst lange nachdem es lautlich mit ᚱ zusammengefallen war) wie für *e*, *æ* aufgegeben.   Als ⋏ später wieder
in die runenschrift aufgenommen wurde, hatte es die neue
bedeutung *y* und den neuen namen *ýr*.   Wie ein punktiertes
ᛁ (ᛁ̇) zeichen für *e* wurde, so bildete man das punktierte ᚿ (ᛦ) als
zeichen für *y*; aber auch das alte ⋏ wurde später als eine veränderte form von ᚿ aufgefaſst und bekam daher dieselbe bedeutung wie ᛦ.   Den namen für diese rune entlehnte man von der
altenglischen *y*-rune, die weit früher von ᚿ gebildet war und in der
s. 207. form ziemlich genau mit dem nordischen ⋏ ᛦ übereinstimmte, weshalb bereits im „abecedarium Nordmannicum“ der name *yr* auf ⋏
übertragen ist.

Ich nehme deshalb an, dafs man gleichzeitig altengl. *ós* und *yr*,
die mit nord. *óss* und *ýr* identificiert wurden, als namen für die
runen aufgenommen hat, welche auf der jüngsten entwicklungs-
stufe der runenschrift zeichen für *o* und *y* wurden[1]).   Wo früher

---

[1]) Legt man stärkeres gewicht auf den namen *yr* im abeced. Nordm.,
als ich für berechtigt halten kann, so darf man nicht die möglichkeit übersehen, dafs der name *ýr* längere zeit neben dem alten *elgᴿ* bestanden haben
kann, ehe er dieses ganz verdrängte, und dafs der runenritzer, welcher ⋏ sowohl für ᴿ wie für *e*, *æ* gebrauchte, dadurch gerade zu erkennen gegeben hat,
dafs er an dem alten namen festhielt.   So wurde ohne zweifel das alte *þurs*
erst sehr spät von *þorn* als namen der rune þ verdrängt. — Da die inschriften
von Maeshowe ⋏ in der bedeutung *y* gebrauchen, so ist es klar, dafs der
name auch *ýr* gewesen ist; aber es liegt nicht der geringste grund vor, mit
Stephens (I, s. 101) den unter diesen inschriften vorkommenden, oben (s. 236 ff.)
besprochenen furthork in das 9. jhdt zu setzen; er ist sicher weit ins 11. hinab zu
rücken, wahrscheinlich sogar bis in die mitte des 12. jhdts, in welche zeit diese
inschriften im ganzen genommen gesetzt werden müssen.

die *áss*- und *elgʀ*-rune gestanden hatten, dahin stellte man jetzt die
*óss*- und *ýr*-rune, und der futhork behielt somit die frühere anzahl
zeichen und ihre alte anordnung, während die übrigen neuen punktierten
runen nicht in die ältere reihe eingeordnet wurden.

————

Das resultat der vorhergehenden untersuchungen ist also, dafs
die kürzere runenreihe von 16 zeichen unmittelbar aus
der längeren von 24 zeichen hervorgegangen ist. Die veränderungen, welche während dieser entwicklung mit dem längeren
futhark vorgegangen sind, lassen sich in folgende punkte zusammen-
fassen:

1) Die alten runennamen jāra und ansuʀ wurden allmählich
so verändert, dafs die entsprechenden runen zeichen für das rein
orale *a* und für einen von dem nasal beeinflufsten *a*-laut wurden;

2) verschiedene der älteren zeichen wurden allmählich von
neueren (in der regel einfacheren) formen verdrängt, wobei die älteren
und jüngeren zeichen längere zeit neben einander stehen konnten
(✳ und ↑ = *a*), gleichwie wir an mehreren punkten übergangs- *s.* 208.
formen während der entwicklung von der längeren zur kürzeren
reihe nachweisen können (<ᚤᛉ = *k*, ᛘᚦᚤ = *m* u. s. w.);

3) 8 der älteren zeichen wurden allmählich aufgegeben, ein paar
sehr früh (ᛢᛤ, das vielleicht von anfang an gar kein lautzeichen
war, und die *p*-rune), die andern später und, wie es scheint, in folgender reihenfolge: ᛟ; X, ᛩ, M, ᛉ; P.   Von den alten zeichen,
die sich nicht in der kürzeren reihe wiederfinden, erhielt sich P *w*
am längsten;

4) die alte anordnung wurde an zwei punkten verändert.
Erst sehr spät wurde *l* vor *m* gestellt. Weit früher wurde ᚼ *ʀ*
aus dem zweiten geschlecht an den schlufs des dritten versetzt,
um gröfsere harmonie zwischen der anzahl der zeichen in den drei
geschlechtern zu wege zu bringen. Als ᚼ nicht mehr als zeichen für
das „schlufs-ʀ" gebraucht wurde, gab man dieser rune die neue
bedeutung *y*, indem man sie als eine veränderung von ᚿ und als
identisch mit der altengl. *yr*-rune auffaste, deren namen sie annahm, während sie früher in der bedeutung *ʀ* den namen *elgʀ* wie
in der längeren reihe gehabt hatte, weshalb sie zuweilen auch mit
der bedeutung *e* oder *æ* auftreten kann.

————

## III. kapitel.

# Die „punktierten“ runen. Das jüngste runenalphabet.

Das runenalphabet von 16 zeichen, dessen entstehung wir eben betrachtet haben, und welches auf unseren runensteinen aus der jüngeren eisenzeit (von der mitte des 9. bis zum anfange des 11. jhdts) das gewöhnliche ist, drückt ja nur sehr unvollkommen die verschiedenen laute aus, namentlich die vielen vokale, die sich allmählich durch umlaut und andere lautveränderungen in der sprache entwickelt hatten.

Dieser mangelhaften lautbezeichnung suchte man später abzuhelfen, indem man aus einzelnen der 16 runen neue durch hinzufügung eines punktes oder eines kleinen striches bildete. Dadurch entstanden die sogenannten punktierten runen, die sich bereits am ende des 10. und am anfang des 11. jhdts zu zeigen beginnen, aber keineswegs mit einem schlage consequent auftreten. Wie der
s. 209. übergang vom längeren zum kürzeren alphabete einen ausgedehnten zeitraum in anspruch genommen, so ist auch die entwicklung vom gewöhnlichen futhark des jüngeren eisenalters zu den punktierten runen sehr langsam vor sich gegangen, und wenn wir früher auf demselben denkmal das alte und das neue (ᚼ und ᛅ) neben einander finden konnten, so treffen wir hier dasselbe verhältnis wieder. Auf dem runenstein, der 1857 auf der Bustruper feldmark dicht südlich vom Danevirke gefunden wurde, und der könig Sven gabelbarts namen trägt (dem Danevirker steine), kommen die punktierten runen ᛂ und ᚵ jede ein einziges mal vor, nämlich ᛂ in dem worte ᚢᛂᛋᛏᚱ uestr d. i. *westr* und ᚵ in ᚼᛁᛘᚦᛁᚵᛅ[1]) himþiga d. i. *hæimþega* oder *hémþega*. Sonst wird ᛁ nicht blofs dem ursprünglichen diphthongen ᛅᛁ ai (*æi*) entsprechend, der zu dieser zeit sich dem einfachen laute *é* genähert haben mufs (also in suin, stin, him-, hiþa-), sondern auch in -þiga = *-þega* gebraucht, während die ältere bezeichnung ᛁᛅ (ᛁᚨ) für *e* in ias d. i. *es*, iąn d. i. *en* vorkommt; gleichfalls steht ᚴ in ᚴᚢᚾᚢᚴᛦ kunukʀ nach dem älteren gebrauch sowohl als zeichen für *k* wie für *g* (*ŋg*).

Weit häufiger werden die beiden genannten punktierten runen auf dem einen Schleswiger steine von Vedelspang, dem Hedebyer steine,

---

[1]) Der punkt in dem ᚵ ist früher übersehen worden (auch auf der zeichnung bei Thorsen, De danske Runemindesmærker I, s. 93)

angewandt, der ungefähr derselben zeit (um das jahr 1000) wie der
Danevirker stein angehört. Wie dieser gebraucht der Hedebyer stein
jedoch ᛝ *e* und ᚠ *g* (sowohl als muta wie als spirans) durcheinander mit
ᛁ und ᚴ. Wir finden so ᛝ in ᛝᚴᛏᛁᛆ eftir, ᛏᚱᛝᚠᛣ (geschrieben mit
„einstabsrunen") tregn d. i. *drængr* und im nom. plur. ᛏᚱᛁᚴᛁᛏᛆ
trekian d. i. *drængjar*, ja sogar in ᛝᚱᛁᚴ erik (= dem altnord.
*Eirik*), welches zu beweisen scheint, dafs der diphthong auf jeden
fall in diesem worte zum einfachen vokal geworden war. Dagegen steht
ᛁ nicht blofs in den andern fällen, wo das altnordische *ei* hat (risþi,
stin, him-, suins, während der alte diphthong sogar ganz ausgeschrieben wird in haiþabu = altnord. *Heiðabó*, auf dem Danevirker
steine hiþabu geschrieben), sondern auch in filaga = *félaga*,
-þigi = -*þegi*, während ias, iau (= *es, en*) wie auf dem Danevirker
steine *e* durch ia ausdrücken. Auf gleiche weise wechseln ᚠ und
ᚴ auf diesem steine; während man ᚠ in himþigi und filaga gebraucht findet, wird das wort *drængr* nur an der einen stelle mit
ᚠ (tregn), aber an der andern mit ᚴ (trekian) geschrieben, so
wie *góðr* durch kuþr ausgedrückt wird.

Ähnliche verhältnisse begegnen uns auch ab und zu auf andern
gleichzeitigen steinen; der grofse stein von Århus hat z. b. zweimal ᛝ
(in eftir und felaka) und einmal ᚠ (in augutr); aber in der regel
werden die punktierten runen (ᛝ und ᚠ) noch nicht in den inschriften
vom schlusse des 10. jhdts (dem gröfseren steine von Jællinge u. s. w.)
gebraucht, oder treten nur ganz sporadisch auf (so haben der grofse
Hällestader und der Sjöruper stein von Schonen jeder einmal ᚠ).

Etwas später als ᛝ und ᚠ tritt auch ᛆ als zeichen für *y* auf, s. 210.
aus ᚾ auf dieselbe weise wie ᛝ und ᚠ aus ᛁ und ᚴ gebildet. Während sowohl der Danevirker wie der Hedebyer stein noch ᚾ in der
bedeutung *y* gebrauchen (-bu = -*bý*, sturimatr mit einstabsrunen auf dem Hedebyer steine = *stýrimandr*), kommt ᛆ zusammen
mit ᛝ und ᚠ auf dem stein von Sjælle aus Jütland vor, der ungefähr
mit dem Hedebyer steine gleichzeitig sein mufs. Öfter treten alle drei
punktierten runen in etwas jüngeren inschriften (ungefähr um die
mitte des 11. jhdts) aus Schweden und Bornholm auf, und diese
vermehrung der 16 zeichen der kürzeren runenreihe wurde längere
zeit hindurch für ausreichend gehalten. Dafs die punktierten runen
nicht in den alten futhark eingereiht oder in denselben hinter den
älteren zeichen aufgenommen wurden, zeigen die wiedergaben desselben,
die uns auf steinen und andern denkmälern überliefert sind, sowie

auch das alte norwegische runengedicht und die isländische runenreimerei. Nur die beiden oben (s. 240) genannten handschriftlichen
futharke fügen hinter der alten reihe der erste ᚠ, aber keine der
andern jüngeren runen, der zweite mehrere jüngere zeichen hinzu.

Der alphabetstein von Ostermariæ sogn, Bornholm.

die er jedoch gerade als nicht zu der ursprünglichen reihe gehörend
bezeichnet, indem er dieselben durch drei punkte von dieser unterscheidet; und während den 16 alten runen die namen beigefügt
werden, setzt er den neuen nur die buchstaben bei, welche ihre

bedeutung angeben. Dafs die punktierten runen dagegen unter die
älteren aufgenommen wurden, wenn der futhork nach dem lateinischen alphabete geordnet wurde, mufste man ja erwarten.
Eine alte darstellung hiervon findet sich auf einem kleinen sandstein,
der zu beginn des jahres 1882 in Ostermarie sogn auf Bornholm
ausgepflügt wurde und jetzt im altnordischen museum zu Kopenhagen bewahrt wird. Dieses in seiner art alleinstehende denkmal ist
umstehend in natürlicher gröfse wiedergegeben [1]).

Von den neueren punktierten runen sind also nur ↑ (e) und
Ⴎ (g) in dies alphabet aufgenommen, und von besonderem interesse
ist es, dafs wir für r Ⱃ und ⱔ neben einander finden; dies stimmt
mit dem merkwürdigen handschriftlichen alphabete bei Hickes III,
tab. II no. 6 (= Stephens I, s. 108—9 no. 31) überein, wo die
runen gleichfalls nach dem lateinischen alphabete geordnet sind,
jedoch nur die 16 alten runen platz gefunden haben, was in verbindung mit den runenformen darauf hindeutet, dafs die quelle dieses
alphabetes sehr alt sein mufs. Wie der kleine strich am schlusse
des Bornholmer alphabetes ergänzt werden soll, läfst sich nicht sicher
ausmachen, da der stein hier in stücke gebrochen ist; wir würden
ja an dieser stelle am ehesten Ⱈ als zeichen für y erwarten; aber
von einem beistrich findet sich keine spur, und die form des striches
widerspricht bestimmt einer solchen annahme. Ich glaube deshalb,
dafs das alphabet mit Ⱈ geendet hat, und dafs der strich nur eine
art trennungszeichen ist, um den raum am schlusse des alphabetes
auszufüllen.

Durch die bildung der punktierten runen macht sich ein ganz
neues princip geltend, und ihr auftreten bildet das dritte stadium
in der entwicklung der nordischen runenschrift.

Das bedürfnis nach einer vollständigeren lautbezeichnung, welches
zuerst die punktierten runen hervorrief, konnte jedoch auf die länge
keineswegs durch diese allein befriedigt werden. Allmählich spalteten

---

[1]) Wie aus dieser abbildung hervorgeht, leidet Stephens' wiedergabe III,
s. 442 an verschiedenen wesentlichen fehlern. Der sehr deutliche punkt in Ⴎ, der
ziemlich nahe an dem beistriche steht, ist übersehen; die form der h-rune ist
unglücklich; in Ⱃ ist der unterste nebenstrich, der in ⱔ hineinläuft, übersehen,
und Stephens fafst die rune als lateinisches P auf! Den kleinen strich hinter Ⱈ
sieht Stephens für einen rest von lat. X an! — Der kleine alphabetstein von Jütland, den Stephens für echt hält und dessen runen er an derselben stelle wiedergibt, ist nach meiner ansicht ein plumper betrug aus der neuesten zeit.

sich daher mehr und mehr von den alten zeichen in verschiedene
formen, die alle besondere laute bezeichneten, und das alte runenalphabet
wurde zuletzt so dem lateinischen alphabete angepafst, dafs es ein
zeichen für jeden der lateinischen buchstaben bekam. Dies ist die
letzte stufe in der entwicklung der runenschrift, welche hiermit
abgeschlossen ist. Dies geschah zu einer zeit, wo man das lateinische
alphabet neben dem runenalphabet benutzte, ohne jedoch das letztere
aufgeben zu wollen.    Man bildete dann mit hülfe der alten runenzeichen ein alphabet, das gerade so gut wie die lateinischen buchstaben die laute der muttersprache wiedergeben konnte.    Dieses
alphabet finden wir z. b. in der runenhandschrift des schonischen
gesetzes (ums jahr 1300), wo es folgende form hat:

$$ᛁ \ B \ - \ ᛀ \ ᛏ \ ᚡ \ ᚥ \ \ast \ | \ ᚥ \ ᚱ \ ᛏ \ ᚼ \ ᛉ$$
$$a \quad b \quad c \quad d \quad e \quad f,v \quad g \quad h,g \quad i,j \quad k \quad l \quad m \quad n \quad o$$
$$B \ u. \ ᛒ \ - \ R \ ᚼ \ ᛏ \ ᚦ \ ᚲ \ - \ ᛏ \ ᛐ \ ᛏ \ ᛤ$$
$$p \quad q \quad r \quad s \quad t,d \quad u,w \quad x \quad y \quad z \quad æ \quad o$$

Für c und q, die in den ältesten nordischen handschriften mit lateinischen buchstaben häufig gebraucht werden, hat die runenhandschrift
dasselbe zeichen wie für k (ᚥ), und x wird durch $\ast ᚼ$ d. i. gs (ghs)
ausgedrückt.

Anderwärts treffen wir aufserdem verschiedene andere formen,
z. b.:

$$ᚨ \ y \qquad ᚦ \ d \qquad ᚡ \ v \ (w) \qquad ᚼ \ c, z \qquad ᛏ \ s$$

Das verhältnis zwischen den älteren und den neuen zeichen ist
ja an allen punkten deutlich. Teils sind einzelne zeichen weiter vereinfacht worden: $ᛏ a$, $ᚼ n$, $ᛏ t$ gingen in $ᛀ$, $ᛐ$, $ᛏ$ über, wie $ᚼ s$ nicht
s. 211. selten zu $ᛏ$ verkürzt wurde — dafs diese formen bereits frühzeitig
sporadisch auftreten können, haben wir oben (s. 208) gelegenheit
gehabt zu bemerken; der Schleswiger runenstein von Vedelspang, der
keine punktierten runen kennt, hat neben den gewöhnlichen älteren
formen $ᛏ t$ und $ᚼ s$ beständig $ᛀ a$ und $ᛐ n$ (vgl. 'Anhang' III). Teils
haben sich viele der älteren zeichen in zwei gespalten, nämlich:

$$ᛏ a = ᛀ a, \ ᛏ w \qquad\qquad ᚥ k = ᚥ k, \ ᚡ g$$
$$(ᚠ a = ᛀ o, \ ᛤ o) \qquad\qquad ᛏ t = ᛀ t, \ ᛀ d$$
$$| \ i = | \ i, \ ᛏ e \qquad\qquad B \ b = B \ b, \ ᛒ \ oder \ ᛒ \ p$$
$$ᚲ u = ᚲ u, \ ᚨ \ (ᛉ) \ y \qquad ᚼ s = ᚼ s, \ ᛐ z \ oder$$
$$ᚼ c, \ z, \ ᛏ \ s$$

und aufserdem zuweilen

$$ \mathsf{Y}\ \mathit{f} = \mathsf{Y}\ \mathit{f}, \ \mathsf{Y}\ v\ (w) $$
$$ \flat\ \flat = \flat\ \flat, \ \flat\ d $$

Das so erweiterte runenalphabet stand lange zeit neben dem lateinischen, und so zähe hielt das volk an seiner alten schrift fest, dafs sie nicht einmal als vollständig aufgegeben angesehen werden kann, als die gelehrten im 16. jahrhundert sie zum gegenstande ihrer untersuchungen zu machen begannen.

Wie dies weit früher bei den südgermanischen völkern geschehen war, wurden endlich auch in Skandinavien die runen von der lateinischen schrift verdrängt. Es war also in wirklichkeit das zweite mal, dafs die Nordbewohner das lateinische alphabet annahmen. Die schrift, welche sie in den ersten jahrhunderten nach Chr. zusammen mit den übrigen germanischen völkern gebrauchte, war geradezu aus den lateinischen buchstaben gebildet, und jahrhunderte hindurch hatten sich die runenschrift und das lateinische alphabet unabhängig von einander entwickelt. Zu anfang des mittelalters wurde das lateinische alphabet in einer neuen gestalt im Norden bekannt und führte von nun an einen langwierigen kampf mit der alten runenschrift, die unter seinem einflusse wesentlich verändert wurde, während sich die einwirkung der runenschrift auf das lateinische alphabet in der hauptsache darauf beschränkte, dafs letzteres eine einzige rune, þ, aufnahm, die aber in Dänemark und Schweden frühzeitig wieder aufgegeben wurde [1]). Jedoch treffen wir auch in bezug auf die lautbezeichnung in den ältesten dänischen und schwedischen handschriften einzelne deutliche spuren der runenschrift [2]). s. 212.

---

[1]) Das „angelsächsische" alphabet nahm bekanntlich nicht blofs die rune þ, sondern auch ᚹ w auf. Wenn dies letztere zeichen auch in Skandinavien als zeichen für w vorkommt — so in einigen der ältesten isländischen und norwegischen handschriften und sonst zuweilen —, ist es hierher von England herübergebracht, aber nicht wie þ aus unserm eigenen runenalphabete aufgenommen, welches, wie wir oben nachgewiesen haben, das w-zeichen vor dem jahre 800 aufgegeben hatte.

[2]) Ich denke besonders an den ab und zu vorkommenden gebrauch von h (statt des gewöhnlichen gh) zur bezeichnung des lautes g, welcher im jüngsten runenalphabet regelmäfsig durch ᚴ ausgedrückt wird. Nicht selten wird h auf diese weise in der am anfang von Valdemars seeländischem gesetze enthaltenden Arnamagn. handschrift no. 24 4to verwendet (siehe den photolithographischen abdruck, Kbh. 1869, und „Valdemars sælandske Lov, udg. ved P. G. Thorsen", Kbh. 1852). Wenn sich in Thorsens ausgabe nach derselben handschrift *toter*

Stellen wir nun die drei hauptformen der runenschrift im Norden, das ältere, jüngere und jüngste alphabet, zusammen, so sind die zeichen auf folgende weise nach den lauten, die bezeichnet werden, zu ordnen (siehe oben s. 191 f. und vgl. meine „altnordische grammatik“ und „fornnordisk formlära“ § 2, § 4—5):

| | | | | | |
|---|---|---|---|---|---|
| I. ᚲ *k* | ᚺ *h* ᚷ *g* | | ᛜ *ŋ*, *ŋg* | | ᛃ (ᛁ) *j* |
| ᛏ *t* | ᚦ *þ* ᛞ *d* | ᛊ *s* ᛉ [*z*] *ʀ* | ᚾ *n* | ᛚ *l* ᚱ *r* | |
| ᛒ *p* | ᚠ *f* ᛒ *ƀ* | | ᛗ *m* | | ᚹ *w* |

ᚨ *a*, ᛖ *e*, ᛁ *i*, ᛟ *o*, ᚢ *u* (kurze und lange).

Diphthonge werden durch zusammenstellung der vokale, doppelkonsonanten durch einfaches zeichen ausgedrückt.

| | | | | | |
|---|---|---|---|---|---|
| II. ᚴ *k* *g* (*ŋg*) | ᚼ *h* ᚴ *g* | | (ᚾ *ŋ*) | | ᛁ *j* |
| ᛏ *t* *d* (*nd*) | ᚦ *þ* *d* | ᛋ *s* ᛦ *ʀ* | ᚾ *n* | ᛚ *l* ᚱ *r* | |
| ᛒ *p* *b* (*mb*) | ᚠ *f* *v* | | ᛰ ᛘ *m* | | ᚢ *w* |

ᚬ *nasaliertes a* (*ǻ*, *æ*), ᛆ *a* (*å*, *æ*), ᛁ *i*, *e*, ᚢ *u*, *o* (*y*, *ø*) aufser mehreren andern bedeutungen für die einzelnen vokalzeichen und die daraus gebildeten zusammengesetzten zeichen (vgl. ‘Anhang’ VI).

| | | | | | |
|---|---|---|---|---|---|
| III. ᚴ *k* ᚵ *g* | ᚼ *h* *g* | | ᚿ *ŋ* | | ᛁ *j* |
| ᛏ *t* ᛑ *d* | ᚦ *þ* (ᚧ) *d* | ᛋ ᛌ *s* ᛎ *z* | ᚿ *n* | ᛚ *l* ᚱ *r* | |
| ᛒ *p* ᛔ *b* | ᚠ *f* (ᚡ) *v* | | ᛘ *m* | | ᚢ *w* |

ᛆ *a*, ᛅ *æ*, ᛁ *i*, ᛂ *e*, ᚢ *u*, ᚤ ᛦ *y*, ᚮ *o*, ᚯ *o*.

---

(l, 1 § 1), *tothar* (l, 1 § 12 im schl.) findet, hat er an der ersten stelle das wohlbekannte verschlungene zeichen für *do*, an der andern das deutliche *do* unrichtig als *to* gelesen; auch die runenschrift hätte ja zu dieser zeit *d* nicht durch *t*, sondern durch ‘punktiertes’ *t* (d. i. *d*) ausgedrückt, wie es in der runenhandschrift des schonischen gesetzes der fall ist.

# Anhang.

## I.

### Das Wulfilanische alphabet.

(Zu s. 71 f., 114, 128.)

An verschiedenen stellen haben wir in dieser abhandlung gelegenheit gehabt, bei den thatsachen zu verweilen, die beweisen, dafs die
Goten wie auch die übrigen germanischen völker die runenschrift gekannt und gebraucht haben; aber frühzeitig, gegen das ende des
4. jahrhunderts, hat auf jeden fall ein grofser teil der Goten diese
schrift mit einem neuen alphabete vertauscht, das uns in den gotischen
sprachdenkmälern überliefert ist. Als „erfinder“ dieses alphabetes
bezeichnen kirchenhistoriker (Philostorgios, Sokrates) Wulfila[1]), ein
ausdruck, der indessen cum grano salis zu verstehen ist. Wie sich
Wulfilas schrift zu der alten runenschrift und zu den in seiner
zeit allgemein bekannten und gebrauchten alphabeten anderer völker
verhält, wie es also in wirklichkeit mit Wulfilas „erfindung der
gotischen buchstaben“ steht, wird klar aus einer näheren betrachtung
der buchstabenformen hervorgehen, die uns in den gotischen handschriften, besonders im codex argenteus, überliefert sind. Dafs diese
handschrift nämlich die buchstaben in allem wesentlichen in der
von Wulfila selbst gebrauchten gestalt wiedergibt, darf sowohl aus
ihrem alter (wahrscheinlich ende des 5. jhdts) wie aus ihrer ganz
prachtvollen ausstattung und sorgfältigen herstellung geschlossen werden
und wird auch dadurch bestätigt, dafs sich dieselben buchstabenformen
so gut wie unverändert in den übrigen gotischen pergamenthand-

---

[1]) G. Waitz, Über das Leben und die Lehre des Ulfila, Hannover 1840,
4 to, s. 51.

schriften (codices Ambrosiani in Mailand, codex Vaticanus in Rom,
codex Carolinus in Wolfenbüttel) wiederfinden, während die beiden
kaufbriefe auf papyrus von Neapel und Arezzo (der letztere jetzt verloren) etwas abweichende, mehr kursive formen haben (vgl. die
schrifttafel in Gabelentz und Loebes Grammatik der Goth. Sprache).

Jeden, der mit kenntnis der griechischen und lateinischen paläo-
graphie unbefangen die gotischen buchstaben betrachtet oder den
blick auf eine seite in einer der gotischen handschriften richtet[1]),
wird sofort die erstaunliche übereinstimmung zwischen Wulfilas schrift
und der griechischen (und lateinischen) uncialschrift von 400—600
frappieren[2]), und eine nähere untersuchung der Wulfilanischen
buchstaben im einzelnen wird es auch aufser allen zweifel
setzen, dafs Wulfila seine schrift durch eine sinnreiche anwendung der griechischen und einzelner lateinischer
uncialbuchstaben mit aufnahme von ein paar runen gebildet hat.

Dieses verhältnis, das bereits Gabelentz und Loebe (Goth. Gram.
s. 12 ff.) und später Kirchhoff (Das gothische runenalphabet) in der
hauptsache richtig dargestellt hatten, haben spätere untersuchungen
wieder in mehreren beziehungen unklar gemacht. Ich will deshalb
hier so kurz wie möglich näher zu begründen suchen, was ich an
verschiedenen stellen in der vorhergehenden abhandlung teils über
das Wulfilanische alphabet im allgemeinen, teils über einzelne von
dessen zeichen ausgesprochen habe.

Die gotische buchstabenfolge läfst sich mit sicherheit aus
dem zahlenwerte der buchstaben bestimmen, der genau mit dem
griechischen gebrauche zusammenfällt. Hiernach stellen wir unten

---

[1]) Ein recht zuverlässiges bild von einer seite (fol. 5 r.) im cod. arg. gibt
das faksimile, das A. Uppströms ausgabe (Upsaliæ 1854) begleitet; jedoch ist der
ton der purpurfarbe des pergaments nicht ganz glücklich. Die seite der
handschrift, welche sich auf taf. 118 in der von „The Palæographical Society"
herausgegebenen vorzüglichen sammlung „Facsimiles of Manuscripts and Inscriptions. Ed. by E. A. Bond and E. M. Thompson, I, London 1873—83"
findet, stellt natürlich die einzelnen buchstabenformen etc. genau dar; aber dieselben treten nicht klar hervor, und die abbildung gibt nur eine schwache vorstellung von der äufseren erscheinung der prachtvollen handschrift.

[2]) Diese auffallende ähnlichkeit zeigt sich sogar in solchen von rein kalligraphischen gründen herrührenden kleinigkeiten wie der häufigen auslassung der
kleinen feineren verbindungsstriche in den buchstaben, so dafs die linien nicht
ganz zusammenhängen (bei *j*, *r*, *s* u. s. w.).

s. 264 in der reihe I die gotischen buchstaben in den aus dem cod. arg. bekannten formen auf, indem wir auf die rechte seite die lateinischen buchstaben stellen, mit denen die gotischen im allgemeinen in den ausgaben umschrieben werden, und auf der linken zur vergleichung die griechischen buchstaben hinzufügen, die denselben zahlenwert wie die gotischen haben. Nur das letzte zeichen (für 900) kommt nicht im cod. arg. oder in den andern wirklich gotischen handschriften vor, sondern ist der Wiener handschrift cod. Salisb. no. 140 (vgl. s. 71) entnommen.

Es geht aus der zusammenstellung hervor, dafs Wulfila 27 zeichen gebraucht wie die griechische buchstabenreihe, wenn sie zu zahlzeichen benutzt wird, und dafs die gotische anordnung genau der griechischen entspricht. Die abweichungen beider reihen von einander beruhen zum gröfsten teil auf dem unterschied zwischen der griechischen und gotischen sprache; sie zeigen sich, wenn wir vorläufig die verschiedenen buchstabenformen aufserhalb der betrachtung lassen, an folgenden punkten:

1) wo das griechische sein episemon $\digamma$ $\beta\alpha\tilde{v}$, $\delta i\gamma\alpha\mu\mu\alpha$ (später $\varsigma$ $\sigma\tau i\gamma\mu\alpha$) aufweist, hat Wulfila das zeichen für $q$, d. i. die lautverbindung $kw$, eingesetzt. Dagegen werden die beiden andern griechischen episema $\varkappa\acute{o}\pi\pi\alpha$ und $\sigma\acute{\alpha}\nu$ ($\sigma\alpha\mu\pi\tilde{\iota}$) an ihrer stelle und in der form beibehalten, die wir auch aus dem griechischen kennen[1]);

2) für griech. $\eta$, $\xi$, $\varphi$ setzt Wulfila zeichen für $h$, $j$, $f$ ein;

3) für griech. $o$ setzt er sein $u$ ein;

4) für griech. $\psi$ setzt er das zeichen für $w$, d. i. die lautverbindung $hw$, ein;

5) griech. $v$ gibt $v$, d. i. den halbvokal $w$, wieder (wird aber in griechischen wörtern zugleich mit der bedeutung $y$ gebraucht).

Wulfila hat also das griechische vorbild nur verlassen, wo er es wegen der lautverhältnisse der gotischen sprache für notwendig hielt. Es war natürlich nötig, im gotischen zeichen für die im griechischen fehlenden laute $h$, $j$ und $f$ zu haben, wogegen die griechischen zeichen für die lautverbindungen $\xi$ und $\psi$ ganz überflüssig waren. Jedoch hat Wulfila selbst einzelzeichen für die lautverbindungen $kw$ und $hw$ geschaffen. Diese häufigen laut-

---

[1] W. Grimm, Zur Literatur der Runen, Wien 1828, s. 1, 15, 28; vgl. V. Gardthausen, Griechische Palaeographie, Leipz. 1879, s. 167, 266.

verbindungen scheint Wulfila als einfache laute aufgefafst zu haben [1]);
in allen andern fällen wendet er nämlich zur bezeichnung des halbvokals w griech. v an, das indessen in griechischen wörtern auch
mit der bedeutung y steht. Einen dem griechischen entsprechenden
unterschied zwischen e und η, o und ω hielt Wulfila für überflüssig;
sein e (d. i. ē) setzte er an die stelle des griech. ε, sein o (d. i. ō)
umgekehrt an die des griech. ω, und bekam somit platz für h und
u, wo das griechische η und o hatte. Für u benutzt er nämlich ein
einfaches zeichen, nicht, wie das griechische, ov. Dagegen hat er in
ein paar andern fällen gerade mit dem griechischen als vorbild einzel-
laute durch zusammenstellung von zwei zeichen ausgedrückt, indem
er i durch ei und æ durch ai bezeichnete [2]). Auch die verwendung
von g für den gutturalen nasal ɳ (aggilus = ἄγγελος) ist vollständig
griechisch (vgl. s. 116).

Dafs das griechische alphabet somit die eigentliche grundlage für
das Wulfilanische bildet, ist über jeden zweifel erhaben. Wo ihn
das griechische alphabet im stich liefs, lag es für Wulfila nahe, zu
dem andern alten südeuropäischen alphabet seine zuflucht zu nehmen,
mit dem er ebenso vertraut wie mit dem griechischen war, nämlich
zu dem lateinischen.

Von den oben genannten abweichungen vom griechischen weisen
uns die drei wichtigsten auch sofort aufs lateinische hin, nämlich die
zeichen für h, j und f. Während die beiden ersteren von diesen lauten

---

[1]) Bekanntlich hält J. Hoffory mit zustimmung von Collitz (Zeitschr.
f. d. Phil. XII, 480 ff.) η und w für einfache laute, den ersteren für einen labiali-
sierten k-laut (k mit u-stellung der lippen), den zweiten für ein labialisiertes
h (h mit u-stellung der lippen). Dies hat Braune (Gotische grammatik, 2. aufl.,
Halle 1882) angenommen und hat zugleich nach Collitz' vorschlage als umschreibung für den letzteren laut das zeichen ƕ eingeführt. Obgleich ich —
vielleicht allzu ängstlich — es für richtig angesehen habe, in meiner abhandlung
der landläufigen auffassung dieser laute zu folgen und sie auf die gewöhnliche
art zu umschreiben, so mufs ich mich doch unbedingt der genannten neueren
auffassung anschliefsen, die nicht nur verschiedene sprachliche schwierigkeiten
in befriedigender weise löst, sondern auch eine vorzügliche erklärung der
gründe für die bildung der Wulfilanischen zeichen gibt; gleichfalls halte ich
das zeichen ƕ für eine sehr glückliche umschreibung des Θ, die sicher allmählich allgemein eingang finden wird (als umschreibung für γ müfste dann eher
w als v gebraucht werden). — Vgl. hierzu jetzt noch den aufsatz Braunes
„Zur transscription des gotischen alphabets" in P. Br. Beitr. XII, 216 ff.

[2]) Vgl. z. b. die schreibung im cod. Sinaiticus Matth. X, 18: καὶ ἐπὶ
ἡγεμόνας δὲ καὶ βασιλῖς (= -λεῖς) ἀχθήσεσθαι (= -σθε) ἕνεκεν ἐμοῦ.

im griechischen ja ganz fehlten, und Wulfila daher in diesem alphabete
kein zeichen finden konnte, das auch nur annähernd diese laute ausdrückte, hätte er sicher als zeichen für f griech. φ wählen können;
er hat auch sein f auf den platz gestellt, den das griechische φ einnimmt, und in griechischen wörtern drückt er φ durch f aus; aber
wenn er zur bezeichnung dieses lautes nicht das griechische, sondern
das lateinische zeichen wählte, so war der grund natürlich der, dafs
die aussprache des griechischen φ und des gotischen f wesentlich
verschieden war. Dafs er auch in andern punkten, aber stets aus
besondern gründen, das griechische alphabet verliefs und das
lateinische benutzte, werden wir unten bei der besprechung der
einzelnen buchstaben sehen. Hier mache ich nur noch darauf aufmerksam, dafs während die zeichen für ī und æ nach griechischem
vorbilde ei und ai geschrieben werden, Wulfila in analogie mit dem
letzteren zeichen, aber nach lateinischem vorbild, au als zeichen
für å gebildet hat.

Eine betrachtung der einzelnen Wulfilanischen buchstabenformen wird die hier geltend gemachte auffassung vollständig bestätigen, dafs das griechische alphabet in allem wesentlichen die
grundlage bildet, dafs aber das lateinische in einigen punkten statt
desselben hat benutzt werden müssen. Wie weit auch das alte runenalphabet einigen einflufs gehabt hat, wird gleichfalls aus dem folgenden
hervorgehen.

Um mit sicherheit eine derartige untersuchung vornehmen zu
können, stellen wir mit den Wulfilanischen buchstaben die griechischen und lateinischen uncialbuchstaben zusammen, die derselben zeit angehören (ungef. 400—600, in welcher periode diese
buchstaben in allem wesentlichen in denselben formen auftreten).
Die griechischen buchstaben, die in der reihe II aufgeführt werden,
sind dem codex Sinaiticus (geschrieben gegen das j. 400)[1] entnommen; eine einzige, mit der gotischen besonders übereinstimmende
form des d ist aus einer jüngeren handschrift gewonnen und neben
die form im cod. Sin. gestellt (vgl. Gardthausen, Gr. Palaeogr. taf. l);
gleichfalls ist das zeichen Ⴕ für 900 aus jüngern handschriften entlehnt (siehe oben s. 261 anm. 1). Die lateinischen buchstaben in

---

[1] Codex Friderico-Augustanus sive fragmenta Veteris Testamenti e codice
Graeco omnium qui in Europa supersunt facile antiquissimo ed. C. Tischen-
dorf, Lips. 1846, und Bibliorum codex Sinaiticus Petropolitanus ed. C. Tischen-
dorf, I—IV, Petropoli 1862.

| | | I. | | II. | III. | IV. |
|---|---|---|---|---|---|---|
| α | 1 | Λ | a | λ | Λ | F |
| β | 2 | Ɓ | b | Ɓ | Ƀ | B |
| γ | 3 | Γ | g | Γ | C | X |
| δ | 4 | ⲇ | d | Δ ; ⲇ | ⲇ | M |
| ε | 5 | ⲉ | e | ⲉ | ⲉ | M |
| Ϝ, s | 6 | Ⳙ | - | ⲋ | Ⳙ   w, w | — |
| ζ | 7 | Ƶ | z | Z | Z | Ψ |
| η | 8 | ⳑ | h | H | ⳑ | H |
| ϑ | 9 | Ψ | þ | Θ | - | Þ |
| ι | 10 | I | i | I | I | I |
| κ | 20 | K | k | K | K | < |
| λ | 30 | Λ | l | λ | L | ⲅ |
| μ | 40 | M | m | M | m | M |
| ν | 50 | N | n | N | N | ✝ |
| ξ | 60 | Ϭ | j | Ⳅ | Ϭ | ⋎ |
| ο | 70 | Π | u | O | O | N |
| π | 80 | Π | p | Π | P | ⲅ |
| Ϛ | 90 | Ϥ | - | Ϥ | 9 | - |
| ϱ | 100 | K | r | P | K | R |
| σ | 200 | S | s | C | S | S |
| τ | 300 | T | t | T | T | ↑ |
| υ | 400 | Ƴ | u (y) | Ƴ | Ƴ | Ρ |
| φ | 500 | ⳩ | f | Φ | F, Ⳙ | Ƴ |
| χ | 600 | X | χ | X | X | — |
| ψ | 700 | ⊙ | w | Ψ | - | — |
| ω | 800 | Ϩ | o | ω | - | ⧣ |
| ϩ | 900 | [↑] | - | [↑] | - | — |
| | | | | | | ∫ |
| | | | | | | Ϭ |

der reihe III sind der von Mommsen herausgegebenen Zeitzer ostertafel (geschrieben in der mitte des 5. jhdts) entnommen[1]). Alle
zeichen des alphabetes mit ausnahme von z kommen auf der seite
vor, die photolithographisch auf taf. 1 bei Mommsen wiedergegeben
ist; das in alten lateinischen handschriften sehr selten erscheinende
z[2]) stammt anderswoher. Formen für f, die der gotischen näher
liegen, kommen in andern alten handschriften, z. b. in der bekannten handschrift des Gaius[3]), vor, deren f-form deshalb neben
diejenige der ostertafel gestellt ist. Während ich die ursprüngliche
buchstabenordnung im griechischen alphabet bewahrt habe, ist
sie im lateinischen dadurch gebrochen, dafs ich die den gotischen
buchstaben entsprechenden zeichen u, f, g (z, y, x) an den stellen
eingesetzt habe, wohin sie im gotischen alphabet gehören. Endlich
enthält reihe IV das gemeingermanische runenalphabet, so dafs jede
rune dem gotischen buchstaben gegenüber gestellt ist, der denselben
laut wie diese ausdrückt.

Eine vergleichung zwischen diesen buchstabenformen zeigt, dafs
einige dem gotischen, griechischen und lateinischen gemeinsam sind, nämlich:

GZIKHTYX

Von diesen zeichen entspricht lat. x indessen nur formell dem
griech. und got. X, das bei Wulfila nur in griechischen fremdwörtern,
besonders in dem worte Xristus, gebraucht wird; es ist folglich das
griechische zeichen, das von Wulfila aufgenommen ist. Dasselbe gilt
von den im lateinischen sehr selten gebrauchten zeichen Z und K;
dafs Wulfila hier die griechischen zeichen aufgenommen hat, geht bezüglich des ersteren auch aus dessen platze hervor, der mit dem der
griechischen, nicht der lateinischen buchstabenreihe, übereinstimmt.
Ganz dasselbe ist der fall mit Wulfilas Y. Die genannten 4 zeichen,
die im griechischen und lateinischen dieselbe form haben, sind so-

---

[1]) Zeitzer Ostertafel vom Jahre 447. Herausgegeb. von Th. Mommsen
in den Abhandlungen der kgl. Akademie der Wissenschaften zu Berlin 1862,
Berlin 1863, s. 539 ff. Exempla codicum Latinorum litteris maiusculis scrip-
torum. Edd. C. Zangemeister et Guil. Wattenbach, Heidelb. 1876 (Supplementum 1879), tab. XXIII.

[2]) W. Wattenbach, Anleitung zur lateinischen Palaeographie. Vierte,
verb. Aufl., Leipz. 1886, s. 65.

[3]) Gaii institvtionvm commentarii qvattvor codicis Veronensis denvo collati
apographvm confecit et ed. Gvil. Stvdemvnd, Lips. 1874.

mit sicher aus dem griechischen alphabet genommen. Wieweit dagegen
die zeichen GΙΙΙΤ als griechische oder lateinische bezeichnet werden
sollen, beruht darauf, ob wir im stande sind, des einzelnen näher
nachzuweisen, welche rolle diese beiden alphabate im ganzen genommen
bei der bildung des gotischen gespielt haben. Und was von diesen
vier dem griechischen und lateinischen gemeinsamen zeichen gilt,
mufs auch auf die zeichen für *a*, *b* und *d* anwendung finden, die
gleichfalls formell sowohl vom griechischen wie vom lateinischen
abgeleitet werden können, obgleich von unseren griech. $\alpha$ und $\beta$ zu
sagen ist, dafs sie den gotischen formen etwas näher liegen als
unsere latein. *a* und *b*, was in noch höherem grade mit den entsprechenden zeichen anderer handschriften der fall ist [1]).

Entschieden griechisch sind dagegen

Γ Λ Η Π Ч 90 ↑ 900.

Ebenso unzweifelhaft ist es, dass das lateinische alphabet
das vorbild für

h Ϭ ℞ ϛ ϝ

abgegeben hat. Dafs die zeichen für *h*, *j*, *f* aus dem lateinischen
alphabete genommen wurden, lag natürlich daran, dafs das griechische keine zeichen für *h* und *j* darbot, und dafs das lateinische
*f* dem gotischen laute viel näher stand, als das griechische $\varphi$. Wenn
Wulfila auch sein *r* und *s* vom lateinischen nahm und nicht griech.
P und C wählte, die ja eben so gut für seine schrift pafsten,
so mufs der hauptgrund ohne zweifel darin gesucht werden, dafs er
absichtlich diese beiden griechischen zeichen vermied, weil zwei
lateinische buchstaben mit einer ganz verschiedenen bedeutung (*p*, *c*) formell mit ihnen zusammenfielen. Indem
er die lateinischen formen für *r* und *s* aufnahm, erreichte
Wulfila somit, dafs sein alphabet kein zeichen bekam,

---

[1]) Während die griechischen uncialhandschriften die alte *b*-form festhalten,
gebrauchen die lateinischen auch ƀ, das bereits frühzeitig im lateinischen nachgewiesen werden kann (Wattenbach, Anleitung z. lat. Pal. ¹, s. 45). In der bekannten bibelhandschrift „codex Bezæ" in Cambridge aus dem 6. jhdt, wo der
griechische und lateinische text einander gegenüberstehen, hat der griechische
beständig Ƀ, der lateinische ƀ; für *d* gebraucht der griechische text gleichfalls das alte Λ, aber der lateinische d (siehe Codex Theodori Bezæ Canta-
brigiensis evangelia et apostolorum acta complectens quadratis literis Græco-
Latinus. Ed. Th. Kipling, I—II fol., Cantabrigiæ 1793; neuere ausgabe durch
F. H. Scrivener, Cambridge 1864; vgl. taf. 14 (griechisch) und 15 (lateinisch)
in Palæogr. Society's Facsimiles I).

das im griechischen und lateinischen verschiedene bedeutung hatte. Dies ist nach meiner meinung das bestimmende für
Wulfila gewesen, obgleich ich natürlich einräume, dafs man mit
Kirchhoff (Das goth. runenalph.² s. 55 f.) auch den grund für die
aufnahme dieser beiden lateinischen buchstaben darin suchen könnte,
dafs die lateinischen buchstaben den entsprechenden runen weit
näher lagen, als die griechischen, wozu ich dann den weiteren
grund fügen würde, dafs Wulfila durch aufnahme von griech. Ρ
und C zwei buchstaben erhalten haben würde, die formell mit zwei
runen von ganz anderer bedeutung (Ρ *w*, ⟨ *k*) zusammenfielen. Wenn
ich indessen dem von Kirchhoff angeführten grunde kein so grofses
gewicht beilegen kann, so beruht dies darauf, dafs Wulfila sich
in andern fällen nicht nach dem hierin ausgesprochenen grundsatze
gerichtet hat: er nahm griechisches, nicht lateinisches *m* auf, trotzdem das erstere mit dem runenzeichen für *e* zusammenfiel; er trug
kein bedenken, griech. ψ als *þ* zu gebrauchen (vgl. unten) und
griech. χ aufzunehmen, obgleich diese zeichen formell mit den runen
Ψ und Χ zusammenfielen, wie sein episemon für 900 dieselbe form
wie die Τ-rune hat.

Übrig bleiben also nur noch folgende Wulfilanische zeichen:

u *q*   Φ *þ*   п *u*   Θ *w*   Ϙ *o*

von denen die vier ersten weder in form noch bedeutung mit den
griechischen zeichen übereinstimmen, deren stelle sie in der buchstabenreihe einnehmen, während das letzte wohl in der bedeutung
dem griechischen ω entspricht, dessen platz es auch einnimmt,
in der form dagegen ebenfalls sehr abweichend von ihm erscheint.
Diese zeichen müssen wir etwas näher betrachten.

u wird von Wulfila als zeichen für die lautverbindung *kw*
gebraucht und liegt also in der bedeutung dem lateinischen *q* nahe,
das offenbar zur bezeichnung für diese lautgruppe hätte gebraucht
werden können; aber dafs das Wulfilanische zeichen vom lateinischen
Ϥ ausgegangen sei, mufs wegen seiner form geleugnet werden. Dagegen fällt das zeichen formell ganz mit lateinischem *u* zusammen,
das ja sowohl in der bedeutung *u* wie auch *w* gebraucht und
also von Wulfila entweder als zeichen für den halbvokal *w* oder für
den vokal *u* hätte aufgenommen werden können; für den ersteren
benutzte er indessen griechisches *v*, für den letzteren ein anderes
zeichen, und *u* wandte er dann zur bezeichnung einer lautverbindung an, worin *w* den letzten bestandteil bildete. Auch dieses

zeichen sehe ich also für aus dem lateinischen entlehnt an, und dafs
es wirklich das lateinische *u* ist, welches diese verwendung gefunden
hat, scheint mir in hohem grade dadurch bestätigt zu werden, dafs
dieser lateinische buchstabe nicht gebraucht wird, um das gotische
*u* wiederzugeben. Dafs das näher liegende lateinische *q* nicht angewandt wurde, könnte ja auch darin begründet sein, dafs das dem
lateinischen *q* entsprechende zeichen sich in wirklichkeit an einer
andern stelle in der gotischen buchstabenreihe findet, nämlich als
episemon für 90. Weshalb nun Wulfila nicht einfach das griechische
episemon *xóππα* oder eher das diesem entsprechende lateinische *q*
als zeichen für sein *kw* gebrauchte, was wir von unserm standpunkt
aus vielleicht natürlich gefunden haben würden — als zeichen für
sein *h* und *f* setzte er ja doch latein. *h* und *f* an der stelle von *η*
und *φ* ein —, ist natürlich schwer mit sicherheit zu sagen; aber da
Wulfila im ganzen genommen so grofse einsicht bei der schaffung
seines alphabetes bewiesen hat, so zweifle ich nicht daran, dafs er
auch hier genügende gründe für seine wahl gehabt.

Da latein. *u* also als zeichen für *kw* und griech. *v* für *w* gebraucht war, bot weder das griechische noch das lateinische alphabet
mehr ein passendes zeichen für den *u*-laut dar. Hier verliefs Wulfila
daher seine gewöhnlichen vorbilder und nahm seine zuflucht zu der
alten runenschrift, deren Π er aufnahm und an die stelle einsetzte,
wo griech. *o* stand. Dafs das *u*-zeichen sowohl seiner form als
auch seiner bedeutung nach von der *u*-rune ausgeht, halte ich für
unzweifelhaft, und der gedanke, dafs es das lateinische kursive
*n* sein könnte, das in dieser bedeutung aufgenommen wäre (Gabelentz
und Loebe, Goth. Gram. § 1 und 12), während also das (griechische)
uncial-*n* seine ursprüngliche bedeutung behielt, kommt mir in dem
grade unwahrscheinlich vor, dafs ich ihn keiner widerlegung würdige.

Φ hat bei Wulfila die bedeutung *þ* und nimmt dieselbe stelle
wie griech. *ϑ* ein. Dafs das griechische zeichen nicht für diesen
laut benutzt wurde, kann etwas auffallend erscheinen, da die aussprache des griechischen *ϑ* sich kaum besonders von der des gotischen *þ* entfernt haben kann. Dafs jedoch ein bestimmter unterschied dagewesen sein mufs, der vielleicht auch Wulfila gröfser vor-
gekommen ist, als er in wirklichkeit war, dafür scheint mir gerade
das Wulfilanische alphabet einen sicheren beweis zu liefern; dafs
Wulfila für diese unterschiede ein ohr gehabt hat, geht auch daraus
hervor, dafs er griech. *φ* als zeichen für *f* verwarf. Formell fällt

got. þ indessen mit einem ganz andern griechischen zeichen zusammen, nämlich mit ψ; und umgekehrt finden wir an der stelle, wo das griechische ψ hat, im gotischen ein zeichen (für die lautverbindung *hw*), das form ell mit griech. ϑ übereinstimmt. Es besteht für mich nun gar kein zweifel darüber, dafs Wulfila, was bereits Gabelentz und Loebe (Goth. Gram. § 11 und 12) gesehen haben, und was auch Kirchhoff (Das goth. runenalphabet² s. 58) einräumt, sowohl griech. ϑ wie griech. ψ in sein alphabet aufgenommen, aber ihre plätze vertauscht hat, so dafs ψ (für das ja in der griechischen bedeutung keine verwendung war) als zeichen für þ benutzt wurde, während ϑ als zeichen für *w* (d. i. *hw*) eintrat. Der wesentlichste grund hierfür war, so viel ich sehen kann, dafs Wulfila den unterschied konstatieren wollte, der in der aussprache zwischen griech. ϑ und got. þ statt hatte.

Es bleibt noch das gotische *o*-zeichen ᴏ übrig. Dieses zeichen nimmt ja die dem griech. ω entsprechende stelle ein, und man hat daher auch behauptet, dafs got. ᴏ geradezu von diesem griechischen buchstaben ausgegangen sei (Gabelentz u. Loebe l. c. § 12; Kirchhoff l. c. s. 53 f., s. 56); aber die formen des griechischen und gotischen buchstabens liegen einander zu fern, als dafs dies angenommen werden kann; denn got. ᴏ darf natürlich nicht, wie man beständig gethan hat, mit griech. Ω zusammengestellt werden, wovon man es sich allerdings ausgegangen denken könnte, sondern wie alle übrigen gotischen buchstaben mit dem griechischen uncial-ω, wovon es sich ja so sehr entfernt, dafs die identität für unmöglich angesehen werden mufs. Als eine regel, wovon schlechterdings keine ausnahme gemacht wird, gilt nämlich, dafs Wulfila sein alphabet durch aufnahme griechischer und lateinischer buchstaben gebildet hat, ohne etwas in deren form zu ändern. Wenn daher griech. ϑ bei ihm die form Θ mit punkt statt strich hat, so zweifle ich nicht daran, dafs diese form zu seiner zeit allgemein gewesen ist, was sicher gleichfalls von seinem *a* und *d* gilt (die einzigen fälle, wo unbedeutende abweichungen zwischen Wulfilas buchstaben und den aus handschriften allgemein bekannten griechischen formen nachgewiesen werden können)¹). Da das runen-

----

¹) Bei *a* ist die aus zwei feineren strichen gebildete rundung zu einem einzigen dickeren striche zusammengeschmolzen, wodurch dieser buchstabe grofse ähnlichkeit mit *l* bekommt; im allgemeinen wird jedoch die regel beobachtet, dafs der nebenstrich im *l* nicht über den hauptstab hinaus verlängert wird,

alphabet nun gerade die form ℟ für *o* hat, so bin ich nicht im zweifel darüber, dafs Wulfila hier wie beim *u*-zeichen das griechische (und lateinische) alphabet verlassen und die alte heimische schrift benutzt hat, die gerade betreffs dieser beiden zeichen insofern vorzüglich zu seiner eigenen pafste, als sie beide besonders bequem zu schreiben waren. Diese letztere rücksicht, glaube ich, ist auch die einzige ausschlaggebende für Wulfila gewesen, die rune als zeichen für sein *o* zu wählen und weder griech. ω noch, was man in analogie mit ϵ hätte erwarten können, griech. O; das erstere zeichen war bei weitem nicht so bequem wie ℟, und durch O hätte er ein zeichen bekommen, das allzu sehr dem Θ glich.

Von den zeichen im Wulfilanischen alphabet gehen also von den runen aus

ՈՋ,

von dem lateinischen alphabete

u *q* h G *j* R S F,

während der ganze rest dem griechischen alphabete angehört, nämlich

λ B Γ Δ Є Z ф *þ* I K Λ M N П (Ч) T Y X Θ *w* (↑).

Das ergebnis dieser untersuchung ist also, dafs Wulfila als grundlage für seine schrift das griechische uncialalphabet benutzte; aber wo dies nicht für seinen zweck genügend war, wandte er sich zum lateinischen, und nur für zwei buchstaben nahm er zeichen aus der runenschrift auf.

Dafs dies das wirkliche verhältnis ist, und dafs Wulfila nicht, wie namentlich J. Zacher[1]) und nach ihm A. Raszmann[2]) haben behaupten wollen, das runenalphabet als grundlage für seine schrift gebrauchte und die runen zur ähnlichkeit mit den griechischen (und lateinischen) buchstaben umbildete, geht mit unläugbarer sicherheit aus der vollständigen übereinstimmung der gotischen buchstaben mit den griechischen (und lateinischen) hervor, wogegen die abweichungen von der runenschrift auf so gut wie allen punkten sehr bedeutend sind, und wird durch die übrigen übereinstimmungen

---

während er im *a* sehr häufig ein gutes stück darunter geht. Auch im cod. Sin. können *α* und *λ* einander sehr ähnlich werden.

[1]) Das gothische alphabet Vulfilas und das runenalphabet, Leipz. 1855, s. 53 ff.

[2]) Der artikel „Gothische Sprache und Literatur" in Ersch u. Grubers Encyklopädie, I. Sect., 75. Theil, Leipz. 1862, s. 301 f.

zwischen der gotischen und griechisch-lateinischen schrift im gegensatz zur runenschrift (der anordnung und dem zahlenwerte der buchstaben; ɢɪ als zeichen für *i*; ʌɪ und ʌɪɪ als zeichen für *æ* und *å*;
ʀʀ = griech. *γγ*) bestätigt. Got. ʌʙʀʌɢ u. s. w. für eine umbildung der runen ᚠᛒᛪᛗ u. s. w. mit annäherung an die griechische schrift und nicht für eine direkte aufnahme der entsprechenden griechischen buchstaben anzusehen, kommt mir in dem mafse
künstlich und aller wahrscheinlichkeit zuwiderlaufend vor, dafs es
kaum einer ernstlichen widerlegung bedarf.

Dafs Wulfilas schrift, trotzdem sie sich in den buchstabenformen, ihrer anordnung u. s. w. so stark von der alten runenschrift entfernte, schnell allgemeinen eingang fand und die runen verdrängte, lag natürlich zu allererst an ihrer zweckmäfsigkeit, da sie
sich weit mehr zum gebrauch auf pergament eignete, als die speciell
zur einritzung in holz, metall u. s. w. gebildete runenschrift.

Aufserdem brach Wulfila ja keineswegs vollständig
mit der alten schrift; seine verehrung für dieselbe zeigt sich
besonders an zwei punkten, nämlich durch die aufnahme der runenzeichen für *u* und *o* und namentlich durch die bewahrung der
alten runennamen (vgl. s. 71 f.), die man für so festgewachsen im
bewufstsein des volkes halten mufs, dafs es schwer war, sie auszu-
rotten. Über diese namen bleibt noch übrig einige bemerkungen
hinzuzufügen.

Trotz der entstellungen in der Wiener handschrift ist die übereinstimmung zwischen den gotischen buchstabennamen und den altenglischen und nordischen runennamen hinsichtlich der weit über-
wiegenden anzahl so deutlich, dafs, wie Munch und Kirchhoff nachgewiesen haben, kein zweifel darüber sein kann, dafs Wulfila direkt
die alten germanischen runennamen in gotischer form auf
seine buchstaben übertragen hat. Dies gilt von den namen der
buchstaben *b* (weder Munchs *bairika* noch Kirchhoffs *bairka* treffen
jedoch das richtige; die handschrift hat *bercna*, und dafs *n* ursprünglich mit zum worte gehört hat, zeigt nordisch *bjarkan*), *g, d, h, i, k*
(hier ist die gotische form zweifelhaft), *l, m, n. j, u, p, r, s, t, v, f*
und *o*. Dafs wir auch in dem *eyz* der handschrift als namen für *e*
den alten germanischen runennamen *ehwaz* (ᛗᚻᚹᚨᛉ) in der got.
form *aihws* wiederfinden, ist Munchs scharfsinn nicht entgangen, und
dies verhältnis ist um so interessanter, als es zeigt, dafs Wulfila
kein bedenken getragen hat, den alten namen beizubehalten, ob-

gleich dieser nach seiner schreibung nicht so wie in der
runenschrift mit dem buchstaben begann, dessen laut
er ausdrücken sollte; ganz dasselbe verhältnis treffen wir ja indessen auch bei *eis* als namen für *i*. In ein paar fällen scheint Wulfila jedoch die alten runennamen verlassen und neue namen für
seine buchstaben gebildet zu haben: *a* und *þ* haben in der handschrift die namen *aza* und *thyth*, worin man nur mit der gröfsten
willkür die dem altnord. *áss* und *þurs* (sicher die ältesten namen
der runen ᚠ und ᚦ) entsprechenden gotischen worte wird wiederfinden können. In *aza* kann ich weder mit Munch ein gotisches
*asks* (erschlossen aus dem speciell altenglischen runennamen *æsc*,
der ja indessen weit jünger als Wulfila ist), noch mit Kirchhoff ein
*ans* sehen; eher glaube ich, dafs *aza* ein fehler für got. *aha* 'sinn,
verstand' ist (*z* und *h* konnten leicht verwechselt werden; vgl.
Wattenbach, Anleitung zur lat. Palaeogr.¹, s. 65 f.), und in *thyth*
bin ich mehr geneigt mit Munch (Det got. Sprogs Formlære s. 15)
got. *þiuda* zu finden, als mit Kirchhoff got. *þiuþ*. Wenn Wulfila
die runennamen bei diesen beiden buchstaben mit andern vertauscht
hat, so suche ich den grund dafür in dem umstande, dafs gerade
diese beiden runennamen, die ohne zweifel eine ganz besondere rolle
als magische zeichen spielten, nach seiner meinung allzu starke erinnerungen an das heidentum enthielten. Für *z* konnte Wulfila den
namen der rune ᛉ nicht behalten, da ᛉ in diesem namen gerade
nominativszeichen war; aber hier war *z* ja im gotischen zu *s* geworden, wie die gotischen sprachüberreste und besonders das tilarids des Koveler speeres zeigen. In dem *ezec* der handschrift
würde man auch schwerlich den nordischen runennamen *elgr* wiederfinden können. Das merkwürdige, bisher nicht befriedigend erklärte
*ezec* halte ich für einen fehler anstatt *ezet*, eine lesung, die das faksimile bei Grimm mir sogar zu gestatten scheint; aber auf jeden
fall ist es ja eine bekannte sache, dafs *c* und *t* in handschriften aus
dieser zeit oft verwechselt werden, und ein sicheres beispiel hierfür
bietet unsere handschrift selbst in dem namen *noicz* für *noitz* d. i.
got. *nauþs* (indem *t* wie öfter für *th* steht). In *ezet* könnte man
dann versucht sein, einen aus dem griechischen ζῆτα gebildeten
namen zu finden, wo *z* wie in den echten gotischen worten in den
inlaut kam. Da indessen alle übrigen buchstabennamen echt
gotisch sind, so kommt mir eine solche annahme wenig wahrscheinlich vor, und ich zweifle nicht daran, dafs sich in (*ezec*,)

*ezet* ein wirklich gotisches wort (*azet?*) verbirgt. Für die beiden
neugebildeten zeichen für *q* (*kw*) und *w* (*hw*) hat Wulfila selbstverständlich auch neue namen bilden müssen, die mit *q* und *w*
begannen; aber wie die dem *quetra* und *uuaer* der handschrift
entsprechenden gotischen worte gelautet haben können, dabei werde
ich nicht länger verweilen, da uns hier jeder sichere stützpunkt
fehlt, und die phantasie daher eine allzu grofse rolle zu spielen haben würde; ich bemerke nur, dafs die lautähnlichkeit zwischen
*quetra* und dem altengl. runennamen *cweorð*, aus der man ihre
identität hat folgern wollen, natürlich auf einem reinen zufalle beruht,
da der zuletzt genannte speciell altengl. name ja einer verhältnismäfsig sehr späten zeit angehört.

Es bleibt also nur noch der buchstabe x übrig[1]). Dieser
speciell griechische buchstabe wird nur in den bei Wulfila aufgenommenen griechischen wörtern gebraucht und kommt auch hier
selten vor, indem er mit *k* wechselt, wenn man den namen *Xristus*
ausnimmt, dem zu liebe er wohl überhaupt aufgenommen ist. Man
könnte deswegen vermuten, dafs mindestens dieser buchstabe seinen
griechischen namen bewahrt hätte; aber hier tritt uns das merkwürdige entgegen, dafs die Wiener handschrift ihm den namen
*enguz* zuerteilt, einen namen, der auf den ersten blick ganz ungereimt erscheint, da der buchstabe, den der name bezeichnen soll,
ja nirgends darin enthalten ist. Wie schon Kirchhoff (Das goth. runenalphabet[2] s. 60 f.) hervorgehoben hat, scheint dieses verhältnis jedoch
nicht schwer zu erklären. Das Wulfilanische alphabet enthält zeichen
für alle dieselben laute, die das gemeingermanische runenalphabet
durch 22 von seinen zeichen ausdrückte, und die namen dieser
22 runen wurden mit den oben genannten ausnahmen auf die
Wulfilanischen buchstaben übertragen. Im runenalphabet befanden
sich indessen noch die beiden zeichen ⵢ und ⵛ, wozu Wulfila nichts
entsprechendes hat. Die ursprüngliche bedeutung des ersten dieser
zeichen ist, wie wir oben entwickelt haben, ganz unsicher, weshalb
ich vermutet habe, dafs es vielleicht im runenalphabet als eine art

---

[1]) Ob die beiden griechischen episema *κόππα* und *σάν* (*σαμπῖ*) in Wulfilas
alphabete ihre griechischen namen behalten, oder dieselben mit gotischen vertauscht, oder — was wohl das wahrscheinlichste ist — ihren platz in der
zahlenreihe als namenlose zeichen eingenommen haben, die nur in der schrift
gebraucht wurden, anstatt die betreffenden zahlen mit deren namen zu schreiben,
läfst sich natürlich nicht entscheiden.

episemon eingesetzt sein kann (wie Wulfila die griechischen episema
ϟ und Ϡ als zahlen-, nicht als lautzeichen aufnahm), ohne dafs wir
jetzt den grund dafür entdecken können. Diese vermutung könnte
durch das Wulfilanische alphabet bestätigt werden, wo wir keine
spur von einem diesem zeichen entsprechenden buchstaben oder
namen finden. Anders war es mit der rune ◇, die ja im alten
runenalphabet die bedeutung *ŋ* hatte; da Wulfila indessen die
griechische bezeichnung ʏ aufnahm, so finden wir selbstverständlich
in seinem alphabet kein zeichen, das denselben lautwert wie die *íng*-
rune hat; aber war das zeichen für diesen laut somit auch aufgegeben, so wurde doch der alte name bewahrt. Denn dafs *enguz*
als name für Χ gerade den namen der *íng*-rune enthält, kann ja
keinem zweifel unterworfen sein. Um den alten namen zu bewahren,
ist er also an den einzigen ganz fremden, niemals in gotischen
worten vorkommenden buchstaben im Wulfilanischen alphabet geknüpft;
dies konnte um so eher geschehen, als griech. χ ja leicht den eindruck machen konnte, gerade wie die rune ◇ durch zusammenstellung von zwei ⟨ gebildet zu sein. Kaum an irgend einem andern
punkte zeigt sich deutlicher als hier Wulfilas fähigkeit, das ein-
heimische mit dem fremden auf eine solche art zu verbinden, dafs
das letztere ohne schwierigkeit bei seinen landsleuten eingang finden
konnte.

# Das altnorwegische runengedicht und die isländische runenreimerei.

(Zu seite 180.)

Das s. 180 erwähnte altnorwegische runengedicht befand sich nach O. Worm in einer alten gesetzeshandschrift in der universitätsbibliothek zu Kopenhagen („Danica Literatura antiquissima" 1636, s. 105; 2. ausg. 1651, s. 95). Diese handschrift, wonach Worm das gedicht herausgab (abgedruckt bei W. Grimm, Über deutsche Runen, s. 246 ff. und mit einer menge höchst willkürlicher berichtigungen im Corpus poëticum Boreale, II, Oxford 1883, s. 369 f.), ging bei dem brande der bibliothek 1728 zu grunde. Glücklicherweise sind indessen zwei so gut wie vollständig übereinstimmende sorgfältige abschriften des gedichtes erhalten. Die eine (A) von Arne Magnussons hand (wahrscheinlich zwischen 1686—89 genommen) befindet sich in der Kopenhagener universitätsbibliothek; hiernach hat P. A. Munch das gedicht in der „Kortfattet Fremstilling af den ældste Nordiske Runeskrift", Christ. 1848, s. 7 f. herausgegeben, aber unglücklicherweise „mit berichtigter orthographie" und mit einer unrichtigen umstellung an einer einzigen stelle. Die andere abschrift (B), die sich in der kgl. bibliothek zu Stockholm befindet, rührt von Jón Eggertsson her und ist (wahrscheinlich zwischen 1680—89) unabhängig von der Arne Magnussons genommen. Von diesen abschriften scheint B genau alle orthographischen eigentümlichkeiten der handschrift bewahrt zu haben, wogegen A zuweilen in kleinigkeiten abweicht (besonders hat sie durchgehends *v* für *u*, wo es nicht vokal ist, ausgenommen in *uæsta* 5a). Auf grundlage der genannten abschriften hat Kr. Kålund eine neue ausgabe des gedichtes geliefert in den „Småstykker, udgivne af samfund til udgivelse af gammel nordisk literatur", Kbh.

18*

1884, s. 1—16, wozu in den „Småstykker etc." Kbh. 1885, s. 100 ff.
verschiedene nachträge von S. Bugge, F. Jónsson und Björn Ólsen
hinzugefügt sind. Betreffs der metrischen eigentümlichkeiten verweise
ich besonders auf Bugges bemerkungen s. 103–5. Verschiedene
bemerkungen, die ich später von F. Jónsson erhalten habe, werden
im folgenden unter seinem namen angeführt.

Das gedicht, das ohne zweifel dem schlusse des 12. oder dem
anfang des 13. jhdts angehört, ist, wie die sprache (die allitteration)
zeigt, von einem Norweger verfaßt. Es besteht aus zweizeiligen
sowohl durch allitteration wie durch endreim verbundenen versen
mit 6 silben in jeder zeile, in der regel von folgendem typus:

$$\acute{-} \grave{-} \mid \acute{-} \times \parallel \acute{-} \times$$

(vgl. Sievers in Paul und Braunes Beitr. X, s. 527). Nur vers 15
ermangelt des endreims und gebraucht statt dessen binnenreim. Jede
verszeile bildet in der regel einen satz für sich (eine ausnahme macht
nur v. 4 und v. 15).

Mit benutzung des genannten materials gebe ich das gedicht mit
altnorwegischer orthographie, welche die handschrift zum größten teile
bewahrt hat, wieder (vgl. besonders „Gammel norsk Homiliebog", herausg.
von C. R. Unger, Christ. 1864, und E. Sievers, Tübinger Bruchstücke
der älteren Frostuthingslög, Tübingen 1886). Die runennamen im
anfang jedes verses werden in der handschrift durch die entsprechenden
runen bezeichnet; die in klammern beigefügten namen rühren also
von mir her.

**1.**

ᚠ (fé) væ:ldr frænda róge;
fó:ðesk ulfr í skóge.

**2.**

ᚢ (úr) er af illu jarne;
opt loypr ræinn á hjarne.

---

1. Gut verursacht streit der verwandten; der wolf lebt im walde.

2. Schlacke kommt von schlechtem eisen; oft läuft das renntier
auf hartgefrorenem schnee.

---

1a. *frænda*] frenda A B *bezeichnet vielleicht eine mehr geschlossene aussprache des vokals vor nd (vgl. æinendr 12a).*

2a. *Nach Jón Ólafssons zeugnisse (angeführt von Kålund s. 7 f.) wurde úr
im südlichen Island in der bedeutung „schlacken, schmiedeabfall" gebraucht;*

3.

þ (þurs) vældr kvenna kvillu;
kátr værdr fár af illu.

4.

ᚭ (óss) er flestra færða
fǫr, en skalpr er sværða.

5.

ᛦ (ræið) kvæða rossom væsta;
Reginn sló sværðet bæzta.

---

3. 'Turs' verursacht frauenkummer (-krankheit); froh werden
wenige vom übel (nur selten macht unglück jemanden froh).

4. Flusmündung ist der meisten reisen weg, aber die scheide
ist der der schwerter.

5. Reiten, sagt man, ist für rosse das schlimmste; Regin
schmiedete das beste schwert.

---

vgl. úrt járn, „schlechtes, unreines eisen“, þáttr af Gull-Ásu-Þórði (Sex sögu-
þættir, herausgeg. von J. Þorkelsson, Rkvík 1855, s. 77) und die bemerkung zu
der isländ. runenreimerei v. 16 b. — er af] metrische auflösung.

3 a. kvillu] Weder A noch B haben mehr als den ersten buchstaben von
diesem worte, das ja indessen mit sicherheit vermittelst des reimes ergänzt
werden kann. Bezüglich der bedeutung vgl. isl. kvilli m. krankheit, übel, kvilla
verbum „klagen“ in norwegischen dialekten. Ich nehme hier das wort in derselben bedeutung wie das jetzt gebräuchliche kvilli (= dem gewöhnlichen mein
im altnordischen), indem ich im gegensatze zu Bugge þurs nicht als „riese“,
sondern als bezeichnung für den magischen runenstab auffasse (vgl. die isl.
reimerei). Dieser rief gerade, auf ein dünnes brett ('spjald') oder ähnlich
eingeritzt und z. b. unter das kopfkissen eines weibes gelegt, krankheit hervor;
vgl. Skírnismál v. 36: þurs ríst ek þér und Egils saga c. 75. — b. værdr A,
værda B. Das altnorwegische homilienbuch schreibt gleichfalls værða (aber vera).

4 a. ᚭ . . . færda] ᚭ er leid (unterpungiert) f. f. A, ᚭ er leid f. f. B. —
b. fǫr . . . . sværda] en skalper er sværda A, en skalper sværda B. In einer
handschriftlichen sammlung von Edda-excerpten etc. von 1680 (AM 738 4⁰), wo
auch das runengedicht nach Worm angeführt wird, lautet der vers folgendermafsen: ós er flestra ferda fǫr enn skalpur sverda, was ich für das richtige
halte, indem fǫr als lange silbe gebraucht ist (vgl. Sievers in Paul und Braunes
Beitr. VIII, s. 54 f.). Statt fǫr schlagen B. Ólsen und Bugge færill vor (metrische
auflösung).

5 a. kvæða] metrische auflösung. — rossom] hier und in ero 15 b gebraucht
die handschrift o in den endungen, aber sonst u, was ich beibehalten habe (vgl.

6.

ᚴ (kaun) er barna bolvan;
bol gorver mann folvan.

7.

✳ (hagall) er kaldastr korna;
Kristr skóp hæimenn forna.

8.

ᚾ (naud) gerer næppa koste;
noktan kælr i froste.

9.

ᛁ (is) kollum brú bræida;
blindan þarf at læida.

---

6. Geschwür ist der kinder verderben; unglück macht den mann
bleich.

7. Hagel ist das kälteste korn; Christus schuf die uralte welt.

8. Not macht bedrängte lage; den nackten frierts im froste.

9. Eis nennen wir die breite brücke; den blinden mufs man
führen.

---

das altnorweg. homilienbuch). — b. Reginn ] reghin A B, metrische auflösung. —
sló ] Bugge; A B haben nur den ersten buchstaben, skóp Munch, saud (vgl. Ox-
forder wörterb. sjóda 2) B. Ólsen.

6a. ᚴ .... bolvan] B. Ólsen (vgl. den isländischen runenreim kaun er
barna böl); ᚴ er bæggia barna A B. — b. mann] B. Ólsen (vgl. bol gjorir mik
folvan Landnámabók s. 152^6); naan A B.  Bugge schlägt vor:

                  kaun er bæggja barna
            .     bol; gorver ná (oder ván) folvan.

d. i. „geschwür ist unglück für beide kinder (= kinder beiderlei geschlechts, sowohl knaben wie mädchen); der tote wird bleich“. Diese erklärung von bæggja
barna halte ich indessen für unmöglich.

7a. hagall] metrische auflösung. Dafs der runenname hier hagall, nicht
hagl ist, zeigt das adjektiv kaldastr. — b. hæimenn forna] vgl. in forna fold
Hymiskvida v. 24.

8a. gerer] metrische auflösung oder gerr gelesen (dagegen wird gorver
in 6b gebraucht). Auch das altnorweg. homilienbuch schreibt gewöhnlich gera
mit e, nicht mit æ.

9a. brú ] bræ A B. Worm und alle folgenden (Munch, Kålund, Bugge)
verbessern in brú und verstehen brú bræida als „die breite brücke“. Diese auffassung kommt mir jedoch zweifelhaft vor; sollte sich der ausdruck hier nicht
auf die sage beziehen, die aus der Volsunga saga c. 1 bekannt ist: Breda
fqua ...... kalla hverja fqan, er mikil er?

10.

ᛆ (ár) er gumna góde;
get ek at ǫrr var Fróde.

11.

ᛌ (sól) er landa ljóme;
lúti ek helgum dóme.

12.

ᛐ (Týr) er æinendr ása;
opt værdr smidr at blása.

13.

ᛓ (bjarkan) er laufgrónstr lima;
Loki bar flærdar tíma.

---

10. (Gutes) jahr ist der männer glück (ein segen für die menschen); ich sage, dafs Frode freigebig war.

11. Sonne ist der lande licht; ich beuge mich vor dem heiligen.

12. Ty ist einhändig unter den asen; oft hat der schmied zu blasen.

13. Birkenzweig ist das laubgrünste reis; Loke brachte falschheits-glück.

---

10a. gumna] gufna A B, *eine schreibweise, die nach Bugge dafür spricht, dafs der schreiber aus dem westlichen Norwegen gewesen ist.* — b. get ek] *lies* getk.

11b. lúti ek] *lies* lútik. — helgum] *die zusammengezogenen formen dieses wortes werden im altnorweg. homilienbuche regelmäfsig mit æ geschrieben wie* hæilage *u. s. w.*

12a. æinendr] = æinhændr *(vgl.* afrendr *u. ähnl. „Fornnordisk forml.", Lund 1874, § 24, C, c, anm., s. 33);* æ *hat vor* nd *eine mehr geschlossene aussprache bekommen (vgl. die bemerkung zu* fræuda *1a).*

13a. bjarkan er]... an er *metrische auflösung oder* bjarkan'r *gelesen.* bjarkan *scheint hier und in der isl. runenreimerei nach dem zusammenhange einen „belaubten birkenzweig, birkenreis" zu bedeuten (verschieden von* bjǫrk 'birke'*). Das wort ist neutr. in der dritten grammatischen abhandlung in der Snorra Edda (B. Ólsens ausg. s. 47), und es ist kein grund dazu vorhanden, es hier als masc. aufzufassen; das adjectiv richtet sich im geschlecht nach* lima *(von* limi*). — b. Loki] metrische auflösung. Die handschrift gebraucht hier* i *in der endung wegen des* k *(vgl.* auki, hauki, mikil *v. 14,* reghin *5b, aber* roge, skoghe *v. 1; auch* lúti *11b beruht wohl auf dem folgenden* (e)k*); sonst ist* e

14.

ᛘ (madr) er moldar auki;
mikil er græip á hauki.

15.

ᛚ (lqgr) er, er fællr ór fjalle
foss; en gull ero nosser.

16.

ᛦ (ýr) er vetrgrónstr vida;
vant er, er brennr, at svida.

---

14. Mann ist vermehrung des staubes; grofs ist die klaue am habicht.

15. Wasser ist das, wo (wenn) ein wasserfall vom berge stürzt; aber gold sind kleinode.

16. Eibe ist der wintergrünste baum; es pflegt zu sengen, wo (wenn) es brennt.

---

*in den endungen durchgeführt, mit ausnahme von fialli 15a und gerir 8a, wo ich e eingesetzt habe (das letztere nach analogie von gorver 6b; dafs A hier -ir für B's -er schreibt, ist offenbar ein fehler wie dessen loke 13b für B's loki). Der sinn ist: Loke brachte durch seine falschheit unglück mit sich (timi wie z. b. þokki sowohl in guter wie in übler bedeutung gebraucht).*

*14. Dieser und der folgende vers sind nicht nur von Worm, sondern auch von Munch umgestellt. — b. mikil] metrische auflösung.*

*15a. lqgr er (lies lqgr'r), er] F. Jónsson, Wimmer; ᛚ er þat er AB. In übereinstimmung mit Bugge hält Jónsson foss für das subjekt im satze („wasserfall ist das wasser, das vom berge niederstürzt"), wogegen ich auf grund der wortstellung und der analogie mit allen andern versen lqgr als subjekt fasse: „das ist wasser, wo (oder wenn) ein wasserfall von einem berge herabstürzt"; vgl. 16b. — b. ero] metrische auflösung oder ro (ró) gelesen. — Anstatt der sonst gebrauchten endreime hat dieser vers binnenreim (halbreim in der ersten, ganzreim in der zweiten zeile).*

*16b. vant er (lies vant'r), er] Wimmer wie in 15a; vant (uant B) er þar er AB. — Der reim vida ∾ svida deutet darauf hin, dafs der vokal im ersten worte auf dem wege war, lang zu werden, was nach Bugge ein beweis dafur sein würde, dafs der verfasser aus dem Westlande war (vgl. die bemerkung zu 10a).*

In vielen punkten so nahe verwandt mit dem norwegischen runengedicht, dafs die einwirkung desselben unverkennbar ist, aber in andern beziehungen sehr abweichend davon sind einige isländische runenreimereien, die in verschiedenen handschriften in der Arnamagnæanischen sammlung in der universitätsbibliothek zu Kopenhagen aufbewahrt sind, nämlich AM 687 d 4^{to}, pergamenthandschrift aus dem ende des 15. jhdts, AM 461 12^{mo}, pergamenthandschrift aus dem 16. jhdt, AM 749 4^{to}, papierhandschrift aus dem 17. jhdt. Zwei in allem wesentlichen übereinstimmende formen dieser reimereien werden aufserdem von Jón Ólafsson dem älteren aus Grunnavik in seiner handschriftlichen „Runologia" (AM 413 fol.; früher Addit. 8 fol.), die nach dem titelblatte ursprünglich 1732 verfafst war, aber 1752 aufs neue vom verfasser abgeschrieben und um einige nachträge vermehrt wurde, mitgeteilt.

AM 687 gibt wie die handschrift des norwegischen runengedichtes die runen durch deren zeichen wieder, läfst aber die namen aus (diese finden sich jedoch anderwärts in der handschrift; siehe unten), wogegen AM 461 die namen, aber nicht die zeichen, hat; beide handschriften bewahren die ursprüngliche reihenfolge der runen. AM 749 hat sowohl die namen wie die zeichen, ordnet aber die runen nach der lateinischen buchstabenfolge und fügt die späteren („punktierten") runen hinzu. Dasselbe ist der fall mit J. Ólafssons erstem texte (s. 130—35), wogegen der zweite (s. 140 f.) der ursprünglichen anordnung (jedoch mit *lögr* vor *madr*) folgt und nur die 16 alten runen aufnimmt. Beide texte haben sowohl die runenzeichen (der letztere in form von „zweigrunen"), wie deren namen. Eigentümlich für 687 ist, dafs sie nach den umschreibungen für jede rune eine lateinische übersetzung von deren namen und eine nordische fürstenbenennung mit dem anfangsbuchstaben des namens der betreffenden rune hinzufügt. Aufserdem enthält diese handschrift auf der den runenreimereien gegenüberstehenden seite (der dritten) ein jedem einzelnen runennamen entsprechendes lateinisches wort mit begründung der anwendung dieses wortes. Diese lateinischen wiedergaben stimmen jedoch nur ausnahmsweise zu der übersetzung, die in der runenreimerei nach den umschreibungen beigefügt wird; aber wir finden hier alle runennamen (mit ausnahme von *madr*, das weggelassen wird) in der ursprünglichen reihenfolge und können sie also hieraus in die reimerei einsetzen.

Die genannten reimereien, die Kålund zusammen mit dem runengedicht in den „Småstykker" etc. s. 16—21 (vgl. s. 102 f. und 111—13)
veröffentlicht hat, gebe ich hier mit gewöhnlicher isländischer orthographie auf grundlage der ältesten aufzeichnung in AM 687 wieder,
wo sie die ersten 16 zeilen auf s. 2 einnehmen, so daſs jede rune
ihre eigene zeile hat. Die handschrift ist indessen an mehreren
stellen sehr undeutlich oder sogar ganz unleserlich und muſs also
mit hülfe der übrigen texte ergänzt werden, deren abweichende les-
arten im übrigen nur angeführt werden, wo sie einige bedeutung
haben. Zugleich teile ich, besonders mit rücksicht auf die runennamen, die eben genannte, bisher nicht herausgegebene, lateinische
übersetzung auf s. 3 in 687 mit.

Jeder vers in der runenreimerei besteht aus 3 kurzen zeilen,
die jede für sich eine umschreibung ('kenning') des runennamens enthalten. Die beiden ersten zeilen werden durch stabreim untereinander
verbunden, wogegen die dritte ihre eigenen stabreime hat.

**1.**

ᚠ (fé) er frænda róg
   ok flædar viti
   ok grafseiđs gata.
    aurum. fylkir.

**2.**

ᚢ (úr) er skýja grátr
   ok skara þverrir
   ok hirđis hatr.
    umbre. visi.

1. Gut ('gold') ist der verwandten streit und des meeres feuer
und des „grabfisches" (der schlange) weg.

2. Staubregen ('wasser') ist der wolken weinen und der eisränder
auflöser und (gegenstand für) des hirten hafs.

---

1b. flædar v.] fyrđa gaman („der männer freude") 461, 749, JOb, Fofnis
bani JOa. — c. grafseiđs] grafþvengs 461; grafseiđr = grafvituir, grafþvengr
(Lex. poët.).

2b. Abweichend von Bugge fasse ich mit F. Jónsson skara als gen. plur.
von skǫr f., der rand einer eisfläche (vgl. skari m., „crusta glacialis, eis-
rinde" Bj. Haldorson). Vgl. die umschreibung isa aldrtregi von der sonne 11c.
— Die lateinische übersetzung umbre ist natürlich ein miſsverständnis für
imber (imbres).

3.

þ (þurs) er kvenna kvöl
  ok kletta búi
  ok vardrúnar verr.
    saturnus. þengill.

4.

ᚪ (óss) er aldingautr
  ok ásgards jöfurr
  ok valhallar vísi.
    jupiter. oddviti.

5.

R (reið) er sitjandi sæla
  ok snúdig ferð
  ok jórs erfiði.
    iter. ræsir.

6.

ᚴ (kaun) er barna böl
  ok bardagi
  ok holdfúa hús.
    flagella. konungr.

---

3. 'Turs' ist der weiber qual (plage) und der klippen bewohner und der riesin mann.

4. 'Os' („der as", Odin) ist der alte schöpfer und Asgards könig und Walhalls fürst.

5. Reiten ist behagliches sitzen und hurtige reise und anstrengung des pferdes.

6. Geschwür ist der kinder unglück und züchtigung und das haus (die wohnung) toten fleisches.

---

3. a verstehe ich þurs von dem magischen runenstabe wie im runengedicht, wogegen es b und c in der bedeutung „riese" gebraucht wird. — b. búi] 749, JO, íbúi 461, unleserlich in 687. — c. vardrúnar v.] 749, JO, sídförull seggr 461; 687 scheint vor 'rúnar' sicher ein l zu haben, aber die vorhergehenden buchstaben sind höchst undeutlich (baul- d. i. böl-?).

4a. aldingautr vgl. Vegtamskv. v. 2 und 13.

5a. sitjandi sæla) eigentlich „sitzender glücklicher zustand" d. i. die behaglichkeit, die man fühlt, indem man auf dem rücken des pferdes sitzt. — c. jórs] für jós der alten sprache.

6b. bardagi] 687, 461, 749, JO a, nehme ich in der bedeutung „züchtigung,

7.

✱ (hagall) er kaldakorn
ok krapadrífa
ok snáka sótt.
                    grando.  hildingr.

8.

ᚾ (nauð) er þýjar þrá
ok þungr kostr
ok vássamlig verk.
                    opera.  niflungr.

9.

ᛁ (íss) er árbörkr
ok unnar þak
ok feigra manna fár.
                    glacies.  jöfurr.

---

7. Hagel ist kaltes korn und schneegestöber und der schlangen krankheit (vernichtung).

8. Not ('knechtschaft') ist kummer der magd und harter stand und mühselige arbeit.

9. Eis ist flusrinde und dach (decke) der woge und gefahr für die männer, deren todesstunde nahe ist.

---

bestrafung" (es wird vielleicht an solche fälle gedacht wie z. b. Job, der mit beulen geschlagen wurde). Für bardaga hat JOb bardaga för, was Kålund in den text aufgenommen hat (natürlich um eine zweigliedrige umschreibung zu erhalten, was ich jedoch nicht für notwendig halte); dies verstehe ich nicht mit Bugge als „eine stelle, wo sich plage (schmerz) regt" (also für nom. sing. fem.), sondern als „spuren, male der züchtigung" (für neutr. plur. von far, spur, mal von etwas; mit dem plural vgl. vássamlig verk 8c, úlfs leifar 12b). — flagella] von diesem worte ist nur flag deutlich, das Bugge zu „flag[mona), eine weniger richtige form für phlegmone", ergänzt; aber die handschrift hat ohne zweifel flagella, das die übersetzung von bardaga ist wie in den lateinischen übersetzungen auf der folgenden seite in der handschrift.

8a. þrá] hier am ehesten in der bedeutung „ægritudo animi, mæror, schwermut, trübsinn" (Bj. Holdorson). — b. þungr kostr] 749, JO, þvera erfidi 461, unleserlich in 657. — Die lateinische übersetzung opera gibt nur das wort verk wieder.

9a. árbörkr] 461, 749, JO, unleserlich in 657. — b. unnar þak] 461, 749, JOb, unnar unleserlich, þak sehr undeutlich in 657, unnar þekja JOa. — c. f. m. fár] feigs fár JOa, feigs manns forad 461, feigs forad 749, JOb; vgl.

10.

ᛅ (ár) er gumna gódi
ok gott sumar
ok algróinn akr.
annus. allvaldr.

11.

ᛋ (sól) er skýja skjöldr
ok skínandi röðull
ok isa aldrtregi.
rota. siklingr.

12.

ᛏ (Týr) er einhendr áss
ok úlfs leifar
ok hofa hilmir.
mars. tiggi.

10. (Gutes) jahr ist der männer glück und guter sommer und vollreifer acker.

11. Sonne ist der wolken schild und scheinender strahlenglanz und der eismassen mörder (zerstörer).

12. Ty ist der einhändige as und des wolfes überbleibsel und der tempel könig.

alt er feigs forad *Fáfnismál v. 11. Mit dieser umschreibung des eises vgl. Málsháttakvæði v. 25:* sjaldan hittisk feigs vǫk frorin.
10b. gott s.] *749, JO a,* gott *sehr undeutlich,* sumar *unleserlich in 687,* glatt s. *JO b, die buchstaben vor* tt *verlöscht in 461. —* c. algróinn a.] *749, JO,* ok vel flest þat er vill *461; 687 hat* dala *(undeutlich)* dreyri, *„nässe der thäler" d. i. flüsse, also* ár *als nom. plur. von* á *'fluss, strom' aufgefasst.*
11a. skýja skjöldr *muss als umschreibung für die sonne „den runden himmelskörper" bezeichnen, also dasselbe bild wie* hvél *'rad' von der „sonnenscheibe" gebraucht (749 und JO haben gerade anstatt der umschreibung* isa aldrtregi 11c *hverfandi* hvél), *dem die lateinische übersetzung* rota *entspricht. Die umschreibung* skýja skjöldr *beruht eigentlich auf einer begriffsverwirrung und ist vielleicht durch missverständnis von* Grímnismál v. 38 *hervorgerufen.*
12. *In 687 sind die runen* ᛏ *und* ᛒ *mit den zugehörigen erklärungen vertauscht. —* b. úlfs leifar] *„des wolfes (des Fenriswolfes) überbleibsel", weil er nur Tys eine hand frass, aber den rest übrig liess; die umschreibung ist sehr gesucht, kommt aber auch in späteren rímur vor. —* c. hofa h.] *Diese umschreibung ist eigentlich fehlerhaft von Odin auf Ty übertragen.*

13.

ᛒ (bjarkan) er laufgat lim
ok lítit tré
ok ungsamligr vidr.
abies. budlungr.

14.

ᛘ (madr) er manns gaman
ok moldar auki
ok skipa skreytir.
homo. mildingr.

15.

ᛚ (lögr) er vellanda vatn
ok vidr ketill
ok glömmunga grund.
lacus. lofdungr.

16.

ᛦ (ýr) er bendr bogi
ok brotgjarnt járn
ok fifu fárbauti.
arcus. ynglingr.

13. Birkenreis ist ein laubreicher zweig und ein kleiner baum und ein jugendliches holz.

14. Mann ist des mannes freude und des staubes vermehrung und der schiffe schmücker.

15. Nässe ist hervorquellendes wasser und weiter (grofser) kessel und der fische land.

16. 'Yr' ist gespannter bogen und sprödes eisen und des pfeiles riese.

13 c. ungsamligr] soll wohl bedeuten „das wegen der grünen blätter ein jugendliches (frisches) ansehen hat"; Bugge schlägt vgsamligr „prächtig" vor.
14 a = Hávamál v. 47 b.
15 a. vellanda vatn] 687 (jedoch vatn unsicher); alle übrigen texte (461, 749, J0) haben vellandi vimr (d. i. vimur), „hervorquellende flut", das dem „vom berge niederstürzenden wasserfall" des runengedichtes (vimur = foss) entspricht und daher vielleicht das ursprüngliche ist. — b. vidr ketill] Ich nehme an, dafs hier auf die heifsen quellen auf Island mit ihren emporspringenden wassersäulen angespielt wird, deren name (hverr) ja gerade ursprünglich in der bedeutung „kessel" vorkommt.
16. Auch die isländischen (sehr jungen) runeninschriften gebrauchen in

*der regel ⇕ als zeichen für y; in der ältesten dieser inschriften (der kirch-
thüre von Valþjófsstaðr) scheint dagegen ⊓ die bedeutung o zu haben (ârb. f.
nord. oldk. 1882, s. 93 f.). — AM 461 läfst diesen stab und seine umschreibungen
ganz aus, die ja hier auf die beiden ganz verschiedenen bedeutungen „bogen“ und
„schlechtes eisen“ bezug haben (vgl. die umschreibungen für ár in 687; siehe
die bemerkung zu 10e). — a. bendr bogi] JO a, viðbendr b. JO b. in 749 ist tni
über bendr geschrieben), unleserlich in 687. — b. brotgjarnt järn] óbrotgjarnt
j. Kålund, indem er das etwas undeutliche zeichen in 687 vor brotgjarnt als o
liest; aber es ist das gewöhnliche abkürzungszeichen für ok (Bugges vorschlag
brotgjarnt für óbrotgjarnt, das auch der reim stützt, wird hierdurch bestätigt).
ýr in derselben bedeutung wie hier („sprödes eisen“) findet sich auch in der
zusammensetzung kaldýr Merlínus spá (vgl. kaldór „ferrum fragile“ Bj. Halldor-
son) und steht offenbar in verbindung mit úr „schlacken“, úrt járn (siehe
das runengedicht v. 2). Statt brotg. järn hat 749 bardaga gaugr („des kampfes
riese“), JO b bardaga gagn („des kampfes geräth“). — c. fifu f.] JO b „des pfeiles
riese“, umschreibung für „den bogen“, der den pfeil abschiefst, fenju fleygir
(„des pfeiles aussender“) 749; 687 hat einen leeren platz für diese umschreibung.*

————

Die lateinischen übersetzungen der runennamen, welche die
letzten 9 zeilen auf s. 3 in AM 687 einnehmen, lauten mit aufgelösten
abkürzungen und mit gewöhnlicher isländischer orthographie folgendermafsen (das völlig unleserliche schliefse ich in klammern ein):

A u r u m gull, gull er fé, fé er rúnastafr. Y m b e r[1] skúr, skúr
er úr, úr er rúnastafr. ‖ F a n t a s m a er skrimsl, skrimsl er þu(rs)[2],
þ(urs)[2] er rúnastafr. F l u m e n straumr, straumr er óss, ‖ óss er
rúnastafr. I t e r vegr, vegr[3] för, [för][4] (e)r reið, reið er rúnastafr.
W u l n u s[5] sár, sár ‖ er kaun, kaun er rúnastafr. (N i v)er er snjór,
snjór er hagl, h a g l er rúnastafr. F l a g e l l a ‖ er bardagi, bardagi er
nauð, nauð er rúnastafr. (F r)i g(u s)[6] er frost, frost er iss, iss er
rúnastafr. ‖ E s t a s er sumar, sumar er ár, ár er rúnastafr. I g n i s
er eldr, eldr er sól, sól er rúnastafr. ‖ J u p i t e r er Þórr, Þórr er áss,
áss er Týr, Týr er rúnastafr. F l o s er blóm, blóm er viðr, viðr ‖

————

[1]) Ymber (in der handschrift ẏb⁵ undeutlich) d. i. imber (vgl. umbre in
der runenreimerei v. 2).

[2]) þurs oder þuss? Die zwei (drei) letzten buchstaben an beiden stellen fast
völlig unleserlich.

[3]) Die zwei ersten buchstaben undeutlich.

[4]) Das zweite för ist in der handschrift weggelassen.

[5]) wulu' in der handschrift (doch n und das abkürzungszeichen für us
undeutlich).

[6]) Das ganze wort sehr undeutlich (die zwei ersten buchstaben und das
abkürzungszeichen für us fast völlig unleserlich).

er bjarkan, bjarkan er rúnastafr. Palus er gormr[1], gormr er sjór, sjór er lögr, ‖ lögr er rúnastafr. Arcus er bogi, bogi er ýr, ýr er rúnastafr.

Vollständig übereinstimmend sind also nur die übersetzungen von fé, (úr,) reid und ýr; flagella, das in der reimerei kaun übersetzt, steht hier als übersetzung von naud (der gemeinschaftliche begriff ist bardagi); gleichfalls findet sich Jupiter an verschiedenen stellen, in der reimerei als übersetzung von óss, aber hier als übersetzung von Týr, wogegen óss durch flumen wiedergegeben wird, also die gewöhnliche jüngere bedeutung, die sich auch in dem runengedicht findet. Dies ist der wesentlichste und zugleich der interessanteste unterschied zwischen beiden reihen, wogegen keine veranlassung vorliegt, hier näher bei den übrigen abweichungen zu verweilen.

---

[1]) *Die zwei ersten buchstaben undeutlich.*

III.

# Örtliche abweichungen im gewöhnlichen nordischen futhark.

(Zu seite 208.)

Dafs sich neben der form der runenschrift, die über den ganzen Norden hin allgemein üblich war, frühzeitig örtliche eigentümlichkeiten entwickelten, haben wir s. 208 bei der besprechung der auf den beiden östergötländischen runensteinen von Kälfvesten und Rök gebrauchten runenformen kurz berührt.

Als hauptvertreter dieser form der runenschrift, die um die mitte des 10. jhdts besonders in Östergötland verbreitet gewesen zu sein scheint, steht die grofse merkwürdige inschrift auf dem Röker steine da, deren futhark folgende gestalt hat:

Diese formen sind offenbar durch consequente vereinfachung derjenigen zu stande gekommen, die sonst gegen das jahr 900 herrschend geworden waren (siehe s. 207): ᚺ *n*, ᚨ *a* und ᛏ *t* haben einfach die hälfte des nebenstrichs fortgeworfen; die ältere form ᛏ kommt noch zweimal auf dem Röker steine in dem worte stąnta in der ersten zeile vor, während das erste wort in der inschrift (aft) ᛏ hat, das auch durchweg in dem übrigen teile der inschrift gebraucht wird. Oft geht der nebenstrich bei dieser rune wie bei *u*, *r* und *l* vom hauptstabe ein wenig unterhalb von dessen spitze aus (bei *þ* reicht der nebenstrich umgekehrt häufig bis zur spitze und zum fufse des hauptstriches). Auch die *b*-rune ᛒ ist aus ᛒ ᛔ (auf ähnliche weise wie ᚺᛁᛏ aus ᚼᚾᛏ) durch abwerfen der hälfte der nebenstriche entstanden. Die zeichen für *h* und *m* (ᚻ und ᛏ) sind

WIMMER, Die runenschrift.

WIMMER, Die runenschrift.                                                    19

natürlich aus ✳ und ⟨ΨΦ⟩ entstanden und die zeichen für *s* und *ʀ*
aus ⟨H⟩ und ⟨Λ⟩, indem beziehungsweise nur der oberste, resp. der
unterste teil von diesen runen beibehalten wurde. Ganz mit den gewöhnlichen formen übereinstimmend sind dagegen die zeichen für
*f*, *g*, *k*, *i* und im wesentlichen auch die für *u*, *þ*, *r*, *l*.

Der auf dem Kälfvestener steine gebrauchte futhark unterscheidet sich von dem des Röker steines dadurch, dafs die *a*- und
*b*-rune die nebenstriche auf der linken seite des hauptstabes haben
(⟨ᚨ⟩ und ⟨ᛒ⟩), aber man darf, wie ich oben s. 208 bemerkte, annehmen,
dafs er im übrigen, ausgenommen vielleicht das zeichen für die
*m*-rune, mit dem Röker übereingestimmt habe. Derselbe futhark
wie auf dem steine von Kälfvesten, aber mit der gewöhnlichen
jüngeren *m*-form ⟨Y⟩ wird nämlich in einer kleinen gruppe norwegischer runeninschriften (namentlich von Jæderen) und in dem
gröfsten teile der inschriften auf der insel Man (aus der zweiten
hälfte des 11. jhdts)[1] gebraucht. Dieser futhark hat folgende form:

$$\text{ᚠᚢᚦᛅᚱᚴ  ᚼᚾᛁᛅᛋ  ᛏᛒᛘᛚ-}$$

*f u þ a r k   h n i a s   t b m l ʀ*

Nur *ʀ* fehlt, da *r* (⟨R⟩) es mitvertritt, während der stein von Kälfvesten
wie der von Rök ⟨ı⟩ hat.

In genauester übereinstimmung mit dem futhark des Röker
steines steht ein runenalphabet, das wir in der schwedischen provinz
Helsingland finden, wo es jedoch nur von einem einzigen denkmal
her bekannt ist, nämlich einem eisernen ringe, welcher früher an
der rüstkammerthür der um 1840 niedergerissenen kirche von Forsa
im nördlichen Helsingland angebracht war. Auf diesem ringe ist
eine längere runeninschrift vermittelst eines meifsels oder schrot-
eisens eingehauen, und die kleinen dreikantigen nebenstriche an einem
teile der runen sind mit einem kleinen keilförmigen stempel hervor-
gebracht, der in der regel nicht ganz bis an den hauptstab heran
gesetzt ist[2]. Dieser futhark hat folgende form:

---

[1] P. A. Munch in den Annaler for nord. Oldk. og Historie 1850, s. 273 ff.
(Samlede Afhandlinger III, Christ. 1875, s. 181 ff.) und in den Chronica regum
Manniæ et insularum, Christ. 1860, Preface s. XX ff. (mit tafel); J. G. Cumming,
The Runic remains of the isle of Man, London 1857.

[2] S. Bugge, Rune-Indskriften paa Ringen i Forsa Kirke i Nordre Helsingland, Christ. 1877, 4 to, womit zu vergleichen ist Harald Hjärne, Runinskriften
på Forsaringen in der Nordisk Tidskrift for Filologi. Ny Række V, 3 (1880),
s. 177 ff.

*f u þ ą r k h n i a s t b m l R*

Die abweichungen von den runen des Röker steines erklären sich leicht aus der art und weise, wie die inschrift eingehauen ist (die beiden formen des *þ* und *r* sind z. b. dadurch entstanden, dafs das eine mal zwei, das andere mal drei schläge beim einhauen der nebenstriche gethan sind). Wenn man hiervon absieht, so stimmen die runen des Forsaer ringes vollständig mit denen des Röker steines überein, mit alleiniger ausnahme der *t*-rune, die den nebenstrich auf der rechten seite des hauptstabes hat und die form ᛚ zeigt (natürlich zum unterschiede von der *l*-rune), während wir in übereinstimmung mit dem Röker steine eher ᛅ erwarteten. Dafs aber die runen des ringes von Forsa in denen des steines von Rök ihre voraussetzung haben, kann ja gar keinem zweifel unterliegen. Da die inschrift kaum älter sein kann, als aus der zweiten hälfte des 12. jhdts, so ist es natürlich zweifelhaft, ob *m* in diesem futhark noch seinen ursprünglichen platz vor *l* bewahrt hatte.

Durch eine abermalige vereinfachung der runenformen des ringes von Forsa kommen wir zu der letzten und extremsten von den örtlichen veränderungen des alten runenalphabetes. Diese form treffen wir gleichfalls im nördlichen Helsingland, wo sie aus fünf steininschriften bekannt ist, von denen vier noch erhalten sind. Nach dem orte hat man diese runen „die Helsinger“ genannt, oder sonst kurzweg „die stablosen“, nach dem am meisten charakteristischen merkmale an ihnen, dem nämlich, dafs in der regel der hauptstab fortgelassen und nur der nebenstrich oder ein teil desselben beibehalten ist. Dieser futhark hat folgende form:

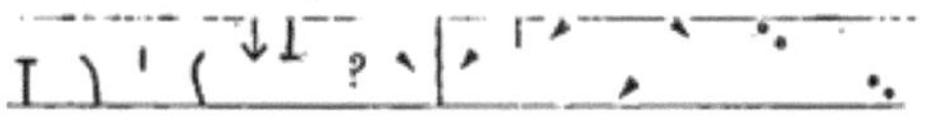

*f u þ r k h n i a s t b l m R*

Die *óss*-rune scheint gefehlt zu haben, da die *ár*-rune auch in den fällen angewandt wird, wo die *óss*-rune auf dem Röker steine und dem ringe von Forsa gebraucht worden wäre. Da sie sich in dieser letzteren inschrift findet, die mit den inschriften in stablosen runen gleichaltrig ist, so ist sie vielleicht absichtlich bei diesen ausgelassen, um die symmetrie im futhark zu wahren, welche, wie Bugge hervorgehoben hat (Rune-Indskriften paa Ringen i Forsa Kirke s. 39), kaum zufällig ist, die symmetrie, welche darin zu tage tritt, dafs sich

auf beiden seiten der *i*-rune die übrigen zu je 7 gruppieren. Die symmetrie scheint auch zu fordern, dafs *l* seine stelle vor *m* gehabt hat. Die rune, welche früher als *h* gelesen wurde, ist nach Bugges erklärung (a. a. o.) zeichen für *k*, wogegen die *h*-rune zufällig in den inschriften nicht vorkommt; ihre form ist folglich zweifelhaft. Sie kann nicht durch 2 punkte mitten zwischen den einfassungslinien (in ähnlicher weise wie die zeichen für *m* und *n*) ausgedrückt worden sein, da die inschriften als trennungszeichen 2 oder 3 punkte gebrauchen; dagegen halte ich es für wahrscheinlich, dafs das *h*-zeichen die form eines kleinen wagerechten striches mitten zwischen den einfassungslinien gehabt hat (—). Wenn die *óss*-rune einmal in diesem futhark vorhanden gewesen ist, so hat sie ohne zweifel die form ⊥ gehabt (vgl. das zeichen für *b*).

Das verhältnis zwischen den stablosen Helsinger runen und den runen auf dem Röker steine und dem ringe von Forsa ist also folgendes: die beiden einzigen runen, die unverändert bewahrt wurden, sind die zeichen für *i* und *s*. Durch fortwerfen des hauptstabes entstanden die zeichen für *u*, *n*, *a*, *t* und *l* (und nach meiner vermutung das für das nicht vorkommende *h*). Der hauptstab und der oberste teil des nebenstriches sind bei *r* fortgeworfen, der hauptstab und der oberste nebenstrich bei *b* (und wahrscheinlich bei *g*, wenn es auf einer früheren stufe vorhanden gewesen ist). Nur der mittlere teil des beistriches ist bewahrt in dem *þ*-zeichen ı aus þ (mit Bugge diese rune von dem þ des Forsaer ringes abzuleiten wage ich nicht, da ich diese form auf dem ringe für zufällig ansehe, hervorgerufen durch die art und weise, in der die inschrift eingehauen ist). Durch stärkere veränderungen sind die zeichen für *m* und *n* in zwei punkte aufgelöst (analog dem zeichen für *n* erwarteten wir übrigens eher, dafs das *s*-zeichen die form erhalten hätte, welche *m* ausdrückt), und bei *f* und *k* ist der hauptstab halbiert und die beistriche sind zu dem kleinen knopfe an der spitze und am fufse dieser runen zusammengeschmolzen.

———

Ungefähr gleichzeitig damit, dafs die runenschrift die gestalt annahm, die lange zeit die allgemein herrschende im ganzen Norden blieb, und deren letzter zug mit dem übergange der alten runenformen ᚻ und ᛘ für *h* und *m* in ✳ und ⵦ (ⵙ) gegen die mitte des 9. jhdts vollendet war, so dafs jede rune jetzt einen einzigen geraden hauptstab hatte (nur ᛡ bildet eine kleine abweichung von dieser

regel), hat sich also, wie das aus dem Kälfvestener und Röker steine
und andern mit ihnen wesentlich identischen schwedischen inschriften
hervorgeht, eine tendenz geltend gemacht, dieses runenalphabet
noch weiter zu vereinfachen. Dafs dieser versuch einen nicht
geringen anklang gefunden hat, kann mit sicherheit daraus geschlossen
werden, dafs sich spuren von ihm nicht nur in Schweden etwa von
der mitte des 10. (die steine von Kälfvesten und Rök) bis gegen das
ende des 12. jhdts (der ring von Forsa, die stablosen Helsinger runen),
sondern auch über Norwegen bis zur insel Man hin nachweisen lassen.

In Dänemark scheint diese tendenz niemals in weitem umfange
boden gefafst zu haben; aber einzelne äufserungen derselben sind
trotzdem auch hier zu spüren. Ich rechne dahin den gebrauch der
runen ᛅ und ᚽ für ᛆ und ᚽ auf dem mit den steinen von Kälfvesten
und Rök ungefähr gleichaltrigen schleswigschen steine von Vedelspang (P. G. Thorsen, De danske Runemindesmærker I, s. 43) [1]),
gleichwie die u- und r- und zum teil die m-form desselben mir
ebendahin zu weisen scheinen (dagegen haben s, t, b die gewöhnlichen formen ᚼ, ᛏ, ᛒ, was gleichfalls von den nicht vorkommenden
h und ʀ angenommen werden kann). Noch gröfsere übereinstimmung
mit jener gruppe schwedischer steine, zu der der Röker und Kälfvestener
stein gehören, bietet der kleinere Gunderuper stein von Jütland
(Thorsen II, 1 no. 54, wo jedoch weder der ganze charakter der inschrift noch die einzelheiten genau wiedergegeben sind, wie auch die
beschreibung des steines und die zeitbestimmung II, 2, s. 151 f. ganz
unrichtig ist). Die inschrift, die

austain[2]) : sati : stain[2]) : þansi : abt ᛁ ᚼsulb ᛁ faþur ᛁ sin ᛁ

lautet und ohne zweifel in die zweite hälfte des 10. jhdts gesetzt
werden mufs, gebraucht durchgehends ᛅ, ᚽ, ᛁ für a, n, s. Diese runen
sowohl wie die ganze form der inschrift und der gebrauch von b für
das gewöhnliche f in ᚼsulb (auch in abt)[3]) verraten eine beziehung

---

[1]) Eine genaue wiedergabe der einzelnen runenformen, worauf es ja hier
besonders ankommt, findet man jedoch nicht auf der zeichnung bei Thorsen, die
aufserdem den grofsen fehler sutriku für siktriku enthält.

[2]) Thorsens zeichnung und text haben unrichtig austan und der text unrichtig stin.

[3]) Während der ursprüngliche unterschied zwischen f und b (ᛒ) im in- und
auslaut auf dem Röker und auf dem damit nahe verwandten Kärnboer steine
von Södermanland (Bugge, Tolkning af Runeindskrifter paa Rökstenen, s. 114 f.)
sowie auf den dänischen steinen von Tryggevælde und dem kleineren stein von

zu den oben besprochenen schwedischen inschriften und den damit
verwandten inschriften von Man, die nicht zufällig sein kann, und
die den übrigen gleichzeitigen dänischen inschriften so fremd ist, dafs
ich aus diesen gründen den Gunderuper stein gar nicht für dänisch
im eigentlichen sinne ansehe (vgl. die bemerkungen oben s. 249 über
den stein von Hobro).

Selbst wenn die hier besprochenen vereinfachungen des alten
runenalphabetes eine weniger hervortretende rolle in der eigentlichen
runensteinperiode (mitte des 9. bis mitte des 11. jhdts) mit ausnahme gewisser gegenden gespielt haben, so dringen doch einzelne
derselben in einer späteren zeit siegreich durch. Wenn in jüngeren
inschriften aus dem ganzen Norden ↑, ⴼ und zum teil ↑ und ⴼ an
die stelle von +, +, ↑, ⴼ treten, so hege ich keinen zweifel darüber,
dafs diese formen ihre voraussetzung in der entwicklung haben, die
sich sporadisch auf weit älteren denkmälern nachweisen läfst.

<hr>

Bække beobachtet wird (siehe unten 'Anhang' VI), ist auf dem Gunderuper
steine b auf formen übertragen, die ursprünglich ſ hatten (ulb = ulf; abt
bezeichnet wohl am ehesten die aussprache *apt* für *aft*), was mit dem gebrauch
in den inschriften von Man übereinstimmt, die gleichfalls z. b. ulb haben, wozu
sich aber sonst kein seitenstück auf dänischen runensteinen findet.

## Das verhältnis zwischen den runen ℝ *r* und ⋏ *ʀ*[1]).

(Zu seite 130 ff., 241 ff.)

Wie oben (s. 130 ff., s. 241 ff.) nachgewiesen, waren die runen *reið* und *ýr* (älter *elgʀ*) im Norden ursprünglich zeichen für zwei verschiedene *r*-laute, von denen der erste einem ursprünglichen (gemeingerm.) *r* entspricht, der zweite einem ursprünglichen (gemeingerm.) *z* (das im got. meist zu *s* geworden ist). Diese regel wird nicht nur in den inschriften mit den älteren runen befolgt, sondern macht sich auch bis in späte zeit hinein in den inschriften mit den jüngeren runen geltend. Wenn wir indessen in diesen bereits so früh wie auf dem steine von Tryggevælde u. s. w. formen wie raknhiltr = *Ragnhildr*, batri = *bœtri* mit ℝ für ⋏, und umgekehrt sustin = *systiʀ* finden, während die alte regel sonst beobachtet wird (vgl. die in den årb. f. nord. oldk. 1867, s. 31 und die hier weiter unten s. 332 angeführten beispiele), so kann ich die erklärung, die ich an der erstgenannten stelle von diesem verhältnis gegeben habe, und die auch Bugge in seiner deutung des Röker steines (s. 9) vorgebracht hat, dafs nämlich die zeichen ℝ und ⋏ vermischt wurden, weil man die beiden *r*-laute nicht mehr scharf unterschied, für nichts anderes als für einen notbehelf ansehen. Bereits in „Runeskr. opr." 1874, s. 255 hatte ich daher auch hervorgehoben, dafs von den beiden *r*-zeichen, obwohl sie früh vermischt zu werden anfingen, doch deswegen nicht gesagt werden dürfte, dafs sie lautlich zusammengefallen seien. Meine seitdem vorgenommenen

---

[1]) Siehe meine „Sproglige iagttagelser fra en runologisk rejse i Skåne i sommeren 1876" in „Kort udsigt over det filologisk-historiske samfunds virksomhed i årene 1876—78", Kbh. 1878, s. 16—19 (separatabzug s. 5—8).

untersuchungen unserer runendenkmäler und das dadurch herbeige-
schaffte zuverlässige inschriftenmaterial haben mich davon überzeugt,
dafs ich 1874 recht hatte, und ich glaube nun auch im stande
zu sein, die gründe für die scheinbare vermischung der beiden zeichen
nachzuweisen. Es sind ohne zweifel dieselben gründe, die an vielen
andern punkten die gröfsten veränderungen während der entwicklung
der sprachen hervorgerufen haben, nämlich zum teil analogien, zum
teil die anziehung oder abstofsung, welche die verschiedenen laute
auf einander üben (also ein lautphysiologischer grund). Jeder
von diesen wirkungen gehört bezüglich der hier behandelten frage
ihre besondere periode in der sprache an:

In der älteren runensprache wird der unterschied zwischen
r (= ursprgl. r) und ʀ (aus ursprgl. z) genau beobachtet (siehe die
aufzählung der bis zu jener zeit bekannten formen mit Ψ, ⋏ in
den årb. f. nord. oldk. 1868, s. 71 ff. = „Professor G. Stephens om
de ældste nordiske runeindskrifter", s. 19 ff.). Eine abweichung von
der regel bildet jedoch die präposition aften 'nach' in der einen
inschrift auf dem stein von Tune, während die andere das ursprünglichere after hat; gleichfalls findet sich ʀ für r in der präposition
ubaʀ 'über' auf dem stein von Varnum, und hierher rechne ich auch
das wort þaʀ auf dem Einanger steine, dessen inschrift: ᚦagaʀ þaʀ
runo faihido lautet, wo ich nicht mit Bugge þaʀ runo = altnord.
þér rínar fasse, sondern runo als acc. sgl. mit collectiver bedeutung („die runeninschrift") und þaʀ als adverb = got. und altnord.
þar („ich ᚦag ritzte die runeninschrift da") ansehe [1].

Da sich ʀ in der älteren runensprache ja namentlich im auslaut in einer grofsen menge von fällen fand, so konnte es durch
analogie auch auf einzelne präpositionen und adverbia
übertragen werden, die ursprünglich auf r-laut ausgingen; dadurch
entstanden formen wie aften, ubaʀ, þaʀ, die später in der regel
ʀ bewahrten. Gleichwie der stein von Istaby, der sich den älteren
runeninschriften anschliefst, afᴀtʀ (d. i. aftᴀʀ) hat, so tritt dieses
wort in seinen vielen verschiedenen formen auf unseren jüngeren runensteinen immer mit ʀ am ende auf (aftiʀ, iftiʀ, uftiʀ u. s. w.).

Möglicherweise haben auch die verwandtschaftsnamen, die in
der altnord. schriftsprache -ir im nom., -ur in den übrigen formen

---

[1] Auch im anfang der Röker inschrift (aft uamuþ stᴀnta runaʀ þaʀ)
ist þaʀ wohl am chesten als adverb zu fassen.

des sgl. aufweisen, schon in der älteren runensprache -r im nom.
zu -ʀ, analog den vielen andern nominativen auf -ʀ, verändert.  Auf
jeden fall ist es in den jüngeren inschriften regel, dafs der nom.
stets -iʀ hat (faþiʀ, bruþiʀ u. s. w.), während die andern casus
ebenso regelmäfsig -ur haben (faþur, bruþur u. s. w.).

Mit den hier genannten ausnahmen, wo -ʀ durch analogie das -r
verdrängen konnte, wird die ursprüngliche regel nicht blofs in den
inschriften mit den älteren runen befolgt; sondern auch die ältesten
inschriften mit jüngeren runen (die gruppe von steinen, die ich in
den anfang des 9. jhdts setze; siehe unten s. 335 ff.) beobachten
noch die ältere regel, obwohl deren sprache in andern beziehungen
wesentliche veränderungen erlitten hat, namentlich durch ausstofsung
von vokalen und konsonanten (die älteren nominative dagaʀ, gastiʀ,
ᛚaudaʀ wurden zu dagʀ, gæstʀ, ᛚᚭᚢᛑʀ u. s. w., das prät. faihido zu fáᛑa u. s. w.).  Erst in der gruppe von inschriften, die
ungefähr dem jahre 900 angehört (unten s. 356 ff.), finden
wir die ältere regel für den gebrauch von R und ᛦ durchgehends an einem einzigen punkte durchbrochen; während
wir nämlich das alte ᛦ nach gutturalen und labialen lauten sowie
nach vokalen bewahrt sehen, ist es nach dentalen (ᛏ = t, d. nd,
ᚦ = þ, d, ᛏ = n) regelmäfsig in R übergegangen.  Dieser übergang findet sich fast ohne ausnahme in allen dänischen runeninschriften vom jahre 900 bis etwas nach dem jahre 1000 (dem zeitpunkte,
um den sich die grofse menge unserer runensteine gruppiert) und ist
selbstverständlich durch einen lautphysiologischen grund hervorgerufen,
den nämlich, dafs der alveolare r-laut ᛦ ʀ, dessen verwandtschaft
mit i sich unter anderm auch darin zeigt, dafs er im nordischen
i-umlaut hervorruft, natürlich in verbindung mit den gutturallauten
bewahrt wurde, während die dentalen eher den dem normal-euro-
päischen zungenspitzen-r entsprechenden gingivalen r-laut R r ver-
langten.  Dafs auch die labialen an ᛦ ʀ festhielten, beruht wohl
darauf, dafs der alveolare r-laut mehr vorn, der gingivale weiter
hinten articuliert wurde (siehe Hoffory im Arkiv f. nord. Filologi I,
s. 41 ff.).  Durch die hier dargestellte regel erklärt sich also die
schreibung raknhiltr und batri auf dem stein von Tryggevælde neben
fain und futin, baraltr auf dem gröfseren stein von Jællinge neben
kunukʀ und sąn, augutr und tuþr auf dem grofsen stein von
Århus neben aslakʀ, kunulfʀ, rulfʀ und kunukaʀ, u. s. w.
u. s. w.  Die einzige ausnahme, die ich von dieser regel auf den

dänischen runensteinen gefunden habe, ist s u n ʀ auf dem Krage-
holmer steine (Schonen), während der stein von Skærn r nach ʀ in
m a̧ n r d. i. *mannr* hat (auf dem Hedebyer stein m a t r d. i. *mandr*
geschrieben). Bezüglich der form s u n ʀ ist indessen zu bemerken,
dafs dieses wort auf der einen seite als *u*-stamm den auslaut länger
als die *a*- und *i*-stämme bewahrt und auf der andern seite sich früh
durch abwerfen des *r* im nom. der neueren sprache genähert hat; das
alte s u n ʀ und das neuere s u n zusammen können eine schreibung
s u n ʀ für s u n r hervorgerufen haben, wo ʀ (*r*) vielleicht in der aussprache gar nicht vorhanden gewesen ist (s u n im nom. findet sich
auf mehreren unserer runensteine).

Der vollständigkeit halber mufs noch hinzugefügt werden, dafs
das ʀ (ᛉ) des nominativs mindestens vom jahre 900 an in verbindung mit einem zum stamme des wortes gehörigen *r* (ᚱ) in *rr*,
geschrieben ᚱ, übergeht: k u n a r = *Gunnarr*, þ u r = *Þórr*, a̧ s u r =
altnord. *Ǫzurr*, u. s. w. Dasselbe ist gewiss auch in noch älteren inschriften der fall gewesen.

Die hier besprochene regel für den gebrauch von ᚱ und ᛉ ge-
währt uns ein neues, nicht unwichtiges mittel, das alter der runendenkmäler zu bestimmen, da wir schliefsen dürfen, dafs d i e i n-
s c h r i f t e n, d i e n o c h ᛉ h i n t e r e i n e m d e n t a l in übereinstimmung mit der ursprünglichen regel b e w a h r t h a b e n, s p ä t e s t e n s
d e r p e r i o d e z w i s c h e n 800—900 a n g e h ö r e n müssen. So
finden wir nach der älteren regel s t a̧ t ʀ d. i. *sta̧ndʀ* auf dem
steine von Flemlose und auf dem gleichaltrigen steine von Örja
(Schonen), wie der ungefähr 100 jahre ältere stein von Vatn (Norwegen) r h o a l t ʀ d. i. *Hróaldʀ* hat (vgl. oben s. 225 f.). Wenn ich
in „Runeskr. opr." 1874, s. 169 (vgl. unten s. 356 ff.) den stein von
Nörrenærå zu unsern ältesten runensteinen gerechnet habe, so wird
diese annahme also auch durch die schreibung þ u r m u t ʀ d. i.
*Þórmundr* bestätigt; umgekehrt zeigt dieselbe regel, dafs z. b. der
stein von Glemminge in Schonen, der jünger als der stein von Tryggevælde und ungefähr gleichaltrig mit dem steine von Skærn sein
mufs, altnord. *brjótr* durch b r i u t r, und nicht durch b r i u t ʀ ausgedrückt haben würde, wie Stephens fälschlich in seine zeichnung
(II, s. 702) nach berichtigung von P. G. Thorsen aufgenommen hat
(die inschrift hat b r i u t i).

Ich halte es für eine sichere thatsache, welche die vorhergehende
abhandlung hoffentlich aufser allen zweifel gestellt hat, dafs sowohl

sprache wie schrift in allem wesentlichen bei ihrer entwicklung gleichen
schritt über den ganzen Norden hin von der älteren eisenzeit bis gegen
das jahr 1000 innegehalten haben.  Es ist daher interessant zu beobachten, dafs das verhältnis, das eben für Dänemark bezüglich der
runen R und ⅄ nachgewiesen ist, auch von Schweden gilt.  Jedoch
werde ich hier um so weniger bei diesem punkte verweilen, als die
zeichnungen, die bisher von schwedischen runensteinen veröffentlicht
sind, zum gröfsten teil bezüglich der genauen wiedergabe der einzelnen zeichen viel zu wünschen übrig lassen, so dafs sie für diese
art von untersuchungen kein genügend zuverlässiges material bieten.
Da die grofse masse von schwedischen runensteinen indessen im
ganzen genommen jünger ist als die dänischen, so ist es natürlich,
dafs wir in Schweden häufig die regel durchbrochen finden, die in
Dänemark um das jahr 1000 genau befolgt wird; dies gilt somit von
der grofsen anzahl schwedischer steine, die mit ziemlicher sicherheit
in die zeit etwas vor oder nach der mitte des 11. jhdts gesetzt
werden können; ich denke besonders an die gruppe von steinen, die
über männern errichtet sind, die mit *Ingvar* († 1041) ostwärts zogen,
und an die beiden gruppen, die sich von den bekannten runenritzern
*Ybber* (u b i n) und *Bate* (b a l i) herschreiben.

# V.

## Chronologische übersicht der ältesten nordischen runendenkmäler.

Ich habe an vielen stellen in der vorhergehenden abhandlung versuchen müssen, das altersverhältnis zwischen den verschiedenen runeninschriften mit der längeren und kürzeren runenreihe fest-zustellen. Es wird daher zweckmäfsig sein, eine gesamtübersicht dieser inschriften in chronologischer anordnung mitzuteilen. Dafs diese zeitbestimmungen nur annäherungsweise das richtige treffen können, ist indessen selbstverständlich, da kein runendenkmal durch eine bestimmte jahreszahl die zeit angibt, der es angehört. Es sind andere verhältnisse (sprachliche, paläographische, archäologische gründe), die uns bei der zeitbestimmung leiten müssen; aber wenn sie alle gehörig in betracht gezogen werden, glaube ich doch, dafs es gelingen wird, einigermafsen das richtige zu treffen.

Was zu allererst bedacht werden mufs, ist natürlich, dafs für die allmähliche entwicklung raum bleibt, die mit sprache und schrift vorgegangen ist, und dafs die grenzen, innerhalb derer wir uns bewegen wollen, weder zu enge noch zu weit gezogen werden. Wohl kann die entwicklung, wie ich selbst nachdrücklich hervorgehoben habe, an éinem orte schneller als an einem andern erfolgt sein; aber im ganzen und grofsen hat die entwicklung doch — das betone ich nochmals — über den ganzen Norden hin gleichen schritt gehalten.

Es gibt natürlich inschriften, deren sprach- und runenformen nicht an und für sich ausreichend sind, um ihnen einen bestimmten platz in der reihe anzuweisen. Das . . . a n ᛁ w a r u n des steines von Tom-stad z. b. konnte ohne zweifel keine andere als eben diese form haben, sei derselbe nun gleichaltrig mit der zwinge aus dem Thorsbjærger moore oder mit dem Reidstader steine; wenn ich annehme, dafs er der zeit des letzteren weit näher steht als der der ersteren, so liegt das daran, dafs er zu einer gruppe norwegischer runendenkmäler gehört, von denen man weifs oder mit sicherheit annehmen kann, dafs sie ursprünglich im innern von grabhügeln errichtet wurden (die steine von Stenstad, Bratsberg, Tanem, Orstad und Elgesem — der letztere mit der magischen inschrift ᚠᚢᚦ — sind aus gräbern hervorgezogen, und dasselbe ist bezüglich der steine von Belland, Tomstad, Reidstad anzunehmen), und die nicht zu den ältesten norwegischen inschriften mit der längeren runenreihe gerechnet werden können. Aber die nähere bestimmung des gegenseitigen altersverhältnisses zwischen denselben beruht natürlich, wo uns nicht sprachliche oder paläographische gründe leiten können, auf einer schätzung nach dem ganzen charakter der denkmäler und inschriften, der ja überhaupt bei der feststellung des alters solcher denkmäler keine geringe rolle spielen darf. Um ein begründetes gutachten aussprechen zu können, das weit verschieden ist von losen vermutungen, dazu ist selbstverständlich erforderlich, dafs man in steter beschäftigung mit den denkmälern durch autopsie den blick für die eigentümlichkeiten der verschiedenen zeiten und der verschiedenen gegenden geschärft hat, so dafs man überall während der vergleichung das ganze vorliegende material in mente hat und infolge dessen zugleich im stande ist, sowohl das ganze wie alle einzelheiten in gebührende betrachtung zu ziehen.

Dafs auch die archäologischen resultate für den sprachforscher bei der bestimmung des gegenseitigen altersverhältnisses der runeninschriften von grofser bedeutung sind, versteht sich von selbst; aber diese ergebnisse sind bekanntlich leider noch höchst unzulänglich, wenn es sich um die festsetzung bestimmter jahreszahlen für die einzelnen funde handelt. Für den sprachforscher können die bestimmungen der archäologie daher nur als kontrole der resultate dienen, zu denen er auf anderm wege (durch sprachliche und paläographische beobachtungen) gelangen mufste, und wo sprachforschung und archäologie mit einander in streit geraten, kann sich die erstere nicht vor der letzteren beugen, wofern diese nicht im stande ist, durch gewichtige gründe zu überzeugen.

Einen sicheren chronologischen anhalt zur bestimmung des alters der runendenkmäler erhalten wir ja erst sehr spät in der jüngeren eisenzeit in den wenigen wirklich historischen denkmälern (den steinen von Jællinge, dem Danevirke-steine). Diese geben den ausgangspunkt ab, von dem aus wir bei der datierung

der älteren denkmäler zurückschliefsen müssen, und zwar so, dafs, wenn
man das ganze überschaut, eine passende zeit für die entwicklung
übrig bleibt. Eben diese zeit würde nach meiner überzeugung allzulang
werden, wenn wir mit Engelhardt und andern die inschrift auf der
Thorsbjærger zwinge in das j. 250 und die inschriften aus dem
Kragehuler moore in das j. 500 setzen wollten. Dafs diese inschriften durch einen zeitraum von 250 jahren geschieden sein sollten,
würde auf unlösbare sprachliche und paläographische schwierigkeiten
stofsen; diese verschwinden dagegen, wenn wir den Thorsbjærger
fund höchstens 100 jahre vor den Kragehuler setzen.

Was als hauptbeweis für die annahme des hohen alters der
moorfunde gedient hat, ist bekanntlich das alter der in ihnen
enthaltenen münzen, indem man davon ausgegangen ist, dafs die
funde im ganzen nicht viel jünger sein könnten als die jüngsten der
in ihnen vorkommenden münzen. Obgleich es auf den ersten blick
so scheinen mag, als ob dies argument eine grofse bedeutung besäfse,
so mufs es doch verwunderung erregen, dafs man noch beständig
fortfahren kann, demselben eine solche beizulegen, nachdem längst
bewiesen ist, ein wie geringes gewicht demselben in wirklichkeit zukommt. Es ist ja nämlich eine thatsache, die sich aus einer menge
von funden sowohl innerhalb wie aufserhalb des Nordens ergibt, dafs
münzen bisweilen aufserordentlich lange in umlauf gewesen sind, und
dafs besonders die guten römischen denare aus den beiden
ersten jahrhunderten noch jahrhunderte lang verwahrt
wurden. Dagegen kommen die münzen aus dem 3. und
4. jhdt im ganzen Norden sehr selten vor, indem die münz-
funde mit Commodus beinahe aufhören und erst von Honorius
ab wieder allgemein werden, mag dies nun darauf beruhen, dafs in
dem langen zeitraum, wo die münzenreihe fast abgebrochen ist, stö-
rungen früherer verbindungen zwischen Norden und Süden eingetreten sind, oder — was mir am wahrscheinlichsten vorkommt —
davon herrühren, dafs die barbaren ungern die schlechte münze annahmen, die von Septimius Severus ab geprägt wurde. Wenn die
archäologen die münzen in den moorfunden zur altersbestimmung
der letzteren benutzen, so kann das ergebnis daher leicht falsch
werden, und dies ist nach meiner überzeugung thatsächlich geschehen,
insofern man die ältesten dieser funde in die mitte des 3. jhdts setzte.
Die sprachforschung mufs sich hier entschieden auf die seite derjenigen
archäologen stellen, die aus andern, rein archäologischen, gründen die

moorfunde als wesentlich gleichaltrig ansehen. Dadurch werden die ältesten derselben bedeutend in der zeit herabgerückt, denn man kann den Thorsbjærger fund nach meiner meinung allerfrühestens in das jahr 400 setzen.

Diese bemerkungen mufste ich vorausschicken, um besonders die erste von den zahlen zu begründen, die ich in der folgenden chronologischen übersicht benutzt habe, wo natürlich so weit wie möglich runde zahlen gewählt sind. Die in klammern hinzugefügte zahl gibt die grenze an, innerhalb welcher man sich, wie ich glaube, bewegen darf, so doch, dafs die zahl, die in der klammer steht, nach meiner meinung der wahrheit am nächsten liegt. Innerhalb der einzelnen zeitgrenzen sind die denkmäler chronologisch nach ihrem gegenseitigen altersverhältnis geordnet, so dafs z. b. die inschriften von Vimose mit einer runden zahl nahe um das jahr 500, der brakteat von Vadstena nahe um das jahr 600 gesetzt sein sollen. Durch ein komma unterscheide ich denkmäler, die als wesentlich gleichzeitig angesehen werden können, wogegen ich semikolon und punkt setze, wo ich einen etwas gröfseren zeitabstand annehme. Dafs vieles hierbei auf ungefährer schätzung beruhen mufs, habe ich bereits hervorgehoben, und ich habe daher der vorsicht halber auch die periode 500—600 nicht in unterabteilungen geschieden, obgleich ich glaube, dafs man ohne wesentlichen mifsgriff deren erste hälfte (500—550) von den Vimoser inschriften bis zum steine von Berga rechnen könnte, ihre zweite (550—600) vom steine von Vånga bis zu dem brakteaten von Vadstena.

c. **400—500.** Die inschriften vom Thorsbjærger und Nydamer moore; das diadem von Strårup, die spange von Himlingöje.

c. **500—600.** Die inschriften von Vimose; das goldene horn, die inschriften aus dem Kragehuler moore, die schlange von Lindholm; der stein von Einang, die inschrift vom Valsfjord, der stein von Tune, der stein von Strand, der stein von Varnum, der stein von Tanum, der stein von Berga.

Der stein von Vånga, der stein von Skärkind, der stein von Skåäng, der stein von Torvika, der stein von Bö, der stein von Tomstad, der stein von Stenstad, der stein von Belland, der stein von Bratsberg, die inschrift von Veblungsnæs; der stein von Krogstad, der stein von Möjebro.

Der stein von Tanem, die spange von Etelhem, der brakteat von Vadstena[1]).

**c. 600 (625) — 675.** Der stein von Reidstad, der stein von Orstad, der stein von Torvik b, der brakteat von Tjörkö[1]).

Die schrift, die auf den steinen von Istaby, Björketorp und Stentofte nachgeahmt wird (stein von Gommor).

Die spange von Fonnås und die zeichen der längeren reihe, die auf dem Röker steine und in dem norwegischen runenkalender (s. 127) nachgeahmt werden.

**c. 700 (725).** Der stein von Valn.

**c. 750 (775).** Der stein von Sölvesborg, der stein von Räfsal.

**c. 800 (825).** Der stein von Örja, der stein von Kallerup, der stein von Snoldelev, der stein von Helnæs, der stein von Flemlose[2]).

**c. 850 (875).** Der Kirkeboer stein von den Færoern; der Valdbyer stein aus Norwegen, der stein von Nörrenærå[2]).

**c. 900.** Der stein von Glavendrup, der stein von Tryggevælde.

**c. 930.** Der kleinere stein von Jællinge.

**c. 980.** Der gröfsere stein von Jællinge.

**c. 1000.** Der stein von Danevirke.

Wenn man dieses verzeichnis näher ansieht, in das ich mit ausnahme der brakteatinschriften alle bis jetzt bekannten nordischen runendenkmäler aufgenommen habe, die sich nach meiner meinung mit sicherheit in die zeit zwischen 400 und 900 setzen lassen, während ich vom jahre 900 bis zum jahre 1000 nur einzelne charakteristische beispiele angeführt habe, so wird die ungleiche verteilung über die verschiedenen nordischen länder in den verschiedenen zeiten sowohl wie die ungleiche verteilung innerhalb der verschiedenen perioden, von denen einige so gut wie gar keine runendenkmäler aufweisen, natürlich sofort in die augen springen und möglicherweise, aber mit unrecht, zweifel an der richtigkeit der chronologischen bestimmungen wecken. Die genannten verhältnisse sind nämlich teils

---

[1]) Die brakteatinschriften gehören der letzten hälfte des 6. jhdts und dem 7. jhdte (c. 550—700) an. In diese periode und am ehesten in den schlufs derselben setze ich auch die magischen inschriften auf den steinen von Kinnevad, Elgesem und Förde.

[2]) Über verschiedene andere dänische steine, die ohne zweifel gleichfalls dem 9. jhdt angehören, siehe unten 'Anhang' VI (s. 353 ff.).

in dem ganzen gange der entwicklung begründet, teils in dem gebrauche, der sich zu verschiedenen zeiten in den verschiedenen nordischen ländern bezüglich der verwendung von runensteinen geltend gemacht hat. Hieraus erklärt sich, dafs die ältesten runendenkmäler zwischen dem jahre 400 und dem anfang des 6. jhdts ausschliefslich Dänemark angehören, dafs die runensteine im 6. und im anfange des 7. jhdts nur in Norwegen und Schweden vorkommen, und dafs wir in dem übrigen teile des 7. jhdts und bis zum beginn des 9. jhdts gleichfalls nur Norwegen und Schweden vertreten finden, und selbst da nur mit einer höchst unbedeutenden anzahl von inschriften.

Dafs die runendenkmäler am frühesten in Dänemark auftreten, ist ja eine natürliche folge davon, dafs die runenschrift von süden her eingedrungen ist, und dafs sie also einige zeit gebraucht hat, ehe sie auch Schweden und Norwegen erreichte. Dafs dagegen ausschliefslich die letztgenannten länder denkmäler von ungefähr 525 bis zum anfange des 9. jhdts aufweisen, liegt daran, dafs von Dänemark kein einziger runenstein mit älteren runen bekannt ist; dafs die runenschrift jedoch auch in dem genannten zeitraume in Dänemark nicht unbekannt gewesen ist, mufs ja als selbstverständlich angesehen werden und geht auch mit sicherheit aus den brakteatinschriften hervor. Dagegen mufs die sitte, runensteine zum andenken an verstorbene zu errichten, nach den vorliegenden thatsachen zu urteilen sich erst in Norwegen und Schweden entwickelt haben, und da man annehmen darf, dafs es einige zeit gedauert hat, ehe diese sitte aufgekommen ist, so ist es ja auch natürlich, dafs die steininschriften von Norwegen und Schweden im ganzen genommen jünger sind als verschiedene dänische inschriften auf losen gegenständen.

Diese verhältnisse sind also genügend in dem ganzen gange der entwicklung begründet und werden kaum verwunderung erregen. Merkwürdiger könnte es dagegen scheinen, dafs in Norwegen und Schweden die periode von ungefähr 525 (der stein von Einang u. s. w.) bis ungefähr 650 (die blekingschen steine von Istaby u. s. w.) eine so auffallend grofse anzahl von denkmälern im vergleich zu der folgenden zeit aufweist, und man, wenn die runensteine vom anfang des 9. jhdts an wieder in gröfserer anzahl auftreten, nicht mehr Norwegen und Schweden, sondern fast ausschliefslich Dänemark vertreten findet.

Diese auf den ersten blick merkwürdige erscheinung steht indessen in engster verbindung mit einem eigentümlichen gebrauche, der lange weiter fortlebte, als man vom anfange des 6. jhdts an die runen auf denksteinen über verstorbenen zu verwenden begann, mit dem gebrauche der inschriftlosen denksteine. Solche inschrift-losen denksteine — bautasteine — wurden in den nordischen ländern bekanntlich schon in der broncezeit errichtet, und meistens hatten sie wohl ihre stelle auf oder neben den grabhügeln; aber wir kennen auch beispiele davon, dafs sie in die gräber hinein gestellt und ab und zu mit symbolischen (religiösen) zeichen versehen worden sind[1]). Die ganze eisenzeit hindurch spielt die sitte, bautasteine ohne inschriften zur erinnerung an die toten zu errichten, eine grofse rolle. Als die runenschrift im Norden bekannt wurde, konnte es ja nahe zu liegen scheinen, dieselbe auf den denksteinen zu benutzen, und das ist dann auch frühzeitig in Norwegen und Schweden geschehen, während dieser brauch erst viel später in Dänemark aufgekommen zu sein scheint. Diese runensteine wurden natürlich namentlich auf oder neben den gräbern errichtet (der stein von Einang in Norwegen ist der einzige, der noch auf seinem hügel steht[2])); aber daneben hat man dann auch häufig den runen-

---

[1]) Siehe im ganzen genommen C. Engelhardt in den årb. f. nord. oldk. 1876, s. 128 ff.

[2]) In bezug auf R. Heinzels frage wegen der inschrift auf dem Einanger steine im Anzeiger f. d. alterthum u. d. litteratur XII, s. 44 f.: „steht die eigentliche inschrift des Einangsteines auf der unaufgedeckten seite, oder auf einem anderen stein, oder sind die erhaltenen worte eine gute fälschung?" bemerke ich, dafs der stein, wie oben gesagt, der einzige von allen bisher bekannten runensteinen mit älteren runen ist, der noch an seinem ursprünglichen platze auf dem grabhügel steht; dafs er also ein denkstein über dem verstorbenen ist, kann keinem zweifel unterliegen, und von einer „fälschung" kann nach dem ganzen charakter der inschrift keine rede sein (wer wäre auch in neuerer zeit oder überhaupt zu einer zeit, wo die längere runenreihe und deren sprache nicht mehr bekannt war, im stande gewesen, eine in allen beziehungen so „gute" fälschung vorzunehmen?). Aber die inschrift bietet gewifs vom modernen standpunkt aus das merkwürdige, dafs sie den namen des toten nicht nennt, zu dessen andenken der stein errichtet ist, sondern nur den namen dessen, der die inschrift ritzte („ich Tag schrieb die runen hier"). Man könnte sich nun, da die inschrift sehr verwittert und undeutlich ist, denken, dafs der name des toten in einer zeile über der erhaltenen inschrift (vgl. z. b. den stein von Strand) oder auf der entgegengesetzten seite des steines gestanden hätte (da der stein auf dem grabhügel steht, so ist er ja leicht auf allen seiten zu untersuchen, und es mufs auf einem mifsverständnis beruhen, wenn Heinzel von „der unauf-

stein in das grab hinein gestellt, wie es mit den älteren bautasteinen zuweilen der fall ist. Selbstverständlich waren die steine, welche
diese bestimmung hatten, in der regel kleiner als die steine, die auf
dem grabe errichtet wurden, und die inschriften in der regel sehr kurz
gefaßt (der name des toten, oder „N. N.'s stein, grab" u. ähnl., oder
eine magische inschrift, von der man annahm, sie könne über die
ruhe des toten oder den frieden des grabes wachen). Wie ich oben
hervorgehoben habe, sind besonders aus Norwegen eine verhältnis-
mäßig große anzahl solcher steine mit älteren runen bekannt, die in
den gräbern angebracht gewesen sind, und sie scheinen hier sogar
allmählich die runensteine auf den gräbern ganz verdrängt zu haben,
an deren stelle man wieder die inschriftlosen bautasteine wählte.
Während wir nämlich in Norwegen in dem langen zeitraum von ungefähr 625 bis tief in die christliche zeit hinein keinen einzigen
runenstein kennen, der auf dem grabe errichtet gewesen, treffen wir
in dieser zeit noch einzelne spuren der sitte, solche steine in die
gräber hinein zu stellen: der stein von Vatn aus dem anfang des
8. jhdts ist aus einem grabhügel hervorgezogen, und dasselbe ist
der fall mit dem steine von Valdby, der nicht nur der älteste von
allen bisher bekannten norwegischen steinen mit der kürzeren runenreihe, sondern auch der einzige ist, welcher der heidnischen zeit angehört, und nach meiner meinung in die mitte (die zweite hälfte)
des 9. jhdts gesetzt werden muß.

gedeckten seite" spricht); aber da Bugge keine spur von runen außerhalb der
erhaltenen inschrift hat entdecken können, deren sämtliche runen trotz ihrer
undeutlichkeit doch vollkommen sicher sind, so kommt mir eine solche annahme
im höchsten grade unwahrscheinlich vor (etwas weniger kühn dürfte dagegen
die vermutung sein, die Burg s. 136 andeutet, daß vor dem ersten ᛗ ein jetzt
ganz verschwundenes ᚦᛗ gestanden haben könne). Daß der name des toten
dagegen auf einem andern, jetzt verschwundenen steine gestanden haben kann,
der ursprünglich neben dem erhaltenen seine stelle hatte, ist natürlich möglich,
läßt sich aber selbstverständlich nicht beweisen, und die verhältnisse, unter
denen der stein mitten auf dem hügel angebracht war, sprechen entschieden
dagegen. Ich halte es auch nicht für notwendig, daß die denksteine aus
jener zeit den namen des toten enthalten haben; wenn ein inschriftloser
bautastein, auf oder neben dem hügel errichtet, in der regel für ausreichend
angesehen wurde, um an den verstorbenen zu erinnern, indem jeder in der
gegend wußte, wer in dem hügel ruhte und über wem der stein errichtet war,
so brauchte der runenstein auch nicht den namen des toten zu nennen, so
konnte man sich völlig damit begnügen, den namen des verwandten oder freundes
zu melden, der gewünscht hatte zu seinem andenken runen zu ritzen.

Auch was Schweden anbetrifft, so deutet die form und die gröfse einzelner steine mit den älteren runen darauf hin, dafs sie innerhalb der gräber angebracht gewesen, obgleich positive nachrichten darüber fehlen (die steine von Vånga, Skärkind und Kinnevad — der letztere mit einer magischen inschrift, die offenbar mit der inschrift auf dem norwegischen steine von Elgesem nahe verwandt ist).

Dafs derselbe gebrauch ebenso, jedenfalls in einer etwas späteren periode, in Dänemark bekannt gewesen ist, geht mit sicherheit daraus hervor, dafs sich unter unsern ältesten runendenkmälern einzelne finden, von denen man weifs oder wegen ihrer form und gröfse mit hoher wahrscheinlichkeit schliefsen darf, dafs sie im innern von grabhügeln angebracht gewesen sind (vgl. unten s. 358 f.).

Nach den bis jetzt vorliegenden thatsachen mufs die erwähnte sitte, runensteine innerhalb der gräber aufzustellen, als zuerst in Norwegen entstanden angesehen werden, wo sie im 6. jhdt besonders verbreitet gewesen zu sein scheint, in derselben zeit, wo man runensteine auf den gräbern errichtete, und wo sie auch das 7., 8. und 9. jhdt hindurch verfolgt werden kann, in welcher periode man dagegen allmählich ganz damit aufgehört hat, runensteine auf den gräbern zu errichten. Von Norwegen hat der brauch sich frühzeitig nach Schweden hin verbreitet, ist aber erst später nach Dänemark gekommen, wo wir ihn nicht vor dem anfang des 9. jhdts antreffen.

Es ist also aussicht vorhanden, dafs man rings umher im Norden bei untersuchung der gräber aus dem eisenalter einzelne runensteine hervorzuziehen im stande sein wird, und besonders von Norwegen darf man hoffen, dafs dort auf diese weise noch verschiedene runendenkmäler sowohl aus der mittleren wie der jüngeren eisenzeit zu tage kommen werden. Dafs man jedoch keine grofse ausbeute erwarten darf, zeigen die vielen gräber des eisenalters, die besonders in neuerer zeit systematisch untersucht sind, ohne dafs runensteine darin gefunden wurden. Es ist daher kaum zu irgend einer zeit irgendwo im Norden eine allgemeine sitte gewesen, runensteine in den gräbern anzubringen.

Dasselbe gilt auch für einen längeren zeitraum von der sitte, runensteine auf den gräbern zu errichten. In Norwegen scheint dieser brauch bereits im 7. jhdt fast ganz erloschen zu sein, und auch im übrigen Norden kann derselbe von der mitte des 7. bis zum anfang des 9. jhdts keine bedeutende rolle gespielt haben. Die einzigen vertreter, die wir im laufe dieser mindestens 150 jahre für derartige denkmäler aus dem ganzen Norden haben, sind nämlich der Sölvesborger stein von Bleking und der Räfsaler stein von Bohuslän. Diese beiden erhaltenen denkmäler machen es ja indessen — ich will nicht sagen höchst wahrscheinlich, sondern sicher, dafs andere ähnliche, jetzt verschwundene, da gewesen, und sie sind auf jeden fall ausreichend, um zu zeigen, dafs die sitte, runensteine zu setzen, die wir zum ersten male im 6. jhdt antreffen, wohl einen langen zeitraum hindurch selten gepflegt, aber doch niemals ganz aufgegeben worden ist; sie wird dann auch später zu neuem leben erweckt und erhält eine verbreitung wie nie zuvor. Aber während sie ursprünglich in Norwegen und Schweden entstanden war, geht sie in ihrer neuen form wesentlich von Dänemark aus. Hier erscheinen nämlich zu anfang des 9. jhdts die ältesten bekannten steine mit der kürzeren runenreihe, und hier stofsen wir gerade gleichzeitig auf die beiden früheren, von Norwegen und Schweden her bekannten gebräuche, runensteine in die gräber hinein zu stellen, wie auch dieselben auf und neben diesen zu errichten. Beide bräuche scheinen sich im 9. jhdt nebeneinander zu erhalten; aber vom jahre 900 an hat der letztere vollständig über den ersteren gesiegt; von nun ab errichtet man nur die runensteine, die oft als grofse und prachtvolle denkmäler mit längeren inschriften auftreten (die steine von Glavendrup, Tryggevælde u. s. w.), auf und neben den gräbern, nicht selten in verbindung mit inschriftlosen bautasteinen. Dies wird das 10. und die erste hälfte des 11. jhdts hindurch fortgesetzt, wo die eigentliche runensteinperiode für Dänemark aufhört. In Schweden fällt sie etwas später, in das ganze 11. jhdt; aber sie wird hier in einzelnen gegenden (besonders auf Gotland) bis tief ins mittelalter fortgeführt. Nach Dänemark und Schweden folgt endlich Norwegen.

Es zeigt sich also in dieser ganzen entwicklung, die ich hier in ihren hauptzügen zu schildern gesucht habe, ein merkwürdiger kreislauf: die runensteine treten zum ersten male in Norwegen im anfang des 6. jhdts auf und werden sowohl auf wie in den grabhügeln angebracht; nach dem verlauf von 100 jahren hat der letztere brauch hier ohne zweifel den ersteren verdrängt; aber auch die runensteine in den gräbern kommen von jetzt an nur sparsam vor. Ungefähr gleichzeitig mit ihrem auftreten in Norwegen zeigen sich beide bräuche auch in Schweden, wo sie jedoch beide einen langen zeitraum hindurch nur selten angewandt sind und deshalb hier sehr wenige denkmäler hinterlassen haben. Erst um das jahr 800 erreichen beide bräuche

Dänemark, wo sie sich schnell entwickeln und starke verbreitung
gewinnen; nach dem verlauf eines jahrhunderts wird die sitte, die
steine in die gräber zu stellen, indessen ganz von dem brauche verdrängt, sie auf oder neben den gräbern zu errichten, und diese
letztere weise verbreitet sich so von Dänemark wieder über Schweden,
gelangt aber erst spät nach der stelle zurück, von wo sie ursprünglich ihren ausgang genommen hatte, Norwegen.

Dieser entwicklungsgang erklärt also die höchst ungleiche verteilung der runensteine innerhalb der einzelnen nordischen länder
in den verschiedenen zeiten und deren sparsames auftreten während
längerer zeiträume, und was wir hier mit hülfe der thatsachen, die
von den denkmälern selbst abgeleitet werden können, für Norwegen,
Schweden und Dänemark festgestellt haben, gewinnt auch auf andere
weise seine bestätigung. Wir finden hierin nämlich eine genügende erklärung dafür, dafs von Norwegens alter kolonie Island nicht ein einziger runenstein bekannt ist, der in die heidnische zeit zurückgeführt
werden kann, die runensteine auf Island vielmehr erst spät im mittelalter in form von leichensteinen mit dem jüngsten runenalphabete
auftreten. Wohl nimmt Björn M. Ólsen an, dafs runensteine auch
in der heidenzeit auf Island errichtet worden seien, und er sucht
den grund dafür, dafs kein solches denkmal mehr übrig geblieben
ist, darin, dafs sie frühzeitig zu grunde gegangen sein können, weil
die isländischen steinarten leicht dem verwittern ausgesetzt sind
(„Runerne i den oldislandske literatur", Kbh. 1883, s. 5 f.). Aber
der wahre grund liegt einfach darin, dafs k e i n e d e r a r t i g e n  s t e i n e
a u f  I s l a n d  v o r h a n d e n  g e w e s e n  s i n d, weil die norwegischen aus-
wanderer aus ihrer heimat nicht die sitte mitbrachten, runensteine
zur erinnerung an verstorbene zu errichten. Hätten sie diesen brauch
gekannt, so würden wir sicherlich in Norwegen denkmäler davon
erhalten finden; denn selbst wenn die isländischen steine leicht verwittern, so gilt dies nicht von den klippen und granitblöcken Norwegens, auf denen uns gerade eine nicht geringe anzahl von inschriften mit der ä l t e s t e n  runenreihe bewahrt sind. Aber dafs man
später, als Island angesiedelt wurde, weder in Norwegen noch auf
Island diesen brauch befolgt hat, geht nicht blofs daraus hervor, dafs
die denkmäler fehlen, sondern wird nach meiner meinung wenn möglich
mit noch gröfserer sicherheit durch die negativen zeugnisse der ge-
schichtsquellen bewiesen, insofern weder die isländischen sagas noch
Snorre in seiner norwegischen geschichte ein einziges derartiges denk-

mal erwähnen, die sie unzweifelhaft oft genannt haben würden, wenn
dergleichen bekannt gewesen wären — welche quelle für Snorre würde
nicht ein geschichtliches denkmal wie z. b. die Jællinger steine gewesen sein! Wenn Snorre in der saga von Hákon dem guten mitteilt, wie Hákon nach der schlacht auf Rastarkalf den Egil prächtig
im schiff begraben und einen hügel über ihm und den andern ge-
fallenen männern aufschütten liefs, so fügt er ausdrücklich nicht nur
hinzu, dafs man die genannten hügel noch sehe (*sér þá hauga enn
fyrir sunnan Fréðarberg*), sondern auch: „*hávir bautasteinar standa
hjá haugi Egils ullserks*" (Heimskringla, udg. af C. R. Unger, Christ.
1868, s. 102; Wimmer, Oldnordisk læsebog ³, s. 40 unten). Es waren
also die hohen inschriftlosen bautasteine, nicht runensteine, die
hier zur erinnerung an die toten errichtet wurden. Dafs sich kein
stein mit runeninschrift auf oder neben Egils grabhügel befunden
hat, sind wir aus Snorres schweigen zu schliefsen berechtigt, und dafs
auch auf Island keine runensteine zur erinnerung an die mächtigen
häuptlinge errichtet wurden, dürfen wir eben so sicher aus dem
schweigen der sagas erschliefsen. Ob man dagegen einen runenstein
z. b. mit Egils namen in seinen grabhügel hinein gestellt hat,
läfst sich natürlich nicht entscheiden, und die möglichkeit hiervon
darf also nicht a priori geleugnet werden, obgleich ich es allerdings
für wahrscheinlich halte, dafs dieser gebrauch zur zeit Hákons des
guten aufgehört hat. Dagegen könnte man, da der stein von Valdby
der zweiten hälfte des 9. jhdts angehört, vermuten, dafs die sitte
noch bekannt war, als die ersten Norweger nach Island auswanderten,
und die möglichkeit ist also nicht ausgeschlossen, dafs auf Island
ein runenstein aus der heidnischen zeit entdeckt werden könnte, wenn
die gräber aus der zeit methodisch untersucht würden. Für das vorhandensein einer solchen möglichkeit könnte auch der umstand
sprechen, dafs ein derartiges runendenkmal wirklich in der zweiten
von den alten kolonien Norwegens, auf den Færœrn, zu tage gekommen ist. Hier fand man zu Kirkebo auf Stromo 1833 einen
kleinen runenstein, der jetzt im altnordischen museum zu Kopenhagen aufbewahrt wird. Die ganze form und die kleinheit des steines
macht es unzweifelhaft, dafs derselbe in einem grabhügel angebracht
gewesen ist. Von der inschrift, die mit mehreren wesentlichen fehlern und ganz unrichtigen deutungen in der „Nordisk Tidskrift for
Oldkyndighed" II, Kbh. 1833, s. 309 f. und bei Stephens II, s. 728 ff.
(vgl. III, s. 466 f.) wiedergegeben ist, fehlt der anfang (der unterste

teil des steines). Die inschrift ist in einer einzigen zeile von rechts
nach links zwischen zwei einfassungsstrichen eingehauen, und die
feinen runenformen erinnern etwas an die des steines von Snoldelev.
Während der erhaltene teil des anfangs zu verschiedenen zweifeln veranlassung geben kann, ist es sicher, dafs die beiden letzten worte
nur ᛉᚾᛅ�ᚾ uftin hruą d. i. *uftin Hróą* gelesen werden
können. Glücklicherweise helfen diese worte uns zugleich das alter
des denkmals ziemlich genau zu bestimmen. Die erhaltung der
alten h-rune ᚺ zeigt nämlich nach dem oben (s. 203 ff.) entwickelten,
dafs die inschrift älter sein mufs als das jahr 900, und hierzu stimmt
auch gut die bewahrung des ᚨ, des nasalierten *a*, im accusativ des
*u*-stammes *Hrói*; denn wohl finden wir bereits auf den ältesten dänischen steinen in diesem falle das reine *a* mit aufgegebener nasalierung (hurnbura auf dem Kalleruper, ala u. s. w. auf dem Glavendruper steine); aber dafs die nasalität früher vorhanden gewesen ist
(entsprechend der endung -an in den inschriften mit den ältesten
runen), kann ja keinem zweifel unterliegen. Jch schliefse aus der
vergleichung zwischen dem Kirkeboer und dem Kalleruper steine,
dafs die nasalierung im genannten falle in Dänemark früher als in
Norwegen und auf den Færoern aufgegeben ist; denn dafs die fær-
oische inschrift etwas jünger ist als die des Kalleruper steines,
scheint mir ihr ganzer charakter (auch die rune ᚨ, nicht ᚨ) zu beweisen; ich würde am meisten geneigt sein, dieselbe in die mitte
des 9. jhdts zu setzen, also gleichaltrig mit dem steine von Nörrenærå oder ein wenig älter als diesen. Dafs der stein norwegisch sei,
finde ich auch keinen grund zu bezweifeln, obgleich sich natürlich kein
unmittelbarer beweis dafür führen läfst, dafs er sich nicht von dänischen wikingern herschreiben könnte; aber hiergegen scheinen mir
nicht blofs die geschichtlichen verhältnisse, sondern auch die verschiedenheiten gegen die ungefähr gleichzeitigen dänischen steine (ą in
*Hróą*, uftin für aft oder uft) zu sprechen. Die sitte, runensteine
in die grabhügel zu stellen, die wir in Norwegen ungefähr vom jahre
550 an (der stein von Tomstad u. s. w.) bis in die zweite hälfte des
9. jhdts (der stein von Valdby) verfolgen können, hat somit durch
diesen færoischen stein ein neues zeugnis von sich für die mitte
des 9. jhdts abgelegt und also zugleich die möglichkeit der entdeckung ähnlicher denkmäler auf Island aus dem ende des jahrhunderts bewiesen.

Während die runenschrift selbst, wie wir oben gesehen haben,

bei ihrer entwicklung in allem wesentlichen über den ganzen
Norden hin gleichen schritt gehalten hat, ist das verhältnis also ein
ganz anderes, wenn wir über ihre anwendung zu inschriften auf den
runensteinen sprechen. Hier sind die nordischen länder jedes
seinen eigenen weg gegangen, und die eigentliche runensteinperiode
gehört in jedem einer andern zeit an, gleichwie sich in diesem
punkte innerhalb eines jeden landes in hohem grade provinzielle
eigentümlichkeiten geltend machen. Während z. b. die alte dänische
provinz Schonen sich im ganzen genommen dem übrigen Dänemark
anschliefst, nimmt Bornholm eine besondere stellung ein, da die
vielen runensteine auf dieser insel gerade der periode angehören, wo
man im übrigen Dänemark auf dem wege war, diesen gebrauch aufzugeben. kein einziges bornholmisches runendenkmal dagegen in das
10. jhdt gesetzt werden kann.

# VI.

## Die ältesten dänischen runendenkmäler mit der kürzeren runenreihe.

s. 213. Da ich in der untersuchung über die entwicklung der runenschrift im Norden an vielen stellen veranlassung gehabt habe, auf die ältesten dänischen steine aus der jüngeren eisenzeit hinzuweisen, so wird es zweckmäfsig sein, diese denkmäler hier zusammenzustellen und ihre inschriften zu deuten.

Wenn wir die oben (s. 227 ff.) besprochenen steine von Sölvesborg in Bleking und von Räfsal in Bohuslän ausnehmen, die nicht geradezu den inschriften mit der kürzeren runenreihe beigezählt werden können, da sie noch eine einzige rune bewahrt haben, die sonst dem längeren alphabete eigentümlich ist[1]), so sind die ältesten bisher bekannten inschriften mit dem kürzeren nordischen futhark auf den dänischen inseln und in Schonen zum vorschein gekommen. Sowohl in sprachlicher wie in paläographischer beziehung sind diese inschriften von grofser wichtigkeit, da sie den zusammenhang in der entwicklung von der älteren zur jüngeren eisenzeit zeigen. Ich behandle daher zuerst die wenigen steine (im ganzen fünf, zwei von Seeland, zwei von Fühnen, einen von Schonen), die noch einzelne runenformen haben, welche sich in der längeren reihe wiederfinden, aber später in der kürzeren aufgegeben wurden, und knüpfe daran die deutung von einigen der merkwürdigsten dänischen inschriften, die der zeit nach zunächst auf diese folgen, in denen aber der übergang zu den allgemein bekannten jüngeren runenformen durchgeführt ist.

---

[1]) Bezüglich des seeländischen steines von Frerslev, bei dem dasselbe der fall ist, begnüge ich mich mit einem hinweis auf die bemerkungen oben s. 232, anm. 2.

Da die lautbezeichnung, wie wir früher hervorgehoben haben, in den inschriften mit der kürzeren runenreihe sehr mangelhaft ist, so liegt die hauptschwierigkeit bei der deutung dieser inschriften s. 214. darin, genau den laut zu bestimmen, der in jedem einzelnen falle namentlich durch die 3 (4) vokalzeichen ✦ (ᚠ) a (ꝗ), ᛁ i, ᚢ u ausgedrückt wird. Nur die genaueste kenntnis der ganzen nordischen sprachgeschichte wird uns in den stand setzen, zweifel zu lösen, die an vielen punkten entstehen, und in nicht wenigen fällen ist es noch unmöglich, zu vollkommen sicheren ergebnissen zu gelangen. Teils um die bedeutung näher zu begründen, die ich oben (s. 192; vgl. s. 258) den zeichen in der kürzeren runenreihe zuerteilt habe, und teils um im folgenden weitläufige untersuchungen über die aussprache der einzelnen formen zu vermeiden, schicke ich der eigentlichen deutung der inschriften eine kurze übersicht über die verschiedenen laute voraus, die durch die einzelnen zeichen in den inschriften von ungef. 800 bis ungef. zum jahre 1000 ausgedrückt werden, so viel wie möglich durch beispiele von dänischen steinen erläutert, die ich alle persönlich untersucht habe, und bei denen ich daher für die zuverlässigkeit der angeführten formen einstehen kann.

## A. Vokale.

Um die vielen verschiedenen, sowohl kurzen wie langen vokale auszudrücken, die sich allmählich in der gemeinnordischen sprache entwickelt hatten, mufsten sich die runenritzer mit den 4 zeichen ✦ a, ᚠ q, ᛁ i, ᚢ u behelfen, von denen ᛁ und ᚢ frühzeitig auch für e und o gebraucht worden waren. Alle übrigen laute mufsten also entweder durch die ursprünglichen zeichen für die laute, aus denen sie sich entwickelt hatten, oder durch zusammengesetzte zeichen ausgedrückt werden. In folge dessen treten die 4 vokalzeichen in der runenschrift mit folgenden bedeutungen auf:

§ 1. ✦ 1) = a, á: tanmarkaʀ gen. (Jællinge) = *Danmarkaʀ*, harþa (Hedeby) = *harda*; ala (Glavendrup) = *Ála*, uabn (Sjörup, Schonen) = *wápn*.

Aber ✦ wurde aufserdem noch das zeichen für die laute, die aus a, á durch umlaut entstanden waren, also:

2) = *æ*, *ǽ* (*i*-umlaut von *a*, *á*, in den ältesten altnord. handschriften *ę*, *ę́* oder *æ*, *ǽ*): naf̄ni opt. präs. (Ärs) = *næfni*, batri
(Tryggevælde), bastr (Kragehohn, Schonen) = *bætri, bæstr* (kaum
*batri, bastr*; vgl. § 6, a, 2); baþi neutr. pl. (Gunderup) = *bǽdi*. Gleichfalls haben karþi (Tryggevælde und viele andere inschriften), karþu
(Glavendrup) ohne zweifel den laut *æ* gehabt (*gærdi, gærdu* = altnord.
*gę̄rdi, gę̄rdu*), nicht *o* wie in altnord. *gordi, gordu* (vgl. unten 4).

Wir müssen annehmen, dafs in den ältesten runeninschriften
der *i*-umlaut noch nicht eingetreten ist (-gastiʀ auf dem goldenen
horn und dem stein von Berga = altnord. *-gę̄str*, mariʀ Thorsbjærg
= altnord. *mę́rr*); aber da das *i* der endungen in denselben fällen
wie in der späteren sprache bereits in den ältesten inschriften mit der
kürzeren runenreihe geschwunden ist, so dürfen wir annehmen, dafs
die vokalfärbung, die mit *i*-umlaut bezeichnet wird, zwischen 600—700
angefangen hat sich geltend zu machen.

3) = *ǫ́* (*u*-umlaut von *a*, in den ältesten altnord. handschriften *ǫ*
oder *ꜹ*; neuisländisch *ö*): faþur (Glavendrup) = *fǫðr* (altnord. *fǫdur*),
hakua (oft auf schwedischen steinen) = *hǫggwa*. Dafs dieser umlaut
s. 215. gemeinnordisch ist, halte ich nämlich für unzweifelhaft, ebenso dafs
er ursprünglich wesentlich dieselbe ausbreitung im schwedisch-dänischen
wie in der gewöhnlichen altnordischen schriftsprache gehabt hat; aber
frühzeitig ist er durch ausgleichung in den meisten fällen im schwedischen
und dänischen wieder verschwunden, wo jedoch viele formen noch von
seinem früheren vorhandensein zeugen (siehe Lyngby in der Tidskrift
for Philologi og Pædagogik II, Kbh. 1861, s. 297 ff.). Dafs ᚠ auf
den runensteinen in den fällen, wo auch das neuschwedische und
neudänische den umlaut bewahrt haben (*hugga, hugge* u. s. w. = altnord.
*hǫggva*) als *ǫ́*, nicht als *a*, ausgesprochen worden ist, versteht sich von
selbst. Dagegen ist die frage schwieriger zu entscheiden in den fällen,
wo die neueren sprachen *a* haben (ᚠᛆᚦᛁᛦ, ᚠᛆᚦᚢᚱ = altnord. *fadir,
fǫdur* u. s. w.). Einen sicheren beweis dafür, dafs der umlaut noch
ums jahr 1000 in solchen formen auch in Schweden und Dänemark
vorhanden gewesen ist, liefert indessen die schreibung ᛐᚿ (ꜹ) auf
den runensteinen (§ 6, c, 3; vgl. § 5, 5 und § 6, d, 3), die selbstverständlich zeichen für *ǫ́* (altnord. *ǫ*) ist, indem man zum ausdruck des
aus *a* durch *u*-umlaut entstandenen vokals entweder *a* (*u*) allein oder
ein aus *a* und *u* zusammengesetztes zeichen gebrauchen konnte (vgl.
ᛐᛁ und ᛁ als zeichen für den *i*-umlaut von *a*, § 6, a, 2 und § 4, 3).

Es geht aus den unten unter ᛏᚾ (§ 6, c, 3) angeführten beispielen
hervor, dafs man jedenfalls im östlichen Dänemark (Schonen) gegen
das jahr 1000 noch *fadir, fádur, satti, sáttu* unterschied, und dafs
man in Jütland gleichfalls z. b. die form *Danmârk* hatte; aber wenn
wir dieses wort tanmaurk acc. (der gröfsere stein von Jællinge), tanmarkaʀ gen. (der kleinere stein von Jællinge), tanmarku dat. (der
Skivumer stein von Jütland, welcher der ersten hälfte des 10. jhdts
angehört) geschrieben finden, so halte ich es für das wahrscheinlichste, dafs der umlaut nur im nom. und acc. bewahrt, dagegen
aber im dat. fortgefallen ist, wo *u* erhalten blieb. Dies stimmt ja
nämlich ganz zu dem aus den altnorwegischen handschriften
bekannten verhältnis, wo der *u*-umlaut gerade in den formen erhalten ist, wo *u* abgeworfen war, aber durch die unumgelauteten
formen verdrängt wurde, wo *u* vorhanden war (*land*, pl. *lǫnd, landum*;
*mǫrk*, dat. *marku, markum* u. s. w.). Dieselbe entwicklung ist dann
in Dänemark und Schweden vor sich gegangen, und diese neuere
entwicklung hat sich, wie sonst öfters, eher in Jütland als auf den
dänischen inseln, in Schonen und Schweden geltend gemacht.
Während ich also annehme, dafs die flexion des wortes *Danmark*
am ende des 10. jhdts in Jütland *Danmârk, -markaʀ, -marku* gewesen ist, zeigen die gleichzeitigen schonischen formen *fádur, sáttu*,
dafs man hier die ältere form *-mârku* auch noch im dat. gehabt hat.
In beziehung hierauf würde ich also z. b. die form barþusk, prät.
med. von *bærjask*, auf dem grofsen Århuser steine (gegen 1000)
durch *bardusk* wiedergeben, während wir auf gleichzeitigen schonischen
und vielleicht auch seeländischen denkmälern noch eine aussprache
*bârdusk* (= altnord. *bǫrdusk*) annehmen dürfen. Auf jeden fall hege
ich keinen zweifel darüber, dafs der *u*-umlaut auf den ungefähr
100 jahre älteren fühnischen und seeländischen steinen von Glavendrup, Tryggevælde u. s. w. vollständig durchgeführt gewesen ist, deren
faþur u. s. w. also *fádur* (*fǫdur*) u. s. w. gelesen werden mufs.

Dafs der *u*-umlaut im Norden jünger ist als der *i*-umlaut, kann
kaum einem zweifel unterliegen (von den inschriften mit älteren runen
hat der stein von Strand den acc. magu = altnord. *mǫg*, haþu-
laikaʀ = *Hǫdleikr*), aber viel jünger als dieser kann er hinwiederum
nicht sein. Ich nehme an, dafs er sich zwischen 700—800 vollständig
entwickelt habe. Diese auffassung mufs ich auf das entschiedenste
gegenüber einer ansicht behaupten, die besonders in der neuesten
zeit mit grofser bestimmtheit aufgestellt worden ist, und derzufolge

der (norwegisch-)isländische u-umlaut erst zu ende des 11. jhdts
begonnen haben sollte (siehe Kormaks saga, herausgegeben von
Th. Möbius, Halle 1886, s. 101). Diese ansicht steht in unlös-
barem widerspruch nicht nur mit den sprachgeschichtlichen thatsachen, die aus den neueren nordischen sprachen und aus den
runeninschriften gezogen werden können, sondern auch mit dem
factum, dafs der u-umlaut, wenn er erst im 11. jhdt eingetreten
wäre, zu einer zeit aufgekommen sein müfste, wo die wirkende ursache dazu (u in den endungen) in mancherlei fällen längst geschwunden war. Es sind die häufigen skaldenreime, wo a auf ǫ reimt,
die ausgezeichnete isländische sprachforscher veranlafst haben, diese
ganz unhaltbare behauptung aufzustellen. Die genannten skaldenreime
halte ich für eine durch die not erzwungene poetische licenz, und
dies verhältnis wird ja auch sehr verständlich und erklärlich, wenn
wir daran denken, dafs ǫ in wirklichkeit nicht so sehr weit von a
ab lag, wogegen das verhältnis natürlich ein ganz anderes wird, wenn
wir an stelle des altnord. ǫ das neuisländische ö setzen (daraus erklärt sich auch die auffassung der Isländer).

Dafs auch der lange á-laut, der u-umlaut von á (in den ältesten
altnord. handschriften ǫ́ oder ǫ́) im schwedisch-dänischen vorhanden
gewesen ist, geht mit sicherheit aus einzelnen worten hervor, in denen
er auch hier in den neueren sprachen nachgewiesen werden kann
(schwed. sjö, snjö, dän. sø, sne und ähnlichen aus älterem sio, snio
= altnord. sjór, snjór; dän. ól 'riemen', altschwedisch-dän. ol = altnord. ǫ́l, neuisl. ól; schwed.-dän. hun = altnord. hǫ́n; altschwed.-dän.
ambut = altnord. ambǫ́tt). Möglicherweise ist der umlaut á—ā̀ jedoch
im schwedischen und dänischen früher durch ausgleichung verdrängt
als der umlaut des kurzen a. Dies würde zu dem verhältnis im altnordischen stimmen, wo sich dieser umlaut ja nur in den ältesten
handschriften findet, während á später so gut wie in allen fällen wieder
ǫ́ verdrängte (vgl. oben s. 196). Wenn also der Hedebyer stein satu,
plur. prät. von sitja = altnord. sǫ́tu (sátu) hat, so nehme ich an, dafs
diese form hier sátu (in analogie mit Danmarku) ausgesprochen worden
ist, bezweifle aber nicht, dafs die aussprache auf älteren denkmälern, und
vielleicht noch damals im östlichen Dänemark und Schweden så̀tu war.

4) Natürlich könnte ⌖ auch zeichen für ǫ sein in den fällen, wo dies durch
u-(w-)umlaut aus æ entstanden ist (fornnord. forml. § 13; vgl. meine „Småbidrag

til nordisk sproghistorie" in „Det philologisk-historiske Samfunds Mindeskrift",
Kbh. 1879, s. 177 ff.); aber dieser umlaut hat nur sporadisch Schweden und
Dänemark berührt, wo er jedoch gewifs in einer form wie *gørwa* vorhanden
gewesen ist, in welchem speciellen falle der *o*-laut in unseren runeninschriften
durch ᚠᚿ ausgedrückt wird (vgl. § 6, c, 3 & 4).

Die hier genannten bedeutungen von ᚠ sind also in der sprachgeschichtlichen entwicklung begründet. Dagegen sollte der *e*-laut
eigentlich durch ᛁ ausgedrückt werden, was auch gewöhnlich der fall
ist; aber da ᚠ das regelmäfsige zeichen für *æ* war, und dieser laut
dem *e* nahe liegt, so finden wir auch frühzeitig ᚠ gebraucht

5) = e (é): uarþi (Glavendrup, Tryggevælde) = *werdi*, opt. präs.
von uarþa (Års) = *werda*, uar acc. (Tryggevælde) = *wer* 'ehemann',
maþ (Mejlby) = *med*, himþaki (Hällestad c) = -*þegi*, an (Sjörup)
= *en* 'aber'; saᚱ dat. (Hällestad a) = *séᚱ*. — Diese häufige schreibung
mit *a* für *i* in diesen formen (vgl. § 4, 2) bereits in so alten inschriften wie der des Glavendruper steines u. s. w. scheint mir an-
zudeuten, dafs der laut in diesen fällen näher dem *æ* als dem *e* gelegen
habe (frühzeitig haben diese worte jedenfalls *æ* bekommen, das regelmäfsig in unsern ältesten handschriften gebraucht wird).

6) Da die alten diphthonge in einfache laute überzugehen anfingen, kann
ᚠ zuweilen für das gewöhnliche ᛁ gefunden werden, entsprechend dem diphthongen
ᚠᛁ : raspi (Skovlænge) = raispi, rispi, raspi stan (auf schwedischen
steinen) = raispi stain, rispi stin d. i. *raispi stæin* oder *réspi stén*
(vgl. § 7), aki (Sjörup) = aigi (Hällestad a) d. i. *aigi* oder *égi* 'nicht',
þaᚱ (Skårby, Schonen) = þain, þin, þana (Grensten) = þaina, þina. Dagegen bezeichnet ᚱᚠᚿᛁ auf dem Rimsoer steine raispi, indem ᚿ zeichen für
is ist, während s allein durch ᚼ ausgedrückt wird.

§ 2.  ᚡ drückt dieselben laute aus wie ᚠ mit folgendem
nasal (siehe oben s. 201 f. und vgl. § 3):

1) = q, ǫ́: han (Skivum), hans (Glavendrup) = *hann*, *hans*;
a (Snoldelev u. s. w.), þa (Århus u. s. w.) = *ǫ́*, *þǫ́*, asa (Sjörring,
Tulstorp) = *Ąsa*, ani (Mejlby) = *Ąni*, amuta (bruchstück von Århus)
= *Ąmunda*.

2) = æ, ǽ: staᚱ (Flemlose, Örja) = *stænda*, laki (Års) =
*længi*.

3) = ǫ́, ǽ: klamulan (Tryggevælde) = *glǫmulan*; as- in namen s. 216.
= *ǫ́s*- in den ältesten inschriften; später auch *ǫ́s*-, *ãs*-, *ás*- und mit

verkürzung des vokals *as-*, *as-*, *æs-*: Ą̊sbiarn, Ą̊sbiarn; Asbiorn, Ásbiorn; Ásbiorn, Asbiorn, Æsbiorn (Es-)[1].

Das wort ᚠᚼ wurde ursprünglich flectiert: nom. ǫ̊ss, gen. ǫ́saʀ. Durch analogie bekam auch der nom. später die form ǫ́ss, die wiederum durch aufgeben der nasalität zu *áss* wurde. Die mit ᚠᚼ- (aus ᚠᚼᚿ-) zusammengesetzten namen lauteten ursprünglich Ą̊s-; aber da das unzusammengesetzte ǫ́ss zu ǫ́ss, *áss* wurde, so konnte die form ohne *u*-umlaut auch das ǫ̊s- im ersten gliede der namen verdrängen, wo gewiß nicht selten die umgelautete und nichtumgelautete form nebeneinander standen[2].

4) Mit der bedeutung *o* kommt ᚠ dagegen erst in jüngeren inschriften vor; ich glaube daher auch nicht, daß der name fruþa auf dem in vielen beziehungen dunklen Tirsteder steine als *Fróda* aufgefaßt werden darf.

§ 3. 1) Ziemlich früh (in der 2. hälfte des 10. jhdts) beginnen die zeichen ᛆ und ᚠ vermischt zu werden, so daß wir ᚠ für ᛆ in dessen verschiedenen bedeutungen finden können, ohne daß ein nasal darauf folgt oder früher darauf gefolgt ist: harþa (Asferg) für das häufige harþa = *harda*; aft (Vedelspang), aftiʀ (Skovlænge) für das ganz gewöhnliche aft, aftiʀ = *æft*, *æftiʀ*; san dat. (Jellinge) für san (Hällestad a) = *sén*; auk (Köpinge, Schonen) zweimal für das gewöhnliche auk. Umgekehrt findet sich zu ende des 10. jhdts ᛆ für ᚠ in asbiarn (Fosie, Schonen), askil (Hällestad a; aber askautr, ǫsbiurn auf den beiden andern gleichzeitigen steinen von Hällestad), askutr (Krageholm), aslakn (Århus), asur (Gårdstånga, Ravnkilde; aber ǫsur Års, Strö a, Valkärra).

2) Wie die oben s. 194, s. 201 und s. 319 angeführten beispiele zeigen, muß *a* in älterer zeit nasaliert gewesen sein, nicht bloß wo der nasal geschwunden und das vorhergehende *a* gedehnt war, sondern auch wo ein nasal unmittelbar auf *a* folgte. Jedoch ist hier sehr früh schwanken im gebrauch von ᚠ und ᛆ eingetreten. In den ältesten inschriften ist die regel jedoch sicherlich genau durchgeführt gewesen, obgleich sie nur die form stątn = *stǫndʀ* dar-

---

[1] Ich nehme nicht an, daß die dänisch-schwedischen formen auf Æs- (Es-) in Æsbiorn (Esbiorn, Esbern), Æskill (Eskel) u. s. w. unter einfluß der formen von ǫ́ss (*áss*) entstanden sind, die *i*-umlaut hatten (dat. sgl. ǫ́si, nom. pl. ǫ́sir).

[2] Wenn wir später häufig sowohl As- wie Os- in diesen namen treffen, so könnte das erstere von der nichtumgelauteten, das letztere von der umgelauteten form ausgehen; aber ich nehme doch am ehesten an, daß Os- (in Osfred, Osgot u. s. w.) durch einwirkung der altenglischen namen eingedrungen ist.

bieten; aber auch die jüngeren inschriften aus der ersten hälfte des
10. jhdts haben viele erinnerungen an das ältere verhältnis bewahrt,
obgleich es hier bereits erschüttert ist: so hat der stein von Glavendrup þansi (einmal), hans, anan, aber auch þansi (einmal),
haiþuiarþan, der stein von Tryggevælde schreibt þansi (dreimal),
klamulan mit ᚠ in der ersten, aber ᛏ in der letzten silbe, sowie
man, hiþan. Wenn diese inschrift þai batri in der bedeutung
*þæim bætri* hat, so bezeichnet ᚠ unzweifelhaft, dafs der nasal vor *b*
ausgelassen ist, aber kaum, dafs der diphthong *œi* nasaliert gewesen;
denn das wort stain wird (zweimal) mit der *ár*-rune geschrieben
wie auf dem Glavendruper steine, was auch ohne ausnahme in den
noch älteren inschriften (Kallerup, Snoldelev, Helnæs, Flemløse) sowie auf der grofsen masse jüngerer steine der fall ist (so hat der
gröfsere Gunderuper stein stain wie þaim neben þansi). Einzelne denkmäler aus der ersten hälfte des 10. jhdts verwenden noch consequent
ᚠ vor nasal: so hat der stein von Skivum han uas lantmana
baistr i tanmarku = *hann was landmanna bæstr i Danmarku*; der
stein von Års hat þansi, stanta und laki = *længi*. Aber im übrigen
findet sich in der grofsen menge von inschriften aus dem 10. jhdt
in diesem falle grofses schwanken im gebrauche von ᚠ und ᛏ, so dafs
ᛏ allmählich das weit überwiegende wird: þansi kommt jedoch
häufig neben þansi vor, stanta (Års), aber stata (Hällestad),
manr (Skærn), aber matr (Hedeby) = *mandr*, man acc. (Sjælle,
wie auch Tryggevælde), mana gen. plur. (Krageholm) = *manna*,
uhimskan acc. sgl. masc. (Søndervissing b), aber kuþan sehr gewöhnlich = *gódan*, kauruan (Sæddinge) = *garwan*, tuþan (Virring)
= *dáudan*. Mit ᛏ wird gleichfalls han (Sæddinge, Krageholm, Hedeby
und öfter), hans (Krageholm), tanmarkan, tanmaurk, tani
(Jællinge), lat (Ravnkilde) = *land*, hantan (Hunestad) = *handan*,
an (Sjörup) = *en* geschrieben; gleichfalls vor *m*: bram (Krageholm)
= *Bram*, kamal (Valkärra) = *Gamal*. Dies scheint zu beweisen, dafs
die nasalierung der vokale im laufe des 10. jhdts in Dänemark
geschwunden ist, wo ein nasal folgte, und es mufs daher als unrichtige anwendung von ᚠ für ᛏ angesehen werden, wenn wir z. b.
ian (Danevirke) für das gewöhliche ian (an, in) = *en*, aumuta
(Sjörring) = *Oymunda* finden.

3) Wo ein kurzes *a* ursprünglich und noch in der ältesten
runensprache vor einem nasal gestanden hatte, der in alter zeit fort-

gefallen war (früher als die alterältesten inschriften mit der kürzeren
runenreihe), mufs *a* ohne zweifel ursprünglich nasaliert gewesen sein
(also im acc. plur. masc. der *a*-stämme, in vielen formen der *n*-stämme,
im inf. und in der 3. pers. plur. präs. der verba). Eine erinnerung
an den einstigen nasalvokal in diesen fällen habe ich auch auf
dem färoischen stein von Kirkebø nachweisen zu können geglaubt
(siehe oben s. 312). Aber in Dänemark und wahrscheinlich auch in
Schweden war die nasalität bereits im anfang des 9. jhdts verloren,
wie dies aus unsern ältesten runensteinen hervorgeht, die hier stets
die *ár*-rune brauchen: hurnbura gen. sgl. (Kallerup), ala gen.
sgl. (Glavendrup), ala kuþa acc. sgl. (Glavendrup), aba acc. sgl.
(Gunderup), tuka dat. sgl. (Gunderup), rita inf. (Glavendrup, Tryggevælde), stąnta, uarþa inf. (Års), kaurua (Søndervissing, Jællinge)
= *gorwa*, lika 3. pers. plur. präs. (Gunderup) = *liga* (altnord. *liggja*)
u. s. w. Beispiele für den acc. plur. von männlichen *a*-stämmen
kommen erst in jüngeren inschriften aus der zweiten hälfte des
10. jhdts vor: stina (Gårdstånga c). Neben der grofsen masse von
beispielen für die *ár*-rune in den genannten formen gerade aus
unsern ältesten inschriften finden wir ganz ausnahmsweise und erst
in jüngeren inschriften ᚠ in filagą acc. sgl. (Sjörup), stiną acc.
plur. auf ein paar schonischen steinen, siną acc. plur. auf ein paar
jütischen steinen und auf dem schonischen stein von Lundagård,
kristną acc. plur. (der gröfsere stein von Jællinge), statą inf. (Hällestad b). Dafs wir in diesen fällen nicht den alten nasalvokal bewahrt
vor uns haben, geht jedoch deutlich aus der grofsen menge analoger formen mit der *ár*-rune nicht nur auf weit älteren und auf gleichzeitigen
steinen, sondern auch auf eben denselben denkmälern hervor, die ausnahmsweise ᚠ gebrauchen: der Ulstruper stein hat im acc. plur.
skibara siną = *skipara sina*, der stein von Vinge bruþr siną tua
= *bródr sina twá*, der stein von Lundagård neben stiną und siną
im acc. plur. baþa und kuþa = *báda*, *góda*. Dafs auch der vorhergehende nasal das folgende kurze *a* nicht nasaliert hat, wie
man aus den beispielen siną, stiną, kristną vermuten könnte,
wozu noch ferner das letzte ᚠ in mąną gen. plur. (Skivum) und
hribną nom. sgl. (Bække) gefügt werden kann, geht aus den aufserordentlich zahlreichen fällen hervor, wo von den ältesten zeiten an ᚼ
hinter ᚴ geschrieben wird (stainaᚴ Räfsal, sunaᚴ Snoldelev und öfter,
trukuaþu Helnæs, kuna Glavendrup, Søndervissing, runaᚴ Glavendrup, sina acc. sgl. fem. der kleinere stein von Jællinge, Læborg,

Gunderup und mehrere); ebenso mak (Gunderup) = mág u. s. w.
u. s. w. In den angeführten formen mit ᚠ sehe ich daher nur eine
vermischung von ᚠ und ᛏ; aber wenn ᚠ besonders hinter ᛏ auftritt,
so ist es doch hier ohne zweifel absichtlich aus kalligraphischen
gründen gebraucht, um das zusammentreffen von ᛏᛏ zu vermeiden.

4) Noch einen beweis für die vollständige vermischung der óss-
und ár-rune zu ende des 10. jhdts liefert die zuweilen vorkommende
zusammenstellung beider zeichen um den a-laut auszudrücken: ᚠᛏᚢᛁ
ąaki (Bjersjö, Schonen) = Áki. Besonders charakteristisch in dieser
beziehung ist der stein von Hobro (s. oben s. 246f.), der dreimal ᚦᛏ
in þąasi, kuþąa, kuþąan schreibt (aber ᛏ allein regelmäfsig in
felaka, harþa sowohl wie in karl).

§ 4. | 1) = i, i: lantirþi (Egå) = landhirdi (altnord. hirdir,
„Navneordenes böjning i ældre dansk“ § 21), hin (Oddum) = hinn;
þrin (Bække) = þriʀ, sin, sina, acc. sgl. masc. und fem. (Jællinge)
= sinn, sina.

2) = e, é: uirþi (Glemminge, Schonen) = werdi, is pron. rel.
(Flemlose und öfter) = es, uir acc. (Sjörring) = wer, miþ (Strö b)
= med, himþiki (Hällestad b und öfter) = -þegi, in (Glavendrup)
= en, þign (Randers) = þegn; filaga acc. (Hedeby) = félaga, fiaʀ
gen. (Gunderup) = féaʀ.

Das unbetonte | in der letzten silbe eines wortes, das nicht einem
ursprünglichen i entspricht, ist gewifs auch zeichen für den laut e, s. 217.
nicht für i, gewesen; jedoch behalte ich in diesem falle überall i bei,
auch wenn ich die worte nach ihrer aussprache wiedergebe.

Gleichwie ᛏ anstatt | gebraucht werden konnte, um den e-laut
auszudrücken, so kann umgekehrt |

3) = æ, ǽ sein: hribną (Bække) = Hrǽbna (altnord. Hrefna, fem.
zu Hrafn), liki (Rygbjærg) = lǽngi, triku, trik (allgemein) =
drǽngʀ, drǽng; ift, iftiʀ (allgemein) = æft, æftiʀ; nistin nom. plur.
masc. (Hällestad a) = nǽstiʀ, frinta acc. (Egå) = frǽnda (in diesem
worte hat die schreibung mit | = ǽ jedoch historischen grund).

4) Natürlich würde | auch zeichen für y, ý in den wenigen fällen sein, wo
dieses aus i, i entstanden ist (fornord. forml. § 11, d); aber dieser übergang hat
Dänemark und Schweden nur sporadisch berührt und wird also sehr schwer in
runeninschriften nachgewiesen werden können; jedoch ist das siktriku des
steines von Vedelspang ohne zweifel Sigtryggw (nicht -triggw) zu lesen, vgl.
schwed.-dän. trygg.

5) Frühzeitig beginnt I auch anstatt ⌐I als zeichen für den diphthongen *ai* gebraucht zu werden: risþi stin (Skærn und öfter) = *ræisþi stæin*. Diese schreibung bezeichnet wohl gerade in den älteren inschriften den beginnenden, in den jüngeren den vollständigen übergang des diphthongen zum einfachen langen laute (*é*); vgl. § 7.

6) Aufser den hier genannten vokalen bezeichnet I auch den halbvokal *j*; aber die meisten von den verbindungen, die später *j* erhielten (*ja*, *jú* u. s. w.) haben zur zeit der runensteine ohne zweifel noch *i* (*ia*, *iú* u. s. w.) gehabt. Dagegen ist I sicher zeichen für den halbvokal in formen wie trekiaʀ nom. pl. (Hedeby) = *drængjaʀ* („Navneordene böjn. i ældre dansk" s. 55).

§ 5. ∩ 1) = *u*, *ú*: sunu acc. sgl. (Helnæs; Navneordenes böjn. s. 74), kunulf acc. (Tryggevælde) = *Gunnulf*; nu (Tyggevælde) = *nú*, runaʀ (Glavendrup) = *rúnaʀ*.

Das unbetonte *u* in endungen hat vielleicht dem *o* näher als dem *u* gestanden; ich gebe es jedoch überall durch *u* wieder (in analogie mit *i* in den endungen; vgl. § 4, 2 schlufs).

2) = *o*, *ó*: kurmʀ (Jællinge) = *Gormʀ*; þur (Glavendrup) = *Þórr*, bruþur (Rönninge) = *bródur*.

3) = *y*, *ý*: sunin (Glavendrup) = *syniʀ*; bu (Danevirke, Hedeby) = *bý*.

4) = *o*, *ó*: uft (Sondervissing), uftiʀ (Danevirke) = *oft*, *oftiʀ* (nebenform zu *æft*, *æftiʀ*, geschrieben aft, aftiʀ, ift, iftin, eftin, aift, aiftiʀ); bruþr acc. plur. (Jælsmark) = *bródr*, nuruna (Egå) = *norróna*, futin (Tryggevælde) = *föddiʀ*.

5) Aufserdem kann ∩ zuweilen statt ⌐ oder ⌐∩ (§ 6, c, 3) als zeichen für den *á*-laut gebraucht werden, der ja dem *o* nahe liegt: hukua (Strö und oft auf schwedischen steinen) = *hǻggwa*. In den älteren inschriften kommt ∩ jedoch s. 218. kaum in dieser bedeutung vor, und es ist daher wahrscheinlich, dafs das ältere *á* in formen wie hukua in das daraus entstandene jüngere *o*, *u* übergangen ist (vgl. I∩ mit der bedeutung *iá* oder *io* § 6, d, 3).

6) Frühzeitig beginnt ∩ auch an stelle von ⌐∩ als zeichen für die diphthonge *áu* und *oy* gebraucht zu werden: þusi (der kleinere stein von Jællinge = þausi auf dem gröfseren), tuþan acc. sgl. masc. (Virring) = *dáudan*; frustin (= älterem fraustain d. i. *Froystæinn*) Bautil no. 841. Diese schreibung verrät wohl in der regel gleichwie

Ι für ΙΙ (§ 4, 5), dafs der diphthong in einen einfachen langen laut
(ó) übergegangen ist. Man mufs jedoch am ehesten annehmen, dafs
auf dem kleineren stein von Jællinge der diphthong noch bewahrt ist
wie in þausi auf dem gröfseren Gunderuper und auf dem Skivumer
steine, wogegen þausi auf dem gröfseren stein von Jællinge vielleicht umgekehrt den lautwert pósi hat.

7) Endlich ist Ν auch zeichen für den halbvokal w: uas (Flemløse) = was, suin (Danevirke) = Swæinn (Swénn). Bewahrt als auslaut
in fällen, wo es im altnord. abgeworfen ist, findet es sich in siktriku (Vedelspang) = Sigtryggw; auf dieselbe weise lese ich das karuꞧ
des Röker steines als gârwꞧ (= altnord. gǫrr), entsprechend dem
acc. kauruan (Sædinge) = gârwan (altnord. gǫrvan).

§ 6. Die diphthonge werden ursprünglich durch zusammenstellung der zeichen für die einzelnen laute (ΙΙ, ΙΝ, ΙΝ) ausgedrückt;
aber wie ein einziges zeichen (Ι, Ν) frühzeitig anstatt des zusammengesetzten (ΙΙ, ΙΝ) gebraucht werden kann, um den diphthongen
auszudrücken (vgl. § 4, 5, § 5, 6), so kann umgekehrt ein zusammengesetztes zeichen (ΙΙ, ΙΙ, ΙΝ) zuweilen angewandt werden, um die
einfachen laute auszudrücken, denen ein eigenes zeichen fehlt. Der
laut â (u-umlaut von a) wird regelmäfsig durch dasselbe zeichen wie a
ausgedrückt, aber ab und zu auch durch zusammenstellung von a und
u; die laute æ und e werden in der regel durch dasselbe zeichen wie
a und i ausgedrückt, aber mitunter auch durch zusammenstellung
von a und i. Wir finden daher:

a. ΙΙ 1) = dem diphthongen ai (wohl æi ausgesprochen, in den
ältesten altnord. handschriften çi oder æi, auch wie später ei): raist
(Glavendrup) = ræist, altnord. reist, prät. von rista, stain (Kallerup)
= stæinn (steinn), raisþistain (Gunderup), i þaim hauki (Gunderup).

2) = æ (i-umlaut von a): hairulfꞧ (Haverslund) = hærulfꞧ,
baistr (Skivum) = bæstr[1]), aift (Skivum), aiftiꞧ (Gårdstånga b
und öfter) = æft, æftiꞧ, ailti (Glavendrup, Tryggevælde) = ælti.

3) Selten ist ΙΙ auch zeichen für e: þaikn (Gunderup) = þegn.

---

[1]) Die bezeichnung ai beweist, dafs diese form sehr frühzeitig æ statt des
in den ältesten altnord. handschriften häufig vorkommenden a (baꞧtr) bekommen
hat; da æ im komparativ früher als im superlativ eingetreten ist (vgl. mein
oldnord. læsebog³ XXVI), so ist das batri des Tryggevælder steines eher
bætri als batri ausgesprochen worden.

b. ⊩ 1) = *ia*: b i a r n a ᴎ gen. (Skærn), b i a r k i dat. (Hällestad)
= *biaryi*.

2) = *iᴂ* (*u*-umlaut von *ia*): -b i a r n nom. und acc. (Fosie und
oft auf schwedischen steinen) = -*biᴂrn* [1]).

3) = *e*: i a s pron. rel. (Jællinge und öfter) = *es*, i a n (Sæddinge;
auf dem Danevirke-steine i a ᴎ) = *en*, þ i a k n (Glavendrup und öfters)
= *þegn*, n u r u i a k (Jællinge) = *Norweg*.

4) Sehr selten = *ᴂ*: i a f t (Sondervissing b) = *æft*.

s. 219.     c. ⼊ᴎ 1) = dem diphthongen *áu* (wohl *âu* ausgesprochen, in
den ältesten altnorweg. handschriften ou oder ᴂu, in den altisl. au):
h a u k (Tryggevælde und öfter) = *hâug* (*haug*), a s k a u t r (Hällestad b) = *Ásgâutr* (*Ásgautr*).

2) = dem diphthongen *oy* (isl. *ey*, *i*-umlaut von *au*): a u s t a i n
(Tägerup, Gunderup b) = *Oystᴂiᴎn* (*Eysteiᴎn*), f r a u s t a i n (auf schwedischen steinen, Liljegren no. 835, 842; vgl. f r a y s t a i n mit punktiertem *u* auf dem stein von Sjælle) = *Froystᴂiᴎn* (*Freysteiᴎn*).

3) = *â* (dem *u*-umlaut von *a*, gleichwie der *i*-umlaut durch
⼊l bezeichnet werden kann). Ziemlich selten kommt ⼊ᴎ in dieser
bedeutung an stelle des gewöhnlichen ⼁ vor; aber gerade die bezeichnung ⼊ᴎ enthält einen vollgültigen beweis unter vielen andern
dafür, dafs der *u*-umlaut gemeinnordisch gewesen ist (vgl. § 1, 3
und Navneord. böjn. § 13): h a u k u a (auf schwedischen steinen, Liljegren no. 662, 1091) = *hâggwa*, b i a u r n (der kleinere Skærner stein)
= *biᴂrn*; in diesen fällen ist der umlaut auch im neuschwedischen
und neudänischen bewahrt; aber wir finden auch t a n m a u r k acc.
(Jællinge) = *Danmᴂrk*, f a u þ u r acc. (Glemminge, Schonen; die
schwedischen steine bei Liljegren no. 258, 967) = *fâdur*, s a u t u, prät.
plur. von *sᴂtja*, entsprechend dem sgl. s a t i = *satti*, *sᴂttu* (die schonischen steine von Hunestad und Skårby) [2]). Gleichfalls bezeichnet
k a u r u a n acc. sgl. masc. (Sæddinge) [3]) ohne zweifel die aussprache

---

[1]) Jedoch kann b i a r n auch die aussprache *biarn*, eine durch analogie nach
dem gen. *biarnaᴎ* entstandene nebenform zu *biârn*, wiedergeben.

[2]) Die formen *satti*, *sâttu* sind älter als die altnorwegisch-isländischen *setti*,
*settu*. Siehe meine „Småbidrag til nordisk sproghistorie" in „Det philologisk-
historiske Samfunds Mindeskrift", Kbb. 1879, s. 183 f. (separatabzug s. 10 f.).

[3]) In der verbindung þ u r u i kat k a u r u a n stain þ a u s i, d. i. *þyrwi*
*gat gûrwan stein þaussi*. Da ich prof. Stephens gegenüber geleugnet hatte, dafs

*gârwan* (= altnord. *gǫrvan*), und in analogie hiermit **könnte** auch
kaurua inf. (Jællinge, Sondervissing) *gârwa* und nicht das dem altnord. entsprechende *gorwa* ausdrücken, obgleich das letztere mir am
wahrscheinlichsten vorkommt, da der *u-* (*w-*)umlaut von *æ* zu *o*
in diesem falle auch Dänemark und Schweden umfaßt zu haben
scheint [1]).

4) = *o*. Man muß annehmen, daß ᛏᚿ diesen laut in kaurua
inf. ausdrückt, das eher *gorwa* als *gârwa* gelautet hat (siehe 3 schluß),
sowie in auft (Glavendrup), auftin (Fuglie, Schonen) = uft, uftin s. 220.
(nebenform zu aft, aftin; vgl. § 5, 4).

5) Außerdem kommt ᛏᚿ (ᚠᚿ) sporadisch in ein paar fällen
vor, wo wir das einfache ᛏ oder ᚿ erwarteten: uþinkaur nom. und
acc. (Skivum, Skærn) für -kar = *Óðinkárr*, *-kár*; hiau (Læborg)
für hiu (§ 6, d, 2), prät. von *hǫggwa* = *hió* (vgl. hio jüt. gesetz 3, 34,
altnord. *hjó*), þiauþu dat. (Tirsted) für þiuþu (Simbris, Schonen)

———

sich der infinitiv auf -*an* auf jüngeren runensteinen fände („De ældste nord.
runeindskr." s. 14), so führte er in seiner antwort 7 vermeintliche beispiele
für diese formen an, und nahm den stein von Sæddinge in sein werk auf,
weil er in kauruan „an example, neither doubtful nor deniable nor to be
escaped by any linguistic subterfuge whatsoever, of the infinitive in -an
in heathen Scandinavia" fand (s. 782). Diese starken worte scheinen auf Rydqvist eindruck gemacht zu haben, der Stephens' erklärung von kauruan als
infinitiv ohne widerspruch bestehen läßt, während er die unhaltbarkeit der
andern sechs beispiele nachweist (Svenska språkets Lagar, IV, s. 426—27).
Auch Thorsen nimmt dieses wort auf dem Sæddinger steine als infinitiv, aber
er scheint kaurua lesen zu wollen („De danske Runem." I, s. 49); die inschrift
hat jedoch deutlich kauruan, und *geta* verbunden mit dem particip. prät. ist
ja nicht bloß aus dem altnordischen, sondern auch aus dem alt- und neudänischen wohlbekannt.

[1]) Da die sehr häufig vorkommende präteritalform in den runeninschriften
ᛏ (§ 1, 2) oder ᛁ (häufig auf schwedischen steinen) hat, nicht ᛏᚿ oder ᚿ, so
darf man hieraus schließen, daß der *w*-umlaut von *æ* in dieser form in
Dänemark und Schweden nicht vorhanden gewesen ist, daß sie also *gærði*,
nicht *gǫrði* ausgesprochen wurde. Im inf. könnte man sich eine form *gârwa*
unter einfluß des häufig vorkommenden adjectivs *gârr* (*gârwR*) entstanden
denken, das statt des ptcp. prät. gebraucht wurde; aber da *w*, wie die runeninschriften und die ältesten altnord. sprachdenkmäler zeigen, sich im inf. (und
präs.) noch lange gehalten, nachdem es bereits im prät. ausgefallen war
(fornnord. forml. § 143, 2), so kommt es mir am wahrscheinlichsten vor, daß
die runische form kaurua *gǫrwa* bezeichnet, so daß die flexion gewesen wäre:
inf. *gǫrwa*, prät. *gærði*, (ptcp. prät.) *gârr* (*gârwR*).

= *þúdu* (altnorw.-isl. *þjóðu*), niᛅut (Nörrenærå) für niut = *niút*,
imper. von niuta (altnorw.-isl. *njót*), þᛅurui (der gröfsere stein von
Jællinge, nicht þiurui, wie man früher las) für das gewöhnliche
þurui (der kleinere stein von Jællinge und öfter) = *þyrwi*. In
-kaur und hiau bezeichnet ᛏᚾ wohl einen laut, der von *á* und *ó* ein
wenig verschieden gewesen ist, sich etwas dem *â* genähert hat. Wenn
-kaur ursprünglich ein *u*-stamm war, so würde au ja als bezeichnung des dem altnord. *ǫ́* entsprechenden umgelauteten vokals vollkommen berechtigt sein (§ 6, c, 3), und altnord. -kárr müfste dann ein
späterer übertritt in die *a*-klasse sein (wie z. b. *ǫrr*, *árr*, fornnord.
forml. § 51 b, anm. 1). In hiau könnte au natürlich ganz gut als bezeichnung für das lange *o* aufgefafst werden; aber da dieser laut auf
älteren steinen sonst durch ᚾ ausgedrückt wird, so bin ich am meisten
geneigt au als zeichen für einen von *ó* etwas verschiedenen mehr
offenen laut aufzufassen. In þiauþu, niᛅut ist der laut kaum ein
reines *iú* gewesen, sondern am ehesten ein mittellaut nach *iâ* hin,
und der gebrauch von ᚠ für ᛏ in niᛅut ist wohl auch gerade ein
beweis dafür, dafs der runenritzer eine unklare auffassung von diesem
laute hatte; denn von wirklicher nasalierung kann in diesem falle
ja keine rede sein, und der stein von Nörrenærå gehört einer zeit
an, wo man ᚠ *ą* und ᛏ *a* noch genau unterschied. In þᛅurui statt
des sonst öfter vorkommenden þurui ist ᛅu eine ungewöhnliche
bezeichnung für den laut *y*; da ᛏᚾ auf dem gröfseren stein von
Jællinge ohne zweifel zeichen für den *o*-laut sowohl in kaurua (=
*gorwa*) wie in þausi (= *þósi*) ist, so lag es ja nahe, dieselbe bezeichnung auch für den *y*-laut zu gebrauchen (dafs hier ᚠᚾ, aber in
den beiden andern fällen ᛏᚾ geschrieben wird, beruht darauf, dafs ᚠ
und ᛏ im ganzen auf diesem steine vermischt sind, wie sᛅn für saᚱn
zeigt).

d. ᛁᚾ 1) = *iú* (altnorwegisch-isl. *jú*, *jó*)[1]: þiuþu (Simbris, siehe
oben c, 5), ubbriuti conj. präs. (Glemminge, Schonen) = *uppbriúti*
(altnorw.-isl. *uppbrjóti*).

2) = *ió*, *io* (sehr seltene verbindung im schwedisch-dänischen;

---

[1] Ob man nicht in den fällen, wo das altnorw.-isländische *jó* bekam, auch
im schwed.-dänischen wenigstens in gewissen gegenden eine zeit lang eine von
*iú* etwas verschiedene aussprache gehabt hat, kann jedoch zweifelhaft sein.
Hierfür könnte unter anderm auch die in § 6, c, 5 besprochene schreibung au
(au) für u in þiauþu, niᛅut sprechen.

altisl. *jó, jo*): hiu (Liljegren no. 70), hiuk (oft auf schwedischen steinen) = *hió, hiogg* (vgl. altschwed. *hio, hiog, hiogg*, Rydqvist I, 171 und vgl. hiau § 6, c, 5).

3) = *iå* oder später (§ 5, 5) *io* (entsprechend dem altnord. *jǫ*, isl. *jö*, *u*-umlaut von *ja*): - biurn (Hune in Jütland, Sjörup, Hällestad und Strö in Schonen und öfter) = -*biårn* oder -*biorn*, miuk (Rygbjærg) = *miåk* oder *miok*, altnord. *mjǫk* (siehe „Store Rygbjærg-stenen" in den årb. f. nord. oldk. 1875, s. 201, 207 = separatabz. s. 14, 20).

§ 7. Während die ältesten inschriften regelmäßig die alten diphthonge *æi* und *åu, oy* durch ᛏᛁ und ᛏᚿ ausdrücken, finden wir sie später (namentlich vom ende des 10. jhdts an, mehr sporadisch auch früher) meistens mit einfachen zeichen geschrieben, ᛁ (selten ᛏ) für ᛏᛁ und ᚿ für ᛏᚿ, so auf dem Danevirker und Hede-  s. 221. byer steine mit einer einzigen ausnahme durchgehends ᛁ = ᛏᛁ (siehe oben s. 252 f.), aber dagegen tauþr = *dåudr* auf beiden. Dieser starke gebrauch des ᛁ für ᛏᛁ und namentlich des punktierten ᛁ (ᛐ) in erik (= älterem *Æirik*) auf dem einen steine zeigt, dafs die alten diphthonge in Dänemark nicht mehr rein bewahrt gewesen sind; aber der übergang von diphthongen zu einfachen lauten ist natürlich ebenso wenig wie andere durchgreifende übergänge in der sprache plötzlich vor sich gegangen. Es mufs eine periode gegeben haben, wo man noch zwischen einfachem laut und diphthongen schwankte, und gerade diese übergangsperiode finden wir ohne zweifel durch die genannten Schleswiger steine und viele andere vertreten. In Dänemark, wo der übergang von den alten diphthongen zu einfachen langen lauten (*æi* zu *é*, *åu* und *oy* zu *ó*) früher als in Schweden begann, ist er ohne zweifel vollständig in der ersten hälfte des 11. jhdts durchgeführt.

§ 8. Wie die in § 1 ff. angeführten beispiele beweisen, wird die quantität der vokale in der schrift nicht bezeichnet: ᛏᚱᛏ ala = *Ála* und *alla* u. s. w. Nur ganz ausnahmsweise kommt zusammenstellung von zwei vokalzeichen zur bezeichnung eines langen vokals vor: ᚦᛏᛏᛁ þaasi (Tryggevælde) = *þåsi*.

§ 9. Nicht selten werden vokale in den runeninschriften entweder aus rücksicht auf den raum oder durch unachtsamkeit weggelassen: hrþa (Langå, Randers) = *harþa*, hus (Egå) = *hans*, stn (Vejlby) = *stin*, risþ (Mejlby, Grensten), riþ (Hörning) = risþi

u. dgl. Ein merkwürdiges beispiel von absichtlicher auslassung
sowohl von vokalen wie von konsonanten gibt der eine von den
Bækker steinen, dessen inschrift in zwei zeilen lautet:

hribną : ktubi : kriukubþsi
aft : uibrukmþusin

was ich ergänze hribną k(a)t u(r)bi(t *oder* n) kriu(t)kub(l)
þ(u)si aft uibruk m(u)þu(r) sin(a), d. i. *Hræbna gat orpit* (oder
*orpiu*) *griútkumbl þáusi* (*þósi*) *æft Wiborg módur sina*, „Hræfna errichtete dieses denkmal (diesen hügel mit steinkreis) nach ihrer
mutter Wiborg"[1]).

§ 10. Umgekehrt wird nicht selten ein vokal, besonders ein svarabhaktisches *u* oder *i*, eingeschoben: turutin (Skærn) = *dróttin*,
buruþur (Gylling) = *bródir*, þigin (Langå) für þign (Randers) =
*þegn*, sąskiriþr (Skærn) = *Sasgærdr*, simiþr (Liljegren no. 897)
= *smidr* (derselbe stein hat auch boroþur = *bródur*). In den
ältesten nordischen runeninschriften ist bekanntlich svarabhaktisches
*a* gewöhnlich, und auf dem steine von Istaby wird es sogar durch ein
von dem gewöhnlichen *a* verschiedenes zeichen ausgedrückt: worahto
(Tune) = got. *waúrhta*, altnord. *orta*, halaiban (Tune) = got. (*ga*)-
*hlaiban*, barabanaʀ (Varnum) = altnord. *Hrafn*, waʀait, wulaʀ
(Istaby) = got. *wrait*, *wulfs*, altnord. *reit*, *úlfr*, u. s. w. (Siehe „De
ældste nord. runeindskrifter" s. 56 f., „Navneordenes böjn. i ældre
dansk" s. 47).

§ 11. Umsetzung von vokalen kommt zuweilen vor: burþur
(Kolind) = bruþur, biruti (Skærn) = briuti.

## B. Konsonanten.

Hier sind die verhältnisse weit einfacher als bei den vokalen,
und nur selten können wir über die bedeutung der konsonantenzeichen der runenschrift im zweifel sein:

§ 12. a. ᚲ 1) = *k*: kunukʀ (Jællinge) = *konungʀ*, skaiþ
(Tryggevælde) = *skæid*.

---

[1]) Siehe „Den såkaldte Jællingekredses runestene" in „Opuscula philologica
ad I. N. Madvigium", Haun. 1876, s. 212 ff. (separatabz. s. 20 ff.).

2) = *g* (muta): k u r m ʀ (Jællinge) == *Gormʀ*, k u þ r (Hedeby) s. 222.
== *gódr*; s i k t r i k u (Vedelspang) == *Sigtryggw*, h a k u a (schwedische
ste ine)==*hǫ̂ggwa*.

3) = *g* (spirans): u i k i (Glavendrup) == *wígi*, f e l a k a acc. (Århus)
== *félaga* (auf dem Hedebyer steine *filaga* mit punktiertem V geschrieben, das sowohl für die muta wie für die spirans gebraucht
wird).

Erst später wird spirantisches *g* durch dasselbe zeichen wie *h*, ✳, ausgedrückt.

b. ↑ 1) == *t*: s u t i (Glavendrup) == *Sóti*, s t a i n (Kallerup)
== *stæinn*.

2) == *d*: t a u þ r (Danevirke, Hedeby) == *dâudr*, t a n m a u r k (Jællinge) == *Danmǫrk*, h a r a l t r (Jællinge) == *Haraldr*.

Dagegen wird ↑ nicht statt þ in der bedeutung *d* gebraucht;
folglich ist þ u r m u t ʀ (Nörrenærâ) == *Þórmundʀ* (nicht *Þórmódʀ*), m a t r
(Hedeby) == *mandr* (nicht *madr*), m i t r (Lundagård) == *mændr* (vgl.
„Navneordenes böjn. i ældre dansk" s. 85 f.). Der name f a t u r auf dem
verschwundenen Arrilder steine von Schleswig kann daher nicht
*Fadir* bezeichnen, wie Thorsen meint („De danske Runemindesm."
I, 238), wogegen auch *u* [und *ʀ*] sprechen. Es ist am ehesten ein
*u*- (oder *wa*-)stamm mit bewahrtem stammauslaut im nom. sgl.

c. ß 1) == *p*: k n u b u (Vedelspang) == *gnûpu*, u a b n (Sjörup)
== *wâpn*.

2) == *b*: b u t (Jællinge) == *bót*.

3) == *ƀ* (spirans). Im nordischen fiel dieser laut später (kaum
vor dem 10. jhdt) mit *f* zusammen, und in den runeninschriften ist
V daher in der regel zeichen sowohl für ursprüngliches *f* wie für
ursprüngliches *b*. Jedoch findet sich *b* (ß) noch von *f* (V) unterschieden in n a i r b i s (Tryggevælde) == *Nærbis* neben ulf, aft und in
h r i b n ạ (Bække) == *Hræbna* (vgl. h a r a b a n a ʀ Varnum) neben a f t.
(Ausnahmsweise kommt *b* auf worte übertragen vor, die ursprünglich
*f* hatten; siehe § 13, b, 2 schluſs).

§ 13. a. þ 1) == *þ* (im anlaut sowie hinter *k*, *p*, *s* und in einzelnen andern fällen; siehe J. Hoffory in der Nordisk Tidskr. f. Filologi. Ny Række III, s. 293 f. und in der Ztschr. f. d. altert. Neue

f. X, s. 375 ff.): þur (Glavendrup) = *Þórr*, raisþi, risþi (gewöhnlich) = *ræisþi*, *résþi*.

2) = *d* (sonst im inlaut): faþi (Helnæs) = *fádi*, tauþr (Danevirke, Hedeby) = *dáuđr*, harþa (Hedeby) = *harđa*.

Zweifelhaft ist es, ob Þ im anlaut der pronomina und adverbien, die in den neueren nordischen sprachen *d* bekommen haben, þ oder *d* bezeichnet: þansi = *þannsi* oder *dannsi*?

b. Ⱡ 1) = *f* (im anlaut und vor *t* sowie vielleicht vor *k* und *s*): faþur (Glavendrup) = *fáđur*, aft (Flemløse u. s. w.) = *æft*; ulfs?

2) = *v* (sonst im inlaut): ulfʀ (Helnæs). Übereinstimmend mit den altnord., den altschwedischen und altdänischen handschriften gebe ich auch diesen laut mit *f* wieder.

Zuweilen findet sich B in formen, die ursprünglich *f* hatten, als erinnerung aus der zeit, wo *b* und *f* noch im in- und auslaut
s. 223. unterschieden wurden: ąsulb, abt (der kleinere Gunderuper stein; siehe oben s. 293 f. und vgl. § 12, c, 3).

§ 14. R = *r*, ⅄ = *ʀ* werden ursprünglich etymologisch unterschieden, wie oben (s. 130 f. und 241 f.) nachgewiesen. Beispiele: kurmʀ kunukʀ (der kleinere stein von Jællinge) = *Gormʀ konungʀ*, hairulfʀ (Haverslund) = *Hærulfʀ*, kaiʀulf acc. (Kärnbo, Södermanland) = *Gæiʀulf*, sunaʀ und þulaʀ gen. sgl. (Snoldelev), runaʀ (Glavendrup) = *rúnaʀ*, uaʀu plur. prät. (Gårdstånga b) = *wáʀu* (*wắʀu?*), þaina gen. pl. (öfters) = *þæiʀa*; — bruþur gen. (Helnæs) = *bróđur*, faþur acc. (Glavendrup) = *fáđur*. Mit einem vorhergehenden *r* verschmilzt die nominativendung *ʀ* zu *rr*, geschrieben R: þur (Glavendrup, Virring) = *Þórr* (dagegen ⅄ = *ʀʀ*: ąuaiʀ Helnæs, ąskaiʀ bruchstück von Århus, biarngaiʀ Simbris).

§ 15. Frühzeitig beginnt jedoch die ursprüngliche regel für den gebrauch von R und ⅄ zu schwanken:

Die älteste abweichung besteht darin, dafs ⅄ durch analogie R in einzelnen präpositionen und nominativen verdrängen kann, wo es bereits früh alleinherrschend geworden ist: aftin u. s. w., faþin (Strö), bruþin (Dybeck), tutin (Skærn), sustin (Tryggevælde) = *fadiʀ*, *bródiʀ*, *dóttiʀ*, *systiʀ* neben den häufig vorkommenden accusativformen faþur, muþur, bruþur.

Vor dem jahre 900 wird umgekehrt ⅄ durch R verdrängt, wenn ein dental vorhergeht: haraltr kunukʀ (der gröfsere stein von Jællinge)

= *Haraldr konungʀ* statt *Haraldʀ*, batri (Tryggevælde) = *bætri* für *bætʀi*.

Mit ausnahme dieser fälle, die oben s 296 ff. ausführlicher besprochen sind, finden wir erst in der 2. hälfte des 11. jhdts häufig die alte regel für den gebrauch von ᚱ und ᛦ durchbrochen, und es endet ja damit, dafs das erstere zeichen ganz das letztere verdrängt; aber in einzelnen gegenden hielt man noch tief bis ins 13. jhdt hinein an dem alten unterschiede zwischen ᚱ, ᛦ so genau fest, dafs man annehmen mufs, dafs die beiden laute auch deutlich unterschieden werden konnten (dies ist z. b. der fall in der langen inschrift auf dem gotländischen taufstein in Åkirkeby auf Bornholm aus der 2. hälfte des 13. jhdts; vgl. meine „Småbidrag til nord. sproghistorie“ in „Det philol.-histor. Samfunds Mindeskrift“, Kbh. 1879, s. 193 ff. = separatabz. s. 20 ff.).

Ganz vereinzelt treffen wir in runeninschriften beide zeichen ᚱ und ᛦ ähnlich der § 3, 4 besprochenen zusammenstellung der *óss-* und *ár*-rune neben einander gesetzt: ᚠᚼᚦᚢᚱᛦ acc. auf einem steine von Upland (Bautil no. 238, Liljegren no. 599, R. Dybeck Sverikes Runurkunder fol., II, no. 165). Besonders hervortretend ist dieser gebrauch auf einem andern steine aus derselben gegend wie der oben genannte (Dybeck ibid. no. 170), wo ᚱᛦ dreimal zusammengestellt ist, nämlich in þurkarʀ, faþurʀ, bruþurʀ (für älteres þurka(i)ʀ, faþur, bruþur), während ᚱ und ᛦ regelmäfsig in -kautr, þur- und iftiʀ gebraucht werden.

Über ᛦ in der bedeutung *e*, *æ* siehe oben s. 244 ff.

§ 16. Über ᚼ *h*, ᚾ *n* (*ŋ*), ᛘ *m*, ᛋ *s* und ᛚ *l* ist nichts besonderes zu bemerken, da diese zeichen nur ihre eigenen laute ausdrücken.

§ 17. Konsonantenverdopplung wird in der schrift nicht bezeichnet; wie das einfache vokalzeichen sowohl die kurzen wie die langen vokale ausdrückt, so drückt das einfache konsonantenzeichen sowohl die einfachen wie die doppelten konsonanten aus: stain nom. (Kallerup u. s. w.) und stain acc. (Helnæs u. s. w.) = *stæinn* und *stæin*, sati und suti (Glavendrup) = *satti* und *Sóti*, futiʀ (Tryggevælde) = *fóddiʀ*, ala acc. sgl. fem. (Jællinge) und ala acc. sgl. masc. (Glavendrup) = *alla* und *Ála*. — Zuweilen wird einfaches konsonantzeichen auch in solchen fällen geschrieben, wo ein

wort mit einem konsonanten schliefst und das folgende mit demselben laute beginnt: kunualtstain (Snoldelev) = kunualts stain;
aber gewöhnlich ulfs sati (Tryggevælde), stain nuᚱa (Helnæs).

Dafs sowohl die länge der vokale wie die der konsonanten un-
bezeichnet gelassen wird, kann natürlich oft veranlassung zur zweideutigkeit geben: meþ ala skibara auf dem bornholmischen steine
in Ny Larsker, das man in der bedeutung *med alla skipara* genommen hat, mufs *med Ála skipara* erklärt werden; der name mani
kann sowohl *Máni* wie *Manni* gelesen werden u. s. w.

§ 18. a. Vor ᚠ, ᛏ, ᛒ wird der nasal so häufig weggelassen,
dafs diese schreibweise in den älteren inschriften als regel zu betrachten ist:

ᚠ = *ᴎg*: kunukᚱ (Jællinge) = *konungᴿ*, trutnik (Læborg)
= *dróttning*, kiku (Hällestad a) = *gingu*.

ᛏ = *nd*: ąsmut (Sölvesborg), kuþumut (Helnæs) = -*mund*,
þurmutn (Nörrenærå) = *Þórmundᴿ* (vgl. § 12, b, 2), buta acc.
(Glemminge) = *bónda*; aber auch ganz ausgeschrieben kuþmuntr
(Skivum) = *Gudmundr*, bunta (Krageholm) = *bónda*. Ausnahmsweise wird lanmitr auf dem stein von Lundagård für das gewöhnliche lat- (lᶐt-) oder lant- (lᶐnt-) geschrieben; man kann
kaum annehmen, dafs *d* bereits zu der zeit (ums jahr 1000) in
der aussprache verschwunden gewesen, obgleich wir im schonischen
gesetz öfter bei der zusammensetzung *lan-* für *land-* in den ältesten
handschriften finden.

s. 224. ᛒ = *mb*: kubl (Nörrenærå, Glavendrup, Jællinge, der gröfsere
stein von Sondervissing und öfter) = *kumbl* (wie auf dem kleineren
stein von Sondervissing und dem von Vedelspang geschrieben wird).

Der gebrauch von ᚴ, nicht ᛐ, vor ᚠ, ᛏ, ᛒ kann gerade dazu
dienen, die auslassung des nasals erkennen zu lassen: lᶐki (Ars)
= *længi*, stᶐtr (Flemløse) = *stændᴿ*; auf gleiche weise würde das
wort *lamb* durch lᶐb ausgedrückt werden (vgl. s. 201).

b. Mehr sporadisch werden andere konsonanten fortgelassen,
namentlich ᚱ: kaþu (Bække a) für karþu = *gærdu*, bianaᚱ
(Grensten) = *biarnaᴿ*, riþ (Hörning) = risþi (vgl. § 9). Diese und
ähnliche auslassungen können ihren grund teils in rücksicht auf
den raum, teils in nachlässiger schreibung haben, können aber
auch auf wirklicher aussprache beruhen (*biannaᴿ* für *biarnaᴿ?*). —
Besonders hebe ich hervor, dafs ᛏ sich zuweilen vor s fortgelassen

findet, das also in diesem falle in derselben bedeutung wie das altnordische und zum teil das altschwedische und altdänische ʒ steht
(vgl. J. Hoffory im Arkiv for nord. Filologi II, s. 79 ff. == „Altnord.
Consonantstudien", Göttingen 1884, s. 69 ff.): aska us (Rönninge)
== askauts, *Ásgǫuts*, harals (Skærn b) == haralts, *Haralds*
(*Haralts?*) — dagegen ganz ausgeschrieben ru halts, kunu alts auf
dem steine von Snoldelev (siehe unten). Vor s ist *t* wohl auch, wie
man annehmen mufs, ausgelassen in baistr (Skivum), bastr
(Krageholm) == altnord. *baztr, bęztr*.

Nach dieser übersicht über die verschiedene bedeutung der runenzeichen wenden wir uns zur deutung der kleinen gruppe von dänischen runensteinen, welche die ältesten denkmäler im Norden mit
der kürzeren runenreihe enthalten [1]. Ihre zeit mufs, wie früher bemerkt, als der anfang des 9. jhdts bestimmt werden.

## 1. Der stein von Kallerup (Höjetostrup).

Gefunden um 1826 im kirchspiel Höjetostrup (harde Smörum, <sub></sub>
amt Kopenhagen), eine meile östlich von Roskilde auf einem felde s. 225.
zu Kallerup in der nähe von Höjetostrup; 1851 auf seinem gegenwärtigen platze an der landstrafse dicht beim Hedehus-kruge errichtet.
Er ist 190 cent. hoch, wovon 140 über der erde, 110 cent. breit,
63 cent. dick; die runen sind 22 bis 24 cent. hoch und alle sehr deutlich. Ein trennungszeichen (ein einfacher punkt) findet sich nur hinter
dem worte stain; ein paar natürliche vertiefungen im steine hinter
der letzten rune (ᚼ) sind früher unrichtig als 2 punkte aufgefafst.
Eine gröfsere regelmäfsige vertiefung an der spitze der ersten rune

---

[1] Diese und die übrigen steine, die im folgenden gedeutet werden, sind
unter meiner leitung von professor J. Magnus Petersen mit gewohntem
geschick gezeichnet und chemitypiert. Ich habe sie selbst zu verschiedenen
zeiten alle genau untersucht, und in mehreren punkten weichen meine abbildungen
daher von den zeichnungen bei Thorsen und Stephens ab. Mit ausnahme der
hier wiedergegebenen zeichnungen der steine von Nörrenærå und Rönninge, die
für das von mir vorbereitete werk über die dänischen runendenkmäler ausgeführt sind, werden die übrigen hier mitgeteilten denkmäler in genanntem
werke in bedeutend gröfserem mafsstabe erscheinen, als das format hier gestattet hat.

in der zweiten zeile ist eine von den bekannten schalenförmigen vertiefungen, die für älter als die inschrift angesehen werden müssen.

Der stein von Kallerup (Höjetostrup).

Die inschrift, welche die alten formen **H** und **✳** für die *h-* und
*a-*rune gebraucht, lautet:

hurnbura
stain · suiþks

hurnbura d. i. *Hornbora*, genitiv des mannsnamens *Hornbori*,
abhängig von dem folgenden stain. Vgl. den zwergnamen *Hornbori*

Vǫluspá 13 (womit Bugge altengl. *hornbora* 'hornträger, *corniger*' vergleicht)[1]); auch als name eines hofes in Norwegen kommt *Hornbori*
vor (P. A. Munch, „Norge i Middelalderen" s. 87 oben).

In suiþks ist der vokal *i* zwischen þ und *k* (vgl. oben s. 63)
sowie der nasal vor *k* weggelassen. Das wort muſs also *swidings*
gelesen werden, was ich mit Bugge (filol. tidskr. VII, 220) als
„Svides sohn oder nachkomme" verstehe, während man es früher
als ein adjectivum, abgeleitet von *svidr* = *svinnr* (also „des weisen"),
auffaſste; aber der übergang von *nn* zu þ (*d*) ist von einem folgenden *r* bedingt (fornnord. forml. § 21, c; § 108, a, anm.). Ob *i* in
der wurzelsilbe von *Swidingʀ* kurz oder lang gewesen, wage ich nicht
zu entscheiden.

In ihrer altdänischen sprachform muſs die inschrift also
wiedergegeben werden:

*Hornbora stæinn Swidings.*
d. h. „Hornbores stein, des sohnes Svides".

Nicht blofs durch die runenzeichen ᚺ *h* und ᚷ *a*, sondern auch durch
die formel, die in der inschrift gebraucht wird, schlieſst sich der
stein von Kallerup nahe an die inschriften mit der längeren runenreihe an; während diese nämlich sehr oft nur einen namen im
genitiv, regiert von dem worte „stein", enthalten zu haben scheinen,
einen wortlaut, dem wir auch auf dem Räfsaler steine (s. 230 f.) be-  s. 226.
gegneten, so ist diese formel unter der grofsen menge inschriften
mit der kürzeren reihe nur von dem Kalleruper und dem Snoldelever steine bekannt, die sie jedoch beide ein wenig erweitert haben,
indem sie auch den namen des vaters hinzufügen (vgl. „Navneordenes
böjn. i ældre dansk" s. 46 anm. und s. 74 anm. 1).

## 2. Der stein von Snoldelev. s. 227.

Gefunden 1768 im kirchspiel Snoldelev (harde Tune, amt Kopenhagen), eine meile südlich von der stelle, wo der Kalleruper stein
gefunden wurde; 1812 nach Kopenhagen übergeführt, wo er jetzt in  s. 228.
der runenhalle des altnordischen museums aufgestellt ist. Er ist
137 cent. lang, bis 73 cent. breit und bis 40 cent. dick; die sehr deutlichen runen sind zwischen 12,5 und 4,5 cent. hoch.

---

[1]) Die verszählung weist hier und im folgenden auf Bugges ausgabe hin.

Die inschrift, welche Н für *h* und sowohl ✳ wie ✝ für *a* gebraucht, ist vollständig mit ausnahme der letzten rune in der zweiten
zeile (hinter Ո), wovon nur ein teil des linken nebenstriches übrig

Der stein von Snoldelev.

geblieben ist. N. M. Petersen hat sie richtig als *m* ergänzt, und die
übrig gebliebenen spuren scheinen sicher zu zeigen, dafs sie die form
Y gehabt hat (siehe oben s. 205). Wir lesen also:

kun · ualtstain · sunaʀ ·
ruhalts · þulaʀ · ạsalhauku[m]

Es ist offenbar, dafs wir hier dieselbe verbindung wie auf dem Kalleruper steine haben, einen namen im genitiv abhängig von dem worte **stain** und dahinter **sunaʀ** als apposition zu dem namen. Aber **kunualt** ermangelt des genitivzeichens, weil das folgende wort, womit es ohne trennungszeichen zusammengeschrieben ist, mit *s* anfängt (§ 17), das hier bei der starken häufung von konsonanten leicht undeutlich werden oder in der aussprache ganz fortfallen konnte; wir müssen also **kunualts stain** lesen.

**kunualts** ist = *Gunnwalds*; das trennungszeichen, das hinter **kun** steht, ist wohl ein beweis dafür, dafs man *Gunn-waldʀ* deutlich als einen zusammengesetzten namen aufgefafst hat (vgl. hiermit die schreibung **haiþa×bu**, **hiþa:bu** = *Hæiðabý* (*Hēdabý*) auf dem Hedebyer und Danevirker steine, **ub:salum** dat. pl. = *Uppsǫlum* (*-salum*?) auf dem einen Hällestader steine). Der name *Gunnwaldr* ist nicht gewöhnlich in der altnordischen literatur; er kommt jedoch in der Landnámabók (Ísl. sög. I, s. 72) und in norwegischen urkunden vor (siehe das namenregister zum Diplomatarium Norvegicum I).

**ruhalts** ist ungenaue schreibung für **hrualts** d. i. *Hróalds*, gen. von dem auch in der altnord. literatur bekannten namen *Hróaldʀ*. Derselbe name kommt auf dem stein von Vatn vor, geschrieben ᚱᚼᚩᛅᛚᛏᛆ (siehe oben s. 225 f.). Mit diesem **rhoaltʀ** und mit dem **ruhalts** des steines von Snoldelev kann die schreibung **rhuulfʀ** (Helnæs) für *Hróulfʀ* und **rhafnuka** (Læborg) für hrafn-uka = *Hrafnunga* verglichen werden, während andere steine, die nicht nur mit diesen gleichzeitig, sondern sogar mit gröfster wahrscheinlichkeit als von denselben personen herrührend anzusehen sind, das *h* ganz auslassen: **ruulf** acc. (Flemlose), **rafnuka** (Bække a). Man hat also eine schwierigkeit darin gefunden, die lautverbindung *hr* auszudrücken, oder *h* ist vielleicht schon auf dem wege gewesen in Dänemark zu schwinden (eine mittelstufe zwischen dem ursprünglichen *hr* und dem späteren *r*, die möglicherweise gerade durch die schwankende schreibung auf den genannten steinen bezeichnet wird, könnte das stimmlose *r* gebildet haben, das ja gerade im neuisländ. *hr* geschrieben wird; vgl. Hoffory in der Zeitschr. f. vergl. sprachf. XXIII, s. 533 f.).

**þulaʀ** ist gen. von **þulʀ**, das aus den Eddagedichten in der s. 229.

22*

bedeutung 'redner, weiser' bekannt ist; davon das verbum *þylja*
'reden, hersagen':

> Valþr. 9: *þá skal freista,*
> *hvárr fleira viti,*
> *gestr eða inn gamli þulr*

„wer mehr weifs, der fremde oder der alte 'redner'";

> Háv. 111: *mál er at þylja*
> *þular stóli á*

„worte sind zu sprechen auf dem rednerstuhl";

> Háv. 134: *at hárum þul*
> *hlǽþu aldregi*

„über den greisen redner lache du niemals";

> Fáfn. 34: *hǫfði skemra láti hann*
> *inn hára þul*
> *fara til heljar hédan*

„um einen kopf kürzer lasse er den greisen redner (hier fast =
'zauberer') von hinnen zu Hel fahren".

Háv. 142 hat auch *fimbulþulr*, 'der grofse redner (weise)'; vgl.
unten den Helnæser stein unter dem worte faþi.

Es ist möglich, dafs unter þuln auf dem Snoldelever steine ein
geistlicher 'redner' („priester") gemeint ist; aber wir vermögen den
begriff des wortes nicht näher festzustellen, das auch an den aus
den Eddagedichten angeführten stellen sehr unbestimmt ist.

Ein anderer zweifel, der ebenfalls immer unlösbar sein wird, ist
der, ob þulan hier in apposition zu kunualt(s) oder zu ruhalts
steht. Das erstere ist natürlich das wahrscheinlichste, da man den,
zu dessen gedächtnis das denkmal errichtet wurde, eher durch angabe
seiner eigenen stellung als der seines vaters näher bezeichnet erwartet;
aber entscheidend ist dies nicht.

ą, präposition = altnord. *á*; hier als nasaliertes *á* ausgesprochen.

salhaukum, dat. pl. von salhaukan d. i. *Salhǫugaʀ*, ein name,
den wir noch in der landstadt *Sallov* im kirchspiel Snoldelev wiederfinden.

Auf altdänisch lautet die inschrift also:

s. 230.
> *Gunnwalds stæinn, sunaʀ Hróalds,*
> *þulaʀ ą́ Salhǫugum.*

Die gewöhnliche altnordische[1]) schriftsprache würde dagegen
haben:

---

[1]) Ich behalte hier die gewöhnliche benennung „altnordisch" für die alt-
norwegisch-isländische literatursprache, obwohl sie an und für sich weniger

> *Gunwalds steinn, sonar Hróalds,*
> *þular á Salhaugum.*

d. h. „Gunwalds stein, des sohnes Roalds, 'redner' auf (in) Salhaugen (Sallov)“.

Die übersetzung ist absichtlich ebenso unbestimmt gemacht wie die inschrift.

Aufser der inschrift trägt der Snoldelever stein einige symbolische zeichen und figuren; es sind nämlich auf der linken seite der inschrift, in derselben tiefe und mit denselben feinen linien wie diese, drei hörner eingehauen, die in einander greifen, und darüber ein wenig weiter nach links ein „hakenkreuz“. Die bedeutung dieser figuren ist unsicher; dafs es aber wie der Thorshammer auf dem Læborger steine und wie die kreuze auf vielen runensteinen aus der christlichen zeit heilige, religiöse symbole gewesen, kann kaum bezweifelt werden. Sie müssen sicher symbole für den gott gewesen sein, in dessen dienste der „redner“ gestanden hat, und man mufs dann wohl am ersten an Odin denken, da ja Thors eigentümliches merkmal der hammer war, und da auch das wort *þulr* selbst, wie oben hervorgehoben, auf Odin hinweist.

### 3. Der stein von Helnæs.

Gefunden am 18. märz 1860 auf der kleinen fühnischen halbinsel Helnæs (harde Båg, amt Odense), südlich von Assens. Der stein wurde leider gespalten, aber die meisten stücke später wiedergefunden und zusammengefügt, so dafs die inschrift mit ausnahme der letzten runen in der dritten zeile vollständig ist. Kurze zeit nachdem der stein entdeckt war, wurde er von könig Friedrich VII. unter-

glücklich ist, und es namentlich hier wird, wo „altnordisch“ in gegensatz zu dem „altdänisch“ der runeninschriften von ungefähr 800 bis etwa zum jahre 1000 gestellt wird, das mit gröfserem rechte selber geradezu altnordisch genannt werden könnte, da die gemeinnordische sprache erst gegen das jahr 1000 in höherem grade die verschiedenheiten zu entwickeln beginnt, welche zur spaltung in schwedisch-dänisch und norwegisch-isländisch führten. Da indessen die sprachform in den ältesten isländischen (und norwegischen) handschriften in allem wesentlichen dieselbe ist wie die der sprache in den runeninschriften von 800—1000 und gleichfalls genau mit der sprache der Eddagedichte und der norwegisch-isländischen skalden übereinstimmt, so kann die benennung „altnordisch“ mit einem gewissen rechte von der in diesen handschriften überlieferten form des altnorwegisch-isländischen gebraucht werden.

sucht, der ihn später dem altnord. museum in Kopenhagen schenkte,
wo er jetzt aufgestellt ist.   Er ist 210 cent. hoch, bis 100 cent.
breit, 60 cent. dick; die runen sind 10,5 bis 13 cent. hoch.

Die inschrift, welche die alten runenformen H = *h* und M = *m*
(aber überall ↑ = *a*) gebraucht, entbehrt im gegensatz zum Kalle-
s. 231. ruper und Snoldelever steine jedes trennungszeichens; aber die trennung der worte bietet trotzdem keine schwierigkeit, ausgenommen am
schlusse der unvollständigen dritten zeile.   Die beiden ersten zeilen
laufen in schlangenwindungs-bustrophedon, die beiden letzten regelmäfsig von links nach rechts.   Wir lesen:

rhuulfʀ sati stain nuʀa
kuþi aft kuþumut bruþur
sunu sin truknaþu . . .
ąuaiʀ faþi

rhuulfʀ d. i. hruulfʀ, wie wir beim Snoldelever steine bemerkten, ist ein mannsname, zusammengesetzt aus ulfʀ 'wolf' und hru =
altnord. hró- für hród- (von hródr 'ruhm'), das öfters als erstes glied
in personennamen gebraucht wird: *Hródmarr*, *Hródgeirr*, *Hródný*, während es in *Hróaldr*, *Hrómundr* sehr früh zu hró- geworden ist.   Die
form hier hat also *Hróulfʀ* (für *Hródulfʀ*) entsprechend dem später gewöhnlichen *Hrólfr* gelautet.

sati d. i. *satti* = altnord. *setti*. Im gegensatz zum altnorwegisch-
isländischen bewahrte das altschwedisch-dänische die nichtumgelautete
form (*satti*, plur. *sáttu*; siehe § 6, c, 3).

nuʀa wird durch seine verbindung mit dem folgenden kuþi,
altnord. *godi*, verständlich, das auf Island den geistlichen und welt-
lichen hardenvorsteher (in Norwegen *hersir*) bezeichnete.   Auf Island
kommt der titel *godi* zuweilen in verbindung mit dem namen des
s. 234. gottes vor, den der träger besonders verehrte (*Freys godi*), aber öfter
mit dem namen der gegend oder ihrer bewohner, deren „gode“ er war
(*Tungu godi*, „gode zu Tunga“, *Ljósvetninga godi* u. s. w.).   Dem entsprechend mufs nuʀa auch hier am ehesten als genitiv eines ortsnamens nuʀiʀ oder nuʀaʀ aufgefasst werden, der auch in Schweden
(*Norir* = *Nora* in Upland, Rydqvist II, 281[2]) und Norwegen (*Nórar*,
Munch, Norge i Middelalderen s. 102[32]) vorkommt; aber es kann
natürlich auch name der bewohner sein („Norer“; vgl. *Mórir* und
ähnl.).   Thorsen (De danske Runemindesm. s. 337 f. anm.) fafst es
dagegen als personennamen auf und setzt es in verbindung mit dem

s. 232.

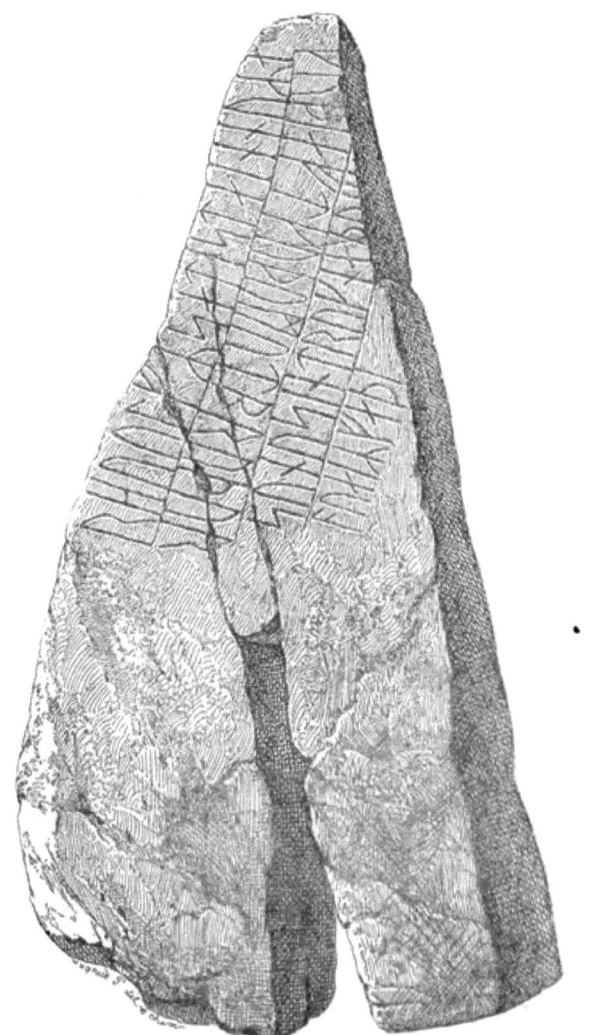

Der stein von Helnæs.

zwergnamen *Nori* (*Nóri?*) Vǫluspá 11, der auch sonst als personen-
name gebraucht wird. Es ist möglich, dafs dieser name mit dem
worte auf dem steine von Helnæs verwandt ist; aber es liegt kein
grund vor, das letztere als personennamen („Nores gode") aufzufassen
und daraus solche schlüsse zu ziehen, wie Thorsen gethan hat.

Die verbindung n u ᴚ a   k u þ i findet sich auch auf dem Flemloser
steine, wo n u ᴚ a wie hier mit ᛉ geschrieben wird, was also auf
eine form mit ursprünglichem *z* deutet. Mit n u ᴚ a   k u þ i stimmt das
s a u l u a   k u þ i des Glavendruper steines (siehe diesen) überein.

a f t = „efter' 'nach'; das altnordische hat im allgemeinen *eptir*
(*eftir*), aber älter auch *ept* (*eft*). Nach der verschiedenen schreibung
des wortes auf den runensteinen ist es ohne zweifel hier *æft* (auf
andern steinen *oft*) ausgesprochen worden (vgl. den Glavendruper
stein unter *auft*).

k u þ u m u t = altnord. *Gudmund*; ob das letzte *u* in k u þ u- schwä-
chung des ursprünglichen *a* im stamme, was ich wegen des alters der
inschrift für wahrscheinlich halte, oder ein eingeschobener hülfslaut ist,
der ja in den runeninschriften öfters vorkommt, läfst sich nicht mit
sicherheit entscheiden. Zweifelhaft ist es auch, ob *u* in k u þ- und in
k u þ i *o* oder *u* bezeichnet; ich halte das erstere für das wahrscheinlichste.

b r u þ u r gen. = *bródur*.

s u n u ist ein alter accusativ sgl. (für das später gewöhnliche
s u n) mit bewahrtem stammauslaut, der sich am längsten in den
*u*-stämmen erhielt (Navneord. böjn. i ældre dansk § 38; Den histor.
sprogforskn. og modersmålet s. 26 ff. und öfter); dagegen fehlt der
auslaut auf dem Helnæser steine in s t a i n, k u þ u m u t, s i n (= *sinn*).

s. 235. t r u k n a þ u steht unzweifelhaft auf dem steine, obgleich der
unterste teil der beiden letzten runen (þᚿ) mit dem abgeschlagenen
stücke des steines verschwunden ist. Hinter ᚿ sieht man noch
deutlich die spitze von zwei geraden strichen, so nahe bei einander,
dafs sie am ehesten ein ᚺ von derselben form wie in r h u u l f ᚿ gebildet zu haben scheinen. Rafn und nach ihm Stephens haben
t r u k n a þ u   h a n (ᚺᛏᛏ) gelesen und t r u k n a þ u als „eine ältere form
anstatt t r u k n a þ i" erklärt; da man indessen weder in alter noch in
neuer zeit *druknadu* für *-i* gesagt hat, so müfste ᚿ, wenn diese lesung
richtig wäre, natürlich ein fehler für ᛁ sein, was wir in dieser inschrift anzunehmen nicht berechtigt sind (die s a t i = *satti* und f a þ i
= *fádi* hat). Thorsen liest dagegen t r u g   n a þ u, das er auf islän-
disch durch *dreng náðu* wiedergibt (De danske Runemindesm. I,

s. 337 anm.); aber die bedeutung hiervon ist mir ganz unverständlich, und *dreng* könnte selbstverständlich hier nicht mit ᚿ geschrieben werden.   Die bisher gegebenen erklärungen sind also zu verwerfen, und mit sicherheit läfst sich diese zeile natürlich nicht ergänzen.   Ich habe mir gedacht, dafs dort mit einem ausdruck, der von andern runensteinen her bekannt ist, h a l i ᚿ u t i, „die männer (er und sein gefolge) ertranken draufsen (auf dem meere)" gestanden haben kann.

q u a i n d. i. *Awæiᚱᚱ* (bezüglich des *ᚱᚱ* siehe § 14) ist ein sehr seltener name, der sich jedoch in der „Gutasaga" c. 2 in der form *Awair* (*awair strabain af alfha soen*) wiederfindet.   Der name ist ohne zweifel identisch mit dem ahd. *Anagér*, welches das ᛅ erklärt, da *r* in *gér*, altnord. *geirr*, aus urspr. *z* entstanden ist (daher auch in den runeninschriften regelmäfsig k a i ᚱ - = *gæiᚱ*- und -k a i n nom. und acc. = -*gæiᚱᚱ*, -*gæiᚱ*); q u a i n geht wohl am ehesten von einer grundform *anagwaiᚱaᚱ* aus (vgl. Bugge und Noreen im Arkiv f. nord. Filol. II, s. 224, III, s. 29 anm. 1).   Die entsprechende altnord. form würde wohl *Áveirr* lauten.

f a þ i = altnord. *fáði* von *fá*, das gerade von „runenstäben" in den Hávamál v. 142 gebraucht wird:

> *rúnar munt þú finna*
> *ok ráðna stafi,*
> *mjok stóra stafi,*
> *mjok stinna stafi,*
> *er fáði fimbulþulr*
> *ok gorðu ginnregin*
> *ok reist Hroptr rogna*

„runen sollst du finden und gedeutete ('erratene') stäbe, sehr grofse stäbe, sehr starke stäbe, die der grofse redner (weise) 'malte', und die hohen mächte verfertigten, und gott Odin ritzte".   Gleichfalls heifst es Hávamál v. 157:

> *svá ek ríst*
> *ok í rúnum fák*

„so ritze ich und male ich in runen."

Auch auf den runensteinen kommt das wort, wennschon selten, s. 236. sowohl alleinstehend wie in verbindung mit „runen" und „stein" vor: f a þ i f a þ i ᚱ aft faikiᚭn sunu (der Röker stein; Navneord. böjn. i ældre dansk s. 75); f a þ i r u n a ᚱ þisaᚱ, f a þ i stain þina (auf steinen aus Helsingland, Liljegren no. 1065, 1067, 1071).   In derselben bedeutung wie faþi haben die runensteine auch markaþi („zeichnete") allein oder in verbindung mit runaʀ und stain (vgl. Rafn in der Antiquar. Tidsskr. 1858—60, s. 187).

Im späteren altnordischen wird *fá* als *a*-stamm flectiert (fornnord. forml. § 152); dafs es aber ursprünglich *ja*-stamm gewesen (entsprechend dem ahd. *fêhen*, *fêhian*), zeigt das prät. faihiđo („ich ritzte") auf dem Einanger steine mit den älteren runen (siehe Bugge, To nyfundne norske Rune-Indskrifter fra den ældre Jærnalder, s. 18 ff.). Die älteste flexion ist also *faihjan*, *faihiđo* gewesen; später *fǽja*, *fáda* und endlich *fá*, *fáđa* (vgl. fornnord. forml. § 148 mit anm. 2 und das verhältnis zwischen altnord. *strá*, *stráda* und got. *straujan*, *strawida*; siehe jetzt auch Burg s. 136). Ob der infinitiv zur zeit des Helnæser steines *fǽja* oder *fá* gelautet hat, ist ungewifs (vgl. jedoch unten beim Flemloser steine).

Die ganze inschrift lautet also:

*Hróulfʀ satti stœin, Nóʀa-godi, œft*
*Godumund bróđur-sunu sinu; druknađu h[aliʀ úti].*
*Ꜳwœiʀʀ fáđi.*

Das gewöhnliche altnordische würde dagegen haben:

*Hrólfr setti stein, Nóra-godi, eptir (ept)*
*Gudmund bróđur-son sinn; druknađu h[alir úti].*
**Áveirr fáđi.*

d. h. „Rolf Noregode setzte (diesen) stein nach Gudmund, seinem bruderssohne; [er und seine mannen] ertranken [auf dem meere].
Aweir schmückte (den stein oder ritzte die runen)".

Die wortstellung im anfang der inschrift („Rolf setzte den stein, Noregode" statt „Rolf Noregode setzte den stein") ist auch von andern runensteinen her bekannt (vgl. z. b. dem gröfseren Skærner stein, dem Sondervissinger stein oben s. 245; der Hedebyer stein be-
s. 237. ginnt þurlf risþi stin þąusi himþigi suins eftiʀ erik filaga sin. Dagegen hat z. b. der Tryggevælder stein die gewöhnliche wortstellung).

Während wir also auf dem Helnæser steine noch ᚺ und ᛗ in den alten formen haben, ist ᛅ überall das zeichen für *a*, wogegen der Kalleruper stein ᚼ und der Snoldelever beide formen gebraucht. Dafs es jedoch zufällig ist, dafs sich nur ᛅ auf dem Helnæser steine findet, und dafs ᚼ gewifs nicht blofs noch in dieser gegend, sondern sogar von demselben runenritzer gebraucht wurde, dessen name auf dem Helnæser steine steht, zeigt

## 4. Der stein von Flemløse.

Aus der gegend von Assens, wie der Helmæser stein; jetzt zu Jægerspris, wohin könig Friedrich VII. ihn versetzen liefs. Vor vielen jahren ist der stein gespalten worden, wodurch ungefähr die hälfte verloren gegangen ist; aber er war ganz zu Worms zeit, der ihn mit verschiedenen veränderungen in der inschrift wiedergegeben hat, worüber er jedoch zum teil rechenschaft ablegt (Danicorum monumentorum libri VI, 1643 fol., s. 246 f.). Der stein befand sich damals auf dem Flemløser kirchhof, wohin er von einem hügel in der nähe übergeführt war. Aufser Worms abbildung findet sich eine zeichnung des steines von prof. N. Haven († 1777) im archiv des altnordischen museums zu Kopenhagen und zusammen damit eine dritte (etwas ältere) zeichnung von Wichmand, pfarrer zu Flemlose, wo jedoch nur die drei ersten zeilen abgebildet sind, da die vierte wahrscheinlich von der erde verborgen wurde; Worm und Haven haben auch die vierte reihe.

Das erhaltene stück des steines, welches glücklicherweise den gröfsten teil der inschrift enthält, ist 184 cent. hoch, bis zu 53 cent. breit und 63 cent. dick.

Wenn wir dasjenige, welches mit hülfe der alten zeichnungen, namentlich der von Haven, ergänzt werden kann, in klammern setzen, so hat die inschrift ursprünglich gelautet:

ᚼᚢᛏᚱᚢᚢᛚᚠᚢᛏᚨᛏᚨ
ᚢᛏᚾᚼᚢᚾᛁᛁᚾᚼᚼᛏᛁᚼ[ᛚᚾ]
ᛏᛏᚢᚾ�473ᛏᛏᚢᚾᚢ[ᛏᛁᚼ ᛏᚢᛏᛁᚼ]
[ᚠᚢᚼᛁᚼ ᚠᛏᛏᚠᚠ]

Die drei ersten zeilen sind sicher auf grund des steines und der s. 238. zeichnungen und müssen gelesen werden:

aft ruulf stątʀ

(st)ain sasi is uas nu-

na kuþi satu su(niʀ aftiʀ)

Mehrere von diesen formen kennen wir vom Helmæser steine:

aft präp. mit dem acc. wie auf dem Helmæser steine, aber dort mit ᛏ, hier mit ᚼ geschrieben.

ruulf d. i. *Róulf* für *Hróulf* (auf dem Helmæser steine im nom. rhuulfʀ geschrieben).

stątʀ ist die 3. pers. sgl. ind. präs. von *standa*; t drückt *nd* aus, und die auslassung des nasals ist gerade durch ᚠ bezeichnet; dafs der umlaut in dieser form für den Flemløser stein vorauszu-

s. 233.

Der stein von Flemlose.

setzen ist, und dafs wir also *stąndʀ*, nicht *stąndʀ*, lesen müssen, halte ich für unzweifelhaft. Die endung ᛘ *ʀ* in der 3. pers. ist wichtig in sprachgeschichtlicher beziehung, da sie zeigt, dafs das ursprüngliche *d* oder *þ* (got. *standiþ*) frühzeitig im nordischen aufgegeben ist und durch das aus *z* entwickelte *ʀ* der 2. pers. ersetzt wurde.

sasi, die ursprüngliche form des pronomen demonstr. (zusammengesetzt aus *sa* und dem unflectierbaren -*si*), wofür später *þessi* eintrat. Ob *a* damals in *sa*, *sa-si* lang gewesen, ist vielleicht zweifelhaft.

is d. i. *es*, pron. rel. = altnord. *es*, jünger *er* (altdänisch *ær* neben dem jüngeren *thær*).

uas d. i. *was*, präter. von *wesa* (jünger *wera*) = altnord. *vas*, jünger *var*. In den formen von *wesa* und in den andern fällen, wo *r* erst spät durch analogie *s* verdrängt hat, war dieses natürlich von dem stimmhaften *s* (*z*) in flexionsendungen u. s. w. verschieden, das bereits in den ältesten inschriften zu *ʀ* geworden ist. Neben uas finden wir in runeninschriften ungefähr vom jahre 1000 auch häufig uaʀ in analogie mit dem plur. uaʀu.

nuʀa-kuþi siehe den Helnæser stein.

satu am ehesten = *sâttu* (siehe den Helnæser stein).

suniʀ nom. pl. d. i. *syniʀ* = altnord. *synir*.

aftiʀ = altnord. *eptir* (*eftir*), dän. *efter*, die längere form, während wir im anfang der inschrift *æft* haben; aber dort ist es mit dem accusativ verbunden, während das regierte wort (*fáður sinn* oder *hann*) hier ausgelassen ist, weswegen vielleicht gerade die längere s. 239. form absichtlich gewählt wurde. An der lesung dürfen wir wegen der übereinstimmung zwischen allen drei alten abbildungen nicht zweifeln, obgleich jetzt nur satu s und der gröfste teil von u sich auf dem steine findet, während das folgende abgeschlagen ist. Trotzdem *ʀ* in *æftiʀ* nicht aus älterem *z* entstanden ist, hat es in dieser und ein paar ähnlichen formen bereits in den inschriften mit den älteren runen das *r* verdrängt (siehe 'Anhang' IV).

Aufser der hier gegebenen deutung der letzten worte gibt es indes eine andere möglichkeit, die ich zwar nicht wahrscheinlich finde, die wir aber doch besprechen müssen, da sie sprachlich ebenso richtig wäre wie diejenige, welche wir oben vorgebracht haben. Wenn wir nämlich satu als prät. von *sitja*, nicht von *sætja*, fassen, und also *sâtu* lesen, so müfsten die worte *sâtu syniʀ æftiʀ* bedeuten: „die söhne blieben zurück, safsen einsam und verlassen" (vgl. altnord. *sitja eptir*).

Der jetzt behandelte teil der inschrift hat also gelautet:

*Æft Hróulf stąndʀ stæinn sási, es was*
*Nóʀa-godi; sáttu [sátu] syniʀ æftiʀ.*

In gewöhnlicher altnordischer sprachform:

*Eptir (ept) Hrólf stendr steinn þessi, er (es) var (vas)*
*Nóra-godi; settu [sǫtu] synir eptir.*

d. h. „Nach Rolf steht dieser stein, der Noregode war: es setzten
(ihm) seine söhne nach (ihm) [oder: es blieben seine söhne (einsam
trauernd) zurück]“.

Wir finden auf diesem steine ✳ viermal und ✝ dreimal in den
hier gedeuteten zeilen und wie auf dem Snoldelever steine ✳ am anfang
und ✝ am schluſs der inschrift, was jedoch für einen reinen zufall
zu halten ist. Es sieht fast so aus, als ob sich die runenritzer am
schluſs die arbeit durch anwendung der einfacheren form ein wenig
hätten erleichtern wollen. In der vierten zeile auf dem Flemloser
steine begegnen wir jedoch wieder beiden zeichen.

Durch den gebrauch des ✳ weicht diese inschrift also von der
s. 240. des Helnæser steines ab; aber im übrigen zeigt sich doch eine erstaunliche ähnlichkeit zwischen beiden in inhalt wie in äuſserer form.
Beide inschriften sprechen von einem *Nóʀagodi* mit demselben namen,
der freilich auf dem Helnæser steine rhuulfʀ und hier ruulfʀ
ohne *h* geschrieben wird, was aber nicht merkwürdiger ist, als daſs
*Hrafnunga Tófi* („Tofe vom Rafnungengeschlechte“) auf dem Læborger steine rhafnukatufi, aber auf dem Bækker steine rafnuka:
tufi geschrieben wird. Der Helnæser stein wurde von dem Noregoden „Hróulf“ nach seinem brudersohn errichtet, der Flemloser
stein steht nach dem Noregoden „Róulf“. Wenn hierzu noch kommt,
daſs beide steine nach runen- und sprachformen notwendig derselben
zeit (dem anfang des 9. jhdts) angehören müssen, und daſs sie in
derselben gegend gefunden sind, so liegt der schluſs nahe, daſs es
auch derselbe mann ist, den wir auf beiden erwähnt finden. In diesem
falle ist also der Flemloser stein „nach Rolf“ etwas jünger als der Helnæser stein, welcher von ihm errichtet wurde. Diese vermutung wird
auch durch die ganz übereinstimmende äuſsere form beider inschriften
bestätigt: drei reihen ohne trennungszeichen, die sich auf dieselbe
weise gegen einander wenden, und endlich eine vierte zeile, die auf
beiden steinen den namen des runenritzers enthalten haben muſs.
Leider fehlt diese zeile jetzt auf dem Flemloser steine, und gerade

hier stimmen Worms und Havens zeichnungen nicht mit einander
überein. Worm hat nämlich:

ᚠᚢᚼᛁᛆᚠᛏᛏᚦᛁᛆ

ohne eine bemerkung darüber, daſs er berichtigungen in dieser zeile
vorgenommen habe. Dagegen hat Havens zeichnung:

ᚠᚢᚼᛁᛆ ᚠᛏᛏᚦᚠ

und er bemerkt ausdrücklich, daſs nicht ᚠᛏᛏᚦᛁᛆ wie bei Worm auf
dem steine stände. Es ist klar, daſs wir das letzte ᛆ auf Worms
zeichnung seiner eigenen oder seines zeichners berichtigung verdanken,
da er den stein von den söhnen nach ihrem „vater Fuhir‟ errichtet
sein lassen wollte.

Was nun Havens zeichnung anbelangt, so stimmt sie allerdings, wo wir sie kontrollieren können, mit dem steine überein, aber
doch so, daſs die runenformen keineswegs genau nachgebildet sind,
und die einzelnen zeichen stehen auch keineswegs so unter einander, s. 241.
wie auf dem steine selbst. Während ᚼᚠᛏᛁᛆ am ende der dritten
zeile bei Worm sich dicht an das vorhergehende wort anschlieſst,
ist es bei Haven davon geschieden, ebenso wie bei ihm die beiden
worte in der letzten zeile getrennt, bei Worm aber zusammengeschrieben sind. Wer hier recht hat, läſst sich nicht entscheiden;
wir würden natürlich alle worte zusammengeschrieben erwarten; aber
Havens zeichnung macht den eindruck, daſs ein alter bruch im steine
die trennung veranlaſst haben könnte. Da Haven ausdrücklich her-
vorhebt, daſs die vierte zeile viel undeutlicher sei als die andern, so
dürfen wir nicht für ausgemacht halten, daſs es ihm geglückt ist,
diese zeile genau wiederzugeben; hiergegen zeugt aufs bestimmteste
die ganz alleinstehende form, welche die letzte rune auf seiner zeichnung hat; Stephens nimmt sie als ᚠ, das „aus mangel an raum‟ statt
ᚠ gebraucht sein sollte, und er liest faabo, worin er „eine ältere
form für faaþi‟ findet (vgl. truknaþu auf dem Helnæser steine).
Diese erklärung ist natürlich zu verwerfen, teils weil die 3. pers. sgl.
niemals faþu, faþo für faþi gelautet hat, teils weil ᚠ zur zeit des
Flemloser steines nicht als zeichen für o (u) gebraucht werden
konnte, sondern das „nasalierte a‟ ausdrückte, das hier ebenfalls
unrichtig sein würde. Es geht deshalb nicht an, das ungewöhnliche
zeichen bei Haven als eine form der óss-rune zu nehmen, besonders
da auch die regelmäſsige form ᚠ in der ersten zeile steht, und für
dieses zeichen würde auch nach Havens zeichnung sehr gut am
schluſs der vierten zeile platz gewesen sein. Entweder hat Haven

daher zufällige ritzen im steine für nebenstriche der rune gehalten,
so dafs dort in wirklichkeit nur Ι gestanden hat, wie bei Worm,
oder der stein hat ein ✳ gehabt, wo die beistriche links vielleicht
sehr undeutlich waren. Im ersteren falle würden wir faaþi, 3. pers.
sgl. prät. wie auf dem Helnæser steine erhalten, im andern faaþa,
1. pers. sgl. prät., das gerade in den inschriften mit der längeren
runenreihe oft gebraucht wird, wo später die 3. pers. allgemein wurde
(vgl. namentlich das dagaʀ faihido = altnord. *Dagr fáða* des
Einanger steines, „(Ich) Tag ritzte die runen"). Hier tritt nun eine
neue ähnlichkeit zwischen den steinen von Helnæs und Flemlose her-

s. 242. vor, indem beide denselben selten vorkommenden ausdruck von dem
runenritzer gebrauchen, der aus Dänemark nur von diesen beiden
steinen her bekannt ist. Dafs der Helnæser stein ᚠᚨᚦᛁ hat, während
das wort hier ᚠᚨᚨᚦᛁ (ᚠᚨᚨᚦ✳?) mit doppeltem ᚨ geschrieben wird,
ist natürlich nur ein orthographischer unterschied; aber es ist doch
möglich, dafs das faaþi (faaþa) des Flemloser steines zu erkennen
gibt, dafs ein schwaches *a* auf das *á* folgte (*fáaði*), wodurch die form
zugleich einen beweis dafür abgeben würde, dafs das wort damals in
die *a*-klasse übergeführt war (vgl. unter dem Helnæser steine s. 346).

Nach allen hier hervorgehobenen ähnlichkeiten zwischen den
beiden steinen trage ich auch kein bedenken, den letzten schritt zu
thun und zu behaupten, dafs der gelinde gesagt höchst sonderbare
name ᚠᚢᚷᛁᛟ (fuaiʀ) des runenritzers eine falsche wiedergabe an
stelle von ᚠᚢᚷᛁᛟ ƍuaiʀ ist, also demselben namen, der auf dem
Helnæser steine ᚠᚢᚦᛁᛟ mit ᚦ geschrieben wird. Diese annahme
kommt mir so wahrscheinlich vor, dafs ich nicht den geringsten
zweifel an ihrer richtigkeit hege.

Die steine von Helnæs und Flemlose sind also von demselben
manne geritzt, und der Flemloser stein mufs seinem inhalt zufolge
etwas jünger als der Helnæser sein; aber nichts desto weniger hat
der runenritzer auf dem älteren steine durchgehends das jüngere
zeichen ᚦ für *a* gebraucht, während er auf dem jüngeren steine ᚦ
abwechselnd mit dem älteren ✳ verwendet.

## 5. Der stein von Örja.

Das letzte von den denkmälern, die wegen der runenformen u. s. w.
ganz unzweifelhaft derselben gruppe wie die jetzt behandelten 4 seeländischen und fühnischen steine angehören, ist der schonische stein
von Örja, der vor mehreren jahren beim umbau der kirche von Örja

(bei Landskrona) gefunden wurde. Er wurde von da nach Lund
gebracht, in dessen neuem museum er jetzt einen platz erhalten hat;
ehe er noch hierhin übergeführt war, hatte ich gelegenheit, ihn zum
ersten male unter freiem himmel auf meiner runologischen reise in
Schonen 1876 zu untersuchen; später habe ich denselben öfter aufs ·
neue besichtigt. Die erste mitteilung über den stein verdanken wir
N. G. Bruzelius in den „Samlingar till Skånes historia, fornkunskap
och beskrifning" (IV), Lund 1871, s. 151, wo er sich jedoch in ein
paar zeilen darauf beschränkt, denselben für so beschädigt zu erklären, dafs er nicht im stande sei, ein einziges wort zu lesen. Der
stein hat die neigung, sich in dünnen lagen abzuschälen, und ein
grofser teil der inschrift ist dadurch ganz verschwunden und das
erhaltene mehr oder weniger beschädigt. Indem ich mich bezüglich
desjenigen teiles der inschrift, der zu verschiedenen zweifeln veranlassung geben kann, damit begnügen mufs auf die darstellung
hinzuweisen, die in meinem runenwerke erscheinen wird, bemerke
ich hier blofs, dafs die beiden ersten worte unzweifelhaft

$$\text{ᛋᛏᛅᛏᛦ : ᛆᚠᛏ}$$

d. i. stqtʀ aft lauten, also ganz derselbe ausdruck, wie auf dem
stein von Flemløse, und beide worte auf dieselbe weise wie dort geschrieben, speciell auch aft mit ✳, was ja für die altersbestimmung
der inschrift entscheidend ist. Die einzige abweichung ist das
trennungszeichen (3 punkte), während die beiden gleichzeitigen
fühnischen steine kein solches gebrauchen und von den beiden
seeländischen der eine einen einzigen punkt anwendet, der andere
einen kleinen strich; aber 3 punkte finden sich gerade auch auf dem
stein von Nörrenærå, den wir gleich hierauf behandeln.

---

Obgleich die hier behandelten 5 steine samt dem oben (s. 311 f.)
besprochenen färoischen stein von Kirkebø alle bisher bekannten
denkmäler in Skandinavien sind, auf denen wir ein paar der älteren
runenformen zwischen den zeichen der kürzeren reihe finden, so ist
doch damit nicht gesagt, dafs kein anderer von unseren runensteinen
derselben zeit wie diese angehören könne. Da der Snoldelever stein
wahrscheinlich ᛉ für m gebraucht hat, und da der Helnæser stein
überall, der Snoldelever und Flemløser zum teil a durch ᛏ ausdrücken, so wird also nur ✳ mit der bedeutung h für das alte ᚺᚺ
einen sicheren beweis dafür abgeben, dafs eine inschrift jünger ist s. 243.
als die hier genannten. Wo das h-zeichen fehlt, müssen uns die

sprache und andere merkmale bei der zeitbestimmung leiten. Ich
halte es somit für höchst wahrscheinlich, dafs der stein von Voldtofte (Vedtofte), der wie die steine von Helnæs und Flemlose
aus der gegend von Assens stammt (jetzt zusammen mit dem stein
von Flemlose zu Jægerspris), mit diesen gleichzeitig und ein denkmal für denselben *Hróulfr* (*Róulfr*) ist, der auf den beiden andern
steinen genannt wird. Ganz unrichtig, mangelhaft und irreführend
sind nämlich die mitteilungen, die Stephens (I, s. 333 f.) über diesen
stein und seine inschrift gibt. Längs der einen kante des steines
stehen folgende runen:

ᚱᚢᚢᛚᚠᚱᛋᛁᛋ

Die drittletzte rune ist sicher ᚼ, dessen form noch deutlich verfolgt werden kann, obgleich die spitze und der mittlere teil abge-
blättert sind; die vorletzte rune ist ein sicheres ᛁ ohne spur von
nebenstrichen; die rauheit des steines hat Stephens getäuscht, so
dafs er ein ᛏ zu finden geglaubt hat. Ein wichtiger umstand, den
weder Stephens noch andere erwähnt haben, ist, dafs der stein gespalten worden ist (die grofsen sprenglöcher zeigen sich sehr deutlich),
so dafs derselbe gar wohl ursprünglich doppelt so breit als jetzt gewesen sein kann (auch die rückseite ist abgespalten, so dafs der stein
jetzt verhältnismäfsig sehr dünn ist). Die form des steines läfst
keinen zweifel darüber, dafs er so aufgerichtet gewesen ist, dafs die
jetzt erhaltene inschrift von oben nach unten lief; aber daraus folgt
wiederum sicher (siehe oben s. 159 f.), dafs sich auf der andern, jetzt
abgespaltenen kante eine zweite inschrift befunden hat, welche die
entgegengesetzte richtung (von unten nach oben) hatte, und dafs der
anfang der inschrift eben dort gestanden hat. Ich vermute daher,
dafs der name des toten links auf dem fehlenden teile des steines
zu lesen war, und dafs die rechts gegenüber erhaltenen runen ruulfr-
sis ergänzt werden müssen ruulfr s[at]i s[tain] [1]), absichtlich
so geschrieben, um nicht diese zeile länger als die andere zu machen,
die den namen des toten enthielt (wenn es derselbe kuþumutn war
wie auf dem steine von Helnæs, so könnte dies wort ja gerade einen
raum ausfüllen, der den erhaltenen runen entsprach). Auf die gleich-

---

[1]) Ich halte also weiter an der vermutung über die bedeutung dieser runen
fest, die ich schon in „De ældste nord. runeindskrifter" (årb. f. nord. oldk. 1867),
s. 62 und in „Professor G. Stephens om de ældste nord. runeindskrifter" s. 14
(= årb. f. nord. oldk. 1868, s. 66) aufgestellt habe, lange bevor ich gelegenheit
gehabt hatte, dieses denkmal selbst zu untersuchen.

zeitigkeit des steines von Voldtofte mit denen von Helnæs und Flemlose deuten bestimmt dessen runenformen, um nicht von dem namen
ruulfn und dessen schreibweise zu sprechen. Habe ich recht darin,
ruulfn sati stain zu lesen, so ist es ja auch gerade dieselbe formel,
womit der stein von Helnæs beginnt.

Auch aus Jütland glaube ich ein oder ein paar gleichzeitige
denkmäler anführen zu können. In der kirche zu Hammel (in
der grafschaft Frijsenborg) befindet sich ein bruchstück eines runen-
steines, bezüglich dessen Thorsen sich ähnliche unzuverlässigkeiten hat
zu schulden kommen lassen, wie Stephens sich bezüglich des steines
von Voldtofte. In „De danske Runemindesmærker" II, 2, s. 173 teilt
Thorsen nämlich mit, dafs „der stein als stufe im eingang zu einer
früheren waffenkammer liegt", und dafs man von der schrift jetzt nur
„ulfs stin sieht, indem die fortsetzung in die mauer hineingeht", sowie „dafs das für t gebrauchte zeichen nicht der alten buchstabenreihe
angehört" (wie dies aus seiner zeichnung II, 1, no. 64 hervorgeht, liest
er nämlich ᛏ[1])). Alle diese bemerkungen sind indessen vollständig
unrichtig: Bei meiner untersuchung des steines im jahre 1877 zeigte
sich nämlich, dafs er nicht als stufe im eingange einer früheren
waffenkammer lag, sondern als sockelstein in der kirche benutzt war.
Zu diesem behufe ist er seiner zeit gespalten worden, so dafs nur
6 runen von der inschrift übrig geblieben sind, ohne dafs irgend etwas
durch die mauer verdeckt ist. Zugleich ist der stein auch etwas
abgeputzt und geglättet worden, so dafs die runen ziemlich aus-
geschabt sind, ohne dafs die lesung jedoch an irgend einer stelle
zweifelhaft sein kann. Dort steht nämlich

ᚢᛚᚠᛋᛁᛋᛏ

mit ᛏ, nicht ᛐ, wie Thorsen angibt.

Da sich keine spur von runen auf dem nicht ganz kleinen stücke
des steines vor ulfs und ebenso wenig über oder unter dem erhaltenen teile der inschriftzeile findet, so mufs die inschrift mit diesem
worte begonnen haben, und sowohl der ganze charakter der runen,
das kleine längliche trennungszeichen, wie die in der inschrift gebrauchte formel machen es mir mehr als wahrscheinlich, dafs wir
hier ein denkmal haben, das genau mit dem Kalleruper und Snoldelever steine übereinstimmt. Ich vermute daher, dafs die inschrift

---

[1]) Dafs diese form sich nicht in der alten buchstabenreihe finde, ist ja
übrigens ganz irrig (siehe oben 'Anhang' III).

ulfs ı stain gelautet hat (mit ✝ oder ✳ als zeichen für die *a*-rune),
wonach möglicherweise noch wie auf den beiden genannten wesentlich
gleichzeitigen steinen eine angabe darüber gefolgt ist, wessen nachkomme ulfu war. Wir haben hier einen eklatanten beweis dafür,
wie notwendig autopsie ist, um das alter eines denkmals wie dieses
zu bestimmen; denn die runen ulfs st können aus rein sprachlichen
gründen natürlich ebenso gut dem 8. oder dem 9. wie dem 12., ja
sogar dem 19. jhdt angehören!

Endlich nehme ich an, dafs auch der Schleswiger stein von Arrild,
wenn meine oben (§ 12, b, 2 schlufs) ausgesprochene vermutung richtig
ist, am nächsten derselben zeit wie die jetzt behandelten denkmäler
angehören mufs (vgl. auch unten s. 359).

---

Während wir mit hülfe der runen- und sprachformen u. s. w.
die zeit dieser steine ungefähr als den anfang des 9. jhdts bestimmen
können, so wird eine andere gröfsere gruppe von runensteinen, die
gleichfalls deutlich aus der heidnischen zeit stammen und chronologisch
den hier besprochenen zunächst folgen, um 900 etwa gesetzt werden
können. Die alten runenformen ᛘ, ✳, ᚺᚺ sind jetzt ganz vor ᚦ ᚦ
(Y), ✝, ✳ gewichen, und auch in andern beziehungen zeigen sich
verschiedene spuren einer jüngeren entwicklungsphase (ᚼ wird hinter
dental mit ᛦ vertauscht; der acc. sgl. *sunu* wird von *sun* verdrängt).
Als beispiele von den denkmälern aus dieser zeit wollen wir drei
steine behandeln, die in enger verbindung mit einander zu stehen
scheinen, und wovon zwei durch die gröfse und den inhalt der inschriften zu den merkwürdigsten runendenkmälern in ganz Skandinavien gehören, nämlich der fühnische stein von Glavendrup und
der seeländische stein von Tryggevælde. Nahe verwandt mit ihnen
ist der fühnische stein von Rönninge.

In die zeit zwischen diesen drei denkmälern und den eben behandelten, also ungefähr ums jahr 850 (875) ist ein denkmal
aus Fühnen zu setzen, das ich daher zunächst besprechen will, nämlich

## 6. Der stein von Nörrenærå.

Gefunden 1684 auf dem kirchhofe von Nörrenærå (harde Skam,
amt Odense), östlich von Bogense, und jetzt im innern der kirche
eingemauert. Der ziemlich unansehnliche eiförmige stein ist 110 cent.
lang und bis zu 60 cent. breit; aber die runen, die den stein in
seiner ganzen breite ausfüllen, sind sowohl an und für sich als auch

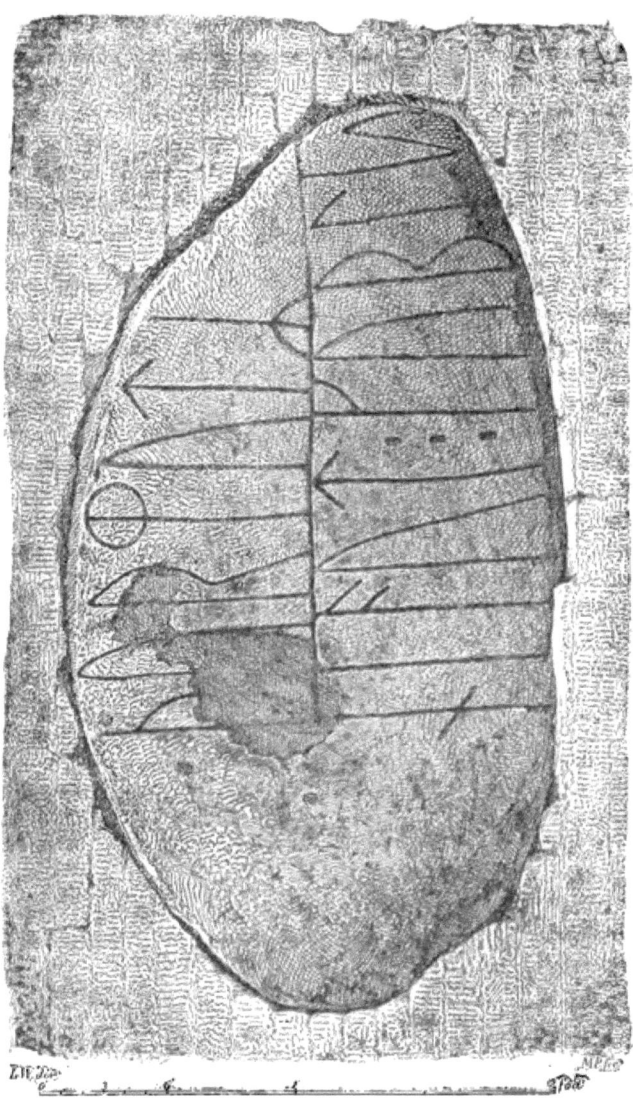

Der stein von Nörrenærå.

im verhältnis zu dem umfange des steines ungewöhnlich grofs. die
längste ist ungefähr 29 cent. hoch; gegen die spitze hin nimmt die
gröfse aus rücksicht auf die form des steines ab, welche gleichfalls
die ungewöhnliche gestalt der letzten rune (ᚺ) in der inschrift veranlafst hat. Eine gröfsere abschälung hat besonders die beiden ersten
runen beschädigt; aber ihre ganze form kann noch sicher verfolgt
werden. Ein natürliches loch im steine vor dem ersten þ ist bei
Thorsen (De danske Runemindesm. I, s. 265) unrichtig als ein ge-
hauener punkt aufgefafst; als trennungszeichen werden in der zweiten
zeile 3 längliche punkte gebraucht.

Die inschrift lautet:

þurmutn
niaut : kubls

þurmutn d. i. Þórmunda (§ 12, b, 2). Wegen ᛆ siehe 'Anhang' IV, s. 298; auf gleiche weise hat der norwegische stein von
Valdby (s. 307), den ich für gleichzeitig mit dem stein von Nörrenærå
halte, ᛆ als nominativzeichen hinter þ bewahrt.

niaut kann trotz der ungewöhnlichen schreibung mit ᚠᚢ
(§ 6, c, 5) nicht anders denn als imperativ des verbums niúta (niáta?)
= isl. njóta aufgefafst werden; hier wie im altnord. mit dem gen.
verbunden: 'gutes von etwas geniefsen'.

kubls d. i. kumbls bezeichnet hier am ehesten „den grabhügel".
Über die form und bedeutung des wortes vgl. unten s. 365.

Die altdänische form der inschrift ist also gewesen:

*Þórmunda*
*niút (niát?) kumbls!*

Das gewöhnliche altnordische würde haben:

*Þormundr*
*njót(tu) kum(b)ls!*

d. h. „Thormund, geniefse des hügels! ruhe friedlich im grabhügel!"

Der ganze charakter der inschrift (runenformen u. s. w.) bewogen
mich bereits vor vielen jahren diesen stein für etwas älter als den
Glavendruper u. s. w. anzusehen. Diese vermutung ist später durch
meine beobachtung über das verhältnis zwischen ᛆ und ᚱ nach dentalen
('Anhang' IV) bestätigt worden, und sie wird noch durch einen andern
umstand weiter erhärtet. Die gröfse und form des steines sowohl
wie der inhalt der inschrift machen es in hohem grade wahrscheinlich,
dafs derselbe, wie die oben (s. 301, 306 ff.) besprochene, besonders
aus Norwegen bekannte reihe von denkmälern aus der mittleren

und dem beginn der jüngeren eisenzeit, in den grabhügel hinein
gestellt worden ist. Die umstände, unter denen der Snoldelever
stein gefunden wurde, sprechen in hohem mafse dafür, dafs dasselbe
mit diesem der fall gewesen, und seine form erinnert ja auch sehr
an die des steines von Nörrenærå. Auch der kleine unansehnliche
stein von Arrild hat unzweifelhaft im innern des grabhügels gestanden. Dieser umstand stützt somit noch weiter meine ansicht
über das alter der genannten denkmäler.

## 7. Der stein von Glavendrup.

Dies sehr ansehnliche denkmal mit der längsten runeninschrift,
die aus Dänemark bekannt ist, wurde auf einem felde in der landstadt Glavendrup im kirchspiel Skamby (harde Skam, amt Odense)
zwischen Odense und Bogense gefunden. Obwohl man in der gegend
lange gewufst hatte, dafs der stein eine inschrift trug, lag er doch
14 jahre lang unbeachtet, bis er im sommer 1806 von Vedel Simonsen
hervorgezogen, man darf wohl sagen entdeckt wurde. Jetzt ist er
staatseigentum und seit 1864 wieder auf dem hügel errichtet, wo er s. 246.
vermutlich ursprünglich gestanden hat. Seine ganze länge beträgt
283 cent., wovon ungefähr ein drittel in der erde gestanden hat (jetzt
ragen 173 cent. über die erde empor): die gröfste breite ist 157 cent.,
die kante mit der inschrift 55 cent. dick; die höhe der runen ist sehr
verschieden (die gröfsten haben ungefähr 36 cent., die kleinsten ungefähr
10 cent.). Die abbildung gibt den stein seiner ganzen form nach wieder.

Die inschrift, die auf die beiden breiten seiten des steines und
die kante zwischen beiden verteilt ist, steht im ganzen sehr klar
und deutlich da. Fast alle worte werden von einander durch das
von andern älteren steinen (dem stein von Snoldelev u. s. w.)
her bekannte trennungszeichen ; geschieden, das dagegen nicht am
anfang oder schlufs der zeilen gebraucht wird. Unter den 206 runen
der inschrift kommen alle zeichen aus dem damals gebräuchlichen
runenalphabet vor, mit ausnahme der m-rune, die ohne zweifel die
form ᛩ ᛩ wie auf den steinen von Nörrenærå, Tryggevælde, Rönninge u. s. w. gehabt haben würde.

An zwei stellen findet sich ein leerer raum ohne runen, nämlich nach dem worte ᚾᛁᛏ in der letzten zeile auf der vorderseite
und nach ᛁᚦᛏ in der schlufszeile auf der kante (trennungszeichen
fehlen daher hinter diesen beiden worten). Wegen alter brüche und

s. 244.                           I.

Der stein von Glavendrup.

II.

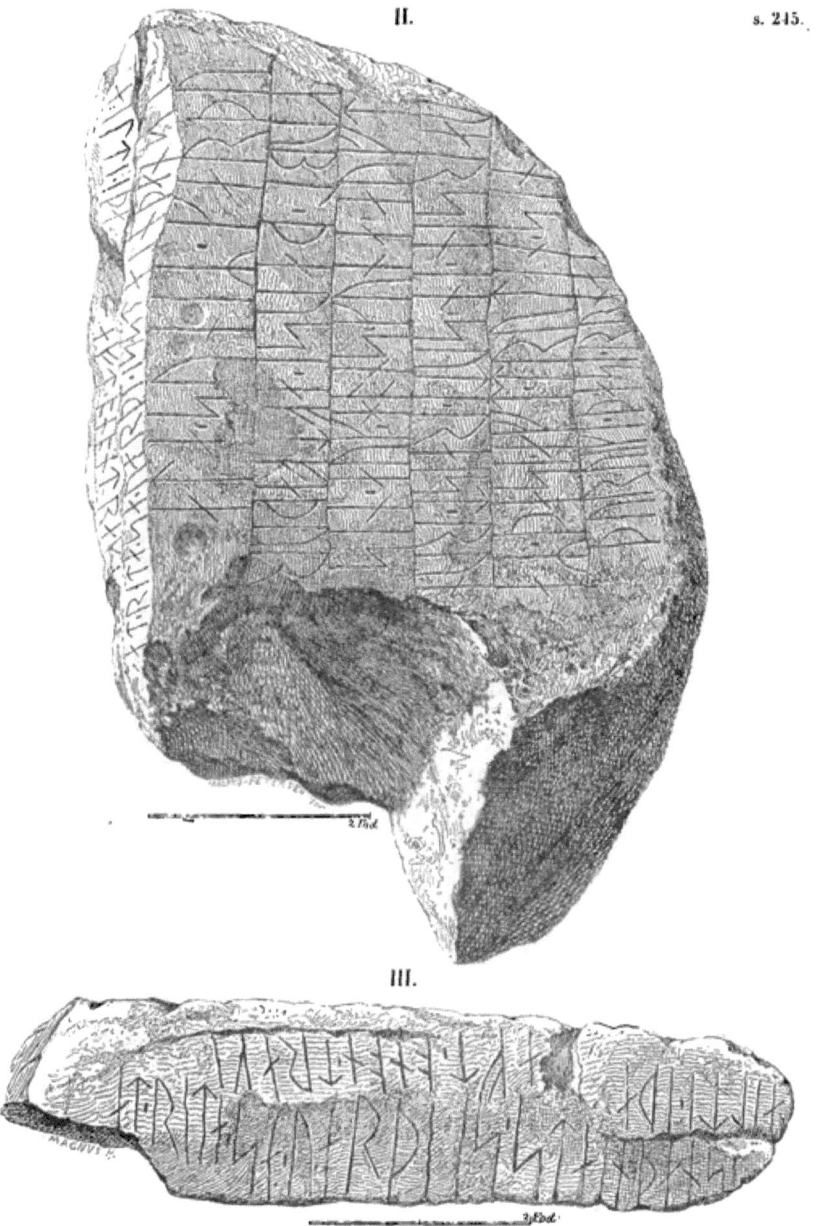

III.

löcher im stein hat der runenritzer absichtlich an diesen stellen den
platz offen gelassen, so dafs die ganze inschrift vollständig ist.

Die inschrift beginnt mit dem worte raknhiltr in der 2. zeile
von rechts auf der vorderseite, und dieses wort zeichnet sich durch
die gröfse der runen sowohl wie durch den abstand zwischen den
einzelnen zeichen aus, ohne zweifel weil der name auf diese weise
hervorgehoben werden sollte. Die inschrift läuft darauf bustrophedon,
so dafs die 3. zeile von rechts auf die zweite folgt, und darauf
die vierte. Die erste zeile rechts, womit die inschrift auf dieser seite
endet, geht in derselben richtung wie die zweite und vierte. In der
schlufszeile hat der runenritzer aus mangel an raum das letzte wort
ᚦᛁᛏᚢᛏ teilen müssen, so dafs die beiden letzten runen umgekehrt
über die 3 ersten gestellt wurden; er hat vielleicht nicht von anfang
an berechnet, dafs er nach ᚿᛁᛏ einen platz frei lassen wollte;
aber der grofse rifs im steine, der über die spitze der drei runen ᚿᛁᛏ
läuft und sich darauf bedeutend erweitert, hat im verein mit den
vielen löchern und unebenheiten hinter diesem worte ihn bewogen,
dies stück des steines unbenützt zu lassen. Die erste sichere rune
hinter ᚿᛁᛏ ist das ᛏ, das sich gerade unter dem ᛁ von raknhiltr befindet; obgleich sowohl dieses ᛏ wie die darauf folgenden ᛁᚦ schwach
hervortreten, so können sie doch keine veranlassung zu irgend welchem
zweifel geben, und der folgende teil der inschrift ist sehr gut erhalten. Durch eine neue untersuchung derselben, die ich im
sommer 1879 im laufe zweier tage unter den allergünstigsten verhältnissen vornahm, so dafs alle zweifel in bezug auf einzelheiten
hinsichtlich der lesung befriedigend gelöst werden konnten, entdeckte
ich indessen, dafs sich auch vor ᛏ deutliche spuren eines stabes mit
nebenstrichen in der mitte fanden, die zeigten, dafs hier ein ᛉ stand
(auch auf meinen abdrücken verfolge ich mit sicherheit die ganze form
der rune). Hier steht also haiþ-, nicht aiþ-, wie ich in „Runeskriften" 1874 las. Aber ich bin noch vollständig davon überzeugt, dafs zwischen uia und haiþ- niemals ein runenstab eingehauen gewesen ist.

Die inschrift auf der rückseite beginnt mit der zeile, welche
am weitesten links steht, und läuft darauf bustrophedon mit ausnahme
der letzten (6.) zeile, die einen neuen, selbständigen satz enthält.

s. 247.        Die inschrift auf der kante, die mit der zeile rechts beginnt und
dann bustrophedon läuft, gibt keinen anlafs zum zweifel; aber die 2
zeilen haben wegen alter risse und unebenheiten im stein, welche

die inschrift soweit als möglich umgeht, eine ziemlich unregelmäfsige
form erhalten, und ein gröfserer spalt und unebenheiten in der letzten
zeile hinter dem worte iþa haben hier wie auf der vorderseite veranlassung zu einer leeren stelle gegeben.

Die ganze inschrift lautet:

      I.  raknhiltr ꞏ sa-
          ti ꞏ stain þąnsi ꞏ auft
          ala ꞏ saulua kuþa
          uia   baiþuiarþan þiakn

     II.  ala ꞏ suniʀ ꞏ karþu
          kubl ꞏ þausi ꞏ aft faþur
          sin ꞏ auk ꞏ hąns ꞏ kuna ꞏ auft
          uar ꞏ sin ꞏ in ꞏ suti ꞏ raist ꞏ run-
          aʀ ꞏ þasi ꞏ aft ꞏ trutin ꞏ sin
          þur ꞏ uiki ꞏ þasi ꞏ runaʀ

    III.  at ꞏ rita ꞏ sa ꞏ uarþi ꞏ is ꞏ stain þansi
         ailti ꞏ iþa   aft ꞏ ąnan ꞏ traki

Wir besprechen nur die formen, die wir früher zu behandeln
keine gelegenheit gehabt haben:

raknhiltr d. i. *Ragnhildr*, ein gewöhnlicher altnordischer frauenname. Über die endung -*r* siehe 'Anhang' IV.

þąnsi, acc. sgl. masc. zu sasi (Flemlose), unten þansi geschrieben, in beiden fällen = *þannsi* (altnord. *þenna*). Für þąnsi,
þansi, das auf unsern runensteinen sehr gewöhnlich ist, findet sich
später þinsi, þainsi, das eine jüngere aussprache, *þennsi* oder *þænnsi*,
bezeichnet. Zweifelhaft ist, ob þ im anlaut dieses wortes *þ* oder *d*
ausdrückt.

auft, präp. 'nach', das später einmal auft und dreimal aft wie
auf dem Helnæser steine und anderwärts geschrieben wird. Die schreibung auft drückt wie uft *øft*, eine häufige nebenform zu *æft*, aus,
welches letztere aft, wie hier, oder ift, aift geschrieben wird (§ 5, 4).

ala acc. sgl. von dem auch im altnord. bekannten namen *Áli*.

saulua kuþa entspricht dem nuna kuþi auf den steinen von
Helnæs und Flemlose, und in saulua müssen wir daher den namen
von dem distrikt des goden oder von dessen bewohnern suchen.
Einen diesem entsprechenden ortsnamen finden wir auch in Norwegen,
wo das heutige *Selven* im sprengel von Orland, ½ meile von
Agdenes, das altnord. *Sǫlvi* ist (Heimskringla ed. Unger s. 76³⁰⁻³¹:
*Eirikr konungr fór um vetrinn nordr á Móri ok tók veizlu i Sǫlva*

s. 248.

*fyrir innan Agdanes* = cod. Fris. s. 59 37 *i Solva*). Ich nehme also
saulua hier als gen. sgl. des ortsnamens oder als gen. pl. des namens
der bewohner („gode in Sålve" oder „gode der Sålver"), aber weder mit
Rafn (Antiquités de l'Orient s. 194) als namen von Ales hofe, noch mit
Thorsen als personennamen (so dafs Ale „Sålves gode", untergeordneter
amtmann, wäre). Die schreibung saulua bezeichnet den *u*-umlaut
von *a* wie zuweilen sonst auf den runensteinen (§ 6, c, 3).

Von den hierauf folgenden worten in der vierten zeile uia haiþuiarþan þiakn ist nur þiakn von andern inschriften her bekannt
= altnord. *þegn*, 'ein freigeborner mann' (über die etymologie siehe
„Den histor. sprogforskning og modersmålet" s. 21 = årb. for. nord.
oldk. 1868, s. 277), auf den runensteinen þikn, þakn, þiakn, þaikn
geschrieben, welche formen alle die aussprache *þegn* (*þægn*) ausdrücken. Das wort war eine ehrenbezeichnung für einen mann (vgl.
das davon gebildete *þegnskapr*), und wie es hier von dem „goden"
Ale gebraucht wird, so finden wir es in der altisl. literatur z. b. von
Guðmundr Hóla-bischof gebraucht (Guðmundar drápa von Árni Jónsson,
abt 1371—79, v. 13; Biskupa sögur II, s. 205). Das von þiakn
regierte uia fasse ich als gen. pl. neutr., entsprechend dem altnord. *véa*,
altdän. *wéa* oder *wia*, von *wé* oder *wi* (altnord. *vé*) 'tempel'; *wéa þegn* ist
dann dasselbe wie norweg.-isl. *hofgoði* 'tempelpriester'. Dagegen wage
ich nicht uia in der bedeutung 'der götter', d. h. als gen. eines plur.
masc. *wéaʀ* oder *wiaʀ* zu nehmen (*véar* 'götter' in der Hymiskviða
s. 249. v. 39 beruht ohne zweifel auf verderbnis), und noch weniger wage ich
es als gen. sgl. entsprechend dem altnord. *Véa* von dem götternamen
*Vé* für *Véi* (formnord. formlära § 65 am schlusse) aufzufassen.

haiþuiarþan ist natürlich adjectivum im acc. sgl. masc. zu
*þegn*; während die frühere lesung aiþuiarþan uns ein unbekanntes
wort gab, haben wir jetzt ein wort bekommen, dessen bedeutung klar
ist, und das sowohl im altschwedischen wie im altdänischen nachgewiesen werden kann: haiþuiarþr d. i. *hæiðwerðr* auf dem Glavendruper steine stimmt vollständig mit dem *haiþverþr* 'ruhmvoll' des
Gutalag (*gripr hinn ohaiþverþi* 'der unrühmliche, schändliche griff'
23, 4 = *eyn vnerlich grif* in der alten deutschen übersetzung) und
dem *heþuarþær* des schonischen gesetzes (*heþuarþe man* 'ein ange-
sehener, vornehmer mann' 5, 28 [1])) überein, indem *a* hier wie in andern

---

[1] In Anders Suuesens alter lateinischer paraphrase des schonischen gesetzes
wird das wort folgendermafsen erklärt: „(vir) diues et præpotens, cui non esset

ähnlichen fällen (*uara* = *vera*, *uarþa* = *verda* u. s. w.) einem altnord. *e* entspricht. Dagegen hat das isländische *heiđvirđr*, durch vermischung mit *virđr*, ptcp. prät. von *virđa*. Auf dem Glavendruper steine steht das wort in seiner ursprünglichen bedeutung 'ehrwürdig': 'der tempel ehrwürdiger degen' d. h. 'der hochgeehrte (hochangesehene, "hoch-ehrwürdige") tempelvorsteher'.

karþu = *garđu*, kaum *gorđu* (§ 1, 2).

kubl ist, wie das folgende þausi zeigt, acc. pl. neutr. Das wort kommt öfters in dieser verbindung auf unsern runensteinen vor, im allgemeinen wie hier mit auslassung des nasals geschrieben, seltener kumbl. Das altnorwegisch-isl. braucht selten *kumbl* (*kuml*) neutr. — und sowohl im sgl. wie im plur. — in der bedeutung 'grabhügel'. In den runeninschriften hat das wort oft eine etwas weitere bedeutung, so dafs es das ganze denkmal bezeichnet (namentlich hügel und stein zusammen); wo es wie hier stain und runaᴙ gegenübergestellt wird, denkt man natürlich zunächst an den „hügel", und diese bedeutung hat es gleichfalls auf dem steine von Nörrenærå, wo es im sgl. steht, wie ab und zu in andern runeninschriften.

þausi, die älteste form im neutr. plur. zu sasi (altnord. *þessi*). In einer so alten inschrift wie der des Glavendruper steines, mufs man sicher annehmen, dafs das wort noch den alten diphthongen bewahrt hat; dagegen ist es zweifelhaft, ob das þusi des kleineren steines von Jællinge *þåusi* oder *þốsi* bezeichnet, eine aussprache, die auf jeden fall für das þausi, þusi jüngerer inschriften wahrscheinlich ist; denn auf dem vor einigen jahren entdeckten heidnischen Virringer steine von Jütland (zweite hälfte des 10. jhdts) wird þisi s. 250. geschrieben, das am ehesten *þǽsi* gelautet hat (vgl. *þǽsæ ǽræ logh* im schonischen kirchengesetze c. 5 runenhandschr., *þǽse* die hadorfsche handschr., *thǽssi* AM. 37 4to; *þǽse mal æræ al til ens rættæ mælt* schonisches gesetz 5, 3 in der hadorfschen handschr., *thisi* AM. 41 4to, runenhandschr. fehlt). Das þausi, þusi, þisi der runensteine kann daher *þốsi*, *þǽsi* bezeichnen (vgl. auft, uft, ift = *oft*, *æft*).

faþur hier ohne zweifel *fáđur* mit *u*-umlaut (altnord. *fǫdur*).

tutum resistere aut propter generis claritatem aut officij dignitatem, qualem *hetwarthe man* in lingua patria nominamus". Dieselbe bedeutung hat das wort iu „Vederlagsretten" (Knuds des grofsen gefolgsrecht), das in jüngerer schonischer sprachform erhalten ist: *konung oc andra hithworthe men, ther hirdh skulde hawa.*

auk = altnord. *ok*, aber älter *auk*, entsprechend der form, die auf den runensteinen die gewöhnliche ist.

hạns mit ᚴ wie in þạnsi oben, ạnạn wegen des folgenden *n* (§ 3, 2).

kuna = altnord. *kona*, hier mit *o*- oder mit *u*-laut? das letztere allgemein im altdänischen (auch in altnord. handschriften vereinzelt mit *u* geschrieben).

uar wie auf dem Tryggevælder steine = altnord. *ver*; hier *wer* oder *wær* ausgesprochen, acc. von *werr* (*wærr*) 'mann, ehemann'. Im altnord. ist das wort wesentlich dichterisch.

in = *en*, 'aber'.

suti = dem altnord. namen *Sóti*.

raist = altnord. *reist*, prät. von *rista*.

þasi, alter acc. pl. fem. zu sasi, wie wir hier þạusi, þansi im acc. sgl. masc. und þausi im acc. pl. neutr. haben. Die fem. form þasi steht also für ursprüngliches þansi d. i. *þąꜱsi* oder *þáꜱsi*, wenn der ꜱ-umlaut gemeinnordisch gewesen ist, wofür das altschwedische zu sprechen scheint; in þasi ist ꜱ dem folgenden *s* assimiliert, und die aussprache ist ohne zweifel *þássi* oder *þǽssi* (altnord. *þessar*) gewesen.

trutin = altnord. *dróttin* 'herr', und ebenso hier.

þur d. i. *Þórr*, der gott, der angerufen wird. (Mit unrecht glaubt Thorsen, De danske Runemindesm. I, s. 68 anm., dafs *u* der ursprüngliche vokal in dem worte ist, der auf den runensteinen bewahrt sei.)

uiki = altnord. *vigi* und ebenso hier, opt. präs. von *wigja*.

Die anrufung des heidnischen gottes auf dem Glavendruper steine hat nun ein seitenstück in dem oben genannten Virringer
s. 251. steine bekommen, dessen inschrift mit den worten þur uiki þisi kuml d. i. *Þórr wigi þǽsi kumbl*, „Thor weihe dieses denkmal!“ schliefst.

Die beiden letzten zeilen (die inschrift auf der kante des steines) sprechen eine strafe aus, die denjenigen treffen soll, der das denkmal zerstört. Da alle worte hier leicht verständlich sind mit ausnahme der beiden ersten, so versparen wir uns diese beiden bis zuletzt.

sa uarþi d. i. *sá werdi* oder *wærdi* (das altdänische hat noch vereinzelt *warthæ* zusammen mit dem jüngeren *warthæ, worthæ*).

ailti d. i. *ælti* = altnord. *elti*, opt. präs. von *elta*, 'fortjagen, verfolgen; drücken, pressen, kneten' (in der letzten bedeutung noch

im dänischen *ælte* bewahrt; aber im altdänischen auch 'treiben,
jagen', z. b. im schonischen gesetz 11, 7: *æltær man ræf i graf mæþ
hundum*; Valdemars seeländ. gesetz 2, 27: *tha ma mannæn horkunæn
æltæ burt fran sich* und so noch bis in späte zeit). Hier ist die bedeutung am ehesten ganz im allgemeinen 'gewalt übt gegen', 'gewalt
anthut', kaum 'wälzt'.

iþa = altnord. *eda* 'oder'.

anan = *annan* (also bereits hier ohne *r* wie im altnord.; fornnord. forml. § 24, C, a).

traki = *dragi*; '(ihn) nach einem andern verschleppt' wird durch
die inschrift auf dem Tryggevælder steine aufgeklärt, der mit folgenden worten schliefst: sa uarþi at rita is ailti stain þansi iþa
hiþan traki, wo hiþan = *hedan* 'von hier fort' ('ihn von hier, von
dem platze, auf dem er steht, fortschleppt'); ebenso auf dem Glavendruper steine: 'ihn (von seinem platze) fortschleppt, (um ihn) nach
einem andern (zu errichten)'. Es geht also hieraus hervor, dafs
ältere runensteine zuweilen von ihrem ursprünglichen platze fortgenommen und aufs neue benutzt wurden. Ein sicheres beispiel
hierfür bietet der Skäänger stein von Södermanland, wo sich in der
mitte eine inschrift mit älteren runen aus dem 6. jhdt, aber um
diese herum eine schlangenwindung mit neuerer inschrift aus dem
11. jhdt befindet. In der regel wurde jedoch wohl die ältere inschrift
weggehauen, wenn man den stein aufs neue in gebrauch nahm.

Es bleibt dann nur noch der ausdruck at rita übrig, der in
derselben verbindung wie hier auf dem Tryggevælder steine vorkommt,
wo er ebenfalls rita geschrieben wird (eine kleine natürliche vertiefung auf dem Glavendruper steine hoch oben auf der linken seite
der l-rune ist von Stephens unrichtig als eingehauener nebenstrich
aufgefafst; er liest daher ⅄, das er für „eine alte form" der *a*-rune
ansieht; aber diese rune wird ja auf dem Glavendruper steine ohne
ausnahme ✝ geschrieben). Dagegen hat das wort die form rata an s. 252.
der dritten stelle, wo es sich in den runeninschriften nachweisen
läfst, nämlich auf dem Glemminger steine in Schonen, der mit den
worten schliefst: uirþi at rata huas ub briuti[1] d. i. *werdi at*

---

[1] Dafs die inschrift huas ub briuti und nicht, wie man früher gelesen,
huks ub briuta, hat, habe ich in meinen „Sproglige iagttagelser fra en
runologisk rejse i Skäne i sommeren 1876" in „Hort udsigt over det filol.-hist.
samfunds virksomhed i ärene 1876—78" s. 14 ff. (separatabz. s. 3 ff.) nachgewiesen.

? *hwás uppbriúti* (altisl. *verdi at* ? *hverr er* (es) *uppbrjóti*). Es
könnte dem sinne nach ansprechend sein, wie man vorgeschlagen hat,
rita, rata als verbum = altnord. *rata* 'wandern' (got. *wratôn*) aufzufassen, also: 'er soll wandern, friedlos umherziehen' (ungefähr dasselbe, was durch den ausdruck *vargr, vargr i véum* bezeichnet wird).
Andere (N. M. Petersen in „Danmarks Historie i Hedenold" III[1], 366
= III[2], 275, Jonsson und Vigfusson in ihren wörterbüchern) haben
rita, rata als ein von at regiertes subst. gefasst und es mit dem
im isländischen gebräuchlichen *rati* 'eine sinnlose person', eine 'person,
die umhergeht und sich töricht beträgt', in verbindung gebracht, so dafs
der ausdruck hier bedeuten würde: 'er werde mit wahnsinn geschlagen,
streife wahnsinnig umher'. Gegen diese beiden erklärungen spricht indessen die schreibung rita neben rata, die zusammen auf eine form mit
e- oder æ-laut zurückweisen. Das einzige bekannte wort, an das man
auch gedacht hat und das hier passen kann, ist altnord. *rétta* 'wieder
in ordnung bringen', so dafs *werdi at rétta* bedeuten müfste: 'er
bringe ihn wieder an seine stelle', 'mache den schaden wieder gut'
(vgl. altnord. *rétta rán* 'das geraubte zurück erstatten' und ähnliche
ausdrücke.) Obgleich ich allerdings in diesen formeln einen stär-
keren ausdruck erwartete, so glaube ich doch aus sprachlichen
gründen, dafs rita (rata) nur in der letztgenannten bedeutung genommen werden kann, was auch durch den vierten runenstein be-

s. 253. stätigt wird, auf welchem wir eine andere formel finden, welche dieselbe bedeutung wie das in rede stehende uarþi (uirþi) at rita
(rata) hat, nämlich den Skærner stein von Jütland. Hier schliefst
die inschrift nämlich mit den worten siþi sa manr is þusi kubl
ub biruti d. i. ? *sá mannr es þósi kumbl uppbriúti*, wo ebenfalls alles
klar ist, mit ausnahme eben des wortes siþi, auf das es hier ankommt. Es kann natürlich nicht, wie Stephens meint, = altnord.
*sinni* (von *sinna* 'wandern') sein, so dafs siþi als sinþi gelesen
werden müfste; denn der übergang von *nþ* zu *nn* im nordischen
(fornnord. forml. § 22, B, b) ist weit älter als die zeit des Skærner
steines (vgl. ąnąn = *annan* auf dem Glavendruper steine und die
mit kun- d. i. *Gunn-* zusammengesetzten namen auf den runensteinen). Auch läfst die bedeutung nicht ohne die gröfste willkür
zu, es (wie Rafn und Thorsen) mit altnord. *sida* (*seida*) 'zauberei,
hexerei treiben' in verbindung zu setzen. Dagegen gestattet sowohl
die schreibweise wie die bedeutung, siþa = altnord. *sida* 'schick
auf etwas setzen' (von *sidr*) zu fassen; mit der bedeutung 'wieder in

ordnung bringen' würde dieses wort also ganz dem *rétta* (*rǽtta*) der andern inschriften entsprechen.

In ihrer altdänischen sprachform mufs die ganze inschrift also wiedergegeben werden[1]):

> *Ragnhildr satti stæin þannsi oft Ála Sâlwa-goda, wéa hwidwerdan þegn.*

> *Ála syniʀ gærdu kumbl þâusi æft fâdur sinn âuk hans kona oft wer sinn; en Sóti rwist rúnaʀ þássi (þǽssi?) æft dróttin sinn.*

> *Þórr wigi þássi (þǽssi?) rúnaʀ!*

> *At rétta sá werdi, es stæin þannsi ælti eda æft annan dragi!*

Das gewöhnliche altnordische würde haben:

> *Ragnhildr setti stein þenna ept(ir) Ála Sǫlva-goda, véa heidvirdan þegn.*

> *Ála synir gordu kum(b)l þessi ept(ir) fǫdur sinn ok hans kona ept(ir) ver sinn; en Sóti reist rúnar þessar ept(ir) dróttin sinn.*

> *Þórr vigi þessar rúnar!*

> *At rétta sá verdi, er (es) stein þenna elti eda ept(ir) annan dragi!*

d. h. „Ragnhild setzte diesen stein nach Ale Sâlvegode, der tempel *s. 254.* ehrwürdigem wächter (dem hochehrwürdigen tempelpriester).

Ales söhne machten diesen hügel (dieses grabdenkmal) nach ihrem vater und sein weib nach ihrem gatten; aber Sote ritzte diese runen nach seinem herrn.

Thor weihe diese runen!

Der soll es wieder in ordnung bringen (den schaden ersetzen), wer gegen diesen stein gewalt verübt (ihn beschädigt) oder (um ihn) nach einem andern (zu errichten) fortschleppt!"

## 8. Der stein von Tryggevælde.

Soll ursprünglich auf oder bei einem hügel in Lille Tårnby im kirchspiel Hårlev (harde Bjæverskov, amt Præstø) gestanden haben, von wo er 1566 nach dem burghof von Tryggevælde versetzt wurde;

---

[1]) Da die nasalierung vor dem nasal ja zweifelhaft ist (vgl. þaṇsi und þansi u. s. w.), so deute ich sie nicht an; die nasalierte und die unnasalierte form haben wohl zu jener zeit neben einander gestanden (wie z. b. *oft* neben *æft*).

s. 256.

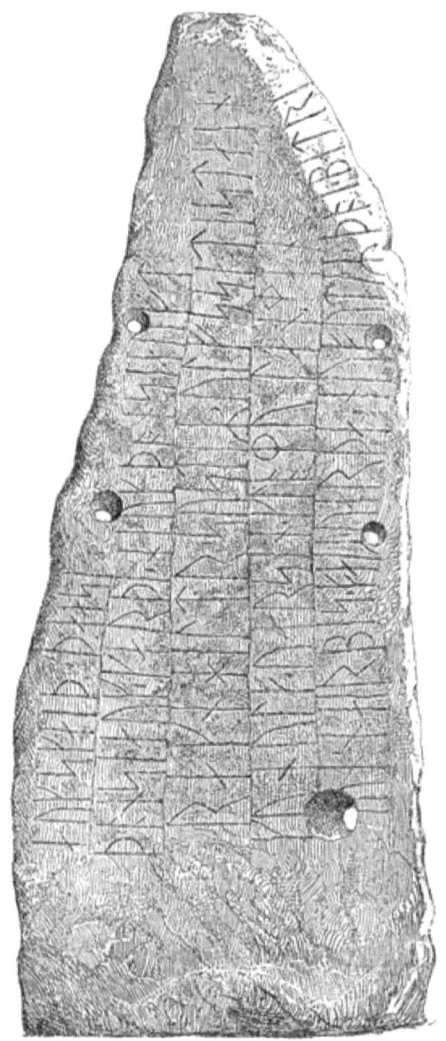

Der stein von Tryggevælde. I.

s. 257.

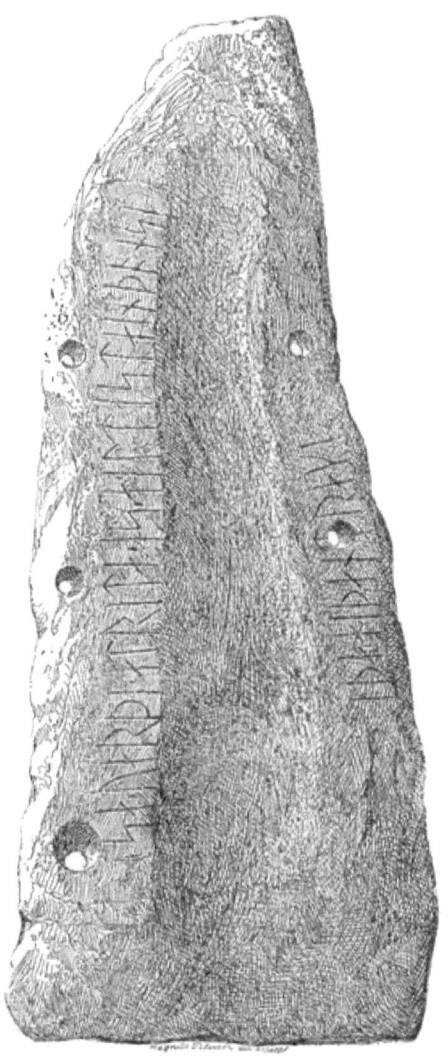

Der stein von Tryggevælde. II.

24*

später wurde er wieder von hier nach Vallø und endlich 1810 nach
Kopenhagen übergeführt, wo er bis 1867 auf dem Trinitatis-kirchhofe
stand, in welchem jahre er dann in der runenhalle des altnordischen museums aufgestellt wurde, wo das imponierende denkmal
hoch über alle andern runensteine hervorragt. Der stein ist nämlich
304 cent. hoch und bis 127 cent. breit. Die dicke beträgt am fuße
55 cent., nimmt aber gegen die spitze hin bedeutend ab; die größten
runen sind 25 cent. hoch. Von dem untersten teile des steines, der
ursprünglich in der erde gestanden hat, ist ein stück auf der um-
stehenden abbildung weggelassen.

Die lange inschrift füllt in 5 zeilen die ganze vorderseite des
steines, und außerdem befindet sich eine einzelne zeile auf jeder der
beiden seitenflächen zwischen der vorder- und rückseite. Alle inschriftzeilen laufen von links nach rechts (nicht wie auf dem Glavendruper steine bustrophedon). Seitdem ich in „Runeskr. opr.“ 1874
eine deutung der inschrift mitteilte, habe ich sie oft aufs neue untersucht und vollständige abdrücke derselben genommen, wodurch ich
auch bezüglich einiger stellen, die mir früher zweifelhaft waren, zur
sicherheit gelangt bin. Die inschrift steht im ganzen genommen
klar und bestimmt da, obgleich die runen mit den feinen, nicht
tiefgehauenen linien, die übrigens in ihrem ganzen charakter in hohem
grade an die des Glavendruper steines erinnern, nicht stark auf dem
ziemlich unebenen steine hervortreten. Fünf größere löcher, die in
späterer zeit (ungewiß wann) durch den stein gebohrt sind, haben
einzelne von den runen beschädigt, ohne jedoch auch nur eine einzige vollständig unkenntlich zu machen. Wie auf dem Glavendruper
steine werden die meisten worte durch ein kleines feines, längliches
trennungszeichen geschieden, das freilich an mehreren stellen ziemlich undeutlich ist; ausnahmsweise wird es auch am schluß der 3.
(1.) zeile gebraucht. Das zeichen für die m-rune, die auf dem Glavendruper steine nicht vorkommt, findet sich zweimal in wenig von einander abweichenden formen.

Die ältere künstlerisch ausgeführte zeichnung der inschrift (bei
Stephens II, s. 807) leidet an verschiedenen mängeln in der wiedergabe
einzelner runenformen und besonders der einfassungslinien. Außerdem hat Stephens das letzte wort in der am weitesten nach links
stehenden zeile auf der vorderseite unrichtig ᚦᚪᛏᛋᛁ gelesen (so auch
Thorsen, De danske Runemindesm. I, s. 151); Nyerup hatte früher
ᚦᚪᛉᛋᛁ (beide nebenstriche des ᛉ als sehr undeutlich punktiert)

gelesen, und Rafn ᚦᛏᛁᚼᛁ. Der stein hat indessen ᚦᛏᛏᚼᛁ, was auch
Bugge (filol. tidskr. IX, 114 anm.) vermutet; auf dem steine selbst
tritt das zweifelhafte ᛏ in glücklicher beleuchtung deutlich hervor,
und auf meinen letzten abdrücken steht es auch ganz klar. Das grofse s. 255.
loch, das am anfang der beiden ersten zeilen rechts in den stein gebohrt ist, hat den obersten teil der beiden ersten runen in der am
weitesten rechts stehenden zeile fortgenommen; aber nach der dritten
steht ganz deutlich ein trennungszeichen und darauf ᛏᚼᛁᚱᛒᛁᚼ; das vorhergehende wort kann nur ᚼᚠᛏ gelesen werden, was auch Stephens
gesehen hat; von ᚼ ist nur der gröfste teil des untersten stabes übrig
geblieben, ᚠ ist deutlich, obgleich die spitze fort ist, und die letzte
rune ist ᛏ mit einem ziemlich schwachen querstriche. In der dritten
und vierten zeile hat Rafn ᛘ statt ᚠ in den worten raknhiltr,
kunulf, klᶏmulan gelesen; aber es sind nur einige von den unzähligen kleinen unebenheiten im steine, die in diesen worten sowohl
wie in karþi in der zweiten zeile von links eine gewisse ähnlichkeit
mit gehauenen punkten haben mögen; dafs die inschrift überall ᚠ,
niemals ᛘ hat, ist über jeden zweifel erhaben.

Wenn wir die inschriftzeilen von links nach rechts in derselben
anordnung wie auf dem steine wiedergeben, so bekommen wir:

    I. auk ⋅ skaiþ ⋅ þaasi
      þᶏnsi ⋅ auk ⋅ karþi ⋅ hauk ⋅ þᶏnsi auft
      raknhiltr ⋅ sustiʀ ⋅ ulfs ⋅ sati ⋅ stain ⋅
      kunulf ⋅ uar sin ⋅ klᶏmulan ⋅ man
      sun ⋅ nairbis ⋅ fain ⋅ uarþa ⋅ nu futin ⋅ þᶏi ⋅ batri
    II. sa ⋅ uarþi ⋅ at ⋅ rita ⋅ is ⋅ ailti stain þᶏnsi
      iþa ⋅ hiþan traki

Wir können nicht über das wort im zweifel sein, womit die inschrift anfängt. Es ist dasselbe wie auf dem Glavendruper steine,
und es ist hier wie auf jenem dadurch hervorgehoben, dafs die
runen ansehnlicher sind und in weiterem abstand von einander
stehen, als in der übrigen inschrift, nämlich raknhiltr im anfang
der dritten zeile = *Ragnhildr*. Sie wird hier sustin ulfs d. i. *systiʀ
Ulfs* genannt, wogegen keine derartige nähere bezeichnung auf dem
Glavendruper steine hinzugefügt ist.

Die folgenden worte kennen wir von den früher behandelten in- s. 258.
schriften her. Nach sati stain kann nur die zeile oben folgen:
,,setzte diesen stein und machte diesen hügel nach‘‘. Hierauf mufs
also ein name im acc. folgen, regiert von auft d. i. *oft* wie auf dem

Glavendruper steine, und dieser findet sich in der vierten zeile, nämlich k u n u l f  u a r  s i n  d. i. *Gunnulf wer sinn,* die beiden letzten worte wie auf dem Glavendruper steine. *Gunnulf* ist hier gewifs die aussprache gewesen = isl. *Gunnólf* (vgl. *Þórólfr* u. s. w.).

kl a m u l a n ist adj. im acc. sgl. masc., und dieses in verbindung mit dem folgenden m a n = *mann* steht also in apposition zu k u n u l f. Die bedeutung von kl a m u l a n ist nicht ganz sicher, da ein völlig entsprechendes wort anderswoher nicht nachgewiesen werden kann; aber ableitungen von derselben wurzel sind in den nordischen sprachen keineswegs selten: das isl. hat *glam* neutr. 'geräusch, lärm' (besonders von einem klirrenden geräusch), und das verbum *glama* 'schwätzen' findet sich Hávam. v. 31; gleichfalls wird *glammadr* oder *glǫmmudr* als beiname in der Landnámabók gebraucht (*Grimr g.* = 'der redende', 'lautsprechende'?), und wir haben ja auch im dänischen das subst. *glam* (besonders *hundeglam* 'hundegebell', *glamhul* 'schalloch im glockenturm') und das verbum *glamme* 'bellen'. In schwedischen mundarten ist *glama* gewöhnlich, und im dalischen kommt gleichfalls ein adj. *glamun* 'redend' vor (siehe Rietz; Rydqvist IV, 183; vgl. *sumáglam* 'gespräch, unterredung' bei Näsman, Historiola linguæ Dalekarlicæ, Upsaliæ 1733, s. 68). Da das wort hier natürlich als eine ehrende bezeichnung aufzufassen ist, so mufs die bedeutung wohl am ehesten, wie man auch früher angenommen hat, 'wohlredend', 'beredt' sein. Es ist wahrscheinlich, dafs *u* das vorhergehende *a* (geschrieben ᚠ vor dem nasal, wie dreimal in þ a n s i) umgelautet hat, so dafs das wort *glǫmulan, glåmulan* lautete.

Hiernach müssen dann als eine neue apposition die worte s u n  n a i r b i s in der 5. zeile folgen; *sun* ist die jüngere form des acc. sgl., s. 259. wofür der Helnæser stein noch das alte *sunu* hat. n a i r b i s ist gen. von n a i r b i n, d. i. *Nærbin* mit ai = æ (§ 6, a, 2). Das wort, das gewifs mit ahd. *Nerbo* (Förstemann, Personennamen sp. 955) verwandt ist, hat also das ursprüngliche *b* bewahrt, das noch von altem *f* unterschieden wird (k u n u l f), während diese beiden laute später im altnord. in *f* (d. i. *v*) zusammenfielen; vgl. § 12, c, 3.

f a i r d. i. *fáir* = altnord. *fáir,* nom. pl. masc. 'wenige'.

u a r þ a  n u = *werda* (*wærda*) *nú.*

f u t i n d. i. *fóddin.*

þ a i (so deutlich auf dem steine); darnach b a t r i d. i. *bœtri* (mit ᚱ statt ᛣ wegen des vorhergehenden *t*). Vor *bœtri* erwarten wir einen dativ als zweites vergleichungsglied, und þ a i mufs auch *þœim*

gelesen werden; in der regel wird nämlich *m* vor *b* weggelassen (vgl.
ku bl für *kumbl*), und dieselbe schreibung ist hier angewandt, obgleich *b* ein neues wort beginnt. Es ist also ein ähnliches verhältnis,
wie wenn der Snoldelever stein kunualtstain für kunualts stain
hat, indem die regel für die konsonantenverdopplung in der runenschrift hier auf den fall ausgedehnt ist, wo das eine wort mit demselben konsonanten schliefst, mit welchem das folgende anfängt. In
dem þai für *þæim* des Tryggevælder steines ist die auslassung des
nasals vor *b* gerade durch die schreibung ᚴ für ᛏ bezeichnet (§ 3, 2).
Der ganze zusammenhang zeigt, dafs an dieser lesung kein zweifel
sein kann, und Stephens' deutung von þai (bei ihm þæi!) als nom.
pl. masc. = altnord. *þeir* („that þæi is here nom. pl. masc., =
exactly as the English they, the, no one will deny"!! s. 810), gibt
nur einen beweis unter unzähligen andern dafür, wie es mit seiner
kenntnis der sprache dieser inschriften bestellt ist.

Wir haben indessen für die drei worte in der obersten zeile
auf der vorderseite noch keine verwendung gefunden. Dafs sie eine
weitere bezeichnung für einen teil des errichteten denkmals enthalten,
darüber kann kein zweifel bestehen. Früher setzte man daher diese
zeile hinter kl ̜amulan man ein und verband sie unmittelbar mit
der fünften zeile, wo man umbuirbis (-huairbis) oder uthuirbis s. 260.
(-huairbis) mit der bedeutung *umhverfis* 'ringsum' oder *úthverfis*
'aufsen herum' vermutete; aber Rask sagt ausdrücklich, dafs die
buchstaben auf dem steine diese vermutung nicht zu bestärken
scheinen, und dies ist richtig, da dort, wie oben erwähnt, nur s un
nairbis gelesen werden kann. Die frage bleibt also, wohin die
worte auk skaiþ þaasi gehören; dafs sie, wie auch Rask gesehen
hat, ein neues object zu sati und karþi enthalten müssen, ist klar,
obgleich die bedeutung von skaiþ nur annähernd ermittelt werden
kann: aber auch hier hat Rasks scharfsinn ohne zweifel auf die
richtige spur geleitet, wenn er vermutet, dafs es 'steinsetzung' bedeuten kann, und es mit altnord. *skidgardr* vergleicht. Die wurzel in
*skid* und *skæid* ist nämlich dieselbe, und dasselbe wort *skæid* finden wir
in altnord. *skeid* fem. 'schiff' wieder (auch in dän. *ske* 'löffel', das etymologisch dasselbe wort ist)[1]. Bei *skæid* müssen wir dann mit Rask

---

[1] Munch, der durch eine konjektur, die der thatbestand nicht erlaubt,
skaiþ þatsi mit folgender erklärung: „*skeid*, hier steinsetzung (eig. stadium, *circus*)" gelesen hat, und Rafn, der skaiþ þaisi liest, das er „diese
bahnen" („les chemins battus") übersetzt, müssen dagegen beide skaiþ als

zunächst an eine 'steinsetzung die den hügel umgab' denken, die
auch ohne zweifel gerade wegen ihrer ähnlichkeit mit einem schiffe
so genannt wurde ('schiffssetzung', 'umsetzung von steinen in form
eines schiffes', wie N M. Petersen richtig gesehen hat, „Danmarks
Historie i Hedenold" III [1], 366 = III [2], 275). Ich bin geneigt zu
glauben, dafs eine reihe granitblöcke, die jetzt umgeworfen dicht bei
der stelle liegen, wo der Glavendruper stein errichtet ist, überreste
von einer solchen skæid sind, die in verbindung mit dem hügel und
dem runenstein das denkmal für Ale Sâlvegode gebildet hat. Wohl
wird das wort skaiþ nicht auf dem Glavendruper steine genannt,
aber dessen kubl kann sowohl den hauk wie die skaiþ des Tryggevælder steines umfassen.

s. 261.         Dem skaiþ entspricht þaasi, acc. sgl. fem. zu sasi, ausgesprochen þási (das lange a ist also ausnahmsweise durch doppeltes a
bezeichnet, womit die schreibung faaþi oder faaþa auf dem stein
von Flemlose verglichen werden kann). Ob die worte auk skaiþ
þaasi ihre stelle unmittelbar hinter stain þansi oder hinter hauk
þansi haben sollen, ist natürlich zweifelhaft und läfst sich nicht
mit sicherheit entscheiden; dafs sie aber an einer dieser stellen eingesetzt werden müssen, steht aufser allem zweifel. Wenn ich sie
an der letzteren stelle einsetze, so geschieht dies, um zu erkennen zu
geben, dafs diese worte den teil des denkmals nennen, der zuletzt
ausgeführt wurde[1]). Denn dafs diese worte in eine zeile für sich
und aufserhalb der übrigen inschrift gestellt sind, könnte freilich
daraus erklärt werden, dafs der runenritzer durch ein vergessen dieselben an ihrer richtigen stelle übersprungen und sie deshalb später
in einer zeile darüber hinzugefügt hätte. Weit wahrscheinlicher kommt
mir jedoch eine andere möglichkeit vor, nämlich die, dafs die auslassung
von anfang an absichtlich gewesen, indem die besprochene skaiþ
erst nach dem hügel und dem runensteine errichtet worden ist, und

_____

identisch mit altnord. *skeid* neutr. 'lauf, laufbahn' aufgefafst haben (siehe P. A.
Munch, Kortfattet Fremstilling af den ældste Nordiske Runeskrift, s. 37; Forn-
Svenskans och Forn-Norskans Språkbyggnad, s. 138; C. C. Rafn, Antiquités de
l'Orient, s. 188 f.).

[1]) Die worte sati und karþi helfen uns nicht zu entscheiden, wo skaiþ
am ebesten eingesetzt werden mufs, da es ungewifs ist, ob man *sætja skæid*
(ähnlich wie *sætja stæin*) oder *gørwa skæid* (gleich wie *gørwa hâug*, kumbl)
gesagt hat: aber diese verbindungen waren keineswegs feste, da man nicht blofs
andere ausdrücke daneben (*ræisa stæin*, *werpa hâug*), sondern sogar *sætja* und
*gørwa* durcheinander gebrauchen kunte (siehe z. b. den stein von Sæddinge
oben s. 326 anm. 3).

dafs in folge dessen die darauf bezüglichen worte in der inschrift erst
später hinzugefügt sind. Die zeile mit den worten auk skaiþ þaasi
hat ganz denselben charakter wie die übrige inschrift, und es ist kein
grund vorhanden, daran zu zweifeln, dafs sie sich von demselben
runenritzer herschreibt wie diese; aber dafs sie später von dem
runenritzer hinzugefügt ist, nachdem die 4 übrigen zeilen eingehauen
waren, geht mit ebenso grofser sicherheit aus dem früher nicht be-
achteten umstande hervor, dafs die runen in der zweiten zeile von
links keinen einfassungsstrich an der spitze haben, weil sie ursprünglich die erste zeile zu bilden bestimmt waren; die später hinzugefügte zeile erhielt dagegen einen einfassungsstrich am fufse der runen,
der indessen die spitzen der runen in der zeile darunter nicht berührt und sich nicht weiter als bis zum ende der später hinzuge-
fügten zeile erstreckt (dies ist auf der zeichnung bei Stephens gar
nicht beachtet, wo der strich unter der ersten zeile links dieser und
der zweiten zeile gemeinsam und aufserdem unrichtig ganz über die
zweite zeile hinaus verlängert ist).

Die beiden zeilen auf den seitenflächen haben wir bereits unter
dem Glavendruper steine zu behandeln gelegenheit gehabt.

Die ganze inschrift gebe ich also folgendermafsen auf altdänisch
wieder:

> *Ragnhildr, systiʀ Ulfs, satti stæin þannsi âuk*
> *gærdi hâug þannsi âuk skæid þási oft Gunnulf, wer*
> *sinn, glâmulan mann, sun Næʀbis.*
>
> *Fáiʀ werda nú fóddiʀ þæim bætri.*
>
> *Sá werdi at rétta, es ælti stæin þannsi eda hedan*
> *dragi!*

In gewöhnlicher altnordischer sprachform würde dies lauten:

> *Ragnhildr, systir Úlfs, setti stein þenna ok gørdi haug*
> *þenna ok \*skeid þessa ept(ir) Gunnólf, ver sinn, \*glǫmulan*
> *mann, son \* Nerfis.*
>
> *Fáir verda nú fóddir þeim betri.*
>
> *Sá verdi at rétta, er (es) elti stein þenna eda hedan dragi!*

d. h. „Ragnhild, die schwester Ulfs, setzte diesen stein und machte
diesen hügel und diese steinsetzung nach Gunnolf, ihrem gatten, dem
wohlredenden manne, dem sohne Nærfes.

Wenige werden jetzt geboren (die) besser als er.

Der soll es wieder in ordnung bringen (den schaden ersetzen), wer gegen diesen stein gewalt verübt (ihn beschädigt) oder ihn von hinnen fortschleppt!"

Durch den ganzen charakter der inschrift (die feinen schlanken runenformen u. s. w.) erinnert der stein von Tryggevælde in so hohem grade an die inschrift auf dem ungefähr gleichzeitigen Glavendruper steine, dafs man versucht sein könnte, beide auf denselben runenritzer zurückzuführen, was auch andere gründe wahrscheinlich machen. s. 262. Der inhalt beider inschriften scheint nämlich, was bereits Rask hervorgehoben hat, dafür zu sprechen, dafs es dieselbe Ragnhild ist, die sowohl den Glavendruper als auch den Tryggevælder stein errichtet hat. Sie ist in diesem falle zweimal verheiratet gewesen und hat jedem ihrer vornehmen, hochangesehenen männer ein prachtvolles denkmal gesetzt. Ich finde nicht, dafs eine stichhaltige einwendung gegen diese vermutung erhoben werden kann. Der zeitunterschied zwischen beiden inschriften kann auf keinen fall bedeutend sein; aber ich würde ohne bedenken den Tryggevælder stein für den jüngeren erklären.

Auf dem Glavendruper sowohl wie auf dem Tryggevælder steine hat man in den schlufsworten der inschriften verse finden wollen:

| Glavendrup: | Tryggevælde: |
|---|---|
| *Þórr wigi þassi rúnaʀ!* | *Fáiʀ werda nú* |
| *At rétta sá werdi,* | *fóddiʀ þæim bætri.* |
| *es stæin þannsi ælti* | *Sá werdi at rétta,* |
| *eda æft annan dragi!* | *es ælti stæin þannsi.* |

Dafs wir hier wirklich eine mit bewufstsein beabsichtigte versform haben sollten, halte ich jedenfalls bezüglich des Tryggevælder steines für ganz unwahrscheinlich. Die vollständig prosaische wortstellung und besonders das unmittelbar auf *þannsi* folgende *eda hedan dragi*, das aufserhalb des verses stehen würde, scheinen mir entschieden gegen diese annahme zu sprechen. Aber auch in der rhythmischen form auf dem Glavendruper steine bin ich am meisten geneigt einen reinen zufall zu finden.

## 9. Der stein von Rönninge.

Befand sich zu Worms zeit in Rönninge (harde Âsum, amt Odense) zwischen Nyborg und Kærteminde; war später lange verschwunden, bis er 1853 im fundament eines hauses in Kærteminde

Der stein von Rönninge.

wiedergefunden wurde, wo er jetzt aufserhalb der kirche aufgestellt
ist. Der ziemlich unansehnliche stein[1]) ist 115 cent. hoch und hat
55 cent. in seiner gröfsten breite. Von den runen haben die höchsten
13 cent., die kleinste (zuletzt in der dritten zeile, wo die runen im
ganzen in rücksicht auf den platz sehr klein sind) nur 4 cent.

Obwohl eine menge natürlicher ritzen im steine sind, die über
die inschrift laufen, ist diese doch im ganzen genommen sehr deutlich und gibt nirgends veranlassung zum zweifel; die worte werden
durch den von den oben besprochenen steinen her bekannten kleinen
strich geschieden. Die inschrift, die in der zeile links beginnt und
bustrophedon läuft, lautet:

suti ꞏ sati ꞏ stain ꞏ þansi ꞏ aft

ailaif ꞏ bruþur ꞏ sin ꞏ sun ꞏ ąskaus

rauþum ꞏ skialta

Alle worte in der ersten zeile (auch den namen suti) kennen
wir vom Glavendruper und Tryggevælder steine her.

ailaif mufs eine aussprache œilœif bezeichnen, das also im
letzten gliede von dem wohlbekannten altisl. *Eilífr* abweicht.

sun kann grammatisch sowohl nom., apposition zu suti, als
auch acc., appos. zu ailaif, sein. Das alter des steines spricht jedoch
eher für das letztere, da der nom. gewifs damals die form sunn
hatte (vgl. oben s. 298). Dafs man auch von seiten des inhalts eher
eine weitere nachricht über *œilœifʀ* als über *Sóti* erwarten würde, ist
dagegen bezüglich dieser frage nicht entscheidend (vgl. z. b. die inschrift auf dem jütischen steine von Kolind: tusti risþi stin þansi
ift tufa is uarþ tuþr ustr burþur (für bruþur) sin smiþr
ąsuiþan = *Tosti ræisþi (résþi) stæin (stén) þannsi æft Tófa, es ward
dåuðr (dóðr) åustr (óstr), bróður sinn, smiðr Ąswiðaʀ, wo smiðr* ja
apposition zu *Tosti* ist, „Toste, Asveds schmied, errichtete diesen
stein nach seinem bruder Tofe, der ostwärts starb").

ąskaus = *Ąsgåuts* (§ 18, b).

rauþum skialta gen. von rauþumskialti d. i. *råuðumskialdi*
'rotschild', 'mit dem roten schilde'. Das wort ist ganz auf dieselbe
weise gebildet wie das altnord. *fogrumskinni,* 'schönhaut', 'der mit der
schönen haut', ein beiname des *Þorgautr* (siehe Formanna sögur XI,

---

[1]) Wenn Thorsen (De danske Runemindesm. II, 2, s. 259) ihn „einen ansehn-
lichen stein von 3 ellen höhe" nennt, mufs er hier wie öfters fufs und elle verwechselt haben.

302: *hann var manna fridastr, hann kalladi Haraldr konungr Sigurd-arson fogrumskinna), tvennumbrúni* 'doppelbraue', 'mit den doppelten augenbrauen' (?), beiname des landnámsmannes *Óláfr* (Landnáma in den Ísl. sögur I, 306; Flóamanna saga c. 18 in den Fornsögur von G. Vigfússon und Th. Möbius s. 137). Diese beinamen gehen natürlich von den verbindungen *med raudum skildi, med fogrum skinni, med tvennum brúnum* aus, und haben hiervon die dativform bewahrt. Auf ähnliche weise ist der dativ mit weglassung der präposition in dem beinamen *Fitjumskeggi* 'von Fitjar' eingetreten (Landnáma in den Ísl. sög. I, 60), ausgehend von der gewöhnlichen verbindung *á Fitjum*. Wenn ich oben s. 105 über die inschrift auf der Thorsbjærger zwinge ausgesprochen habe, dafs niwaᴅe-marin möglicherweise zu éinem begriff zusammengeschmolzen sei, so habe ich gerade formen wie das spätere *Fitjumskeggi* u. ähnl. vor augen gehabt. — Hat der beiname *raudumskialdi* bezug auf seinen kriegerischen sinn? „der rote schild" war ja gerade kriegszeichen (vgl. Helgakviða Hundingsbana I, v. 33:

> *slong upp vid rá*
> *raudum skildi*).

In altdänischer sprachform hat die inschrift also gelautet:

> *Sóti satti stæin þannsi æft Æilæif*
> *bródur sinn, sun A̅sgåuts råudumskialda.*

Das gewöhnliche altnordische würde haben:

> *Sóti setti stein þenna ept(ir) * Eileif*
> *bróður sinn, son Ásgauts * raudumskjalda.*

d. h. „Sote setzte diesen stein nach seinem bruder Eileif, einem sohne von Asgaut rotschild".

Dafs der stein von Rönninge nach den runen- und sprachformen derselben zeit angehört wie der Glavendruper und Tryggevælder stein, steht aufser allem zweifel. Aber der charakter in allen drei inschriften zeigt aufserdem eine so auffallende übereinstimmung, dafs man allein aus diesem grunde versucht sein könnte, sie auf denselben runenritzer zurückzuführen. Ob der *Sote* des Glavendruper und Rönninger steines dieselbe person ist, wird natürlich niemals mit sicherheit entschieden werden können, ebensowenig wie die gleiche frage betreffs der *Ragnhild* des Glavendruper und Tryggevælder steines oder des *Rolf* des Helnæser, Flemloser und Voldtofter steines; aber ein hoher grad von wahrscheinlichkeit spricht doch dafür, in allen diesen fällen dieselben personen zu sehen. Was speciell das verhältnis zwischen dem stein von Rönninge und dem Glavendruper betrifft, so muſs hervorgehoben werden, daſs der name *Sote* verhältnismäſsig selten vorkommt; da beide denkmäler nun, wie gesagt, gleichzeitig und aus derselben gegend sind und auſserdem in dem ganzen charakter der inschriften so genau übereinstimmen, so scheint es mir berechtigt zu schlieſsen, daſs *Sote*, der die runen auf dem Glavendruper steine zum andenken an seinen herrn ritzte, derselbe ist, der die inschrift von Rönninge zum andenken seines bruders errichtet (und zugleich geritzt) hat. Aber ich bin, wie oben hervorgehoben, geneigt zu glauben, daſs auch die inschrift des steines von Tryggevælde sich von ihm herschreibt; es ist dann wahrscheinlich, daſs er nach dem tode von Ale Sålvegode bei Ragnhilds zweitem manne Gunnulf in dienste getreten ist und bei dessen tode die runen auf dessen denkstein wie auf dem seines früheren herrn geritzt hat. Wie es sich nun hiermit auch verhalten mag, so sind es mächtige geschlechter, von deren dasein auf den dänischen inseln vor beinahe 1000 jahren die stolzen grabdenkmäler zeugen, welche die gattin errichtete und der treue diener ritzte, von deren leben und wirksamkeit aber die runen uns leider allzu wenig erzählen.

## Schluſsbemerkungen.

Der schwierige druck, die vielen typen, die geschnitten und gegossen werden muſsten, haben im verein mit andern umständen das erscheinen verzögert, so daſs mehr als ein jahr zwischen dem tage, wo ich die widmung des buches schrieb, und jetzt verflossen ist, da die korrektur des letzten bogens vor mir liegt. Was in dieser zeit über die eine oder andere von den fragen erschienen ist, die hier behandelt werden, habe ich nur ganz ausnahmsweise berücksichtigen können. Die runenschrift selbst anbelangend sind jedoch, so viel ich weiſs, nur ein paar kleine aufsätze von E. Brate in „Vitterhets Historie och Antiqvitets Akademiens Månadsblad" 1886, s. 1 ff. und s. 49 ff. veröffentlicht, worin er unter anderm die schwierigen fragen wegen der runen ↳ *eoh* und ⅄ *eolhx* behandelt. Ich sehe mich jedoch nicht durch herrn Brates bemerkungen, worin er natürlich von den ansichten ausgeht, die ich in Runeskr. opr. 1874 vorgebracht, aber längst und also auch in der vorliegenden abhand-

lung bezüglich des ⊻ vollständig aufgegeben habe, veranlasst irgend
welche änderung in dem oben gesagten vorzunehmen, und ich halte
seine neuen erklärungen der genannten runen für sehr verunglückt
und wenig methodisch (wenn er z. b. als stütze für eine unhaltbare theorie über die rune ⊻ auf den ausweg verfällt zu erklären,
der brakteat von Vadstena sei nicht nordisch, weil sich die genannte
rune in dessen futhark findet! Dasselbe mufs dann wohl von den
andern brakteaten und dem kleinen amulet(?) von Valby gelten,
die gleichfalls dieses zeichen haben). Mehrere nach meiner ansicht
übereilte schlufsfolgerungen sind dadurch zustande gekommen, dafs
der verfasser sein material nicht mit gehöriger kritik benutzt, oder
sogar auf ganz unrichtige wiedergaben der inschriften gebaut hat
(dafs die *u*-rune ᚾ in der bedeutung der *i*-rune ᛁ auf einem so
alten denkmal wie dem stein von Vedelspang stehen könne, wird
s. 64 durch dessen sutriku bewiesen, das jedoch, wie ich oben
s. 293 anm. 1 nachgewiesen habe, unrichtige lesung für siktriku ist).
Eine gewisse verwunderung hat es bei mir hervorgerufen, s. 56 f.
folgende äufserung zu finden: „Wimmer scheint überhaupt nicht die
möglichkeit zu erkennen, dafs sich zwei namen für dieselbe rune
nebeneinander haben finden können" (es ist die rede von den beiden
namen, welche die rune ᛉ nach meiner ansicht gehabt hat, *elgʀ* und
*ýr*) und die daran geknüpfte belehrung zu lesen, dafs dies keineswegs
unmöglich sei, da die namen *áss* und *óss*, *þurs* und *þorn* doch nebeneinander gestanden hätten. Dafs der verfasser hier indessen keine
beobachtung vorgebracht hat, die mir ganz neu ist, davon wird er
sich beim nachlesen von Runeskr. opr. s. 207 anm. (= hier oben
s. 250 anm. und vgl. s. 197 anm.) überzeugen können.

Was ich im übrigen nachträglich zu bemerken veranlassung finde
ist folgendes:

S. 75 und s. 82 f. Da die benennung Themsemesser durch den
usus gewissermafsen sanctioniert ist, so habe ich dieselbe überall gebraucht, obgleich, wie bereits Gosch hervorgehoben hat (s. 82), der ausdruck Themseschwert richtiger sein würde. Es ist nämlich, was mir
auch dr. Holthausen mitteilt, nicht ein messer, sondern „ein kurzes, so-
genanntes 'fränkisches' schwert, einschneidig und mit langer spitze".

Was das alphabet auf diesem denkmal anbelangt, so hatte schon
bibliothekar dr. Kr. Kålund, den ich ersucht hatte, während eines
aufenthaltes in London im sommer 1884 dasselbe zu untersuchen,
besonders bezüglich des kleinen von herrn Gosch (s. 82) erwähnten

„fleckes“ zwischen ᛁ und ᛏ mir mitgeteilt, dafs dieser kaum zufällig sein könne, dafs derselbe aber nicht mit dem vorhergehenden ᛁ verbunden sei, und dafs herrn Gosch's mitteilung über diese rune also in soweit richtig war. Dr. F. *Holthausen*, der später im sommer 1886 gelegenheit hatte, die inschrift zu untersuchen, bestätigte ausdrücklich dr. Kålunds auffassung und sandte mir eine sorgfältige wiedergabe dieses teiles der inschrift. Als antwort hierauf äufserte ich, dafs der strich nach meiner ansicht ein *trennungszeichen* wie auf dem brakteaten von Vadstena sein müsse, und bat daher zugleich dr. H., zu untersuchen, ob sich nicht spuren eines ähnlichen trennungszeichens auch vor ᚻ (und vielleicht vor ᚠ, womit die neuen, ausschliefslich altenglischen runen beginnen) fänden. Das ergebnis einer neuen untersuchung der inschrift, die dr. H. mit dem vergröfserungsglase vornahm, und von der er mir sofort mitteilung machte, war, dafs dort *deutlich* ᚹ.ᚻ und ᛁ.ᛏ stand, eine lesung, die auch durch einen der beamten des museums bestätigt wurde. Später nahm der direktor der altertümersammlung, Mr. Franks, selbst an der untersuchung teil und bestätigte gleichfalls die richtigkeit von dr. H.s lesung, was die kleinen striche zwischen ᚹ und ᚻ und zwischen ᛁ und ᛏ anbetraf; dagegen hielt er den punkt am fufse des ᚹ nicht für *sicher*, wofür mir auch der einfache strich zwischen *s* und *t* zu sprechen scheint. Wie es sich indessen hiermit auch verhalten mag, so besteht kein zweifel darüber, dafs auch auf dem Themsemesser die drei alten „geschlechter“ im futhark deutlich unterschieden werden, und dasselbe liefert somit einen direkten beweis dafür, dafs diese einteilung, wie ich in meiner abhandlung vorausgesetzt habe, dem gemeingermanischen runenalphabet angehört hat, nicht speciell im Norden entstanden ist.

Einige durch meine lesung der *s*-rune auf dem Themsemesser in Runeskr. opr. 1874 hervorgerufene bemerkungen von Stephens (III, s. 159 f.) sind natürlich nicht zuverlässiger als seine übrigen auseinandersetzungen bei ähnlicher gelegenheit, und ich habe mich daher nicht veranlasst gesehen, in den vorhergehenden untersuchungen über das alphabet des Themsemessers denselben irgend welche bedeutung beizulegen oder überhaupt darauf rücksicht zu nehmen. Dafs ich hieran recht gethan habe, zeigen ja die jetzt vorliegenden thatsachen.

S. 125 z. 12 v. o. Hinter dem worte „schliefst“ füge man hinzu: und ich halte es also für unrichtig, dafs sie auf dem original im

altnordischen museum in Kopenhagen (und darnach auf der um-
stehenden zeichnung) zusammengefügt worden sind.

S. 127. Lange nachdem dies niedergeschrieben war, finde ich
in „Svensk Literaturhistoria af H. Schück“, 1. häftet, Stockh. 1885,
s. 28, dafs S. Bugge in einer neuen nicht veröffentlichten und mir
leider unbekannten deutung der älteren runen auf dem Röker steine
jetzt gleichfalls dessen ᛈ in der bedeutung *a* fafst und wie ich das
erste wort s a g w m liest. Ob Bugge nun auch dem ᛉ der Fonnåser
spange, das für mich den ausgangspunkt für die neue erklärung des
zeichens auf dem Röker steine bildete, dieselbe bedeutung zuerteilt,
ist mir dagegen unbekannt.

S. 132 oben. Um misverständnissen vorzubeugen hebe ich hervor, dafs die westgermanischen sprachen, obgleich sie in mancherlei
fällen frühzeitig das gemeingerm. -*z* abwarfen, doch bekanntlich in
einer reihe von formen ein aus *z* entstandenes *r* aufweisen: ahd. as.
*mêr* = got. *mais*, ahd. *rôr* = got. *raus*, ahd. *er* = got. *is*, ahd. *ar, ur*
= got. *us*, und im inlaut ist *z* überall als *r* bewahrt: ahd. as. *wârun*
= got. *wêsun*, ahd. *óra*, aengl. *eáre* = got. *ausô*, gleichfalls in der
got. verbindung *zd*: ahd. *hort*, as. aengl. *hord* = got. *huzd* u. s. w.
Während die beiden etymologisch verschiedenen *r*-laute im Norden
bis in sehr späte zeit unterschieden wurden, scheinen sie im westgermanischen sehr früh lautlich zusammengefallen und beide durch
die rune ᚱ ausgedrückt zu sein. Auf jeden fall konnte die rune ᛉ
mit ihrem ursprünglichen, dem nordischen *elgʀ* entsprechenden namen
im westgermanischen natürlich nicht als zeichen für das aus *z* entstandene *r* gebraucht werden, nachdem *z* (*r*) als nominativendung
abgefallen war.

S. 211. In dem ursprünglichen *Eubiᴎgaz* war *eu* vielleicht
schon in gemeingerm. zeit wegen des folgenden *i* zu *iu* geworden;
jedenfalls aber im nordischen zur zeit des Reidstader steines,
dessen *iu* also genau die damalige aussprache bezeichnet und
keinen beweis dafür abgibt, wie urspr. *eu* in andern fällen behandelt wurde.

S. 213. Eine neue untersuchung des brakteaten von Tjörkö im
Stockholmer museum, die ich im sommer 1886 anzustellen gelegenheit hatte, überzeugte mich, dafs derselbe in wirklichkeit das vermutete ᚠᚱ, nicht ᚾᚱ, hat, wenn gleich der eine nebenstrich des ᚠ sehr
schwach hervortritt, was ohne zweifel bereits im stempel der fall gewesen ist.

S. 230 f. Eine neue abbildung des Räfsaler steines nach dem
original mit genauen angaben über jede einzelne rune, die vollständig
bestätigen, was ich über die inschrift ausgesprochen habe, findet sich
in „Bohusläns runinskrifter. Af S. Boije" s. 5 ff. mit tafel (separatabdruck aus „Bidrag till Göteborgs och Bohusläns historia". 9. häftet).

S. 292. Das m-zeichen der Helsinger runen geht natürlich von
der m-form ⊤ des Röker steines aus, indem der hauptstab wie gewöhnlich fortgelassen und der nebenstrich in zwei punkte aufgelöst ist.

S. 339 f. u. 345 f. Über die ausdrücke þulʀ, fá, marka vgl.
jetzt Müllenhoff, Altertumskunde V, s. 288 ff.

Ich füge nur noch hinzu, dafs ich in meiner abhandlung absichtlich beide namen *futhark* und *futhork* vom runenalphabet gebraucht habe. Den ersteren wende ich nämlich in den fällen an,
wo die vierte rune die bedeutung *a* oder *ą* hat, den letzteren, wo
sie in der bedeutung *o* steht.

So weit die fertigen bogen mir bis jetzt im reindruck vorliegen,
habe ich, abgesehen von einzelnen inkonsequenzen in der schreibung,
die der leser entschuldigen möge, folgende **druckfehler** entdeckt:

s. 4 z. 3 v. u. vernichten l. verwischen

s. 23 z. 22 v. u. p l. p;

s. 62 z. 3 v. u. *veitvods* l. *weitwóds*

s. 64 z. 17 v. u. hinter „spange" fehlt: a

s. 92 z. 6 v. u. *ajin* l. *ájin*

s. 106 z. 9 v. u. ormen l. formen

s. 107 z. 4 f. v. u. l. zur bezeichnung des für unsere sprachfamilie charakteristischen lautes þ

s. 109 z. 6 v. o. hinter „das" fehlt: erstere

s. 134 z. 20 v. o. ⋈ l. ↾

s. 135 z. 1 v. o. ᛒ l. ᛒ

s. 144 z. 21 v. u. XC VI l. XCVII

s. 180 z. 11 v. u. Olafssons l. Ólafssons

s. 223 z. 18 v. u. guttural- l. dental-

s. 224 z. 1 v. u. sie sich l. ich sie

s. 268 z. 13 v. u. 1 l. 11

s. 230 z. 1 v. o. *Ásbiron* l. *Ásbiron*

Kopenhagen, im februar 1887.

# Register[*]).

---

*) Hierin sind alle inschriften mit den älteren runen und von den jüngeren nordischen inschriften mit der kürzeren runenreihe diejenigen aufgenommen, welche dazu verwertet sind die entwicklung der runenschrift nachzuweisen, dagegen nicht die grofse anzahl derer, die nur beispielsweise aus sprachgeschichtlichen gründen angeführt worden.

# TAFELN.

# Bemerkung zu den alphabettafeln.

Durch - wird angedeutet, dafs der betreffende buchstabe in den inschriften, nach denen die alphabete zusammengestellt sind, nicht als lautzeichen in gebrauch gewesen ist; durch ·· , dafs er zufällig in den inschriften nicht vorkommt, aber

s. 270. unzweifelhaft üblich war; durch ?, dafs er nicht nachgewiesen werden kann, und dafs es unsicher ist, ob er vorhanden gewesen.

Im übrigen werden die griechischen buchstaben überall (ausgenommen in dem „griechischen grundalphabet") in den formen aufgeführt, die angewandt werden, wenn die schrift von links nach rechts geht. Da die inschriften von Thera sowohl wie mehrere andere von den ältesten inschriften auch von rechts nach links laufen, so kommen natürlich auch formen vor, die sich nach der entgegengesetzten seite wenden (also z. b. in der reihe no. 1 ⅂, ⅎ u. s. w. = Ⲅ, ⅏ u. s. w.). Von den verschiedenen formen in no. 1 für β, γ, ', μ ist die letzte besonders melisch (⅂ scheint ein rest aus der zeit zu sein, wo die schrift von rechts nach links ging). In no. 3 gehört die form ᴸ für λ besonders Böotien an. Die in no. 6 fehlenden zeichen für σ und ζ kommen in inschriften auf vasen, die dasselbe alphabet gebrauchen, in den formen Ϲ und Ⲓ vor. Im ionischen alphabet (no. 8) gehören die zuerst angeführten formen einer älteren stufe an, die letzten ungefähr dem jahre 450, und dies ionische alphabet stimmt somit fast gänzlich mit demjenigen überein, das 50 jahre später gemeingriechisch wurde. In dem alphabet von Argos (no. 11) gehört Ⲙ = σ nur den ältesten inschriften an, während die jüngeren Ϟ und demnächst Ϟ haben; natürlich tritt Ⲙ in der bedeutung μ erst zu der zeit auf, wo es nicht mehr die bedeutung σ hatte. Dieselbe bemerkung gilt auch von andern reihen, wo dasselbe zeichen zuweilen mit verschiedener bedeutung vorkommt; das beruht selbstverständlich auf einem zeitunterschiede. Wenn wir z. b. in no. 7 ⅼ = γ, aber auch = ι finden, so ist es klar, dafs ⅼ in der bedeutung γ mit den älteren formen von ι gleichzeitig gewesen ist; bevor ι die gestalt ⅼ annahm, mufs auch γ seine form verändert haben, wenn wir gleich zufällig nicht nachweisen können, worin die veränderung bestanden hat.

Im altsemitischen alphabet oben auf der tafel ist für ṭêth die form eingesetzt, die sich auf den bruchstücken von Cypern findet und als die gewöhnliche altsemitische anzusehen ist; auch die zeichen für zajin, ḥêth, lāmed und tāw gehören diesen inschriften an. Dafs das wāw-zeichen sowohl auf seinen ursprünglichen platz wie auch ans ende des alphabetes gestellt ist, soll bezeichnen, dafs sowohl griechisches σ wie υ von ihm ausgeht.

Auf der zweiten tafel, wo die alten italischen alphabete wiedergegeben werden, findet sich zu oberst ein „altgriechisches alphabet in Italien", welches aus den formen der alten inschriften zusammengestellt ist (vgl. taf. I, no. 2 und no. 6—7), und aus welchem sich alle italischen alphabete erklären lassen. In den reihen 6, 8 und 11 sind ein paar selten vorkommende zeichen in klammern gesetzt.

Was sonst der erklärung bedürfen könnte, wird sie im texte gefunden haben.

Tafel I

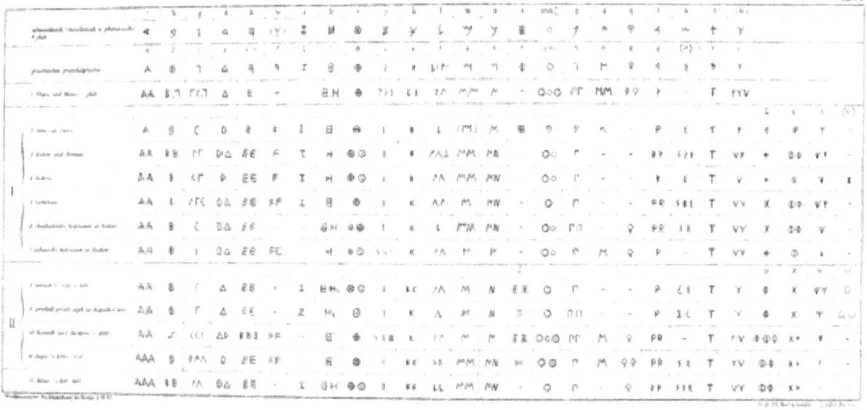

# ÜBERSICHT ÜBER DIE ALTEN ITALISCHEN ALPHABETE

Tafel III.

Fig. 1.

Der brakteat von Vadstena.

Fig. 2.

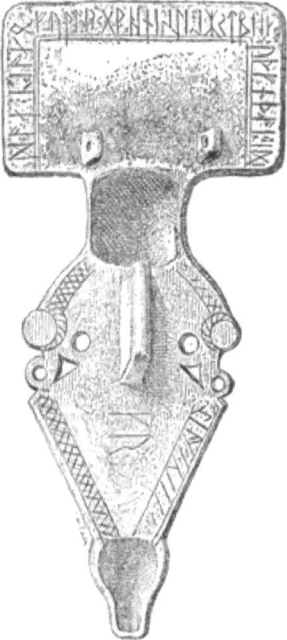

Die spange von Charnay.

Fig. 3.

Das alphabet auf dem Themsemesser